August und Julie Bebel
Briefe einer Ehe

Herausgegeben von
Ursula Herrmann

Verlag J.H.W. Dietz Nachfolger

Die Deutsche Bibliothek – CIP-Einheitsaufnahme

Briefe einer Ehe / August und Julie Bebel.
Hrsg. Von Ursula Herrmann. - Bonn : Dietz, 1997
ISBN 3-8012-0243-7

Copyright © 1997 by Verlag J.H.W. Dietz Nachfolger GmbH
In der Raste 2, D-53129 Bonn
Lektorat: Christine Buchheit
Umschlaggestaltung: vision, köln
Umschlagabbildung: Ausschnitt aus einem Familienphoto
(© Archiv der sozialen Demokratie der Friedrich-Ebert-Stiftung, Bonn)
und Handschriften von Julie und August Bebel (Nachweis siehe S. 30).
Druck und Verarbeitung: Fuldaer Verlagsanstalt
Alle Rechte vorbehalten
Printed in Germany 1997

Inhaltsverzeichnis

87	Julie an August Bebel	3. 1. 1887	300
88	August an Julie Bebel	6. 1. 1887	304
89	Julie an August Bebel	9. 1. 1887	310
90	August an Julie Bebel	13. 1. 1887	314
91	Julie an August Bebel	14. [-16.] 1. 1887	319
92	August an Julie Bebel	17. 1. 1887	323
93	August an Julie Bebel	18. 1. 1887	328
94	Julie an August Bebel	21. 1. 1887	330
95	August an Julie Bebel	25. 1. 1887	334
96	Julie an August Bebel	28. [/29.] 1. 1887	339
97	August an Julie Bebel	2. 2. 1887	345
98	Julie an August Bebel	7. 2. 1887	349
99	August an Julie Bebel	10. 2. 1887	353
100	Julie an August Bebel	14. 2. 1887	359
101	August an Julie Bebel	17. 2. 1887	363
102	Julie an August Bebel	20. 2. 1887	371
103	August an Julie Bebel	22. 2. 1887	375
104	August an Julie Bebel	28. 2. 1887	382
105	Julie an August Bebel	6. 3. 1887	387
106	August an Julie Bebel	7. 3. 1887	392
107	Julie an August Bebel	9. 3. 1887	398
108	August an Julie Bebel	13. 3. 1887	402
109	Julie an August Bebel	20. 3. 1887	409
110	August an Julie Bebel	22. 3. 1887	413
111	Julie an August Bebel	27. 3. 1887	417
112	August an Julie Bebel	28. 3. 1887	421
113	Julie an August Bebel	2. 4. 1887	425
114	August an Julie Bebel	6. 4. 1887	430
115	Julie an August Bebel	8. 4. 1887	435
116	Julie an August Bebel	11. 4. 1887	438
117	Julie an August Bebel	17. 4. 1887	439
118	August an Julie Bebel	18. 4. 1887	444
119	Julie an August Bebel	24. 4. 1887	447
120	Julie an August Bebel	25. 4. 1887	450
121	August an Julie Bebel	26. 4. 1887	453
122	Julie an August Bebel	1. 5. 1887	457
123	Julie an August Bebel	5. 5. 1887	460
124	Julie an August Bebel	8. 5. 1887	463
125	August an Julie Bebel	10. 5. 1887	467
126	Julie an August Bebel	15. 5. 1887	471

Einleitung

Am 9. April 1866 wurden August Bebel und Julie Otto in der Thomaskirche zu Leipzig getraut. Kennengelernt hatten sie sich am 21. Februar 1863 auf dem Stiftungsfest des Gewerblichen Bildungsvereins zu Leipzig, wohin Julie ihren Bruder Albert begleitete. Sie fand am Festredner Gefallen, und dieser holte sie eine Runde nach der anderen zum Tanz. Ein außergewöhnliches Leben stand beiden bevor, das sich im hier publizierten Briefwechsel widerspiegelt. Briefe zwischen Eheleuten besitzen einen besonderen Reiz. Von Ehepartnern aus verschiedensten Gesellschaftskreisen und unterschiedlichsten Zeitläuften sind sie zu lesen. Eine Personengruppe aber war bisher nicht vertreten: Sozialdemokraten aus dem letzten Drittel des 19. Jahrhunderts, als sich die Arbeiterbewegung zu einer selbständigen politischen Kraft formierte, dem 1871 gegründeten deutschen Kaiserreich den Kampf ansagte und ihre eigenen Forderungen nach Freiheit und Demokratie, nach Frieden und Sozialismus auf ihr Banner schrieb. Eine solche Korrespondenz zwischen Eheleuten wird hier vorgestellt. Dabei handelt es sich nicht um irgendeinen Sozialdemokraten, sondern um einen herausragenden Repräsentanten, der die deutsche Sozialdemokratie stark prägte und die internationale Arbeiterbewegung beeinflußte.[1]

Der soziale Status von August Bebel und Julie Otto unterschied sich wenig, als sie sich 1863 kennenlernten. August Ferdinand Bebel (22. Februar 1840 - 13. August 1913) arbeitete als einer von sieben Gesellen bei einem Drechslermeister.[2] Johanna Caroline Julie Otto (2. September 1843 - 22. November 1910) war Arbeiterin in einem Putzwarengeschäft.[3] Drei Jahre vergingen, bis sie heirateten. August Bebel mußte erst das nötige Geld beschaffen, um das Leipziger Bürgerrecht zu erwerben und damit seine Drechslerei, die er 1864 unter dem Namen eines Freundes eröffnet hatte, selbst führen zu können. Es war wohl bei beiden eine Liebesheirat. Sie wußten, daß viele Entbehrungen auf sie warteten. Aber diese waren sie von Kindheit an gewöhnt.

August Bebel besaß keine engeren Verwandten mehr. Sein Vater Johann Gottlob Bebel, geboren am 22. Oktober 1808 in

Ostrowo/Regierungsbezirk Posen, preußischer Unteroffizier in Köln-Deutz, verstarb am 31. Januar 1844. Zwei Jahre später verlor er den Stiefvater, den Zwillingsbruder seines Vaters. Seine Mutter Wilhelmine Johanna, geb. Simon (1804 - 2. Juni 1853), früher Dienstmädchen, zog zu ihren Geschwistern nach Wetzlar. Dort am Heimatort bezog sie – an Schwindsucht erkrankt – Armenfürsorge. Mit 13 Jahren war Bebel Waise.[4] Als er 1860 auf Wanderschaft in Leipzig Arbeit fand, lebte auch keines seiner drei Geschwister mehr. Bebels Zuhause wurde der am 19. Februar 1861 gegründete Gewerbliche Bildungsverein in Leipzig. Es war ein gutes Omen für die Ehe mit Julie, daß er sie hier, in seinem geselligen und politischen Wirkungskreis, kennenlernte.

Ein anderes Kindheitsmuster prägte Julie. Ihr Vater Johann Gottfried Otto (18. September 1798 - 10. April 1857) aus Vielau bei Zwickau kam nach Leipzig auf Arbeitssuche. Zunächst Lohnkutscher, ernährte er seine Familie als Ballenbinder, Packer und Aufläder. Er war ein ungelernter Arbeiter, gehörte zu den „Handarbeitern", der am schlechtesten bezahlten Arbeitergruppe in Leipzig, die oft nur saisonbedingt, vor allem zu den Messen, beschäftigt war. Julies Mutter Christiane Sophie, geb. Weber (8. August 1804 - 20. Dezember 1865), stammte aus Eisleben. Sie war zunächst Dienstmädchen, dann Köchin bei einem Professor der Chirurgie an der Leipziger Universität. Sie muß also eine strebsame und befähigte Frau gewesen sein. Von der Geburt der ersten Tochter – Maria Friederike (29. November 1826 - 28. Juni 1889), die vorehelich geboren wurde – bis zur Hochzeit am 16. November 1835 vergingen neun Jahre. Erst dann verfügte Johann Gottfried Otto über genügend Geld, um den Status eines Schutzverwandten zu erwerben, womit eine Heirat in Leipzig gestattet war. Julies Eltern wohnten von der Eheschließung an in ein und derselben Wohnung, Frankfurter Straße 19, was bei ungelernten Arbeitern selten war und eine soziale Mindestsicherung voraussetzte.[5]

Julie war die jüngste von sieben Kindern – nicht von sechs, wie es in ihrer Geburtsurkunde heißt. Mit drei Geschwistern wuchs sie auf: mit Albert (10. April 1837 - 10. Mai 1897), Franz (31. März 1839 - 7. August 1889) und Auguste (15. August 1840 - 19. April 1884). Zwei Mädchen waren kurz nach der Geburt verstorben. Julie war eine Frohnatur, gesund und hübsch, voller Sangesfreude. Ihr harmonischer, ausgeglichener Charakter läßt auf eine Atmosphäre des Zusammenhalts und der Geborgenheit in der Familie schließen. Sie fühlte sich auch nach ihrer Eheschließung mit ihren Geschwistern eng verbunden, besonders mit ihrer ältesten Schwester Friederike. Vom Bildungsgang her erhielt Julie durch die Volksschule wenig Wissen für ihren weiteren Lebensweg. Von Wesensart und Charakter her brachte sie aber die Voraussetzungen mit, um die außergewöhnlichen Anforderungen ihres späteren Lebens zu meistern.

Ein knappes Jahr nach der Hochzeit begann August Bebels rascher politischer Aufstieg. Er wurde 1867 zum Abgeordneten des Norddeutschen Reichstags gewählt. Im gleichen Jahr wurde er Präsident des Verbandes Deutscher Arbeitervereine (VDAV), der vorwiegend aus Bildungsvereinen der verschiedenen deutschen Einzelstaaten bestand. Gemeinsam mit seinem Freund und Kampfgefährten Wilhelm Liebknecht und weiteren Gesinnungsgenossen erreichte er auf dem Nürnberger Vereinstag 1868, daß der VDAV die von Karl Marx ausgearbeitete Präambel der Statuten der Internationalen Arbeiterassoziation (IAA) zu seinem Programm erklärte und sich zur IAA bekannte. Um der Arbeiterbewegung im Ringen um den Charakter der Einigung Deutschlands politische Kraft zu verleihen, setzte er sich nunmehr an der Seite Liebknechts für die Gründung einer politischen Arbeiterpartei ein. Auf dem Eisenacher Kongreß 1869 schlossen sich der VDAV, Teile des von Lassalle gegründeten Allgemeinen Deutschen Arbeitervereins, Sektionen der IAA und Vertreter von Gewerkschaften zur Sozialdemokratischen Arbeiterpartei zusammen. Wilhelm Bracke aus Braunschweig, August Geib aus Hamburg, Julius Motteler aus Crimmitschau und Johann Philipp Becker aus Genf lernte Bebel dabei hoch schätzen.

Während des Deutsch-Französischen Kriegs 1870/1871 forderte Bebel im Reichstag die rasche Beendigung des Kriegs, lehnte die Annexion Elsaß-Lothringens ab und verweigerte im November 1870 zusammen mit Wilhelm Liebknecht die Kriegskredite. Als Vaterlandsverräter beschimpft und des Hochverrats angeklagt, wurde er vom 17. Dezember 1870 bis 28. März 1871 in Untersuchungshaft gehalten. Kaum freigelassen, bekannten sich Bebel und Liebknecht zur Pariser Kommune (18. März - 28. Mai 1871), dem ersten Versuch der Arbeiterklasse, die politische Macht in die eigenen Hände zu nehmen. Wegen ihres mutigen Bekenntnisses zum Internationalismus und ihrer Gegnerschaft zum 1871 gegründeten Deutschen Reich, das von Bourgeoisie und Junkertum beherrscht und vom Militarismus geprägt war, wurden sie im Leipziger Hochverratsprozeß (11. bis 26. März 1872) zu zwei Jahren Festungshaft verurteilt. Dem folgten für Bebel noch neun Monate Gefängnis wegen „Majestätsbeleidigung" bei Reden auf zwei Volksversammlungen. Vom 8. Juli 1872 bis 1. April 1875 befand sich Bebel fast ununterbrochen in Haft. Erneut im Gefängnis war er vom 23. November 1877 bis 29. Mai 1878 wegen Anprangerung des Militarismus in seiner Schrift über die parlamentarische Tätigkeit des Deutschen Reichstags.

Bebels Wirken im Reichstag, Gefängniszeiten und Festungshaft brachten beiden Ehepartnern Trennungen und Sorgen, Bitternisse und Entbehrungen. Es war eine große Belastungsprobe für ihre Ehe. Aber Julie besaß genug Charakterstärke, um solche Situationen zu meistern. Die Putzmacherei, der sie nach der Hochzeit weiter nachgegangen war, gab sie auf. Sie kümmerte sich um die Drechslerwerkstatt, in der geschmackvolle Tür- und Fenstergriffe aus Horn hergestellt wurden. Am 4. Juni 1872 erfolgte ihre Eintragung als Inhaberin der Drechslerei in das Gewerberegister. Das Geschäft verlief wechselvoll. Aus politischen Gründen erhielten die Bebels ab 1870 in Leipzig kaum noch Aufträge. Dann profitierten sie vom Bauboom der Gründerjahre. Die im Herbst 1873 einsetzende Wirtschaftskrise zwang sie, zeitweilig die Werkstatt nach Reudnitz zu verlegen. Erst die mit Dampfkraft betriebene Fabrik, die sie gemeinsam mit dem Sozialdemokraten Ferdinand Ißleib 1876 in Leipzig gründeten, und neue Kundenkreise in Süddeutschland und der Schweiz führten sie angesichts der Gediegenheit ihrer Produkte aus der Geschäftskrise heraus. Mit Umsicht, Tatkraft und Selbstbewußtsein trug Julie so dazu bei, das Einkommen der Familie zu sichern. Außer der damals äußerst aufwendigen Hausarbeit lasteten somit auch die Anforderungen als Handwerksfrau auf ihr.

Julie wurde durch ihre Ehe in die Politik hineingezogen. Mit dem Streben ihres Mannes sympathisierte sie von Beginn ihrer Bekanntschaft an. Seit 1870/1871 aber stand er im Mittelpunkt zugespitzter politischer Auseinandersetzungen. Die Sympathiebekundungen seiner Anhänger weiteten sich aus, seine Gegner überhäuften ihn mit Haß, Verleumdungen und Ehrverletzungen. Die Situation war völlig anders als zur Zeit der Eheschließung. Julie mußte dazu ihren eigenen Standpunkt finden. Und sie entschied sich nun erst recht für die Ideale ihres Ehegatten, für die Ziele der Sozialdemokratie. Bebel selbst bezeugte das 1876 auf einer Versammlung in Breslau. Seine Frau sei zwar unzufrieden, daß er sich in die vorderste Reihe stelle. Würden aber er und die Sozialdemokratie angegriffen, dann verteidige seine Frau ihn und die von ihm vertretene Sache gegen alle Angriffe und Verdächtigungen so gewandt und lebhaft, wie auch er es nicht besser vermöge.[6] Mit Julies politischer Entscheidung war die feste Basis ihrer Ehe geschaffen. Der Sozialdemokratie als Mitglied beizutreten, erlaubten ihr die Vereinsgesetze nicht, die bis 1908 Frauen die Mitgliedschaft in politischen Vereinen untersagten.

Zum Kristallisationspunkt ihrer Ehe wurde ihr einziges Kind, die Tocher Bertha Friederike (16. Januar 1869 - 28. Juni 1948), das Friedchen. Um ihr Wohlergehen und ihre möglichst allseitige Ausbildung kreisten die Gedanken von August und Julie in den meisten Briefen. Daß ihre Tochter einen an Wissen gebundenen Beruf ergreifen würde, war beiden selbstverständlich. Aber für Frieda erwiesen sich die Verfolgungen ihres Vaters als verhängnisvoll. Vom 3. bis zum 18. Lebensjahr war sie rund die Hälfte der Zeit wegen politischer Verfolgungen ihres Vaters von ihm getrennt. Als kleines Kind wollte sie bei ihm auf dem Gefängnishof ihre Wohnstatt aufschlagen. Die 18jährige vermißte den Gesprächspartner, mit dem sie bei ihren Vorbereitungen auf ein Studium Gedanken austauschen konnte. Sie identifizierte sich völlig mit ihrem Vater. Körperlich klein und zart, nervlich äußerst sensibel, zeigte sie sich nach außen tapfer. Sie trug jedoch tiefgehende psychische Schäden aus den Verfolgungen ihres Vaters davon, die ihr die eigenen Lebenspläne zerstörten.

Der Schwerpunkt des Briefwechsels liegt in den Jahren des Sozialistengesetzes. Am 21. Oktober 1878 trat das „Gesetz gegen die gemeingefährlichen Bestrebungen der Sozialdemokratie" in Kraft. Es sollte die Arbeiterpartei und die von ihr beeinflußten Gewerkschaften vernichten. Alle ihre Organisationen und fast alle ihre Presseorgane wurden verboten, Versuche von Neugründungen unterdrückt, Versammlungen nicht erlaubt. Im November 1878 wurde der Kleine Belagerungszustand über Berlin und Umgebung verhängt. Sofort wurden 67 Sozialdemokraten willkürlich ausgewiesen. Die Veranstaltung einer Tombola für die Frauen und Kinder der Ausgewiesenen, Flugblattverteilungen, jegliche öffentliche Tätigkeit für die Sozialdemokratie wurden mit Gefängnis bestraft. Nur die Tribüne des Reichstags verblieb der Partei als legales Wirkungsfeld in den ersten Jahren des Sozialistengesetzes, um gegen Polizeiwillkür und Rechtlosigkeit zu protestieren und ihre Ziele zu verkünden. Fast zwölf Jahre bestand das Ausnahmegesetz – mit unterschiedlicher Härte gehandhabt – bis zum 30. September 1890. Dann feierte die Sozialdemokratie ihren Sieg. An der Standhaftigkeit und der Stärke der Arbeiterbewegung war das Gesetz zerschellt.

Seit 1869 hatte Bebel zwar durch Reden und Schriften die Partei beeinflußt, aber nicht ihrer Leitung angehört. Im Oktober 1878 trat er an die Spitze der verfolgten Sozialdemokratie. Er wurde ihr Kassierer – die wichtigste Funktion zur Unterstützung der Ausgewiesenen, zur Gründung eines illegal in Deutschland verbreiteten Presseorgans, zur Organisierung von Wahlkämpfen, zur Herausgabe sozialistischer Literatur und zu vielem mehr. Bebel sprühte von Ideen, wie der Fortbestand der Arbeiterbewegung zu sichern und dem Polizeistaat Schnippchen zu schlagen waren. Nicht nur als Organisator, auch als Politiker und Taktiker erwarb er sich unermeßliche Verdienste.

Dabei war er vom Sieg der Sozialdemokratie zutiefst überzeugt. Er gewann diese Zuversicht aus den Lehren von Karl Marx und Friedrich Engels. Ihnen folgend, vertrat er die Auffassung, daß die bestehende Staats- und Gesellschaftsordnung an ihren inneren Widersprüchen gesetzmäßig zugrunde gehen werde. Ihr den Todesstoß zu geben, sei die Aufgabe der Arbeiterklasse, die an Zahl ständig wachse. Sie müsse sich dazu organisieren und sich die Ideen von Marx und Engels aneignen. Wenn die Arbeiterklasse die Macht erobert und ihren eigenen Staat geschaffen habe, werde sie das Privateigentum an Produktionsmitteln beseitigen, es in Gemeineigentum verwandeln und auf dieser Basis eine Gesellschaft frei von Ausbeutung und Unterdrückung, von Militarismus und Krieg schaffen. Für dieses Ziel gewann die Sozialdemokratie unter dem Sozialistengesetz Hunderttausende Anhänger. Dafür nahm Bebel Verfolgungen auf sich.

Aber ein Abwarten auf diesen Zeitpunkt war Bebels Wesensart fremd. Hier und heute bekämpfte er Polizeiwillkür und Ausbeutung, forderte er demokratische Rechte und Arbeiterschutz. Zur richtigen Zeit die wirksamsten Forderungen zu erheben – dazu verhalfen ihm seine exakten Analysen der konkreten Situation. Sie fußten nicht nur auf Bebels Realitätssinn, sondern auch auf seinem Eindringen in den historischen Materialismus. So wurde Bebel in den Jahren des Sozialistengesetzes zum großen Gegenspieler des Reichskanzlers Otto von Bismarck. Symbolisierte dieser den Polizei- und Militärstaat, so wurde Bebel für Freund und Feind zur Personifizierung des Ringens der Arbeiterklasse um eine neue Gesellschaftsordnung.

August Bebel bezeichnete in seinen Erinnerungen die ersten Jahre des Ausnahmegesetzes als die schwersten, arbeitsreichsten und sorgenvollsten seines Lebens. Es empörte ihn zutiefst, als auch er und seine Familie von der Ausweisung betroffen wurden. Am 29. Juni 1881 erhielt er den Bescheid, Leipzig und Umgebung binnen drei Tagen zu verlassen. Diese Eingriffe ins Privateste empfand Bebel als schärfsten Ausdruck der Willkür im Bismarckstaat. Zunächst lebte die Familie getrennt: Julie und Tochter Frieda wohnten weiter in Leipzig, August Bebel war unterwegs auf Geschäfts- und Agitationsreisen oder hielt sich in Dresden zu den Beratungen des Landtags auf; ab Mitte September 1882 nahm er in Borsdorf bei Leipzig Quartier, im gleichen Haus wie Wilhelm Liebknecht. Am 24. September 1884 bezog Familie Bebel gemeinsam eine Wohnung in Plauen-Dresden, direkt vor den Toren der königlich-sächsischen Residenz. Trennungen gab es trotzdem noch genug: durch Bebels Reisen für die Firma Ißleib & Bebel, die zugleich den legalen Rahmen für seine Kontakte zu Sozialdemokraten boten, durch die Verhandlungen des Reichstags und durch neun Monate Gefängnishaft 1886/1887 wegen Teilnahme am illegalen Parteikongreß in Kopenhagen. Aus dieser Haft stammt ein reichliches Drittel der Briefe im Band.

Die Jahre des Sozialistengesetzes brachten Julie Bebel schwerste Belastungen. Sie bewirkten aber auch eine weitere Entfaltung ihrer Persönlichkeit. In diesen Jahren leistete Julie selbständig so viel für die Sozialdemokratie wie weder vorher noch nachher. Gerade auf diese Zeit trifft die Feststellung von Minna Kautsky besonders zu: „Wenn die sozialdemokratische Partei... die höchsten Anforderungen an den Idealismus ihrer Vorkämpfer stellte, so verlangte sie nicht zuletzt von den Frauen derselben ein fast übermenschliches Maß von Selbstentäußerung und Opferwilligkeit."[7]

Freilich widerspiegeln die Briefe – besonders kurz nach Bebels Ausweisung – auch Julies Unzufriedenheit mit ihrem Leben. Sie fühlte sich festgenagelt an Leipzig, war allein für die Erziehung der Tochter verantwortlich und mit Pflichten im Geschäft oft überbürdet. Augusts Berichte über seine Reisen provozierten dann ihre Klagen. Aber Gefühle der Ohnmacht oder gar der Verzweiflung beherrschten sie nicht. Sie war ein aktiver Mensch, nahm Verantwortung ohne Zagen auf sich und war trotz aller Widrigkeiten von Lebensmut erfüllt. Dazu verhalf ihr eine Heiterkeit des Gemüts, vor allem aber ihr Verwachsensein mit dem Kampf der Arbeiterbewegung.

Unter dem Sozialistengesetz gab es keine Parteizentrale, kein Sekretariat. Liefen bei August Bebel alle Fäden der sozialdemokratischen Partei zusammen, so leitete bei seiner Abwesenheit Julie das „Sekretariat". Sie entschied, welche Post nachzusenden war, schrieb Briefe, sammelte und überwies Unterstützungsgelder und vieles mehr – dafür gibt es im Band eine Fülle von Beispielen. Sie selbst schrieb darüber 1892 an Friedrich Engels: „... dadurch, daß ich seine Parteigeschäfte fortführen mußte, soweit ich es konnte, wenn er so oft vom Hause weg war, bin ich in den Geist der Bewegung eingedrungen und heute mit ganzer Seele dabei."[8] Julie strebte nie nach einer selbständigen Tätigkeit in der Arbeiterbewegung – vielleicht als Vorsitzende eines Arbeiterinnenvereins. Abgesehen davon, daß die Polizei z.B. 1886 in Dresden verheirateten Frauen die Mitgliedschaft verbot, da sie ihre Entscheidungsfreiheit mit der Heirat dem Ehemann übertragen hätten, konnte sie als Helferin ihres Mannes unendlich viel mehr leisten, besaß sie ein weit größeres Betätigungsfeld. Ohne Zweifel gehörte Julie Bebel zu den fortgeschrittenen Frauen ihrer Zeit.

Die Jahre ab Herbst 1890 in Berlin wurden für Julie ruhiger, geborgener und auch fröhlicher. Die Sozialdemokratie verfügte nun über eine Parteizentrale mit beruflich Tätigen. Damit endete die Spezifik ihres Wirkens unter dem Sozialistengesetz und nahm andere Formen an. August Bebel war freilich noch beanspruchter als früher. Er war ab 1892 gemeinsam mit Paul Singer Vorsitzender der Partei und gewann in der 1889 gegründeten II. Internationale an Einfluß. Zudem forderte die an politischer Ausstrahlung und Mitgliederzahl ständig wachsende Arbeiterbewegung zur Stellungnahme in neuen Bereichen heraus. Wie sehr August Bebel als Verkörperung der Alternative der Arbeiterbewegung verstanden wurde, beweisen die Glückwünsche zu seinem 70. Geburtstag und die ihm gewidmeten Nachrufe.[9]

Aber noch verblieben August und Julie Bebel zwei Jahrzehnte Gemeinsamkeit. In ihren harmonischen Kreis nahmen sie Ferdinand Simon (5. August 1862 - 4. Januar 1912) auf, Arzt und Bakteriologe in Zürich, mit dem Frieda am 2. Februar 1891 die Ehe schloß.[10] Freude über die Entwicklung des Enkels Werner (22. Februar 1894 - 21. Januar 1916) und Sorge um die Gesundheit der Tochter, gemeinsam verbrachte Feiertage und Ferien gehörten zum Jahresablauf.

Julie Bebels Gesichtskreis und ihre Kontakte zu herausragenden Persönlichkeiten weiteten sich in Berlin und Zürich. Sie förderte die Geselligkeit befreundeter Sozialdemokraten, gestaltete ihr Heim zur Stätte vielfältigen Gedankenaustauschs. Sie nahm an unzähligen Versammlungen teil und konnte endlich 1908 auch der Partei als Mitglied beitreten. Sie beneidete manchmal Rosa Luxemburg und Luise Kautsky um ihren ganz anderen Werdegang, drängte sich aber auch jetzt nicht nach einem selbständigen Wirkungskreis.

Wie stand es aber um Julies Gleichstellung in der Ehe? Das können die Leserin und der Leser selbst aus den Briefen herausfinden. Die Frage ist ohne Beachtung der Unterdrückung der Frau im gesellschaftlichen Leben des Kaiserreichs nicht zu beantworten. Die Frauengeneration, der Julie Bebel angehörte, traf die politische Entrechtung im öffentlichen Leben um so härter, als sich für Männer und insbesondere für Arbeiter seit 1867/1871 mit dem allgemeinen, gleichen, geheimen und direkten Wahlrecht zum Reichstag und weiteren Rechten eine beachtliche Veränderung vollzogen hatte. Frauen aber besaßen bis 1918/1919 kein Wahlrecht und bis 1908 kein Recht auf politische Organisierung. Auch das Recht auf Bildung und Studium war Frauen im Deutschen Reich weitgehend bis 1908 verwehrt. So besuchte Frieda Bebel zwar in Leipzig eine private zehnklassige höhere Töchterschule, sie durfte aber nicht auf einem Gymnasium die Hochschulreife erwerben, und zu einem Studium mußte sie sich in die Schweiz begeben. Per Gesetz gab es für die Frau im letzten Drittel des 19. Jahrhunderts weder Gleichberechtigung in der Gesellschaft noch in der Familie.

Gegen die Entrechtung der Frau und ihre doppelte Ausbeutung im Arbeitsprozeß wandte sich August Bebel in seinem Buch

„Die Frau und der Sozialismus". Es erschien zuerst im Februar 1879, kurz nach Erlaß des Sozialistengesetzes, und wurde sofort verboten. Zumeist unter dem Decknamen „Frau Julie" bestellt, vertrieb es die Sozialdemokratie bis 1890 illegal. Mehrfach erweitert und umgearbeitet, erlangte das Buch mit der 50. Auflage im Jahr 1910 seine heutige Gestalt. Bebels theoretisches Hauptwerk wurde bis 1913 in 20 Sprachen übersetzt.

Sein Anliegen, schrieb Bebel, war die „Bekämpfung der Vorurteile, die der vollen Gleichberechtigung der Frau entgegenstehen, sowie die Propaganda für die sozialistischen Ideen, deren Verwirklichung allein der Frau ihre soziale Befreiung verbürgen".[11] Mit seinem leidenschaftlichen, ausführlich begründeten Plädoyer für die Gleichstellung der Frau forderte Bebel Freund und Feind zur Stellungnahme heraus. Von den Gegnern der Arbeiterbewegung wurde das Buch herangezogen, um die Verlängerung des Ausnahmegesetzes zu begründen und die Sozialdemokratie zu diffamieren. In der Arbeiter- und Frauenbewegung wurde es für Jahrzehnte zu einem Handbuch. Bebels Werk trug zum Umdenken hinsichtlich der gesellschaftlichen Stellung der Frau Wesentliches bei.

Die Befreiung der Frau verstand Bebel in erster Linie als eine soziale Frage. Nicht nur durch Gesetz müsse die Frau dem Mann gleichgestellt sein, sie müsse auch „ökonomisch frei und unabhängig von ihm und in geistiger Ausbildung ihm möglichst ebenbürtig" sein. Das sei „unter den gegenwärtigen gesellschaftlichen und politischen Einrichtungen ebenso unmöglich wie die Lösung der Arbeiterfrage".[12]

Wenn in der Gesellschaft Ausbeutung und Unterdrückung beseitigt sind, würden auch die Bedingungen entstehen, um die Beziehungen von Mann und Frau als „Freie, Gleiche" zu gestalten. Beteiligten sich aber beide Eheleute an dem Ringen um die zukünftige Gesellschaft, „idealisiert sich ... ihr Eheleben. Beide Teile haben jetzt ein gemeinsames Ziel, nach dem sie streben, und eine unversiegbare Quelle der Anregung durch den Meinungsaustausch, zu dem ihr gemeinsamer Kampf sie führt."[13] Eine solche Feststellung gründete sich auch auf Bebels eigene Erfahrungen.

Die Ehe von August und Julie Bebel basierte auf echter Partnerschaft, auf Gleichrangigkeit, wenn auch die Anforderungen, die das Leben an beide stellte, äußerst unterschiedlich und in die

Zeitumstände eingebunden waren. Hatte August Bebel in seinem Buch „Die Frau und der Sozialismus" jegliche Vorstellungen von einer Minderwertigkeit der Frau abgelehnt, so begegnete er auch seiner Ehefrau voller Vertrauen in ihre Fähigkeiten, voller Hochachtung für ihre Leistungen. Zu ihrer Partnerschaft trug wesentlich bei, daß Julie in die beruflichen Probleme und das politische Wirken ihres Ehegatten voll einbezogen war. Sie nahm an den politischen Ereignissen lebhaften Anteil, las Zeitungen und bildete sich ein eigenes Urteil, wie die Korrespondenz veranschaulicht. Ein Beispiel dafür ist ihr Brief an Friedrich Engels über Bebels Befinden in der Zwickauer Haft.[14] Sie wurde von ihrem Mann über alles informiert, nicht nur wegen Bebels Bedürfnis, seine Gedanken anderen weiterzugeben. Julie wertete seine Mitteilungen als Zeichen des Vertrauens in ihre Urteilsfähigkeit, als Voraussetzung, um von Verfolgungen nicht überrascht zu werden.[15]

Aus Werdegang, Zeitläuften und Lebensumständen erwuchs Julie Bebels innere Bereitschaft, sich den Anforderungen, die an ihren Mann gestellt waren, anzupassen und auf eine unabhängige Lebensgestaltung, ohne ihn oder gar gegen ihn, zu verzichten. Sie ermöglichte ihm in der Familie Ruhe, Geborgenheit, die er, „mit einer Welt im Kampfe" liegend[16], brauchte. August Bebels Neigung zu einer gewissen Bevormundung und Rechthaberei, die in den Briefen hin und wieder hervortritt, empfand sie nicht als kränkend. Jedenfalls konnte sie durch diese Ehe ihre Persönlichkeit in viel höherem Maße entfalten, als es für eine Arbeiterin damals im allgemeinen möglich war.

In seinen Lebenserinnerungen, die August Bebel „Meiner lieben Frau" widmete, ehrte er sie 1910 zu Recht als „eine Stütze und eine Förderin" seiner Bestrebungen, eine bessere Frau hätte er sich nicht denken können. Wenn er aber Julies „unermüdliche Pflege und Hilfsbereitschaft" besonders hervorhob,[17] so war ersteres die Einschätzung eines alten Mannes, der zwei Jahre schwerster Krankheit durchlitten hatte. Für frühere Jahrzehnte und vor allem für die Jahre des Sozialistengesetzes leistete Julie unendlich viel mehr, wie die Briefe der Eheleute belegen. Bebel schrieb weiter: „Und sie hat viele schwere Tage, Monate und Jahre zu durchkosten gehabt, bis ihr endlich die Sonne ruhigerer Zeiten schien"[18]. Gerade das erstere widerspiegelt sich zumeist in der hier publizierten Korrespondenz.

Die Briefe enthalten den Alltag der Eheleute – aber welch ungewöhnlichen, politisch geprägten Alltag. Das private Leben und das Aufgehen für die Sache der Sozialdemokratie war bei beiden untrennbar verflochten. Persönlich-familiäre Gedanken, Gefühle und Ratschläge mischen sich mit Wertungen politischer Ereignisse, die beide bewegten. Überlegungen zur Erziehung und Bildung der Tochter stehen unmittelbar neben der Analyse einer Reichstagswahl. Julies Sorgen um den Ehemann folgen Mitteilungen über Parteivorgänge. Die Briefe geben Einblick in den Freundeskreis, in dem die Familien Liebknecht und Bahlmann und später auch Paul Singer im Vordergrund stehen. Sie weisen auf die Verbundenheit der Eheleute mit der Natur hin, aus der sie Kraft schöpften, auf ihr Interesse für Musik, Literatur und Theater.

So reiht sich dieser Briefband mit ganz eigenem Reiz in den bisher publizierten Briefwechsel August Bebels[19] ein. Er zeigt, ob und wie der Verfechter der Gleichberechtigung der Frau, der Verfasser des viel gelesenen Buches „Die Frau und der Sozialismus", nach den von ihm verkündeten Prinzipien lebte. Vor allem tritt Julie Bebel aus ihrem Schattendasein hervor.

Der Briefwechsel kann aber auch die Forschungen über Frauenemanzipation und Familiengeschichte zu neuen Überlegungen anregen. Sollte man nicht genauer untersuchen, worin die Leistungen von Frauen der Ausgewiesenen und Verfolgten unter dem Sozialistengesetz bestanden? Bildete sich hier nicht eine Spezifik ehelicher Beziehungen heraus? Jedenfalls waren diese Sozialdemokratinnen keine passiven Dulderinnen und nicht auf den engen Gesichtskreis von Haus und Familie beschränkt. Sie nahmen auf besondere Weise Anteil am politischen Geschehen und am Ringen und Wachsen der Arbeiterbewegung.

1 Siehe August Bebel: Ausgewählte Reden und Schriften, Bd. 1. 1863 bis 1878. Bearb. von Rolf Dlubek und Ursula Herrmann unter Mitarbeit von Dieter Malik, Berlin 1970. - Bd. 2/1 u. 2/2. 1878 bis 1890. Bearb. von Ursula Herrmann u. Heinrich Gemkow unter Mitarbeit von Anneliese Beske, Marga Beyer, Wilfried Henze, Gudrun Hofmann, Ruth Rüdiger u. Gerhard Winkler, Berlin 1978. - Bd. 3. Reden und Schriften. Oktober 1890 bis Dezember 1895. Bearb. von Anneliese Beske, Bärbel Bäuerle, Gustav Seeber u. Walter Wittwer. Endredaktion Anneliese Beske u. Eckhard Müller, München u.a. 1995. - Bd. 4. Reden und Schriften. Januar 1896 bis Dezember 1899. Dieselben, München u.a. 1995. - Bd. 5. Briefe 1890 bis 1899, Anmerkungen, Bibliographie und

Register zu den Bänden 3 bis 5. Dieselben, München u.a. 1995. - Bd. 6. Aus meinem Leben. Bearb. von Ursula Herrmann unter Mitarbeit von Wilfried Henze u. Ruth Rüdiger, Berlin 1983. - Bd. 7/1. Reden und Schriften. Dezember 1899 bis Juni 1903. Bearb. von Anneliese Beske und Eckhard Müller, München u.a. 1996. - Bd. 7/2. Reden und Schriften. September 1903 bis Dezember 1905. Bearb. dieselben, München u.a. 1996. - Bd. 8/1. Reden und Schriften. Januar 1906 bis November 1907. Bearb. dieselben, München u.a. 1996. - Bd. 8/2. Reden und Schriften. Januar 1908 bis August 1913. Bearb. dieselben, München u.a. 1996. - Bd. 9. Briefe 1899 bis 1913, Anmerkungen, Bibliographie und Register zu den Bänden 7 bis 9. Bearb. dieselben, München u.a. 1996. - Bd. 10/1 u. 10/2. Die Frau und der Sozialismus. Mit einem Geleitwort von Susanne Miller. Bearb. von Anneliese Beske u. Eckhard Müller, München u.a. 1996, Bd. 10/1: Die Frau und der Sozialismus, 1. Auflage, Bd. 10/2: Die Frau und der Sozialismus, 50. Auflage, Beilagen, Anmerkungen und Register. Siehe im Verlag J. H. W. Dietz Nachf. August Bebel: Die Frau und der Sozialismus, 3. Auflage Bonn 1994.- August Bebel: Aus meinem Leben, Neuausgabe Bonn 1997.

2 Siehe als neuere Publikationen: August Bebel. Eine Biographie. Autorenkollektiv unter Leitung von Ursula Herrmann und Volker Emmrich, Berlin 1989. - Ilse Fischer/Werner Krause: August Bebel 1840-1913. Ein Großer der deutschen Arbeiterbewegung. Katalog einer Ausstellung des Archivs der sozialen Demokratie/Friedrich-Ebert-Stiftung und der Stiftung Preußischer Kulturbesitz [1988]. - Francis L. Carsten: August Bebel und die Organisation der Massen, Berlin 1991. - Werner Jung: August Bebel. Deutscher Patriot und internationaler Sozialist. Pfaffenweiler 1986. - W. H. Maehl: August Bebel. Shadow emperor of the german workers, Philadelphia 1980. - Brigitte Seebacher-Brandt: Bebel. Künder und Kärner im Kaiserreich, Berlin-Bonn 1988. Siehe auch die Bildbiographien: Heinrich Gemkow: August Bebel. Leipzig 1986. - Helmut Hirsch: August Bebel. Mit Selbstzeugnissen und Bildkokumenten, Reinbek b. Hamburg 1988. Ältere Biographien sind verzeichnet bei Ernst Schraepler: August-Bebel-Bibliographie, Düsseldorf 1962. Zu weiteren Einzelheiten siehe die ausführlichen Fußnoten zu den Briefen.

3 Zu Julie Bebels Werdegang siehe Anneliese Beske: Frau Julie, in: Ich muß mich ganz hingeben können. Frauen in Leipzig. Hrsg. von Friderun Bodeit. Leipzig 1990, S. 157-169, 237/238. - Heinrich Gemkow: Julie Bebel, in: Beiträge zur Geschichte der Arbeiterbewegung 1989/4, S. 545-553. - Siehe auch die zahlreichen Nachrufe auf Julie Bebel, von denen hier ein Teil aufgeführt wird: [anonym] Julie Bebel gestorben. Arbeiter-Zeitung (Wien) vom 24. November 1910; dasselbe. Volksrecht (Zürich) vom 24. November 1910; [anonym] Julie Bebel. Vorwärts (Berlin) vom 24. November 1910; rf [Richard Fischer:] Julie Bebel, in: Illustrierter Neue-Welt-Kalender für das Jahr 1912. Hamburg 1912, S. 71; K[arl] Kautsky: Julie Bebel, in: Die Neue Zeit, 1910/1911, 1. Bd., S. 276-278; Luise Kautsky: Dem Andenken Julie Bebels, in: Vorwärts vom 27. November 1910; [Clara Zetkin:] Julie Bebel, in: Die Gleichheit (Stuttgart) vom 5. Dezember 1910, S. 67-69; Bericht des Parteivorstandes an den Parteitag zu Jena 1911. Unsere Toten, in: Protokoll über die Verhandlungen des Parteitages der Sozialdemokratischen Partei Deutschlands. Abgehalten in Jena vom 10.bis 16. September 1911, Berlin 1911, S. 61.

4 Siehe Herbert Flender: August Bebels Kinder- und Jugendzeit in Wetzlar (1846-1858), in: August Bebel in Wetzlar. Schriften zur Stadtgeschichte, Heft 3, Wetzlar 1984, S. 7-24.

Dank dem polnischen Historiker Feliks Tych wurde 1990 die Geburtseintragung von Bebels Vater im Archivum Panstwowe in Poznan ermittelt, die dem evangelischen Kirchenbuch von Ostrowie aus dem Jahr 1808 entstammt. Dort ist vermerkt: Johann Gottlob und Ferdinand August, geboren den 22. Oktober 1808 in Ostrowe, eingetragen am 30. Oktober 1808. Vater Gottlob Babel [!], hiesiger Bürger und Böttcher. Mutter Beate geb. Heintze. Bisher lagen nur die Angaben des Lebensalters vor in der Hochzeits- und Sterbeurkunde, so daß sowohl 1808 als auch 1809 in Frage kamen.

5 Genauere Angaben zur Familie Otto in dem bisher nicht publizierten Manuskript „Julie Bebels Familie in Leipzig", 20 S., von Ursula Herrmann.

6 Theodor Müller: Die Geschichte der Breslauer Sozialdemokratie. Erster Teil: Bis zum Erlaß des Sozialistengesetzes, Breslau 1925, S. 174.

7 Minna Kautsky: Natalie Liebknecht, in: Illustrierter Neue-Welt-Kalender für das Jahr 1910, Hamburg 1910, S. 74.

8 Anhang I.2.

9 Siehe den Reprint des „Goldenen Buchs" für August Bebel: Zum 70. Geburtstag. 22. Februar 1910. Nachbemerkung von Ursula Herrmann, Berlin 1989. - August Bebel - „ein prächtiger alter Adler". Nachrufe - Gedichte - Erinnerungen. Hrsg. von Heinrich Gemkow und Angelika Miller, Berlin 1990.

10 Siehe Ursula Herrmann: Ferdinand Simon (1862-1912), Arzt und Bakteriologe in Zürich, Schwiegersohn August Bebels, Freund von Carl und Gerhart Hauptmann, in: Zürcher Taschenbuch 1996, Zürich 1995, S. 221-270.

11 August Bebel: Die Frau und der Sozialismus. Vorrede zur 34. Auflage, in: Ausgewählte Reden und Schriften, Bd. 10/2, S. 229.

12 Dasselbe, 1. Auflage, ebenda, Bd. 10/1, S. 10.

13 Dasselbe, 50. Auflage, Bd. 10/2, S. 361.

14 Siehe Anhang I.1.

15 Siehe Anhang II.

16 August Bebel: Ausgewählte Reden und Schriften, Bd. 6. Aus meinem Leben, S. 139.

17 Ebenda.

18 Ebenda.

19 Siehe die vom Internationalen Institut für Sozialgeschichte Amsterdam herausgegebenen Briefbände: August Bebel. Briefwechsel mit Friedrich Engels. Hrsg. von Werner Blumenberg, London u.a. 1965. - August Bebels Briefwechsel mit Karl Kautsky. Hrsg. von Karl Kautsky Jun., Assen 1971. - Teile des Briefwechsels mit Wilhelm Liebknecht in: Wilhelm Liebknecht. Briefwechsel mit deutschen Sozialdemokraten, Bd. I. 1862-1878 Hrsg. u. bearb. von Georg Eckert, Assen 1973; Bd. II. 1878-1884. Hrsg. von Götz Langkau unter Mitwirkung von Ursula Balzer u. Jan Gielkens, Frankfurt/New York 1988. Siehe auch die Briefe Bebels in den Ausgewählten Reden und Schriften, Bd. 1, 2/2, 5 u. 9.

Editorische Vorbemerkungen

Von den 168 Briefen, die aus dem Briefwechsel zwischen August und Julie Bebel bisher überliefert sind, befinden sich 111 in der Stiftung Archiv der Parteien und Massenorganisationen der DDR im Bundesarchiv, 54 im Internationalen Institut für Sozialgeschichte Amsterdam, zwei im Archiv der sozialen Demokratie der Friedrich-Ebert-Stiftung (aus dem Privatbesitz von Dr. Joachim Simon), und ein Brief ist Bebels Erinnerungen „Aus meinem Leben" entnommen (siehe den Nachweis über den Standort der Originale). Für die Erlaubnis, die Briefe publizieren zu dürfen, danke ich herzlich. Die Drucklegung wurde dank der Unterstützung der Friedrich-Ebert-Stiftung möglich, besonders durch das Verständnis von Herrn Dr. Dieter Dowe und Frau Dr. Ilse Fischer.

Die bisher aufgefundenen Briefe bilden nur einen Teil der Korrespondenz zwischen den Eheleuten. Sie konnten ihre Briefe über Jahrzehnte nicht bei sich aufbewahren, da sie mit Verfolgungen und Haussuchungen rechnen mußten. Zu schlechte Erfahrungen hatte die Sozialdemokratie vor allem 1870 bis 1872 gewonnen, als der bei Wilhelm Bracke akribisch gesammelte Schriftverkehr von der Polizei beschlagnahmt und zu Hochverratsprozessen ausgenutzt wurde. Der hier publizierte umfangreiche Briefbestand aus den Jahren 1886/1887 stammt aus dem Nachlaß der Tochter Frieda Simon-Bebel, die 1948 in Zwickau/ Sachsen verstarb. Weitere kleinere Briefgruppen kaufte das damalige Institut für Marxismus-Leninismus zu verschiedenen Zeiten bei Auktionen, ohne daß die ehemaligen Besitzer bekannt wurden. Die Briefe im Internationalen Institut für Sozialgeschichte entstammen dem SPD-Archiv.

Im Hauptteil des Briefbandes stammen 119 Briefe aus der Feder August Bebels, davon 32 aus der Gefängnishaft 1886/1887. Julie Bebel schrieb 49 der Briefe, davon 33 während dieser Haft. Von ihren Briefen ist bisher keiner vollständig publiziert, von August Bebel liegen 26 gedruckt vor (siehe unten).

Im Bestreben, Julie Bebels Persönlichkeit zu dokumentieren, wurden fünf ihrer bereits publizierten Briefe an Friedrich Engels in den Anhang aufgenommen und ein Brief an Natalie Liebknecht. Deren Abdruck gestattete ebenfalls das IISG. Des weiteren sind im Anhang knappe Briefauszüge von August an Julie Bebel aus seinen Lebenserinnerungen „Aus meinem Leben" und ein Brieffragment von Julie Bebel enthalten.

Die Erstentzifferung der meisten Briefe erfolgte durch Ruth Rüdiger, die Kontrollentzifferung nahm die Herausgeberin vor. Notwendige Korrekturen gegenüber vorhergehenden Veröffentlichungen sind stillschweigend erfolgt, außer bei einer Briefdatierung. Auf Datierungsprobleme von Briefen wird in Fußnoten eingegangen. Schrieb Julie die Briefe an mehreren Tagen, werden die Daten in eckigen Klammern ergänzt.

Die Briefe wurden in Orthographie und Zeichensetzung modernisiert entsprechend der 1996 gültigen Rechtschreibung. Der Lautstand wurde beibehalten. Von Bebel unterstrichene Wörter sind kursiv gesetzt, doppelte Unterstreichungen werden fett gedruckt. Das Datum der Briefe wurde ausgeschrieben, die Unterschriftsformel einheitlich angeordnet. Allgemein übliche Abkürzungen wurden beibehalten, andere abgekürzte Wörter ausgeschrieben. Abgekürzte Namen von Personen, Orten und Zeitungen werden in eckigen Klammern ergänzt, falsch geschriebene Namen berichtigt.

Briefe erschließen sich erst, wenn erwähnte Ereignisse und Personen entschlüsselt werden. Das ist nach Möglichkeit in Fußnoten zu jedem Brief geschehen. Dabei wurden die Briefgruppen als Einheit betrachtet. Bei Bezugnahmen in folgenden Briefen auf bereits annotierte Ereignisse und Personen werden die Fußnoten in der Regel nicht wiederholt.

Was Bebel betrifft, stützt sich die Bearbeiterin auf ihre 30jährigen Forschungen zu dieser Thematik, die ihren Niederschlag fanden als Mitherausgeberin und Bearbeiterin der Bände 1, 2 und 6 der „Ausgewählten Reden und Schriften" August Bebels sowie in „August Bebel. Eine Biographie. Autorenkollektiv unter Leitung von Ursula Herrman und Volker Emmrich", Berlin 1989. Eingehend ausgewertet wurden in den Fußnoten die sehr ergiebige Akte der Leipziger Polizei über August Bebel, deren Original sich in Moskau befindet, im Sächsischen Hauptstaatsarchiv die Akte über den Briefwechsel zwischen der Gefängnisdirektion und dem Ministerium des Innern über die inhaftierten Sozialdemokraten 1886/1887 sowie die Landtagsakten.

Ereignisse, die in den Briefen erwähnt werden, konnten durch zeitgenössische Presseorgane vielfach erhellt werden. Für den Briefkomplex der Zwickauer Haft 1886/1887 wurden u.a. das „Leipziger Tageblatt" und die „Volks-Zeitung" Berlin durchgesehen – beide standen Bebel im Gefängnis zur Verfügung –, die „Dresdner Nachrichten" und das „Sächsische Wochenblatt" Dresden. Die große Zahl weiterer Zeitungen, darunter an erster Stelle „Der Sozialdemokrat" und „Die Neue Zeit", ist aus den Quellenangaben in den Fußnoten zu ersehen. Für ihr großes Entgegenkommen sei besonders der Sächsischen Landesbibliothek Dresden und der Bibliothek der Stiftung Archiv der Parteien und Massenorganisationen in der DDR im Bundesarchiv gedankt. Viele Hinweise fanden sich im Briefwechsel von August und Julie Bebel mit ihren Freunden sowie in den Briefen von Freunden untereinander. Besondere Mühe wurde darauf verwandt, persönliche Angaben zu in den Briefen genannten Frauen zu ermitteln.

Die Annotierung der in den Briefen erwähnten Personen wurde unterschiedlich gehandhabt. Bekannte Persönlichkeiten sind knapp gefaßt oder nur durch Lebensdaten ausgewiesen. Neu ermittelte Angaben zu weniger bekannten Personen werden dagegen umfangreicher belegt. Viele Lebensdaten zu in den Briefen erwähnten Personen ließen sich in den Polizeimeldebüchern des Polizeiamtes der Stadt Leipzig neu ermitteln, darunter erstmals die Geburts- und Sterbedaten von Julie Bebels Eltern und Geschwistern. Ausgewertet wurden Überwachungsakten der Berliner Politischen Polizei im Brandenburgischen Landeshauptarchiv. Eine wertvolle Hilfe bildete der Band: Wilhelm Liebknecht. Briefwechsel mit deutschen Sozialdemokraten, Bd. II. 1878-1884. Hrsg. von Götz Langkau, Frankfurt/New York 1988, und die Familiendaten Leipziger Ausgewiesener in Helga Berndt: Biographische Skizzen von Leipziger Arbeiterfunktionären, Berlin 1978. Auf Anfragen zu Personen antworteten dankenswerterweise Leiter und Mitarbeiter der Stadtarchive Braunschweig, Chemnitz, Dresden, Forst/Lausitz, Frankfurt/Main, Freiburg/Breisgau, Fürth, Glauchau, Halberstadt, Hannover, Heidelberg, Karlsruhe, Leipzig, Magdeburg, Mainz, Mannheim, München, Nürnberg, Offenbach, Stuttgart, Weimar, Wetzlar, Zürich und Zwickau, die kirchlichen Archive Hersfeld, Ingolstadt, Leipzig und Wetzlar, das Thüringische Staatsarchiv Gotha, das Staatsarchiv der Freien und Hansestadt Hamburg, das Sächsische Staatsarchiv Leipzig, das Staatsarchiv des Kantons Zürich, das Archiv der Technischen Universität Dresden, die Universitätsarchive Leipzig und Jena, die Archive der Langenscheidt KG und der „Neuen Zürcher Zeitung", die Österreichische Nationalbibliothek, das Parlamentsarchiv der Republik Österreich und das Archiwum Panstwowe w Szszecinie sowie durch Feliks Tych vermittelt das Archiwum Panstwowe Poznan. Auskünfte gaben mit großem Entgegenkommen Wolfgang Schröder, Claudia Caduff, Gerd Callesen, Erwin Dittler, Gabi Einsele, Dieter Fricke, Angela Graf, Irene Jung, Götz Langkau, Annelies Laschitza, Annett van der Meer, Sonja Molt, Carsten Niemann, Friedrich Pospiech, Till Schelz-Brandenburg, Marianne Schmidt, Jutta Seidel, Joachim Simon und Claus Stukenbrock. Ihnen allen sei herzlich gedankt, ebenso Ulrike Herrmann-Grützner, Waltraud Hillebrenner und Christine Hinze.

Das Literaturverzeichnis enthält die von Bebel erwähnten Schriften, Aufsätze und Periodika. Dagegen wurde auf ein Verzeichnis der für die Edition benutzten Literatur verzichtet. Konkret herangezogene Werke sind aus den Quellenangaben zu ersehen. Dabei wird bei späteren Nennungen auf die erstmalige Zitierung mit vollem Titel verwiesen durch „wie Nr. 1/1" – als Beispiel. Die erste Ziffer entspricht der Briefnummer, die zweite der Fußnote des betr. Briefes.

Bei den Bearbeitern der Bebel-Ausgabe Rolf Dlubek, Heinrich Gemkow, Anneliese Beske und Eckhard Müller fand ich immer Rat. Joachim Herrmann ermutigte mich stets bei den jahrelangen Ermittlungen. Last not least sei der Lektorin Christine Buchheit für ihre klugen Gedanken zur inhaltlichen Bereicherung und zur Gestaltung des Bandes gedankt.

Nachweis über den Standort der Originale

Stiftung Archiv der Parteien und Massenorganisationen der DDR im Bundesarchiv:
Nachlaß August Bebel:
NY 4022/32: Nummer 12, 68, 72, 75, 87, 89, 91, 94, 96, 98, 100, 102, 105, 107, 109, 111, 113, 115-117, 119, 120, 122-124, 126-132, 134, 136, 137, 139, 144, 146, 159, 161-168.
NY 4022/34: Nummer 1-6, 9-11.
NY 4022/35: Nummer 15, 66, 67, 69-71, 74, 76-86, 88, 90, 92, 93, 95, 97, 99, 101, 103, 104.
NY 4022/36: Nummer 106, 108, 110, 112, 114, 118, 121, 125, 133, 135, 138, 140-143, 145, 147, 148, 150-158, 160.
NY 4022/16: Anhang III/3.

Internationales Institut für Sozialgeschichte Amsterdam:
Nachlaß August Bebel:
B Nr. 189:   Nummer 13, 14, 16-34, 36-65, 149.
B Nr. 184a: Nummer 45.
B Nr. 171:   Nummer 73.
Nachlaß Wilhelm Liebknecht:
L 397/10-13: Anhang II.

Archiv der sozialen Demokratie der Friedrich-Ebert-Stiftung (aus dem Privatbesitz von Joachim Simon):
Nummer 7, 8.

Bereits veröffentlichte Briefe:

August Bebel: Ausgewählte Reden und Schriften, Bd. 2/2. 1878-1890, 2. Halbbd. Bearb. von Ursula Herrmann und Heinrich Gemkow unter Mitarbeit von Anneliese Beske, Marga Beyer, Wilfried Henze, Gudrun Hofmann, Ruth Rüdiger und Gerhard Winkler, Berlin 1978:
Nummer 13, 17, 19, 21, 22, 25, 27, 31, 36, 40, 61, 71, 83, 84, 92, 103, 104, 118, 142, 145, 153, 157, 158.

Heinrich Gemkow: Briefe August Bebels aus den Jahren 1886/1887, in: BzG, 1960/1, S. 135-153:
Nummer 78, 106.
Dort Erstveröffentlichung von Nr. 71, 84, 92, 104.

August Bebel: Aus meinem Leben, Dritter Teil. Hrsg. von Karl Kautsky, Stuttgart 1914, S. 202/203:
Nummer 35.

August Bebels Briefwechsel mit Friedrich Engels. Hrsg. von Werner Blumenberg, London u.a. 1965, S. 303-305, 507/508, 535/536, 540/541, 713/714:
Anhang I.

August Bebel: Aus meinem Leben, Zweiter Teil, Stuttgart 1911, S. 71, 75, 221/222, 242:
Anhang III.

Bildnachweis

IISG: Fotos von August Bebel (S. 223, Signatur A 1/860), von Julie Bebel (S. 256, Signatur A 1/954) und von Frieda Bebel (S. 532, Signatur A 12/954).

SAPMO/Barch: Reproduktionen der Handschriften von August Bebel (S. 542, Signatur NY 4022/35) und von Julie Bebel (S. 576, Signatur NY 4022/32).

Abkürzungen in den Fußnoten

AB	August Bebel (als Abkürzung in Quellenangaben bei Briefen)
ADAV	Allgemeiner Deutscher Arbeiterverein (1863-1875)
AmL	Aus meinem Leben, Bd. 6 der BARS
BARS	August Bebel: Ausgewählte Reden und Schriften

Bd. 1 - 1863 bis 1878. Bearb. von Rolf Dlubek und Ursula Herrmann unter Mitarbeit von Dieter Malik, Berlin 1970

Bd. 2/1 u. 2/2 - 1878 bis 1890. Bearb. von Ursula Herrmann und Heinrich Gemkow unter Mitarbeit von Anneliese Beske, Marga Beyer, Wilfried Henze, Gudrun Hofmann, Ruth Rüdiger und Gerhard Winkler, Berlin 1978

Bd. 3 - Reden und Schriften. Oktober 1890 bis Dezember 1895. Bearb. von Anneliese Beske, Bärbel Bäuerle, Gustav Seeber und Walter Wittwer. Endredaktion Anneliese Beske und Eckhard Müller, München u.a. 1995

Bd. 4 - Reden und Schriften. Januar 1896 bis Dezember 1899. Bearb. dieselben, Endred. dieselben, München u.a. 1995

Bd. 5 - Briefe 1890 bis 1899. Anmerkungen, Bibliographie und Register zu den Bänden 3 bis 5. Bearb. dieselben, Endred. dieselben, München u.a. 1995

Bd. 6 - Aus meinem Leben. Bearb. von Ursula Herrmann unter Mitarbeit von Wilfried Henze und Ruth Rüdiger, Berlin 1983

Bd. 7/1 - Reden und Schriften. Dezember 1899 bis Juni 1903. Bearb. von Anneliese Beske und Eckhard Müller, München u.a. 1996

Bd. 7/2 - Reden und Schriften. September 1903 bis Dezember 1905. Bearb. dieselben, München u.a. 1996

Bd. 8/1 - Reden und Schriften. Januar 1906 bis November 1907. Bearb. dieselben, München u.a. 1996

Bd. 8/2 - Reden und Schriften. Januar 1908 bis August 1913. Bearb. dieselben, München u.a. 1996

Bd. 9 - Briefe 1899 bis 1913. Anmerkungen, Bibliographie und Register zu den Bänden 7 bis 9. Bearb. von Anneliese Beske und Eckhard Müller, München u.a. 1996

Bd. 10 - Die Frau und der Sozialismus. Mit einem Geleitwort von Susanne Miller. Bearb. von Anneliese Beske und Eckhard Müller, München u.a. 1996.
10/1 - Die Frau und der Sozialismus. 1. Auflage
10/2 - Die Frau und der Sozialismus. 50. Auflage, Beilagen, Anmerkungen und Register

BLHA	Brandenburgisches Landeshauptarchiv Potsdam
BzG	Beiträge zur Geschichte der Arbeiterbewegung. Berlin
CBB	Crimmitschauer Bürger- u. Bauernfreund
GLA	Generallandesarchiv Karlsruhe
IAA	Internationale Arbeiterassoziation (1864-1876)
IISG	Internationales Institut für Sozialgeschichte Amsterdam
IWK	Internationale Wissenschaftliche Korrespondenz zur Geschichte der deutschen Arbeiterbewegung. Berlin
JB	Julie Bebel (als Abkürzung bei Quellenangaben zu Briefen)
MdR	Mitglied des Deutschen Reichstags
MEGA	Karl Marx/Friedrich Engels: Gesamtausgabe Erste Abteilung: Werke, Artikel, Entwürfe Zweite Abteilung: „Das Kapital" und Vorarbeiten
MEW	Karl Marx/Friedrich Engels: Werke
Moskau	Russisches Zentrum der Aufbewahrung und zum Studium der Dokumente der neuesten Geschichte F. 192 - Acten des Polizei-Amtes der Stadt Leipzig. Ferdinand August Bebel F. 200 - Fonds 200. Wilhelm Liebknecht F. 201 - Fonds 201. Franz Mehring F. 204 - Fonds 204. Eduard Bernstein
NL	Nachlaß
PoA	Polizeiamt der Stadt Leipzig. Polizeimeldebücher. Verzeichnis der bleibenden Einwohner der Stadt Leipzig
SAPD	Sozialistische Arbeiterpartei Deutschlands (1875-1890)
SAPMO/Barch	Stiftung Archiv der Parteien und Massenorganisationen der DDR im Bundesarchiv, Zentrales Parteiarchiv
SHA	Sächsisches Hauptstaatsarchiv Dresden
StA	Stadtarchiv
VDAV	Verband deutscher Arbeitervereine (1863-1869)
ZfG	Zeitschrift für Geschichtswissenschaft. Berlin

Briefe

Festungshaft in Hubertusburg

Die Festungshaft in Hubertusburg war die längste Strafe, die August Bebel zu verbüßen hatte und damit auch die ausgedehnteste Trennung der Ehegatten. Zwei Jahre wurden Bebel ebenso wie Wilhelm Liebknecht im Leipziger Hochverratsprozeß zudiktiert, der vom 11. bis 26. März 1872 stattgefunden hatte. „Vorbereitung des Hochverrats" sahen Staatsanwalt und Richter gegeben, weil Bebel und Liebknecht als Mitglieder der Internationalen Arbeiterassoziation im Norddeutschen Reichstag im November 1871 die Kriegskredite abgelehnt hatten, nachdem in Frankreich die Republik ausgerufen worden war und der Einigung Deutschlands kein Widerstand mehr entgegengesetzt wurde; weil sie die Annexion Elsaß-Lothringens verurteilten und einen gerechten Frieden forderten. Sie hatten sich zur Pariser Kommune bekannt, die als erste Regierung der Arbeiter vom 18. März bis 28. Mai 1871 in Paris bestand. Und die Sozialdemokratische Arbeiterpartei sollte zerstört werden, die im August 1869 in Eisenach unter maßgeblicher Beteiligung von Bebel und Liebknecht gebildet worden war und die dem 1871 gegründeten militaristischen Kaiserreich den Kampf ansagte.

Am 8. Juli 1872 trat August Bebel die Haft in der Königlich Sächsischen Landesanstalt zu Hubertusburg an. Untergebracht waren Bebel und Liebknecht in einem Seitengebäude links vom Schloß. Festungshaft galt nicht als ehrenrührig, so daß den Gefangenen viele Freiheiten gestattet wurden. Zunächst brach Bebel durch die voraufgegangenen Belastungen gesundheitlich völlig zusammen. Dann aber nutzte er die Haft zu einem intensiven Studium gesellschaftspolitischer Werke, über die er sich bei den gemeinsamen Spaziergängen mit Liebknecht austauschte. Bebel verfaßte hier zwei bedeutsame Schriften. In der

Agitationsbroschüre zur Reichstagswahl 1874, betitelt „Die parlamentarische Tätigkeit des deutschen Reichstags und der Landtage und die Sozialdemokratie", analysierte er die sozialen und politischen Grundlagen des Kaiserreichs und stellte dessen Arbeiterfeindlichkeit bloß. „Christentum und Sozialismus" galt über Jahrzehnte als gültige Darlegung sozialdemokratischer Grundprinzipien in dieser Frage.

Für Julie waren das nicht nur zwei Jahre der Trennung von ihrem Gatten. Sie koordinierte in dieser Zeit die Aufgaben der Drechslerei und erwies sich dabei als „eine resolute und kluge Frau", wie es in einem späteren Polizeibericht über ihre Geschäftstätigkeit hieß.

1

Hubertusburg[1], den 8. August 1872

Mein liebes teures Weibchen!

Für nächsten Sonntag hätte ich Dir für mich keinen weiteren Auftrag zu geben.[2] Wenn F[ink][3] die Geschäftsbücher mitbringt, brauchst Du Dich nicht damit zu tragen. Bettwäsche wirst Du wohl mitbringen, die alte lassen wir hier in der Anstalt waschen, es wäre überflüssig, sie hin und her zu transportieren. Diese Art Wäsche kostet uns hier nichts.

Dann aber werde ich Deine Hülfe für einige Kleidungsreparaturen (Hosen, Schlafrock) in Anspruch nehmen müssen, sehe Dich also hierfür vor. Gut wäre es, wenn die Frieda[4] ihren großen Ball mitbrächte, damit sie auf dem Korridor spielen kann. Nach dem, was Du mir über die Auktion des Albert [Otto] mitteilst, scheint das Resultat ein gutes zu sein.[5]

Der Artikel (d. h. der letzte, denn es haben mehrere drin gestanden) im „[Crimmitschauer] B[ürger-] u. B[auern-freund]" war sehr gut; darin wurde Schraps[6], der neulich 2 Artikel über meine Verurteilung geschrieben, die höchst einfältig waren, tüchtig abgekanzelt.[7]

Gestern Abend hatten wir ein sehr starkes Gewitter, das uns den sehr nötigen Regen in größerer Masse brachte; das Gewitter gab die Kanonade zum Schluß der Haft meines ersten Monats, heute beginnt der zweite.

Sage Hadlich[8], sie sollten sehen, daß das Ministerium unser Statut vorgelegt erhalte, nötigenfalls solle eine Deputation von 2 Mann hinaufgehen und die Sache persönlich vorbringen, damit wir rasch zum Ziele kommen.[9]

Sonntag wird doch sonst kein Besuch von Leipzig kommen? Es wäre das sehr überflüssig, da Ihr ja da seid und man es so lieber einrichten sollte, daß anderer Besuch kommt, wenn Ihr nicht hier seid.

Einen Brief an Mahr-Naumburg für Brasilspitzen[10] habe ich direkt von hier abgesandt[11], und wird demnach Horn Anfang nächster Woche eintreffen.

Ist denn starkes Büffelhorn auch nötig? Aus dem Schiffelschen Briefe kann ich das nicht erkennen. Frage ihn darum. Wenn es nicht unbedingt notwendig ist, werde ich Dir nicht weiter schreiben.

Findet Euch recht pünktlich Sonntag ein, und nehmt Euch auf der Reise, namentlich auf der Eisenbahn, vor Zug und Unglück in acht, und damit seid beide recht herzlich gegrüßt und geküßt Dein August

Brief an Fink befördere sofort in einem Kuvert, damit er ihn noch Freitag hat und die Antworten mir mitbringen kann. Sende den Brief durch den Packträger, er eilt.

1 Von den zwei Jahren Festungshaft, zu denen August Bebel und Wilhelm Lieb-knecht verurteilt worden waren, galten zwei Monate durch die Untersuchungshaft vom 17. Dezember 1870 bis 28. März 1871 als verbüßt. Vom 2. bis 8. Oktober 1872 erhielt Bebel zur Erledigung dringender Angelegenheiten Urlaub, so daß sich die Haft verlängerte. Als Landesgefängnis wurde Hubertusburg seit langem genutzt. Zur Festungshaft für Zivilgefangene diente es 1871 bis April 1874. Deshalb wurde Bebel für die Reststrafe vom 24. April bis 14. Mai 1874 auf die Festung Königstein überführt. Wilhelm Liebknecht trat seine Haft am 15. Juni 1872 in Hubertusburg an und beendete sie dort am 17. April 1874.

Vorsorglich hatte August Bebel am 4. Juni 1872 seiner Frau die Drechslerei als Eigentum übertragen. Die Firma Bebel hatte sich auf Türklinken und Fenstergriffe aus Horn spezialisiert. „Das Fabrikat hat den Vorteil, daß es nie geputzt zu werden braucht, fein aussieht und sich namentlich in der Kälte zum Unterschied von Me-tallgriffen höchst angenehm anfaßt." Die Firma profitierte 1872/1873 von dem Bauboom der Gründerjahre. In seinen Lebenserinnerungen schrieb Bebel, er habe zu dieser Zeit einen Werkführer, sechs Gesellen und zwei Lehrlinge beschäftigt. Aus den hier publizierten Briefen lassen sich Gottwald Hermann Schiffel als Werkführer (siehe Nr. 3/3), Friedrich Eduard Bornemann (siehe Nr. 4/1) und Mül-ler als Gesellen sowie „Oskar" und „Otto" als Lehrlinge ermitteln. „Die Korrespon-denz für mein Geschäft erledigte ich auf Grund der Unterlagen, die mir täglich meine Frau sandte", erinnerte sich Bebel.
(AB an F. Engels, 8.9.1874, in: August Bebel. Briefwechsel mit Friedrich Engels. Hrsg. von Werner Blumenberg, London u.a. 1965, S. 25; BARS, AmL, S. 357-363, 366-383, Zitat S. 370; SAPMO-BArch, Acta die Festungshaft betreffend, NY 4022/3 Ü; StA Leipzig, PoA, 1876-1889, Nr. 129, Bl. 76)

2 Am Sonntag, dem 11. August 1872, erhielt August Bebel von Julie und Frieda Bebel Besuch. Dabei wurden Geschäftsangelegenheiten besprochen.

3 *Wilhelm* Joseph Fink (1833-1890), Buchhalter, Mitglied der SDAP und der IAA, kam aus München. In Leipzig war er seit Oktober 1871 ansässig und arbeitete als Expe-dient des „Volksstaat" und als Vertriebsleiter der Buchhandlung des Blattes. Des-halb kam er mehrfach zu Absprachen mit Bebel und Liebknecht nach Hubertus-burg. Ab Oktober 1872 war Fink in der Leitung der Genossenschafts-Buchdruckerei zu Leipzig tätig. Am 28. Juni 1881 wurde er aus Leipzig und Umgebung ausgewie-sen und ging nach Gera. Siehe auch Nr. 31/3.

4 Bertha Friederike (Frieda) Bebel (16.1.1869 - 28.6.1948) war die einzige Tochter von Julie und August Bebel. Sie besuchte – wohl ab 1874 – in Leipzig die Smittsche Höhere Töchterschule (siehe Nr. 18/2). Nach dem Umzug von Leipzig nach Plauen bei Dresden im September 1884 bereitete sie sich durch Privatunterricht auf ein

späteres Studium vor. Ab April 1889 weilte Frieda Bebel zur Vorbereitung auf ein Studium in Zürich (siehe Nr. 151/6). Dort lernte sie Dr. phil. Ferdinand Simon kennen, der 1889 sein Medizinstudium abschloß (siehe Nr. 160/2). Mit ihm verlobte sie sich Ostern 1890. Die Hochzeit erfolgte in Hottingen-Zürich am 2. Februar 1891. Eine eigene Ausbildung gab Frieda auf. Am 22. Februar 1894 gebar sie ihren Sohn Werner (siehe Nr. 161/2). Sie erwarb 1896 wie die ganze Familie Simon die Schweizer Staatsbürgerschaft. Nach glücklichen Ehejahren infizierte sich ihr Ehemann bei bakteriologischen Forschungen mit Streptokokken und verstarb am 4. Januar 1912. Bereits früher hatte Frieda unter Depressionen gelitten (siehe Nr. 147, 161-168). Nun mußte sie wegen eines Selbstmordversuchs von März bis Oktober 1912 in einem Nervensanatorium Heilung suchen.

Nach dem Tod ihres Vaters am 13. August 1913 und ihres Sohnes am 21. Januar 1916 in Jena, wo er Medizin studierte, verlor das Leben für Frieda seinen Sinn. Im September 1920 fand sie in der Familie ihres Schwagers Ulrich Simon in Zwickau (siehe Nr. 161/7) Halt. 1938 wurde sie im Diakonissenheim Zwickau aufgenommen und seit 1944 lebte sie im Zwickauer Bürgerheim. Sie wurde in Zwickau beigesetzt.

5 Carl Johann *Albert* Otto (10.4.1837 - 10.5.1897) war der ältere der beiden Brüder von Julie Bebel. Er lernte Schlosser und begab sich von 1855 bis 1857 auf Wanderschaft. Als Mitglied des Leipziger Arbeiterbildungsvereins nahm er Julie zu Veranstaltungen mit, wo sie August Bebel kennenlernte. 1866 bis 1868 besuchte er die Gewerbeschule in Chemnitz und bildete sich zum Mechaniker/Maschinenbauer aus. Er gründete um 1871 eine Maschinenfabrik und stellte Waagen her, später war er als Geschäftsführer tätig.

Am 15. September 1870 heiratete Albert Otto die Verkäuferin Johanna Friederike *Bertha* Schmidt (26.2.1843 - 23.4.1930). Beide waren 1869 Taufpaten bei Frieda Bebel. Neben der Familie Brauer (siehe Nr. 3/6) pflegten die Bebels zu dieser Familie besonders enge Beziehungen. Albert und Bertha Otto hatten zwei Töchter. *Gertrud* Doris Otto (1871-1937) war seit 1884 Produktenhändlerin. Von Oktober 1890 bis August 1891 hielt sie sich in Berlin auf, offenbar zur Ausbildung. Sie übte dann den Beruf einer Zeichenlehrerin an der Städtischen Schule für Frauenberufe in Leipzig aus, später war sie Studienrätin. *Anna* Margarethe Otto (1876-1945) wurde Verkäuferin und handelte später mit Lebensmitteln. Sie heiratete 1904 den Drechsler und Händler Traugott Oscar *Hilmar* Voigt (1857-1943).

Bertha Otto blieb mit Frieda Bebel-Simon lange in Kontakt. So hielt sie sich um Pfingsten 1913 und von Oktober 1918 bis April 1919 in Zürich auf.

(Siehe StA Leipzig, PoA 1855-1875, Nr. 96, Bl. 97b, 108; 1876-1889, Nr. 204, Bl. 21; Nr. 243, Bl. 100; Staatsarchiv Leipzig PP-M 1385)

6 Gemeint ist der Rechtsanwalt Reinhold Heinrich Schraps (1833-1917). Er gehörte 1866 zu den Mitbegründern der Sächsischen Volkspartei und wurde, unterstützt von dieser bzw. der SDAP, 1867 und 1871 vom Wahlkreis Zwickau-Crimmitschau in den Norddeutschen bzw. Deutschen Reichstag gewählt. Sein am 27. März 1871 im Reichstag gestellter Antrag auf Freilassung des Abgeordneten Bebel veranlaßte die preußische und sächsische Regierung, die eine Debatte hierüber vermeiden wollten, Bebel, Liebknecht und Hepner am 28. März 1871 aus der Untersuchungshaft zu entlassen.

7 Vom Bezirksgericht Leipzig erhielt Bebel am 6. Juli 1872 weitere neun Monate Gefängnis zudiktiert wegen „Majestätsbeleidigung". Zugleich wurde ihm das Reichstagsmandat aberkannt. Der Anlaß für diesen Prozeß waren zwei Volksversammlungen am 19. und 26. Februar 1872 in Neusellershausen und Gohlis bei Leipzig, in denen Bebel zu den Verhandlungen des Deutschen Reichstags Stellung genommen hatte.

In den Artikeln „Bebels Verurtheilung" und „Ist Bebel wählbar oder nicht",
abgedruckt am 12. und 13. Juli 1872 im CBB, hatte sich Reinhold Schraps auch mit
der Behauptung der „Leipziger Nachrichten" auseinandergesetzt, daß Bebel erst
nach der Verbüßung seiner Haftstrafen erneut wählbar sei. Schraps war auf die
nicht völlig eindeutigen juristischen Festlegungen eingegangen und hatte gemeint, die Entscheidung liege letztlich beim Reichstag. Hiergegen wandte sich der
Artikel „Zu Bebels Neuwahl. (Schreiben aus Meerane)" im CBB vom 6. August
1872. Juristische Spitzfindigkeiten könnten die Wähler von Meerane nicht beirren.
Ihr Ziel müsse sein: „Mit aller Energie die Wiederwahl Bebels betreiben, alles auf-
bieten, damit das Resultat der Wahl nicht nur gesichert, sondern ein so glänzen-
des wird, daß die Gegner sich schämen sollen..." Es habe sich bereits ein Wahlkomitee gebildet, das Bebels Wiederwahl vorbereiten wolle. Die Neuwahl fand
am 20. Januar 1873 statt. Bebel erhielt 10 470 Stimmen, über 3000 mehr als bei der
Wahl am 3. März 1871. Ihm wurde jedoch kein Hafturlaub gewährt, um an den
Beratungen des Reichstags teilzunehmen.

8 *Christian* Johann Moritz Hadlich (1831-1894) gehörte 1867-1869 zum Vorstand des
VDAV, war Mitbegründer der SDAP, Expedient des „Volksstaat" und des
„Vorwärts" sowie 1872-1880 Buchhalter der Leipziger Genossenschafts-Buch-
druckerei. Am 29. Juni 1881 wurde er aus Leipzig und Umgebung ausgewiesen.
Er ging zunächst nach Altenburg, wo er die Zeitung „Der Gewerkschafter" redi-
gierte. 1882 emigrierte er in die USA.

9 Es handelt sich um die Genossenschafts-Buchdruckerei Leipzig, für deren Gründung sich Bebel auf dem Parteikongreß in Dresden 1871 eingesetzt hatte. Dieser
Verlag gab den „Volksstaat", später den „Vorwärts" sowie weitere sozialdemokratische Druckerzeugnisse heraus. Die Genossenschaft konstituierte sich am 3.
Juli 1872. Sie wurde am 8. Oktober 1872 im Handelsregister der Stadt Leipzig unter Nr. 3010 eingetragen.
(Siehe Protokoll über den zweiten Congreß der sozial-demokratischen Arbeiterpartei,
abgehalten zu Dresden am 12., 13., 14. und 15. August 1871, Leipzig 1872, S. 94-99;
Wolfgang Schröder/Inge Kiesshauer: Die Genossenschaftsbuchdruckerei zu Leipzig
1872-1881. Mit einem Bibliographischen Anhang: Verlagskataloge sozialdemokratischer
Verlage in Leipzig <1869-1881>, Wiesbaden 1992.)

10 Zum Drechseln wurden in Bebels Firma nur die Spitzen der Hörner verarbeitet
mit wenig oder keiner Hohlung. Bei Brasilianer Spitzen handelte es sich um Hörner von Ochsen. Im Jahr 1874 verarbeitete Bebels Firma rund hundert Zentner
Spitzen, davon neun Zehntel Büffelhörner.
(Siehe AB an F. Engels, 8.9.1874, Bebels Briefwechsel mit Engels, wie Nr. 1/1, S. 23-25)

11 Hier ist im Text durchgestrichen: „Du müßtest bei Deiner Abreise Schiffel ca. 22-
25 Taler Geld geben."

2

Meine liebe teure Julie!

Ich hoffe, daß Ihr gestern Abend glücklich zu Hause angekommen seid[1] und auch Frieda ohne nachträgliche Folgen davongekommen ist. Schreibe mir recht bald darüber.

Eure Anwesenheit ist stets ein Feiertag für uns, und wird das Bittere der Trennung nur jedesmal dadurch gemildert, daß wir uns sagen dürfen, in ein paar Wochen kommen sie wieder. Unsere Kleine ist reizend, und muß ich noch manchmal für mich im Stillen lachen, wenn ich an ihre drolligen Einfälle und Reden denke. Die Abschiedsworte von ihr hast Du ganz überhört, sie sagte nämlich zu mir: „Papa, wenn Du das Häschen wiedersiehst, dann sage ihm, daß es das nächste Mal mir meine Tüte nicht vergißt." Das will ich mir aber auch merken.

Anbei 2 Geschäftsbriefe. Sende an Behr alles zusammen. Schicke Motteler[2] 5 Taler per Postkarte, ich schreibe ihm direkt; nach Hamburg schreibe ich gleichfalls.

Ich muß schließen, die Briefe werden abgeholt, morgen schreibe ich mehr.

Lebt recht wohl, mit den herzlichsten Grüßen und Küssen an Euch beide

Dein August

---

1 Bebel schrieb in seinen Erinnerungen: „Unsere Familien besuchten uns alle drei bis vier Wochen einmal. Wir setzten schließlich durch, daß sie die Gültigkeit der Rückfahrkarten – drei Tage – ausnutzen durften. Sie wohnten während der Zeit im Dorfe. Jede der zwei Frauen brachte ein Kind mit; Frau Liebknecht ihren Ältesten, der etwas jünger war als meine Tochter. Die Reise war beschwerlich, namentlich in der ungünstigen Jahreszeit. Die Frauen und Kinder mußten schon früh vor 7 Uhr von Hause fort; Geld für eine Droschke auszugeben hätte jede der Frauen als ein Verbrechen angesehen. Von vormittags 1/2 10 Uhr bis abends 7 Uhr durften sie in unserer Zelle bleiben, auch den Spaziergang im Garten mitmachen. Das war für uns eine große Erleichterung der Haft."

   In diesem Fall weilten Julie und Frieda Sonntag und Montag in Hubertusburg. Für drei Tage wurde die Besuchserlaubnis ab März 1873 gewährt. Sie durften aber alle 14 Tage zu Besuch kommen. Julie und Frieda übernachteten in Wermsdorf bei der Familie von Ernst Wappler (1852-1957), der Bebel täglich das Essen vom Gasthof Zum Goldenen Hirsch brachte.

   (AmL, BARS, S. 372; siehe auch Acta Festungshaft, wie Nr. 1/1, Bl. 132, 135, 170, 202/203, 215; Auskunft der Gedenkstätte Hubertusburg)

2 Julius Motteler (1838-1907) und August Bebel kannten sich seit 1863 und wirkten Jahrzehnte aufs engste zusammen. Bebel bezeichnete ihn als seinen „ältesten Freund" (Leipziger Volkszeitung, 3.10.1907). Motteler wirkte 1859-1874 in Crimmitschau. Er hatte dort 1863 den Arbeiterfortbildungsverein gebildet, war Geschäftsführer der Spinn- und Webgenossenschaft E. Stehfest & Co. und beteiligte sich im Juni 1870 an der Gründung des „Crimmitschauer Bürger- u. Bauernfreunds", der ersten sozialdemokratischen Tageszeitung. Außerdem befand sich in Crimmitschau die Leitung der Internationalen Gewerksgenossenschaft der Manufaktur-, Fabrik- und Handarbeiter beiderlei Geschlechts, deren Geburtshelfer Motteler war. Am engsten wirkten Bebel und Motteler zusammen, als letzterer während des Sozialistengesetzes maßgeblich an der Gestaltung und Verbreitung des „Sozialdemokrat" tätig war.
(Siehe E. Engelberg: Julius Motteler. Demokratischer Patriot und revolutionärer Sozialist, in: Gestalten der Bismarckzeit, Bd. II. Hrsg. G. Seeber, Berlin 1986, S. 235-250; F. Pospiech: Julius Motteler. Der „Rote Feldpostmeister", Esslingen 1977)

3

Hubertusburg, den 16. August 1872

Liebe teure Julie!

Es freut mich sehr, daß Ihr wohl zu Hause angekommen seid. Friedchen wird das Hierherziehen auf den Hof auch bald vergessen. Wenn sie das nächste Mal kommt, wird sie etwas Hübsches zum Spielen erhalten, das Häschen hat es im Garten zurechtgelegt.

Also Du läßt die Stube tapezieren, damit sie hübsch bei meiner Rückkehr aussieht, na, ich fürchte, sie wird bis dahin nicht mehr gut aussehen. Dahingegen will ich Deinem Wunsche, zu versprechen, daß ich – erst wieder frei – darauf sehe, daß ich nicht wieder eingesperrt werde, nachkommen, soweit unsereins in diesem Punkte versprechen kann. Ich hab' schon zu L[iebknecht] scherzweise gesagt: Wenn ich künftig in einer Versammlung eine Rede halte, werde ich mir an die Spitze meiner Notizen die Worte Hochverrat und Majestätsbeleidigung, versehen mit einigen Kreuzen, schreiben.

Am Mittwoch war der Generalstaatsanwalt Schwarze hier.[1] Wir wurden gefragt, ob wir mit ihm zu sprechen wünschten, was wir natürlich verneinten. Gesehen haben wir ihn nicht.

2 Taler 15 Neugroschen für die Haunsteinschen Türgarnituren ist etwas viel, mehr als 2 Taler 12 Neugroschen können wir auf keinen Fall nehmen. Bei diesem Preis ist schon der Griff 5 Neugroschen höher berechnet als der Türgriff.

Wegen Klinge etc. hat Dir schon mein gestriger Brief Auskunft gegeben, den Du wirst erhalten haben. Haunstein[2] ist uns nur etwas über 30 Taler vorläufig schuldig, besser, Du schickst Schiffel[3], wenn er bei Klinge nichts erhält, zu Modeck – natürlich erst dann, wenn er seine Griffe erhalten hat.

Für Hirth und Heymer[4] füge ich die Briefe bei, schickt beide Sendungen in einer Kiste, aber jede extra verpackt, an Heymer, Schlossermeister, Crimmitschau. Briefe couvertiere.

Daß das Mädchen jetzt bei Dir nachts im Logis schläft, ist mir sehr angenehm zu hören; daß sie morgens früh muß oben sein, kann Dir auch nur recht sein.

Müller will mir einen andern Vogel an Stelle des erst mitgenommenen senden, und zwar einen Schläger, da der jetzige kaum piepst.[5] Ich habe ihm durch Fink sagen lassen, daß er ihn mir bei der ersten Gelegenheit schicken soll, doch soll er es Dir zuvor sagen, damit Du mir einen neuen Bauer besorgst. Den kleinen von mir habe ich an L[iebknecht] verkauft, da dem sein andrer zu klein war. Ich möchte nun keinen Blechbauer mehr, wie der erste war, sondern einen einfachen blauen Drahtbauer in der Gestalt, wie mein großer ist. Also mit einem Holzkasten (Boden) zum *Herausziehen* und möglichst *groß*, d. h. für einen Vogel. Vielleicht ist [Fink?] so gut, mir irgendwoher einen zu besorgen; ich habe dergleichen schon in Leipzig ausgestellt gesehen, weiß aber nicht, wo. Die Blechbauer sind zwar hübscher, aber auch unpraktischer und leichter zerbrechlich.

Essen schicke mir nächste Woche nichts. Heute fange ich an dem Fleisch an. Die Zunge habe ich rascher aufgegessen, als ich gewollt, aber ich fürchtete, sie würde verderben. Gut, daß die Tage anfangen, minder heiß zu werden, aber kürzer sind sie auch schon recht bedenklich geworden.

Beilage für die Brauern[6], besten Gruß an sie.

Lebt beide wohl und seid aufs herzlichste gegrüßt und geküßt Dein August

---

1 Friedrich Oskar von Schwarze (1816-1886), Generalstaatsanwalt in Dresden, war an der Ausarbeitung der sächsischen Strafgesetzgebung beteiligt und ein über Sachsen hinaus angesehener Jurist; Mitglied der Liberalen Reichspartei, dann Freikonservativer, Abgeordneter des Norddeutschen bzw. des Deutschen Reichstags 1867-1884. – Mittwoch war der 14. August 1872.
2 Es könnte sich um die Firma Gebrüder Haunstein, Eisen- und Kurzwarengeschäft, in Leipzig handeln.
(Siehe Leipziger Adreß-Buch für 1872)
3 Gottwald *Hermann* Schiffel (1848-1895) war mindestens seit 1871 in Bebels Firma tätig und blieb es auch nach Gründung der Firma Ißleib & Bebel. Er war Werkführer, überwarf sich jedoch nach dem Wegzug der Familie Bebel aus Leipzig mit Ißleib, offenbar im Herbst 1884, und schied aus der Firma aus. Siehe Nr. 129.
(Siehe StA Leipzig, PoA, 1876-1889, Nr. 220, Bl. 7b; Moskau, F.192, Nr. 58, Bl. 82; Wilhelm Liebknecht. Briefwechsel mit deutschen Sozialdemokraten, Bd. II. 1878-1884. Hrsg. von Götz Langkau unter Mitwirkung von Ursula Balzer und Jan Gielkens, Frankfurt/New York 1988, S. 757)
4 Vielleicht ist Carl Friedrich Heymer gemeint, 1867 Mitbegründer des Volksvereins in Crimmitschau.
(Siehe Erich Schaarschmidt: Geschichte der Crimmitschauer Arbeiterbewegung, Crimmitschau 1934, S. 32)
5 Es könnte sich um Carl Robert Müller (1842-1901) aus Reichenbach handeln. Er wollte Bebel und Liebknecht Stieglitze, Zeisige und Hänflinge nach Hubertusburg senden.
(Siehe August Döhn an W. Liebknecht, 28.10.1872, Moskau, F. 200, Op. 4, Nr. 546)

6 Zu Theodor und Friederike Brauer hatte die Familie Bebel die engsten persönlichen Beziehungen. Maria Friederike (29.11.1826 - 28.6.1889) war Julie Bebels älteste Schwester. Sie wurde in Eisleben, dem Geburtsort ihrer Mutter, als voreheliches Kind geboren. Johann Julius Theodor Brauer (30.9.1809 - 4.1.1893) stammte aus Danzig. Von Beruf war er „Konzessionierter Unterkollekteur" bei der Königlich Sächsischen Landeslotterie. Friederike und Theodor heirateten am 7. Juni 1844 in Leipzig. Seinen Beruf übte Theodor Brauer bis zum 30. April 1885 aus. Dann zogen die Brauers aus der Katharinenstraße 20 in die Lange Straße 22. Theodor und Friederike waren sowohl bei Julie als auch bei Frieda Taufpaten. Letztere erhielt den Rufnamen von Julies Schwester. Ebenso waren Brauers Trauzeugen bei der Hochzeit von Julie und August Bebel.
(Siehe StA Leipzig, PoA 1876-1889, Nr. 136, Bl. 21; Bürgerakten Nr. 5889)

4

Hubertusburg, den 28. August 1872

Meine liebe gute Julie!

Du hast jedenfalls nicht recht mit dem Beginn der Messe, die Engros-Woche beginnt sicher schon den 15. oder 16., denn Mitte Oktober ist die Messe stets zu Ende. Erkundige Dich nochmals genauer und schreib mir sofort, damit ich schreiben kann nach Kalstadt. Mir paßt nicht die Vermietung; hast Du Dir auch überlegt, daß dadurch Dein nächstes Herkommen um mindestens 8 oder gar 14 Tage, je nachdem der Mieter bleibt, hinausgeschoben wird? Auf die paar Taler pfeif ich, vermiete das Zimmer hinten an die Mieth, dann bist Du fertig. Der Otto ist doch sicher nicht ohne Ursache davongelaufen, hat man ihn geschlagen, oder was ist damit? Mir sind dergleichen Nachrichten nicht erfreulich. Einen Laufburschen zu nehmen, dafür schwärme ich nicht; doch wollen wir hierüber mündlich sprechen.

Du schreibst, Müller wolle 16 respektive 14, Schiffel und Bornemann[1] wollten 12 haben; das soll doch wohl heißen 1 Taler 12 [Neugroschen]. Du mußt Dich da etwas präziser ausdrücken. Ich bin der Meinung, daß Müllers Forderung *nicht* zu hoch ist; man kann ihm 1 Taler 15 oder 1 Taler 16 geben, ich habe die Griffe zu diesem Lohne taxiert. 1 Taler 12 ist zu wenig.

Ich bin dafür, daß Oskar 2 Taler 5 Neugroschen Lohn erhält und ihm die Sonntagsarbeit, falls er welche leistet, mit weiteren 5 Neugroschen vergütet wird.

Für die Kurbelhefte sind einmal à Dutzend 10 Neugroschen, ein andermal für 3 Dutzend 1 Taler 12 Neugroschen, also durchschnittlich 12 Neugroschen Lohn bezahlt worden. Wenn Du Sonntag kommst, will ich Dir die Rechnung für Haunsteins mit herausschreiben.

Daß Du mitunter Dich ein bißchen abhetzen mußt, tut mir leid, es schadet Dir aber augenscheinlich nichts. Du sahst trotzdem das letzte Mal, als Du hier warst, ganz wohl dabei aus.

Grüße mir Schiffel, Bornemann und die andern Leute. Sieh nur darauf, daß nicht Reibereien entstehen. Das gestern Gesandte wirst Du wohl erhalten haben.

Herzlichsten Gruß und Kuß an Euch beide von

Deinem August

Du mußt mir doch wohl einen einfachen bronzenen Zigarrenab-
streicher mitbringen, auch L[iebknecht] braucht ihn, wenn er
abends bei mir ist.[2]

1 Friedrich Eduard Bornemann (geb. 1849), Drechsler, war Bebels erster Geselle und
  auch in der Firma Ißleib & Bebel tätig. Ab 1876 wirkte er zeitweilig in der Haupt-
  mannstraße 2, dem Sitz der Firma, als Hausmeister.
  (Siehe StA Leipzig, PoA, 1876-1889, Nr. 133, Bl. 77; Leipziger Adreßbücher)
2 Von 20 bis 22 Uhr waren Bebel und Liebknecht gemeinsam in einer Zelle. Liebknecht lehrte Bebel Englisch und Französisch. Liebknecht schrieb am 28. August
  1872 an Carl Hirsch, der ab 2. Mai 1872 wegen „Majestätsbeleidigung" für drei
  Monate ebenfalls in Hubertusburg inhaftiert gewesen war: „Bebel wird – dick!!!
  und – raucht!!!!"
  (Wilhelm Liebknecht. Briefwechsel mit deutschen Sozialdemokraten, Bd. I. 1862-1878.
  Hrsg. und bearb. von Georg Eckert, Assen 1973, S. 427)

5

Hubertusburg, den 26. September 1872

Meine liebe teure Julie!

Das ist mir angenehm zu hören, daß die Differenzen zwischen Sch[iffel] und B[ornemann] ausgeglichen sind, ich will nur wünschen, dauernd.

Mit dem Brasil will ich warten, bis ich Entscheid über mein Urlaubsgesuch habe.[1] Kann ich selbst kommen, dann werde ich es selbst bestellen von Leipzig aus. Ich habe natürlich nach Naumburg um gutes Horn geschrieben und muß es auch gut bezahlen. Wenn es nicht gut ist, kann ich nichts dafür, und freuen tut's mich auch nicht.

Der Rumburger hat für den gewöhnlichen Abfall per Zentner 10 Taler, für die Spitzen 17 Taler bezahlt, für letztere mag er 17 1/2 oder 18 Taler geben.

Bezahle nur an den Kölner das Horn und sage ihm, ich hätte für die nächste Zeit genügend bestellt. Sage Schiffel, Haunstein könne in den Fällen Rosetten, Schilder und Nachriegel bekommen, wenn der Vorrat so sei, daß durch Weggeben davon andere Sendungen mit Griffen nicht aufgehalten würden. Brauchen wir Rosetten etc., um Griffsendungen komplett machen zu können, dann können wir natürlich nicht Haunstein zu Liebe das Halbe dem Ganzen vorziehen.

Schiffel soll sich mal erkundigen, ob Conn aus Hamburg noch nächste Woche anzutreffen ist.

Anbei Briefe für Behr und Lützelberger.

Den Brief nach Kitzingen brauchen wir nicht zu beantworten.

Nach der Notiz von L[iebknecht][2] unter Deinem Brief bist Du bei Freytags[3] gewesen. Das hast Du recht gemacht. Mir sind die Tage hier sehr rasch vergangen, ich habe Arbeit in Masse, weiß faktisch nicht, wo ich zuerst anfangen soll.

Frau L[iebknecht][4] tut mir sehr leid, aber daß er es *wagt*, sie so zu behandeln, daran ist *sie selbst schuld*. Du kannst das Frau L[iebknecht] gelegentlich von mir sagen und hinzufügen, daß Frau Schweichel[5] derselben Meinung sei; ich habe früher schon darüber mit ihr gesprochen. Frau Schw[eichel] sagt, daß er seiner ersten Frau[6] [gegenüber] solche rohen Ausdrücke, wie er der jetzigen gegenüber gebraucht, nie gebraucht habe; sie habe es sich einfach nicht gefallen lassen, sondern ihm derb geantwortet.

Frau L[iebknecht] macht den sehr großen Fehler, daß, wenn L[iebknecht] sie in einem Augenblick aufs heftigste insultiert hat und er in der nächsten Stunde vorgibt, es zu bereuen, sie ihm sofort sich wieder hingibt, ja oft genug ihm entgegenkommt. Das ist ganz falsch bei einer Natur, wie L[iebknecht] ist.

Ich bleibe dabei, Frau L[iebknecht] teilt das Schicksal der ersten Frau, und zwar in wenigen Jahren.

Mein Urlaubsgesuch ist am Dienstag noch abgegangen, bis zum Sonntag, spätestens Montag, werde ich Antwort haben. Aber die „Vorsehung" tut bei der Sache nichts, wie Du in Deinem letzten Briefe aussprichst, das sind reellere Faktoren, die da entscheiden.

Herzlichen Gruß und Kuß an Dich und Frieda von

Deinem August

[Am Rand der ersten Seite:]
Die Griffe an Lützelberger schicke per Paket, es ist ja nur wenig. Notier auch die Summen genau.

---

1 Am 22. September 1872 bat Bebel wegen Erledigung dringender Angelegenheiten um Hafturlaub. Dieser wurde ihm vom 2. bis 8. Oktober 1872 gewährt. Am 4. Oktober bestätigte das Oberappellationsgericht in Dresden die Strafe wegen „Majestätsbeleidigung".

2 Wilhelm Liebknecht hatte vom 24. bis 26. September 1872 Hafturlaub erhalten. (Siehe Acta Hubertusburg, wie Nr. 1/1)

3 *Otto* Emil Freytag (1835-1917) war seit etwa 1866 in Leipzig als Rechtsanwalt und Notar tätig. Gemeinsam mit seinem Bruder Bernhard Freytag (siehe Nr. 113/7), der zu dieser Zeit noch in Plauen wohnte, hatte er Bebel, Liebknecht und Hepner im Leipziger Hochverratsprozeß verteidigt. Beide Brüder waren 1866 Mitbegründer der Sächsischen Volkspartei. Otto F. schloß sich 1869 der Sozialdemokratie an. Er wurde 1877 als erster Sozialdemokrat in den sächsischen Landtag gewählt (bis 1883), und zwar im ländlichen Wahlkreis Stollberg, zu dem das Lugauer Kohlenrevier gehörte.

Er heiratete Marie Auguste Henriette Aurelie Kirsch (1847-1910) aus Wiesbaden.

(StA Leipzig, PoA, 1876-1889, Nr. 148, Bl. 2)

4 Wilhelmine *Natalie* Liebknecht, geb. Reh (19.7.1835 - 1.2.1909) heiratete am 30. Juli 1868 Wilhelm Liebknecht. Sie besaß eine hohe Bildung. Das politische Wirken ihres Mannes unterstützte sie und stand mit vielen Sozialdemokraten im Briefwechsel. Für sozialdemokratische Publikationen nahm sie Übersetzungen aus dem Englischen vor. Sie versorgte die zwei Töchter aus Liebknechts erster Ehe und gebar fünf Söhne.

(Siehe den Briefwechsel zwischen August und Julie Bebel mit Natalie und Wilhelm Liebknecht, IISG und Moskau; Anhang II; A. Bebel: Natalie Liebknecht. Nekrolog in der „Neuen Zeit", BARS, Bd. 8/2, Nr. 69; M[inna] K[au]t[sky]: Natalie Liebknecht, in: Illustrierter Neue-Welt-Kalender für das Jahr 1910, S. 74/75; Kurt Adamy: Sie hat sich um die große Sache des Proletariats verdient gemacht. Natalie Liebknecht, in: BzG 1974/4, S. 672-677; Wolfgang Schröder: Ich muß mich ganz hingeben können, in: Ebenso, Frauen in Leipzig. Hrsg. von Friderun Bodeit, Leipzig 1990, S. 137-156, 236)

5 Die Familien Bebel, Liebknecht und Schweichel waren eng befreundet. Elisabeth (Elise) Schweichel, geb. Langer (1831-1912) heiratete 1855 Robert Schweichel (siehe Nr. 11/2) und folgte ihm ins Schweizer Exil. 1861 kehrten sie nach Deutschland zurück. Julie und August Bebel lernten Schweichels während deren Aufenthalt in Leipzig 1866-1868 kennen. Ab 1869 wohnten die Schweichels in Berlin, wo beide Familien nach dem Umzug von August und Julie Bebel im September 1890 wieder enge Beziehungen pflegten. Elise vertrat sozialdemokratische Auffassungen und trat für die Frauenemanzipation ein. Sie verfaßte Romane und Novellen, die in sozialdemokratischen Presseorganen erschienen. Nach Robert Schweichels Tod nahm sich Julie Bebel ihrer an, bis sie selbst schwer erkrankte.

(Siehe E[rnst] K[laar]: Elise Schweichel, in: Illustrierter Neue-Welt-Kalender für das Jahr 1913, S. 72/73; Briefe von Elise Schweichel an Natalie Liebknecht, SAPMO/BArch, NY 4034/258 u. 4034/259; Julie Bebel an Marie Geck, 29.7.1910, GLA Karlsruhe, NL A. Geck, Nr. 2719)

6 *Ernestine* Liebknecht, geb. Landolt (1832-1867), heiratete 1854 Wilhelm Liebknecht, dem sie aus Freiburg (Breisgau) ins Londoner Exil gefolgt war. Julie und August Bebel lernte sie kennen, als sie im Oktober 1865 nach Liebknechts Ausweisung aus Berlin nach Leipzig zog. Ernestine wurde von Bebels unterstützt, als ihr Mann vom 2. November 1866 bis 17. Januar 1867 in Berlin inhaftiert war. Sie starb am 29. Mai 1867 in Leipzig an Tuberkulose und hinterließ zwei Töchter: Alice und Gertrud.

(Siehe Wolfgang Schröder: Ernestine. Vom ungewöhnlichen Leben der ersten Frau Wilhelm Liebknechts. Eine dokumentarische Erzählung, Leipzig 1987; „Sie können sich denken, wie mir oft zu Muthe war..." Jenny Marx in Briefen an eine vertraute Freundin. Hrsg. Wolfgang Schröder, Leipzig 1989)

6

Hubertusburg, den 12. Oktober 1872

Meine liebe gute Julie!

Du hättest es F. sofort wissen sollen lassen, damit er das 2. Paket nicht abschickt; laß es ihn wissen, vielleicht ist es noch nicht zu spät. Die Adresse sollte sein H. Böker, Bremen. Die Adresse für den beiliegenden Brief ist A. Gosewisch, Bremen.

Der Henius ist ein Esel, der muß keinen Funken Geschäftsroutine haben, daß er einem solche Ausgaben zumutet. Ich habe ihm ausdrücklich in meinen beiden letzten Briefen geschrieben, per Postkarte Zahlung zu senden.

Wie steht es denn mit den Griffen für die Aktiengesellschaft? Habe ich nicht da bald Rechnung zu schreiben? Sage Schiffel, er möge nur immer die erste Hälfte abschicken, wenn sie fertig sei, sonst kommen die uns auch noch auf den Pelz.

Den Brief nach Reichenbach adressiert an Herrn I. C. Braun in Reichenbach/Vogtl[and]. Füge die Zeichnungen wieder bei, es liegt mir nichts dran, wenn sie bestellen.

Ferner sende ich Dir einen Brief zu adressieren:

Herrn Wilhelm Baumann, Zürich[1] (2 Groschen)
Herren Bode & Troue, Hannover.

Die Rechnungen wirst Du am besten per Stadtpost expedieren lassen. Sage Schiffel, er solle allen Kunden und auch Haunsteins gegenüber sagen, daß vor Mitte nächsten Monats sie nichts erhalten könnten.

Wie ist denn das Naumburger Horn ausgefallen?

Schiffel erhält von dieser Woche 8 1/2 Taler.

Laß die Kleine nur immer ein-, zweimal Karussel fahren, das ist ein billiges Vergnügen.

Heute hat es bis zum Nachmittag in einem fort derb geregnet, so daß wir gar nicht ausgehen konnten.

Herzliche Grüße und Küsse an Euch beide von
Deinem August

Ich glaube, nächste Woche kommt Hepner[2] her; schicke doch eine ordinäre Uhrkette für mich mit, die goldne geniert mich zu sehr, und sie wird auch unnütz ruiniert. Auch brauchte ich Briefpapier (große Bogen) und Konzeptpapier, letzteres gibt ihm wohl F[ink]!

Hat Wulst[3] schon was hören lassen?

Mußt Du Briefpapier kaufen, dann kaufe gleich 1/2 Ries große Bogen, weiß. Leg Dir für die Briefe an die Kunden auch weiße Kuverts zu, sie brauchen ja nicht so fein zu sein. Kaufe sie im 1000.

Der Schlosser Schwartze auf beiliegender Rechnung ist der auf dem Neukirchhof.[4]

1 Gemeint ist Wilhelm Baumann aus Freiburg/Breisgau, von Beruf Techniker, nunmehr wohnhaft in Zürich. Seine Firma führte „Gas- und Wassereinrichtungen" aus.
   (Siehe Verzeichniß der Handelshäuser und Fabriken des Kantons Zürich..., Zürich 1868, S. 17. Mitteilung vom Staatsarchiv Zürich)

2 Adolf Hepner (1846-1923) Buchhändler, Journalist; Mitbegründer der SDAP, Mitglied der IAA. 1869-1873 Redakteur des „Volksstaat"; im Leipziger Hochverratsprozeß freigesprochen. Übernahm nach Liebknechts Haftantritt die Leitung der Redaktion, legte sie aber 1873 nach Zerwürfnissen mit dem Parteiausschuß nieder. Hepner nahm am Kongreß der IAA in Den Haag, 2.-7. September 1872, teil. Er wurde deshalb zu vier Monaten Haft verurteilt und aus Leipzig ausgewiesen. Hepner stand während seiner Redaktionstätigkeit in engem Briefwechsel mit Engels. 1873 ging Hepner nach Breslau, 1882 nach den USA, dort Mitarbeit an sozialistischen Presseorganen. 1908 kehrte er nach Deutschland zurück.
   Einem undatierten Brief von Natalie Liebknecht an ihren Mann lag ein Zettel von Hepner bei, in dem es unter anderem hieß: „1) Der Kongreß ist sehr gut verlaufen, wenn auch äußerlich nicht so sichtbar wegen den Bakuninschen Debatten. 2) Marx, Engels, Frau Marx besten Gruß. 3) Sorge kann nicht kommen, weil sonst das Retourbillet ungültig geworden wäre. 4) Marx wird von jetzt ab gegen Bakunin unter seinem Namen auftreten... 9) Vaillant läßt grüßen. 10) Vielleicht komme ich nächsten Freitag mit dem Haager Protokoll."
   (Moskau, F. 200, Op. 4, Nr. 536)

3 Es handelt sich wohl um den Schlosser Carl Ferdinand Wulst in Leipzig.
   (Siehe Leipziger Adreß-Buch für 1872)

4 Gemeint ist Julius Robert Schwartze, Schlossermeister in Leipzig, Neukirchhof 34 u. 35.
   (Siehe ebenda)

7

Meine liebe gute Julie!

Wenn Du den Sonntag kommst[1], nehme ich an, Du kommst gern und nicht moralisch durch mich gezwungen. Als ich es L[iebknecht] sagte, war er sofort entschlossen, auch seiner Frau zu schreiben, sie solle kommen.

Bringe mir die Strazze[2] mit und 1 Buch Briefpapier und 1 Buch Konzeptpapier, letzteres mag die Expedition [des „Volksstaat"] liefern, da ich es für diese verschrieben.[3]

Vorhin kam 1 Paket von Berlin an von Boas[4], enthaltend neben einigen Büchern für L[iebknecht] zum Durchlesen 2 Päckchen Zigarren, 2 Päckchen Lichter, 2 Tüten fein gemahlenen Kaffee, 2 Päckchen Schokolade und zwei Tüten Mandeln und Rosinen. Wenn Ihr also den Sonntag kommt, kriegt Ihr was Gutes, wenn nicht, esse ich es alleine. L[iebknecht] und ich haben uns in den Inhalt geteilt.

Der Schinken von Plauen[5] schmeckt delikat, wie Grunersche Gänsebrust. Wenn Du zur Abwechslung eine Kleinigkeit Essen mitbrächtest, z. B. wenn die Frau Schwägerin Otto ein paar Tauben übrig gehabt hätte, wäre mir recht. Doch kaufe keine, auch macht es Dir bei der kurz angeraumten Zeit zu viel Arbeit. Laß es also lieber sein.

Du könntest mir vielleicht meinen seidenen Sommerschal mitbringen; der rote ist mir für jetzt noch zu dick.

Also Strazze, Papier und Schal bring mit.

Die Annonce wegen eines Gehülfen wird am besten nochmals eingerückt.[6] Ich habe ganz vergessen zu schreiben, daß es schon auf den Sonnabend oder Freitag annonciert sein sollte, damit einer sich gleich mit der Kündigung darauf einrichten konnte, falls er Lust hatte, anzufangen.

Laß Dir von Schiffel mitteilen, wie das neu angekommene Horn ausgefallen ist, ingleichen ob sich die Arbeitsteilung in der von mir angedeuteten Weise durchführen läßt.

Den Brief an Wapler couvertiere und laß ihn Sch[iffel] in die Kiste legen. Die Kiste soll als *Eilgut* auf der *Thüringer* Bahn gehen.

Den Brief an Julius Bierlingers Nachf. habe ich direkt gesandt.

Notiere den Verbrauch des Wirtschaftsgeldes im vorigen Monat.

Heute haben wir hier das prächtigste Wetter.

Leb wohl auf baldiges Wiedersehen.

Herzlichen Gruß und Kuß an Dich und Friedchen

Dein August

Sende Beilage sofort an Seiffert[7].

Bursche mag das Papier von Fink gleich mitbringen.

---

1 Julie Bebel unternahm am 20. Oktober 1872 keine Reise nach Hubertusburg.

2 Buch zur Eintragung der Rechnungen über verkaufte Waren.

3 Bebel spielt wohl auf die Stellungnahme von Wilhelm Liebknecht und ihm an, die unter dem Titel „Eine Antwort" am 23. September 1872 im „Volksstaat" erschien. (BARS, Bd. 1, S. 218-224). Darin schlugen sie dem ADAV im Interesse der Einigung der Arbeiterbewegung gemeinsame Aktionen vor. Am 16. Oktober 1872 publizierte „Der Volksstaat" unter dem Titel „An die deutschen Arbeiter" eine Fortsetzung der Polemik mit dem „Neuen Social-Demokrat". Demnach müßte es sich hier auch um eine gemeinsame Autorschaft von Bebel und Liebknecht handeln. Weitere Artikel im „Volksstaat" aus dieser Zeit lassen sich Bebel nicht eindeutig zuordnen.

4 Moritz Boas (gest. nach 1894) zählte zu den Anhängern der Demokratischen Volkspartei in Berlin. Er unterzeichnete im Oktober 1870 die Erklärung einer Volksversammlung, die sich mit dem Protest von Johann Jacoby gegen die Annexion von Elsaß-Lothringen solidarisch erklärte. Am 17. Juli 1872 schrieb er an Liebknecht:" ...diese Tage werde mir erlauben, Ihnen eine kleine Erfrischung zu senden." Bis 1895 sind freundschaftliche Briefe von Boas an Liebknecht erhalten. Hinsichtlich seines Berufs könnte Boas identisch sein mit dem im Berliner Adreßbuch 1873 verzeichneten Moritz Boas, Inhaber eines Agentur-Geschäfts in der Oberwasserstraße 13. Das Berliner Adreßbuch verzeichnet 1890 und 1895 für ihn als Beruf Makler für Hypotheken und Grundbesitz.

Bebel und Liebknecht erhielten zur Jahreswende 1872/1873 außerdem einen Glückwunsch zum neuen Jahr von dessen Bruder J. Boas, Kaufmann in Berlin. Dieser sandte am 6. Juli 1877 „in reminiscence on Hubertusburg" Liebknecht Wein ins Gefängnis. Beide Brüder beglückwünschten Bebel im April 1874 zum Ende der Festungshaft, wofür ihnen Bebel am 18. April 1874 brieflich dankte. (SAPMO-BArch, NY 4034/140; ebenda, NY 4022/122; siehe Der Volksstaat, 22.10.1870; Berliner Adreßbücher)

5 Bebel und Liebknecht erhielten mehrfach von Sozialdemokraten Eßwaren nach Hubertusburg gesandt, noch häufiger waren auf Volksversammlungen verfaßte Grüße.

6 Am 20. Oktober 1872 stand folgende Annonce im „Leipziger Tageblatt": „Ein tüchtiger Horndrechsler findet bei dem höchsten Lohn dauernde Arbeit im Drechslergeschäft von A. Bebel, Petersstraße 18."

7 Bebel schreibt Seifert. Es handelt sich aber um *Rudolph* Benjamin Seiffert (1840-1913), Mitglied des Aufsichtsrats sowie Setzer und Korrektor der Genossenschafts-

Buchdruckerei Leipzig, seit 1872 wiederholt verantwortlicher Redakteur des Parteiblattes. Nach der Auflösung der Genossenschafts-Buchdruckerei im Verlag J.H.W. Dietz tätig, bis zu seinem Tod in der Hamburger Parteidruckerei beschäftigt. (Siehe Liebknecht-Briefwechsel II, wie Nr. 3/3, S. 66; StA Leipzig, PoA, 1876-1889, Bd. 229, Bl. 33)

8

Hubertusburg, den 19. Oktober 1872

Meine liebe gute Julie!

Anbei Briefe für Behr und Aktiengesellschaft, von beiden wirst Du zusammen ca. 240 Taler erhalten. Bezahle davon dann den Rest meiner Kleiderrechnung bei Arnemann[1], 10 oder 11 Taler, und schicke Günzel[2] ca. 40 Taler.

Frau L[iebknecht] gegenüber tue ja nicht, als habest Du Geld in Hülle und Fülle, denn wenn wir bis zum 1. das Geld nicht erhalten sollten und wirklich eine Amnestie einträfe[3], könnten wir warten; L[iebknecht] denkt an Rückzahlen dann schwer.

Daß wir in der Lotterie durchgefallen, schadet nichts, bitte Brauer um einen Plan und schicke mir dann die sämtlichen Lose her, ich will an Frau Jör[issen?[4]] schreiben und ihr unser „Glück" schreiben.

Das Kölner Horn ist nicht sofort zu bezahlen, schicke mir die Briefe von Köln und Hamburg her.

An Gebr. Meyer in Köln kannst Du den schuldigen Rest von 14 Talern und einigen Groschen – der Betrag steht auf dem gelben Zettel, der im Geldschubfach liegt – per Postkarte einsenden und bemerkst, Irrtum sei auf unserer Seite gewesen. Die 2 Groschen für die Karte halte am Betrag ab.

Den Brief an Ende habe ich von hier direkt gesandt.

Wenn es Dir Freude macht, komm nächsten *Sonntag*[5] und *Montag* mit Friedchen her, Du kannst ja in 14 Tagen mit Frau L[iebknecht] wieder kommen. Sagst ihr, wir hätten viel Geschäftliches abzuhandeln. Du kannst Sonntag vielleicht nochmals früh fahren. Das Wetter ist zwar trübe, aber sehr milde. Jedenfalls ist [es] hier an einem Sonntag so hübsch wie in L[eipzig].

Daß die Kleine so munter und fidel ist, freut mich.

Herzliche Grüße und Küsse an Dich und Friedchen

Dein August

---

1 Der Schneider Carl Friedrich August Wilhelm Arnemann hatte sein Geschäft in der Hainstraße 17 in Leipzig.

2 Wahrscheinlich ist der Gelbgießer Ferdinand Hermann Günzel gemeint. (Siehe Leipziger Adreßbuch für 1872)

3 Aus Anlaß der Goldenen Hochzeit des sächsischen Königspaares wurde eine Amnestie in Aussicht gestellt. Bebel und Liebknecht stellten Ende November 1872

das Gesuch, ihnen die Haftstrafe und Bebel außerdem die Gerichtskosten zu erlassen. Es wurde im Dezember 1872 abschlägig beschieden.
(Siehe Moskau, F. 200, Op. 3, Nr. 114, Bl. 172/173)

4 Familie Jörissen gehörte in Berlin zum Freundeskreis von Robert und Elise Schweichel, mit denen Bebel während der Reichstagsverhandlungen mehrfach gesellige Abende verbrachte.
(Siehe Elise Schweichel an Natalie Liebknecht, o.D., SAPMO/BArch, NY 4034/259)

5 27. Oktober 1872.

9

Meine liebe gute Julie!

Wie ich aus Deinem erst heute erhaltenen Briefe ersehe, ist derselbe schon am 19. abgegangen, d. h. in den Kasten geworfen worden, aber erst am 20., wie das Couvert ausweist, abgeholt worden. Es unterliegt darnach gar keinem Zweifel, daß Du die Briefe zu spät aufgibst. L[iebknecht] teilt mir auch mit, daß seine Frau ihm geschrieben, die Briefe würden früher abgeholt. Du mußt sie also auch früher aufgeben, soll ich rechtzeitig antworten können. Dein heutiger Brief ist statt gestern früh erst gestern abend auf der Post um 10 Uhr angekommen, konnte folglich erst heute abgegeben werden.

Von Stumpfs[1] Anwesenheit habe ich bereits durch L[iebknecht] erfahren, er soll auch Wein versprochen haben und hält hoffentlich auch Wort.[2]

L[iebknecht], mit dem ich über Friedas Unwohlsein sprach, meinte, es sei leicht möglich, daß die Kleine auch einen Bandwurm habe. Mir scheint das auch nicht unmöglich. Das beste ist, Du läßt den Arzt wissen vorher, wann Du zu ihm hinkommst, damit er zu Hause ist, und nimmst die Kleine mit, ohne ihr zu sagen, wohin Ihr geht. L[iebknecht] meinte ferner, daß der Bandwurm bei Kindern sich leicht kurieren ließe im Sommer durch starkes Erdbeeressen. Die gibt's nun freilich jetzt nicht, und so wird wohl irgendein anderes Mittel herhalten müssen, wenn es der Bandwurm wirklich ist. Unter Umständen kannst Du mit einer Kur so lange warten, bis ich zu Weihnachten nach Hause komme[3]; zum Arzt geh' aber auf jeden Fall sobald als möglich. Es kann ja auch etwas anderes sein. L[iebknecht]s Junge ist ja wohl auch recht krank gewesen?

Chemnitz irrt sich wohl einigermaßen bei den Griffen. Die große Garnitur habe ich ihm mit 1 Taler 11 Neugroschen berechnet, die andern sollten allerdings 1 Taler 7 Neugroschen kosten, aber wie ich aus der Angabe ersehe, sind das nicht kleine Garnituren, sondern die gewöhnliche Façon gewesen.

Mit Günzel warte noch bis nächste Woche, wir wollen erst mehr zusammen haben, damit Du nicht in Verlegenheit kommst.

Mit dem Katarrh solltest Du Dich doch ein bißchen in acht nehmen, Du hast ihn alle Augenblicke. Du gibst mir immer guten Rat, mich zu schonen, tust es aber selbst nicht.

Beifolgendes Zettelchen sende per Post an Gabriel[4], damit der die Zigarren rechtzeitig besorgt. Du solltest auch Nüsse etc. schon jetzt kaufen, da es später sehr teuer werden wird.

Komme ich zu Weihnachten nach Hause, da habe ich große Lust, mir eine Pelzmütze zu kaufen, weil ich mit meinem Hut die Feiertage mich nicht gut sehen lassen kann, einen neuen aber nicht kaufen mag, denn bis ich den benutzen kann, ist er längst aus der Mode.

Wie steht's denn, wollen wir noch 1/8 Los nehmen? Frau J[örissen?] hat mir noch nicht geschrieben, und ohne ihre Zustimmung nehme ich kein Viertel.

Wie L[iebknecht] mir heute sagt, will er seine Frau auf Sonntag über 8 Tage[5] auf einen Tag allein herkommen lassen.

Eben lese ich, daß auf der Bahn der Tischler und Wagendurchseher Dotzauer aus Zwickau verunglückt ist. Das ist möglicherweise der Sohn unseres Parteigenossen.[6]

Nochmals: Wegen Friedchen gehe bald nach dem Doktor.

Herzliche Grüße und Küsse an Euch beide

Dein August

Die an Neubert geschickten Griffe etc. hast Du wohl aufgeschrieben.

Erkundige Dich doch mal bei Albert [Otto], was der seinem Werkführer zu Weihnachten gibt, und vergiß mir nicht die Adresse des Chemnitzer Eisengießers. Zenker, glaub ich , soll er heißen.

In Hannover ist Pastor Grote wegen Majestätsbeleidigung zu 1 Jahr 6 Monaten Gefängnis, Aberkennung der aus Wahlen hervorgegangen Rechte etc. verurteilt worden.[7] Der hat also doppelt soviel wie ich.

1 Gemeint ist Peter *Paul* Stumpf (1826-1912), Freund von Marx und Engels, Mitglied des Bundes der Kommunisten, Gründer der Mainzer Sektion der IAA und Mitbegründer der SDAP. Stumpf besaß in Mainz eine Fabrik mit Geschäft für Wasserpumpen und -installationen. Er könnte in Leipzig anläßlich der Messe gewesen sein.

Persönlich lernten sich Bebel und Stumpf kennen entweder während Stumpfs Besuch in Leipzig Ende Mai 1866 oder während der Agitationsreise von Bebel und

Liebknecht zur Wahl demokatischer Abgeordneter in das Zollparlament, die sie am 16. März 1868 nach Mainz führte. Stumpf redete Bebel schon vor der Gründung der SDAP mit „Lieber Freund" an.
(Siehe z.B. P. Stumpf an AB, 6.6.1869, SAPMO-BArch, NY 4022/24; siehe Heinz Monz: Die Verbindung des Mainzer Paul Stumpf zu Karl Marx und Friedrich Engels. Zugleich ein Beitrag zur Geschichte der Mainzer Arbeiterbewegung, Darmstadt 1986)

2 Diese Briefstelle druckt H. Monz im Quellenteil der eben genannten Schrift mit richtigem Datum (S. 303). Im Textteil wird Stumpfs Besuch dagegen auf den Spätherbst 1875 verlegt (S. 270).

3 Bebel und Liebknecht beantragten je zehn Tage Hafturlaub für Weihnachten 1872. Ihr Gesuch wurde abgelehnt.

4 Es handelt sich um Eduard Gabriel, Zigarrenhändler, Lange Straße 17 in Leipzig.

5 1. Dezember 1872.

6 Mit dem Parteigenossen in Zwickau meinte Bebel Karl Hermann Dotzauer (1835-1881), Tischler, später Gastwirt. Er stand 1857 in Crimmitschau einem Unterstützungsverein vor, ab 1862 in Zwickau; übernahm Mai 1867 die Leitung des Zwickauer Arbeiterbildungsvereins, der sich im Oktober 1867 zum Volksverein umwandelte, 1869 Mitbegründer der SDAP, Bevollmächtigter der Holzarbeitergewerkschaft in Zwickau. 1869/1870 stand er als Kolporteur des „Volksstaat" in regem Briefwechsel mit Bebel. Er nahm 1875 am Vereinigungskongreß in Gotha teil.
   Dotzauers Sohn Gustav Adolf war offenbar nicht der Verunglückte. Er war von Beruf ebenfalls Tischler und betrieb nach dem Tod seines Vaters in Zwickau eine eigene Tischlerei.
(Siehe Standesamt Zwickau und Adreßbücher – übermittelt vom StA Zwickau; BARS, AmL, S. 408/409; Briefe in SAPMO-BArch, NY 4022/18 und im Archiv des August-Bebel-Instituts, A 2 und A 7, jetzt im Archiv der sozialen Demokratie der Friedrich-Ebert-Stiftung; Schaarschmidt, wie Nr. 3/4, S. 25)

7 Heinrich Friedrich *Ludwig* Grote (1825-1887) wandte sich – auch in dem von ihm begründeten „Althannoverschen Volkskalender" – gegen die 1866 erfolgte Annexion des Königreichs Hannover durch Preußen. Er wurde deshalb mehrfach mit Gefängnis bestraft. Einer erneut drohenden Verhaftung entzog er sich 1877 durch die Emigration nach Basel.
(Siehe Carl Langen: Ludwig Grote – ein deutscher Volksmann, Hannover 1912. Mitteilung vom StA Hannover)

10

Meine liebe gute Julie!

Ich muß Dir nochmals ein paar Zeilen betreffend unser Friedchen schreiben und gebe den Brief morgen früh vor 8 Uhr hinaus, da wegen des Feiertags später keiner fortkommt.

Ich habe mir überlegt, daß die Klagen des Kindes möglicherweise auch von starkem Herzklopfen herrühren können, was bei ihrem sehr erregten Temperament gar nicht unwahrscheinlich wäre. In diesem Falle hätten wir sie sehr in acht zu nehmen, denn damit ist nicht zu spaßen. Sie dürfte dann weder Kaffee noch Tee erhalten, überhaupt müßte sie vor jeder Aufregung möglichst bewahrt bleiben, was ihr überhaupt in keinem Fall was schaden kann.

Gehe jedenfalls im Laufe des Sonnabends zum Arzt, und nimm eine Droschke, wenn das Wetter schlecht ist. Ich wünsche sobald als möglich Auskunft über ihren Zustand zu erhalten, eher bin ich nicht ruhig.

Verlange auch vom Arzt, daß er uns die Rechnung zukommen läßt, er hat sie noch nicht geschickt.

L[iebknecht] und ich, wir haben uns verständigt, daß wir um 10 Tage Urlaub jeder einkommen wollen. Ich bin sehr neugierig, ob wir ihn erhalten; vom Direktor[1] nehmen wir an, daß er unsere Gesuche befürwortet.

Herzlichen Gruß und Kuß an Euch beide von
Deinem August

Beim Bringen der Zigarren laß Dir sagen, in welchem Kistchen die guten Zigarren sind, damit keine Verwechslung stattfindet.

---

1 Karl Moritz Behrisch (gest. nach 1908) war bis 1878 Direktor der Königlich sächsischen Strafanstalt zu Hubertusburg und danach weiterer Haftanstalten.

11

H[ubertusburg], den 5. März 1873

Meine liebe gute Julie!

Die Butter, Bücher etc. nebst Deinem lieben Brief habe ich durch Heidemann[1] erhalten. Essen mußt Du mir allerdings etwas mitbringen, und zwar würde ich einigen Koteletten nicht Feind sein. Außerdem bringe Sonntag mir die Strazze mit, ich werde verschiedene Rechnungen auszuschreiben haben. Richte Dir, was Du mitnehmen willst, zeitig vor, damit Du nichts vergissest.

Schweichels Rede ist im heutigen „Volksstaat", sie macht einen guten Eindruck und trägt dazu bei, Schweichel gleich bei den Parteigenossen, die ihn noch nicht kannten, einzuführen.[2]

Der Artikel in der „[Berliner] Börsen-Zeitung" hat mir viel Spaß gemacht, die Berliner Schweitzerianer treiben allerdings ähnliche Verrücktheiten.

Heute hat mein eines Weibchen das dritte Ei gelegt, sie sitzt jetzt fest auf dem Nest und brütet.[3]

Ist Behrs Bestellung notiert? Zur Vorsorge will ich sie hier nochmals bemerken: 100 Griffe N. 44, 12 Horntürknöpfe mit Messing-Buchse, wahrscheinlich braucht Behr auch *Buchsen* zu den Kreuzgriffen, Sch[iffel] soll sie also mit machen lassen.

Seid beide recht herzlich gegrüßt und geküßt von

Deinem August

---

1 O. Heidemann war zu dieser Zeit Vorsitzender des Leipziger Arbeiterbildungsvereins. 1870 hatte er nach der Verhaftungswelle dem Provisorischen Parteiausschuß der SDAP angehört. Er emigrierte 1873 in die USA. In einem Empfehlungsschreiben an F. A. Sorge bezeichnete ihn Liebknecht als eines „unserer tüchtigsten Parteimitglieder". Heidemann nahm im April 1874 am Kongreß der Nordamerikanischen Föderation der IAA in Philadelphia als Vertreter von Baltimore teil.
(Siehe Der Volksstaat, 5.3.1873; W. Liebknecht an F. A. Sorge, 2.3.1873, Moskau, F. 200, Op. 4, Nr. 3160; F. A. Sorge an W. Liebknecht, 30.4.1874, Liebknecht-Briefwechsel I, wie Nr. 4/2, S. 561)

2 Robert Schweichel hielt am 22. Februar 1873 anläßlich des 12. Stiftungsfestes des Leipziger Arbeiterbildungsvereins in der Tonhalle die Festrede. Sie wurde am 5. März 1873 im „Volksstaat" veröffentlicht. Schweichel knüpfte an den 25. Jahrestag der Revolution von 1848 in Frankreich an, deren Bestrebungen vom Verein fortgeführt würden. Er erläuterte den Grundsatz „Wissen ist Macht" und bezog sich dabei auch auf die Lehre von Karl Marx. Unter dem Beifall der Versammelten gedachte er der Gefangenen in Hubertusburg.

Robert Schweichel (1821-1907) war 1848 Mitbegründer des Königsberger Arbeitervereins, wegen „Preßvergehen" Haftstrafen und Emigration in die

Schweiz, 1861 Redakteur der „Norddeutschen Allgemeinen Zeitung", die er 1862 gemeinsam mit Wilhelm Liebknecht verließ, als der probismarcksche Kurs des Blattes offenkundig wurde. Auf dem Vereinstag des VDAV 1868 begründete er im Hauptreferat die Trennung der Arbeiterbewegung vom Liberalismus. Feuilletonredakteur der „Roman-Zeitung" in Berlin 1869-1883, dann freischaffender Schriftsteller. Widmete sich in seinen Romanen und Novellen, die in der Sozialdemokratie weit verbreitet waren, dem Bauernkrieg und anderen revolutionären Erhebungen sowie Gestalten aus dem Volk.

(Siehe R. Schweichel: Erzählungen. Hrsg. u. Einl. Erika Pick, Berlin 1964.

3 Bebel schrieb in seinen Lebenserinnerungen: „Unter dem Gepäck, das ich mitnahm, befand sich auch ein großer Vogelbauer mit einem prächtigen Kanarienhahn, den mir ein Dresdener Freund als Gesellschafter für meine Zelle geschickt hatte. Er wurde, nachdem ich ihm zu einem Weibchen verholfen, der Stammvater einer Kinder- und Enkelschar, die ich in Hubertusburg züchtete."

(BARS, AmL, S. 368)

Bei Familie Bracke. 1876

In den Sommerferien 1876 reiste Julie Bebel mit Tochter Frieda nach Braunschweig zu Emilie und Wilhelm Bracke und deren Kindern Hermann, Otto und Ida. Beide Familien verband eine herzliche Freundschaft. Seit dem Frühjahr 1869 wußten Bebel, damals Präsident des Verbandes Deutscher Arbeitervereine, und Bracke, damals im Allgemeinen Deutschen Arbeiterverein in Opposition zu dessen Führung, daß sie sich fest aufeinander verlassen konnten und gleiche Ziele vertraten. Bei der Gründung der Sozialdemokratischen Arbeiterpartei im August 1869 wirkten sie aufs engste zusammen. Bracke wurde zum Vorsitzenden des Parteiausschusses gewählt. Die beiden Frauen hatten sich 1872 in Leipzig kennengelernt. Nachdem Wilhelm Bracke im Leipziger Hochverratsprozeß als Entlastungszeuge vernommen worden war, gehörten er und seine Frau am 26. März 1872 zu der Runde in Auerbachs Keller, die den moralischen Sieg der Verurteilten und ihrer Bestrebungen feierte. – Julie und Emilie verkehrten per du, was damals selten war.

12

Lieber August!

Ich will Dir hiermit zu wissen tun, daß wir gestern 11 Uhr 59 Minuten hier angekommen sind. Dabei wäre es uns beinah passiert, daß wir nach Hannover gefahren wären. Ich war immer im Glauben, wir kämen erst um 1 Uhr hier an, und blieb ruhig sitzen, da es auch nicht angesagt wurde, wo wir wären, und der Zug auch außerhalb des Bahngebäudes stand. Nur als der Schaffner eben die Tür schließt und der Zug fortgehen soll, frag ich ihn, wo wir uns befänden, und [er] sagt ganz [?], daß wir da wären, so kamen wir knapp noch heraus. Ich fuhr dann per Droschke nach Brackes[2], die auch verwundert waren, daß wir so zeitig ankamen, sie wollten uns eben abholen. Wir sind, wie zu erwarten war, sehr freundlich aufgenommen, auch die Eltern[3] sind außerordentlich liebenswürdig. Die Frieda fühlt sich ganz heimisch und springt in den großen Räumen herum, als wenn es ihr längst bekannt gewesen. Wir sollen 14 Tage bleiben, was ich natürlich nicht akzeptiert habe, aber wie lange wir bleiben, weiß ich selbst noch nicht.

Gestern waren wir nicht aus, aber heute wollen wir per Dampfschiff nach Eisenbüttel fahren und den Abend ins Sommertheater. Morgen wollen wir mit den Eltern und den Kindern[4] nach Hannover reisen usw. Doch ich muß schließen.
Herzlich grüßt und küßt Dich
Deine Julie

Gieß doch in die Wanne Wasser, sonst fällt sie zusammen, ich habe vergessen, sie noch in den Keller [zu] tragen.

---

1 Julie verwandte einen Bogen mit dem Briefkopf von Emilie Bracke. Sie setzte auf eine gepunktete Linie Montag ein und ergänzte die vorgedruckte Jahresangabe 187 durch eine 6. Das genaue Datum ließ sich nicht ermitteln.
2 Hermann August Franz *Wilhelm* Bracke (1842-1880) Verleger, Publizist, Mitglied des ADAV und 1865-1869 seines Vorstands, Mitglied der IAA, gehörte zur revolutionär-proletarischen Opposition, 1869 Mitbegründer der SDAP, 1869/1870 Mitglied des Parteiausschusses, als Gegner des Annexionskrieges 1870 eingekerkert, wandte sich zusammen mit Bebel 1875 gegen den Entwurf des Gothaer Pro-

gramms, trug zur Verbreitung der Ideen von Marx und Engels bei. MdR 1877-1879. Am 25. Januar 1869 heiratete er Emilie Walter (1848-1920).

Erstmals zusammengetroffen waren Bebel und Bracke während der Generalversammlung des ADAV am 28. März 1869 in Elberfeld. In Verbindung mit der Gründung und Festigung der SDAP schlossen beide enge Freundschaft. Wie neu aufgefundene Briefe belegen, hatten beide bereits vor dem 2. Juni 1869, also vor Schweitzers Staatsstreich vom 18. Juni 1869, ein Zusammentreffen in Magdeburg vereinbart. Diesen Briefen ist auch zu entnehmen, daß die Beratung in Magdeburg nicht am 22., sondern bereits am 21. Juni 1869 begann. Sie endete in den Morgenstunden des 22. Juni 1869, dem Datum des bekannten Aufrufs zum Austritt aus dem ADAV und zur Gründung einer sozialdemokratischen Partei.

(Siehe Karl Marx/Friedrich Engels: Briefwechsel mit Wilhelm Bracke (1869-1880), Berlin 1963; Wilhelm Bracke: Der Lassalle´sche Vorschlag. „Nieder mit den Sozialdemokraten!". Die Verzweiflung im liberalen Lager. Mit einem Nachwort von Heinrich Gemkow, Leipzig 1984; J. Bremer an AB, 2.6., 6.6.1869, SAPMO/BArch NY 4022/17 Ü; W. Bracke an AB, 22.6.1869, ebenda, NY 4022/15; Heinrich Leonhard: Wilhelm Bracke. Leben und Wirken. Gedenkschrift zum fünfzigsten Todestag am 27. April 1930, Braunschweig 1930; Jutta Seidel: Wilhelm Bracke. Vom Lassalleaner zum Marxisten, Berlin 1986)

3 Andreas Bracke (1804-1894) Müller, gründete 1856 eine Mehl- und Getreidegroßhandlung in Braunschweig. Dorothea Bracke, geb. Gratz (1807- nach 1875) war Brackes Stiefmutter.

4 Gemeint sind die Kinder Hermann Bracke (1871-1910, übernahm 1895 die Mehl- und Getreidegroßhandlung), Otto Bracke (1872-1934, später Rechtsanwalt in Braunschweig) und Ida Bracke (1874- nach 1930, später verheiratet mit dem Farmer Albert Voigts in Südwestafrika). Die jüngste Tochter, Martha Bracke, wurde erst am 10. Mai 1877 geboren (später Ehefrau des Pastors August Heinrich Heidenreich in Bündheim, gest. 1961).

(Auskunft vom StA u. Standesamt Braunschweig)

Zum ersten Mal in London. 1880

Hart getroffen wurde die Sozialdemokratie durch das Sozialistengesetz, das am 21. Oktober 1878 in Kraft getreten war. Doch die Absicht der Bismarck-Regierung, die Partei zu zerschlagen, gelang nicht. Nachdem der erste illegale Kongreß der deutschen Sozialdemokratie im August 1880 den Fortbestand der Partei unter Beweis gestellt hatte, reiste August Bebel zu Karl Marx und Friedrich Engels. Vom 9. bis 15. Dezember 1880 weilte er in London. Im gründlichen Meinungsaustausch über die Situation in Deutschland und die Ziele der Partei lernten sich die drei noch mehr schätzen. Ideen von Marx und Engels hatte sich Bebel längst zur Richtschnur seines Handelns gewählt. Nun schlossen sie innige Freundschaft. Auch hinsichtlich der Haltung des „Sozialdemokrat", des illegal verbreiteten Zentralorgans der sozialdemokratischen Partei, verständigten sie sich. Als 1882 irrtümlich die Nachricht von Bebels Tod durch die Presse ging, schrieb Marx: „Es ist entsetzlich, das größte Unglück für unsere Partei. Er war eine einzige Erscheinung innerhalb der deutschen (man kann sagen innerhalb der ‚europäischen') Arbeiterklasse." Und Engels meinte: „Bebels Verlust wäre unersetzlich gewesen. Wo ist in Deutschland oder sonstwo ein solcher Kopf zu finden? Wo solche theoretische Klarheit, solch geschickter Takt, solch ruhige Entschiedenheit unter der jüngeren Generation?"

13

Meine liebe gute Julie!
Ich will Dir nur in aller Eile ein paar Zeilen schreiben; was ich gesehen und gehört, darüber mündlich mehr.

Ich komme im Laufe dieser Woche nach Hause, an welchem Tage, kann ich aber noch nicht mitteilen. Ich treffe heute Singer[1] – er war bis gestern abend in Manchester – und will hören, ob wir nicht zusammen zurückkehren. Bernstein[2] will nach Paris. Auf der Rückreise will ich einen Tag in Köln zubringen, wozu Bressem mir geraten, weil ich dort einiges Geld dürfte auftreiben.

Ich habe mir London in den paar Tagen so viel angesehen, als dies bei einer solchen Riesenstadt möglich ist. Engels ist mein ständiger Begleiter, mit ihm Hirsch[3]. So haben wir Dampfschiff, Omnibus, Pferdebahn etc., kurz, jedes vorhandene Vehikel benutzt, um die weiten Entfernungen zu durchmessen.

Der Eindruck ist, wie ich ihn mir vorgestellt. Ein ungeheures, meist schwarz verräuchertes Häusermeer, mit sehr wenig schönen Bauten und in den Straßen ein kolossaler Verkehr, doch sind die Straßen meist breiter, als ich mir vorgestellt. Die Lebensweise ist total von der unsern abweichend, sowohl in als außer dem Hause. Läden und Warenausstellungen meist weit weniger geschmackvoll als massenhaft – wie hier alles ins Massige und Massive geht – und in den weniger feinen Stadtteilen in den Läden überall eine Überladung von Waren und Zusammenstellung schreiender Farben. Kunstschätze etc. werde ich wenig zu sehen bekommen, dazu fehlt die Zeit. Man kommt vor 12 Uhr nicht aus dem Hause.

Ich habe ausnehmend gutes Wetter getroffen, von dem üblichen Londoner Nebel bis heute keine Spur, dabei ist das Wetter hell und fast frühjahrlich; die meisten Leute gehen im einfachen Rock. Engels, bei dem ich logiere, wohnt mitten in der Stadt wie auf dem Lande, nämlich in der Nähe eines mächtigen Wiesen- und Parkreviers, das in der Ferne ringsum vom Häusermeer eingeschlossen ist.

Heute essen wir – E[ngels], B[ern]st[ein], Hirsch und ich – bei Marx, wo ich schon mehrere Male war und sehr gut aufgenommen wurde.[4] Den Abend sind wir bei Engels, wohin auch Singer kommen wird.

Ich gedenke Dienstag abend oder Mittwoch früh abzureisen.
Doch ich muß fort zu M[arxen]s.
Herzliche Grüße und Küsse Dir und Friedchen von
Deinem August

Grüße I[ßleib]s[5], und sage Herrn I[ßleib], geschäftlich sei ich in
Unterhandlungen, ich hätte aber wenig Hoffnung auf Erfolg, und
zwar wegen der Preise.

1 Paul Singer (1844-1911) führte gemeinsam mit seinem Bruder Heinrich eine
Konfektionsfirma in Berlin, weshalb er mehrfach geschäftlich nach England reiste.
Kennengelernt hatten sich Bebel und Singer während der Vorbereitung einer Pro-
testkundgebung gegen die Verpreußung Deutschlands, die am 14. Mai 1868 in
Berlin stattfand. Singer gehörte dem Demokratischen Arbeiterverein an, der sich
1868 der Mehrheit des VDAV anschloß. Ab 1869 Mitglied der SDAP, engagierte er
sich unter dem Sozialistengesetz stärker in der Sozialdemokratie, besonders in
Berlin; dort 1883-1911 Stadtverordneter, 1884-1911 MdR. Nach seiner Ausweisung
aus Berlin im Juli 1886 ging Singer bis zur Aufhebung des Sozialistengesetzes nach
Dresden. Von nun an gemeinsames Wirken von Bebel und Singer an der Spitze der
Sozialdemokratie, ab 1892 bis zu Singers Tod beide Vorsitzende der Partei. Singer
wurde Bebels engster Freund und vertrautester Partner im Parteivorstand.
(Siehe A. Bebel: Erinnerungen an Paul Singer, BARS, Bd. 8/2, Nr. 73; Heinrich Gemkow:
Paul Singer. Ein bedeutender Führer der deutschen Arbeiterbewegung. Mit einer Aus-
wahl aus seinen Reden und Schriften, Berlin 1957; derselbe: Paul Singer. Vom bürgerli-
chen Demokraten zum Führer der deutschen Arbeiterbewegung <1862-1890>, Phil. Diss
Berlin 1959; Wilfried Henze: Paul Singer an der Seite August Bebels in der Sozialdemo-
kratischen Partei <1890 bis 1902>, Phil. Diss. Berlin 1987)
2 Eduard Bernstein (1850-1932) zunächst Bankangestellter in Berlin; trat 1872 der
SDAP bei. Lernte im April 1872 Bebel kennen. Dagegen meinte Bebel, er sei mit
Bernstein 1871 erstmals zusammengetroffen. Ging 1878 als literarischer Sekretär K.
Höchbergs nach Zürich. Er galt als Mitverfasser des „Drei-Sterne-Artikels". Bebel
schätzte Bernsteins Anteil am Gelingen des ersten illegalen Parteikongresses in
Wyden und favorisierte ihn bei der Neubesetzung des Redakteurs des
„Sozialdemokrat". Bernstein begleitete Bebel nach London, weil Bebel bei Marx und
Engels Vorbehalte gegen Bernstein ausräumen wollte. 1881-1890 trug Bernstein als
Redakteur des „Sozialdemokrat" zur Festigung der Partei und zur Verbreitung
marxistischer Ideen bei. In diesen Jahren bestanden die vertrautesten Beziehungen
zwischen Bebel und Bernstein. Als Bernstein mit seiner Kritik an der Lehre von
Marx hervortrat, was Bebel als Revisionismus bezeichnete, kündigte Bebel die
Freundschaft auf, ohne je die Beziehungen zu Bernstein völlig abzubrechen.
(Zur Datierung der Bekanntschaft beider siehe Eduard Bernstein: Sozial-Demokratische
Lehrjahre, Berlin 1928, S. 7/8; ebenso im Nachruf auf Bebel, in: August Bebel – „ein
prächtiger alter Adler". Nachrufe – Gedichte – Erinnrungen. Hrsg. von Heinrich Gemkow u. Angelika Müller, Berlin 1990, S. 38. Zu Bebels Datierung siehe BARS, AmL, S.
382)

3 *Carl* Asriel Hirsch (1841-1900), 1866-1868 Mitglied des ADAV, unterstützte 1868/1869 die von Bebel und Liebknecht angestrebte Einigung der Arbeiterbewegung. 1870/1871 während beider Inhaftierung Redakteur des „Volksstaat". 1878/1879 gab er in Brüssel „Die Laterne" heraus, wobei er mit seiner Art der Kritik an Max Kayser wegen dessen Befürwortung der Schutzzollpolitik Bebels Mißfallen erregte. Hirsch hielt sich von August 1879 bis Juli 1881 in England auf, da er auf Betreiben Preußens aus Sachsen, Belgien und Frankreich ausgewiesen war und außerdem in Deutschland Verfolgungen wegen der „Laterne" zu erwarten hatte. Er wurde sowohl 1879 wie 1880 als Redakteur des „Sozialdemokrat" vorgesehen. was letztlich an Vorbehalten Hirschs scheiterte.
(Siehe Ursula Herrmann: Carl Hirsch. Sozialdemokratischer Journalist und Mitstreiter von Marx und Engels, in: Gestalten der Bismarckzeit, wie Nr. 2/2, S. 143-173)

4 An diesem Sonntag lernte Bebel die drei Töchter von Marx kennen: Jenny Longuet (1844-1883), Laura Lafargue (1846-1911) und Eleanor Marx (1855-1898). Mit Marx´ Frau Jenny (1814-1881), „die sofort meine Sympathie gewann" (BARS, AmL, S. 611), war er bereits bei seinen ersten Besuchen zusammengetroffen.

5 Angesichts der Konkurrenz der Großbetriebe und der lange währenden wirtschaftlichen Depression stellte Bebel seine Drechslerei auf Dampfbetrieb um. Er gewann im Sommer 1875 den Sozialdemokraten Valentin Julius Adolf *Ferdinand* Ißleib (1838-1897) aus Berka/Werra als Teilhaber. Von Otto Freytag als Rechtsberater unterstützt, nahmen sie Hypotheken und Kredite auf. U.a. erhielt Ißleib von C. Höchberg 36 000 Mark als Hypothek, die er bis zum Sommer 1885 zurückgezahlt hatte. Sie kauften in der Hauptmannstraße/Ecke Johannapark ein Grundstück, als dessen Besitzer Ißleib eingetragen wurde. Am 1. Juli 1876 eröffneten sie dort die mit Dampfkraft betriebene Fabrik Ißleib & Bebel, die sich hinter dem Wohngebäude befand. Die Bebels zogen in die zweite Etage des fünfgeschossigen Wohnhauses, in der noch zwei weitere Familien wohnten. Die erste Etage bewohnte Ferdinand Ißleib mit seiner Frau Katharina *Hermine*, geb. Rößing (1844-1923) aus Hersfeld und seinen Kindern Arthur und Olga. Ißleib leitete die Fabrik. Julie Bebel war als Mitinhaberin eingetragen. August Bebel war Prokurist und Geschäftsreisender, wodurch er weitgehend über seine Zeit verfügen und sie für die Sozialdemokratie nutzen konnte. Bebels Ausweisung vom 29. Juni 1881 aus Leipzig behinderte ihn geschäftlich außerordentlich, obwohl Julie viele Aufgaben übernahm. Im Einvernehmen mit Ißleib kündigte Bebel daher zum 1. Januar 1885 die Teilhaberschaft auf – der Name der Firma blieb aber Ißleib & Bebel. Bebel erhielt als Geschäftsanteil 22 000 Mark zugesprochen. Bis 1888 unternahm Bebel noch jeweils von April bis September gegen Entgelt Geschäftsreisen für die Firma. Dann legte er im Interesse seiner ständig gewachsenen Aufgaben in der Sozialdemokratie alle Verpflichtungen für die Firma nieder.
(Siehe StA Leipzig, PoA, 1876-1889, Nr. 129, Bl. 3; F. Ißleib an AB, 18.8.1875, SAPMO/BArch, NY 4022/20 Ü; AB an F. Engels, 28.12.1884, BARS, Bd. 2/2, S. 163/164; AB an W. Liebknecht, 28. u. 31. 12. 1884, in: Liebknecht-Briefwechsel II, wie Nr. 3/3, S. 809/810, 818; dieselben, 26.7.1885, BARS, Bd. 2/2, S. 197; C. Höchberg an E. Bernstein, 4.4.1882, Moskau, F. 204, Op. 1, Nr. 778; Leipziger Adreßbücher 1876, 1877, Stichproben bis 1935)

14

Meine liebe gute Julie!

Heute abend 8 Uhr reise ich von hier ab, komme um 10 Uhr auf das Schiff und bin gegen 1 Uhr nachts in Calais, von wo ich mit Singer nach Brüssel fahre. Dort wollen wir uns im Laufe des morgigen Tages aufhalten und dann weiter nach Köln fahren, wo ich mich ebenfalls einen halben Tag aufhalten will. Sonnabend[1] komme ich nach Hause, genaue Zeit kann ich noch nicht bestimmen, werde sie Dir wahrscheinlich von Köln schreiben.

Das Wetter war bis jetzt hier ungewöhnlich günstig, seit gestern ist leichtes Regenwetter eingetreten.

Was ich gesehen und gehört, darüber erzähle ich Euch mündlich, Friedchen ist doch jedenfalls sehr neugierig.

Herzliche Grüße und küsse Euch beiden von
Deinem August

---

1 18. Dezember 1880.

Ausweisung und Landtagsmandat. 1881

August Bebel, Wilhelm Liebknecht und 31 weitere Sozialdemokraten hielten am 29. Juni 1881 die Ausweisung in
Händen, nach der sie binnen drei Tagen die Stadt Leipzig
zu verlassen hatten. Mit der Verhängung des Kleinen Belagerungszustands über Leipzig und Umgebung beabsichtigten die sächsische wie die Reichsregierung, die Sozialdemokratie bei den ersten Reichstagswahlen unter dem
Sozialistengesetz im Herbst 1881 auch noch der parlamentarischen Vertretung zu berauben, indem sie den
führenden Persönlichkeiten ihre Wirkungsmöglichkeit
nahm. Im Unterschied zu 1878 bei Erlaß des Ausnahmegesetzes zeigte sich die Sozialdemokratie nunmehr solchen
Schlägen gegenüber gewappnet. Das bewiesen die sächsischen Landtagswahlen am 12. Juli 1881. Im Gerichtsbe-
zirk Leipzig I, der zum Belagerungsgebiet gehörte, siegte
Bebel mit 55,8 Prozent der abgegebenen Stimmen. Diese
politische Ohrfeige wollten sich die Herrschenden nicht
gefallen lassen. Sie behaupteten, Bebel habe nicht die
notwendige Steuersumme für das passive Wahlrecht aufgebracht. Dem Mut und der Standhaftigkeit Julies ist es zu
verdanken, daß Bebels Mandat nicht verloren ging. Sie
vertrat die Rechte ihres Mannes bei Verwaltung und Polizei
so unerschrocken, daß ihr auf dem Polizeiamt gedroht
wurde, auch sie könne ausgewiesen werden. Das Landtagsmandat mußte Bebel zuerkannt werden.

15

Meine liebe gute Julie!

Das Telegramm heute morgen wird Dir gesagt haben, daß ich die gestrige Depesche empfangen habe.[1] Ich konnte nicht mehr antworten, weil ich die Depesche zu spät empfing und hier um 9 Uhr das Büro geschlossen ist. Daß mich und die hiesigen Genossen die Nachricht ganz außerordentlich gefreut hat, kannst Du Dir denken. Nun habe ich doch Gelegenheit, unsern Feinden ein Liedchen zu singen, daß ihnen die Ohren sausen, und das soll geschehen. Zunächst gilt es nun festzustellen, unter welchen Formen ich die Annahme des Mandats zu erklären habe.

In erster Linie willst Du Dich sofort erkundigen, etwa bei Freytag, wer der Wahlkommissar für den Landkreis Leipzig ist[2], ferner welche Nummer der Wahlkreis trägt, etwa 23 oder wieviel. Sobald Du Name und Titel des Kommissars und die Nummer des Wahlkreises weißt, willst Du mir dieses **sofort** morgen hierher an Carl Münch[3] telegraphieren. Ich schreibe dann sofort an den Wahlkommissar, wohin er mir die offizielle Anzeige senden soll.[4]

Ferner erkundige Dich bei Freytag, ob *eine Bescheinigung über die Wählbarkeit* beizubringen sei. Bejaht er dies, so frage, wer die auszustellen habe, und gehst Du alsdann sofort zu der betreffenden Steuer- oder sonstigen Behörde. Nimm Deinen und meinen Steuerzettel gleich mit. Da Deine Steuern mir zugute kommen, so ist die Wählbarkeit außer Zweifel.[5] Führe alles, wie angegeben, gewissenhaft aus, sonst kommt man schließlich und sagt, man habe mich nicht zu finden gewußt, und ich bin um das Mandat geprellt.

Ich lasse diesen Brief zunächst abgehen, damit Du rasch in seinen Besitz kommst, ein andrer wird folgen.

Herzliche Grüße und Kuß Euch beiden

Dein August

---

1 Es handelt sich um die Mitteilung, daß August Bebel bei den Wahlen zur Zweiten Kammer des sächsischen Landtags im 23. ländlichen Wahlkreis gesiegt hatte. Er erhielt 55,8 Prozent der abgegebenen Stimmen. Der Wahlkreis umfaßte die Orte des Gerichtsamts Leipzig I, die sich vom Nordosten zum Südosten der Stadt erstreckten, von Altnaundorf, über Volkmarsdorf, Reudnitz und Engelsdorf bis nach Lie-

bertwolkwitz und Großpösna. Es handelte sich um ein dicht besiedeltes Industriegebiet mit einem hohen Anteil von Arbeitern. In seinen Erinnerungen schrieb Bebel, der Wahlkreis habe südlich von Leipzig gelegen. Diese neue Wahlkreiseinteilung erfolgte erst nach 1896.

2 Wahlkommissar für den 23. ländlichen Wahlkreis war der Jurist Friedrich Maximilian Schober (1848-1914), Assessor bei der Amtshauptmannschaft Leipzig, später Oberregierungsrat und Österreich-Ungarischer Generalkonsul.
(Siehe StA Leipzig, PoA, 1876-1889, Nr. 224, Bl. 9)

3 *Carl* Gottlob Münch (geb. um 1831), Wirt der Gaststätte „Zum goldenen Löwen" in Zittau, Sozialdemokrat; kandidierte 1881 bei den sächsischen Landtagswahlen in Dresden im 5. städtischen Wahlkreis; war wegen Flugblattverbreitung zur Reichstagswahl 1881 angeklagt, wurde aber freigesprochen. Siehe auch Nr. 35.
(Siehe Dresdner Nachrichten, 13.7.1881, 16.6.1882; Der Reichsbürger, 17.7.1881)

4 Bebel wählte nach der Ausweisung zunächst keinen festen Wohnsitz, sondern begab sich auf Agitations- und Geschäftsreisen. So hielt er sich am 16. Juli 1881 in Reichenberg/Böhmen auf, am 16./17. Juli führte er Besprechungen mit Sozialdemokraten in Teplitz, am 17. Juli traf er sich mit Ph. Wiemer und anderen Sozialdemokraten in Chemnitz, am 18. Juli führte er in Mittweida auf offener Straße vor den Augen des Bürgermeisters Gespräche. Dann weilte er am 19./20. Juli in Zwickau, am 21. Juli in Gera, vom 22. bis 25. Juli in Altenburg, wohin seine Familie kam. In Halle nahm er am 28. Juli an einer Versammlung teil. Am 29. Juli reiste er weiter nach Köthen, Calbe und Magdeburg. In Halberstadt besprach er am 1. August den Vertrieb des „Sozialdemokrat".

5 Am 13. Juli 1881 behauptete das „Leipziger Tageblatt", Bebels Mandat sei ungültig, weil er nicht die für das passive Wahlrecht erforderlichen 30 Mark Steuern im Jahr zahle. Laut § 5 des Wahlgesetzes wurden dem Ehemann jedoch die Steuern seiner Gattin angerechnet, so daß Bebels Wahl rechtens war. Die Stadtverwaltung gab kurzerhand Julie Bebel Steuern zurück, so daß sie viele Lauferein hatte, bis die notwendige Steuersumme bestätigt war.

Bebel sandte am 14. Juli eine Erklärung über die Annahme des Mandats an die Presse, obwohl laut Wahlgesetz nur die Ablehnung konstatiert werden mußte. Zunächst wurde die Wahl durch Entscheid des Innenministeriums für gültig erklärt, veröffentlicht im „Leipziger Tageblatt" vom 22. Juli 1881. Bebel erhielt seine Legitimationsurkunde als Landtagsabgeordneter. Die Prüfung der Rechtmäßigkeit oblag dem Landtag. Dort wurde Bebels Mandat am 21. November 1881 bestätigt.
(Siehe BARS, AmL, S. 625-627; Bebels Reden im Landtag am 17. November 1881, in: Mittheilungen über die Verhandlungen des ordentlichen Landtags im Königreiche Sachsen während der Jahre 1881-1882. Zweite Kammer, Erster Band, Dresden 1882, S. 108, 110, 120)

16

Mein liebes Weib!

Brief hier erhalten. Über meine Wahl ist gar kein Zweifel, und ist es sehr bezeichnend für die bezüglichen Kreise, daß sie die einschlägige Bestimmung des § 5 übersehen haben. Die „Dresdn[er] Nachr[ichten]", die à la „Leipz[iger] Tageblatt" pfiffen, sind bereits eines Besseren belehrt, und das „Leipz[iger] Tageblatt" wird wohl oder übel meine Erklärung, die ich schon vorgestern von Zittau absandte, heute auch gebracht haben.[1] Ich habe ferner zur Vorsorge soeben an den Wahlkommissar Einschreiben und per Expreß geschrieben, so daß er trotz der schlechten Verbindung von hier morgen in Besitz meines Briefes kommt, als Aufenthalt habe ich ihm Chemnitz angegeben.[2] Er muß mir also dorthin schreiben. Du willst Montag[3] sofort meinen und *Deinen* Steuerzettel nehmen, damit auf das Rathaus resp. zum Bürgermeister gehen und Dir eine Bescheinigung holen, daß ich resp. Du den und den Steuerbetrag zahlen; damit gehst Du auf dem Rückweg zur Kreishauptmannschaft resp. Regierungsrat Schober und gibst den Zettel ab. Aber besorge das auf *alle Fälle Montag, damit keine Verspätung eintritt, und zwar vormittags.*

B[u]rck[hardt]s anlangend, so bin ich dafür, daß ihm die 100 M geliehen werden, und willst Du ihm resp. seiner Frau das Geld geben.[4]

Den Herrn Platzmann[5] soll der Teufel lieber heute als morgen holen, das ist ein glatter Halunke, an dem ich ganz besonders mein Mütchen kühlen möchte. Mag der Kerl laufen, hoffentlich kommt er unsern Leutchen mit manchen andern seinesgleichen unter die Finger.

Habe keine Sorge, daß ich mich zu sehr aufrege, aber ab und zu ist so ein kleiner Herzensguß eine wahre und sehr notwendige Erleichterung, ohne die man vor Zorn ersticken könnte. Die Galle läuft einem über, welch ein Volk das Recht hat, ehrliche Leute um alles, was dem Leben Wert gibt, zu bringen.

Deine Briefe habe ich, wie meine Karte Dir anzeigen wird, die ich von Zittau sandte, erhalten. Wenn Du übrigens noch mehr mit den Herren oben solltest zu tun erhalten, was ich nicht wünsche und wovor ich Dich nach Kräften bewahren werde, dann tritt ihnen nicht nur ruhig, sondern auch sehr fest entgegen. Du bist keines Verbrechers Frau, wir stehen moralisch bergehoch über denen, die uns heute schuriegeln und kuranzen.[6]

Es ist mir sehr lieb zu hören, daß Jans[en][7] seine Ausweisung rückgängig gemacht hat, sie war ein extra starkes Stück, indes es werden ähnliche folgen.

Freunde können mich Montag in Chemnitz, Sonnabend in Altenburg sprechen, kannst aber gleich sagen, daß ich kurz drauf nach Halle und Magdeburg komme.

Also über 8 Tage sehe ich Euch beide wieder.

Soeben beginnt ein Gewitter; das ist eine wahre Wohltat, es war schier zum Umkommen vor Hitze.

Die herzlichsten Grüße und Küsse Dir und Friedchen von Deinem August

Schreibe an Viereck[8]: Mr. L. Viereck, Norbiton Surrey, England. Gut aber ist, den Brief zu rekommandieren.

---

1 Bebels Erklärung vom 13. Juli 1881 gegen die Behauptung des „Leipziger Tageblatt", er besitze kein passives Wahlrecht, erschien am 15. Juli 1881 in der Berliner „Volks-Zeitung", müßte also am 14. Juli im „Leipziger Tageblatt" erschienen sein. Dieser Monat war in keiner der sächsischen Institutionen, in denen das Blatt vorhanden ist, ausleihbar.

2 Wahlkommissar Schober erhielt Bebels Brief am 18. Juli 1881 und teilte das dem Polizeiamt Leipzig mit, bei dem er sich am 15. Juli nach Bebels Aufenthaltsort erkundigt hatte.
(Siehe Moskau, F. 192, Nr. 58, Bl. 46)

3 18. Juli 1881.

4 *Theodor* Otto Burckhardt (geb. 1846) Xylograph, seit 1869 Mitglied der SDAP, 1872-1874 Agitator in Stuttgart, am 29. Juli 1881 aus Leipzig ausgewiesen, ging mit Liebknecht nach Borsdorf. Am 28. August 1881 setzte sich Bebel in einem Antrag an die Kreishauptmannschaft Leipzig für die Aufhebung der Ausweisung ein, was zunächst abgelehnt wurde. Ab 28. November 1881 wurde Burckhardt die Rückkehr nach Leipzig bis auf weiteres gestattet. Bei der Reichstagswahl 1887 war Burckhardt Leiter des Wahlkomitees der Leipziger Sozialdemokraten.
Seine Frau Martha Helene Selma, geb. Becker (geb. 1860), hatte für Bebel bestimmte Post unter ihrer Adresse empfangen, was ein Grund für die Ausweisung ihres Mannes war.
(Siehe Moskau, F. 192, Nr. 58, Bl. 61-63; Helga Berndt: Biographische Skizzen von Leipziger Arbeiterfunktionären. Eine Dokumentation zum 100. Jahrestag des Sozialistengesetzes (1878-1890), Berlin 1978, S. 104/105)

5 Heinrich Alexander Platzmann (1828-1912), Jurist, war Amtshauptmann in Leipzig. Er tat sich durch besondere Rigorosität bei der Handhabung des Kleinen Belagerungszustands hervor, was Bebel in seiner Landtagsrede am 5. November 1881 an Beispielen belegte.

(Siehe Mittheilungen 1881/1882, wie Nr. 15/5, S. 23/24, 29/30, 32; StA Leipzig, PoA, 1876-1889, Nr. 206, Bl. 11b)

6 August Bebel prangerte am 5. November 1881 in seiner Landtagsrede an, daß ein Polizeibeamter Julie Bebel gedroht habe, auch sie könne ausgewiesen werden.
(Siehe Mittheilungen 1881/1882, wie Nr. 15/5, S. 35).

7 Johann Heinrich Jansen (1846-1917) Buchbinder, wurde am 8. Juli 1881 aus Leipzig ausgewiesen. Ab 12. Juli 1881 wurde ihm auf seinen Einspruch hin die Rückkehr bis auf weiteres gestattet.
(Siehe Der Reichsbürger, 21.7.1881; Berndt, wie Nr. 16/4, S. 151)

8 Bebel verwandte hier wie zumeist anstelle des Namens von Viereck ein Quadrat.

Franz Georg Edwin *Louis* Withold Viereck (1851-1922) hielt sich nach der Rückkehr von der Agitationsreise durch die USA, die der Sammlung von Geldern zur Vorbereitung auf die Reichstagswahlen 1881 diente, und nach seiner Hochzeit mit Laura Viereck (siehe Nr. 32/1) am 4. Juni 1881 einige Zeit in England auf.

Viereck war Kammergerichtsreferendar in Berlin und schloß sich der Sozialdemokratie an. 1878 Ausscheiden aus dem Staatsdienst, 1878/1879 an der Liquidierung der Assoziations-Buchdruckerei in Berlin beteiligt, 25. Februar 1879 dort ausgewiesen; 1879/1880 in Leipzig bei der Genossenschafts-Buchdruckerei als Geschäftsführer. Ab Ende 1881 in München Herausgeber der „Süddeutschen Post", ab 1884 von legalen Blättern in verschiedenen Orten Deutschlands, sowie der sozialpolitischen Wochenzeitung „Das Recht auf Arbeit". 1884-1887 MdR. In dieser Zeit mehrfach Auseinandersetzungen zwischen Bebel und Viereck wegen Vierecks allein auf Reformen ausgerichteten Bestrebungen, die er als bestimmend in der Sozialdemokratie durchzusetzen versuchte. 1887 beantragte Bebel auf dem Parteitag in St. Gallen Vierecks Ausschluß aus der Partei, wofür er keine Mehrheit fand. Viereck wurden jedoch alle Parteiämter abgesprochen. Viereck wandte sich von der Sozialdemokratie ab. 1896 in die USA, ab 1911 wieder in Europa.
(Siehe U. Heß: Ludwig Viereck und seine Münchener Blätter für Arbeiter 1882-1889, in: Dortmunder Beiträge zur Zeitungsforschung, 6. Bd., Dortmund 1961, S. 1-50)

17

Mein liebes herziges Weib!

Ich darf wohl annehmen, daß Du meinen Brief, den ich Sonnabend von Teplitz aus einem Briefe an Herrn I[ßleib] für Dich beilegte, heute spätestens empfangen und mein Anliegen bezüglich des Mandats erledigt hast. Um ganz sicher zu sein und da mir der Wahlkommissar, an den ich rekommandiert geschrieben, heute hierher nicht geantwortet hat – vielleicht, weil er es nicht mehr für notwendig hielt –, habe ich der Sicherheit halber heute abend auch an Dich telegraphiert.

Ich will sehr wünschen, daß diese Angelegenheit endlich erledigt ist, damit wir beide Ruhe haben; es tut mir leid, daß ich Dich so plagen muß.

Anbei eine Erklärung, die Ihr als *Annonce* ans „[Leipziger] Tageblatt" schicken wollt, wenn Ihr es für notwendig haltet; ich glaube, es ist gut, wenn der Sachverhalt klargestellt wird.[1] Die Annonce kostet freilich viel, aber sie ist nicht kürzer zu fassen, und willst Du sie bezahlen, mündlich mehr darüber.

Kistchen habe ich heute erhalten, es war auch bereits nebst *meinem Koffer, der während meiner Abwesenheit von der Polizei aus dem Hotel geholt wurde*, auf der Polizei, um untersucht zu werden. Gefunden wurde natürlich nichts, und ließ ich mir darüber von den Leutchen Bescheinigung geben. Die Geschichte wird nun meinerseits weitergesponnen werden.[2] Überhaupt erfreue ich mich hier sehr aufmerksamer Bewachung, Du kannst also sicher sein, daß mir nichts passiert. Auch in Mittweida hatte ich heute nachmittag gelegentlich eines Abstechers ausreichendste Bedeckung. Der Bürgermeister dort hat sich wie ein Ochse benommen[3], und wird es heute abend dort arg über ihn hergehen.

Briefe treffen mich bis Donnerstag (Mittwoch abzusenden): Schneidermeister Böttcher, Gera. Richtet Euch so ein, daß Ihr eventuell schon Freitag abend, *sicher* aber Sonnabend vormittag nach Altenburg kommt. Näheres schreibe ich noch.

Von Mittweida wirst Du diese Woche über 500 M Geld erhalten. *Buche sie einstweilen nicht*, ich will erst mit Dir darüber reden. Auch werde ich morgen Herrn I[ßleib] schreiben, daß er Dir Geld für mich mitgibt.

Wenn Leute mich Sonntag besuchen wollen, so sollen es nur *wenige* sein, denn ich werde auch in A[ltenburg] die Polizei im Nacken haben. Es mag also *keins* etwas mitbringen, das gegebenen Falles unangenehm werden könnte.

Durch das Verbot des „Gewerkschaft[er]"[4] ist der arme Hadlich ganz aufs trockne gesetzt; ich werde hören, was er zu tun gedenkt und für ihn tun, was ich kann. Man soll über meine Anwesenheit in A[ltenburg] nicht sprechen, sage am besten sowenig als möglich davon.

Ich freue mich sehr darauf, Euch wiederzusehen. Wenn nur die entsetzliche Hitze nachlassen wollte, man kann schlecht schlafen und hat wenig Appetit. Das Kistchen schicke ich mit der alten Wäsche retour. Denke daran, daß Fr[au] I[ßleib]s Bruder[5] das Kistchen mit Briefen zurückgeben wollte.

Laß Dir von Frau L[ie]bkn[echt] das *genaue* Verzeichnis der Sendungen geben, das muß ja gebucht und öffentlich quittiert werden[6], die Frau scheint das gar nicht zu wissen. Doch auch hierüber werden wir reden. Mache Dir Notizen über alles, was Du mich zu fragen gedenkst, damit nichts vergessen wird. Friedchen ist doch wohl?
Herzliche Grüße und Küsse Euch beiden von
Deinem August

[Am Rand der ersten Seite:]
Depesche soeben erhalten, abends 9 1/4 Uhr. Da ich morgen vormittag abreise nach Zwickau, so könnte mich *Depesche resp. Eilbrief* morgen und bis Mittwoch früh in Zw[ickau] treffen. Adresse: an Schuhmacher Seifert[7], Schulstraße.

1 Das „Leipziger Tageblatt" veröffentlichte am 21. Juli 1881 eine Erklärung Bebels vom 20. Juli, in der er seine Wählbarkeit begründete.
2 Bebel ließ sich von der Chemnitzer Polizeibehörde bestätigen, daß bei ihm nichts Verdächtiges gefunden worden sei. Er legte gegen deren Vorgehen Beschwerde bei der Kreishauptmannschaft Zwickau und danach beim Ministerium des Innern ein, wurde jedoch bei beiden abgewiesen. Das alles brachte er in seiner Landtagsrede am 9. Februar 1882 zur Sprache, als er die Polizei- und Justizwillkür in Sachsen generell anprangerte. Die Rede fand als Sonderdruck weite Verbreitung.
(Siehe Verhandlungen der Zweiten sächsischen Kammer am 9. Februar 1882, Nürnberg 1882; Mittheilungen 1881/1882, wie Nr. 15/5, S. 800-802; BARS, AmL, S. 579/580; Der Sozialdemokrat, 28.7.1881)
3 Der Bürgermeister Albin Ernst Voigt empfing Bebel mit weiteren Beamten am Bahnhof, so daß Bebel die Besprechung mit Sozialdemokraten auf der Straße auf-

und abgehend abhielt, was einen großen Menschenauflauf zur Folge hatte. Bebel brachte diese Affäre am 5. November 1881 im sächsischen Landtag zur Sprache.
(Siehe Mittheilungen 1881/1882, wie Nr. 15/5, S. 28; BARS, AmL, S.579/580. Dort nennt Bebel irrtümlich Keubler als Bürgermeister.)

4 Die Kreishauptmannschaft Leipzig verbot am 11. Juli 1881 nicht das Blatt, sondern die „Reise- und Begräbnis-Unterstützungskasse" für Abonnenten des „Gewerkschafter". Ch. Hadlich wurde dabei als „alleiniger Geschäftsführer des unter der Firma ‚R. Willecke u. Gen.' tätigen Gründerkonsortiums" und als Expedient des „Gewerkschafter" bezeichnet. Die an die Reichskommission gerichtete Beschwerde wurde am 26. Oktober 1881 abgelehnt, aber ausdrücklich betont, „die angefochtene Verbotsverfügung richtet sich ausdrücklich nicht gegen die periodische Zeitschrift ‚Der Gewerkschafter', „sondern gegen die Unterstützungskasse".
(Siehe Der Kampf der deutschen Sozialdemokratie in der Zeit des Sozialistengesetzes 1878-1890. Die Tätigkeit der Reichs-Commission. Hrsg. von Leo Stern. Quellenmaterial bearb. von Herbert Buck, Berlin 1956, S. 825-827)

5 Möglicherweise Heinrich Rößing (1849-1884), der als Kaufmann in Leipzig lebte.
(Auskunft vom Kirchlichen Rentamt Hersfeld)

6 Bebel, Liebknecht und Hasenclever hatten mit Datum vom 30. Juni 1881 einen Aufruf zur Unterstützung der aus Leipzig Ausgewiesenen veröffentlicht. Die Unterstützungsgelder nahmen Julie Bebel, Natalie Liebknecht und Clara Hasenclever entgegen.

7 Julius Heinrich Seifert (1848-1909), Schuhmacher, seit 1891 Verleger, Mitbegründer der SDAP 1869, Partei- und Gewerkschaftsfunktionär in Zwickau, für die Verbreitung des „Sozialdemokrat" in Zwickau und Umgebung verantwortlich, MdR 1890-1903, Abgeordneter der sächsischen Landtags 1893-1900.
(Siehe Liebknecht-Briefwechsel II, wie Nr. 3/3, S. 284)

18

Mein liebes Weib!

Deinen lieben Brief mit den Beilagen habe ich gestern hier erhalten.[1] Vor allen Dingen freut mich, was Du mir über Friedchen schreibst, die würde ich nach längerer Trennung also kaum wiedererkennen. Habe nur acht darauf, daß sich bei all dem Lob, das sie erntet, nicht die Eitelkeit entwickelt, und zwar weder auf ihr Können noch auf ihre äußere Person; sie ist jetzt in dem gefährlichsten Alter, und ist es, da ich ja leider so sehr wenig auf sie einwirken kann, weil ich sie so wenig um mich habe, Deine Aufgabe, sie einsichtig zu leiten und auf Fehler und Untugenden aufmerksam zu machen. Sie darf namentlich nie vergessen, daß die Verhältnisse ihrer Schulfreundinnen[2] nicht die ihrigen sind und wir nach jener Richtung nicht konkurrieren können und wollen. Vernünftigen Vorstellungen ist sie ja leicht zugänglich.

Die Fahrkarte und Legitimation[3] behalte dort, die Fahrkarte gilt ja nur für Sachsen, und zwar von meinem Wohnort nach Dresden. Da ich aber einen eigentlichen Wohnort vorläufig nicht habe, so bin ich auf die Idee gekommen, mich irgendwo anzumelden, damit man nicht auch kommt und sagt: Dein Wohnort ist nicht mehr Leipzig, sondern, wenn Du anderwärts Dich nicht angemeldet hast, Dresden. Die weitere Folge davon könnte sein, daß man mir die Diäten[4] vorenthielt, weil ich in Dresden wohnte und Dresdner keine Diäten erhalten. Ich werde mich in Gera anmelden lassen, da kann ich ganz nach Belieben bald über L[ei]pz[i]g-Altenburg, bald über Chemnitz, Zwickau etc. fahren.

Ich bin am Sonntag um 2 Tage Urlaub eingekommen,[5] Antwort soll man an Dich senden; sobald Du sie hast, willst Du mir dieselbe nach Frankfurt (Main) senden, und zwar per Einschreiben unter der Adresse: W. Fornoff,[6] Sachsenhausen, Frankfurt (Main).

Wird das Urlaubsgesuch genehmigt, so komme ich Dienstag nach Leipzig, und werde ich Dir Näheres schreiben; wird es nicht genehmigt, so reise ich Dienstag oder Mittwoch durch Leipzig; Ihr seid dann an der Bahn und fahrt mit nach Wurzen. Nächsten Tags fahrt Ihr wieder zurück. Sonnabend kommt Ihr dann nach Dresden.

Wegen des Logis werde ich an Bahlmann[7] schreiben, er soll einstweilen kundschaften. Ich werde schwerlich auf ein gemeinsames Logis reflektieren, da ich Euch doch ab und zu kommen lassen will, und da muß ich einen Raum für mich haben. Da L[ie]b[knecht] seine Familie nicht nach Dresden wird kommen lassen können, höchstens seine Frau, so werden L[iebknecht] und P[uttrich][8] wohl wieder zusammen wohnen können. Allein ich kann darüber nicht bestimmen, da ich L[iebknecht] vor Dresden nicht mehr zu sehen bekommen werde. Sage also, daß ich auf ein eignes Logis – in Rücksicht auf Euch – reflektierte.

Aus welchem Blatt ist denn der gemeine Artikel, den Du mir schicktest? Die Demonstration war sehr gelungen. Eine Rede halten zu wollen ist mir nicht eingefallen, auch war die Zahl der Teilnehmer wohl ziemlich 1000. Die beiden Frauen, zwischen denen ich saß und die Dich sicher am meisten interessieren, waren Frau Grillenberger[9] und eine Freundin von ihr, eine junge, hübsche, jüdische Witwe. Beide hatten zusammen nach München einen Ausflug gemacht, und da Frau Gr[illenberger] wußte, daß ich dort war, so wurde ich natürlich von ihnen aufgesucht, und als galanter Ritter habe ich sie dann den Sonntag spazieren geführt und auch nach jenem Keller mitgenommen. Unrichtig ist, wenn gesagt wurde, ich hätte ein Beefsteak gegessen, es war saurer Rinderbraten mit Klößen, echt münchnerisch zubereitet. Wenn ich *eine* Frau mit mir hatte, dann wär es vielleicht gefährlich, aber zwei – das wär des Guten zuviel.

Ich hoffe, der Stoff, den Du für mich kauftest, ist recht hübsch und vor allen Dingen billig; ich hatte die Absicht, mich wieder an Böttcher, Gera, zu wenden, der schon seit langem Hasenclevers[10] Kleidung sehr billig macht und sich auch mir gegenüber erbot, mit Vergnügen und aufs billigste für mich zu arbeiten. Der Mann ist obendrein sehr geschickt.

Tiedt[11] hätte man die 150 M geben sollen, 120 ist für die Familie zu wenig. Ei[sengarten][12] ist auf T[iedt] schlecht zu sprechen. Überhaupt haben die Leute dort in solchen Sachen nicht das entscheidende Wort, wenn mir auch ihr Rat stets angenehm ist.

Schaffe Dir zum Geburtstag, was Du wünschest. Ich weiß wirklich nicht, was ich Dir kaufen soll und was Dir genehm sein könnte; wir halten Nachfeier in Dresden.

Gestern nachmittag war ich in der hiesigen Landesgewerbeausstellung. Dieselbe ist in bezug auf Arrangement, geschmackvolle Dekoration und Gediegenheit des Ausgestellten das Schönste, was ich bis jetzt gesehen. Die Schwaben haben sich tapfer gehalten. Es sind eine Menge wahrer Prachtstücke auf den verschiedensten Gebieten zu sehen. Unser Artikel ist nur schwach vertreten, eigentlich nur durch Stolz. Über dessen Ausstellung in Griffen war ich aber sehr enttäuscht. Die Arbeit ließ viel zu wünschen übrig, und auch die Modelle waren selten hübsch. Der Mann scheint den Artikel sehr zu vernachlässigen. Als ich vorgestern abend hier spät ankam, habe ich 8 - 9 Gasthäuser absuchen müssen, ehe ich Quartier erhielt, der Fremdenzufluß ist ungemein stark. An Sonntagen wird die Ausstellung von 20 000 - 25 000 Personen besucht.

Grüße I[ßleib]s und sage Herrn I[ßleib], geschäftlich schriebe ich erst morgen oder übermorgen; hier wird wenig gebaut.
Die herzlichsten Grüße und Küsse Dir und Friedchen
Dein August

[Am Rand der ersten Seite:]
Brief muß Sonnabend abgehen.

1 Auf einer Geschäfts- und Agitationsreise nach Süddeutschland weilte Bebel am 13./14. August 1881 in Ulm, am 20. August in Freiburg (Breisgau), am 21. August in Offenburg, vom 23. bis 25. August in Stuttgart, um den 28. August in Frankfurt (Main) und 28. August in Offenbach.
2 Frieda Bebel besuchte in Leipzig die von W. Smitt (siehe Nr. 112/3) geleitete Höhere Töchterschule, eine Privatschule, in der auch W. Liebknechts Töchter Alice und Gertrud ausgebildet worden waren. Die Schule war 1855 von Ernst Innocenz Hauschild gegründet worden. Mädchen vom 6. bis 16. Lebensjahr wurden in zehn Klassenstufen unterrichtet. Französisch wurde als erste Fremdsprache ab der 7. Klasse, Englisch ab der 5. Klasse erteilt. Die Schule wollte Mädchen nicht nur zu späteren Hausfrauen erziehen, sondern die Mädchen auch befähigen, „um in selbständigen Lebensverhältnissen mit Nutzen wirken zu können". Besonderer Wert wurde auf Gymnastik gelegt.
(Bibliothek des Stadtgeschichtlichen Museums Leipzig im Alten Rathaus. Blauer Kasten S 3: Dr. Smitt höhere Töchterschule nebst Elementarschule; StA Leipzig, Archiv I, Kap IX, Nr. 6: Akten, Dr. Smittsche Töchterschule. Zehnklassiges Institut für höhere Mädchenbildung; Leipziger Tageblatt, 1.2.1884)
3 Gemeint sind die Unterlagen, die Bebel als Abgeordneten der Zweiten Kammer des sächsischen Landtags zugesandt wurden. Die amtliche Missive, datiert vom 8. August 1881, enthielt die Aufforderung, sich am 1. September 1881 nachmittags 4 Uhr im Landhaus in Dresden einzufinden.
(Siehe SHA, Ständeversammlung 1833-1918, Acta der II. Kammer, Nr. 8344)
4 Die Abgeordneten des sächsischen Landtags erhielten für jeden Verhandlungstag, an dem sie zugegen waren, sowie für die freien Sonn- und Feiertage je 12 Mark. Bebel wurden für die Session 1881/1882 insgesamt 1380 Mark ausgezahlt. In seiner Landtagsrede vom 21. Februar 1882 bemerkte Bebel, er sei durch die Ausweisung aus Leipzig veranlaßt worden, sich um ein Landtagsmandat zu bewerben, „um einen

Ort zu haben, wo ich längere Zeit ohne eigene Geldopfer wohnen konnte". Vor der Ausweisung hätte er seinem „Geschäft das Opfer an Zeit nicht zumuten dürfen". (Mittheilungen 1881/1882, wie Nr. 15/5, S. 1046; Quittungsbelege in SHA, wie Nr. 18/3, Nr. 8233)

5 Bebels Gesuch, das er nicht Sonntag, sondern Sonnabend, den 20. August 1881 in Freiburg (Breisgau) verfaßte, ging am 22. August bei der Kreishauptmannschaft Leipzig ein. Er beantragte darin, sich von Dienstag, dem 30. August, bis zum 1. September in Leipzig aufhalten zu dürfen. Als Gründe führte er an, daß er nach seiner Geschäftsreise „über die Ausführung der empfangenen Aufträge mündlich Ordre geben und Anordnungen treffen kann, die sich schriftlich, ohne Gefahr schwerer Mißverständnisse, nicht geben lassen. Als technischer Sachverständiger und sachverständiger Leiter des Geschäfts ist es außerdem dringend nötig, daß ich mich von den Zuständen der Fabrikation von Zeit zu Zeit durch persönlichen Augenschein unterrichten kann." Ausschlaggebend für die Genehmigung dürfte der dritte Grund gewesen sein, daß er sein Material für die am 1. September 1881 in Dresden beginnende Landtagssession sichten müsse, „eine Tätigkeit, für welche dritte [Personen] absolut nicht zu verwenden sind". Die Polizeidirektion Dresden befürwortete ebenfalls Bebels Antrag und ersuchte das Polizeiamt Leipzig in einem Schreiben vom 24. August 1881, Bebel „das beiligende Verbot der von ihm gehaltenen, in Broschürenform erschienen Rede über das Unfallversicherungsgesetz" auszuhändigen, was am 31. August 1881 geschah. (Moskau, F. 192, Nr. 58, Bl. 57, 59)

6 Es handelt sich um den Buchbinder Wilhelm Fornoff. (Mitteilung vom Institut für Stadtgeschichte Frankfurt/Main)

7 Der Niederländer Ignatius Bernardus Maria (Ignatz) Bahlmann (1852-1934), Maschinentechniker, wohnte seit 1881 in Dresden. Sein Vater war Textilfabrikant, so daß er zunächst vom Familienkapital lebte. Er suchte sofort die Bekanntschaft von Bebel und Liebknecht und unterstützte die deutsche Sozialdemokratie finanziell. Von 1885 bis 1895 liefen über Bahlmann vielfach die Beziehungen zwischen der deutschen und der niederländischen Sozialdemokratie. Den Familien Bebel und Liebknecht ermöglichte er manch kulturelle Eindrücke, die sie sich sonst finanziell nicht hätten leisten können. Um 1880 heiratete er Friederike Emilie *Barbara* Bahlmann, geb. Armand (gest. nach 1911). Drei Kinder wurden ihnen in Dresden geboren: Felix, geb. 10. Januar 1882; Ottilie, geb. 17. Februar 1885; Augustus, geb. 4. März 1887.

Besonders enge Beziehungen bestanden zwischen der Familie Bahlmann und der Familie Bebel, als letztere von 1884-1890 in Plauen bei Dresden wohnte. Zum 1. April 1891 zog die Familie Bahlmann nach Weimar, wo Bahlmann eine Ziegelei betrieb. Seine finanziellen Verhältnisse hatten sich offenbar ungünstiger gestaltet.

Ende der 90er Jahre machte Bahlmann die Bekanntschaft mit der Schriftstellerin und Sozialistin Cornelie Lydie Huygens, deren Buch „Berthold Meryan" er ins Deutsche übersetzte. Er veranlaßte die Drucklegung in deutscher Sprache und übersandte Exemplare an Bebel und Liebknecht. Im Juni 1902 Scheidung in Amsterdam, Barbara B. behielt dadurch die niederländische Staatsbürgerschaft. Oktober 1902 Ehe von Ignatz B. mit Huygens, die im gleichen Monat Selbstmord verübte. Nochmals in Utrecht Zusammenleben mit Barbara B. versucht, 1904 endgültige Trennung. Bahlmann lebte später in Amsterdam, Freiburg und Straßburg. Er heiratete 1905 Sophie Vögele (gest. 1911) und 1920 Gertrude Thomann. (Siehe Piet Wielsma: Bahlmann, Ignatius Bernardus Maria, in: Biografisch woordenboek van het socialisme en de arbeidersbeweging in Nederland, Teil 1, Amsterdam 1986, S. 12-14; Briefe von I. Bahlmann an AB sowie besonders an N. Liebknecht, SAPMO/BArch, NY 4022/26, 4034/60; StA Dresden, Standesamtsnachrichten von Dresden-Altstadt I)

8 Ludwig Emil Puttrich (1824-1908), Rechtsanwalt in Leipzig, Mitglied der SDAP, spätestens seit 1878 juristischer Berater des Verbandes sächsischer Berg-und Hüttenarbeiter in Zwickau, im 40. ländlichen Wahlkreis, dem Zwickauer Kohlenrevier, 1879 in den Landtag gewählt, um 1885 erblindet.
(Siehe Liebknecht-Briefwechsel II, wie Nr. 3/3, S. 410)

9 Barbara Margarethe (Gret) Grillenberger, geb. Reuter (1852-1934), stammte aus Nürnberg und heiratete im Dezember 1874 Carl Grillenberger. Sie hatten zwei Kinder: Karl (geb. 1879, später Kaufmann) und Anna Margarethe (geb. 1882).
(Auskunft vom StA Nürnberg)

10 Wilhelm Hasenclever (1837-1889), Lohgerber, Journalist, Schriftsteller; seit 1864 Mitglied des ADAV und seit 1866 des Vorstands, seit 1871 Präsident des ADAV und 1871-1876 Redakteur des „Neuen Social-Demokrat", ab 1876 zusammen mit Liebknecht Redakteur des „Vorwärts". Durch seine Bereitschaft auf dem Parteikongreß 1876, diese Aufgabe zu übernehmen, verhinderte er die von W. Hasselmann angestrebte Spaltung der SAPD. Mehrfache Strafen, auch wegen von ihm verfaßter Gedichte. 1875/1876 und seit 1878 Mitglied der Parteileitung sowie Sekretär der Reichstagsfraktion, MdR 1869/1870, 1874-1878, 1879-1888. Am 30. September 1879 aus Berlin ausgewiesen und in den folgenden Jahren noch mehrfach Ausweisungen wegen unerlaubten Aufenthalts in Berlin. In Leipzig 1879/1880 Redakteur legaler Arbeiterblätter. Am 29. Juni 1881 aus Leipzig ausgewiesen, ging zunächst nach Wurzen, ab 1. Juli 1882 in Halle, seit Januar 1887 in Dessau. Wegen geistiger Erkrankung im November 1887 Ende seiner politischen Tätigkeit. Spendensammlung in der Sozialdemokratie zur Finanzierung seiner Behandlung in einer Klinik in Schöneberg/Berlin. An der Beisetzung am 7. Juli 1889 nahmen trotz Sozialistengesetz 3000 Personen teil, darunter Delegierte aus vielen Städten.
(Wilhelm Hasenclever: Reden und Schriften. Hrsg. u. eingel. von Ludger Heid, Klaus-Dieter Vinschen u. Elisabeth Heid, Bonn 1989; siehe BLHA, Rep. 30 Bln C, Tit 94, Lit H, Nr. 626, Vol 1, 2, betr. den Literaten Wilhelm Hasenclever)

11 Carl August Rudolf Tiedt (geb. 1847) Schneidermeister, Sozialdemokrat, am 3. Oktober 1879 aus Berlin, am 29. Juni 1881 aus Leipzig ausgewiesen, nach New York ausgewandert.
(Siehe Berndt, wie Nr. 16/4, S. 245/246)

12 Wahrscheinlich Heinrich Friedrich Oskar Eisengarten (1857-1906), Schriftsetzer, Mitglied der SDAP in Leipzig; am 5. April 1882 dort ausgewiesen, ging nach England, dort Mitglied des Kommunistischen Arbeiterbildungsvereins, 1884/1885 Sekretär von F. Engels zur Entzifferung des 3. Bandes des „Kapitals" von K. Marx, setzte sich 1905/1906 für die englische Ausgabe der Lebenserinnerungen von Friedrich Leßner ein.
Unter den Leipziger Ausgewiesenen nennt H. Berndt auch Johann Wilhelm Eiser (geb. 1850), einen sehr engagierten Sozialdemokraten, der aber am 8. Juli 1881 ausgewiesen wurde und nach Halle ging, und Aurel Edwin Eisermann (geb. 1855), der 1884 hervortrat und am 20. Mai 1884 ausgewiesen wurde.
(Siehe Berndt, wie Nr. 16/4, S.112-115)

Sächsischer Landtag und Reichstags-wahlen. 1881

Am 1. September 1881 reiste August Bebel nach Dresden, um an den Vorberatungen und Sitzungen der Zweiten Kammer des sächsischen Landtags teilzunehmen. Diese zählte 80 Mitglieder, die alle zwei Jahre über den Haushaltsetat zu beraten hatten. Dazu fanden im Zweijahreszyklus für ein Drittel der Abgeordneten Neuwahlen statt. Das Königreich Sachsen war das einzige Bundesland, in dem die Sozialdemokratie Landtagsabgeordnete besaß. Vor Bebel waren bereits die Rechtsanwälte Otto Freytag und Ludwig Puttrich sowie Wilhelm Liebknecht gewählt worden. Vor allem Bebel und Liebknecht prägten die Grundlagen der sozialdemokratischen Landtagspolitik unter dem Sozialistengesetz: Sie prangerten die Polizei- und Justizwillkür an, erhoben demokratische und soziale Forderungen, so für Bergarbeiter und zur Bildungspolitik, und bekundeten stets ihre Unversöhnlichkeit gegenüber dem herrschenden System.

Gleichzeitig war der Wahlkampf zum Reichstag in vollem Gang. Eine derartige Unterdrückung aller Bemühungen, die Wähler zu erreichen, wie bei dieser Wahl erlebte die Sozialdemokratie weder vorher noch nachher. Selbst ihre Stimmzettel galten als sozialdemokratische Schriften, die beschlagnahmt wurden. Dennoch entsandte die Sozialdemokratie zwölf Abgeordnete in den Reichstag. August Bebel aber unterlag bei den Stichwahlen in Berlin, Dresden, Leipzig und bei der Nachwahl in Mainz. Erst im Juli 1883 erhielt er in Hamburg wieder ein Mandat.

19

Dresden, den 3. September 1881

Meine liebe gute Julie!

Meinem gestrigen Versprechen nachkommend, will ich heute etwas ausführlicher schreiben. Ich hatte vergessen mitzuteilen, daß wir bei unsrer Ankunft am Bahnhof hier von L[iebknecht]s Gertrud[1] und Frl. Haschert[2] empfangen wurden; abends, als G[ertrud] abreiste, traf ich am Bahnhof neben der Lina [Haschert] auch Frau Haschert[3]. Beide lassen Euch freundlich grüßen und freuen sich auf Eure Herkunft. Auch Haschert[4] besuchte uns abends noch in der Restauration, wo wir saßen, was ich ihm hoch anrechne. Bei B[ahlmann]s war ich gestern. Beide hatten gehofft, daß Ihr schon diese Woche kämt, und waren etwas enttäuscht, sie rechnen aber bestimmt für nächste Woche darauf. Ihr hättet mit Euerm heutigen Besuch nicht einmal Glück gehabt, denn das Wetter ist schlecht und wird bis morgen kaum besser. Friedchen soll bei B[ahlmann]s schlafen, wenn Ihr herkommt, vorausgesetzt, daß B[ahlman]s nicht zufällig sonstigen Besuch haben, was das nächste Mal der Fall sein dürfte. B[ahlman]s wohnen ganz in meiner Nähe, kaum 5 Minuten entfernt; nach dem Landtag habe ich nur 3 Minuten, wie ich denn überhaupt in guter Lage wohne.[5] Gestern traf ich auch Wittich[6] und Nauert[7], ersterer sedanlich[8] angerissen, was übrigens auch an andern Tagen leider vorkommen soll.

Im Landtag geht es sehr philisteriös zu, alles klein, eng und spießbürgerlich, die Handhabung der Geschäfte wie die ganze Einrichtung; dabei fehlt es an vielen Bequemlichkeiten und Annehmlichkeiten, die man im Reichstag hat und hier auch haben könnte, wenn man wenige tausend Mark anwenden wollte. Sehr vertraut werde ich mit *der* Gesellschaft trotz der vielfachen Gelegenheit nicht werden, ich werde mich sehr bald mit ihnen auf Kriegsfuß setzen. Die meisten sind übrigens harmlose Leutchen, die ihr jeweiliges Handwerk – ob sie nun Bürgermeister oder Bauern sind – leidlich verstehen mögen, im übrigen sind sie Ignoranten und ein gut Teil Streber der allerschlimmsten Sorte.

Morgen ist feierliche Eröffnung im Schloß und Vorstellung, bei der wir natürlich fehlen. Montag mittag feierliche Fahrt nach Meißen per Dampfschiff und große Hoftafel auf der Albrechtsburg.[9] Die uns zugesandten Einladungen wandern morgen zurück. Dienstag will der Präsident Haberkorn[10] der Kammer ein

Essen geben. L[iebknecht], P[uttrich] und Fr[eytag] beteiligten sich vor 2 Jahren daran; ich rate ab und werde nicht hingehen.

Montag vormittag gibt es eine sog. Adreßberatung. Ich wollte das Wort nehmen, um ein wenig Galle loszuwerden. L[ie]bkn[echt] macht als der ältere Anspruch darauf, zuerst zu reden. Nun, ich habe nachgegeben, obgleich ein derartige Grund sonst nie zwischen uns gegolten hat und ich ihn ferner nicht gelten lasse.[11] Ebenso wollte ich gestern vor dem Eid eine Erklärung abgeben, gegen die er sehr war, weil sie eine solche nicht abgegeben und ich mich also mit ihnen in Widerspruch setzen würde. So werde ich erst bei der Zusammenkunft Ende Oktober oder Anfang November zum Wort kommen, denn von Wichtigkeit kommt die nächsten Tage nichts vor.

Ich habe mir jetzt berechnet, was uns der Spaß der Ausweisung kostete, wenn ich nicht jetzt den Landtag als finanzielle Hilfsquelle hätte.[12] Der Monat käme mich, ohne die Reisekosten, die Ihr aufzuwenden hättet, mindestens 100 M und zwei Reisen Eurerseits monatlich von 2 - 3 Tagen auch mindestens 50 M. Also eine Ausgabe von mindestens 140 - 150 M. Ohne Landtag und ohne Reichstag würde ich in 8 Monaten leben müssen, da ich mit 6 Monaten Reisen ganz Deutschland 20mal bereisen kann, was ca. 800 - 900 M Extrakosten macht. Es ist klar, daß, wenn ich jetzt das Landtagsmandat nicht hätte, wir das finanziell gar nicht aushalten könnten. Wenn ich ein Reichstagsmandat wiedererlange, dann mag sich das jetzige Leben ein Jahr lang hinhalten lassen. Wird der Belagerungszustand verlängert, dann hört der jetzige Zustand auf, denn nächstes Jahr tagt der Landtag nicht. Es wird gar nichts schaden, wenn Du das gelegentlich einmal Herrn I[ßleib] vorrechnest, sonst glaubt er, ich befände mich in der jetzigen Lage sehr wohl.

Sorgt, daß Ihr das für B[ahlmann]s hier Bestimmte **sicher** bis *nächsten Freitag* fertigbringt, es würde einen sehr unangenehmen Eindruck machen, wenn Ihr es nicht mitbrächtet, weil es nicht fertig ist. B[ahlmann] machte mir heute den Vorschlag, bei ihnen zu essen, das habe ich aber dankend abgelehnt.

Und nun lebt wohl und seid beide herzlichst gegrüßt und geküßt von
Deinem August
Was hat denn der Geburtstag gebracht?
Grüße Ißleibs und Brauers.

1 *Gertrud* Elisabeth Pauline Liebknecht (1863-1936), Tochter von Wilhelm Liebknecht aus der Ehe mit Ernestine. Mit der Familie Bebel eng vertraut, auch durch Besuche der beiden Liebknecht-Töchter bei ihrem Vater in Hubertusburg. Ab etwa 1883 in Stuttgart in Stellung bzw. zur Unterstützung ihrer Schwester Alice. Ab Oktober 1886 als Erzieherin in den USA, zunächst in Philadelphia, dann in New York. Kehrte 1894 nach Deutschland zurück. Heiratete den Redakteur des „Volksblatt" (Halle), Wilhelm Swienty (1877-1902). Sie hatten zwei Kinder: Wilhelm und Sonja. (Siehe Briefe von AB an Frieda Bebel, 1873, SAPMO/BArch, NY 4022/33; W. Liebknecht an K. Kautsky, 6.10.1883, Liebknecht-Briefwechsel II, wie Nr. 3/3, S. 536; I. Bahlmann an Natalie Liebknecht, 3.10.1886, 10.2.1887, SAPMO/BArch, NY 4034/60; JB an Natalie Liebknecht, 7.7.1902, NY 4034/128; H. Schlüter an AB, 24.4.1889, IISG, NL Bebel, Nr. 43; Theo Liebknecht an Charlotte Otto, 22.2.1936 – übermittelt durch Annelies Laschitza; F. W. Weitershaus: Wilhelm Liebknecht. Das unruhige Leben eines Sozialdemokraten. Eine Biographie <Gütersloh, Gießen 1976>, S. 287/288; Vorwärts, 4.7.1902 – hier im Nachruf auf Swienty: „Der noch nicht 26jährige")
2 Lina Haschert (1852/1855-nach 1905) Tochter von Ottilie und Louis Haschert, schloß im Juli 1882 in Paris die Ehe mit Carl Hirsch (siehe Nr. 13/3) (Siehe StA Leipzig, PoA, 1855-1875, Nr. 83, Bl. 112, dort als Geburtsdatum: 4. November 1852; BLHA, Rep. 30 C, Tit.94, Lit. H, Nr. 647, Carl Hirsch betr., dort als Geburtsdatum: 20. Oktober 1855)
3 Ottilie Haschert, geb. Lorenz (geb. 1820). (Siehe StA Leipzig, PoA, 1855-1875, Nr. 83, Bl. 112)
4 Karl Friedrich *Louis* Haschert (1821-1908) Bürgerschullehrer in Leipzig, Demokrat, später Sozialdemokrat, 60er und 70er Jahre rege Lehrtätigkeit im Leipziger Arbeiterbildungsverein, kündigte Lehrerstelle wegen Strafversetzung aufgrund seiner Gesinnung. Im September 1874 ging er an eine deutsche Schule in Prag, etwa ab 1876 Lehrer an der privaten Lehr- und Erziehungsanstalt von K. W. Clauß in Dresden, einer „höheren Volksschule" für Knaben. Vorträge im sozialdemokratischen Volksbildungsverein. Lebte ab 1885 bei seiner Tochter in Paris, bei Hirschs Rückkehr nach Deutschland 1892 nahm Haschert Wohnsitz in Leipzig-Gohlis. Im Nachruf wird er als „Veteran der Arbeiterbewegung" bezeichnet. (Vorwärts, 18.11.1908; siehe StA Leipzig, PoA 1855-1875, Nr. 83, Bl. 112; Adreßbuch Dresden 1877 bis 1886; Leipziger Adreßbücher ab 1892)
5 Bebel nahm zunächst im Hotel Rößiger, Waisenhausstraße 35, ein Zimmer. Diese Adresse gaben auch Liebknecht und Puttrich im Landtag an. Im Oktober 1881 besorgte ihm Bahlmann ein Zimmer in der Cirkusstraße 37, wo er bis Anfang März 1882 wohnte. Beide Unterkünfte lagen zentral, in der Nähe des Landtags und nicht weit von Bahlmanns, die zu dieser Zeit in der Johannesstraße 21 b, nahe dem Pirnaischen Platz, wohnten. (Siehe SHA, wie Nr. 18/3, Nr. 8343; Adreßbuch Dresden 1882; BARS, AmL, S. 634)
6 Manfred Wittich (1851-1902) ab 1872 Studium vor allem der Germanistik und Geschichte in Leipzig, Schüler von Rudolf Hildebrand (1824-1894), einem Fortsetzer des Grimmschen Wörterbuchs. In Leipzig trat Wittich der Sozialdemokratie bei, Freundschaft mit Familie Bebel und Liebknecht. Seit 1878 in Dresden, 1879 bis 1884 dort als Lehrer am Krauseschen Institut, einer Privatschule für Jungen mit Gymnasial- und Realschulklassen. Wittich erteilte Unterricht in Griechisch, Latein, Geschichte und Deutsch. Später freischaffend. Mitarbeit an der „Neuen Zeit", „Neuen Welt", dem „Süddeutschen Postillion", der „Volksbibliothek des gesammten menschlichen Wissens" u.a.; 1889 nach Leipzig als Redakteur des „Wähler" und kurzzeitig der „Leipziger Volkszeitung".

(Siehe Liebknecht-Briefwechsel II, wie Nr. 3/3, S.656/657; biographische Abrisse seines Lebens siehe Nr. 134/9; Adreßbücher Dresden ab 1879)

7 Gottlob *Friedrich* Ernst Nauert (geb. 1849) Maler, zeitweilig Redakteur, Mitglied der SDAP, Vorsitzender des Verbands Deutscher Maler, Lackierer und Vergolder; am 29. Juni 1881 aus Leipzig ausgewiesen, Aufenthalt in Dresden, dann nach Stuttgart.

(Siehe Berndt, wie Nr. 16/4, S. 191/192)

8 Gemeint ist der Jahrestag der Schlacht von Sedan 1870, der als Feiertag offiziell begangen wurde.

9 Am 5. September 1881 gab der sächsische König auf der Albrechtsburg in Meißen anläßlich des 50. Jahrestags der Verfassung und der Vollendung der Restaurierung der Albrechtsburg ein Galadiner, zu dem der Hofstaat, höhere Staatsbeamte und die Mitglieder des Landtags eingeladen waren. Die sozialdemokratischen Abgeordneten nahmen nicht daran teil. – Nach einer von 1864 bis 1870 vorgenommenen Generalinstandsetzung der Albrechtsburg war diese seit 1873 mit Wandmalereien zur Geschichte der Wettiner ausgestattet worden, finanziert durch rund 600 000 Mark aus Mitteln der französischen Kriegskontribution.

(Siehe Dresdner Nachrichten, 6.9.1881; Der Reichsbürger, 11.9.1881; Die Albrechtsburg zu Meißen. Hrsg. von Hans-Joachim Mrusek, Leipzig 1972, bes. S. 90-99)

10 Daniel Ferdinand *Ludwig* Haberkorn (1811-1901) Jurist, bis 1886 Bürgermeister von Zittau, Konservativer, Abgeordneter des sächsischen Landtags sowie 1866-1870 und 1875-1890 Präsident der Zweiten Kammer.

11 Am 5. September 1881 verabschiedete der sächsische Landtag eine Dankadresse an den König aus Anlaß des 50. Jahrestags der sächsischen Verfassung, die im Ergebnis der antifeudalen Oppositionsbewegung 1830/1831 errungen worden war. Obwohl keine Debatte vorgesehen war, ertrotzten sich Bebel und Liebknecht das Wort. Liebknecht begründete das Nein der Sozialdemokraten zur Dankadresse, indem er am Ausnahmegesetz zeigte, daß gegenüber der Arbeiterklasse die Verfassung gebrochen wurde. Als vom Landtagspräsidium das Sozialistengesetz zur Reichssache erklärt wurde, brandmarkte Bebel dessen Handhabung in Sachsen. Sie erreichten ihr politisches Ziel. Die „Dresdner Nachrichten" eröffneten am 7. September 1881 mit dem Auftreten von Bebel und Liebknecht den politischen Leitartikel – freilich tadelnd.

12 Siehe Nr. 18/4.

20

Dresden, den 13. Oktober 1881

Mein liebes Weib!

Obgleich keine direkte Veranlassung vorliegt, will ich Dir doch ein Lebenszeichen zukommen lassen. Herr I[ßleib] hat mir bis heute nicht geschrieben, ich vermute, daß er nicht so ausgesagt, wie er sollte, und sich genierte;[1] andrerseits muß ich wünschen, über das Benehmen Döblers[2] genau Aufschluß zu erhalten, sonst kann ich nichts machen.

Die Ansichten Freyt[ag]s sind ewig die optimistischen, er kann von den sächsischen Behörden hören, was er will, er glaubt immer wieder das beste von ihnen. Diesen Glauben habe ich nicht. Wenn ein Urlaubsgesuch zu Weihnachten nicht mit triftigen und gewichtigen Gründen belegt wird, ist es *nutzlos*. Da ich auf keinen Fall eins mehr einreiche, so muß es von Dir und dem Geschäft ausgehen. Tut Ihr's nicht, so unterbleibt es. Mir ist diese ganze Situation höchst zuwider, und ich werde sie in der jetzigen Form nicht allzulange aushalten. Doch darüber später mündlich.

Laß Dir nur nicht von Fr[eytag] weismachen, daß Graf M[ünster][3] Dir Auskunft über die Dauer der Verlängerung des Belagerungszustandes geben werde oder könne. Erstens weiß er nichts, zweitens sagt er Dir auch nichts, kann und darf nichts sagen, selbst wenn er etwas weiß. Zudem er bleibt sicher.

Heute wird der erste Aufruf für Oberbürgermeister Stübel veröffentlicht. Er müsse gewählt werden, leicht könne der Sieg des Feindes (ich) Ausnahmemaßregeln über die Stadt heraufbeschwören.[4] Das ist zwar nur ein Schreckschuß, man sieht aber, wie die Leute denken und wie sie sich fürchten, und diese Furcht wird stärker, nicht umgekehrt.[5]

Der Aufruf ist übrigens ein ganz ausgezeichnetes Zeugnis für unsern Prozeß in L[ei]pz[ig], denn er bestätigt als richtig, was die Anklage bestreitet.[6]

Gestern hat die hiesige Polizei einen guten Fang gemacht, und zwar wieder einmal durch rhinozeroshafte Dummheit eines unserer ältesten Leute. Sie hat 2 mächtige Kisten mit 45 000 Flugblättern und Stimmzettel für mich abgefangen. Alles war in Ordnung, da begeht der Empfänger die Eselei, die Kisten zu jemand schaffen zu lassen, der 2 Treppen als Aftermieter wohnt und gar nimmer eine solche Sendung erhalten konnte. Der

Hauswirt sieht die schweren Kisten, die Dienstleute geben ungenügend Auskunft, der Empfänger wird verlegen. Da wittert der Wirt Lunte und schickt nach der Polizei, die Dienstleute schaffen rasch die Kisten fort, werden aber eingeholt und mit den Kisten auf die Polizei gebracht.

Du kannst Dir denken, was die für Augen über den Fang machten. Die Hauptführer rieben sich die Hände vor Freuden. Wir waren wütend, was ist aber zu machen? 300 - 400 M sind weg, und die ganze riesige Arbeit ist umsonst gewesen. Nun, auch der Schlag wird überwunden wie so viele andere, unter kriegt man uns nicht.

Heute wurde mir das Verbot des Flugblatts mitgeteilt[7]; die Gendarmen auf der Wache sollen mit Gier in die Kisten gegriffen und die Flugschrift bündelweise herausgenommen haben. Auf dem Hauptbüro hatte man nichts Eiligeres zu tun, als sie rasch in ein Zimmer zu verschließen. Das ist doch etwas Humor für den vielen Ärger.

Die Sendung an Sch. habe ich empfangen. Ich hoffe, Ihr seid wohl und munter, ich wenigstens bin es. Zu Hascherts konnte ich gestern abend wegen zu vieler Arbeit nicht gehen.

In dem jetzt in L[ei]pz[ig] sich abspielenden Hochverratsprozeß werden die Gerichte [und] die Polizei arg bloßgestellt. Namentlich dürfte der Stadtgerichtsrat Hollmann am längsten im Amte gewesen sein.[8] Vielleicht hat die Abhaltung dieses Prozesses neben der Wahl auch bei der Kreishauptmannschaft bei ihren Beschlüssen eine Rolle gespielt.

Herzliche Grüße und Küsse Euch beiden

Dein August Bebel

König sitzt seit Sonnabend zur Abwechslung wieder, seine Frau sieht jeden Tag der Entbindung entgegen;[9] heute kommt Kegel frei[10].

---

1 Am 26. September 1881 hatte Bebel bei der Kreishauptmannschaft Leipzig das Gesuch eingereicht, ihm wegen geschäftlicher Interessen vom 1. bis 11. Oktober 1881 den Aufenthalt in Leipzig zu gestatten. Als Gründe führte er den Einkauf des Rohmaterials während der Messe und die Gewinnung neuer Aufträge in Leipzig an. Das Polizeiamt Leipzig ermittelte, daß der Einkauf des Rohmaterials nicht auf der Messe getätigt würde. Ißleib, der vorgeladen wurde, bemerkte, „daß Bebel hauptsächlich das hiesige Platzgeschäft besorgt habe, indem er die hiesige Kundschaft, d. i. die Bauherren, Baumeister etc., aufgesucht und mit ihnen die Geschäfte abgeschlossen habe. Gerade hierin werde Bebel am meisten vermißt, denn es sei

noch kein Ersatz für ihn da. Er selbst könnte dies nur ungenügend besorgen, da er mit der Leitung der Fabrikation etc. vollauf zu tun habe und übrigens auch mit der Kundschaft zu wenig bekannt sei. Es werde hierbei nicht viel nützen, wenn Bebel Erlaubnis zu einem achttägigen Aufenthalt bekomme. Völlige Abhülfe könne nur geschaffen werden, wenn er sich wieder ganz hier aufhalten dürfe." Daraufhin lehnte die Kreishauptmannschaft das Gesuch ab, was Ißleib am 1.Oktober 1881 mitgeteilt wurde. „Frau Bebel hatte sich bereits tags vorher in der Expedition der Kgl. Kreishauptmannschaft die Entschließung eröffnen lassen und war dann sogleich nach Dresden gefahren, um ihrem Manne davon Mitteilung zu machen." (Moskau, F. 192, Nr. 58, Bl. 71, 72)

2 Johann Gottlob Döbler (1820-1895), Polizeiwachtmeister in Leipzig, seit 1873 in der Kriminalabteilung tätig, war mit der Überwachung Bebels in Leipzig beauftragt. Er erhielt 1881 „in Anerkennung seiner Dienstleistungen als Hilfsbeamter der Staatsanwaltschaft das sächsische Verdienstkreuz". Im Freiberger Geheimbundprozeß 1886 trat er als Belastungszeuge auf.

In diesem Fall erwartete Bebel wohl weitere Angaben über polizeiliche Drangsalierungen von Sozialdemokraten, die er aufgrund ihm zugegangener Schreiben in seiner Landtagsrede am 5. November 1881 anprangerte. Er berichtete, daß der Schuhmacher August Franz Schmidt (geb. 1854, im Oktober 1881 zu drei Monaten Gefängnis verurteilt, ausgewiesen am 8. 12. 1881) bei einer Haussuchung einen Zettel verschluckte. „Darauf kommandiert der Wachtmeister Döbler, der dabei ist: Packt den Hund! worauf drei Polizisten auf ihn stürzen und ihn derart würgen, daß ein dicker, dunkelroter Blutstrom ihm aus Mund und Nase quillt und mit dem Blute zugleich der Zettel." (Der Reichsbürger, 4.8.1881; Mittheilungen 1881/1882, wie Nr. 15/5, S. 32; siehe StA Leipzig, PoA 1876-1889, Nr. 142, Bl. 9; Moskau, F. 192, Nr. 58; Berndt, wie 16/4, S. 227/228)

3 Otto Georg Graf zu Münster (1825-1893) war 1873-1887 Kreishauptmann zu Leipzig. Er trug maßgeblich zur Begründung des Ausnahmezustands für Leipzig bei. (Siehe Heinzpeter Thümmler: Sozialistengesetz § 28. Ausweisungen und Ausgewiesene 1878-1890, Berlin 1979, S. 74-77)

4 Paul Alfred Stübel (1827-1895) Jurist, 1877-1891 Oberbürgermeister von Dresden, Nationalliberaler, 1881-1884 MdR.

Die „Dresdner Nachrichten" widmeten am 13. Oktober 1881 Stübels Kandidatur fast eine ganze Seite. Außer dem von Stübel formulierten Wahlprogramm wurde ein Aufruf angesehener Persönlichkeiten Dresdens abgedruckt, in dem als Ziel der Nominierung Stübels „die Niederwerfung des gemeinsamen Gegners", also Bebels, bezeichnet wurde. Unter anderem hieß es in dem Aufruf, auf den sich Bebel hier bezieht: „Die Sozialdemokraten nach wie vor die Verächter des Gesetzes, die Lästerer der Religion, die Parteigänger der Revolution, die Feinde des Vaterlandes!" Die Bürger Dresdens sollten nicht dulden, daß sie im Reichstag ein Mann vertrete, „der die Schandtaten der Pariser Kommune vor dem deutschen Volke zu verherrlichen gewagt". Sie sollten verhindern, daß sich eine dreiste Minderheit als Vertreter Dresdens „ausgibt und damit den guten Ruf Dresdens und Eure materiellen Interessen empfindlich schädigt, ja sogar die Gefahr der Anwendung von Ausnahmemaßregeln über unsere Stadt heraufbeschwört".

5 Zur Reichstagswahl am 27.Oktober 1881 kandidierte Bebel wieder in Dresden-Altstadt, wo er 1877 und 1878 sein Mandat erhalten hatte. Er erzielte mit 9079 Stimmen die relative Mehrheit unter vier Kandidaten und gelangte gegen den Oberbürgermeister Stübel in die Stichwahl. Dabei unterlag er am 10. November 1881 mit 10 827 Stimmen seinem Gegner, der 14 439 Stimmen erhielt. (Siehe zur Härte der Verfolgungen BARS, AmL, S. 627-634; A. Bebel: Die erste Dresdner Reichstagswahl unter dem Sozialistengesetz, in: Festschrift zum Dresdner Parteitag

1903, Dresden 1903, S. 12-14; Wieland Schüller: Der Kampf der revolutionären deutschen Sozialdemokratie in der Kreishauptmannschaft Dresden während der ersten Phase des Sozialistengesetzes (1878-1881), Phil. Diss. Leipzig 1967, Ms, S. 130-151)

6 Gegen Bebel, Liebknecht und Hasenclever erhob das Leipziger Landgericht Anklage wegen des Flugblatts „An die Bürger und Einwohner der Stadt und Amtshauptmannschaft Leipzig" vom 6. Juli 1881, in dem sie im Namen der Ausgewiesenen gegen die Verhängung des Kleinen Belagerungszustands über Leipzig protestiert hatten. In der Anklage wurde behauptet, die Feststellung im Flugblatt, „es habe sich bei der Verhängung des Kleinen Belagerungszustandes hauptsächlich darum gehandelt, unsere Wahlagitation zu verhindern", verstoße gegen den Paragraphen 131 des Strafgesetzbuches. Die drei Unterzeichner wurden am 8. August 1882 zu je zwei Monaten Gefängnis verurteilt.

(BARS, AmL, S. 638/639; Flugblatt in BARS, Bd. 2/1, S. 153-161)

7 Gemeint ist das Flugblatt „Wähler von Altstadt-Dresden", das als Impressum die Vereinsbuchdruckerei Hottingen-Zürich enthielt. Es wurde in Zittau mit Unterstützung von Carl Münch gedruckt, aber vor der Verteilung am 12. Oktober 1881 beschlagnahmt und verboten. Dieses Flugblatt führte zum Prozeß vom 15. Juni 1882, siehe Nr. 35.

(SHA, MdI, Nr. 10 982, Bl. 37; Kreishauptmannschaft Dresden, Nr. 1070, Bl. 38)

8 M. Hollmann, Gerichtsrat in Berlin, Untersuchungsrichter im Hochverratsprozeß gegen Anarchisten, der vom 10. bis 21. Oktober 1881 in Leipzig stattfand. Zu ihrer Überführung hatte die Polizei in Frankfurt (Main) bezahlte Spitzel in die anarchistische Gruppe geschleust. Diese Polizeispitzelmethode wurde während der Berliner Untersuchungshaft fortgesetzt, was bei den Gerichtsverhandlungen zur Sprache kam. Einer der Rechtsanwälte bezichtigte Hollmann, er habe mit Inquisitionsmethoden auf das Geständnis eingewirkt.

(Siehe Der erste Hochverratsprozeß vor dem deutschen Reichsgericht... Auf Grund stenographischer Niederschrift hrsg. von E. Künzel, Leipzig 1881; BARS, AmL, S. 647-650)

9 Friedrich *August* Karl König (1851-1885) Schriftsetzer, Sozialdemokrat, am 29. November 1878 aus Berlin ausgewiesen; in Leipzig führend in der illegalen Parteileitung und bei der Verbreitung des „Sozialdemokrat" tätig, am 29. Juni 1881 aus Leipzig ausgewiesen; unterstützte die sozialdemokratische Agitation bei den Wahlen 1881 in Dresden, dann Emigration nach New York. Seit 1873 Ehe mit Anna Clara Agnes Panzenhagen (geb. 1855).

(Siehe Der Sozialdemokrat, 7.5.1885; Thümmler, wie Nr. 20/3, S. 206; Berndt, wie Nr. 16/4, S. 161/162)

10 Nach dem Verbot der Zeitungen „Hiddigeigei" und der „Dresdner Abendzeitung" am 11. April 1881 wurde gegen Max Kegel ein Untersuchungsverfahren wegen versuchter Weiterführung dieser Blätter eingeleitet. Im Juli 1881 wurde er wegen Verbreitung verbotener Schriften zu drei Monaten Haft verurteilt, die er sofort antreten mußte.

August Hermann *Max* Kegel (1850-1902), Buchdrucker, seit 1869 in Dresden Mitglied der SDAP, seit 1871 Redakteur verschiedener sozialdemokratischer Zeitungen, u.a. des „Dresdner Volksboten", des ersten sozialdemokratischen Witzblatts „Der Nußknacker", 1873-1878 der „Chemnitzer Freien Presse", 1882-1888 des humoristisch-satirischen Wochenblatts „Süddeutscher Postillon" in München, seit 1888 Redakteur des „Wahren Jacob" in Stuttgart. Einer der vielseitigsten sozialdemokratischen Dichter, u.a. Verfasser des „Sozialistenmarschs".

(Siehe Max Kegel. Auswahl aus seinem Werk, Hrsg. Klaus Völkerling, Berlin 1974; Der Reichsbürger, 14.7.1881; Liebknecht-Briefwechsel II, wie Nr. 3/3, S. 372)

21

Mein liebes Weib!

Deinen lieben Brief gestern erhalten. Ich war Sonnabend in Mittweida zur Versammlung[1] und kam erst gestern nachmittag zurück.

Heute herrscht in Dresden großer Jubel. Es ist uns gelungen, gestern ein neues Flugblatt zu verbreiten, und wurden nur 2 Mann gefaßt von ca. 400.

Dasselbe war mit größter Anstrengung zum Schrecken der Polizei wiederum fertig, als sie Sonnabend abend durch die Schwätzerei eines Dienstmanns in Pirna aufmerksam wird und dort uns ca. 10 Blätter abgefaßt werden. Allein die Leute hier ließen sich nicht schrecken; und gestern abend rückten, ohne daß die Polizei eine Ahnung hatte, 400 Mann aus und belegten bis auf einen kleinen Rest, für den das Material fehlte, die ganze Stadt. 32 000 Exemplare wurden verbreitet. Ehe die Polizei zur Besinnung kam, war alles erledigt.

Heute morgen halb 8 Uhr wurde ich schon auf die Polizei geholt, wo man mir das Verbot mitteilte. Der Drucker des Blattes in Pirna wurde verhaftet. Viel machen kann man ihm nicht, da ich der Unterzeichner bin.[2]

Die Wirkung hier in der Stadt ist eine sehr große, und sind unsere Leute Feuer und Flamme. Der Polizeikommissar,[3] der mir heute das Verbot mitteilte, klagte, daß er fast die ganze Nacht habe auf den Beinen sein müssen. Ich war darüber natürlich sehr erfreut.

Herr B[ahlmann] hat mir Grüße von Dir überbracht; er erzählte, daß er Dich überrascht resp. Dir überrascht gekommen sei. Das solltest Du doch verhüten.

Daß Herr I[ßleib] mit mir zusammenzukommen wünscht, ist mir sehr lieb. Ich werde ihm schreiben – heute habe ich keine Zeit –, daß wir uns Sonntag, vielleicht vormittag, in Wurzen treffen. Ich komme dann Sonnabend dort hin und wir, d. h. Ihr und ich, wir treffen uns dann dort. Während der Wahlagitation ist ein ruhiges Zusammensein sowieso nicht möglich. Ich will froh sein, wenn der Trubel vorüber ist.

Das gestrige „Leipz[iger] Tageblatt" hat ja einen rechten Weheruf bezüglich der Wahlen; denen fängt es an, für Stephani[4]

bange zu werden. Wenn unsere Leute dort gut organisiert einen Aufruf richtig verbreiteten, könnte das Resultat für die Stichwahl sehr günstig werden. Daß schließlich dennoch die Nationalliberalen siegen, davon bin ich überzeugt, aber gut wäre doch, wenn die Kerle recht in Angst und Schrecken gejagt würden.[5]
Also Sonnabend sehen wir uns wieder.
Herzliche Grüße und Küsse Dir und Friedchen
Dein August

1 Während der Agitation für die Reichstagswahlen sprach Bebel am 15. Oktober 1881 in Mittweida für die Kandidatur G. v. Vollmars. Dieser erhielt das Mandat in der Stichwahl.

2 Gemeint ist das Flugblatt „An die Wähler in Altstadt-Dresden", Vereinsbuchdruckerei Riesbach-Zürich, tatsächlich hergestellt durch den Drucker des Amtsblatts in Pirna, Konrad Paul Simon, verboten am 17. Oktober 1881. Simon wurde vom Landgericht Dresden am 1. Dezember 1881 wegen falscher Firmenangabe zu drei Monaten Gefängnis verurteilt. In der Regel wurde in solchen Fällen nur zehn Mark Geldstrafe erhoben.
(Siehe SHA, MdI, Nr. 10982, Bl. 36; Der Sozialdemokrat, 15.12.1881; die Vornamen von Simon übermittelte H. Eppstädt, Pirna)

3 Georg Gotthold Paul (gest. 1890) war 1880-1889 Polizeikommissar in Dresden. Bei den Reichstagswahlen 1881 habe er sich „wie ein Wüterich benommen". Unter seiner Leitung ging die politische Polizei in Dresden mit Großaufgeboten gegen die Sozialdemokratie vor. 1889 wegen krimineller Delikte unter Anklage, beging Selbstmord.
(BARS, AmL, S. 645)

4 Martin *Eduard* Stephani (1817-1885), Jurist, bis 1874 Vizebürgermeister von Leipzig, Nationalliberaler, Abgeordneter des Norddeutschen bzw. Deutschen Reichstags 1867-1875, 1877-1884 sowie des sächsischen Landtags 1877-1882.
Am 16. Oktober 1881 berichtete das „Leipziger Tageblatt" über eine Versammlung von Gewerbetreibenden, die einen eigenen Kandidaten aufstellten, da Stephani ihre Belange nicht genügend vertrete. Auf der Versammlung war diese Sonderkandidatur von einem Diskussionsredner zurückgewiesen worden. Sie käme nur der Sozialdemokratie zugute.

5 Zur Reichstagswahl 1881 kandidierte Bebel wie auch bei früheren Wahlen in Leipzig-Stadt als Zählkandidat. Er kam mit 6482 Stimmen gegen Stephani, der 8894 Stimmen erhielt, in die Stichwahl. Dabei steigerte sich die für Bebel abgegebene Stimmenzahl auf 9821, er unterlag aber Stephani, der 11 863 Stimmen erreichte. 1877 erzielte Bebel in Leipzig-Stadt 5250, 1878 5822 Stimmen. Erstmals erzwang die Sozialdemokratie 1881 hier eine Stichwahl.

22

Dresden, den 6. November 1881

Mein liebes Weib!

Meinen Brief mit der Weisung bezüglich Fr[eytag]s wirst Du erhalten haben, ich habe gestern auch mit Fr[eytag] gesprochen. Vergiß mir nicht, die 44 M zu senden. Hast Du schon bei Renker[1] angefragt?

Gestern habe ich in der Kammer gehörig losgeschlagen.[2] Das ist den Ministern noch nicht gesagt worden, was sie gestern zu hören bekamen. Der Minister des Inneren[3] antwortete gradezu erbärmlich und nur mit Gemeinheiten. Am Anfang seiner Rede suchte er mich als Abgeordneten von seiner Gnade hinzustellen, am Schlusse als Fremdling, der froh sein müsse, daß man ihm das gastliche Haus geöffnet. L[ie]bkn[echt] und ich hatten scharf zur Antwort geladen, und er wäre furchtbar verhauen worden, aber die feige Majorität inklusive der charakterlosen Fortschrittspartei stimmten gegen jede Debatte. Nun, ich habe in meiner Rede schon angekündigt, daß wir noch vieles auf dem Herzen haben, und es soll ihnen nichts geschenkt werden.

Die Schamlosigkeit dieser Menschen geht ins aschgraue.

L[ie]bknecht ist in Mainz gewählt. So wäre wenigstens einer drin, einige andere werden folgen.

Heute wollte ich meine Steuerbeschwerde fortsetzen – beiläufig bemerkt, dürfte der Minister gestern infolge der neuesten Entscheidungen und der Stadtrat zu Leipzig gleichfalls furchtbar hineingefallen sein, ich werde meine Wahl selbst zur Sprache bringen –, da entdecke ich, daß Friedchen die „[Leipziger] Tageblätter" aus dem *August* statt aus dem *Juli* gekauft hat. Ich schikke sie unter Kreuzband zurück, vielleicht werden sie auf Umtausch angenommen, wenn nicht, kaufe neue. Ich brauche die Nummern vom 14., 15., 16., 17., 18. *Juli*. Wenn Du *Zeit hast*, das vormittags abzumachen, kann Herr Freytag mir die Nummern etc. mitbringen, er tut's gern, anderen Falles schicke sie unter Kreuzband.

Soeben schickt mir Frau B[ahlmann], wahrscheinlich zur Erholung auf die gehabten Strapazen, einen prächtigen Pflaumenkuchen und einen gebackenen Hahn. Schade, daß Ihr nicht hier seid. Auch von anderer Seite habe ich eine Anerkennung erhalten, nämlich 1 Flasche alten Portwein, 1 alten Malaga und 1 echten Kognak. Den Portwein habe ich dem armen Sommer[4] in Kaysers Laden[5] gegeben, der sich sehr aufopfert und wohl nicht mehr lange leben wird, wenn er so fortmacht. Herzliche Grüße und Küsse Dir und Friedchen von Deinem August

Rege Du Dich nur nicht so auf. Der neuliche Artikel im „[Leipziger] Tagebl[att]"[6] hat mir viel Spaß gemacht, ich freue mich immer, wenn das Blatt tüchtig auf mich schimpft, denn sonst ist es herzlich langweilig.

1 Friedrich *Wilhelm* Renker (1829-1904), Steindrucker, Inhaber einer Lithographie- und Steindruckwarenhandlung in der Petersstraße 41 (Hohmanns Hof), nahm 1875/1876, als Bebel seine Firma kurzzeitig nach Reudnitz verlegt hatte, Aufträge für Bebels Firma entgegen; Mitarbeiter im illegalen Vertriebssystem des „Sozialdemokrat" in Leipzig, Deckadresse für Post aus Hottingen-Zürich.
(Siehe StA Leipzig, PoA, 1876-1889, Nr. 211, Bl. 24; Leipziger Adreßbücher; BARS, Bd. 2/2, S. 44)
2 Bebel sprach am 5. November 1881 im sächsischen Landtag gegen den über Leipzig und Umgebung verhängten Kleinen Belagerungszustand. Die sozialdemokratischen Abgeordneten hatten ihre Stellungnahme hierzu durch eine Interpellation erzwungen. Bebel wies nach, daß es keine stichhaltigen Gründe für den Belagerungszustand gab. Vielmehr sei er verhängt worden, um die Wahlen zu beeinflussen und die Existenz einer Reihe der Regierung verhaßter Personen zu ruinieren und dadurch die sozialdemokratische Partei zu schädigen. Bebel prangerte die in Sachsen herrschende Rechtlosigkeit und Polizeiwillkür scharf an. Die Zweite Kammer lehnte eine Diskussion über die Interpellation ab.
(Siehe Mittheilungen 1881/1882, wie Nr. 15/5, S.19-33)
3 Hermann von Nostitz-Wallwitz (1826-1906), 1866-1891 Innenminister und 1876-1882 Außenminister von Sachsen, MdR 1874-1877, Freikonservativer, Bevollmächtigter Sachsens im Deutschen Bundesrat 1876-1891.
4 Carl *Bruno* Sommer (1857- nach 1904), Markthelfer, Fabrikarbeiter in Dresden. Sozialdemokrat, 1880/1881 Redakteur der „Dresdner Abendzeitung", seit 1882 Buchhändler in Chemnitz, dort 1884 in Opposition zu Carl Riemann bei der Herausgabe des „Chemnitzer Volksblatts". Von 1886 bis 1888 in Breslau, danach wieder in Dresden. Stand in den 90er Jahren anarchistischen Kreisen nahe. 1902/1903 Redakteur der sozialdemokratischen „Erfurter Tribüne". Mehrfach wegen sozialdemokratischer Tätigkeit verurteilt.
(Siehe BLHA, Berliner Politische Polizei, Rep. 30, Tit. 94, Lit. S, Nr. 1734 betr. den Handelsmann, Buchhändler, Schriftsteller Carl Bruno Sommer; StA Chemnitz, Polizeiakten, übermittelt von Christine Hinze)
5 Max Kayser (1853-1888), Mitglied des ADAV, dann der SDAP, 1874-1878 Redakteur des „Dresdner Volksboten", MdR 1878-1887. Bei den Auseinandersetzungen um seine Reichstagsrede vom 17. Mai 1879, in der er die Schutzzollpolitik bejahte, verteidigte ihn Bebel, erreichte aber bei der Endabstimmung, daß auch Kayser gegen die Schutzzölle votierte. 1878 nach Haftstrafen aus Dresden ausgewiesen, nach Rückkehr im November 1879 dort Tabakwarenladen eröffnet. Am 12. August

1881 zu zwei Monaten Gefängnis verurteilt, danach erneute Ausweisung für ein Jahr entsprechend dem sächsischen Heimatgesetz. Seit März 1883 in Dresden Redakteur des „Sächsischen Wochenblatt". Einer der am meisten gejagten Sozialdemokraten unter dem Sozialistengesetz.

Die Zigarrenhandlung von Max Kayser & Co, Dresden, Badergasse 28, bildete bei den Reichstagswahlen 1881 einen Zentralpunkt für die sozialdemokratische Agitation. Bebel gab dort am 26. und 27. Oktober 1881 selbst Stimmzettel aus. Auf eine entsprechende Annonce in der Zeitung staute sich ab 17 Uhr eine große Menschenmenge in und vor dem Laden, der gegen 22 Uhr von der Polizei geschlossen wurde. In einem Polizeibericht hieß es, durch Bebels Auftreten sei „die Autorität Bebels ... ungemein gehoben und demselben viele Wähler zugeführt" worden. Auch vor der Stichwahl traf sich Bebel mit Wählern in Kaysers Zigarrenhandlung. (Schüller, wie Nr. 20/5 S. 140; SHA, Kreishauptmannschaft Dresden, Nr. 1068, Bl. 215)

6 Bebel bezieht sich wahrscheinlich auf das „Leipziger Tageblatt" vom 3. November 1881. Dort hieß es in einer Notiz aus Dresden, alle Parteien sollten Stübel wählen, damit Dresden „nicht zum zweiten Male die Schmach erlebt, auf dem Reichstage durch einen Umstürzler sich vertreten zu lassen".

23

Dresden, den 8. November 1881

Mein liebes Weib!

Deinen lieben Brief heute erhalten, auch den seinerzeit für L[ina] H[aschert] und die Steuersache. Für letzteres war ja auch die Forderung nach dem „[Leipziger] Tageblatt" Beweis.

Die elenden Machinationen in der Steuergeschichte sind also vom Stadtrat Messerschmidt[1] ausgegangen, wie aus den Wahlakten klar zu entnehmen ist. Gegen diesen Herrn werde ich nunmehr weiter vorgehen, und soll ihm namentlich im Landtag eine tüchtige Suppe eingebrockt werden.[2]

Heute habe ich in meiner Abteilung im Landtag durchgesetzt, daß die Ungültigkeitserklärung von 346 Stimmen, die auf meine Person *in der Stadt* gegen Dr. Heine[3] fielen und die der schöne Stadtrat Messerschmidt kurz für ungültig erkärt hatte, beanstandet wurden.[4] Meine Wahl selbst ist in einer andern Abteilung, in der Advokat Freytag mit Referent ist.[5] Die Wahl wird zweifellos für gültig erklärt, wir werden aber dafür sorgen, daß es eine Debatte vor dem Landtag gibt, damit der Minister und die andern Herrchen gehörig verarbeitet werden können.

Das heutige „Leipz[iger] Tagebl[att]" ist seiner Natur nach einmal wieder recht gemein. Rege Dich nur darüber nicht auf; daß das Blatt so losschlägt, ist ganz selbstverständlich. Ich werde aber heute den Herrn Hüttner und seinen elenden Korrespondenten verklagen,[6] und bitte ich Dich, mir die heutige Nummer in 2 Exemplaren zu verschaffen und hierher zu senden, damit ich die nötigen Belege habe.

Gestern haben wir in Breslau 2 Sitze zugleich erobert: Hasenclever und Kräcker[7]. Das ärgert die Gegner furchtbar.

Heute kommen unsere Wahlen in Solingen, Nürnberg, Hanau, Frankfurt und Offenbach an die Reihe, und hoffe ich, daß wir dabei wenigstens 2 erobern.[8]

Wegen der mir zugegangenen Geschenke sei außer Sorge, sie sind von ganz guten Freunden. Fange nur keine Grillen.

Was Du mir über Herrn I[ßleib]s Gesundheitszustand schreibst, beunruhigt mich; das stimmt, scheint es, mit dem, was Advokat Freytag mir mitteilte [überein]. Ich will hoffen und wünschen, daß es nicht so schlimm wird, denn das änderte unsere Lage sehr unerfreulich.

Soeben kommt Kegel und meldet mir, daß ein hiesiger Photograph mein Bild so groß als möglich aufnehmen wollte. Ich will dem Manne das Vergnügen nicht versagen.[9] Vielleicht sehen wir uns Sonnabend[10] oder Sonntag irgendwo, ich schreibe Euch noch. Die herzlichsten Grüße und Küsse Dir und Friedchen
Dein August

Mit Fr[ey]t[ag] habe ich wegen des Geldes noch nicht geredet, es tut nichts.

1 Hugo Max Messerschmidt (1844-1908), Rechtsanwalt, 1881-1886 Stadtrat in Leipzig, war Wahlkommissar im Wahlbezirk Leipzig III.
(Siehe StA Leipzig, PoA, 1876-1889, Nr. 192, Bl. 85)
2 Gegen die Anfechtung der von ihm entrichteten Steuersumme nahm Bebel im sächsischen Landtag am 17. November 1881 Stellung.
(Siehe Mittheilungen 1881/1882, wie Nr. 15/5, S. 108, 110)
3 Ernst *Karl* Erdmann Heine (1819-1888), Rechtsanwalt, Gutsbesitzer; Mitglied der Deutschen Fortschrittspartei, MdR 1874-1877, übernahm das zunächst von der Sozialdemokratie für Johann Jacoby eroberte Mandat. Mitglied des sächsischen Landtags 1869-1888, bis 1881 im 23. ländlichen Wahlkreis, den Bebel 1881 eroberte, dann in Leipzig-Stadt.
4 Im sächsischen Landtag wurden fünf Abteilungen aus Abgeordneten gebildet, die die Wahlergebnisse zu überprüfen hatten. Bebel gehörte zur II. Abteilung. Dort wurde am 8. November 1881 die Wahl Karl Heines im 3. Wahlkreis der Stadt Leipzig, der 1222 Stimmen erhielt, gebilligt. Auf Bebel entfielen in diesem Wahlkreis 346 Stimmen, die der Wahlkommissar Messerschmidt für ungültig erklärt hatte. Bebel wollte erreichen, daß hier bereits seine Wählbarkeit konstatiert wurde. Dazu erklärte sich diese Abteilung aber nicht für zuständig.
(Siehe SHA, wie Nr. 18/3, Nr. 8218, dort als Datum 8. Oktober 1881)
5 Am 17. November 1881 beriet die I. Abteilung über Bebels Wahl. Referent war Hans Carl Hugo von Kirchbach, Amtshauptmann in Marienberg. Otto Freytag legte als Korreferent dar, daß die Familie Bebel den für das passive Wahlrecht erforderlichen Steuerbetrag aufgebracht hatte. Daraufhin sprach sich die Abteilung einstimmig für die Gültigkeit von Bebels Wahl aus, was der Landtag am 21. November 1881 bestätigte.
(Siehe SHA, wie Nr. 18/3, Nr. 8217; Mittheilungen 1881/1882, wie Nr. 15/5, S. 120)
6 Bebel bezog sich auf den Artikel „Zu der bevorstehenden Reichstagswahl" im „Leipziger Tageblatt" vom 8. November 1881, von dem am folgenden Tag eine Fortsetzung erschien. Anliegen des Verfassers war es, Bebel in den Augen der Wähler herabzusetzen. Bebels Protest wurde wohl vor allem durch die Behauptung hervorgerufen, er sei im Leipziger Hochverratsprozeß 1872 „überführt worden, schmähliche Handlungen gegen unser deutsches Reich und seine Verfassung begangen zu haben", während das Urteil von „Vorbereitung" des Hochverrats ausging. Auch wurde Bebels Bekenntnis zur Pariser Kommune im Artikel als verwerflich betrachtet.
Friedrich Hüttner war Hauptredakteur des „Leipziger Tageblatt".

7 Julius Kräcker (1839-1888), Sattler, in Breslau seit 1868 Mitglied des ADAV, 1870 Übertritt zur SDAP, MdR 1881-1888, mehrfach verurteilt, zuletzt zu 7 Monaten Haft im Breslauer Geheimbundprozeß, die seinen Tod beschleunigten. Siehe Nr. 133/4.

8 In den von Bebel genannten Wahlkreisen siegten Wilhelm Frohme in Hanau, Carl Grillenberger in Nürnberg, Wilhelm Liebknecht in Offenbach und Moritz Ritting-hausen in Solingen. Insgesamt gehörten 12 Sozialdemokraten dem Reichstag an, außer den Genannten noch Wilhelm Blos (Greiz), Heinrich Dietz (Hamburg II), Bruno Geiser (Chemnitz), Max Kayser (Freiberg), Wilhelm Stolle (Zwickau) und Georg von Vollmar (Mittweida).

9 Zwei Fotos aus dieser Zeit befinden sich in SAPMO/BArch, Bildarchiv, die über ein Porträtfoto hinausgehen. Sie tragen im Bildarchiv die Nummern 13 190 N/O und 37 149 N/O. Auf der Rückseite ist vermerkt: Adolph Hoffmann, Atelier für Photographie, am Moritz-Monument, Zeughausstraße. Hoffmann war allerdings 1880 verstorben. Seine Frau führte das Geschäft weiter. Siehe Nr. 54/3.
(Die Bildermittlung unterstützte Dr. Peter Vier, Bildarchiv SAPMO/BArch. Foto Nummer 13 190 N/O ist u. a. publiziert in August Bebel. Eine Biographie. Autorenkol-lektiv unter Leitung von Ursula Herrmann und Volker Emmrich, nach S. 144 und Ilse Fischer/Werner Krause: August Bebel 1840-1913. Ein Großer der deutschen Arbeiter-bewegung. Katalog einer Ausstellung des Archivs der sozialen Demokratie/Friedrich-Ebert-Stiftung und der Stiftung Preußischer Kulturbesitz [1988], S. 45; Foto Nummer 37 149 N/O ist abgedruckt bei Fischer/Krause, S. 80).

10 12. November 1881.

24

Mein liebes Weib!
Nur wenige Zeilen, denn ich bin sehr beschäftigt.

Heute nachmittag haben sie Schuster[1] aus dem Kontor geholt und ins Gefängnis geschafft, natürlich nur, um die Freiberger Wahl zu hintertreiben, die er leitete. Sehr gefreut habe ich mich über seine Frau, die mich in diesem Moment über dem Schreiben unterbrach und erklärte, sie wolle sofort zu ihrem Manne und dann morgen selbst nach Freiberg, um alles zu arrangieren; bringe sie das fertig, so möchten sie ihren Mann immerhin ein paar Tage behalten, das schade nichts. Diese Tapferkeit hat mir sehr imponiert, ich hätte ihr dieses Benehmen nicht zugetraut.[2]

Ich werde Dir morgen abend telegraphieren resp. telegraphieren lassen, wie es hier ausfiel; voraus läßt sich nichts sagen. In Berlin soll es für mich sehr günstig stehen. Sonnabend ist dort Stichwahl.
Herzliche Grüße und Küsse Dir und Friedchen von
Deinem August

Das „[Leipziger] Tagebl[att]" speit ja heute wieder Feuer und Flamme[3]; freut mich sehr!

---

1 Ernst Johann *Oskar* Schuster, Kaufmann, wohnhaft in Striesen/Dresden. Im Adreßbuch Dresden 1882 als Inhaber des Kommissionsgeschäfts E. Schuster & Cie für An- und Verkauf von Hypotheken geführt. Sozialdemokrat, unter dem Sozialistengesetz Mitglied der illegalen Parteileitung in Dresden-Neustadt; hatte 1880 maßgeblichen Anteil an der Gründung des Dresdner Volksbildungsvereins. Gründete 1884 den sozialdemokratischen Ortsverein Striesen. Mitglied des Gemeinderats in Striesen. Er hatte bereits die Wahlagitation zur Hauptwahl am 27. Oktober 1881 in Freiberg geleitet. Nach fünf Tagen Untersuchungshaft wurde er auf sein Drängen hin freigelassen, ohne daß ihm irgendeine Schuld nachgewiesen werden konnte.
(Siehe Bebels Landtagsrede am 26. Januar 1882, in: Mittheilungen 1881/1882, wie Nr. 15/5, S. 615; Festschrift zum Dresdner Parteitag 1903, Dresden 1903, S. 14/15; Adreßbuch Dresden 1882; Adreßbuch Striesen 1886)
2 Unter Leitung von Anna Schuster gelang es, ein Wahlflugblatt herzustellen und zu verbreiten. Sie organisierte auch die Agitation unter den Bergarbeitern. Zeitweilig koordinierte sie den Einsatz von 80 Dresdner Sozialdemokraten, die im gesamten Wahlkreis wirkten. Die Leistung von Anna Schuster würdigte Bebel in seinen Lebenserinnerungen. Er meinte, „daß der Wahlkreis Freiberg *durch eine Frau* erobert wurde... Als Frau Sch[uster] nach Freiberg kam und dort sich den vollständig

mutlos gewordenen Genossen vorstellte, wurden diese von ihrer Anwesenheit elektrisiert. Sie arbeiteten nunmehr unter Frau Sch[uster]s Leitung mit allen Kräften, und Kayser siegte." Max Kayser war ebenfalls vor der Reichstagswahl verhaftet worden.

(BARS, AmL, S. 634/635; siehe Schüller, wie Nr. 20/5, S. 142)

3 Außer Teil II des Artikels „Zu der bevorstehenden Reichstagswahl" erschien der Leitartikel des „Leipziger Tageblatts" vom 9. Nov. 1881 „Zur Stichwahl". Er gipfelte in der Aufforderung, „wir müssen den Sozialdemokraten um jeden Preis besiegen".

25

Dresden, den 10. November[1] 1881

Meine liebe Julie!

Wir sind also geklopft worden.[2] Na, das schadet nichts, nach so viel Siegen kann man auch eine Niederlage vertragen. Hier ging es in den letzten Tagen arg zu, heute abend sieht es aus, als sei ganz Dresden im Belagerungszustand, und zwar im Großen.[3] Ich hoffe, Du nimmst die Nachricht meiner Niederlage mit philosophischer Ruhe hin, und Friedchen wird sich auch nicht zu sehr aufregen.

Wollt Ihr vielleicht Sonnabend herkommen, oder soll ich nach Wurzen oder Borsdorf kommen? Ich will morgen noch darüber schreiben.

Herzliche Grüße und Küsse Dir und Friedchen

Dein August

Soeben trifft Leipziger Depesche ein, Resultat über Erwarten günstig, günstiger als hier.[4]

---

1 In BARS, Bd. 2/2 wurde angenommen, Bebel habe sich im Datum geirrt. Dabei wurde irrtümlich von einem einheitlichen Datum für die Stichwahlen zum Reichstag ausgegangen.

2 Siehe Nr. 20/5.

3 Siehe hierzu Bebels Landtagsrede vom 9. Februar 1882, in: Mitteilungen 1881/1882, wie Nr. 15/5, bes. S. 816-818.

4 In Leipzig unterlag Bebel mit 9821 gegenüber 11 863 Stimmen für seinen Gegner, in Dresden mit 10 827 gegenüber 14 439 Stimmen.

26

Mein liebes Weib!

Heute nur ein Lebenszeichen. Ich bin wohl hier angekommen, und ich hoffe, Ihr seid ebenfalls wohl angekommen.[1]

Das Berliner Resultat ist also so, wie Schiffel mitteilte.[2] Jetzt blüht mir eine neue Kandidatur in Mainz mit sehr zweifelhaftem Ausgang.[3] L[ie]b[knecht] nimmt nämlich in Offenbach, dem besseren Wahlkreis, an, weil das Komitee dort sich in einer sehr einfältigen Weise öffentlich verpflichtet hatte, daß Liebknecht im Falle einer Wahl in O[ffenbach] annähme. Soll diese Erklärung zu keinem großen Skandal führen, so muß L[iebknecht] dort annehmen. Das Ende vom Lied ist, daß ich in Mainz kandidieren muß, das nur 600 Stimmen Mehrheit ergab, statt in Offenbach, das 3500 hatte. Die weitere Folge ist, daß ich wahrscheinlich *Freitag* nach Mainz muß resp. *schon Donnerstag abend* und Ihr also diese Woche *leider* nicht herkommen könntet. Wenn ich Donnerstag abend resp. nacht abreiste, würde ich hier so abfahren, daß ich Euch in L[ei]pz[ig] kurze Zeit sprechen könnte.[4]

Sage das auch Herrn I[ßleib], vielleicht kann ich in Mainz resp. Wiesbaden Geschäftliches erledigen.

Herzliche Grüße und Küsse Dir und Friedchen

Dein August

---

1 August Bebel hatte sich mit Frau und Tochter am Wochenende in Wurzen oder Borsdorf getroffen.

2 Bebel kandidierte im 4. Berliner Reichstagswahlkreis. Er erzielte 13 524 Stimmen. Albert Träger, Deutsche Fortschrittspartei, erhielt 19 527 und Adolph Wagner als Konservativer 8270 Stimmen. Am 10. November 1881 kamen zwei Berliner Sozialdemokraten zu Bebel und Liebknecht nach Dresden und unterbreiteten den Vorschlag der Konservativen, sie wollten für Bebel stimmen, wenn dieser in einer Erklärung zum Ausdruck bringe, daß er „die arbeiterfreundliche Absicht der deutschen Reichsregierung in ihrer Reformpolitik" anerkenne. Sonst würden sie Bebels Wahlniederlage herbeiführen. Bebel und Liebknecht lehnten diesen Wahlschacher ab, zumal sie stets die Bismarckschen Sozialreformen mit der Unterdrückung der Arbeiterbewegung durch das Sozialistengesetz konfrontierten. Bei der Stichwahl erhielt Bebel 18 979 und Träger 19 031 Stimmen. Dabei waren 450 Stimmzettel, die auf Bebels Namen lauteten, wegen angeblicher Undeutlichkeit für ungültig erklärt worden. Die von der Sozialdemokratie geforderte Wahlüberprüfung scheiterte, weil die Wahlakten gestohlen wurden. Die Konservativen hätten eine zu große politische Blamage erlitten.

(Siehe BARS, AmL, S. 630-633, Zitat S. 631)

3 Da Bebel bei den Reichstagswahlen 1881 in Berlin, Dresden und Leipzig kein Mandat erhalten hatte, Liebknecht aber zwei Mandate besaß, stellte sich Bebel der Neuwahl in Mainz. Dort weilte er gemeinsam mit Liebknecht und Hasenclever am 18. und 19. November und führte von Sonnabend, dem 3. Dezember, bis zum 7. Dezember 1881 mehrere Versammlungen durch. Er gelangte mit 5503 Stimmen gegen A. Phillips, der 6485 Stimmen erreichte, in die Stichwahl. Am 8. Dezember reiste Bebel nach Basel, um dort mit Bernstein über die weitere finanzielle Sicherung des „Sozialdemokrat" zu beraten. Vor der Stichwahl begab er sich zusammen mit Liebknecht am 12. Dezember 1881 von Dresden aus wieder nach Mainz. Auch hier erlangte er kein Reichstagsmandat.

4 Jede Durchfahrt durch Leipzig mußte Bebel dem Polizeiamt Leipzig melden, mit Angabe der Bahnhöfe sowie der Ankunfts- und Abfahrtszeiten. Er wurde dann jedesmal überwacht, zumeist durch Polizeiwachtmeister Döbler. In diesem Fall traf Bebel Freitag, den 18. November 1881, um 10.44 Uhr auf dem Dresdner Bahnhof ein und fuhr um 11 Uhr vom Magdeburger Bahnhof weiter.
(Siehe Moskau, F. 192, Nr. 58, Bl. 78)

27

Mein liebes Weib!

Ich will Dir wenigstens ein Lebenszeichen von hier zukommen lassen, damit Du weißt, wie es mir geht.

Ich bin wohl hier eingetroffen, habe am Sonnabend eine, am Sonntag 3 Versammlungen abgehalten und werde heute, morgen und übermorgen noch je eine abhalten. Vollmar[1], Frohme[2], Grillenberger[3], Liebknecht und Hasenclever haben gleichfalls eingegriffen, so daß wir gestern und vorgestern zusammen 18 Versammlungen hielten. Der Geist der Leute ist sehr gut; ich habe in meinem Leben noch nicht so viel stürmische Ovationen bekommen wie hier. Das Volk ist außerordentlich lebendig, das macht der Wein und die verhältnismäßig noch gute Lebensweise.

Die glänzendste Versammlung war gestern vormittag in dem schönen Akademiesaal, wo 3000 - 4000 Menschen zugegen waren und viele Hunderte umkehren mußten wegen Mangel an Platz. Erst sprach Liebknecht, der meine Kandidatur warm empfahl, dann ich. Ich war gut disponiert und sprach, daß es tüchtig einschlug. Der Beifall wollte gar kein Ende nehmen; Kehlen haben hier die Leute, die ihnen das Schreien sehr ausreichend erlauben. Als Hasenclever sprechen wollte, duldete dies die Polizei nicht, so wurde die Versammlung geschlossen unter einem wahrhaft betäubenden Beifallssturm, den das Auftreten der Polizei provoziert hatte.

L[ie]bk[necht] und Hasencl[ever] sind heute weg, die andern bleiben noch hier und helfen mir bis zum Mittwoch. Ich werde erst Freitag nach Dresden kommen, da ich Donnerstag noch nach dem Süden muß. Es ist mir das sehr unangenehm, es ist aber nicht zu ändern.

Eine Stichwahl ist sicher. Gestern nachmittag hatten die Liberalen Versammlung, zu deren Hülfe A[l]b[ert] Träger[4] von Berlin eingetroffen war. Ich war dort, um A[lbert] Träger und Phillips[5], dem Gegenkandidaten, gegenüberzutreten, aber während der Rede Trägers wurde die Unruhe so groß, daß die Versammlung geschlossen werden mußte, was mir sehr leid war. Es wird uns nicht groß schaden. Doch ich muß schließen. Sei nebst unserm guten, lieben Friedchen recht herzlich gegrüßt und geküßt
Dein August

1 *Georg* Heinrich von Vollmar (1850-1922) wurde als Redakteur der „Dresdner Volks-Zeitung" 1877/1878 näher mit Bebel bekannt. 1878 zu zehn Monaten Haft verurteilt, dann entsprechend Bebels Wunsch 1879/1880 Redakteur des „Sozialdemo-krat". Im Parteikonflikt 1884/1885 gehörte er in der Reichstagsfraktion zur Minderheit um Bebel und Liebknecht, 1883-1888 Zusammenwirken mit Bebel im sächsischen Landtag. Ab 1891 wurde Bebel zum erbitterten Gegner Vollmars.
(Siehe Reinhard Jansen: Georg von Vollmar. Eine politische Biographie, Düsseldorf 1958; Paul Kampffmeyer: Georg von Vollmar, München 1930)
2 *Karl* Franz Eugen Frohme (1850-1933), Maschinenbauer, Schriftsteller, seit 1868 Mitglied des ADAV, MdR 1881-1918 und 1919-1924. Blieb in seinen Anschauungen Lassalleaner. Auf dem Parteikongreß 1876 schwere Vorwürfe gegen Bebel und Liebknecht erhoben, 1880 auf dem Parteikongreß in Wyden beide unterstützt beim Ausschluß Hasselmanns. Im Parteikonflikt 1884/1885 Fraktionsbildung gegen Bebel angestrebt, überwarf sich mit der Frankfurter Parteiorganisation. Dort 1887 ausgewiesen, seit 1890 in Hamburg.
3 Carl Grillenberger (1848-1897), Schlosser, Redakteur, seit 1869 Mitglied der SDAP, Herausgeber und Redakteur sozialdemokratischer Zeitungen in Nürnberg, unter dem Sozialistengesetz Mitorganisator des illegalen Vertriebs des „Sozialdemokrat", MdR seit 1881, Mitglied des bayrischen Landtags seit 1892, 1884-1890 zusammen mit Auer, Bebel, Hasenclever (dann Singer) und Liebknecht Mitglied der Parteilei-tung.
(Siehe Georg Gärtner: Karl Grillenberger. Lebensbild eines Kämpfers für Volksrecht und Volksfreiheit, Nürnberg 1930; Dieter Fricke: Sie nannten ihn „Grillo". Karl Grillenberger (1848-1897). Eine biographische Skizze, in: Soziale Demokratie und sozialistische Theorie. Festschrift für Hans-Josef Steinberg zum 60. Geburtstag. Hrsg. von Inge Marßolek u. Till Schelz-Brandenburg, Bremen 1995, S. 285-305)
4 Albert Träger (1830-1921), Rechtsanwalt, Mitglied der Deutschen Fortschritts-partei, dann der Deutschen Freisinnigen Partei, MdR 1874-1878, 1880-1912. In sei-nen Lebenserinnerungen schrieb Bebel über ihr Zusammenwirken im Reichstag: Wir „blieben, trotz unserer prinzipiell verschiedenen Standpunkte, gute Freunde".
(BARS, AmL, S. 139; AB an A. Träger, 4.5., 15.5.1895, 12.6.1900, SAPMO/BArch, NY 4022/28)
5 Adolf Phillips (1845-1886), Schriftsteller, Journalist; Hauptredakteur der Berliner „Volks-Zeitung", auf dem linken Flügel der Deutschen Fortschrittspartei; gehörte 1885 zu den Gründern der Demokratischen Partei. Unterstützte im Reichstag einige sozialdemokratische Anträge, für die 15 Unterzeichner erforderlich waren.

28

Dresden, den 16. Dezember 1881

Mein liebes Weib!

Ich bin heute morgen 1/2 9 Uhr glücklich hier angekommen, aber eine Depesche über das Wahlresultat fand ich nicht, und das gab mir die Gewißheit unangenehmer Nachrichten. In der Tat bin ich mit 8380 gegen 8616 Stimmen unterlegen. Ich habe noch 200 Stimmen mehr als Liebknecht erhalten, aber die Gegner haben sich noch besser gerührt, und an den stärksten Angriffen auf meine Person hat es nicht gefehlt. Ich habe diesmal entschiedenes Pech; mit Stimmenzahlen, die andere meist nicht erlangt haben, aber womit sie gewählt wurden, falle ich durch. Ich bin überzeugt, daß die Stadt und die nächste Umgebung von Mainz sehr gut gewählt hat, aber es gibt eine Anzahl protestantischer reicher Dörfer, und die sind für uns um keinen Preis zu haben.

Liebknecht war ganz unglücklich, ihm standen die Tränen in den Augen, als er das Resultat erfuhr. Nun, die Sache ist abgetan, und da will ich mich nicht weiter ärgern.

Ich war gestern ein paar Stunden in Offenbach und habe eine Tasche für Friedchen bestellt, da der Fabrikant keine passende hatte. Die Größe hätte ich etwas größer gewünscht, aber der bez. Fabrikant macht über diese Größe keine. Ich habe 9 M bezahlt, die Tasche wird dafür hochfein von Kalbleder statt von Schafleder fabriziert. Ein Portemonnaie habe ich mir auch mitgebracht, das ich gratis erhielt, auch für meine Frau habe ich etwas erhalten.

Ist die Antwort der Kreisdirektion noch nicht eingetroffen?[1]

Ich möchte gerne Sonntag wieder mit Euch zusammenkommen, ich kann aber heute noch nichts sagen, da ich möglicherweise Sonntag mit den Reichstagsabgeordneten hier zu einer notwendigen Besprechung zusammentreffen muß.[2] Ich werde morgen Nachricht erhalten und dann eventuell Dir noch mal schreiben.

Am leidesten tun mir die Mainzer, die wirklich einen außerordentlichen Eifer an den Tag legten.
Die herzlichsten Grüße Dir und Friedchen von
Deinem August

Hast Du Zeit, so bitte gehe zu F[reytag], ich brauche 500 M.

1 Am 6. Dezember 1881 hatte F. Ißleib bei der Kreishauptmannschaft Leipzig den Antrag gestellt, Bebel vom 23. Dezember 1881 bis 8. Januar 1882 den Aufenthalt in Leipzig zu genehmigen. Seine Anwesenheit sei für die Inventur erforderlich. Das bekräftigte er bei einer Vorladung im Polizeiamt Leipzig. Das Gesuch wurde am 16. Dezember 1881 abgelehnt. In den internen polizeilichen Stellungnahmen hieß es, daß H. Schiffel (siehe Nr. 3/3) zur Inventur kompetent sei, „der das Vertrauen seiner Prinzipalität im hohen Grade besitzt, namentlich Bebel selbst kann sich auf diesen Mann vollständig verlassen. – Weiter ist Frau Bebel eine resolute und kluge Frau, die sich stets – und namentlich in letzter Zeit – um das Geschäft gekümmert und dasselbe jahrelang, während ihr Mann Strafe verbüßte, allein geführt hat. Es ist dies allerdings in den Jahren 1872-1875 geschehen, zu welcher Zeit das Bebelsche Geschäft noch verhältnismäßig klein war. Frau Bebel besitzt demnach ohne Zweifel die nötige Geschäftskenntnis, um bei der Inventur hier und da einmal ein Wort mit hineinreden [zu können]."

Hauptgrund für die Ablehnung war, „daß es für die sozialdemokratische Agitation in hiesiger Stadt sicherlich nicht ohne Einfluß sein würde, wenn Bebel, der auf seine hiesigen Parteigenossen einen mächtigen Einfluß ausübt, über 14 Tage lang hier anwesend wäre und so Gelegenheit zu finden wissen würde, seinen Parteigenossen und anderen, welche für sozialdemokratische Bestrebungen ge-wonnen werden sollen, sich in der Rolle eines angeblichen Märtyrers zu zeigen. Durch seine Anwesenheit würde die Agitation, die jetzt etwas nachgelassen zu haben scheint, nur neue Nahrung gewinnen, und Bebel selbst würde nicht Anstand nehmen, die Organisation neu zu beleben und seine Parteigenossen, von denen wohl mancher entmutigt ist, von neuem aufzurichten und zur Ausdauer im Kampfe anzuregen."

Julie und Frieda reisten zu Weihnachten nach Dresden und blieben dort bis zum Montag, den 2. Januar 1882.

(Moskau, F. 192, Nr. 58, Bl. 82, 85; siehe BARS, Bd. 2/2, S. 80)

2 Bei der Besprechung am 18. Dezember 1881 ging es um die finanzielle Sicherung des „Sozialdemokrat". Bisher hatte Carl Höchberg für das beträchtliche Defizit Kredite gewährt, wollte sich aber nun davon zurückziehen. Ende 1881 hatte „Der Sozialdemokrat" eine Auflage von rund 4000 Exemplaren, Ende 1882 waren es 6000. Mitte 1882 benötigte das Blatt keinen Zuschuß mehr. Auf dem Parteikongreß in Kopenhagen teilte E. Bernstein mit, „daß nicht nur das Organ seine Kosten decke, sondern bereits anfange, die früher gemachten Vorschüsse zurückzuzahlen". Zur Reichstagswahl 1884 erzielte „Der Sozialdemokrat" bereits Überschüsse, die für die Agitation der Partei verwandt wurden. Im März 1882 erwarb die deutsche Sozial-demokratie den Verlag von A. Herter, in dem das Blatt hergestellt wurde.

(Protokoll Kopenhagen, wie Nr. 47/3, S. 29; siehe Horst Bartel/Wolfgang Schrö-der/Gustav Seeber/Heinz Wolter: Der Sozialdemokrat 1879-1890. Ein Beitrag zur Rolle des Zentralorgans im Kampf der revolutionären Arbeiterbewegung gegen das Soziali-stengesetz, Berlin 1975, S. 54-106)

29

Meine liebe gute Julie!

Deinen lieben Brief soeben erhalten; in den Besitz des meinen wirst Du auch gekommen sein. Wenn Du morgen *nicht* kommen solltest können – nach Borsdorf, wollen wir sagen, und zwar erst nachmittags 3 Uhr 5 Min. –, so schreibe mir. Kann ich abkommen, so bleibt es dabei, daß Ihr 3 Uhr 5 [Min.] fahrt; kann ich *nicht* abkommen, so telegraphiere ich „nein" oder schreibe noch, wenn ich es heute noch erfahre.

Die Mainzer Wahl ist nicht ungünstig. Daß Nachwahlen ihre große Gefahr haben, ist eine alte Geschichte. Übrigens bin ich gar nicht so erbost, wie Ihr vielleicht glaubt, und Ihr solltet es auch nicht sein. Jetzt hindert mich wenigstens der Reichstag nicht, für das Geschäft tätig zu sein, ich bin nunmehr ein freier Mann.

Die Äußerung des Herrn I[ßleib], ich hätte in Sachsen reisen wollen, er merke aber nichts davon, beweist einmal wieder, mit welcher Oberflächlichkeit er meine Auslassungen und selbst brieflichen Äußerungen beachtet. Wenn er sie so gemacht, wie Du mir schreibst, so hat er entschieden unrecht.

Es wäre einfach weggeworfenes Geld gewesen, wenn ich, nachdem ich erst im Juli resp. August die Orte besucht, etwa im September oder Oktober hätte wieder reisen wollen, denn was im Bau war, war entschieden. Dazu kam um diese Zeit die Wahlagitation, die nebst Landtag mich bis zu diesen Tagen in Atem gehalten hat.

Ich habe Herrn I[ßleib] geäußert und geschrieben, daß, wenn die *Notwendigkeit unseres Wegzugs von Leipzig sich herausstellen sollte,* ich mich nach einer Stadt setzen wollte, von der aus ich eine Reihe anderer jährlich ein paarmal besuchen könnte, um dort das Geschäft in die Hand zu bekommen und nach Möglichkeit den Ausfall in Leipzig zu decken. Diese Reise wollte ich dann als Ersatz dafür, daß ich und Du gleichfalls in L[ei]pz[ig] nicht helfen könnten, aus meiner Tasche bezahlen.

Wie er diese Äußerungen auf meine gegenwärtige Lage anwenden kann, ist mir unbegreiflich, noch unbegreiflicher, wie er Dir erst jetzt diese Äußerung macht; dann war es doch seine Sache, mich längst dazu anzugehen, und dann kommte ich mich äußern.

Indes ich begreife die Stimmung, und da sind mir auch solche Äußerungen, so wenig sie den Tatsachen entsprechen, begreiflich. [Schluß des Briefes fehlt]

30

Mein liebes Weib!

So wäre also abermals ein Plan zerstört.[1] Nun, auch das wird ertragen und soll gelegentlich mit auf Konto gesetzt werden. Wir hatten heute wieder eine Debatte, durch die sie aufs neue erfahren haben, daß sie mit uns nicht fertig werden. L[ie]bkn[echt] wie ich haben den Herren böse Wahrheiten anzuhören gegeben[2], und nach Neujahr werden erst die Hauptschläge kommen.

Sage Herrn I[ßleib], er möge sich an der Bezeichnung nicht stoßen, es handle sich einfach um Garnitur Nr. 234 und 251, wie sie gewöhnlich geliefert werden, ohne Nachträger. Unter Vorhausgarnitur versteht man hier Vorsaaltür. Auch werde ich noch Herrn I[ßleib] weiter schreiben.

Mein Wunsch wäre allerdings, Euch schon Sonnabend[3] hier zu haben, und zwar weil ich fürchte, daß Herr I[ßleib] erwartet, daß Du nach den Feiertagen möglichst bald wieder dort bist, um bei der Inventur tätig zu sein. Denn leider wirst Du ja die Suppe ausessen müssen, daß ich nicht kommen kann. Will indes Fr[ieda] dort erst einer Bescherung beiwohnen, so will ich ihr die Freude nicht nehmen; wir feiern dann Bescherung den 1. Feiertag abend. Wir wollen uns trösten mit Millionen Armer, die viel schlechter dran sind als wir, weil sie nicht einmal die Mittel besitzen, sich eine Weihnachtsfreude zu bereiten. Wenn ich das Massenproletariat, namentlich an Kindern, jetzt auf dem Markte und an den Läden hier sehe, das sehnsüchtig nach den ausgestellten Herrlichkeiten schaut, dann schneidet es mir ins Herz.

Ich werde Dir morgen eine leere Kiste schicken, die ich hier habe, damit Du keine zu kaufen brauchst. Du wirst aber, wenn Du Sonntag kommst, Deine Sachen schon Sonnabend zum Portier der Bahn schaffen müssen, weil Du wahrscheinlich Sonntag keinen Wagen hast, Du müßtest ihn denn bestellen.

Ich wünschte, daß Du neben der Stolle auch einige Flaschen von dem Rüdesheimer Wein mitbrächtest, die ich vor einigen Monaten erhielt.

Nach Offenbach habe ich geschrieben, daß man mir die Tasche hierher sendet.

Ich werde Dir morgen weiter schreiben, ich habe heute Auer[4] und Grillenberger zum Besuch und bin deshalb stark in Anspruch genommen.[5]
Herzlichste Grüße und Küsse Dir und Friedchen
Dein August

Ich bitte Dich, Beilage an U.[6] zu geben und mir von dem B[ahlmann]schen Gelde 25 M mitzubringen.[7]

1 Gemeint ist die Ablehnung der Aufenthaltsgenehmigung für Leipzig.
2 Siehe Bebels Rede in Mittheilungen 1881/1882, wie Nr. 15/5, S. 330-334, und Liebknechts Reden ebenda, S. 320-323, 339-343.
  Beide nahmen die von drei Bergarbeitern eingebrachte Petition zum Anlaß, um eine Änderung des Knappschaftskassengesetzes noch in dieser Session zu erreichen, während die Petitionskommission die Materialien der Regierung nur zur Kenntnisnahme übergeben wollte. Insbesondere wandten sich Bebel und Liebknecht gegen die willkürliche Entlassung von Arbeitern und gegen den dann eintretenden Verlust der in die Kasse eingezahlten Gelder und forderten, ausscheidenden Bergarbeitern ihre in die Knappschaftskasse gezahlten Beiträge zurückzuerstatten. Von der Sozialdemokratie unter Zugzwang gebracht, griffen liberale Abgeordnete diese Frage auf und stellten ihrerseits einen entsprechenden Antrag, aber mit einer längeren Erledigungsfrist. Es war letztlich das Verdienst der Sozialdemokraten, daß am 25. Februar 1882 die Zweite Kammer einen Gesetzentwurf einstimmig beschließen konnte, nach dem Bergarbeiter, die mindestens fünf Jahre Beiträge in die Knappschaftskasse gezahlt hatten, eine Auszahlung erhielten bzw. weiterhin Beiträge zum späteren Rentenbezug entrichten konnten.
  Bebel und Liebknecht forderten in ihren Reden am 21. Dezember 1881 darüber hinausgehend eine gründliche Überarbeitung des Berggesetzes zugunsten der Arbeiter. Als Regierungsvertreter meinten, dazu bedürfe es langer Zeit und weiterer umfangreicher statistischer Erhebungen, erklärte Liebknecht, eine solche Gesetzesänderung ließe sich in wenigen Wochen entwerfen. Innenminister von Nostitz-Wallwitz erklärte daraufhin: „Ich kann den Herrn Abgeordneten nur bitten, das zu tun. Wenn der Gesetzentwurf gut und praktisch ausführbar ist, verspreche ich Ihnen, daß der Umstand, daß er von sozialdemokratischer Seite ausgeht, mich nicht abhalten soll, ihm das Wort zu reden." Bebel erinnerte sich später: „...ich habe 14 Tage und Nächte gesessen und geschwitzt, um den Entwurf zustande zu bringen." Am 11. Februar 1882 legten die sozialdemokratischen Abgeordneten eine Novelle zum Berggesetz und einen Gesetzentwurf zur Gründung einer Allgemeinen Knappschaftskasse für den Steinkohlenbergbau vor. Die Zweite Kammer verwies beides zur Kenntnisnahme an die sächsische Regierung.
  (Mittheilungen 1881/1882, wie Nr. 15/5, S. 336; Protokoll über die Verhandlungen des Parteitages der Sozialdemokratischen Partei Deutschlands. Abgehalten zu Dresden vom 13. bis 20. September 1903, Berlin 1903, S. 306; siehe Mittheilungen 1881/1882, S. 758; Landtags-Acten von den Jahren 1881/1882. Berichte etc. der zweiten Kammer, Zweiter Band, Dresden o.J., S. 686-700)
3 24. Dezember 1881.

4 Ignatz Auer (1846-1907), Sattler, 1869 Mitglied der SDAP in Augsburg, laut Bernstein seit 1872 in Berlin – Bebel datierte ihre Bekanntschaft bereits in den November 1871, als Bebel im Streikverein der Sattler einen Vortrag hielt. Enge Kampfgefährten über viele Jahre. 1874/1875 war Auer Sekretär im Parteiausschuß der SDAP in Hamburg, 1875-1877 einer der Sekretäre der SDAP, unter dem Sozialistengesetz Mitglied der Parteileitung, auch als er kein Reichstagsmandat besaß; 29. November 1878 aus Berlin, 30. Oktober 1880 aus Hamburg, März 1881 aus Harburg ausgewiesen, ging nach Schwerin, 1886 nach München; MdR 1877/1878, 1880/1881, 1884-1887, 1890-1907; gemeinsames Wirken von Auer und Bebel 1879/1880 in der Auseinandersetzung mit den Anarchisten, im Parteikonflikt 1884/1885 gewisse Entfremdung zwischen beiden. Gemeinsame Haft 1886/1887 in Zwickau. Ab 1890 war Auer Sekretär der Partei. Seine Begünstigung reformistischer Kräfte führte in der Folgezeit zu Auseinandersetzungen zwischen Bebel und Auer.
(Siehe BARS, AmL, S. 356; Eduard Bernstein. Ignaz Auer. Eine Gedenkschrift, Berlin 1907, S. 12; die Schreibweise des Vornamens mit tz ist belegt durch die Geburtsurkunde – Auskunft vom Katholischen Pfarramt Passau – und durch eigenhändige Unterschriften Auers auf Briefen im IISG)

5 In seinem Brief an Auer vom 4. Januar 1882 schrieb Bebel, wenn „Ihr, Du und Gr[illenberger], das Verabredete ausführt..." (BARS, Bd. 2/2, S. 83). Um was es sich handelte, war nicht zu ermitteln.

6 Möglicherweise Hermann *Wilhelm* Unglaube (1856-1893), Drechsler, Sozialdemokrat in Leipzig, am 19. März 1883 aus Leipzig ausgewiesen, ging zunächst nach Borsdorf, dann nach Schkeuditz. Delegierter des Parteikongresses 1883 in Kopenhagen.

7 Ignatz Bahlmann hatte Bebel anläßlich der Ausweisung aus Leipzig 1000 Mark übergegeben, wovon W. Liebknecht und Ch. Hadlich je 300 Mark erhielten.
(Siehe AB an I. Bahlmann, 29.1.1906, SAPMO/BArch, NY 4022/26)

Drohende Gerichtsverhandlungen. 1882

Bei August Bebels Reisen ab Frühjahr 1882 blieb Julie schweren Herzens und voller Sorgen zurück. Nicht nur, weil die häufigen Wochenendbesuche des letzten halben Jahres in Dresden, Borsdorf oder Wurzen wegfielen. Gegen Bebel schwebten vier Prozesse, und Julie kamen Gerüchte zu Ohren, auch wegen Hochverrat werde ermittelt. Bei einem Treffen der Familie zu Ostern 1882 in Nürnberg lenkte sich Julie von ihren trüben Gedanken ab. Aber das für Dresden geplante gemeinsame Pfingstfest verdarben ihr Polizei und Justiz gründlich. Am Pfingstsonntag wurde Bebel beim Morgenspaziergang mit Frieda auf der Brühl-schen Terrasse verhaftet und erst am darauffolgenden Mittwoch gegen Kaution freigelassen. Diese Schikane empörte Bebel zutiefst. Für ihn galt also keineswegs, daß Ende 1881 eine „milde Praxis" in der Handhabung des Sozialistengesetzes eingesetzt hätte. Wegen Flugblättern zur Reichstagswahl 1881 wurde er am 19. Mai 1882 vom Landgericht Leipzig zu einem Monat Gefängnis verurteilt, vom Landgericht Dresden am 15. Juni zu zwei Monaten Gefängnis und vom Landgericht Zwickau am 26. August freigesprochen. Am 8. August 1882 verurteilte das Leipzi-ger Landgericht Bebel, Hasenclever und Liebknecht zu je zwei Monaten Gefängnis wegen des Flugblatts vom 6. Juli 1881 gegen die Verhängung des Kleinen Belagerungszu-stands über Leipzig.

31

Mein liebes Weib!

Durch meine Karte, die ich gestern abend an Herrn I[ßleib] absandte, wirst Du erfahren haben, daß ich in Besitz Deines lieben Briefes gekommen bin.[1] Ich habe daraus leider ersehen, daß Du die Situation, die sich als unabänderliche Konsequenz meiner Stellung für uns ergeben hat, immer noch von der möglichst schwärzesten Seite ansiehst. Ich will Dir deshalb keine Vorwürfe machen, denn es liegt in den Verhältnissen, daß die Frau die Dinge anders auffaßt als der Mann. Du solltest Dir aber stets vergegenwärtigen, daß die Dinge immer nur von der schwärzesten Seite ansehen notwendig zur ärgsten Verbitterung und zur schwersten Schädigung von Leib und Leben führen muß. Meine Lebensphilosophie ist, wenn es mir schlecht geht, nach denen zu sehen, denen es noch schlechter geht; lege ich dagegen den entgegengesetzten Maßstab an, dann nehmen die trüben Stunden kein Ende. Ein Ende hat aber dieser Zustand auch, sei es in der einen, sei es in der andern Weise, und ihn abzukürzen und ihn so erträglich wie möglich zu machen, das sollten wir und wollen wir beide nach Kräften erstreben.

Du und die Kleine, Ihr tut mir beide schrecklich leid, aber ich bessere Eure Stimmung nicht, wenn ich das fortgesetzt versichere, ohne es ändern zu können. Also laß Dich nicht vom Mißmut übermannen und denke an die Zukunft. Die Sonne leuchtet uns auch wieder.

Wie ich Dir schon schrieb, mußte ich einen Abstecher nach Jena machen. Dort traf ich den alten Sy[2], der mich mit aller Gewalt dortbehalten wollte, schließlich aber in mich drang, Frühjahr oder Sommer mal mit Euch nach Jena zu kommen und dort einige Tage zu bleiben. Das habe ich versprochen. Auch Finks[3] offerierten ein Zimmer für uns. Gera und Jena haben beide sehr hübsche Umgebungen.

Nach Berka mußte ich von Gerstungen aus abends zu Fuße laufen, da es keinen Wagen gab; ein Glück, daß bei der großen Dunkelheit die Straße gut war. Die Nacht brachte ich im Gasthaus zu, da die Alten [Ißleibs] mich nicht beherbergen konnten und die Jungen alles im Hause zuunterst [und] zuoberst gekehrt hatten.

In Hersfeld wurde ich gestern abermals zum Dableiben genötigt, ich habe bei Rehns logiert. Der Vater der Frau I[ßleib][4] ist wieder wohler, indes ist bei einem Alter von 81 Jahren ein Umschlag mit schlimmem Ausgang leicht möglich. Hier habe ich heute einen größeren Auftrag erhalten, und muß ich morgen Proben an das Geschäft schicken. Diese Gelegenheit benutze ich, um meine schmutzige Wäsche mitzuschicken, und bitte ich Dich, mir dafür folgendes zu schicken: 2 Hemden und 2 Paar Manschetten mit 4 Kragen, ein paar Taschentücher, 1 Unterhose, 1 wollenes Hemde und 1 Paar Strümpfe. Kurz, das, was ich zurückschicke, mehr nicht.

Füge der Sendung 1/2 Dutzend Hornkarten und 1 Dutzend Bronzekarten mit Preiskuranten bei. Schicke das Paket Montag abend, *spätestens* Dienstag früh ab, und zwar an Kaufmann Dreesbach, H 1, Mannheim[5]. Schicke mir nicht mehr, damit ich nicht unnütz Gepäck habe. Meine Wäsche reicht dann bis Zürich, wo ich Zeit habe, waschen zu lassen.

Soeben erhalte ich Deinen lieben Brief und ersehe, daß Du Dich nach Kräften zu beruhigen suchst, was mich recht sehr freut. Was Du über den Prozeß[6] schreibst, ist gar nicht richtig; Hochverrat *ist ganz unmöglich*, da müssen die andern irgend etwas anderes noch haben. Ich habe nur § 131[7], und dann sollte wohl Majestätsbeleidigung darin sein, was unmöglich ist. Der Anklagesenat hatte bei Schärr diese Majestätsbeleidigung gestrichen, und so wird es auch bei mir sein, es ist ja weder der Kaiser noch der König genannt oder auch nur darauf angespielt. Kommt das Gericht noch einmal, so sage, daß ich erst in der Osterwoche in Nürnberg dauernd einige Tage blieb. Wollen sie es Dir aushändigen, so nimm es an, sage aber, Du müßtest erst abwarten, welche Adresse ich Dir auf Anfrage angäbe, damit Du es mir senden könntest. Der Prozeß macht mir wenig Sorge, das Flugblatt ist durchaus nicht darnach.

Aus Deinem Brief ersehe ich, daß Ihr gestern Bußtag hattet, in Hessen und hier war keiner.

Als ich heute hier in Frankfurt ankam, stieg Liebknecht mit Gertrud unerwartet mit aus dem Zuge aus; sie waren beide, ohne daß ich es bemerkt hatte, in Offenbach eingestiegen. Wir konnten nur wenige Worte wechseln, da ich Eile hatte, um noch rechtzeitig ins Geschäft zu kommen, er reiste um 2 Uhr weiter. Wenn Viereck wirklich das Geschäft kauft, so kann er bankerott bei werden[8]; möglicherweise ist zwischen Dietz[9] und Geiser[10] Streit, da wird L[iebknecht] nicht viel bessern können.

Es tut mir leid, daß Du jetzt im Geschäft so viel zu tun hast. Ich rate Dir aber, nicht mehr zu tun, als Du mit der Arbeit in Deiner Wirtschaft vereinigen kannst, Herr I[ßleib] muß ein Einsehen haben.

Sende an Frau Schneider Seidel, Mittelstr. 4, Köthen, 50 M und schreibe ihr, mehr sei nicht möglich.[11] Vielleicht kannst Du es in Papier schicken, per Einschreiben.

Doch es wird finster, und ich will, daß der Brief noch heute fortgeht.

Beifolgende Adressen haben Avise zu erhalten[12], bitte sie nach dem angegebenen Datum zu senden, gib auch acht, daß nach der Schweiz die Avise à 5 Pf Marke haben müssen.

Die herzlichsten Grüße und Küsse Dir und Friedchen von Deinem August

---

1 Bebel befand sich von Anfang März bis Ende August 1882 vorwiegend auf Reisen. Um die geschäftlichen Belange vorzubereiten, erlaubte ihm die Kreishauptmannschaft einen Aufenthalt in Leipzig vom 28. Februar bis 3. März 1882, währenddessen zwei Polizisten genau registrierten, wo sich Bebel wie lange aufhielt.
   Zunächst kam Bebel u. a. nach Gera, Jena, Gerstungen, Berka, Hersfeld (10. März), Frankfurt/Main (11./12. März), Mannheim (13./14.März), Zürich (27. März), Stuttgart (30. März bis 5. April) und Nürnberg (6. bis 11. April). Hier besuchten ihn Frau und Tochter zu Ostern. Am 23. April hielt er sich in Zwickau auf. Vom 21. bis 24. Mai unternahm Bebel eine Reise nach Schlesien. Mitte Juni war er u.a. in Zittau und Reichenberg. Vom 19. Juli bis Mitte August führten ihn seine Reisen u.a. nach Nürnberg (20. Juli), München (30. Juli), Frankfurt/Main (9. August) und Zürich (10. August).
   (Siehe Moskau, F. 192, Nr. 58, Bl. 93-97)
2 Antoine Sy (1822-1899) war Privatgelehrter in Jena auf dem Gebiet der Landwirtschaft. Er lernte Bebel und Liebknecht auf dem Nürnberger Vereinstag des VDAV 1868 kennen und wandte sich unter ihrem Einfluß von der Volkspartei zur Arbeiterbewegung hin. Er begleitete Bebel vom 10. bis 14. Juni 1869 auf dessen Agitationsreise durch Thüringen und gehörte 1869 zu den Mitbegründern der SDAP.
   (Siehe Ursula Herrmann/Karl Brundig: Die Agitationsreise August Bebels durch Thüringen 1869. Zur Vorbereitung der Sozialdemokratischen Arbeiterpartei, in: ZfG, 1970, H. 7, S. 899-912)
3 Nach seiner Ausweisung aus Leipzig wohnte W. Fink (siehe Nr. 1/3) mit seiner Frau Eleonore ab 6. Juli 1881 in Gera. Zunächst betrieb er wie zuletzt in Leipzig einen kleinen Buchhandel, dann erteilte er Unterricht in Buchführung. Als er im April 1883 wegen Beamtenbeleidigung zu 14 Tagen Gefängnis verurteilt wurde, bemerkte die Behörde: „Fink ist immer noch ein eifriger Sozialist, was besonders in sozialistischen Versammlungen zu erkennen ist, in denen er sich immer hervortut und in der Regel mit zum Vorstand gehört."

Eleonore Fink, geb. Maurer (geb. 1833) stammte wie ihr Mann aus München und war dort Butterhändlerin. Als ihrem Mann in Gera bereits am 20. Juli 1881 die buchhändlerische Tätigkeit untersagt wurde, etablierte das Ehepaar die Firma „El. Fink, Buch- und Schreibmaterialien" Hospitalstraße 12. Eleonore F. war als Besitzerin eingetragen, ihr Mann als Prokurist. Das Geschäft bestand bis etwa 1887.
(Berndt, wie 16/4, S. 118; siehe Schröder/Kießhauer, wie 1/9, S. 101/102)

4 Der Vater von Frau Ißleib, Martin Rößing (1801-1882), war von Beruf Lohgerber, später Lederfabrikant in Hersfeld. Seine Frau Wilhelmine, geb. Zickendraht (1812 - vor 1882) entstammte einer dort ansässigen Kaufmannsfamilie. Sie heirateten 1832. Hermine Ißleib war das dritte von vier Kindern. Ihr Vater verstarb am 31. August 1882.
(Auskunft vom Kirchlichen Rentamt Bad Hersfeld)

5 Hermann Joseph *August* Dreesbach (1844-1906) Tischler, Kaufmann; seit 1868 Mitglied des ADAV, nach der Vereinigung 1875 Verdienste um die Ausbreitung der Sozialdemokratie in Baden und der Pfalz, 1877/1878 Redakteur des „Pfälzisch-badischen Volksblatts" (Mannheim), 1884 in den Stadtrat von Mannheim gewählt, MdR 1890-1893, 1898-1906, im badischen Landtag 1891-1903. Die Angabe H 1 bezieht sich auf die Einteilung der Stadt in Quadrate.

6 Gemeint ist der Prozeß am 15. Juni 1882 in Dresden. Siehe Nr. 35.

7 Der Paragraph 131 des Strafgesetzbuches lautete: „Wer erdichtete oder entstellte Tatsachen, wissend, daß sie erdichtet oder entstellt sind, öffentlich behauptet oder verbreitet, um dadurch Staatseinrichtungen oder Anordnungen der Obrigkeit verächtlich zu machen, wird mit Geldstrafe bis zu sechshundert Mark oder mit Gefängnis bis zu zwei Jahren bestraft."
(Das Strafgesetzbuch für das Deutsche Reich, hrsg. von Th. F. Oppenhoff, Berlin 1879, S. 297/298)

8 L. Viereck gehörte zusammen mit Bebel und Hasenclever zu den Liquidatoren der Leipziger Genossenschafts-Buchdruckerei. Die beiden besten Maschinen und weitere Technik wurden zum Verlag J.H.W. Dietz nach Stuttgart überführt, wo u. a. ab 1. Oktober 1881 die von B. Geiser redigierte „Neue Welt" erschien. Viereck wollte die Stuttgarter Druckerei kaufen. Als das nicht gelang, entzog er ihr den von ihm gewährten Kredit in Höhe von 7000 Mark und baute sich einen eigenen Verlag in München auf.
(Siehe Schröder/Kießhauer, wie 1/9, S. 40)

9 Johann *Heinrich* Wilhelm Dietz (1843-1922), Schriftsetzer, Verleger, u.a. 1862-1866 in Petersburg tätig. Ab 1868 führend im Buchdrucker-Gehilfenverein Lübeck. Mitgliedschaft im ADAV bisher nicht nachweisbar, ab 1874 in Hamburg, ab 1876 Leiter der Hamburger Genossenschafts-Buchdruckerei. Am 30. Oktober 1880 aus Hamburg ausgewiesen. Ende 1881 übernahm er die sozialdemokratische Druckerei in Stuttgart. MdR 1881-1918. In Verbindung mit der Herausgabe der „Neuen Zeit" und seiner von Bebel sehr geschätzten Verlagstätigkeit entstand Mitte der 80er Jahre eine Freundschaft beider, die trotz einzelner Verstimmungen bis zu Bebels Tod währte. Dietz gab zahlreiche Schriften Bebels heraus, u.a. nach Aufhebung des Sozialistengesetzes „Die Frau und der Sozialismus". 1897 wurde Bebel zusammen mit Singer Teilhaber der Firma J.H.W. Dietz, die 1906 in Parteieigentum überging.
(Siehe Brigitte Emig/Max Schwarz/Rüdiger Zimmermann: Literatur für eine neue Wirklichkeit. Bibliographie und Geschichte des Verlags J.H.W. Dietz Nachf. 1881-1981, Berlin, Bonn 1981; Angela Graf: Johann Heinrich Wilhelm Dietz – Verleger der Sozialdemokraten. Biographische Annäherung an ein politisches Leben, Phil. Diss. Berlin 1996)

10 Rudolph Maximilian *Bruno* Geiser (1846-1898), Redakteur, Schriftsteller, seit 1869 Mitglied der SDAP, Agitator in Schlesien, heiratete am 29. März 1877 Liebknechts älteste Tochter Alice, fünf Kinder, ab 1877 Redakteur der „Neuen Welt", zunächst in Leipzig bis zur Ausweisung am 29. Juni 1881, dann in Stuttgart, ab September 1886 in Breslau (siehe Nr. 73/5). MdR 1881-1887. Im Juni 1887 in Breslau verhaftet, im Breslauer Geheimbundprozeß freigesprochen (siehe Nr. 131/2). Vertreter reformistischer Auffassungen. Durch Beschluß des Parteitags 1887 aller Vertrauensfunktionen in der Partei verlustig, 1892 wurde auf Antrag von Breslauer Sozialdemokraten diese Festlegung aufgehoben.

Zu seinen Schriften siehe Liebknecht-Briefwechsel II, wie Nr. 3/3, S. 379.

11 Sophie Friederike Marie Seidel, geb. Bobbe (geb. 1851 in Köthen), heiratete 1878 den Schneider Johann August Seidel (geb. 1850), der am 25. Juli 1881 aus Leipzig und 1886 nach Gefängnishaft aus Halle/Saale ausgewiesen wurde. Sie wanderten in die USA aus. (Siehe Berndt, wie Nr. 16/4, S. 235/236; Der Sozialdemokrat, 10.6.1886)

12 Julie Bebel sandte jeweils kurz vor dem Eintreffen ihres Mannes bei den Geschäftspartnern an diese sog. Avise. In seinen Erinnerungen bemerkte Bebel hierzu: „Es ist bei Fabrikanten und Kaufleuten Geschäftsgebrauch, daß, wenn sie ihre Vertreter auf die Reise senden, um von ihren Kunden Bestellungen entgegenzunehmen, sie kurze Zeit vor dem Eintreffen ihres Vertreters an einem Orte dorthin gedruckte Anzeigen von dessen bevorstehender Ankunft senden. Das war auch in unserem Geschäft üblich."

(BARS, AmL, S. 573)

32

Stuttgart, den 30. März 1882

Meine liebe gute Julie!

Deinen lieben Brief von gestern habe ich heute erhalten. Was den Prozeß betrifft, so wäre mir doch sehr lieb, wenn ich wüßte, ob derselbe noch vor Ostern resp. in der Osterwoche (nach Ostern) stattfände, weil das ja für Eure Reise von Entscheidung ist. Müßte ich in diesen erwähnten Tagen nach Leipzig, so würde Eure Tour nach N[ürnberg] unmöglich. Übrigens komme ich erst *nächsten Mittwoch abend*, also den 5. April, nach Nürnb[erg]. Gründonnerstag könnte mir also erst die Ladung eingehändigt werden, wonach also nächste Woche der Prozeß unmöglich ist. Aber ich wünschte, daß er auch die Woche unmittelbar nach Ostern wegbliebe. Wenn man aber so drängt, wird das wohl dennoch geschehen. Lang genug hat sich die Seeschlange hingezogen. Ich werde an Hasenclever schreiben.

An L[iebknecht]s Geburtstag habe ich nicht gedacht, man weiß auf der Reise in der Regel gar nicht, welches Datum man hat.

Ich schlage vor, daß Ihr *Donnerstag* abreist, und zwar morgens 9 Uhr 10 auf der Bayrischen Bahn. Ihr nehmt Billet bis Hof, wo Ihr nachmittags 3 Uhr ankommt und ziemlich 3/4 Stunden Aufenthalt habt. Von dort nehmt Ihr Billet bis Nürnberg.

Ich sehe eben im Kursbuch nach, und da stellt sich der Plan so: Ihr fahrt 9 Uhr 10 Min. ab und kommt um 3 Uhr nach Hof, von dort fahrt Ihr 4.35 [Uhr] Nachmittag auf *demselben* Bahnhof ab – *Ihr habt also 1 1/2 Stunde Aufenthalt* – und kommt 11 Uhr 25 Min. nach Nürnberg. In Hof müßt Ihr Billette nach Nürnberg über *Kirchenlaibach, Schnabelwaid* fordern. Es gibt noch eine zweite Linie, mit der kommt Ihr aber nicht mehr nach N[ürnberg]. Notiere Dir also Vorstehendes genau.

In Nürnberg wird Logis besorgt.

Könnt Ihr schon *Mittwoch* fahren, so ist *mir das noch lieber*; ich denke, abkommen könnt Ihr. Ich hole Euch selbstverständlich am Bahnhof ab.

Schreibe nach München unter der Adresse der Frau Viereck[1]. Ein Brief, der Sonntag *mittag* nach M[ünchen] aufgegeben wird, trifft mich dort rechtzeitig. Adresse Barerstr. 56.

Das Wetter hat mir bis jetzt keinen Schaden gemacht, obgleich es mitunter recht kalt war und in der Schweiz teilweise tüchtig Schnee lag.

Bringe mir 1 Hemde (Ober-) mit und 1 Wischtuch für die Griffe, sonst brauche ich nichts. Packt Euch nicht mit Unnötigem. Also auf baldiges Wiedersehen.

Das Examen Friedchens[2] ist ja wohl glücklich überstanden, und wird Ihr das Herz leichter sein.

Herzlichste Grüße und Küsse Euch beiden von
Deinem August

Frau Grillenberger hat ein kleines Mädchen[3].

Den Wetzlarern kannst Du 5 oder 6 M beipacken.[4]

Bringe mir gut verwahrt die Prozeßpapiere mit, die ich in den Sekretär auf die Schreibplatte legte mit der Bezeichnung § 131.

---

1 Im Juni 1881 heiratete Louis Viereck in London seine Cousine Laura (geb. 1855 in San Franzisko), Tochter von William (Wilhelm) Viereck, der 1848 nach Amerika emigriert war und in San Franzisko ein deutsches Theater gegründet hatte. Im Herbst 1881 nahmen die Job Vierecks ihren Wohnsitz in München.
   (Siehe Who is who in America 1938-1939, Chicago 1938, Bd. 20, S. 2545)
2 In allen Klassen der höheren Töchterschule mußten in der Regel vor Ostern Prüfungen abgelegt werden.
3 Anna Margarethe Grillenberger wurde am 26. März 1882 geboren.
   (Auskunft vom StA Nürnberg)
4 Seinen Verwandten in Wetzlar schickte Bebel mehrfach die von ihm abgelegte Kleidung. Besonders unterstützte er seinen Vetter Friedrich Elias Schlesinger (siehe Nr. 40/2).

33

Meine liebe gute Julie!

Ich bin aus verschiedenen Gründen veranlaßt, Dir einige Zeilen zukommen zu lassen.

Ich lese heute, daß die Tagesbillette zu Pfingsten diesmal 7 Tage, von Sonnabend früh bis Freitag abend, gelten. Das ist also eine volle Woche, und da bin ich der Ansicht, daß Ihr Tagesbilletts zur Reise nehmt und vielleicht schon Sonnabend früh mit dem ersten Zuge fahrt.[1] Bezüglich des Logis bin ich noch nicht im Reinen. Gestern traf ich zufällig Frau Schuster, und als diese hörte, daß Ihr herkämet, lud sie uns ein, bei Ihr zu logieren. Ich habe Ihr vorläufig noch keine Zusage gemacht; erstens wollte ich hören, was Du sagtest, und dann war ich wegen der Entfernung im Zweifel. Frau Sch[u]st[e]r sagt, sie habe Platz in Menge und es mache ihr Vergnügen. Ich werde sie wahrscheinlich heute noch einmal treffen. Schreibe, was Du über den Vorschlag denkst, schreibe an Eisenhandlung E. Augustin, Forst/L[ausitz][2]. Dort trifft mich der Brief *Mittwoch*, mußt ihn *Dienstag vormittag* absenden.

Wenn Ihr, wie ich will, Sonnabend früh reist, müßt Ihr Freitag abend Euer Gepäck in der Hauptsache zum Portier bringen. Legt Euch also alles zurecht rechtzeitig, damit Ihr nichts vergeßt, nehmt nichts Überflüssiges mit, vergeßt aber nicht, daß ich wenigstens 3 Hemden mit Zubehör brauche, ferner nehmt den Operngucker mit, und dann wird sich auch die Mitnahme Eurer Regenmäntel oder eines Umschlagetuches empfehlen, da man doch vor starkem Witterungswechsel nicht sicher ist.

Herr I[ßleib] hat Dir 60 M zu geben, die ich hier für das Geschäft verlegt habe, außerdem bringe noch für *mich* extra *40 M mit*, und verseh auch Dich mit genügendem Reisegeld, nimm an letzterem 75 - 100 M mit. Willst Du mir nach dem Dienstag noch schreiben, so schicke Briefe an B[ahlmann]s. Freitag nachmittag oder abend treffe ich wieder hier ein.

B[ahlmann]s Junge[3] entwickelt sich prächtig; bringt ihm etwas Hübsches mit, aber etwas, was er ohne Gefahr auch in den Mund nehmen darf, also keine giftige Farbe hat. B[ahlmann] machte den Vorschlag, Du sollst den Jungen, er wolle die Frieda nehmen, kannst Dir den Tausch überlegen.

Herzliche Grüße und Küsse Dir und Friedchen von Deinem August

1 Julie und Frieda Bebel trafen am Freitag, den 26. Mai 1882, in Dresden ein. Bebel war dort am 25. Mai, von einer Geschäftsreise aus Schlesien kommend, angelangt. Am Pfingstsonntag, dem 28. Mai, wurde er während eines Spaziergangs mit seiner Tochter auf der Brühlschen Terasse wegen angeblichen Fluchtverdachts verhaftet – gegen ihn war wegen eines Flugblatts zur Reichstagswahl 1881 Anklage erhoben. Erst am Mittwoch, dem 31. Mai, konnte er gegen eine Kaution von 1000 Mark das Gefängnis verlassen und zu seiner Familie zurückkehren. Damit rächte sich Polizeikommissar G. Paul für Bebels Anklagen in der Landtagsrede vom 9. Februar 1882.
(Siehe Otto Kühn: Erinnerungen aus sozialistengesetzlicher Zeit Dresdens, Dresden o. J., S. 19. Über diese Schikanen berichtet Bebel in BARS, AmL, S. 635-637. Siehe auch seine Landtagsrede am 21.1.1884, in: Mittheilungen 1883/1884, wie Nr. 56/1, S. 440-443; Bebel ordnet dort den Wochentagen falsche Daten zu.)

2 Ernst Augustin war Inhaber einer Eisenwarenhandlung in der Mühlenstraße 22 in Forst und bot auch Nähmaschinen an.
(Mitteilung des Kreisarchivs Forst entsprechend dem Adreßbuch von 1888)

3 Am 10. Januar 1882 gebar Barbara Bahlmann den Sohn Felix.

34

Meine liebe gute Julie!

Du wirst meinen Brief von vorgestern mittlerweile empfangen haben. Ich hatte eins darin zu erwähnen vergessen. Ich habe Dix[1] gebeten, mir den Beschluß der I. Strafkammer des Leipz[iger] Landgerichts, wodurch der Antrag auf Verfolgung meiner Person wegen Majestätsbeleidigung abgelehnt wurde, in Abschrift zu verschaffen und nach Dresden an Rechtsanwalt Lehmann[2], Moritzstr., zu senden. Ich möchte nun bitten, daß Du Montag zu Dix gehst und fragst, ob das geschehen ist. Die Sache eilt, und muß die Abschrift bis Mittwoch abend in Händen des Advokaten Lehmann sein. Ferner willst Du Dix fragen, was er für seine Bemühungen zu bekommen hat, und ihm das zahlen.

Auf die 120 M warte ich sehr, schicke sie umgehend, wenn Du sie noch nicht abgeschickt hast.

Heute war ich in Reichenberg. Kaum war ich gelandet, so folgte mir auch ein Gendarmeriewachtmeister auf Schritt und Tritt, allerdings in respektvoller Entfernung. Als ich einen Bekannten besuchte, stellte sich ein höherer Beamter in Zivil ein und erbat sich meine Legitimation, erkundigte sich auch im Namen des „Herrn Bürgermeister", wann ich wieder abreiste. Die Menschen sind verrückt. Nun soll ich gar noch den armen österreichischen Kaiserstaat durch meine bloße Anwesenheit in Gefahr bringen.[3]

Ich hatte eine Partie auf den Jeschken vor, einen prächtigen Berg in der Nähe von Reichenberg, aber das Wetter verhütete die Partie. Zwei Tage war fast ununterbrochen Regenwetter, und heute gibt es auch alle Augenblicke einen Regenschauer. Morgen in 14 Tagen hoffe ich in Wurzen sein zu können, und dann sehen wir uns wieder.

Herzlichste Grüße und Küsse Dir und Friedchen von
Deinem August

Ich höre, daß das Geld da ist und nicht abgegeben wurde, weil ich nicht da war.

Es ist gut, daß ich den Brief noch nicht abgeschickt hatte, als ich den Geldbrief bekam. Ich bin der Ansicht, liebe Julie, daß Du die Dinge wieder einmal sehr schwarz angesehen hast. B[ahl-

131

mann] ist eben ein rücksichtsloser Mensch, und ich bin überzeugt, daß ihm Frau B[ahlmann] unter vier Augen gehörig die
Wahrheit gesagt.

Ich glaube, Du tust beiden unrecht, wenn Du die Sache, wie
geschehen, auslegst. Hätten sie beide nicht so gedrängt, bei ihnen
zu bleiben, ich hätte es nicht getan. Es wird die nächste Woche
das letzte Mal sein, daß ich das tue, hernach komme ich das
ganze Jahr nicht mehr nach Dresden. Um aber einigermaßen das
Genossene wettzumachen, lud ich Frau B[ahlmann] ein, zu Dir
zu kommen, und werde dies noch einmal wiederholen. Tut sie
es, so machen wir ein gut Teil unserer Verpflichtungen gut, tut
sie es nicht, so können wir nicht dafür und revanchieren uns
vielleicht später.

Was Du Bitteres über unsere Trennung schreibst, verüble ich
Dir nicht, Du leidest am meisten darunter und hast ein Recht zu
klagen; sei aber auch versichert, daß ich Dir diese Schmerzen
hoch anrechne und ich Dich so lieb habe wie nur je zuvor. Ich
weiß, was für ein gutes, braves Weib ich an Dir habe, und ich
würde sehr unglücklich sein, wenn Du infolge so vieler Schicksalsschläge an Deiner Gesundheit ernsthaft Einbuße erlittest.
Also sei tapfer und mutig wie immer, und sei versichert, daß ich
an Euch unendlich oft denke und mir Euer Wohlergehen über
alles geht.

Wenn Herr I[ßleib] mal wieder seine beliebten Ausfälle
macht, antworte ihm einmal derb; er darf nicht glauben, daß er
Dich nach Belieben behandeln darf. Kann oder will er die Situation nicht verstehen, braucht er es nur zu sagen, und wir sind
fertig.

Die Zwickauer Anklage ist also abgelehnt. Das ist mir lieb, da
spare ich mir wenigstens die Reise.

---

1 Paul Dix war in Leipzig Rechtsanwalt und verteidigte mehrfach Sozialdemokraten.
 Aus dem Zusammenhang ergibt sich, daß Dix im Prozeß in Leipzig am 19. Mai 1882
 Bebels Verteidiger war. Bebel und weitere Sozialdemokraten waren wegen des
 Flugblatts „An die Wähler Leipzigs!" zur Reichstagswahl 1881 angeklagt. Bebel
 wurde zu einem Monat Gefängnis verurteilt, die Mitangeklagten freigesprochen.
2 Rechtsanwalt Emil Lehmann aus Dresden, Mitglied der Deutschen Fortschrittspartei, verteidigte Bebel im Prozeß vom 15. Juni 1882 vor dem Dresdner Landgericht.
 Siehe Nr. 35. Lehmann war 1875 bis 1881 Abgeordneter des sächsischen Landtags
 für den 5. städtischen Wahlkreis Dresden und unterlag 1881 einem Konservativen.

(Siehe Staatshandbuch für das Königreich Sachsen, 1873, 1877; Dresdner Nachrichten, 13.7.1881; Der Reichsbürger, 17.7.1881)

3 Bebel besuchte Josef Hannich (1843-1934), Weber, in jungen Jahren in Arbeitervereinen Reichenbergs tätig, ab 1876 Redakteur des „Arbeiterfreund", ab 1879 des „Volksfreund" in Reichenberg; Mitglied des österreichischen Reichsrat 1897-1905, 1907-1911.

Über Bebels Besuch in Reichenberg ging ein Bericht der Statthalterei Prag im Informationsbüro des österreichischen Außenministeriums ein. Dort hieß es, daß Bebel am 10. Juni 1882 in Reichenbach angekommen „und noch an demselben Tage mit dem Zittauer Zuge wieder abgereist ist". Er verkehrte mit Geschäftsleuten; „nebenbei besuchte er den Herausgeber des Blattes ‚Arbeiterfreund' Josef Hannich".

(Siehe Jean Maitron/Georges Haupt (Hrsg.): Dictionnaire biographique du mouvement ouvrier international. Autriche, S. 125; Haus-, Hof- und Staatsarchiv Wien. Politisches Archiv, Ministerium des Äußern, Informations-Büro, 1882, SN 44, Nr. 2422)

35

[an Julie][1]

Der Staatsanwalt[2] wurde sehr ausfallend gegen mich, und namentlich suchte er meinen Charakter anzugreifen und zu verdächtigen, so daß ich ihn mehrfach durch Zurufe unterbrach. Der Präsident rügte dieses; wir seien hier nicht im Reichstag. Als ich aber dann das Wort zur Entgegnung erhielt, leuchtete ich dem Staatsanwalt gehörig heim, so daß er vor Aufregung aufsprang und den Schutz des Präsidenten anrief. Der wurde ihm auch zuteil. Herr v. Mangoldt unterbrach mich drei- oder viermal und drohte mir sogar, wenn ich weiter so fortfahre, das Wort zu entziehen und mich abführen zu lassen. Ich ließ mich aber nicht einschüchtern; ich sagte mir, den Richtern gegenüber könne mir nur die entschiedenste Vertretung meines Standpunktes und meines guten Rechts helfen.

Mein Anwalt war über mein Benehmen ganz unglücklich; meine Rede koste mich einen Monat mehr. Das bestritt ich. Diese Herren vertreten meist die Ansicht, man müsse sich ducken, weil man in der Gewalt der Richter sei. Nun, trotz seines milden Auftretens hatte ihn Herr v. Mangoldt einige Male in einer Weise unterbrochen, wie ich mir das nie und nimmer hätte gefallen lassen. Der Verteidiger war in einigen Punkten gut, in einer Reihe anderer Punkte verlor er sich derart in Spitzfindigkeiten, daß die Richter der Rede kaum noch folgten und das Gute seiner Ausführungen verwischt wurde. Ein Glück, daß ich nach ihm zu Wort kam, denn in diesem Augenblick standen die Karten schlecht für mich. Mir hörten die Richter sofort mit großer Aufmerksamkeit zu; sie machten sich auch eine Menge Notizen, so daß ich den Umschlag der Stimmung förmlich sehen und fühlen konnte. Der Staatsanwalt hatte genug bekommen; er verzichtete auf ein weiteres Wort. Nach halbstündiger Beratung wurde das Urteil verkündet. Es lautete wegen Beleidigung des Bundesrats auf zwei Monate Gefängnis; von der Anklage der Majestätsbeleidigung wurde ich freigesprochen. Der Kaiser habe nach der Verfassung die Gesetze einfach zu verkünden, die Bundesrat und Reichstag in Übereinstimmung beschlossen hätten. Eine Mitwirkung bei dem Zustandekommen der Gesetze stehe dem Kaiser nicht zu usw.

1 Dieser Briefausschnitt über Bebels Prozeß am 15. Juni 1882 in Dresden wegen eines Flugblatts zur Reichstagswahl 1881 (siehe Nr. 20/7), das nicht zur Verteilung gelangt war, wurde aus Bebels Erinnerungen „Aus meinem Leben" aufgenommen. Weil Bebel in dem Flugblatt das Sozialistengesetz als ein infames und barbarisches Gesetz bezeichnet hatte, wurde er der Beleidigung des Bundesrats, der dieses Gesetz beschlossen hatte, sowie der Majestätsbeleidigung angeklagt. Er wurde zu zwei Monaten Gefängnis verurteilt. Die Anklage wegen Verstoßes gegen das Preßgesetz wurde fallengelassen, da Bebels Behauptung, er habe vom fingierten Verleger und Drucker nichts gewußt, nicht widerlegt werden konnte. Freigesprochen wurde auch der mitangeklagte Sozialdemokrat Carl Münch, der von Zittau aus den Transport der Flugblätter nach Dresden unterstützt hatte. Bei Prozeßeröffnung waren die Tribünen dicht von Sozialdemokraten besetzt, ein großer Teil fand keinen Einlaß mehr. Der Gerichtspräsident ließ jedoch die Tribünen räumen. (Siehe Dresdner Anzeiger, 16.6.1882; Dresdner Nachrichten, 16.6.1882)

2 Staatsanwalt im Prozeß war Moritz Maximilian von Beschwitz; Präsident des Dresdner Landgerichts war Hans Paul Adolf von Mangoldt (gest. 1897), später Landgerichtspräsident in Zwickau. Bebel wurde von Emil Lehmann verteidigt.

36

Mein liebes gutes Weib!

Endlich komme ich dazu, Dir ein paar Zeilen zukommen zu lassen. Wir hatten drei heiße Tage der Verhandlungen.[1] Sonnabend und Sonntag währten dieselben bis nachts 1 Uhr, gestern bis abends 7 Uhr, dann waren wir endlich fertig. Heute konnte ich endlich ins Geschäft gehen, morgen will ich, zur großen Unzufriedenheit der Frau M[otteler][2], die verlangt, daß ich noch 1 oder 2 Tage dableiben soll, abreisen, nach Deutschland zurück. Donnerstag nachmittag reise ich von Kempten nach Zwickau, wo ich Freitag abend eintreffe, um Sonnabend früh den Termin abzuwarten[3]. Das Resultat aus dem letzteren telegraphiere ich Dir. Sonnabend nachmittag reise ich zurück nach Stuttgart, wo ich Sonntag vormittag eintreffe.[4] Sonnabend über 8 Tage komme ich nach Leipzig. Ich habe mir vorgenommen, bei dem Kreishauptmann persönlich zu versuchen, ob ich während meines Aufenthaltes in Borsdorf[5] nicht wöchentlich einen Tag nach L[ei]pz[ig] darf, und zwar so, daß ich morgens herein- und abends hinausfahre, und zwar in Rücksicht auf das Geschäft. Es würde das ein wesentlicher Vorteil für das Geschäft sein und einigermaßen verhüten, daß wir in das Hintertreffen dort kommen.

Ich hoffe, daß, wenn ich erst in B[orsdorf] fest eingerichtet bin, auch für Euch die Zeiten wieder bessere werden, können wir uns dann doch auch öfter sehen, und werde ich dann auch später meine Touren so einrichten, daß ich immer einmal in Borsdorf auf einige Wochen absteige. Sorge einstweilen dafür, daß alles, was ich für B[orsdorf] brauche, fertiggestellt ist, die Packerei werde ich dann soviel als möglich selbst besorgen.

Wenn Du mir Brief nach Zwickau schreiben willst, so richte ihn an Jul[ius] Seifert, Schuhmacher, Schulstr. 35. Wenn Du Freitag abend abschickst, habe ich ihn Sonnabend vormittag. Brief, den Du etwa Sonntag abschickst, trifft mich in Stuttgart unter der Adresse von Kaufmann Karl Pfund[6], Schulstr. 18, oder auch Fr. Bösch[7], Weißenburgstraße 10.

Also auf baldiges Wiedersehen.

Einstweilen Dir und Friedchen die herzlichsten Grüße und Küsse von

Deinem August

1 Von Sonnabend, dem 19. August, bis Montag, den 21. August 1882, fand in Zürich eine Parteikonferenz statt, an der die sozialdemokratische Reichstagsfraktion, die Redaktion und Expedition des „Sozialdemokrat" sowie Ignatz Auer und August Bebel teilnahmen. Die Teilnehmer setzten sich mit der Haltung zu den Bismarckschen Versicherungsgesetzen auseinander, um die es Ende 1881/Anfang 1882 heftige Auseinandersetzungen in der Sozialdemokratie gegeben hatte. Über die Ergebnisse der Konferenz verfaßte Bebel eine parteioffizielle Mitteilung, die am 24. August 1882 im „Sozialdemokrat" erschien. U. a. teilte er den Beschluß mit, im Frühjahr 1883 einen Parteikongreß durchzuführen.
(BARS, Bd. 2/1, S. 183/184)

2 *Emilie* Pauline Motteler, geb. Schwarz (1850-1919), war die zweite Frau von Julius Motteler. Sie stammte wie dieser aus Esslingen. Die Hochzeit erfolgte 1878, nachdem Motteler Anfang August 1878 geschieden worden war. Emilie teilte die politischen Auffassungen ihres Mannes und war ihm eine verständnisvolle, zuverlässige Gefährtin. „Wegen ihrer Güte und Vorsorglichkeit erhielt sie von uns – Bernstein und mir – den Spitznamen ‚Tante', den sie sich gar wohl gefallen ließ", schrieb Kautsky in seinen Lebenserinnerungen.
(Karl Kautsky: Erinnerungen und Erörterungen. Hrsg. Benedikt Kautsky, Den Haag 1960, S. 442)

3 Der Prozeß in Zwickau wegen des Flugblatts „An die Wähler des 19. sächsischen Reichstagswahlkreises", das im Wahlkreis Stollberg-Schneeberg zur Reichstagswahl 1881 für Wilhelm Liebknecht verbreitet worden war, fand am 26. August 1882 statt. Bebel stand gemeinsam mit den Sozialdemokraten Paul Kleemann und Franz Goldhausen vor dem Zwickauer Landgericht. Er war auf dem Flugblatt als Herausgeber genannt. Gegen ihn wurde die Anklage fallengelassen, da sich Liebknecht als Verfasser bekannte, für den die Strafe aber bereits verjährt war. Die anderen Angeklagten wurden freigesprochen.

4 Durch eine Erkrankung Bebels wurden die Reisepläne zunichte.

5 Mitte September 1882 nahm Bebel in Borsdorf bei Leipzig seinen ständigen Wohnsitz. Er schrieb dazu am 1. Oktober 1882 an F. Engels: „Ich habe mich jetzt wie L[ie]bkn[echt] einige Stunden von Leipzig hier in Borsdorf festgesetzt. Ein elendes Dorf, das einige hundert Einwohner zählt und in einer Ebene, flach wie ein Teller, liegt. Der Vorteil ist nur, daß es der Zentralpunkt der Linien Leipzig-Riesa-Dresden und Leipzig-Döbeln-Dresden ist und infolgedessen sehr gute Eisenbahnverbindung mit Leipzig hat, so daß unsere Familien bequeme Fahrt nach hier und wieder zurück haben. L[ie]bkn[echt] und ich wohnen in einem Hause, und hat jeder genügend Raum, so daß auch die Familie mal übernachten kann." Das gemeinsame Haus war die Villa Richter (siehe Nr. 115/2). Bebel und Liebknecht nahmen in der Regel gemeinsam die Mahlzeiten ein, so daß die zwei Borsdorfer Jahre wieder eine Zeit intensiven Gedankenaustauschs beider und enger Kontakte ihrer Familien waren. Am 24. September 1884 beendete Bebel die Trennung von seiner Familie durch den Umzug nach Plauen bei Dresden.
(BARS, Bd. 2/2, S. 89/90)

6 Karl Pfund (1849 - nach 1932), Kaufmann, Sozialdemokrat, kurzzeitig in Stuttgart, seit September 1882 in Mannheim, 1884-1890 sozialdemokratischer Stadtverordneter in Mannheim. 1912-1932 in Heidelberg, danach wieder in Mannheim.
(Übermittelt vom StA Mannheim und StA Heidelberg)

7 Wahrscheinlich Franz Bösch (geb. 1834), von Beruf Klavier-Hammerkopfmacher.
(Übermittelt vom StA Stuttgart)

37

Mein liebes herziges Weib!

Euer etwas sehr diktatorisch lautendes Telegramm habe ich gestern abend erhalten; ich lag schon bald zwei Stunden im Bett in Schweiß gebadet, als ich herausgeklopft wurde. Ich kriegte einen kleinen Schreck, als ich hörte, ein Telegramm sei da, war aber um so beruhigter, als ich seinen Inhalt erfuhr.

Ich hätte auch ohne Eure Verschwörung nicht abreisen können, denn als ich heute zur Abreise geweckt wurde, war ich sehr matt – was bei dem vielen Schwitzen sehr erklärlich war – und fand mich nichts weniger als behaglich.[1]

Um genau zu wissen, woran ich sei, bestellte ich einen Arzt, der endlich vor einer Stunde da war, der mich untersuchte und meinen Zustand für vorläufig nicht bedenklich erklärte und Aussicht machte, daß vielleicht schon morgen die Hauptsache behoben sei. Er verschrieb mir ein Purgiermittel, das auch ich für das notwendigste hielt und dessen Wirkung ich eben abwarte. Außerdem Essigäther zum Einreiben der Stirn und des Kopfes, wegen des heftigen Kopfschmerzes. Er konstatierte ausdrücklich, daß bis jetzt keine typhösen Symptome, wie ich befürchtete, vorhanden seien. Ich hatte nur 38 2/10 Grad Wärme und 37 1/2 Grad ist die normale Temperatur. So hoffe ich, daß bis morgen der Zustand wesentlich besser ist und ich übermorgen reisen kann. Ärgerlich ist mir bei der Geschichte besonders, daß ich nunmehr nicht an Deinem Geburtstag und auch nicht nächsten Sonntag in Leipzig sein kann, sondern erst später eintreffe.

Und nun hoffe ich, daß Ihr nach obiger durchaus wahrheitsgetreuer Darstellung Euch beruhigt. Wäre die Diagnose des Arztes schlecht ausgefallen, so hätte ich ohne weiteres an die Kreishauptmannschaft telegraphiert und einen einwöchentlichen Aufenthalt zur Kur verlangt.

Wie ich heute hörte, und zwar zunächst von Kleemann[2], ist Polizeidirektor Richter[3] in Ems gestorben. Damit wäre wieder einer dieser „schneidigen" Sozialistenfresser beseitigt, freilich wird kein besserer nachkommen.

Ich habe heute bis 1/2 5 Uhr nachmittags im Bette gelegen, will sehen, wie mir das Aufsein bekommt, bis jetzt befinde ich mich verhältnismäßig munter.

Und nun lebe wohl, und sei nebst unserm lieben Kinde auf
das herzlichste gegrüßt und geküßt von
Deinem August

1 Nach der Verhandlung vor dem Zwickauer Landgericht am 26. August 1882
   erkrankte Bebel an einem schweren Magenkatarrh. Julie sprach deshalb am 28.
   August bei der Kreishauptmannschaft vor und erwirkte, daß ihr Mann ab 29. August zur Pflege nach Hause kommen durfte. Der Polizeiarzt in Leipzig bestätigte
   die Notwendigkeit der Pflege. Das Polizeiamt Leipzig konstatierte am 9. September
   1882, Bebel „ist überhaupt gar nicht oder nur ganz kurze Zeit bettlägerig gewesen
   und hat nach den von uns gemachten Beobachtungen namentlich in den letzten
   Tagen sehr eifrig in seinem Geschäft gearbeitet". Am 13. September 1882 verließ
   Bebel Leipzig und begab sich nach Borsdorf. Schon wieder genesen, ging irrtümlich
   die Nachricht von seinem Tod durch die internationale Presse, woraufhin zahlreiche würdigende Nachrufe erschienen.
   (Siehe Moskau, F. 192, Nr. 58, Bl. 112-115, Zitat Bl. 113; BARS, Bd. 2/2, S. 89, 93-95; K.
   Marx an F. Engels, 16.9.1882, F. Engels an K. Marx, 18.9.1882, F. Engels an A. Bebel,
   23.9.1882, in: MEW, Bd. 35, S. 95, 97, 368/369)
2 Friedrich Carl *Paul* Kleemann (1856-1915), Eisendreher, Theaterlogenschließer, ab
   1892 Schirmfabrikant, Sozialdemokrat in Leipzig, dort unter dem Sozialistengesetz
   zunächst Leiter des illegalen Vertriebs des „Sozialdemokrat", am 25. Juli 1881 ausgewiesen, ging nach Chemnitz, dann nach Zwickau und bis 1891 Emigration nach
   den USA, 1894 Mitbegründer der „Leipziger Volkszeitung", seit 1897 Stadtverordneter in Leipzig, bis 1911 Mitglied des Preßkomitees der Sozialdemokratischen
   Partei.
   (Siehe Berndt, wie Nr. 16/4, S. 159-161)
3 Esias Julius Friedrich Richter (1837-1882) war seit Herbst 1879 Oberstaatsanwalt in
   Chemnitz und ab Dezember 1881 Polizeidirektor in Leipzig. Er hatte Liebknecht
   1880 wegen Verleumdung angeklagt. Liebknecht wurde zu sechs Monaten Gefängnis verurteilt, die er am 10. November 1880 antrat.
   (Siehe Polizeimeldebücher StA Chemnitz, übermittelt durch Christine Hinze; Liebknecht-
   Briefwechsel II, wie Nr. 3/3, S. 838-854)

38

Mein liebes herziges Weib!

Deinen lieben Brief und ebenso das Paket Wäsche habe ich erhalten. Daß ich noch hier bin, wirst Du aus meinem gestern abgesandten Briefe ersehen haben. Ich habe mir gestern abend, als es leider schon zu spät war, noch ändern zu können, Vorwürfe gemacht, daß ich Dir nicht wenigstens ein Telegramm zukommen ließ, damit Du Dich beruhigtest. Mittlerweile wird die Sorge ein wenig von Dir gewichen sein, und gegenwärtig kann ich Dir die angenehme Nachricht mitteilen, daß ich mich *wesentlich* wohler fühle und die Gefahr einer ernsthaften Erkrankung vorbei ist. Ich habe die vorige Nacht fast gar nicht geschwitzt, das Fieber ist verschwunden und ebenso fast vollständig die Kopfeingenommenheit. Durst habe ich sehr viel, das ausgeschwitzte Wasser verlangt Ersatz. Der Appetit ist zwar noch ziemlich Null, dieser wird sich aber, wie auch der Arzt meinte, der soeben zum zweiten Male hier war, allmählich finden. Auch erklärte der Arzt, daß er in einer Weiterreise kein Bedenken sähe, ich soll mich nur ein wenig in acht nehmen, und das werde ich tun, darauf verlaß Dich.

Auch ich hatte den Plan ventiliert, ob es nicht praktischer sei, jetzt nach Borsdorf zu gehen und später die Tour zu beendigen. Ich bin aber der Ansicht, daß, wenn das Geschäft einen Vorteil haben soll, er jetzt wahrscheinlicher ist als später; auch möchte ich, wenn ich einmal in B[orsdorf] bin, meinen dortigen Aufenthalt nicht wieder durch weite Reise unterbrechen.

Ich reise morgen früh mit Kurierzug nach Stuttgart und komme Montag abend oder Dienstag mittag in Leipzig an.

Deinen lieben Brief habe ich erst heute, Montag, erhalten. Du schienst anzunehmen, daß er noch Sonntag in meine Hände käme. Daß Friedchen Dich an der Bahn abholte, war sehr hübsch von ihr; ich freue mich, Euch sehr bald wieder zu sehen.

Die herzlichsten Grüße und Küsse Euch beiden

Dein August

Der Arzt hat für 2 Besuche nur 2 M genommen, ich bot ihm das Doppelte, er nahm aber absolut nicht mehr an. Ein Besuch 1 M sei hiesige Taxe.

Bezirksgefängnis Leipzig. 1882/1883

Vom 1. November 1882 bis 9. März 1883 war August Bebel im Bezirksgefängnis Leipzig inhaftiert, mit einer Unterbrechung vom 1. bis 9. Januar 1883. Zum sechsten Mal konnte er wegen Strafverbüßungen nicht das Weihnachtsfest mit seiner nun 13jährigen Tochter verbringen. Verurteilt worden war er wegen drei Flugblättern, wobei die Gesamtstrafe von fünf Monaten auf vier reduziert wurde. Wenigstens konnte Julie jeden Freitag ihren Mann im Gefängnis sprechen. Bebel nutzte die Abgeschiedenheit der Zelle wieder zu intensiven Studien. Vor allem überarbeitete er sein Buch „Die Frau und der Sozialismus", dessen erste Auflage im Februar 1879 erschienen war und das im Oktober 1883 in zweiter Auflage herauskam. In Auseinandersetzungen um diese Schrift betonte Bebel im Mai 1884, daß er darin „vollständig ... auf dem Boden der materialistischen Weltanschauung" stehe. Dieses Buch, das Bebel mehrfach überarbeitete, machte in der Geschichte der Frauenbewegung Epoche und gewann Arbeiterinnen und Arbeiter mehrerer Generationen für das sozialistische Ziel. Zu Bebels Lebzeiten erfuhr „Die Frau und der Sozialismus" 53 Auflagen in deutscher Sprache und Übersetzungen in 20 Sprachen.

39

Gefangenenanstalt Leipzig, den 6. November 1882

Liebe Julie!

Die übersandten Sachen sind in meinem Besitz, nur von dem Handspiegel habe ich nichts gesehen; hast Du ihn vergessen?*

Wegen meines Befindens mache Dir keine Sorgen, meine Magenverfassung ist mindestens nicht schlechter geworden, und ebenso ist mein Schlaf erträglich. Das Mittagessen ist gut (kostet 90 Pf), bis jetzt habe ich bald alle Braten nacheinander absolviert. Gestern hatte ich Hasen-, heute Pökelbraten. Dazu regelmäßig reichlich Suppe, Kartoffel und Salat oder Kompott. Früh trinke ich Kaffee mit Buttersemmel (30 Pf). Der Kaffee ist nicht schlecht, die Sahne gut. Daß Du mir etwas Butter sandtest, war mir sehr angenehm; die Wurst darfst Du künftig von einer halben zu einer ganzen anwachsen lassen. Schicke mir auch 2 Kerzen mit für den Fall, daß mir mal unversehens das Öl ausgeht.

Um meine Wäsche zu komplettieren und diese in „Schuß" zu bringen, schicke oder bringe mir gegen Ende der Woche noch 1 Kragen, 1 Nachthemde und 1 wollenes Hemde; von Ende nächster Woche ab schickst Du mir dann jedesmal die Wäsche komplett. Etwas schwarzen Zwirn könnte ich auch brauchen, meine Hosenknöpfe hat der Schneider sehr schlecht befestigt.

Hat Fock[1] Bücher geschickt, so behalte sie bis Ende nächster Woche; mittlerweile schicke ich verschiedene hinaus, ich will den Berg hier nicht zu groß werden lassen.

Die Arbeit treibe ich mit Abwechslung[2], Langeweile habe ich bis jetzt noch nicht gehabt. Ist erst H[asenclever] weg[3], so daß ich dessen Stube bekomme, wird's noch besser werden.

Hast Du mit Herrn I[ßleib] wegen des von unten kommenden Geruchs im Schlafzimmer gesprochen? Ich habe jetzt in einem Niemeyerschen Werk[4] einiges über diese Art Gerüche gelesen, das mich bestimmt, Dir zu raten, da auf Abhülfe zu dringen. Laß auch um die Leitungsrohre einen undurchdringlichen Verschluß legen. Wenn I[ßleib]s sich verstehen wollten, oben an der Decke ein Abzugsloch nach außen anzubringen, wäre das das allerbeste.

Ist Friedchen wieder wohl? Sieh ja darauf, daß sie abends nicht zuviel lernt und namentlich daß sie nicht zu lange aufbleibt.

Anbei einige Lesefrüchte aus der Zeitung. Wenn Du mal wieder Rebhühner kaufst, weißt Du nunmehr, wie sie aussehen müssen.

Ob die angepriesenen Kleiderstoffe etwas taugen, weiß ich nicht, das kannst Du besser beurteilen.

Das Wetter ist ja recht hübsch; es soll mir lieb sein, wenn es den ganzen Monat noch so bleibt, man kann dann das Fenster offen halten.

Also auf Wiedersehen Freitag.

Herzlichen Gruß und Kuß Dir und Frieda

Dein August

*Ist nebst angenehmer Zulage eingetroffen. Schönsten Dank.

---

1 Carl Heinrich *Gustav* Fock war Inhaber eines 1879 gegründeten Verlags in Leipzig.
   (Siehe Das litterarische Leipzig. Illustriertes Handbuch der Schriftsteller- und Gelehrtenwelt, der Presse und des Verlagsbuchhandels in Leipzig, Leipzig 1897, S. 279; Leipziger Adreßbuch 1882).
2 Zur Überarbeitung der Schrift „Die Frau und der Sozialismus" siehe Nr. 61/5.
3 Wilhelm Hasenclever, der wegen des Flugblatts vom 6. Juli 1881 für zwei Monate im Landesgefängnis Leipzig inhaftiert war, verließ das Gefängnis am 18. November 1882.
   (Siehe BLHA, wie 18/10, Vol. 1, Bl. 141)
4 Wahrscheinlich Paul Niemeyer: Ärztliche Sprechstunden. Gesundsheitslehre für Jedermann, 1.-50. Heft, Jena 1878-1882.

40

Leipzig, den 3. Dezember 1882

Meine liebe Julie!

Den beiliegenden Brief bitte ich Dich an Both[1] zu senden. Die Adresse K. B[oth], Wetzlar, genügt; ich bin begierig, ob sich die Lage von Schl[esinger][2] so bewahrheitet, wie er schreibt.

Solltest Du von Berlin ein Paket Bücher bekommen haben, worunter Kolbs Statistik[3], dann bitte ich Dich, mir das Buch bei Deinem nächsten Besuch mitzubringen; ebenso bitte ich um den Parlaments-Almanach von 1878[4], ich brauche denselben für meinen Prozeß.[5] Du findest das rot eingebundene Buch mit der Jahreszahl 1878 auf dem Deckel rechts quer vor im Bibliotheksschrank liegend. Auch bitte ich Band 22 - 25 von Goethe beizufügen. Laß die Bücher durch Friedchen suchen, die weiß, wo sie liegen.

Hat Friedchen die Revolutionsgeschichte von Mignet[6] gefunden? Wenn ich nicht irre, steht das Buch in der dritten Reihe von oben links in der Ecke; sie wird aber auch, wie schon mündlich bemerkt, eine sehr brauchbare Schilderung in Schlossers Weltgeschichte[7] finden, wahrscheinlich im drittletzten der dicken Bände.

Könnte man Friedchen zu Weihnachten nicht ein Heft Musikstücke fürs Klavier schenken? Frag mal bei der Lehrerin an. Auch wird ein großer naturgeschichtlicher Atlas mit fein kolorierten Bildern aus allen 3 Reichen der Natur sehr empfohlen.[8] Vielleicht könntest Du von Fock mal 1 oder 2 Probehefte *mir zur Ansicht schicken lassen*. Das wär schließlich ein Geschenk, das ich selbst mit benutzen könnte.*

Wenn Du wirklich ein Viertel von einem Fünftellos hattest und das in einen 3000-M-Gewinn fiel, hast Du unbedingt zu wenig Geld bekommen. Soviel ich weiß, bezieht der Staat inklusive Kollekteur 20 Prozent, es bleiben also 2400 M für das Los übrig. Davon bekommt ein Fünftel 480 M und ein Viertel von diesem Fünftel 120 M. Mir scheint diese Rechnung sehr einfach, und Du hast also fast um die Hälfte zu wenig bekommen, vorausgesetzt, daß Du wirklich ein Viertel hattest. Frage mal gelegentlich bei Brauers an, die können es Dir am besten sagen.

Ferner: Sei so gut und schicke mir eine kleine Kaffeemaschine für Spiritus. Der Herr Direktor[9] hatte die Güte, mir zu erlauben,

144

meinen Kaffee selbst zu kochen, da der gelieferte schlecht ist. Hast Du keine passende Maschine, so kauf eine billige und schick mir diese nebst Zubehör (gemahlenen Kaffee, Zucker, Spiritus, Tasse und Löffel) herein. Ich komme bei dieser Selbstfabrikation entschieden billiger weg und habe vor allen Dingen wirklichen Kaffee.

Morgen werde ich an die Staatsanwaltschaft schreiben wegen einem 7stündigen Urlaub für den 14. Dezember, und zwar von Vormittag 8 bis Nachmittag 3 Uhr. Bekomme ich ihn, dann darfst Du mir für diesen Tag Mittagessen kochen.

Bemerken will ich, daß mir bei der letzten Wäsche das wollene Hemde fehlte; Du hast es wahrscheinlich vergessen?

Die veränderte Witterung macht sich in meiner Zelle sehr bemerklich. Wenn es noch kälter wird, werde ich um Umquartierung bitten, so unangenehm mir der Verlust der größeren Bequemlichkeit ist. L[ie]bk[necht] wird wohl auch frieren.[10]

Das „[Leipziger] Tagebl[att]" hat mich nach langer Zeit wieder einmal ein wenig am Kragen gepackt. Es hatte recht, ich habe ihm in der Petition[11] einen gehörigen Hieb mit abgegeben, und da muß es sich doch revanchieren.

Ich bin glücklich im zweiten Monat meiner Haft. Laßt Euch die Zeit nicht lang werden, und seid aufs herzlichste gegrüßt und geküßt
Dein August

Wäsche habe ich hinausgegeben, vorige Woche auch Bücher.

*Erscheint bei Mor[itz] Perles, Leipzig.

---

1 Karl Both (1839-nach 1903) war ein Schulfreund Bebels. Beide waren am 30. April 1854 konfirmiert worden. Both übernahm die Schneiderei seines Vaters in Wetzlar. (Siehe [Herbert Flender:] August Bebel in Wetzlar. Schriftenreihe zur Stadtgeschichte H. 3, Wetzlar 1984, S. 27; Archivmappe Karl Both, Historisches Archiv der Stadt Wetzlar)
2 Bebels Vetter Friedrich Elias Schlesinger (1836-1904) war der Sohn von Johannette Philippine Göckus (1800-1869), einer Schwester von Bebels Mutter, aus ihrer ersten Ehe mit Johann Conrad Schlesinger (1801-1843). Als Bebels Mutter 1853 starb, wurde Bebel von dieser Tante aufgenommen. Schlesinger war Tagelöhner. (Mitteilung vom Historischen Archiv der Stadt Wetzlar)
3 G. F. Kolb: Handbuch der vergleichenden Statistik der Völkerzustand- und Staatenkunde. 7., auf Grundlage der neuesten staatl. Gestaltung bearb. Aufl., Leipzig 1875.
4 G. Hirth: Deutscher Parlaments-Almanach, 13. Ausg., Leipzig 1878.

5 Während der Haft in Leipzig schwebte noch die Entscheidung des Reichsgerichts über die von Bebel beantragte Revision des Urteils vom 15. Juni 1882 (siehe Nr. 35). Am 14. Dezember 1882 wurde das Urteil bestätigt. Bebel erhielt keinen Urlaub aus der Haft für die Revisionsverhandlung, da das Reichsgericht seine Teilnahme nicht für erforderlich erachtete.
(Siehe Moskau, F. 192, Nr. 58, Bl. 122)

6 F. A. Mignet: Geschichte der Französischen Revolution 1789-1815, Leipzig 1865.

7 Fr. Chr. Schlosser: Weltgeschichte für das deutsche Volk. Unter Mitwirkung des Verfassers bearb. von G. L. Kriegk, 19 Bde., Frankfurt (Main) 1844-1857.

8 Gemeint ist Großer Handatlas der Naturgeschichte aller drei Reiche. In 120 Folio-Tafeln, Hrsg. v. Gustav v. Hayek, 15 Lfg., Wien 1882-1884.

9 Christian Philipp Oscar Brandt (1849-1906), Infanterieleutnant in Bautzen, seit 1878 in Leipzig, Direktor des Bezirksgerichtsgefängnisses.
(Siehe StA Leipzig, PoA, 1876-1889, Nr. 135, Bl. 64 b)

10 W. Liebknecht befand sich vom 17. Oktober bis 17. Dezember 1882 im Bezirksgefängnis Leipzig wegen der Verurteilung für das Flugblatt vom 6. Juli 1881. Außerdem war er am 15. April 1882 zu zwei Monaten Gefängnis wegen eines Flugblatts an die Wähler von Dresden-Neustadt zur Reichstagswahl 1881 verurteilt worden. Beide Strafen wurden auf drei Monate zusammengezogen. Wegen des Rests der Strafe war Liebknecht vom 3. September bis 3. Oktober 1883 im Leipziger Bezirksgefängnis inhaftiert.

11 Gemeint ist Bebels Petition vom 31. Oktober 1882 an den Deutschen Reichstag. Darin wies er nach, daß die Ausweisungsmethoden der sächsischen Regierung, die das sächsische Heimatgesetz vom 26. November 1834 als Grundlage hatten, die Reichsgesetze über die Freizügigkeit verletzten. Er beantragte, Paragraph 17, Punkt 4 des sächsischen Heimatgesetzes durch die Paragraphen 3 und 12 des deutschen Freizügigkeitsgesetzes zu ersetzen. Die Petition und die Verhandlungen des sächsischen Landtags vom 21. Februar 1882 über den gleichen Gegenstand ließ Bebel als Separatabdruck an alle Reichstagsmitglieder verteilen.
Die Petitionskommission des Reichstags nahm ausführlich zu Bebels Antrag Stellung und befürwortete ihn trotz Einspruch seitens des Vertreters Sachsens. Es dürfe zur Ausnahmegesetzgebung des Sozialistengesetzes nicht noch Willkür hinzutreten. In ihrem Bericht vom 12. Februar 1883 schlug die Kommission vor, der Reichstag solle den Reichskanzler ersuchen, die erforderlichen Maßregeln zur Einhaltung der Freizügigkeit zu ergreifen, „nötigenfalls durch die Vorlage eines darauf bezüglichen Reichsgesetzes". Dieser Antrag wurde wegen Sessionsschluß nicht mehr behandelt. Bebel brachte ihn daraufhin am 23. April 1884 nochmals ein. Doch widerfuhr dem Antrag das gleiche Schicksal.
In der Petition befindet sich keine direkte Bezugnahme auf das „Leipziger Tageblatt". Dort erschien am 3. Dezember 1882 die Notiz „* Leipzig, 2. December", in der kurz über Bebels Petition informiert und ihm empfohlen wurde, endlich „den staatsgefährlichen Bestrebungen ... zu entsagen".
(Siehe BARS, Bd. 2/2, Bibliographie Nr. 586; BARS, AmL S. 646/647; Stenographische Berichte des Deutschen Reichstags, 5. Legislatur-Periode, 2. Session, Bd. 6 <im Folgenden: 5/2/6 z.B. in der Reihenfolge Legislatur-Periode, Session und Band>, S. 707-713, Zitat S. 713; ebenda, 5/4/4, S. 734; Uebersicht der Geschäftsthätigkeit des Deutschen Reichstags in den Sessionen der V. Legislatur-Periode..., S. 455; ebenda in der IV. Session der V. Legislatur-Periode..., S. 211; Berliner Börsen-Courier, 15.2.1883)

41

Meine liebe Julie!

Anbei übersende ich Dir die Schildchen für Frieda. Verschiedene sind mir verunglückt, und soll sie mir das nächste Mal 6 - 8 Stück neue mitbringen; die Bezeichnungen habe ich mir notiert.[1]

Sonnabend war Rechtsanwalt [Otto] Freytag bei mir und teilte mir mit, daß die Staatsanwaltschaft kein Bedenken habe, mir für Donnerstag Urlaub zu geben, daß dieselbe aber die Sache, nach Vorschrift der Strafprozeßordnung, an das Reichsgericht habe senden müssen, weil ich in Haft sei. Daß man dort Schwierigkeiten macht, halte ich für kaum wahrscheinlich. Gleichzeitig habe ich heute an die Kreishauptmannschaft das nötige Gesuch für Donnerstag abgehen lassen[2], denn der gewöhnliche einfache Weg genügt ja für Menschenkinder meiner Art nicht.

Es ist nun leicht möglich, daß die verschiedenen Entscheidungen so spät eingehen, daß ich Dir zuvor gar nicht erst Nachricht zukommen lassen kann. Halte also auf alle Fälle meine Garderobe nebst Wäsche und Stiefel für Donnerstag früh zurecht, auch eine Tasse Kaffee. Komme ich nicht, dann wird sich ja wohl ein Liebhaber oder eine Liebhaberin für finden. Freytag will Mittwoch mich nochmal besuchen, und wollen wir dann die Prozeßakten nochmal gemeinsam tüchtig durchgehen, damit für den Fall, daß ich nicht frei käme, Freytag die Vertretung übernehmen kann, andrerseits ich genau orientiert bin, denn 2 sehen mehr als einer.

Wäsche etc. habe ich erhalten, schönsten Dank. Heute habe ich einen Versuch mit dem Kakao gemacht, er war etwas sehr dünn geraten. Nun, die Köche fallen auch nicht vom Himmel, ein zweites Mal wird's besser gehen. Ich werde mein Glas Bier für abends abbestellen und Kakao trinken; das Bier trinke ich in der Regel nicht aus, da ich mir bekanntlich nichts draus mache.

Sage Herrn Ißl[eib] einen Gruß, und ich hätte gestern im „[Leipziger] Tagebl[att]" gelesen, daß infolge einer neuentdeckten Gewinnungsmethode Aluminium vielleicht auf den zwanzigsten Teil seines bisherigen Preises sinken dürfte.[3] Es war bisher ein kolossal teures Metall und deshalb in unserm Betrieb gar nicht zu verwenden.

Die im „[Leipziger] Tagebl[att]" abgedruckte Motivierung über den Belagerungszustand hat mich sehr amüsiert. Also daß wir in Borsdorf wohnen ist auch noch eine Gefahr für Leipzig; nun, ich hoffe, die Debatte im Reichstag wird es an einer gründlichen Kritik und Widerlegung nicht fehlen lassen.[4]
Bitte gib Nebenstehendes an Herrn Fock.
Euch beiden die herzlichsten Grüße und Küsse
Dein August

Die Maschine verbraucht sehr wenig Spiritus, das ist vorteilhaft. Wäsche habe ich hinausgegeben. Du schreibst doch alles auf, was Du für mich verlegst? Die letzte Nacht habe ich wieder schlecht geschlafen, es ist die alte Geschichte wie früher.

1 Bebel fertigte für Frieda Schildchen in Kunstschrift an. Er verwandte die Kunstschrift in verschiedenen Größen auch bei der Anrede in den Briefen vom 3. bis 24. Dezember 1882.
2 Siehe Nr. 40/5.
3 Bebel bezieht sich auf einen Artikel des „Leipziger Tageblatt" vom 10. Dezember 1882 in der Rubrik „Volkswirthschaftliches".
4 Die Motivierung der Verlängerung des Kleinen Belagerungszustands über Leipzig war dem Deutschen Reichstag mit Datum vom 5. Dezember 1882 zugegangen. Darin wurde festgestellt, daß die Verhängung in der „repressiven wie präventiven Wirkung nicht ohne Nutzen geblieben" sei. Doch hätten die erreichten Erfolge nur Bestand bei Fortdauer dieser Maßnahme, denn es gebe keine Anzeichen, daß „die Organisation der Partei ... bereits wirksam durchbrochen" sei bzw. daß sich die Tendenz der Partei verändert habe. Bebel bezog sich vor allem auf folgenden Passus in der Motivierung: „Ein Teil der Ausgewiesenen... hält sich, was namentlich von einer Mehrzahl der anerkannten Parteiführer gilt, in, unmittelbar an der Grenze des Bannbezirks gelegenen Ortschaften zu dem offenbaren Zwecke auf, von hier aus die Fortsetzung sozialdemokratischer Umtriebe innerhalb des Bannbezirks mit Nachdruck betreiben und einer etwaigen Erschlaffung des Interesses an dem sozialdemokratischen Wesen durch Veranstaltung heimlicher Zusammenkünfte und durch andere Mittel wirksam entgegenzutreten". Das „Leipziger Tageblatt" zitierte aus der Motivierung sehr ausführlich am 9. Dezember 1882 in dem Artikel „Leipzig und der kleine Belagerungszustand".
Die Debatte zur Verlängerungs des Kleinen Belagerungszustands über Berlin, Hamburg, Altona sowie Leipzig und die jeweilige Umgebung fand am 13. und 14. Dezember 1882 statt. Seitens der Sozialdemokratie sprachen G. v. Vollmar und C. Grillenberger. Ein sozialdemokratische Antrag, der von Abgeordneten der Volkspartei unterstützt worden war, forderte zu erklären, daß die angeführten Motive nicht als eine ausreichende Begründung der Maßregel anerkannt werden könnten. Er wurde abgelehnt. Bebel hatte angenommen, daß Liebknecht das Wort ergreife, und ihm Hinweise zur Argumentation übersandt. Liebknecht wurde aber erst am 17. Dezember 1882 aus der Haft entlassen.
(Stenographische Berichte, 5/2/5, Anlagen, S. 403; siehe ebenda 5/2/1, S. 756-774, 778-808; 5/2/5, S. 423; Liebknecht-Briefwechsel II, wie Nr. 3/3, S. 437/438)

148

42

Meine liebe Julie!

Anbei sende ich Dir die Rechnung für die „Magdeb[urgische] Zeit[ung]" auf das nächste Quartal; da ich bis zum ersten Drittel des März in Haft bleibe, will ich noch mal abonnieren. Das Geld muß auf der Hauptpost bezahlt werden, und kannst Du das Friedch[en] besorgen lassen, diese weiß, wo es bezahlt wird.

Am Sonnabend habe ich mein Urlaubs- und Aufenthaltsgesuch abgegeben, bis Donnerstag oder Freitag werde ich wohl Bescheid haben. Mich ärgert ganz abscheulich, daß das Mißverständnis mit der Unterbrechung eintrat, denn ohne dieses trat ich früher an und war bequem vor Weihnachten frei, und der ganze Trödel war unnütz. Bei der Kreishauptmannschaft habe ich das Gesuch bis auf Sonntag, den 31. d. M. ausgedehnt.[1]

Sei so gut und bring mir das nächste Mal 25 M mit, ich habe mehr Geld verbraucht, als ich berechnete; es ist eben alles teurer geworden als früher, und dann verbrenne ich täglich für fast 20 Pf Öl. Das Öl ist sehr teuer und soll noch im Preise aufschlagen. Meine Lampe brennt sehr gut, aber sie kostet viel Öl.

Ist denn meine Lebensversicherung im November bezahlt worden? Daß diese nicht vergessen wird.

Frage doch mal Herrn I[ßleib], ob er O. Poppes Buch über die neue Buchführung[2] habe; hat er es, dann bitte ich, es mir Freitag mitzubringen. Hat er es nicht, dann darfst Du die Anschaffung desselben als Weihnachtsgeschenk für mich auf den Wunschzettel setzen. Es ist bei Rich[ard] Hahn hier erschienen, und kann es Herr Fock jede Stunde besorgen. Es ist die Buchführung, die wir im Geschäft eingeführt haben.

Auch einen Band Heine, und zwar 3 und 4[3], und einen Band Goethe 27 - 30 bitte ich mitzubringen.

Du tätest vielleicht gut, wenn Du Ottos[4] wissen ließest, daß Ihr den 1. Feiertag zu ihnen kämt. Sollte ich die Aufenthaltsbewilligung bekommen und Albert, wenn er es hört, mich den 2. Feiertag etwa besuchen wollen, dann rede ihm das aus; er möchte an einem andern Abend kommen.

Seid Ihr den Weihnachtsabend nicht bei I[ßleib]s in Anspruch genommen, möchte ich Euch raten, zu L[ie]bkn[echt]s zu gehen.

Friedchen könnte ja früher hingehen, und auf diese Weise hat sie wenigstens Vergnügen.

Ich hoffe, wenn Ihr das nächste Mal kommt, Euch wenigstens eine gute Nachricht geben zu können.

Herzlichen Gruß und Kuß Euch beiden
Dein August

Wäsche habe ich heute hinausgegeben:
1 Oberhemde mit Kragen und Manschetten, Unterhose, wollenes Hemde, 1 Taschentuch, 2 Paar Strümpfe.

Handtuch brauchst Du mir das nächste Mal nicht mitzubringen, bin noch versehen, aber Taschentücher.

---

1 Am Sonnabend, dem 16. Dezember 1882, beantragte Bebel einen Hafturlaub von Dienstag, den 26. Dezember 1882, bis zum 3. Januar 1883 sowie eine Aufenthaltserlaubnis für Leipzig vom 26. bis 31. Dezember 1882 mittags und am 3. Januar 1883. Als Grund nannte er die Notwendigkeit seiner Teilnahme an der Inventur der Firma Ißleib & Bebel. Seine Teilnahme wurde wie bereits 1881 abgelehnt. In der polizeiinternen Begründung wurde wieder Julie Bebel als sachkundige Vertreterin bezeichnet. U.a. hieß es: „Sie ist eine resolute Geschäftsfrau, die viel Fachkenntnisse besitzt und sich stets um das Geschäft bekümmert." Der abschlägige Bescheid wurde Bebel am 24. Dezember 1882 mitgeteilt.

Was das Mißverständnis des Haftantritts betrifft, so hatte Bebel die Wilhelm Liebknecht erteilte Zusage der Staatsanwaltschaft auch auf sich bezogen, daß er nach der halben Haftzeit bis zur Feststellung der Gesamtstrafe entlassen würde. Inzwischen wurde aber eine Neuregelung eingeführt, wonach man die erste Strafe zusammenhängend verbüßen mußte.

(Moskau, F. 192, Nr. 58, Bl. 127, siehe auch Bl. 125-130; siehe Liebknecht-Briefwechsel II, wie Nr. 3/3, S. 439; AB an F. Engels, 1.10.1882, BARS, Bd. 2/2, S. 92)

2 O. Poppe´s Neue Buchführung. Lehrbuch eines neuen Systems der doppelten Buchführung, bearb. zum Selbsterlernen, sowie für den Unterricht in Handelslehranstalten, unter Anwendung einer neuen Lehrmethode, 4., umgearb. Aufl., Leipzig 1880.

3 Heinrich Heine´s Sämmtliche Werke, Ausgabe in 12 Bänden, Dritter Band. Deutschland I, Vierter Band, Deutschland II, Hamburg 1876.

4 Siehe Nr. 1/5

43

Meine liebe gute Julie!

Du und Friedchen, Ihr werdet heute schon eine definitive Mitteilung von mir erwartet haben. Allein ich vermochte sie nicht zu geben, weil ich selbst noch keine Nachricht hatte. Heute habe ich die Hälfte der Antwort erhalten, und diese lautet ungünstig. Der alte Döbler war da und brachte die Antwort der Kreishauptmannschaft, die verneinend lautete.

Von der Staatsanwaltschaft habe ich bis zu diesem Augenblick, Nachmittag 3 Uhr, noch keine Nachricht. Es scheint bald, als mache die Staatsanwaltschaft ihre Antwort von jener der Kreishauptmannschaft abhängig, sonst kann ich mir diese Zögerung nicht erklären. Da könnte es denn also passieren, daß ich trotz der Versicherung der Staatsanwaltschaft, es stehe einer kurzen Haftunterbrechung nichts im Wege, nicht freikomme und Euch die Weihnachten ebenso verdorben werden, wie Euch die Pfingsten verdorben wurden[1].

Da die Büros der Staatsanwaltschaft während der Feiertage geschlossen sind, so ist es sogar möglich, daß ich gar keine Antwort bekomme, die in diesem Falle allerdings erst recht eine ist.

Ich bin also ganz außer Stande, Euch zu sagen, was geschehen wird. Sollte ich noch eine Antwort erhalten und gesetzt den Fall eine günstige, so weiß ich nicht, ob ich Euch noch rechtzeitig benachrichtigen kann. Nach der Antwort der Kreishauptmannschaft wäre ich genötigt, direkt von hier aus – à la Liebknecht – nach der Bahn zu marschieren und nach B[o]rsd[orf] abzureisen.

In diesem letzteren Falle ließe ich Euch per Dienstmann Nachricht zukommen, und Ihr kämt dann nach. Habt Ihr bis Dienstag nachmittag 4 Uhr keine Nachricht, dann könnt Ihr sicher darauf rechnen, daß ich hier bleiben muß. Ich bitte Euch alsdann recht sehr, das Unvermeidliche mit Ruhe hinzunehmen, Euch nicht zu sehr aufzuregen und Euch damit zu trösten, daß den 1. Januar meine Haft zu Ende ist und man mich nicht zwingen kann, die weitere sofort anzutreten. Selbst gegen eine Nachtragserkenntnis steht mir das Mittel der Revision äußersten Falles zu Gebote.

Es tut mir um Euch recht herzlich leid, Euch keine andere Mitteilung machen zu können. Komme ich nicht, so werden wir Freitag das Weitere verabreden. Komme ich nicht, so brauchst

Du mir kein Fleisch und dergleichen zu schicken, ich bin bis Freitag damit versehen; Mittwoch würde ich dann die Wäsche hinausgeben.

Mit der Inventur wird's nun ein böses Ding werden, Herr I[ßleib] wird den Kopf bös voll haben, und für Dich wird's auch ein paar schwere Tage geben. Teile Herrn I[ßleib] sofort mit, wie die Dinge stehen; wie fatal mir die ganze Geschichte ist, brauche ich Dir nicht zu sagen.

Also haltet den Kopf oben, trotz alledem und alledem. Du warst in der letzten Zeit sehr aufgeregt, weit mehr als ich; mäßige Dich und nimm Dir in *diesem* Punkt Albert [Otto] ein wenig zum Muster, so wenig ich ihn Dir sonst als Muster empfehlen möchte. Ich muß selbst in diesem Augenblicke lachen, wenn ich denke an das, was Du mir von seiner Gemütsruhe erzähltest.

Grüße Ißleibs, Brauers etc. Amüsiert Euch, so gut es nur möglich ist; wenn ich überzeugt sein darf, daß Ihr die Sache mit möglichster Ruhe hinnehmt, werde ich selbst weit ruhiger sein.
Herzlichste Grüße und Küsse Dir und Friedchen
Dein August

Werde ich nicht frei, so bitte ich, mir Mittwoch die 3 Bände Buckle, Geschichte der englischen Civilisation[2], zu schicken, Friedchen wird die Bücher leicht im Schrank finden.

---

1 Bebel wurde am Pfingstsonntag 1882 bei einem Spaziergang auf der Brühlschen Terrasse in Dresden verhaftet. Siehe Nr. 33/1.
2 Henry Thomas Buckle (1821-1899), englischer Kulturhistoriker und positivistischer Soziologe. Seine Werke wurden von deutschen Sozialdemokraten hoch geschätzt. Gemeint ist sein Werk Geschichte der Civilisation in England. Deutsch von Arnold Ruge, 2. rechtmässige Ausgabe, sorgfältig durchgesehen und neu bevorwortet von dem Uebersetzer, Bd. 1-3, Leipzig und Heidelberg 1864/1865.

44

Nachmittag 1/2 5 Uhr, den 25. Dezember 1882

Meine liebe gute Julie!

Soeben kommt auch die Antwort der Staatsanwaltschaft. Diese lautet, daß meinem Gesuch um Haftunterbrechung zwar *nicht* stattgegeben werden könne, daß es mir aber gestattet sein solle, alle auf das Geschäft bezüglichen Arbeiten in der Zelle zu vollenden und es deshalb auch Herrn Ißleib oder dessen Vertrauensmann erlaubt sein solle, zu mir in die Zelle zu kommen, um gemeinschaftlich mit mir zu arbeiten; natürlich innerhalb der seitens der Gefängnisdirektion anzuordnenden Zeiten.

Da nun aber meine Freilassung hauptsächlich die Mitwirkung resp. Leitung der Inventur betraf, die Aufnahmen vor Ende der Woche kaum beendigt sein können, ich andrerseits den 1. Januar freikomme, so wird Herr I[ßleib] wohl kaum großen Gebrauch von der ihm gestatteten Freiheit machen können.

Kann und will er mir Arbeiten in den nächsten Tagen schikken, so *soll mir das sehr angenehm sein, und bitte ich darum.* Muß er mir Eröffnungen machen oder brauche ich umgekehrt seine Meinung, so kann dieses in der angedeuteten Weise erledigt werden.

Du willst Herrn I[ßleib] Vorstehendes mitteilen. Da ich die Verweigerung des Urlaubs seit gestern für ganz sicher angesehen – sie war die Konsequenz der kreishauptmannschaftlichen Entscheidung –, so hat sie mich weiter nicht berührt, und ich hoffe, Euch wird die Sachlage auch nicht weiter beunruhigen.

Richtet Euch also darauf ein, daß Ihr den Neujahrstag mit nach Borsdorf geht, alles weitere darüber mündlich nächsten Freitag.

Sende an Paul Singer, per Adresse Herren Gebr. Singer, Kommandantenstr., Berlin C., 40 M per Posteinzahlung und an Hofbaurat Demmler[1], Schwerin/Mecklenb[urg], 22 M 50 Pf ebenfalls auf Postanweisung.

Nenne Dich als Absender. Wofür das Geld ist, bemerke nicht, sie wissen's, und sende Gruß von mir.

Vergeß nicht, dem Hausmann 5 M, dem Briefträger 3 M zu geben.

Deine Stolle ist sehr gut.

Herzlichen Gruß und Kuß Euch beiden

Dein August

Sage Herrn I[ßleib], ich hätte heute Poppesche Buchführung
studiert und wäre mit meinen Arbeiten sehr zufrieden. Es klapp-
te alles auf Heller und Pfennig.

---

1 Georg Adolf Demmler (1804-1886), Hofbaumeister in Schwerin, 1848/1849 einer der
  Führer der demokratischen Bewegung in Mecklenburg, 1859 Mitbegründer des
  Nationalvereins, Mitglied der Deutschen Volkspartei, unterstützte die IAA, seit
  1872 Mitglied der SDAP, MdR 1877/1878.

45

Leipzig, den 23. Januar 1883[1]

Mein lieber guter August!

Habe Deine lieben Zeilen heute abend erhalten, wo grade großer Trubel war, da Frieda einige Freunde eingeladen hatte, gut, daß das auch vorüber ist.

An Bahl[man]s war mein Brief ziemlich fertig, und kam der Deine gerade recht, um [ihn] noch mitzuschicken.

Die Tage gehen fabelhaft schnell vorüber, aber der Sehnsucht doch nicht schnell genug, doch verstummen die Gefühle angesichts des Elends anderer Menschen zu Wasser und zu Lande*, und ich bin froh, wenn wir Dich auch nicht haben können, daß Du wenigstens gut aufgehoben bist; wenn Du nur die andere Zeit auch hier noch verbringen kannst.[2] Ich bekomme jedes Mal einen Schreck, wenn ich lese, wie gestern im „[Leipziger] Tageblatt", daß plötzlich** ein Gefangener verstorben sei.[3] Du wirst wohl darüber lachen, d. h. über meine Sorge, aber sie ist der beständigen Angst und Sorge um Dich mit entsprungen.

Deine Vettern scheinen Dich für einen Goldonkel anzusehen. Kaum hat man dem einen begreiflich gemacht, daß Du selbst nichts verdienen kannst – das schadet aber alles nichts, sie denken gewiß, Dir schenkt es der liebe Herrgott im Schlafe –, so kommt auch schon der andere mit Anforderungen, die wir selbst nicht haben. Sie sollen sich nur auf ihr Erbteil leihen, wie es andere Leute auch tun müssen. Du kannst mir die Antwort vielleicht Freitag mitgeben, oder soll ich ihnen schreiben?

Die Liebknechtsche Rede war ganz gut, wenn auch nicht die beste. Kayser seine habe ich noch nirgends gelesen.[4] Gestern habe ich unterschrieben.[5] Herr I[ßleib] wird Dir Notizen nächstens geben.

Herzinnige Grüße und [?]

Deine Julie

* siehe des Schiffs-Untergangs[6]
** in Dresden

---

1 Julie Bebel schrieb aus Versehen 1882. Aus dem Inhalt ergibt sich, daß es sich um Januar 1883 handeln muß.

2 Erst am 9. Februar 1883 entschied sich, daß Bebel auch die vom Landgericht Dresden verhängte Strafe im Leipziger Gefängnis absitzen konnte.

3 Am 23. Januar 1883 ging die Meldung durch die Presse, daß in Dresden ein Gefangener kurz vor seiner Freilassung verstorben war.

4 Julie Bebel bezog sich auf die Debatten im Deutschen Reichstag vom 11. Januar 1883. Behandelt wurde der von Liebknecht am 28. April 1882 eingebrachte Antrag, sämtliche im Deutschen Reich bestehenden Ausnahmegesetze aufzuheben: gegen die Sozialdemokratie, die katholische Kirche und gegen Elsaß-Lothringen. Liebknecht begründete den Antrag und griff dann nochmals in die Diskussion ein. Kayser beteiligte sich ebenfalls an der Debatte. Die Abgeordneten verwarfen den Antrag mit der Begründung, daß „so verschiedene Rechtsmaterialien" nicht in derselben Gesetzesvorlage behandelt werden könnten.
(Siehe Stenographische Berichte, 5/2/5, S. 152, 832-842, 848-851, 853-865, 857).

5 Gemeint ist das Ergebnis der Inventur.

6 Am 19. Januar 1883 sank infolge Nebels ein deutscher Passagierdampfer mit Auswanderern an Bord durch einen Zusammenstoß mit einem englischen Dampfer. Dabei kamen 466 Personen ums Leben.
(Siehe Leipziger Tageblatt, 23.1.1883)

46

Meine liebe gute Julie!

Du wirst schon erfahren haben, daß ich der Frau I[ßleib] zum Geburtstag gratulierte, ich bin aber nicht sicher, ob der heutige Tag der richtige ist,[1] ich vergaß, Dich am Freitag zu fragen.

Wäsche habe ich heute hinausgegeben, was, siehe untenstehend. Ich nehme an, daß Du mir Papier, Musterbuch und Marx' „Kapital"[2] gesandt hast. Für Freitag brauche ich außer Kakao ein Stück Seife und Docht. Hast Du noch eine Probe draußen? Ich glaube. Versuche dann gleich, welchen für die Maschine in Borsdorf zu bekommen.

Also mit der Eisbahn ist's vorläufig vorbei, wird Frieda sehr schmerzen.

Weißt Du, daß Mosts Frau in London gestorben ist? Sie starb an demselben Tage, wo er in Amerika landete, und zwar an der galoppierenden Schwindsucht.[3]

Donnerstag, den 1. Februar, feiere ich ein Jubiläum, das mitzufeiern Du alle Ursache hast. Es sind dann 25 Jahre, daß ich als Handwerksbursche im ärgsten Schneewetter Wetzlar verließ, um mein Glück zu versuchen. Nach fünf Jahren der Wanderung durch die Wüste hatte ich Dich, mein Hauskreuz, gefunden.[4] Du siehst, Du darfst schon mitfeiern und Frieda auch, denn ohne jenes Ereignis existierte sie nicht. So schafft der Zufall die Menschen.

Euch beiden herzlichen Gruß und Kuß

Dein August

1 Oberhemde, 2 Kragen, 1 Paar Manschetten, 1 Paar Strümpfe, 1 Unterhose, 1 wollenes Hemde, 1 Nachthemde, 2 Taschentücher.

[Am Kopf der Seite:]
Falls die Reichstagsberichte zugeschickt werden, bitte ich, sie mir mitzubringen.[5]

---

1 Hermine Ißleib hatte am 31. Januar Geburtstag.
2 Bebel benutzte die zweite Auflage von Marx' „Kapital", Erster Band, Hamburg 1872, auch, um sein Buch „Die Frau und der Sozialismus" für die zweite Auflage zu überarbeiten.

(Neuausgabe des „Kapital" siehe MEGA, Zweite Abteilung, Bd. 6, Berlin 1987)

3 *Johann* Joseph Most (1846-1906) Buchbinder, Redakteur; seit 1868 in der österreichischen Arbeiterbewegung tätig, im Juli 1870 deshalb zu fünf Jahren schweren Kerkers verurteilt, 1871 amnestiert; nach Deutschland, dort 1871 Mitglied der SDAP, Redakteur der „Chemnitzer Freien Presse", dann der „Berliner Freien Presse", im Juni 1871 Bekanntschaft mit Bebel. 1874-1876 26 Monate Gefängnis, MdR 1874-1878, 1878 aus Berlin ausgewiesen, emigrierte nach London, seit 1879 Herausgeber und Redakteur der „Freiheit", 1880 auf Antrag Bebels wegen anarchistischer Positionen aus der SAPD ausgeschlossen. Übersiedelte 1882 nach den USA und setzte dort seine anarchistische Propaganda fort. Bebels Gesamturteil über Most in BARS, AmL, S. 344.

Klara Franziska Hänsch (1851-1882) heiratete etwa Dezember 1873 Johann Most und zog 1876 nach Berlin. Sie begleitete ihren Mann nach dessen Ausweisung nach London. 1880 Trennung der Ehegatten. Sie starb am 18. Dezember 1882 in London. (Siehe Polizeimeldebücher StA Chemnitz, übermittelt durch Christine Hinze; Rudolf Rocker: Johann Most. Das Leben eines Rebellen, Berlin 1924, S. 38; ebenda, Nachtrag, Berlin 1925, S. 444)

4 Bebels Wanderschaft führte ihn u.a. nach Frankfurt (Main), Freiburg (Breisgau), Heidelberg, Mannheim, München, Regensburg, Speyer und Salzburg. Am 7. Mai 1860 traf er in Leipzig ein und blieb dort. Auf dem Stiftungsfest des Gewerblichen Bildungsvereins zu Leipzig am 21. Februar 1863 lernte er Julie kennen. Ihr Bruder Albert Otto hatte sie zum Stiftungsfest mitgenommen.

5 August Bebel wartete auf die Stenographischen Berichte des Deutschen Reichstags.

Parteikongreß in Kopenhagen. 1883

Unterstützt vom Sozialdemokratischen Verband Dänemarks fand vom 29. März bis 1. April 1883 in Kopenhagen der zweite illegale Parteikongreß der deutschen Sozialdemokratie statt. Welch Unerschrockenheit besaß August Bebel, um knapp drei Wochen nach Haftentlassung dem Bismarck-Regime erneut zu trotzen. Mit wieviel Unruhe aber ließ er Julie zurück. Bebel nahm großen Einfluß auf den Verlauf des Kongresses. Er gab den „Allgemeinen Bericht über die Situation der Partei", in dem er u.a. die Verdienste des am 14. März 1883 verstorbenen Karl Marx für die deutsche und internationale Arbeiterbewegung würdigte, und hielt das politische Hauptreferat zum Thema „Verlängerung des Sozialistengesetzes, Taktik der Partei und Haltung des Parteiorgans". Die Sozialdemokratie mußte ihre Position zur Politik von „Zuckerbrot und Peitsche" bestimmen. Durch Gesetze über Kranken- und Unfallversicherung für Arbeiter versuchte die Bismarck-Regierung, die Sozialdemokratie zu isolieren. Einige Delegierte meinten, die soziale Frage sei durch Einsicht der Herrschenden zu lösen. Nach heftigen Debatten wurde in Resolutionen die unversöhnliche Haltung der Sozialdemokratie zum Kaiserreich bekräftigt. Die Verhaftung Bebels und acht weiterer Kongreßteilnehmer auf der Rückreise bestätigte Julies Ahnung von neuen Verfolgungen.

47

Meine liebe gute Julie!

Wenige Stunden, nachdem Du eine indirekte Nachricht von mir über Hamburg erhalten haben wirst, schreibe ich Dir diesen Brief. Es ist jetzt Nachmittag 1 Uhr; seit 1/2 11 Uhr bin ich hier, und zwar natürlich nur, weil ich, wider die Abrede, die Nacht durch gefahren bin, worüber ich mich sehr freue.

Als wir gestern nachmittag in Hamburg ankamen, gab es heftige Schneeschauer, die die so schon nicht sonderlich sauberen Straßen Hamburgs und insbesondere die von Altona in ein Schmutzmeer verwandelten. Frau G[eib][1] zu besuchen, hatte ich keine Zeit; das tue ich, wenn ich zurückkomme, wo ich mich dann dort aufhalten muß.

Abend 6 Uhr 40 fuhr ich mit Viereck ab durch Schleswig-Holstein nach Jütland, wo wir in Fredericia übernachten wollten. Aber die Schilderung von der Schwierigkeit, uns in später Nacht nach einem ordentlichen Hotel zurechtzufinden, verbunden mit dem klaren Mondschein, veranlaßte uns, weiterzufahren, und das war gut.

Kurz vor der dänischen Grenze trafen wir H[a]s[en]cl[eve]r; dagegen ist L[ie]bkn[echt] ausgeblieben und wird wahrscheinlich erst heute abend 1/2 11 Uhr eintreffen.

Nachts halb drei Uhr kamen wir auf das Schiff und fuhren über den kleinen Belt, was bei dem günstigen Wetter nur etwa 10 Minuten dauerte. Dann fuhren wir drei Stunden lang ca. mit der Bahn quer durch die Insel Fünen. Alsdann ging es vor 6 Uhr morgens, also bei hellem Tage, abermals aufs Schiff und über den großen Belt, d. h. die richtige See. Anfangs war das Wetter günstig, später wurde es etwas stark windig, und es gab recht hübsche Wellen. Gleichwohl blieb ich von der Seefahrt ganz verschont, nur einige Damen bekamen Anfälle. Doch war es für mich die höchste Zeit, als wir kurz nach 7 Uhr auf Seeland landeten und nun einen guten Kaffee und ein paar weich gekochte Eier fanden.

Unmittelbar hinter uns, etwa 10 Min. später, fuhr auch das Schiff, von Kiel kommend, das 7 Stunden zu fahren hat, in den Hafen ein. Dieses soll [es] ziemlich stürmisch gehabt haben, und bekam ein größerer Teil der Passagiere die Seekrankheit ordentlich. V[ollmar] blieb davon verschont, er behauptet, sehr gut geschlafen zu haben.

Um 8 Uhr fuhren wir von Korsör mit der Bahn ab und kamen 1/2 11 Uhr hier an, und zwar in unerwartet großer Zahl.[2] Das Wetter war gut und ist gut, wahrscheinlich genau wie bei Euch. Etwas kalt, Sonnenschein, hier und da Reste von Schnee. Ich sah hier auf Seeland Felder mit Winterfrucht (Korn und Weizen), so schön, wie ich ähnliche weder zwischen Leipzig und Dresden, noch zwischen L[ei]pz[ig] und Hamburg dieses Jahr gesehen habe. Das ist doch merkwürdig.

Kopenhagen macht, wenn man von der Bahn kommt, einen großstädtischen Eindruck. V[ollmar] und ich, wir haben ein Zimmer zusammen in einem Hotel, von dem aus wir nach zwei Seiten eine prächtige Aussicht auf die schönsten Teile der Stadt haben. Schade, daß Ihr eine solche Tour nicht mal mitmachen könnt. Friedchen würde sich über das weite Meer, die Schiffe und Inseln sehr gefreut haben. Vielfach fuhren Schiffe an uns vorbei zur Entenjagd auf der See oder zum Fischfang, die wahre Nußschalen waren.

Herr Bork, den Ihr ja kennt, erwartete uns mit andern an der Bahn.[3] Bereits habe ich mein erstes Mittagessen im Magen; ich aß unter anderm einen eigenartig zurechtgemachten, aber sehr guten Lammbraten und einen noch eigenartiger zubereiteten Gurkensalat. Freilich letzterer etwas wenig aufgetragen. Preis, wie wenn man bei uns gut bezahlt. Ein Fläschchen Bier, Suppe, 1/2 halbe Caviar, Braten und Salat ca. 2 M.

Um 5 Uhr wollen wir mit den Geschäften beginnen[4], damit wir frühzeitig heute zu Bett kommen. Ich selbst will vorher noch 2 Stunden zu schlafen suchen.

Dieser Brief geht heute abend ab, und wirst Du ihn bis Sonn-abend[5] mittag erhalten. Hoffentlich trifft er Euch so wohl, wie er mich verlassen hat. Bis jetzt ist alles über Erwarten gut gegangen.

Ist das Wetter auf der Rückreise *recht* günstig, mache ich die größere Seereise; ich fahre dann morgens hier ab und komme nachmittags in Kiel an. Wahrscheinlich werde ich noch einmal von hier schreiben.

Also macht Euch keine Sorge, und seid recht herzlich gegrüßt und geküßt

Dein August

Frau Geibs Adresse ist: Rödingsmarkt 12. Ich komme vor *Don-nerstag* nicht nach Hamburg.
Mein Zimmer wird mit dem schönsten Buchenholz geheizt. Fast alle Wälder hierzulande sind Buchenwälder, schade, daß die Jahreszeit noch so früh ist.

1 *Wilhelmine* Caroline Hannchen Geib, geb. Riek aus Eutin (1834-1906), heiratete 1866 Wilhelm Leopold *August* Geib (1842-1879). Dieser war seit 1864 Mitglied des ADAV in Hamburg, Mitbegründer der SDAP 1869, 1873-1878 Mitglied des Parteivorstands, 1873-1878 MdR, Freund der Familie Bebel. Als August, Julie und Frieda Bebel Anfang September 1887 in Hamburg weilten, besuchten sie Frau Geib.
(Siehe Anhang II; Angaben zu Wilhelmine Geib vom Staatsarchiv Hamburg)
2 Am Parteikongreß in Kopenhagen nahmen 60 Delegierte teil. Im Bericht der Mandatskommission hieß es, daß auf noch keinem Kongreß *„eine so vollkommen gleichmäßige Vertretung aller Bezirke,* in denen die Partei Anhänger besitze, vorgekommen sei... Die ärmsten Bezirke Schlesiens und Sachsens wie die entferntesten Südwestdeutschlands seien gleich dem Norden und Westen vertreten, und *gewähre die Gesamtvertretung ein sehr erfreuliches Bild von dem vortrefflichen Geiste, der die Parteigenossen in Deutschland beherrsche."* Im „Allgemeinen Bericht über die Situation der Partei" stellte Bebel fest: „Die Partei stehe, wie schon ein Blick auf die Zusammensetzung dieser Versammlung lehre, ungebrochen da, sie habe an Selbstvertrauen und Zukunftshoffnung ungemein gewonnen."
(Protokoll über den Kongreß der deutschen Sozialdemokratie in Kopenhagen. Abgehalten vom 29. März bis 2. April 1883. Hottingen-Zürich 1883; zu Bebels Auftreten siehe BARS, Bd. 2/1, S. 206-212, Zitat S. 206; AB an F. Engels, 2.5.1883, BARS, Bd. 2/2, S. 106-109)
3 André Bork, Xylograph, dänischer Sozialdemokrat, nahm ebenso wie 11 weitere dänische Sozialdemokraten als Gast am Parteikongreß teil. Der Sozialdemokratische Verband Dänemarks hatte für die Beratung sein Vereinshaus zur Verfügung gestellt. Am 31. März 1883 nahmen die Delegierten auf Einladung der dänischen Sozialdemokratie an einem gemeinsamen Bankett teil, auf dem Bebel der dänischen Sozialdemokratie für ihre solidarische Hilfe dankte.
4 Die Vorversammlung begann am 29. März 1883 um 17 Uhr und endete kurz nach 20 Uhr. Die bis dahin eingetroffenen 54 Delegierten wählten das Kongreßbüro und setzten die Tagesordnung fest.
5 31. März 1883

48

Meine liebe gute Julie!

Habe Deinen lieben Brief nebst Legitimation heute morgen erhalten. 2 Stunden vorher war der Polizeipräsident in unserem Hotel, um sich persönlich nach unserm Befinden zu erkundigen und nach Legitimation zu fragen.[1] Derselbe Besuch wurde von andern Beamten allen gemacht. Das Gute war, daß dieser Besuch sehr beschleunigend auf unsere Geschäfte einwirkte und wir bereits 1/2 5 Uhr heute nachmittag fix und fertig waren.

Da der Polizeipräsident L[ie]bk[necht] gegenüber heute nachmittag ausgesprochen hatte, er wünschte, daß wir beide speziell morgen früh Kopenhagen verließen, so werden wir diesem Wunsche mit Vergnügen nachkommen, aber wir werden noch ein oder zwei Tage in Dänemark bleiben.[2]

Die Geschichte ist famos verlaufen; ohne die polizeilichen Wünsche hätten unsere Geschäfte noch ein oder zwei Tage länger gedauert, und so war mir sehr angenehm, bälder loszukommen. Auch die Strapazen waren keine kleinen, und war schon aus diesem Grunde die Beendigung erwünscht.

Wenn Du in den nächsten Tagen allerlei Tatarennachrichten in den Zeitungen liest über uns, dann laß *Dich in keiner Weise* irritieren. Es ist alles nach Wunsch gegangen, und man kann absolut nichts machen[3], was nicht ausschließt, daß dafür um so größeren Blödsinn die Zeitungen veröffentlichen werden.

Den nächsten Brief erhältst Du erst gegen Ende der Woche; den ich Donnerstag an das Geschäft abgesandt habe, wirst Du erhalten haben.

Sei nebst unserm Friedchen recht herzlich gegrüßt und geküßt

Dein August

---

1 Die preußische Polizei besaß zunächst keinen Anhaltspunkt über Datum und Ort des im „Sozialdemokrat" öffentlich angekündigten Parteikongresses und kontrollierte die Grenzen zur Schweiz. Erst Telegramme des Polizeidirektors von Kopenhagen Vilhelm Christoffer Crone (1813-1887) vom 30. März 1883 nach Berlin, Dresden und Hamburg brachten Aufschluß. Nunmehr bereitete das Polizeipräsidium Berlin die Verfolgung von Teilnehmern des Kongresses vor. Kriminalkommissar von Hake traf in der Nacht zum 2. April 1882 in Kiel ein. Am 2. April wurden Karl Frohme, Stephan Heinzel, Philipp Müller und Carl Ulrich festgenommen, die mit dem deutschen Postschiffdampfer zurückgekehrt waren. Am 3. April wurden

Louis Viereck und Georg von Vollmar inhaftiert, die mit dem dänischen Postschiff eintrafen. Über sie alle hieß es im Bericht der Polizei, daß kein ausreichender Grund für eine weitere Haft nach Paragraph 128 des Strafgesetzbuches wegen Teilnahme an einer geheimen Verbindung vorliege, so daß sie wieder freigelassen wurden.

Ignatz Auer, August Bebel und Heinrich Dietz wurden am 4. April 1883 auf dem Bahnhof in Neumünster festgenommen. Ihre Ankunft hatte der deutsche Konsul in Korsör der Polizeibehörde in Kiel avisiert. Über Bebels Aussage hieß es im Polizeibericht: „Ich komme von Copenhagen, woselbst ich an der Ende voriger Woche abgehaltenen Zusammenkunft meiner Parteifreunde als Vorsitzender teilgenommen habe. – Über die Verhandlungen verweigere ich jegliche Auskunft. Ich reise jetzt nach Kiel und weiter im Interesse meiner Geschäfte. gez. A. Bebel."

Die aus diesen Verhaftungen folgenden Gerichtsverhandlungen fanden im September/Oktober 1885 in Chemnitz bzw. im Juli/August 1886 in Freiberg statt. Alle wurden verurteilt. Bebel erhielt neun Monate Gefängnis zudiktiert.

(Siehe Geheimes Staatsarchiv Preußischer Kulturbesitz (ehemals Merseburg), Rep. 77, Tit. 343 A, Bd. 1, Nr. 152, Adh. 35, Bl. 120-125, Zitat Bl. 122; siehe auch BLHA, Rep. 30, Tit. 94, Lit. C, Nr. 376, betr. den Partei-Congreß der Deutschen Social-Demokratie in Kopenhagen im Jahre 1883 und Nr. 376a betr. die Einleitung eines Strafverfahrens aus § 129 des Reichs-Strafgesetzbuches gegen die Delegirten des Congresses der Deutschen Sozialisten in Copenhagen im Jahre 1883; V. Jörg [d.i. Georg von Vollmar]: Der Bericht der Reichstags-Kommission über die Abgeordneten-Verhaftungen erfolgt am 2., 3. und 4. April 1883 zu Kiel und Neumünster, München 1883; Cedergreen Bech: Crone, in: Dansk biografisk leksikon, 3, Kopenhagen 1979, S. 496/497, übermittelt von G. Callesen)

2 Nach Abschluß des Kongresses fuhren I. Auer, A. Bebel, E. Bernstein, H. Dietz und R. Fischer nach Korsör und redigierten dort das Kongreßprotokoll, in dem sie die Debatten zusammenfaßten und die Namen der Redner tilgten.

(Vergleiche dazu das gedruckte Protokoll, wie Nr. 47/2, mit dem handschriftlichen Protokoll: Die Kongresse der Sozialistischen Arbeiterpartei Deutschlands unter dem Sozialistengesetz, Teil II, Erstveröffentlichung der handschriftlichen Protokollaufzeichnungen. Zusammengestellt von Ursula Herrmann, Wilfried Henze und Ruth Rüdiger..., Leipzig 1980, S. 63-122.

3 Bebel hielt eine Verurteilung wegen Teilnahme am Parteikongreß nicht für möglich.

Unterwegs für Geschäft und Partei. 1883

Vom zeitigen Frühjahr bis in den Spätsommer jedes Jahres unternahm Bebel Geschäftsreisen, um bei Architekten und Bauherren Aufträge für die Tür- und Fenstergriffe der Firma Ißleib & Bebel zu erhalten. Hauptsächlich in Süddeutschland und in der Schweiz fand die Firma Kunden, die sich nicht an Bebels politischer Haltung störten. Die Silbermedaille auf einer Industrieausstellung in Halle 1881 sprach für ihre Produkte. Die Gespräche mit Sozialdemokraten drehten sich bei dieser Reise besonders um die Ergebnisse des Kopenhagener Kongresses und um Bebels Nachwahl in den Reichstag am 29. Juni 1883 in Hamburg. Zürich war stets Bebels wichtigster Anlaufpunkt. Mit den Kampfgefährten in der Redaktion und Expedition des „Sozialdemokrat" führte er immer einen gründlichen Meinungsaustausch, und auch die Finanzen unterzog Bebel einer Revision. Julie war bei den Reisen eine unerläßliche und zuverläßliche Partnerin. Sie kündigte ihren Mann bei der Kundschaft an, übermittelte ihm dringliche Parteiangelegenheiten und sandte wohl auch das Kassenbuch der Partei nach Zürich. Doch wuchs zu dieser Zeit ihre Unzufriedenheit mit der nun schon zwei Jahre währenden Trennung.

49

Meine liebe gute Julie!

Ich habe heute morgen Deinen lieben Brief und soeben nach erfolgter Rückkehr vom Geschäft auch Deine Depesche empfangen. Dein Brief hatte mich sehr beruhigt, denn ich war in Zweifel, ob man über Dich auch Briefsperre verhängt. Deine Depesche zeigt mir, daß auch keine in B[orsdorf] verhängt ist, und da das Material von Kiel ebenfalls zurückkam, so scheint an den Versuch einer Anklage nicht gedacht zu werden.[1] Du kannst Dich also beruhigen und Deine Träume Träume sein lassen. Selbst im Falle einer Voruntersuchung war noch lange kein Grund zu einer Verhaftung vorhanden, das geht denn doch nicht so ohne weiteres. Da ich erst Donnerstag[2] in Halle mein Geschäft machen kann, so kann ich die beabsichtigte Tour nach Thüringen vor Himmelfahrt nicht mehr erledigen, ich müßte also nächsten Sonntag und Himmelfahrt draußen liegen. Ich werde also von Halle aus noch Zeitz und Weißenfels besuchen und Freitag abend zurückkehren, alsdann nach Himmelfahrt die Tour wieder aufnehmen und in der Pfingstwoche bis Donnerstag oder Freitag erledigen.

Das beste ist, Du kommst Mittwoch abend nach Halle und bleibst die Nacht bei mir, wir können dann alles besprechen.

Wenn Du 7 Uhr 20 abends fährst, bist Du 8 Uhr 27 dort. Vielleicht kannst Du aber auch schon 4,50 [Uhr] nachmittags fahren, wo Du alsdann 5,34 [Uhr] ankämst. Ich würde Dich am Bahnhof empfangen.

Friedchen könnte ja die Nacht bei der Tante[3] schlafen.

Wenn Du kommst, bringe mir ca. 8 Bronzekarten und 20 M mit.

Kommst Du nicht, so schreibe an Hasenclevers[4], Anhalter Str. 9a, II, ich werde dieselben den Mittwoch abend besuchen und dort Brief in Empfang nehmen. Aber sieh zu, daß Du, wenn irgend möglich, kommst, damit ich Dir die Grillen vertreibe.

Frau Vierecks Tasche habe ich an Dich gegeben, da ich nicht wußte, was ich mit anfangen sollte, ich werde Dietz schreiben. Daß Frl. Viereck solche Sehnsucht nach mir hat, ist mir schwer begreiflich, ich glaube, Frau Viereck versteckt ihre eigene hinter der ihrer Schwester; Du brauchst aber da nicht eifersüchtig zu sein, das sind alles sehr platonische Vorgänge. Was in aller Welt soll ich denn auch mit einer zweiten Frau anfangen, und zwar mit der eines andern. Deine Grillen und Deine Träume sind sehr langweilige Gesellen.

Also auf baldiges Wiedersehen.

Herzlichste Grüße und Küsse Dir und Friedchen von

Deinem August

1 Durch die Presse war die Mitteilung gegangen, daß über die Teilnehmer des Kopenhagener Kongresses eine Briefsperre verhängt worden sei. Es dürften ihnen weder Briefe noch Päckchen ausgehändigt werden. Das erwies sich als Fehlmeldung. Bei dem Material aus Kiel handelte es sich wohl um bei der Verhaftung in Neumünster beschlagnahmte Dokumente.

2 26. April 1883.

3 Friederike Brauer.

4 Wilhelm Hasenclever heiratete um 1877 in Berlin Maria Johanna *Clara* George (geb. 1856). In Leipzig gebar sie 1880 die Tochter Helene, in Halle 1884 den Sohn Ulrich. Nach Erkrankung und Tod ihres Mannes ernährte sie die Familie durch ein Zigarrengeschäft in Berlin. Sie soll nach den USA ausgewandert sein.

(Siehe BLHA, wie Nr. 18/10)

50

Frankfurt (Main), den 28. Mai 1883

Meine liebe gute Julie!

Ich habe den Auszug mit den Zeilen von Dir erhalten[1], und zwar heute vormittag. Du wirst am besten tun, Deine Briefe nicht erst am Abend des Tages, den ich bestimmte, aufzugeben, sonst kommen sie leicht zu spät, namentlich wenn ein Sonntag dazwischen liegt.

Du hast keine Zeile erwähnt, daß Du meinen Brief am Sonntag erhalten hast, wahrscheinlich war Dein Brief schon weg. Daß ich mit I[ßleib] mich hier getroffen habe, wirst Du bereits wissen. Er kam am Sonnabend[2] eine Stunde nach mir an. Gestern sind wir nur vormittags bei dem Kaffee zusammengewesen. Er war zu seinem Freunde Waldschmidt zu Tische geladen, in dessen Familie er bis spät abends verblieb. Ich habe gegen Abend mit Opificius[3] eine Waldpartie gemacht, von der wir nach neun erst zurückkehrten. Frau O[pificius][4] hat sich durch zu vieles Arbeiten krank gemacht. Er und sie lassen Dich grüßen und auch Friedchen.

Heute habe ich hier mein Geschäft gemacht, das mich aber so in Anspruch nahm, daß ich nicht mehr, wie beabsichtigt, nach Mainz kam, sondern erst morgen früh [fahre]. Herr I[ßleib] wird auch morgen früh abreisen, und zwar zunächst nach Hersfeld; dann will er in Berka und in Eisenach eine kurze Pause machen und trifft Mittwoch abend gegen 6 Uhr oder nach 9 Uhr in Leipzig ein.

Mir blüht diese Woche auch noch eine große, schon gefürchtete Reise. Ich muß nach Hamburg.[5] Ich reise Donnerstag nachmittag von Mannheim, wo ich alsdann bin, ab und kehre Sonntag wieder nach dort zurück.

Du willst also vorläufig etwaige Briefe nicht wie angegeben senden, sondern schickst, was Du etwa nach Empfang dieses Briefes bis zum Sonnabend abzuschicken hast, an Aug[ust] Dreesbach, Kaufmann, Mannheim H 1, N. 7.

Mit meinem hiesigen Geschäft bin ich diesmal zufrieden, erstens habe ich einen neuen Kunden gewonnen, der für ca. 170 M bestellte, außerdem einige neue Verbindungen angeknüpft, von denen ich annehme, daß sie Erfolg haben.

Es ist höllisch warm, aber man gewöhnt sich allmählich daran wie ein Droschkengaul, der philosophisch in Wind und Wetter aushält.

Gestern abend, als ich von der Partie zurückkehrte und in eine Gartenwirtschaft trat, setze ich mich an denselben Tisch, an dem – Kleinstück, Hubertusburger Angedenkens, saß.[6] Möglich, daß er mich sofort erkannte, denn er drückte sich rasch; ich erkannte ihn erst an der Stimme. Der Kerl sah übrigens ganz patent aus und war ziemlich dicker geworden.

Heute abend werde ich wahrscheinlich noch Neustädter[7] treffen, den Herr I[ßleib] heute besuchte.

Sage Frau I[ßleib], ich ließ bitten, daß

Regierungsbaumeister Braun ⎫

Carl Weiser und ⎬ Straßburg/Els[aß]

Ed[uard] Korn ⎭

Avise zugeschickt würden, falls es noch nicht geschehen sei. Ebenso: Herm[ann] Weil[8] und Aug[ust] Wenen in Karlsruhe.

Das ist alles, was ich für heute zu schreiben habe.

Seid beide aufs herzlichste gegrüßt und geküßt

Dein August

---

1 Bebel begann am 4. Mai 1883 eine Reise, die ihn bis zum 13. Juli 1883 nach Zwickau, Dresden, Frankfurt (Main), Mainz, Mannheim, Ludwigshafen, Straßburg, Baden-Baden, Colmar, Freiburg (Breisgau), Bern, Zürich, Stuttgart, München, Regensburg, Nürnberg und Plauen (Vogtland) führte.

2 26. Mai 1883.

3 Ludwig Opificius (1849-1910), Chemiker, trat 1866 dem Arbeiterbildungsverein Frankfurt (Main) bei, 1869 Mitbegründer der SDAP, vertrat bei Auseinandersetzungen in der Frankfurter Parteiorganisation den Standpunkt von Bebel und Liebknecht, mit denen er auch persönlich befreundet war. Förderer der Arbeiterkulturbewegung.

4 Margarethe Barbara Opificius, geb. Grießmeyer (1847-1927), engagierte sich in der sozialdemokratischen Frauenbewegung sowie in der Zentral-Kranken- und Begräbniskasse für Frauen und Mädchen in Deutschland.
(Siehe Volker Eichler: Sozialistische Arbeiterbewegung in Frankfurt am Main 1878-1895, Frankfurt a. M. 1983, S. 159, 454; Lebensdaten übermittelt vom Institut für Stadtgeschichte, Frankfurt/Main)

5 Bei einer Nachwahl zum Deutschen Reichstag im 1. Hamburger Wahlkreis war August Bebel als Kandidat aufgestellt. Die geplanten Wahlversammlungen, auf denen er sprechen sollte, wurden polizeilich verboten. In der Hauptwahl am 15. Juni 1883 erhielt Bebel mit 9078 Stimmen die relative Mehrheit. Bei der Stichwahl am 29. Juni 1883 siegte er mit 11 715 Stimmen gegenüber 11 608 für seinen Gegner von der Deutschen Fortschrittspartei. Außer während der Wahlperiode 1893-1898 vertrat Bebel bis zu seinem Tod den 1. Hamburger Wahlkreis im Deutschen Reichstag. Siehe auch Nr. 53/1.

6 Heinrich Eduard Kleinstück (geb. 1841) war als Student wegen Kreditbetrugs zu drei Jahren Festungshaft verurteilt worden, die er ab 26. August 1871 in Hubertusburg verbüßte. Im Unterschied zu Bebel und Liebknecht, die zur gleichen Zeit dort inhaftiert waren, wurde ihm am 30. Dezember 1873 die Reststrafe erlassen.

(Siehe SAPMO/BArch, Akte Festungs-Gefangene Hubertusburg, NY 4022/4 Ü)

7 Der Journalist Max Neustädter war zu dieser Zeit an der „Frankfurter Zeitung" tätig. Er war am 17. April 1883 wegen Beleidigung zu einem Monat Gefängnis verurteilt worden.

(Siehe Geschichte der Frankfurter Zeitung 1856 bis 1906, Frankfurt am Main 1906, S. 561)

8 Hermann Weil, „Eisenwaren en gros, Zähringerstr. 58", laut Adreßbuch Karlsruhe 1883. August Wenen ist nicht im Adreßbuch verzeichnet.

51

Meine liebe gute Julie!

Du hast diesmal mit Deinen Briefen ein besondres Pech. Reitenbach[1] ist seit 10 Tagen nach Gumbinnen in Ostpreußen auf Besuch, und so ist, als ich heute früh Deine Depesche bekam – sie wurde gestern nicht mehr ausgetragen – und auf der Post nachfragen ließ, der Brief nach Gumbinnen gegangen. Jetzt entsteht die Frage, ob ihn R[eitenbach] wieder an Dich oder hierher sendet. Erhältst Du ihn und gibst ihn Sonnabend früh noch auf, so kann der Brief noch hier in meine Hände gelangen. Adresse Frau J. Moretti, Hottingen-Zürich, Dolderstr. 18.

Ich kann mir denken, warum Du das andere nicht geschickt hast. Nunmehr ist es auch zu spät, denn ich kann mich nicht noch abermals 2 Tage oder 3 aufhalten. Die Geschichte muß bleiben bis ein andermal.

Wir haben seit einer Reihe Tagen sehr viel Regen. Ich bin einige Male patschnaß geworden, gut, daß ich doppelte Anzüge hatte. In Freiburg hatte ich vorigen Donnerstag[2] in der Familie des Architekten Mees[3] einen angenehmen Abend, ich ging schließlich mit einem Rausch heim. Das ist mir lange nicht passiert. In Bern logierte ich bei dem stud. med. Schopen[4], der mich sehr freundlich aufnahm und bei dem ich ebenfalls einen Tag ganz angenehm verbrachte. Sch[open] hat ein Frl. Georgi in Leipzig, wo ihre Familie kürzlich hingezogen ist, zur Braut. Der Onkel der Dame ist der Leipz[iger] Oberbürgermeister[5]. Es ist nicht unmöglich, daß Frl. Georgi Dich einmal besucht, und darum schreibe ich Dir das. Möglicherweise kommt aber auch Schopen noch dieses Jahr nach Leipzig, und wenn er Dich dann besucht, willst Du Dich seiner erinnern.

Hier bin ich seit Sonntag nachmittag. Ich ging mit M[otteler]s und verschiedenen Bekannten aus, und machten wir zusammen eine Kahnpartie auf dem See. Frau M[otteler] trug einen mächtig großen, runden Hut mit großer, schwarzer Feder, der Hut war inwendig mit purpurroter Seide gefüttert; ferner trug sie ein altdeutsch gearbeitetes, schwarzes Stoffkleid und einen roten, feinen Ledergürtel. Alle Welt staunte sie an.

Wegen des Regenwetters bin ich noch nicht in die Ausstellung gekommen; ich werde morgen und übermorgen von hier ver-

schiedene Abstecher machen für das Geschäft und spätestens
Dienstag die Schweiz verlassen.

Wahrscheinlich werde ich für Stuttgart neue Wäsche brauchen. Ich werde Dir noch schreiben.

Die herzlichsten Grüße und Küsse für Dich und Friedchen
von
Deinem August

1 John Christian Reitenbach (1816-1902), Gutsbesitzer, Demokrat, Freund und
Gesinnungsgefährte von Johann Jacoby, 1863 als Steuerverweigerer im preußischen
Verfassungskonflikt verurteilt, redigierte 1864-1870 den „Bürger- und Bauern-
freund" in Gumbinnen, 1872 Mitglied der SDAP, 1881 nahm er seinen ständigen
Wohnsitz in der Schweiz.
(Siehe Liebknecht-Briefwechsel II, wie Nr. 3/3, S. 64; Haus-, Hof-, und Staatsarchiv Wien,
wie Nr. 34/3, 1881, Nr. 2107)

2 7. Juni 1883.

3 Wilhelm Mees (1849-1908), in Freiburg 1890-1908 Mitglied des Stadtrats; in erster
Ehe verheiratet mit Konstanze Haneisen, in zweiter Ehe mit Frieda Schmidt.
(Mitgeteilt vom StA Freiburg/Breisgau)

4 Bebel wohnte zwei Nächte bei Peter Emil Schopen in Bern. Dieser war ein Freund
von A. Ehrenberg. Schopen vertrat bald darauf wie Ehrenberg die Auffassung, die
Sozialdemokratie müsse sich durch kriegswissenschaftliche Studien auf einen Aufstand vorbereiten. Beide drängten die Sozialdemokraten zu anarchistischen Putschen. Bebel bezeichnete Schopen Anfang 1888 als preußischen Polizeiagenten.
Aufgrund belastender Materialien wies der Schweizer Bundesrat am 27. Januar
1888 Ehrenberg und Schopen als Anarchisten aus der Schweiz aus.
(Siehe Nr. 149, 150; Bebels Reichstagsreden vom 30.1. und 17.2.1888, Stenographische
Berichte, 7/2/1, S. 613, 964)

5 Otto Robert Georgi (1831-1918), Jurist, Nationalliberaler, 1871-1876 MdR, 1876-1899
Oberbürgermeister von Leipzig.

52

Meine liebe gute Julie!

Telegramm wird Dir bereits gesagt haben, daß alles da ist. Die Bücher sind gestern gekommen, und traf ich sie, als ich abends 10 Uhr von der Reise zurückkam. Reitenbach hat auch das Buch geschickt, so daß alles hier ist.[1] Hättest Du meinen Ratschlag sofort befolgt, wurden Dir und mir viel Verlegenheit und Sorge erspart. Ich wußte wohl, daß Pakete hier der Zollkontrolle unterliegen, aber das hat hier in der Schweiz *gar keine* Bedeutung. Außerdem ist das Paket nicht einmal eröffnet worden, man ist hier in diesen Dingen sehr anständig.

Deine Aufregung und Sorge kann ich mir sehr leicht vorstellen, habe ich doch bis zum Eintreffen des Telegramms selbst darunter gelitten, alsdann war ich beruhigt.

Diese Aufregung hat auch sehr auf die Stimmung in Deinem letzten Brief gewirkt. Ich will Dir deswegen keine Vorhalte machen, ich weiß, daß, wenn ich einige Wochen von Dir weg bin, ich auf einen solchen Brief rechnen kann. Ich werde künftig gar nicht mehr schreiben dürfen, was ich tue und treibe, weil Dich das stets aufregt und zu bitteren Vergleichen herausfordert.

Das Merkwürdige ist nur, daß Frauen, die das ganze Jahr ihren Mann um sich haben, sich in derselben bitteren Weise ergehen. Als ich M[otteler]s von Deiner Stimmung erzählte, brach Frau M[otteler] los, was sie denn von ihrem Manne habe; sie sitze da wie ein Opferstock, und das einzige Bewußtsein sei, daß er neben ihr sitze.

So und ähnlich höre ich die Frauen *überall* klagen, daß ich mich oft frage, wo in aller Welt die sog. glücklichen Ehen sind.

I[ßleib]s sind unvernünftig, und zwar er nicht minder als sie. Ihm habe ich es in Frankf[urt] auch gesagt, als er von der „Gewohnheit" der Trennung sprach. Außerdem scheint er, seitdem er wieder zurück ist, in böser Laune zu sein. Daß das Geschäft nicht geht, ist ganz wesentlich die Ursache seiner Preisschraubereien. Wenn er so fortfährt, wird es noch schlimmer. Die große Hornbestellung war auch ein Unsinn; gegenwärtig ist unser Bedarf nicht so, daß sich solche Bestellungen rechtfertigen. Es ist recht gut, daß Du an Schuster geschrieben hast, hoffentlich hält er endlich Wort.

Die Frage wegen Grillenberger habe ich noch nicht in einem Deiner früheren Briefe gefunden. Das beste war, Du hättest ihm geschrieben, daß H[asenclever] bereits das Geld reklamierte, dann wußte er, woran er war. Hierher hat er auch geschrieben, daß ich mich für ihn um Geld verwenden soll.[2] Je näher man zuhört, desto größer wird das Loch, das zugestopft werden soll. Andrerseits scheinen sie im Geschäft keine Vorkehrungen zu treffen, das Personal einzuschränken und ihre Einnahmen und Ausgaben ins Gleichgewicht zu setzen. Wenn ich hinkomme, werde ich mir kein Blatt vor den Mund nehmen.*

Ich habe am Donnerstag[3] Dir einen Brief geschrieben und mit dem „Soz[ial]demokr[at]" zugleich abgesandt, ich habe die Adresse selbst geschrieben, damit Du ihn sofort öffnest.

Ich war die letzten 3 Tage auf Abstecher und kehrte erst gestern abend 10 Uhr zurück. Wir haben die ganze Woche fast ununterbrochen Regenwetter, die Leute auf dem Lande sind in großer Verzweiflung, da die Ernte schon eine Reihe von Jahren schlecht ausfiel und sie dieses Jahr wiederum schlecht zu werden droht. Heute ist es sehr kühl. Den Nachmittag will ich mir die Landesausstellung ansehen.

Hier habe ich auch die Verfasserin des letzten Romans aus der „N[euen] W[elt]" kennengelernt; es ist eine jung verheiratete Frau, Jüdin, sehr klein von Gestalt, durchaus nicht hübsch, aber gescheit.[4]

Das Hamburger Wahlresultat wird Dir bekannt sein. Freitag abend warteten die hiesigen Leute bis nachts 1/2 1 Uhr vergeblich auf eine Depesche. Das Resultat ist günstig, aber, wie vorauszusehen, eine Stichwahl nötig.[5] Persönlich soll mich's freuen, wenn ich durchfalle, vor dem Doppelmandat nächsten Winter graut mir.

Gertrud [Liebknecht] benimmt sich recht merkwürdig, der ist mit gar keiner Stelle gedient. Die neueste Wendung überrascht mich; dort wird es ihr auch nicht gefallen, wenn sie nicht dem Juden ausnehmend gefällt und er ihr. Letzteres bezweifle ich.

Ich muß gegen Mittag zu Schramm[6]; Höchberg[7], dem es nach neuesten Nachrichten schlecht geht – er behauptet, sich im 2. Grade der Schwindsucht zu befinden –, soll einige Kommissionen für mich haben. Sage I[ßleib]s vorläufig nichts.

Die 120 M aus Genf sind quittiert, ich werde dem Betreffenden Meldung machen.

Wie ich Dir schon schrieb, willst Du Dienstag zwei Hemden, 6 Kragen, 12 Bronze- und 6 Hornmusterbücher nach Stuttgart schicken an die aufgegebene Adresse Fr. Bösch, Weißenburgstr. 10.

Eben kommt Bernstein und erzählt mir, daß nächsten Mittwoch Liebknecht herkomme; er wird ein paar Wochen hier bleiben.[8]

Nun will ich schließen. Und nun bitte ich Dich, Dich nicht zu sehr aufzuregen. Ich werde Dir Mittwoch oder Donnerstag, vielleicht auch erst Freitag wieder von Stuttgart schreiben. Es ist möglich, daß ich nunmehr, da die Bücher hier sind, einen Tag länger hier bleiben muß, um die Geschichte zu ordnen.

Leb wohl und sei nebst Friedchen recht herzlich gegrüßt und geküßt von
Deinem August

* Ich habe Dir geschrieben, ihm die 300 M zu schicken.

1 Offenbar handelte es sich um Unterlagen zur Abrechnung von Parteigeldern, die Julie an Reitenbach gesandt hatte. Bebel revidierte bei seinem Aufenthalt in Zürich mit H. Dietz und C. Conzett die Rechnungsbücher der Expedition des „Sozialdemokrat", der Volksbuchhandlung und der Genossenschaftsdruckerei.

2 Die Firma Wörlein & Comp., die sozialdemokratische Parteidruckerei in Nürnberg, war in finanzielle Schwierigkeiten geraten, auch infolge polizeilicher Beschlagnahme von Schriften. Bebel empfahl eine wesentliche Änderung der Geschäftsführung. Grillenberger erhielt aus den Reihen der Sozialdemokratie finanzielle Unterstützung. W. Hasenclever konnte „bei einem wohlhabenden Freunde in Buckau ein Darlehen" vermitteln. Gegen Grillenberger und Hasenclever in diesem Zusammenhang von bürgerlichen und anarchistischen Kreisen erhobene Anschuldigungen wurden bei zwei Beleidigungsklagen vor Gericht zurückgewiesen.
(Siehe G. Gärtner: Die Nürnberger Arbeiterbewegung, Nürnberg 1908, S. 113; AB an W. Liebknecht, 15.5.1883, Liebknecht-Briefwechsel II, wie Nr. 3/3, S. 490; AB an J. Motteler, 17.7.1883, BARS, Bd. 2/2, S. 114)

3 Der Brief trägt das Datum von Mittwoch, dem 13. Juni 1883.

4 Gemeint ist der Roman „Vom Baume der Erkenntnis. Von J. Zadeck [!]", der von Nr. 8 bis Nr. 21 (April bis Oktober 1883) in Fortsetzung in der „Neuen Welt" abgedruckt wurde.
Julie Romm, geb. Zadek (1853-1916), Schwester des Berliner Sozialdemokraten Ignaz Zadek und von Regina Schattner, die in zweiter Ehe E. Bernstein heiratete. Julie ging 1881 zum Studium nach Zürich, heiratete dort im Dezember 1882 den russischen Medizinstudenten und Sozialdemokraten Maxim Davidovitsch Romm (1853-1921), der 1886 seine Prüfungen als Dr. med. ablegte. Mitarbeiterin der „Neuen Zeit", besonders auf dem Gebiet der Literaturkritik. Im Oktober 1890 begaben sich beide nach New York, dort in der sozialistischen Bewegung engagiert, Julie ab 1910 Redakteurin der Frauenseite in der „New Yorker Volkszeitung".

(Siehe Florian Tennstedt: Arbeiterbewegung und Familiengeschichte bei Eduard Bernstein und Ignaz Zadek, in: IWK, 1982/4, S. 451-481; Nachruf von Karl Kautsky, Neue Zeit, 34. Jg., 1915/1916, 1. Bd., S. 704; siehe auch Julie Romm: Erinnerungen an August Bebel, New Yorker Volkszeitung, 17.8.1913; dieselbe: August Bebel, ebenda, 23.8.1913. Neudruck in: Bebel. Nachrufe, wie Nr. 13/2, S. 284-290)

5 Siehe Nr. 50/5.

6 Carl August Schramm (1830-1905), Versicherungsbeamter, Ökonom, kam zu Beginn der 70er Jahre vom Liberalismus zur SDAP, seit der zweiten Hälfte der 70er Jahre Verfechter staatssozialistischer Auffassungen in der Sozialdemokratie; am 29. November 1878 aus Berlin ausgewiesen, Emigration nach Zürich, 1879 an der Ausarbeitung des „Dreisterneartikels" beteiligt, seit 1884 Auseinandersetzungen mit ihm in der „Neuen Zeit" und im „Sozialdemokrat", besonders wegen seiner Angriffe auf die Lehre von K. Marx. Wandte sich 1886 von der Arbeiterbewegung ab. Siehe auch Nr. 78/7.

7 Carl Höchberg (1853-1885), Sohn eines begüterten Kaufmanns in Frankfurt (Main), Verleger, Anhänger des ethischen Sozialismus, seit 1876 Mitglied der SAPD. Nutzte sein Vermögen zur Unterstützung der Sozialdemokratie, half auch Bebel. Spendete Zehntausende Mark für sozialdemokratische Presseorgane. 1877/1878 Herausgeber der „Zukunft" und 1879-1881 des „Jahrbuchs für Sozialwissenschaft und Sozialpolitik", entwickelte darin 1879 im „Dreisterneartikel" ein Programm, in dem er die Sozialdemokratie aufforderte, ihre revolutionären Ziele aufzugeben. Marx und Engels verfaßten hiergegen den „Zirkularbrief". Bebel distanzierte sich vom „Dreisterneartikel", schätzte aber Höchbergs selbstlose hohe finanzielle Unterstützungen für die Sozialdemokratie, u.a. 1879-1881 für den „Sozialdemokrat". Ab April 1883 betrachtete sich Höchberg nicht mehr als Parteimitglied. Siehe auch Nr. 65.

(Siehe AB an F. Engels, 23.10.1879 und AB an I. Auer, 4.1.1882, BARS, Bd. 2/2, S. 25-27, 80-83; C. Höchberg an E. Bernstein, Moskau, F. 204, vor allem Nr. 817; MEGA, I/25, S. 171-185).

8 Liebknecht befand sich vom 19. Juni bis 3. Juli 1883 nicht in Borsdorf. Offenbar weilte er in diesem Zeitraum auch in Zürich.

(Übermittelt von W. Schröder aus Unterlagen im Liebknecht-Fonds Moskau).

53

Meine liebe gute Julie!

Das Ende des Hamb[urger] Wahlkampfs wirst Du wissen; da bin ich also mit knapper Majorität wieder in den Reichstag gerutscht. Der Kampf war augenscheinlich sehr heiß, und mag die Spannung bis zum endgültigen Resultat eine sehr große gewesen sein.[1] Wir saßen gestern bis nach 12 Uhr nachts beisammen und erwarteten das Telegramm, aber es kam keins. Frau Viereck war sehr müde; hätte ich nicht gedrängt, daß sie nach Hause gingen, und wäre ich nicht mit gutem Beispiel vorangegangen, Viereck wäre nicht heim. Der war wegen des Ausgangs in großer Aufregung.

Beiläufig bemerkt kam ich Donnerstag nicht von München weg, es handelte sich um ein Geschäft, das schließlich noch in der Schwebe blieb und bis heute noch nicht abgeschlossen ist. Da nun gestern in ganz Bayern katholischer Feiertag war und ich diesen hier im langweiligen Regensburg hätte zubringen müssen, so blieb ich in München und bin heute vormittag dort weg. Morgen, Sonntag vormittag, fahre ich nach Nürnberg, wo ich 1 Uhr eintreffe. Ich werde dort im Hotel logieren, da zwischen Grillo und Flurer[2] großer Streit herrscht und mein Logieren bei letzterem als eine Parteinahme angesehen wird. Ein gut Teil der Differenzen ist wohl auf die beiderseitigen Frauen zurückzuführen.

Das Wahlresultat erfuhr ich heute vormittag in München. Es wird jetzt nötig sein, daß Du Mittwoch nachmittag nach Borsdorf gehst und Dir vom Ortsvorstand eine Bescheinigung meiner Wählbarkeit holst. Wie eine solche lautet, werde ich entwerfen, damit Du gleich sie dem Vorstand vorlegen kannst. Eventuell mußt Du mir auch das Schreiben des Wahlkommissars, das mittlerweile dort sein wird, schicken. Doch will ich mich zuvor in Nürnberg genauer informieren und Dir schreiben.

Heute haben wir eine ungemeine Hitze, zum Glück weht ein ziemlicher Wind. Ich will sehr froh sein, wenn ich endlich wieder zu Hause bin.

Ich hoffe von Euch Nachricht in Nürnberg zu finden.

Die herzlichsten Grüße und Küsse an Dich und unser liebes Friedchen

Dein August

Vierecks, Kegel und Stangl[3] lassen grüßen.
Die gestrige Wahl fiel mit der Verlängerung des Belagerungszustandes zusammen, war also für diesen eine hübsche Quittung.

1 Siehe Nr. 50/5. Bei der Stimmenauszählung befand sich Bebels Gegner stets an der Spitze. Zuletzt fehlte nur noch der Bezirk 43 aus der Süderstraße. Zu diesem Zeitpunkt hatte Bebels Gegner rund 400 Stimmen Vorsprung. Das Ergebnis erbrachte dort 586 Stimmen für Bebel, 76 für den Gegenkandidaten. So war Bebels Wahlsieg erst ganz zum Schluß entschieden. Bebel erfuhr von dem Wahlsieg in München. (Siehe Heinrich Laufenberg: Geschichte der Arbeiterbewegung in Hamburg, Altona und Umgegend. Zweiter Band, Hamburg 1931, S. 364/365)
2 Johann Flurer (geb. 1838), Schuhmacher, dann Lederhändler. Zunächst Mitglied der Volkspartei in Nürnberg, 2. Hälfte 70er Jahre Sozialdemokrat, 1878 Ausschußmitglied des sozialdemokratischen Wahlvereins. Für 1878 vermerkte die Polizei: „... eng befreundet mit Grillenberger". Seit 1864 verheiratet. (Siehe Hugo Eckert: Liberal- oder Sozialdemokratie. Frühgeschichte der Nürnberger Arbeiterbewegung, Stuttgart 1968, S. 131)
3 Joseph Stangl (1841-1892), Weißwarenhändler, Sozialdemokrat in München; gehörte 1870 zu einer Oppositionsgruppe in Bayern um Jacob Franz und Robert Neff, die sich vom ADAV abwandte und sich 1870 der SDAP anschloß. Unter dem Sozialistengesetz Mitarbeiter im illegalen Vertriebssystem des „Sozialdemokrat". Laut Leipziger Polizeiakte wohnte die Familie Bebel vom 7. bis 12. August 1884 während ihrer Urlaubsreise bei ihm. (Lebensdaten vom StA München entsprechend der Berufsangabe)

Im sächsischen Landtag. 1883/1884

Am 12. November 1883 reiste August Bebel nach Dresden und nahm mit Unterbrechungen bis zum 10. März 1884 an den Beratungen des Landtags teil. Als neuer Abgeordneter gesellte sich zu den Sozialdemokraten Georg von Vollmar, der in Chemnitz gewählt worden war. Dagegen schied Otto Freytag nach sechs Jahren aus, sein Wahlkreis ging verloren. Zusammen mit den anderen Sozialdemokraten setzte sich Bebel dafür ein, das Krankenkassengesetz auch auf Bergarbeiter und weitere Berufsgruppen, die dem Land unterstanden, auszudehnen. Seine dazu am 26. November 1883 gehaltene Rede fand als Broschüre weite Verbreitung. Erneut stützte sich Bebel auf zugesandtes Material, als er die Willkür von Polizei und Justiz anprangerte. Wieder verband er die parlamentarische mit außerparlamentarischer Tätigkeit. So sprach er am 7., 9. und 28. Januar sowie am 27. Februar 1884 in Dresden und am 21. Februar 1884 in Großenhain auf öffentlichen Versammlungen zum Krankenkassen- und Unfallversicherungsgesetz und erläuterte die Ursachen der Wirtschaftskrise.

54

Meine liebe gute Julie!

Ihr werdet wahrscheinlich schon heute einen Brief erwartet haben, allein ich wollte nicht eher schreiben, bis ich festen Boden unter den Füßen hatte. Das ist nunmehr der Fall. Ich habe soeben definitiv gemietet, nachdem ich gestern erst ein anderes Zimmer, das aber 7 M pro Monat teurer war, ermietet hatte. Mit Preisgabe von 5 M, die ich gestern anzahlte, gab mich die erste Wirtin frei. Das jetzige Zimmer, Grunaer Str. 21, III Treppen links bei Körnert[1], gefällt mir besser. Es ist geräumig und sehr hell, zur Not kann man noch ein Bett aufschlagen, was Bahlmanns borgen wollen. In Möbel ist kein Überfluß da, aber vollständig genügend. Schreibst Du mir, dann willst Du also dorthin Deine Briefe adressieren; morgen früh ziehe ich ein.

Ich zahle inklusive Bedienung 18 M pro Monat, das erst gemietete kostete 25 M.

Liebkn[echt] und Puttrich haben noch kein festes Logis, wahrscheinlich mieten sie in unmittelbarer Nähe des Landtags, wo zwei Zimmer, III Treppen, für 15 M zu haben sind.

Vollmar hat sich bei Hoffmann (Lipczynski), Photograph,[2] eingemietet.

Heute vormittag 10 Uhr hatten wir gleich kurz hintereinander 2 Sitzungen, die beide um 11 Uhr zu Ende waren. Um 5 Uhr nachmittags ist Schwur für die Neulinge; morgen Kirche und Eröffnung im Schloß, darnach Tafel, wobei wir natürlich nichts zu tun haben.

Ich werde Dir noch schreiben, wann ich nach Borsdorf komme, es ist zweifelhaft, ob ich schon Freitag kann. Ich habe Kayser versprochen, sein Blatt fertigzustellen, wenn er dafür Donnerstag in Görlitz zur Versammlung geht.[3]

Heute habe ich von Arnemann den Anzug erhalten, der Rock sitzt sehr gut. Preis des Anzugs 75 M, was nicht zu hoch ist, er muß aber mit dem Gelde bis Neujahr warten.

Ich habe mir auch allerlei Stoffe in den Läden angesehen, Auswahl in Menge; Handschuhe, die Du mir [für] 4,50 kauftest, kosten hier dieselbe Qualität 4 M. Es ist ein Fehler, wenn man immer bei denselben Leuten kauft; die meinen dann, man müsse kommen, und statt billiger, verkaufen sie teurer. Bringe Du Sonnabend einige Kleiderstoffproben mit.

Der kleine Bahlmann tritt sehr stramm auf, läuft wie ein Wiesel und hat eine Stimme wie ein kleiner Bär. Dabei ist er sehr ausgelassen. Er hat jetzt 11 Zähne, versucht auch alles nachzusprechen, obgleich das ihm sehr schwerfällt. Als Spielzeug hat er ein großes Lamm, auf dem er reiten kann.

Von Bahlmanns soll ich Euch herzlich grüßen. Auch herzliche Grüße und Küsse von mir
Dein August

1 Hermann Körnert war Zimmerer von Beruf. Laut Adreßbuch 1881 gehörte ihm das Haus. Als die Familie am 28. Januar 1884 in die Seidnitzer Straße 30 verzog, gab Bebel sein Logis bei ihnen auf.
2 Vollmars Wirtin war Friederike Nanny Lipczynski (1849-nach 1903), geb. Stegmann, verwitwete Hoffmann. Sie führte das Fotoatelier ihres verstorbenen ersten Gatten Adolph Hoffmann in der Amalienstraße 12/13 (Eingang Zeughausstraße) als Inhaberin weiter, auch nach ihrer um 1882 erfolgten Eheschließung mit Johannes Nepomuk Lipczynski. Als Berufsbezeichnung ihres zweiten Mannes wird in den Adreßbüchern bis 1885 Musiklehrer, danach Photograph vermerkt. Um 1895 von Lipczynski geschieden.
(Siehe SHA, wie Nr. 18/3, Nr. 8632; StA Dresden, Bürger- und Gewerbeakten; Adreßbücher)
3 Nach Ablauf der ein Jahr währenden Ausweisung aus Dresden gab Max Kayser ab 1. März 1883 dort das „Sächsische Wochenblatt" heraus. Bebel stellte die betreffende Nummer nicht fertig.

55

Meine liebe gute Julie!

Du wirst meinen Brief von gestern erhalten haben. Es wird doch gehen, daß ich schon Freitag nachmittag nach Borsdorf komme, da das Hindernis beseitigt ist. Kannst Du auch hinkommen? Wenn es geht, so komme. Ich würde um 5 Uhr nachmittags eintreffen, Friedchen könnte ja dann Sonnabend mittag 1/2 3 Uhr eintreffen.

Um ein Haar wäre ich aus meinem Logis excludiert worden. Die Wirtsleute hatten, scheint's, Angst vor dem fürchterlichen Gast. Als heute vormittag, ehe ich eingezogen war, der Diener vom Landtag mit Akten da war, wollte man ihn abweisen. Dieser redete aber der Frau vernünftig zu, und so blieb ich. Ich erfuhr das erst nachträglich nach meinem Einzug. Ich hoffe, die Leute werden nach einigen Tagen ihre lächerliche Angst überwunden haben.

Liebknecht wurde aus dem gleichen Grunde das gestern in der Landhausstraße gemietete Logis heute vormittag gekündigt; er hat aber dann für sich und P[uttrich] etwas entfernter ein neues Logis in einer ersten Etage, das sehr hübsch sein soll, gemietet. Er und P[uttrich] zahlen zusammen 40 M pro Monat.

Es scheint, daß sich meine Wirtin ausgesöhnt hat, sie war soeben bei mir und erkundigte sich nach meinen Wünschen, sagte mir auch, daß ihr Mann mich kenne. Und trotzdem diese lächerliche Angst.

Wenn ich Dir nicht wieder schreibe, bleibt es bei meiner Abreise am Freitag nachmittag.
Herzlichste Grüße und Küsse an Dich und Friedchen von
Deinem August

56

Meine liebe gute Julie!

Dein lieber Brief ist heute in meinen Besitz gekommen. Daß ich mich wohl befinde, wirst Du aus dem Bericht des „[Leipziger] Tageblatts" erfahren haben, obgleich dort meine Rede ganz scheußlich mißhandelt worden ist.[1] Das „[Leipziger] Tagebl[att]" hat auf mich einen speziellen Haß, weil ich ihm für Leipzig der unangenehmste bin.

Heute gab es auch zwischen dem Präsidenten und mir nach einer längeren Rede Vollmars eine heftige Szene. Der Präsident benimmt sich oft höchst ungeschickt und parteiisch, und da er mir heute auch wieder so kam, habe ich ihm gründlich die Wahrheit gesteckt.[2] Verbessern tut das unsere Lage nicht, aber diese ist allmählich zwischen uns und allen andern Parteien so geworden, daß es nur noch am gegenseitigen Hinauswerfen fehlt.

Gestern war ich mit Frau Bahlmann und Joos[3] im Neustädter Theater. Ich wollte anfangs nicht, da ich viel zu tun hatte und der Präsident gestern abend Soiree gab, schließlich ging ich auf Zureden B[ahlmann]s, der die Billette besorgt hatte, mit und war sehr zufrieden. Die Besetzung der Rollen war die hier möglichst beste, und demgemäß wurde auch gespielt. Aufgeführt wurde „Emilia Galotti".[4]

Als wir nach Hause kamen, saß der kleine B[ahlmann] auf dem Schoß der Wartefrau und wollte nicht zu Bett, weil seine Mama nicht da war. Er war um 10 Uhr wach geworden.

Ich will sehen, daß ich das Gedicht nicht vergesse. Was Du mir sonst schreibst, klingt nicht erbaulich, allein es ist auch nicht zu ändern.

Ich werde, wenn möglich, schon Freitag abend reisen, ich schreibe Dir noch.

Herzlichste Grüße und Küsse Dir und Friedchen von

Deinem August

Frag bitte bei Arnemann ⌐⌐⌐⌐ ⌐ ⌐ ⌐ ⌐osenzeug hat; meine Hose hat im Kreuz ein großes Loch, das Du mir Sonnabend flicken mußt.

1 Es handelt sich um Bebels Rede im sächsischen Landtag vom 21. Januar 1884. Bei den Debatten zum Etat der Justiz wandte er sich gegen die willkürlichen Verhaftungen von Sozialdemokraten durch die Polizei. Er forderte die Einhaltung der Strafprozeßordnung, nach der jeder Angeklagte sofort dem Amtsrichter vorzuführen war. Er brachte Beispiele, bei denen angeklagte Sozialdemokraten nach über 50 Tagen Haft schließlich freigesprochen wurden, und ging auch auf seine Verhaftung Pfingsten 1882 in Dresden ein.

Das „Leipziger Tageblatt" berichtete über Bebels Rede am 23. Januar 1884 und stellte dabei Bebels Beschwerde gegen Landgerichtsdirektor von Mangoldt in den Mittelpunkt.

(Siehe Mittheilungen über die Verhandlungen des ordentlichen Landtags im Königreiche Sachsen während der Jahre 1883-1884. Zweite Kammer, Erster Band, Dresden 1884, S. 438-445)

2 G. v. Vollmar hatte in einer längeren Rede den Antrag der sozialdemokratischen Abgeordneten vom 14. Januar 1884 nach Aufhebung der Gesindeordnung aus dem Jahr 1835 begründet. Auch Bebel und Liebknecht hatten sich für die Debatte zu Wort gemeldet. Diese wurde abgewürgt durch je eine Erklärung der konservativen und liberalen Partei, die forderten, den Antrag nicht zu behandeln. Bebel war durch dieses Vorgehen erregt und rief bei der Erklärung des Konservativen C. G. Ackermann mehrfach ironisch „Bravo". Das verbat sich der Landtagspräsident L. Haberkorn. In zwei Bemerkungen zur Geschäftsordnung pochte Bebel auf das parlamentarische Recht der Zwischenrufe und erklärte, ihm sei durch den Verweis des Präsidenten Unrecht geschehen.

(Mittheilungen 1883/1884, wie Nr. 56/1, S. 503-511)

3 *Joseph* Pelagius Joos (1845 - nach 1919), Handlungsgehilfe, Sozialdemokrat in Dresden, etwa März 1884 als Mitarbeiter der Volksbuchhandlung nach Zürich, dort vom 2. Mai 1884 bis 16. Oktober 1888 polizeilich gemeldet, verließ dann die Schweiz; seit Anfang der 90er Jahre Redakteur des „Gothaer Volksblatt", Abgeordneter des Gothaer Landtags in vier Wahlperioden ab 1897, April 1910 Niederlegung seines Mandats, dann in die USA übergesiedelt. Von ihm erschien 1912 die Schrift „Die sozialdemokratische Frauenbewegung in Deutschland", M-Gladbach.

(Siehe StA Zürich, Bücher der Ausländerkontrolle Hottingen; Thüringisches Staatsarchiv Gotha, Landtagsakten; AB an J. Belli, 10.5.1910, SAPMO/BArch, NY 4022/121; Paul Mayer: Die Geschichte des sozialdemokratischen Parteiarchivs und das Schicksal des Marx-Engels-Nachlasses, in: Archiv für Sozialgeschichte VI./VII. Bd. 1966/67, Hannover 1966, S. 28/29)

4 In den „Dresdner Nachrichten" vom 24. Januar 1884 wurde die von Bebel besuchte Aufführung als treffliche Leistung bezeichnet. Die Emilia spielte Emmy Herwegh, den Apiani Emil Paul v.d. Osten.

57

Meine liebe gute Julie!
Eine lange Rede im Landtag mit nachfolgender gewohnter Mißhandlung, ein Umzug und eine Volksversammlung in einem
halben Tag ist des „Guten" genug.[1]

Als ich heute hier eintraf, stand der Möbelwagen vor der Tür
des Hauses, und meine Mietleute ziehen. Die Frau hatte sich
geniert, mir das noch am Sonnabend auf die Treppe nachzuru-
fen. Ich ging erst in den Landtag und machte dort meine Sache
ab und begab mich dann zu Bahlmanns, um zu hören, ob ich dort
Unterkommen fände. Dieses wurde gewährt und wie immer sehr
bereitwillig, und so bin ich denn bei ihnen eingezogen, und willst
Du von jetzt ab Deine Briefe hierher richten.[2]

Wie ich höre, ist Vollmar krank, er soll im Bett liegen und
über Kopfschmerz und Fieber klagen. Hoffentlich kein Typhus,
wozu seine Wohnung ganz und gar angelegt ist. Wenn ich irgend
kann, will ich noch zu ihm, obgleich ich sehr wenig Zeit habe.
Deshalb muß ich auch abbrechen, ich schreibe morgen oder
übermorgen wieder.
Herzlichste Grüße und Küsse Dir und Friedchen von
Deinem August

1 In seiner Rede am 28. Januar 1884 im sächsischen Landtag wandte sich Bebel gegen
   einen Antrag von liberaler Seite, Steuerschuldnern in den Kommunen den Besuch
   von Gaststätten oder Tanzlokalen zu verwehren. Aufgrund von Erhebungen, die
   Bebel in Meerane und Mittweida vorgenommen hatte, wies er auf die große Notlage vieler Arbeiterfamilien hin, wodurch diese die Steuergelder, besonders das
   Schulgeld, nicht aufbringen konnten. Er bezog sich dabei auch auf seine Reden
   vom 21. Dezember 1883. Bebel kündigte einen Antrag der sozialdemokratischen
   Abgeordneten auf Abschaffung des Schulgeldes an. Zur Versammlung siehe den
   folgenden Brief.
   (Siehe Mittheilungen 1883/1884, wie Nr. 56/1, S. 550-560)
2 Bebel wohnte bis zum Ende der Landtagssession bei Bahlmanns, die im Mai 1883 in
   die Amalienstraße 6 gezogen war. Dieses „Haus Fürstenhof" erhielt später die
   Hausnummer 11.

58

Meine liebe gute Julie!

Deine Zeilen, die dem „S[ozial]d[emokrat]" beilagen, habe ich erhalten; meinen Brief vom Montag wirst Du ebenfalls erhalten haben.

Ich wohne also jetzt bei Bahlmanns, habe aber vor lauter Arbeiten bis jetzt so wenig Zeit gehabt, daß ich mich noch nicht einrichten konnte, und haben mich Bahlmanns diese zwei Tage, trotzdem ich den ganzen Tag im Logis sitze, wenig gesehen und gehört.

Meine früheren Logisleute sind nach dem Elbberg gezogen, und bin ich froh, daß ich nicht mitzuziehen brauchte.

Vollmar ist seit Sonntag krank. Er hat starkes Fieber und Kopfschmerzen, neuerdings Halserkältung. Es wird noch einige Tage dauern, ehe er wieder die Sitzungen besuchen kann.

Meine Volksversammlung am Montag verlief ausgezeichnet. Das Lokal war überfüllt und die Haltung musterhaft. Es war viel Polizei zugegen, die aber nichts zu tun bekam.[1] Die Presse legt mir einen Ausdruck in den Mund, den ich nicht gebraucht und den ich deshalb heute berichtigte. Natürlich werde ich auch das „Leipz[iger] Tageblatt" zu berichtigen bekommen, denn kein Zweifel, daß auch dieses falsch berichtet.

L[ie]bk[necht] und ich sind heute von Hascherts eingeladen, wir wollen um 5 Uhr hingehen.

Von den Photographien habe ich nur noch von Frieda ein halbes Dutzend bestellt gehabt[2], und diese muß ich nehmen, sonst nichts.

Hier sind Zettel mit blödsinniger Drohung verteilt, besser gesagt, verstreut worden. Ich bekam einen solchen, worin mir und den andern in dummer Weise gedroht wurde. Es sind dumme Jungen, wenn nicht gar Leute, die in gewisser andrer Leute Interesse arbeiten, die sich mit diesem Blödsinn beschäftigen.

Das Wetter ist hier das reine Frühjahrswetter, Sonnenschein und Regen.

Die herzlichsten Grüße und Küsse Dir und Friedchen von
Deinem August

1 Bebel sprach am 28. Januar 1884 in Dresden vor rund tausend Teilnehmern etwa anderthalb Stunden zum Thema „Die ökonomischen Krisen, ihre Ursachen und Wirkungen". Das „Sächsische Wochenblatt" berichtete am 2. Februar 1884 über diese „glänzende Versammlung".
2 Siehe das Foto in diesem Band, S. 532.

59

Meine liebe gute Julie!

Ich bin heute glücklich hier angekommen und habe mich auch im Landtag an einer Eisenbahndebatte, die meinen Wahlkreis anging, beteiligt.[2]

Liebknecht ist heute nachmittag mit Joos nach Chemnitz, wo er heute abend Versammlung hat.[3] Du siehst, der ist eifriger als ich.

Bahlmann will mir ein Billett ins Residenztheater verschaffen, wo heute abend *Sontag* als Gast in „Kean" auftritt.[4] Ich habe das Stück vor mehr als 25 Jahren mal in Regensburg gesehen und weiß, daß es mir gut gefiel, aber auf den eigentlichen Inhalt kann ich mich nicht mehr entsinnen.

Der Attentäter in Wien ist also bekannt geworden, und zwar durch hiesige Behörden; es ist derselbe, den die Züricher erwähnten, ein Schuhmacher namens Stellmacher.[5]

Sonst nichts Neues. Ich hoffe, Ihr seid wohl und seid munter nach Hause gekommen. „S[ozial]d[emokrat]" willst Du mir doch schicken, hier ist Nr. 5 nicht angekommen.

Die herzlichsten Grüße und Küsse Dir und Friedchen von
Deinem August

---

1 Bebel versah sich im Monat. Er schrieb Januar. Das Datum vom 4. Februar 1884 ergibt sich aus den von ihm erwähnten Fakten.
2 Bebel setzte sich am Montag, dem 4. Februar 1884, für den von der sächsischen Regierung vorgeschlagenen Bau einer Normalspurstrecke zur geraden Verbindung von Geithain über Lausigk nach Leipzig ein. Bis dahin führte die Strecke Chemnitz - Leipzig über Borna. Die geplante und dann gebaute Strecke berührte Orte, die zu Bebels Landtagswahlkreis gehörten, u.a. Liebertwolkwitz.
   (Siehe Mittheilungen 1883/1884, wie 56/1, S. 641-643)
3 Wilhelm Liebknecht sprach am 4. Februar 1884 in Chemnitz über die gegenwärtige Gewerkschaftsbewegung und die Stellung der Presse. Die Teilnehmer beschlossen folgende Resolution: „Die heutige Versammlung erkennt die gewerkschaftliche Organisation als unabwendbare Notwendigkeit an und verspricht, mit allen Kräften für die Fachvereine einzutreten". Außerdem erklärten sie sich für das allgemeine, gleiche und direkte Wahlrecht in Sachsen. Diese Resolution war auf der Versammlung am 14. Januar 1884 verhindert worden, da die Polizei diese auflöste, als sich Liebknecht kritisch zu den Bismarckschen Sozialgesetzen äußerte.
   (Sächsisches Wochenblatt, 9.2.1884; siehe Liebknecht-Briefwechsel II, wie Nr. 3/3, S. 583/584, 588, 590-592)

4 Karl Sontag (1828-1900), gebürtiger Dresdner, hatte 1848 seine Bühnenlaufbahn am Dresdner Hoftheater begonnen. Ab 1877 übernahm er Gastspiele. Seit dem 29. Januar 1884 gastierte er mit der Rolle des „Kean" in dem gleichnamigen Theaterstück von Alexander Dumas, dem Älteren.

(Siehe Dresdner Journal, 1.2.1884)

5 Hermann Stellmacher (1854-1884), früher Unteroffizier; Anarchist, gab 1882 in Schaffhausen die „Freiheit" heraus, lebte zeitweise in Zürich, leitete eine Gruppe, die im Oktober und November 1883 in Straßburg und Stuttgart Raubmorde durchführte und im Januar 1884 in Wien einen Geldwechsler und seine beiden Kinder ermordete. Er wurde bei der Tötung eines Polizisten in Floridsdorf gefaßt, gab aber seinen Namen nicht preis. Identifiziert wurde er aufgrund einer genauen Personenbeschreibung in der Presse durch den Feldwebel eines sächsischen Grenadierregiments, in dem Stellmacher 1875/1876 gedient hatte. Stellmacher wurde hingerichet.

(Siehe Dokumente aus geheimen Archiven. Übersichten der Berliner politischen Polizei über die allgemeine Lage der sozialdemokratischen und anarchistischen Bewegung 1878-1913, Bd. 1. 1878-1889. Bearb. von Dieter Fricke und Rudolf Knaack, Weimar 1983, S. 222; Max Nettlau: Anarchisten und Sozialrevolutionäre. Die historische Entwicklung des Anarchismus in den Jahren 1880-1886, Berlin 1931, S. 323/324; Dresdner Nachrichten, 3.2., 4.2.1884)

Auf Reisen. 1884, 1885, 1886

Wieder unternahm Bebel wegen geschäftlicher Belange und als führender Sozialdemokrat seine Reisen. Am 20. März 1884 hielt er im Reichstag eine beeindruckende Rede während der ersten Lesung zur Verlängerung des Sozialistengesetzes. Bebel hoffte, daß wenigstens der Ausweisungsparagraph fiele und er nach Leipzig zurückkehren könne. Fortschrittspartei, Linksliberale Vereinigung und Zentrum hätten sogar mit ihrer Mehrheit im Reichstag das ganze Ausnahmegesetz zu Fall bringen können. Aber die Furcht vor der Arbeiterbewegung war bei einem beachtlichen Teil dieser Parteien größer als die Abneigung gegenüber der Politik Bismarcks. Nachdem das Sozialistengesetz im Mai 1884 erneut verlängert worden war, wählte sich Familie Bebel ab 24. September 1884 in Plauen bei Dresden die gemeinsame Wohnstätte. Wenn Bebel in seinen Briefen vom Zusammentreffen mit befreundeten Sozialdemokraten berichtete, waren das für Julie zumeist keine Unbekannten. Viele hatte sie kennengelernt auf der gemeinsamen Reise der ganzen Familie von Mitte Juli bis Mitte August 1884, die sie u.a. nach Frankfurt (Main), Freiburg (Breisgau), Zürich, Genf, Konstanz, München und Nürnberg führte.

60

Mannheim, den 15. März 1884

Meine liebe gute Julie!

Deinen lieben Brief habe ich gestern in Darmstadt erhalten. Daß ich Deinen Brief nach Frankfurt ebenfalls erhalten habe, vergaß ich auf der Karte, die ich Dir von Mainz aus sandte, zu bemerken.[1]

Frau Guillaume-Schack[2], deren Brief Du mir sandtest, wird ziemlich lange warten können, bis ich in Berlin eine Tasse Tee bei ihr trinke. Selbst wenn ich des Sozialistengesetzes wegen nach Berlin gehe – ich erwarte täglich die bezügliche Depesche –, so ist es nicht möglich, denn ich reise sofort, nachdem ich meine Rede gehalten, wieder weg.

Morgen vormittag reise ich nach Frankfurt und von dort abends wieder zurück. Ich habe unsern Leuten versprochen, einer Besprechung beizuwohnen.

In Offenbach besuchte ich Frl. Mainländer. Der Besuch interessierte mich diesmal ganz besonders, weil sie, die der Philosophie ihres Bruders[3] gemäß unverheiratet und in voller Virginität sterben wollte, neuerdings durch einen Heiratsantrag ins Schwanken gekommen ist. Sie hätte natürlich schon öfter heiraten und eine glänzende Partie machen können, schlug es aber stets aus. Jetzt bietet ihr ein hochgestellter Mann aus altadeliger österreichischer Familie seine Hand, der Reichsrats- und Landtagsabgeordneter ist, auch als naturwissenschaftlicher Schriftsteller einen guten Namen hat. Da frug sie mich als ihren Vertrauten um Rat. Ich habe ihr zugeredet. Sie will aber dann keine eigentliche Ehe, es solle ein rein „geistiges" Band bleiben. Ich lachte; sie solle nur heiraten, das andere werde sich finden. Der Bewerber ist ein hoher Fünfziger, Witwer und kinderlos, ein 23jähriger Sohn starb ihm.

An Dietz werde ich heute schreiben. Wüßte ich, daß ich diese Woche nicht nach Berlin müßte, so könnte er vielleicht nach Karlsruhe kommen.

Meine Adresse für die nächsten Tage ist folgende: Briefe, die Du *Montag* und *Dienstag* abschickst, sende unter der Adresse: Kaufmann Friedrich[4], Hotel Weißer Bär, Karlsruhe. Der Brief muß aber *spätestens Dienstag vormittag* abgesandt werden. *Dienstag nachmittag* oder *Mittwoch vormittag* sende Brief unter meiner

Adresse: Zähringer Hof, Offenburg/ Baden[5]. Briefe von *Donnerstag bis Sonnabend vormittag* an Kaufmann Friedrich, Hotel Freiburger Hof, Freiburg/ Br[eisgau]. Hernach treffen mich Briefe erst wieder in Zürich. Doch darüber werde ich noch schreiben. Müßte ich nach Berlin, so würde eine Unterbrechung von 4 Tagen eintreten.

Gestern und heute war es so warm, daß ich im einfachen Rock die Geschäfte machte. Sobald ich die Berliner Reise hinter mir habe, werde ich den Winterrock nach Hause schicken. Besorge meinen bessern Sommerüberzieher von Borsdorf einstweilen nach Leipzig, damit Du ihn mir rechtzeitig schicken kannst.

Die herzlichsten Grüße und Küsse Dir und Friedchen von

Deinem August

Emil Groth, Ankershagen in Mecklenburg 5 Mark[6]
Gummischnuren und Nadeln 85 Pf
Legitimationskarte 50 Pf

---

1 Bebel verließ die Verhandlungen des sächsischen Landtags vorzeitig und begab sich nach der Landtagssitzung am 10. März 1884 auf Reisen. Ab 11. März war er in den Präsenzlisten des Landtags als entschuldigt eingetragen. Er weilte u.a. in Darmstadt, Frankfurt (Main), Freiburg (Breisgau), Karlsruhe, Mainz, Mannheim, Offenbach, Offenburg und Zürich. Zwischendurch reiste Bebel nach Berlin zu den Sitzungen des Deutschen Reichstags, wo der Gesetzentwurf über die Verlängerung des Sozialistengesetzes beraten wurde. Bebel sprach während der ersten Lesung am 20. März und während der dritten Lesung am 12. Mai 1884.

2 Gertrud Guillaume-Schack wirkte zu dieser Zeit innerhalb der bürgerlichen Frauenbewegung gegen die Prostitution, für Sexualaufklärung. Ihr Brief an Bebel wird wohl durch das Aufsehen um dessen Buch „Die Frau in der Vergangenheit, Gegenwart und Zukunft" veranlaßt worden sein (siehe Nr.61).

Gräfin Gertrud Schack (1845-1903) entstammte einer niederschlesischen Adelsfamilie. Um 1877 kurze Ehe mit dem Schweizer Kunstmaler Edouard Guillaume, einem Bruder des Anarchisten Jacques G. Ab 1879 in der bürgerlichen Frauenbewegung tätig, 1884 Hinwendung zur Sozialdemokratie, 1885 Mitbegründerin des Berliner Arbeiterinnenvereins sowie Agitation zur Gründung von Arbeiterinnenvereinen in mehreren Städten. Von Januar bis Juni 1886 – bis zum polizeilichen Verbot – Herausgeberin der Wochenzeitung „Die Staatsbürgerin. Organ für die Interessen der Arbeiterinnen" und Verbandsorgan der Zentral-Kranken- und Begräbniskasse für Frauen und Mädchen in Deutschland. Im Briefwechsel mit F. Engels. Nach Ausweisung im Juli 1886 kurzzeitig in Zürich. Besuchte während Bebels Gefängnishaft 1886/1887 Julie und Frieda Bebel. Schloß sich in England anarchistischen Bestrebungen an und wandte sich bald ganz von der Arbeiterbewegung ab.

(Siehe den Neudruck der „Staatsbürgerin" 1988; Hartwig Gebhardt/Ulla Wischermann: Gertrud Guillaume-Schack und ihre Zeitschrift „Die Staatsbürgerin", in: ebenda, S. 7-37.

Die noch vorsichtige Datierung der Autoren über das Datum der Hinwendung zur Sozialdemokratie wird durch Bebels Brief erhärtet. Siehe auch Nr. 134/10)

3 Unter dem Pseudonym Philipp Mainländer verfaßte der Kaufmann Philipp Batz (1841-1876) philosophische Schriften. Bebel hatte sich in seiner Rede am 16. September 1878 zur Abwendung des drohenden Sozialistengesetzes auf dessen Schrift „Die Philosophie der Erlösung", Berlin 1876, als Beweis dafür berufen, daß „die moderne Philosophie sich in der allerdeutlichsten Weise für die idealen Ziele der Sozialdemokratie ausgesprochen" habe. Auf Mainländer berief sich Bebel auch in seinem Buch „Die Frau und der Sozialismus".
(BARS, Bd. 2/1, S. 32; siehe ebenda, Bd. 10/1 u. 10/2)

4 Bebel trug sich während der Zeit des Sozialistengesetzes oftmals unter dem Pseudonym Kaufmann August Friedrich in die Hotellisten ein. Siehe dazu BARS, AmL, S. 573/574.

5 Das Gasthaus zum Zähringer Hof gehörte Hermann Geck, einem Bruder von Adolf Geck. Letzterer wohnte zu dieser Zeit im „Zähringer Hof". Es ist als sicher anzunehmen, daß Bebel mit Adolf Geck zusammentraf. Ihre Bekanntschaft, aus der bald eine herzliche Freundschaft erwuchs, begann bereits 1881/1882. Geck bemerkte rückblickend, seine Wendung vom Mitglied der Volkspartei zum Sozialdemokraten „geschah unter Bebels Einfluß, bei den vielen Besuchen, welche August in den achtziger Jahren als Geschäftsreisender seiner Firma und sozialistengesetzlich Geächteter machte".
(Erwin Dittler: Adolf Geck 1854-1942. Von der ‚Roten Feldpost' zum Arbeiterrat. In: Die Ortenau. 62 <1982>, S. 217; siehe auch Günther Haselier: Adolf Geck als Politiker und Mensch im Spiegel seines schriftlichen Nachlasses. Sonderdruck aus der Zeitschrift für Geschichte des Oberrheins, Bd. 115, 1967, bes. S. 331, 333, 342, 344; Erwin Dittler: Adolf und Marie Geck. 1910, [H.] 1 u. 2, Kehl-Goldscheuer 1994)

6 Am Ende der Seite ohne Zusammenhang zum Brief, notierte Bebel diese Zeilen. Eine Anfrage in Ankershagen zu Groth ergab keine Klärung. Im „Sozialdemokrat" vom 22. Juli 1886 berichtete Gr. in Mecklenburg aus Penzlin über die Ausbeutung polnischer Saisonarbeiterinnen.

61

Meine liebe gute Julie!

So hätte ich glücklich meine Rede hinter mir, nachdem ich von gestern nachmittag 1/2 3 Uhr bis heute vormittag 3/4 8 Uhr auf der Bahn lag. Und was die Hauptsache ist, ich bin mit meiner Rede zufrieden.[1] Man wollte mich als ersten Redner bei dem Sozialistengesetz sprechen lassen, da aber Hasencl[ever] und Grillenberger zuvor hintereinander gesprochen zum Belagerungszustand[2], so verweigerte ich das. Erst nachdem ein Nationalliberaler gesprochen[3], kam ich; mittlerweile war Bismarck herbeigeholt worden, den ich dann auch sofort angriff. Wie die Parteigenossen sagen, sprach ich „ausgezeichnet", das gleiche sagten Fortschrittler; ein Volksparteiler meinte, er „sei ganz ergriffen gewesen". Also ich kann zufrieden sein und werde nächste Nacht gut schlafen, was sehr wichtig ist.

Morgen ist Fortsetzung der Debatte. Das Gesetz wird an eine Kommission verwiesen. Heute verhielt sich Windthorst besser, als ich erwartete.[4] Nach mir sprach Puttkamer, der, wie ich erwartete, meine Schrift „Die Frau"[5] gegen mich ausschlachtete. Da ich nur kurz in persönlicher Bemerkung antworten konnte, kündigte ich ihm weitere Antwort für später an.[6] Außerdem sprach Bism[arck], der mir ebenfalls antwortete.[7]

Nun etwas anderes. Ich komme Sonnabend[8] nach *Borsdorf* und erwarte Euch nachmittags *1/2 3 Uhr*. Bringe den Schlüssel mit, sonst können wir nicht hinein.

Ferner bitte ich Dich mitzubringen: 1/2 Dutzend Bronzemusterkarten, 2 Oberhemden mit Kragen und Manschetten, 1 Nachthemde und einige Taschentücher.

Der Überzieher ist wohl noch in Borsdorf. Ich werde Sonntag nacht abreisen.

Fourage mußt Du mitbringen. Also auf Wiedersehen.

Herzliche Grüße und Küsse Dir und unserm lieben Friedchen

Dein A. Bebel[9]

Bring Buch und Briefe mit.

---

1 Am 20. März 1884 sprach Bebel während der ersten Lesung des Gesetzentwurfs über die Verlängerung des Sozialistengesetzes. Nach der Zusammensetzung des

Reichstags, in der die Gegner Bismarcks die Mehrheit besaßen und bereits Steuerprojekte verworfen hatten, war eine Mehrheit zur Ablehnung des Sozialistengesetzes möglich. Bebel hatte allerdings gleich nach den Reichstagswahlen von 1881 geäußert, er rechne höchstens mit einer Aufhebung des Paragraphen 28 über die Verhängung des Kleinen Belagerungszustandes. Tatsächlich stellte Windthorst den Antrag, diesen Paragraphen allein auf Berlin zu begrenzen. Bis zum Ende der zweiten Lesung am 10. Mai 1884 war der Ausgang der Abstimmung offen. Die Regierung hoffte sogar auf eine Ablehnung, um den Reichstag sofort auflösen zu können und mit einer Hetzkampagne gegen die Sozialisten eine für sie günstigere Zusammensetzung des Reichstags zu erreichen.

Bebel widerlegte in seiner Rede die von der Regierung vorgebrachten Motive für eine Verlängerung. Er betonte, daß die Haltung des Zentrums über das Schicksal des Ausnahmegesetzes entscheide. Daher unterstrich er die gemeinsame Lage beider Parteien: gegen beide seien Ausnahmegesetze verhängt mit ähnlicher Begründung. Mit einem Umfallen der Freisinnigen Partei rechnete Bebel offensichtlich nicht. Seine Enthüllungen über die Polizeispitzeleien bestärkten freisinnige Abgeordnete in ihrer Ablehnung des Sozialistengesetzes.

(Siehe AB an I. Auer, 4.1.1882, BARS, Bd. 2/2, S. 82; Bebels Rede in: Stenographische Berichte, 5/4/1, S. 144-152; siehe zur Debatte ebenda, 5/4/1, S. 143-196, 441-533, 535-551; Wolfgang Pack: Das parlamentarische Ringen um das Sozialistengesetz Bismarcks 1878-1890, Düsseldorf <1961>, S.130-161; siehe auch Nr. 62/4)

2 Zur Debatte stand die Begründung der Verlängerung des Kleinen Belagerungszustands über Berlin, Hamburg, Altona und Umgebung. W. Hasenclever und C. Grillenberger blieben die einzigen Redner zu diesem Gegenstand.

(Siehe Stenographische Berichte, 5/4/1, S. 135-143)

3 Es sprach der Schriftführer der Nationalliberalen Fraktion Heinrich von Marquardsen (1826-1897), Jurist, Universitätsprofessor in Erlangen, Abgeordneter des Zollparlaments 1868-1870, des Deutschen Reichstags 1871-1897 und des bayrischen Landtags 1869-1892. Er befürwortete namens seiner Partei die Verlängerung des Gesetzes in seiner bestehenden Form.

(Siehe Stenographische Berichte, 5/4/1, S. 143/144)

4 Ludwig Windthorst (1812-1891), Jurist, Justizminister von Hannover 1851-1853 und 1862-1865, Führer der Zentrumspartei, Abgeordneter des Norddeutschen bzw. Deutschen Reichstags 1867-1891. Windthorst sprach als dritter Redner am ersten Beratungstag. Er begründete seinen Antrag, den Gesetzentwurf an eine Kommission zu verweisen. Es sei notwendig, wieder zum allgemeinen Recht zurückzufinden. Er könne sich eine völlige oder teilweise Streichung des Ausweisungsparagraphen vorstellen. Auch wandte er sich dagegen, vorwiegend mit Bebels Buch „Die Frau und der Sozialismus" die Verlängerung des Sozialistengesetzes zu begründen. Das Abstimmungsverhalten des Zentrums ließ er offen.

(Siehe Stenographische Berichte, 5/4/1, S. 158-161)

5 Im Oktober 1883 erschien die zweite Auflage von Bebels Buch „Die Frau und der Sozialismus", die er während seiner Gefängnishaft 1882/1883 überarbeitet hatte. Da die erste Auflage verboten worden war, wählte Bebel den Titel „Die Frau in der Vergangenheit, Gegenwart und Zukunft". Im Unterschied zum Erscheinen der ersten Auflage 1879 erregte Bebels Buch diesmal großes Aufsehen in der Öffentlichkeit. Eine dreiteilige Rezension erschien vom 31. Oktober bis 2. November 1883 in der „Norddeutschen Allgemeinen Zeitung". Am 2. November 1883 erfolgte das Verbot. Bebel wurde wegen des Buchs im sächsischen Landtag und im Reichstag angegriffen. Während des Wahlkampfs 1884 wurde es von den Gegnern der Sozialdemokratie ins Feld geführt. Durch die Debatten um das Buch in der Öffentlich-

keit stieg die Nachfrage stark an, so daß 1884 die 3. und 4. Auflage herausgegeben wurden.
(Siehe die Neuausgabe der 1. Auflage in BARS, Bd. 10/1. Mit einem Geleitwort von Susanne Miller. Bearb. von Anneliese Beske und Eckhard Müller, München u.a. 1996; die Bibliographie der zu Bebels Lebzeiten erschienen Ausgaben in BARS, Bd. 2/2, S. 525/526, überarb. Neufassung in BARS, Bd. 10/2, S. 729-731; Anneliese Beske: Editorische Vorbemerkung, in BARS, Bd. 10/1, S. 3*-25*; Bebels Entgegnung auf die Angriffe im sächsischen Landtag am 12.1.1884 in BARS, Bd. 2/1, S. 218-223. Ausführlich äußerte sich Bebel zu den Angriffen auf seine Schrift in seiner Reichstagsrede am 12. Mai 1884, BARS, Bd. 2/1, S. 224-240, besonders S. 230-234)

6 Robert Victor von Puttkamer (1826-1900), Gutsbesitzer, Konservativer, 1879-1881 preußischer Kultusminister, 1881-1888 Innenminister, 1891-1899 Oberpräsident von Pommern, MdR 1874-1876, 1878/1879, 1890/1891, Mitglied des preußischen Abgeordnetenhauses seit 1879.

Puttkamer begründete in langen Ausführungen mit Bebels Schrift „Die Frau und der Sozialismus", die „von sehr erheblicher Belesenheit zeugt", eine erneute Verlängerung des Ausnahmegesetzes. Die dort dargelegte Lehre sei „durch und durch revolutionär". Die darin erhobenen politischen und sozialen Forderungen seien „im eminentesten Sinne gemeingefährlich und geradezu verbrecherisch".
(Siehe Stenographische Berichte, 5/4/1, S. 152-158, Zitate S. 155, 156)

7 Bismarck setzte sich in seiner Rede am 20. März 1884 mit dem Zentrum, der Fortschrittspartei und der Sozialdemokratie auseinander. Dabei bezog er sich mehrfach auf Bebels Ausführungen. Vor allem sah er sich in Auseinandersetzung mit ihnen veranlaßt, die sozialen Reformpläne der Regierung zu erläutern: durch Schutzzölle mehr Arbeitsplätze, Verbesserung der Steuerverhältnisse und Unterstützung bei Krankheit und Unfall für Arbeiter. Hinsichtlich Bebels Schrift behauptete er, sie trage „zur Vergiftung des gemeinen Mannes" bei.
(Stenographische Berichte, 5/4/1, S. 161-166, Zitat S. 164)

8 22. März 1884.

9 Diese zwischen den Ehegatten unübliche Unterschrift bezeugt Bebels Überanstrengung durch die Reise nach Berlin und seine Rede.

62

Meine liebe gute Julie!

In aller Eile nur wenige Zeilen. Ich bin hier glücklich angekommen, das Wetter ist wieder rein sommerlich, so schlechtes Wetter wie Ihr hatte ich nirgends.

Die Angelegenheit Friedemann[1] steht so, daß ich gar keine Ursache habe, etwas zurückzunehmen; ich kann eher noch einiges ergänzen. Der Kerl ist ein Lump. Er soll übrigens, wie mir versichert wird, nach Amerika sein, da ihm hier der Boden zu heiß wurde. Seitens des Berner Bundesrats sind auf Grund meiner Mitteilungen im Reichstag hier Untersuchungen im Gang, die seine Ausweisung herbeiführen dürften, wenn er sich nicht drückt.

Schlüters[2] befinden sich hier ganz wohl, auch Joos, der sich ganz gut eingerichtet hat.

Ich mache die nächsten drei Tage von hier Abstecher. Freitag[3] früh reise ich weiter und komme Sonnabend abend oder Sonntag nach Stuttgart. Friedchen hat also nun die Kinderschuhe ausgetreten und ist vollendeter Backfisch. M[otteler]s lassen grüßen.

Herzliche Grüße und Küsse Euch beiden

Dein August

Die Leute, die Dir sagen, die Sache im Reichstag ging schief, weil wir nicht in der Kommission seien[4], sind Dummköpfe, die von den Dingen nichts verstehen.

---

1 Siegmund Friedemann (geb. 1848), Kaufmann, zunächst Sozialdemokrat, 29. November 1878 aus Berlin, 8. Juli 1881 aus Leipzig ausgewiesen, Anarchist, als Spitzel der preußischen Polizei in Leipzig und Zürich tätig. Bebel nannte in seiner Rede vom 20. März 1884 unter den in der anarchistischen Bewegung tätigen Polizeispitzeln auch Friedemann, der „im Dienste der preußischen Polizei steht, wie ich ganz bestimmt weiß aus Beweisen, die ich in Händen habe". Nach seiner Entlarvung soll Friedemann nach Mexiko geflüchtet sein.
(Stenographische Berichte, 5/4/1, S. 150; Berndt, wie Nr. 16/4, S. 123)

2 Friedrich *Hermann* Schlüter (1851-1919), Expedient, Redakteur, Schriftsteller, Sozialdemokrat, 1873 nach Chicago, ab 1876 in Dresden Mitarbeit an sozialdemokratischen Presseorganen. Baute 1878 die illegale Parteiorganisation in Dresden mit auf. Ging im Oktober 1883 nach Zürich und wurde Leiter des Parteiverlags, in dem die illegale Literatur unter dem Sozialistengesetz hergestellt wurde; seit 1885 Herausgeber der „Sozialdemokratischen Bibliothek". Briefwechsel mit Engels. Nach

Ausweisung 1888 nach London, 1889 in die USA. Seit Anfang der 90er Jahre Chefredakteur der „New Yorker Volkszeitung". Enger Vertrauter Bebels. Siehe Bebels Briefe an Schlüter im IISG. Zu Schlüters Schriften siehe Liebknecht-Briefwechsel II, wie Nr. 3/3, S. 122.

Anna Schlüter, geb. Möller, später verheiratete Hoppe (geb. 1859), stammte aus Dresden. Sie heiratete im April 1879 Hermann Schlüter. Folgte ihrem Mann nach Zürich, London und in die USA, ab 1892 wieder in Dresden als Damenschneiderin, dann Masseuse. Scheidung von H. Schlüter.

(Siehe Anhang I.5; Liebknecht-Briefwechsel II, wie Nr. 3/3, S. 121/122; Mayer, wie Nr. 56/3, S. 15, 21-29, 39)

3 4. April 1884.

4 Nach der ersten Lesung der Vorlage zur Verlängerung des Sozialistengesetzes wurde diese auf Antrag des Zentrums am 21. März 1884 an eine aus 21 Personen bestehende Kommission verwiesen. Dagegen hatten Bismarck persönlich, die Konservative Partei und auch die Sozialdemokraten auf eine rasche Entscheidung ohne Kommissionsberatung gedrängt. Der Kommission gehörte kein Sozialdemokrat an. Bebels Optimismus stützte sich darauf, daß sieben Mitglieder aus der Freisinnigen Partei und sechs aus dem Zentrum kamen. Die Gegner des Ausnahmegesetzes überwogen. In der Kommission wurde die Regierungsvorlage mit zehn gegen zehn Stimmen abgelehnt.

(Stenographische Berichte, 5/4/4, S. 734-743)

63

Meine liebe gute Julie!

Habe Deinen lieben Brief heute nachmittag, als ich ankam, erhalten. Auch den nach Zwickau.

Ich kann in Sachen der 600 M leider nichts tun, ich weiß nicht, wie der Mann mit Dix steht und ob dieser etwa Bürgschaft oder das Geld leistet. Mir ist schwer begreiflich, daß man Th. nicht als Bürge gelten lassen will, Th. ist für viel mehr gut. Die Sache kommt mir so überraschend, daß ich nicht gleich weiß, was ich raten soll.

Die Abschätzung ist offenbar zu hoch.[1] Rede mit I[ßleib], der wird wissen, wie hoch sie war. Da ich mit 1400 - 1600 M abgeschätzt bin, so wären diese abzurechnen. Man kann uns höchstens mit 2200 M noch abschätzen, das würden aber nur 30, nicht 40 M sein. Lassen wir uns das jetzt gefallen, so schrauben sie uns später noch höher. Ich bin dafür, daß wir Reklamation erheben.

Preißer[2] mag mit dem Gelde warten, ich schicke nichts. Ich werde erst Freitag eintreffen. Ich könnte erst Donnerstag mit dem letzten Zuge über Zeitz-Pegau kommen, der trifft aber so spät ein, daß ich nach Borsdorf keinen Anschluß mehr habe.

Ich werde Freitag nachmittag nach 4 Uhr, Zeit weiß ich augenblicklich nicht genau, auf dem Thür[inger] Bahnhof eintreffen und kann also 3/4 5 Uhr weiter. Ihr könntet gleich mitfahren. Siehe im „[Leipziger] Tagebl[att]" nach, wann der Zug von Zeitz-Pegau ankommt.[3]

Ich rechne darauf, daß nächste Woche im Reichstag das Sozialistengesetz an die Reihe kommt. Es war gut, daß Richter[4] die Attentatsgeschichte, die ich seit Monaten wußte, zur Sprache brachte.[5] Damit ist Puttkamer ein tüchtiger Knalleffekt, den er im Reichstag auszuspielen gedachte, zu Wasser geworden. Aller Jammer wird dem „[Leipziger] Tageblatt" nicht helfen.[6] Entweder akzeptiert Bismarck das Gesetz mit Änderungen, oder er bekommt es gar nicht.

Sage Arnemann, ich sei Sonnabend und Montag zu haben.

Herzlichste Grüße und Küsse Euch beiden

Dein August

Bitte bringe mir Wäsche mit, auch empfiehlt sich, Brot mitzunehmen. Briefe und „S[ozial]d[emokrat]" sowie Buch vergiß nicht.

1 Es geht um die Einkommensteuer von August und Julie Bebel.
2 *Max* Heinrich Carl Preißer (1853-1925), Zimmermann, Redakteur, Produktenhändler, spätestens seit 1873 Sozialdemokrat in Leipzig, Ausweisung am 29. Juni 1881, ging nach Borsdorf. Frühjahr 1885 Rückkehr nach Leipzig gestattet. Es könnte sich um Geld für Druckkosten sozialdemokratischer Flugblätter handeln.
(Siehe Berndt, wie Nr. 16/4, S. 205-207; Liebknecht-Briefwechsel II, wie Nr. 3/3, S. 589/590)
3 Julie Bebel teilte Wilhelm Liebknecht am 30. April 1884 mit, daß sie am Freitag, dem 2. Mai, mit ihrem Mann nach Borsdorf fahren und dieser bis Sonntag dort bleiben wolle.
(Siehe Liebknecht-Briefwechsel II, S. 657)
4 Eugen Richter (1838-1906), Regierungsassessor, Publizist; führendes Mitglied der Deutschen Fortschrittspartei, Mitbegründer und 1884-1893 Vorsitzender der Deutschen Freisinnigen Partei, 1867 Mitglied des Konstituierenden Norddeutschen Reichstags, MdR 1871-1906.
5 Gemeint ist das geplante Niederwald-Attentat. Bei der Enthüllung des Germania-Denkmals auf dem Niederwald bei Rüdesheim, die am 27. September 1883 stattfand, beabsichtigte der Anarchist Friedrich August Reinsdorf (1849-1885), den deutschen Kaiser und dessen Gefolge samt Denkmal in die Luft zu sprengen. Das Attentat mißlang, da sich Reinsdorf kurz vorher eine Verletzung zuzog und seinen Helfern die Zündschnur naß geworden war. Über dieses Attentat sprach Richter in der Kommission zur Beratung des Sozialistengesetzes. Seit dem 22. April 1884 wurde der geplante Anschlag in der Presse breit behandelt. Der Gerichtsprozeß im Dezember 1884, in dem Reinsdorf zum Tod verurteilt wurde, brachte keine Aufklärung, warum der aufgedeckte Attentatsversuch nicht sofort in der Öffentlichkeit publik gemacht worden war.
In Exzerpten Bebels, die er offensichtlich für „Aus meinem Leben" anfertigte, befindet sich folgender Auszug aus einem Brief an Julie vom 24. April 1884: „Neuerdings haben sie (die Regierung) durch die in Elberfeld verhafteten Anarchisten herausgebracht, daß diese Kerle vorigen Herbst ein Dynamitattentat auf den Kaiser und die Fürsten planten, als die Einweihung des Niederwalddenkmals stattfand. Die Geschichte kommt der Gesellschaft zur Verlängerung (des Sozialistengesetzes) gerade recht und wird viel Staub aufwerfen. Wir werden der Sache zuvorzukommen suchen, indem wir eine bezügliche Veröffentlichung machen. Uns ist die Sache schon einige Zeit bekannt."
(Maschinenschriftliche Abschrift, in: Hamburger Bibliothek für Sozialgeschichte und Arbeiterbewegung, Sammlung Schulz, Bd. 6/2, Bl. 439)
6 Am 28. April 1884 sprach sich das „Leipziger Tageblatt" im politischen Spitzenartikel für den Fortbestand des Sozialistengesetzes aus, was der öffentlichen Meinung entspreche. Man hoffe auf eine Bejahung des Sozialistengesetzes durch Teile der Deutschen Freisinnigen Partei. Der Leitartikel vom Folgetag über „Die Aufgabe der nationalliberalen Partei in Leipzig" enthielt die Feststellung, daß die Stimmentscheidung über das Sozialistengesetz beim Zentrum liege, dessen Haltung noch nicht abzusehen sei.

64

Meine liebe gute Julie!

Ich bin soeben, 1/2 7 Uhr abends, hier eingetroffen.[1] Ich habe heute noch bei Bahlmanns gegessen. B[ahlmann]s werden Euch besuchen, sobald das Wetter gut ist, natürlich kommt Felix, der sehr munter und ausgelassen ist, mit.

B[ahlmann] redete mir sehr zu, im Falle das Gesetz verlängert wird, nach Dresden zu ziehen; allein daran ist aus geschäftlichen Gründen nicht zu denken. Ich habe mir gestern auf der Fahrt nach Dresden überlegt, daß vielleicht Halle sich eigne, doch darüber später.[2]

Heute kündigen die Zeitungen an, daß das Schicksal des Gesetzes noch ganz unsicher sei. Windthorst hat sämtliche Anträge für das Plenum gemeldet, es gibt also eine große Debatte, die wohl 2 Tage dauern wird.[3] Später mehr. Ich befinde mich leidlich.

Herzliche Grüße und Küsse Euch beiden

Dein August

Den Briefen hierher füge die Bezeichnung bei: S.W.[4]

---

1 Da die zweite Lesung des Entwurfs über die Verlängerung des Sozialistengesetzes am 8. Mai 1884 begann, ist anzunehmen, daß Bebel zu einer Sitzung der sozialdemokratischen Reichstagsfraktion am 7. Mai 1884 nach Berlin gereist war. Die Sozialdemokratie gab durch K. Frohme die Erklärung ab, daß sie sich nicht an der Spezialdebatte beteiligen werde. Am 10. Mai ergriff dann aber B. Geiser im Auftrag der Fraktion das Wort, um die zahlreichen während der Debatte gegen die Sozialdemokratie gerichteten Angriffe zurückzuweisen.
(Siehe Stenographische Berichte, 5/4/1, S. 464, 510-514)

2 Bebel zog am 24. September 1884 mit Frau und Tochter nach Plauen bei Dresden, Hohestraße 22. Auf sein Gesuch hin erhielt er vom 15. bis 24. September 1884 die polizeiliche Aufenthaltsgenehmigung für Leipzig, um seine geschäftlichen Dispositionen mit Ißleib zu regeln. Siehe Nr. 13/6.
(Siehe Moskau, F. 192, Nr. 59, Bl. 24-26)

3 Während in der Regel die zweiten Lesungen durch Spezialdebatten zu den Gesetzentwürfen gekennzeichnet waren, fanden in diesem Fall erbitterte Rededuelle statt, vor allem zwischen Abgeordneten der Freisinnigen Partei und Otto von Bismarck. Letzterer forderte am 9. Mai 1884 direkt zur Ablehnung der Vorlage auf und kündigte an, daß der Reichstag dann sofort aufgelöst würde. Bei der Spezialdebatte wurden zunächst die von Windthorst eingebrachten Amendements angenommen. Dann aber wurde die veränderte Vorlage als Ganzes verworfen. In der namentlichen Abstimmung über die Regierungsvorlage am 10. Mai 1884 sicherten Zentrum

und Freisinn den Fortbestand des Sozialistengesetzes. Es wurde mit 189 gegen 157 Stimmen beschlossen.

Bebel warf bei der dritten Lesung beiden Parteien den Verrat an ihren Prinzipien in scharfen Worten vor und kündigte ihnen die Quittung bei den nächsten Reichstagswahlen an.

(Siehe Stenographische Berichte, 5/4/1, S. 478-483, 530-532; BARS, Bd. 2/1, S. 224-240).

4 Bebel wohnte in Berlin Süd-West in der Krausenstraße 16. Dort befand sich der Dessauer Hof, in dem auch H. Dietz, B. Geiser, W. Hasenclever und G. v. Vollmar Quartier genommen hatten.

(Siehe Stenographische Berichte, 5/4/3, S. 8)

65

Meine liebe gute Julie!

Ich sandte Dir gestern eine Karte, worin ich Dir den Empfang Deines lieben Briefes anzeigte. Du bist im Irrtum, wenn Du glaubst, ich hätte mich irgendwo länger aufgehalten, als ich Dir für Briefe angegeben.[1] Hast Du meinen Brief aus *Stuttgart* erhalten? Dieser war vom 22. datiert und enthielt die Adressen für die nächsten 8 Tage. Irre ich nicht, so legte ich diesem Briefe einen solchen von Walther[2] bei, den Du B[ahlmann] zum Lesen geben solltest. Wäre dieser Brief von St[utt]g[art] nicht an Dich gekommen, dann wäre er „verloren" gegangen, d. h. er wäre höchstwahrscheinlich unterschlagen worden. Sieh Dir alle Briefe ganz genau an, ob sie irgendwelche Spuren der Eröffnung tragen, ich traue der Dresdner Post und der Dresdner Polizei nicht über den Weg.

Die Briefe an mich wirst Du am besten immer noch extra mit einer guten Oblate verkleben und außen das Petschaft draufdrücken, so daß man die Buchstaben sieht.

Ihr hättet Euch doch einen Platz für den Turnfestzug[3] verschaffen sollen, ich glaube sogar, Ihr hättet einen irgendwo auf der Straße gefunden. Doch der Schwindel ist vorbei und damit gut.

Es tut mir auch leid, daß Friedchen so wenig Vergnügen hat, aber wie sollen wir das ändern? Die Verhältnisse liegen nun einmal so, und Zehntausende von jungen Mädchen sind noch viel übler daran. Sie wird sich übrigens in Frankfurt gut amüsieren, denn bis zum September dürften auch die jungen Eheleute (W[alther]s Bruder und Schwägerin) von England zurück sein[4] und in Frankfurt wohnen. Mit Z.s[5] können wir uns nicht in Vergleich stellen, das kann immer nur eine Verbindung sein per distance.

Aus Deinem Briefe an Frau M[otteler] ersah ich, daß Du auch Franz [Otto][6] zu Besuch gehabt hast und Frau Br[auer] sich ebenfalls einstellen wird. Hoffentlich sind diese Besuche ziemlich zu Ende, wenn ich zurückkomme.

B[ahlmann]s müßt Ihr nehmen, wie sie sind. Es wäre mir unangenehm, wenn Ihr Euch zu reserviert hieltet; es sähe aus, als sei ich die treibende Macht, die Euch nur hinbrächte, wenn ich da wäre.

Frau M[otteler] klagte mir auch sehr über ihren Mann, er plagt sie mit unbegreiflichen Eifersuchtsszenen. Im ganzen ist er viel wohler aussehend als sonst.

Die Bemerkungen in Deinem Brief an Frau M[otteler] über L[iebknecht]s Besuch hier hättest Du nicht machen sollen. Etwas anderes wäre es, wenn Frau M[otteler] sich beklagte. Bei der Zurückgezogenheit aber, in der sie leben, und den mancherlei Differenzen bringt der Besuch erwünschte Abwechslung, und da nimmt sich Deine Auslassung etwas gehässig aus. L[ie]b[knecht] wird Mitte August hierher kommen und wird wahrscheinlich auch nach Paris gehen.[7] Wenigstens schrieb man in diesem Sinne von dort.

L[ie]b[knecht] hat dieser Tage wieder eine Erklärung für die „Frankfurter [Zeitung]" eingesandt, die mir unbegreiflich ist. Er fängt an, mir mit seinen Schwankungen und Widersprüchen Bedenken einzuflößen.[8]

Wir beabsichtigen, heute nachmittag eine Reise auf den Rigi anzutreten, aber der Himmel, der wochenlang unbedeckt war, weist heute morgen bedenklich Wolken auf, und so dürfte die Partie verregnen. Außerdem ist es im Gebirge überall so kolossal voll, daß wir mit großen Schwierigkeiten um Nachtquartier zu kämpfen haben werden. Alle Hotels im Oberland und im Gebirge sind übervoll, der Fremdensturm ist so groß wie seit vielen Jahren nicht. Interessieren wird Euch zu hören, daß das Hotel am Hausbach, in dem wir vor unserer Steigpartie auf die Wengernalp[9] den Wein tranken, beinah ganz niedergebrannt wäre. In Andermatt im Hotel Bellevue, das Hotel, das wir rechts am Eingang sahen, haust der Kronprinz[10] mit Familie.

Singer war vorige Woche hier und ist auf dem Heimweg über Frankfurt, um Höchbergs Verwandte zu besuchen und zu versuchen, sie vom Prozeß abzubringen.

H[öchberg] hat seine Verwandten nicht enterbt. Er hat seinem Bruder das wertvollste aus der Erbschaft, sein Haus in Fr[an]kf[u]rt vermacht. Alle Darlehen etc. sind niedergeschlagen.[11] Grillenb[erger] hat die Hypothek auf das Genossenschaftshaus in N[ürnberg] von 7000 M erhalten. Was nach Abzug all der Schuldschenkungen vorhanden ist, wird verteilt, und zwar erhält Singer 20 % für „wohltätige Zwecke", H[ö]ch[berg]s Mutter 15 %, Auer 10 %, Ede [Bernstein] 10 %, Liebkn[echt], Mott[eler] und Schramm je 5 % etc. Ede behauptet freilich, daß das ganze in dieser Weise zur Verteilung kommende Kapital sich auf kaum 80 000 M belaufen werde. Vorausgesetzt, daß nicht der Prozeß diese Teil noch erheblich schmälert.[12]

An Streit wird's außerdem nicht fehlen, da Leute vorhanden sind, welche nicht gelten werden lassen wollen, daß die Vermächtnisse nicht ihrer Person, sondern der Sache zugute kommen.

Ich weiß nicht, was die Stuttg[arter] über meine Rede berichtet haben[13], diese Berichte sind meist armselig.

Frau Schack hält Montag hier Versammlung; sie geht mit auf den Rigi. Der Billigkeit halber wird die Partie hinauf und hinunter *zu Fuß* gemacht. Das wird jedenfalls ein strapaziöses Vergnügen werden.

Da ich 2 Tage hier feiere, reise ich Dienstag[14] in der Frühe ab. Brief, den Du bis Mittwoch abend absendest, trifft mich in München unter der Adresse von V[ollmar].

Und nun lebt wohl und seid herzlich gegrüßt und geküßt

Dein August

1 Vom 7. Juli bis Mitte August 1885 befand sich Bebel auf Reisen. U.a. weilte er in Frankfurt (Main), Mainz, Darmstadt, Mannheim, Stuttgart, Freiburg (Breisgau), München und Zürich.

2 Otto Walther (1855-1919), Arzt, Sozialdemokrat. Er stammte aus Limbach/Sachsen und studierte 1876 bis 1880 in Leipzig Medizin. Dort 1880 medizinisches Staatsexamen. Lernte in Leipzig die Engländerin Hope Adams (siehe Nr. 69/6) kennen. Folgte ihr nach England und war am deutschen Hospital in London tätig. Beide seit 1881 als Ärzte in Frankfurt/Main. Dort Heirat am 6. Januar 1882. Zwei Kinder: Heinz und Mara. Im Dezember 1886 übersiedelten Hope Adams Walther und Otto Walther auf die Brandeck (siehe Nr. 69/8). O. Walther kaufte im August 1889 oberhalb des Dorfes Nordrach im Schwarzwald ein Grundstück und ließ dort bis 1891 die Lungenheilanstalt Nordrach errichten, in der beide als Ärzte tätig waren. 1893 Trennung und Scheidung auf Hopes Wunsch. 1895 Ehe mit Ragnhild Bajer (1874-1903), der Tochter des späteren Friedensnobelpreisträgers Frederick Bajer (1837-1922). Nach Ragnhilds Tod Ehe 1904 mit ihrer Schwester Sigrun (1872 - um 1959). 1908 verkaufte Walther die Lungenheilanstalt an die badische Landesversicherungsanstalt für 300 000 Mark und zog an den Starnberger See. O. Walther gehörte zum engsten Freundeskreis der Familie Bebel, wie auch der Briefwechsel zeigt. (Siehe Universitätsarchiv Leipzig, Rektor B 58 und Rep. I/XVI/VII C 40, Bd. 2, Nr. 811; Gerda Walther: Zum anderen Ufer. Vom Marxismus und Atheismus zum Christentum, Remagen 1960; Erwin Dittler: Erinnerungen an Dr. Carl & Dr. Hope Bridges Adams-Lehmann und die Zeit unterm Sozialistengesetz, [H.] 1 u. 2, Kehl-Goldscheuer 1993; Sepp Schülj: Otto Walther, der Gründer des Sanatoriums Nordrach-Kolonie, in: Die Ortenau, Offenburg/Baden 1969, S. 191-194; AB an A. Geck, 16.7.1909, SAPMO/BArch, NY 4022/125)

3 Vom 18. bis 23. Juli 1885 fand in Dresden das sechste deutsche Turnfest statt. Am 19. Juli zogen rund 20 000 Turner in einem Festzug mit rund 1000 Fahnen und 18 Musikchören vom Albertplatz zum Festplatz am Rand des Großen Gartens.
(Siehe H. Brendicke: Das sechste allgemeine deutsche Turnfest zu Dresden 1885. Festbericht. In: Deutsche Turn-Zeitung, 30.7.-3.9.1885)

4 Friedrich Walther (nicht vor 1856-1891), Sozialdemokrat, Augenarzt in Frankfurt (Main). Bebel gab ihm für seine England-Reise eine Empfehlung an Friedrich Engels, Eleanor Marx-Aveling und Karl Kautsky mit.
(Siehe AB an F. Engels, 5.7.1885, BARS,Bd. 2/2, S. 193).

5 Es konnte nicht entschlüsselt werden, um wen es sich bei dieser mit Bebels befreundeten Familie Z. handelt.

6 *Franz* Hugo Otto (31.3.1839-7.8.1889) war der jüngere Bruder von Julie Bebel. Er lernte Glaser und begab sich 1857 kurzzeitig auf Wanderschaft. Ab 1. Januar 1860 leistete er Militärdienst. Von 1865 bis 1871 wohnte er in Möckern, danach wieder in Leipzig. Bis etwa 1883 war er als Schutzmann tätig, ab 1884 als Glaser. In erster Ehe seit 1866 verheiratet mit Auguste Elisabeth Künzel (1841-1870). Sie hatten zwei Söhne. Theodor *Richard* Franz Otto (1866-1888) wurde Maschinenmeister. Er starb bereits mit 21 Jahren. Ernst *Rudolph* Bruno Otto (1868-1943) wurde Handlungsgehilfe, zunächst in Leipzig, 1886-1888 in Köln, ab November 1890 in Stuttgart. Nach der Geburt eines dritten Sohnes, der nur zwei Tage lebte, verstarb die erste Frau von Franz Otto. In zweiter Ehe heiratete er 1872 die Strickerin Johanna Theresa *Wilhelmine* Reinhardt (1831 - nach 1902).
(Siehe StA Leipzig, PoA, 1832-1854, Nr. 61, Bl. 56; 1855-1875, Nr. 96, Bl. 97b; 1876-1889, Nr. 204, Bl. 4; Leipziger Adreßbücher; StA Stuttgart)

7 Liebknecht weilte in der zweiten Augusthälfte 1885 in Zürich, reiste aber offenbar nicht nach Paris.
(Übermittelt von W. Schröder nach Unterlagen im Liebknecht-Fonds Moskau)

8 Am 14. Juli 1885 sprach Liebknecht auf einer Wählerversammlung in Offenbach über die Tätigkeit der Reichstagsfraktion, worüber die „Frankfurter Zeitung" am 16. Juli 1885 einen ausführlichen Bericht brachte. Liebknecht nahm dabei zu den Auseinandersetzungen in der Partei Stellung. Von Dezember 1884 bis Juli 1885 fanden in der Reichstagsfraktion heftige Debatten statt zwischen Bebel, Liebknecht und ihren Anhängern einerseits und der Mehrheit der Reichstagsfraktion um Wilhelm Blos und Karl Frohme andererseits, die sich gegen die prinzipiell unversöhnliche Haltung der Sozialdemokratie gegenüber dem Kaiserreich wandten. Die gegensätzlichen Auffassungen in der Fraktion strahlten auf die Partei aus und weiteten sich zu einem Parteikonflikt aus. Dabei war es ab Mai 1885 zwischen Bebel und Liebknecht zu ernsten Spannungen gekommen. Liebknecht sah durch den Parteikonflikt die Einheit der Partei gefährdet und strebte nach einer Versöhnung beider Richtungen. Bebel machte dagegen geltend: „Weil heute die opportunistische Richtung in der Fraktion die große Mehrheit hat, halte ich es für den *größten Fehler im Parteiinteresse*, wenn der bestehende Gegensatz beständig vertuscht und als nicht vorhanden dargestellt wird. Das mag die Einigkeit fördern, stört aber die Einheit und die Kraft der Partei." Mit der Unterzeichnung eines Rechenschaftsberichts im Juli 1885 durch alle Mitglieder der sozialdemokratischen Reichstagsfraktion fand die Auseinandersetzung einen gewissen Abschluß. In dem Bericht wurde die Umwandlung der Sozialdemokratie in „eine parlamentarische Opportunitätspartei" verworfen.
(Siehe Ursula Herrmann: Einleitung, in: Im Kampf um den revolutionären Charakter der proletarischen Partei. Briefe führender deutscher Arbeiterfunktionäre Dezember 1884 bis Juli 1885. Red. Ursula Herrmann, Wilfried Henze und Gudrun Hofmann, Berlin 1977, S. 5-61; Zitate ebenda, S. 330, 361. Siehe auch AB an W. Liebknecht, 9.8.1885, BARS, Bd. 2/2, S. 198-200)

9 Bebel erinnert an die Reise, die er mit Frau und Tochter von Mitte Juli bis 15. August 1884 unternahm.

10 Friedrich Wilhelm (1831-1888), Kronprinz von Preußen seit 1861, als Friedrich III. deutscher Kaiser und König von Preußen 1888.

11 Carl Höchberg (siehe Nr. 52/7) starb am 21. Juni 1885. Julie Bebel bestellte, durch I. Bahlmann veranlaßt, bei Opificius einen Kranz zur Beisetzung. Mit den Darlehen sind die Summen gemeint, die Höchberg der Sozialdemokratie, vor allem für Presseorgane, zur Verfügung gestellt hatte. Bebel erhielt testamentarisch die Hypothek auf das Fabrikgrundstück in Leipzig erlassen – 1876 waren das 36 000 Mark –, die Ißleib aber bereits zurückgezahlt hatte.

12 Höchbergs Testament wurde vor allem angefochten von seinen Schwestern Gabriela Maria und Blanka Eugenie Höchberg, inzwischen verheiratet. Zur Verteilung gelangten 30 000 Mark. Davon erhielt Henriette Höchberg in Frankfurt/Main 4500 Mark = 15 Prozent. Hierbei handelte es sich offenbar um Höchbergs Stiefmutter. Seine leibliche Mutter soll er schon als Kind verloren haben. Die Summe für die hier genannten Sozialdemokraten rechnete der von ihnen beauftragte Rechtsanwalt Eugen Curti in Schweizer Franken auf: Singer – für die Partei gedacht – (15 Prozent) = 5569 Fr; Auer (10 Prozent) = 3719 Fr; Bernstein das gleiche, Liebknecht (5 Prozent) = 1856 Fr; Schramm und Motteler das gleiche. Außerdem erhielt Neisser 10 Prozent. Hiervon gingen bei jedem noch Gebühren ab.
(Siehe IISG, NL Motteler, Nr. 1417; Nachruf von E. Bernstein in „Der Sozialdemokrat", 2.7.1885)

13 Bebel hatte in Stuttgart am 22. Juli 1885 vor rund tausend Personen auf einer Volksversammlung über den Niedergang des Kleingewerbes gesprochen.
(Siehe AB an W. Liebknecht, 26.7.1885, BARS, Bd. 2/2, S. 195; Frankfurter Zeitung, 24.7.1885.

14 4. August 1885.

66

Meine liebe gute Julie!

Deinen lieben Brief nebst Beilagen, den Du an A[uer] gesandt, habe ich mir dort gestern abend nach Ankunft hier[1] geholt. A[uers][2] wohnen sehr hübsch, 3 Stuben mit Küche und Kammer, nebst einer Art Balkon in den Hof, [540 ?] M; ein Zimmer haben sie vermietet. Das Töchterchen[3] ist ein sehr hübsches Kind von 7 Jahren, in das der Vater allerdings ganz vernarrt ist und das er wohl stark verzieht. A[uer] fängt an, sich den Urmünchener anzueignen, namentlich in der Sprache, was mir nicht gefällt. Umgekehrt versucht Gr[i]ll[enberger], den Nürnberger möglichst abzustreifen.

Grillenb[erger]s lassen Euch schön grüßen. Ich reise Freitag[4] mittag ab. Wiemers luden mich ein, künftig bei ihnen zu logieren, sie ziehen in die unmittelbare Nähe ihres gut gehenden Ladengeschäfts[5] – wozu ich aber keine Lust habe und es nicht tun werde.

Hier wohne ich diesmal auch im Hotel, und zwar im „Deutschen Kaiser", unmittelbar an der Bahn, einem großen, sehr frequentierten Hotel, mit dem ich sehr zufrieden bin. Ich wohne auf Nr. 94, das Hotel hat aber wohl mehr als doppelt soviel Zimmer.

Als wir uns gestern München näherten, zeigten sich in der Ferne die bayrischen Alpen noch sehr stark mit Schnee bedeckt; um so mehr wundert mich, daß die Vegetation hier schon so weit vorgeschritten ist. Heute haben wir hier sehr schwüles Wetter, so daß ein Gewitter möglich und wahrscheinlich ist.

Nachmittag will ich mit Auer unserm demokratischen Reichstagskollegen Kroeber[6] nebst Familie einen Besuch machen, der uns gestern abend dazu einlud. Wir trafen ihn in einer Volksversammlung, in der er referierte, die aber kurz nach unserm Eintreffen aufgelöst wurde, nicht durch unser Zutun, denn die Polizei ahnte unsere Anwesenheit nicht.

Zu Vierecks werde ich kaum kommen, so leid mir das wegen der Frau und seiner Schwägerin ist. Sein Junge[7] kam zu A[uer]s, als ich grade dort war. Die beiden Kinder sind dicke Freunde. Viereck war gestern in Augsb[urg] zu einer Versammlung.

Die Erklärung gegen Viereck habe ich für die Öffentlichkeit zurückgezogen[8], sie wird auf anderm Wege den Leuten zugehen. L[ie]bk[necht] hatte, wie er mir schreibt, Viereck wegen seines Artikels gegen mich und anderem auch Vorhalte gemacht, darauf ist Viereck ganz aus dem Häuschen und faselt bereits wieder von einem Plan wegen seiner Ausstoßung aus der Partei. Es mag das böse Gewissen sein, das ihm diese Gedanken eingibt.

Da Frau Schack[9] von Gertrud [Liebknecht] nichts erwähnt, wird sie wohl, wie L[ie]b[knecht] in Nürnb[erg] sagte, noch in St[u]ttg[art] sein. Die Mitteilung beruht wohl auf einem Mißverständnis B[ahlmann]s. Wahrscheinlich hat L[ie]b[knecht] gesagt, daß sie mal nach Off[en]b[ach] solle. Weder Gertr[ud] noch Geis[ers] werden sich aber in der Gesellschaft von Op[ificiu]s' noch von W[alther]s wohlfühlen; mit Sabor[10] wird G[ei]s[er] weder Umgang suchen noch finden. Fr[ohme] wird sein Mann sein und dessen Freunde. Im übrigen ist Fr[an]kf[u]rt ein teures Pflaster, namentlich in bezug auf Logis.

Daß L[ie]b[knecht] Dich nicht besucht hat, ist, wenn es nicht eine Art Revanche sein soll, weil ich Frau L[ie]b[knecht] in L[ei]p[zig] nicht besuchte – wozu ich selbstverständlich gar keine Zeit hatte[11] – sehr unhöflich, gelinde gesagt. Ihr werdet ihn in Dr[esden], wenn er dorthin kommt, nicht eher besuchen, als bis er Euch besucht hat.

Bei W[alther]s hat sich ja das Pärchen wie auf Bestellung eingestellt.[12] Daß sie Dir davon keine Nachricht zukommen ließen, versteht sich bei ihrem Standpunkt in diesen Dingen von selbst. Was interessiert so ein kleiner Wurm andere Leute, denken sie. Übrigens ist mir lieb, daß das Ereignis vorbei ist, ich hatte immer eine stille Sorge, daß mich mein Pech zur gegebenen Stunde nach Fr[an]kf[u]rt führe.

An Carl Wesch[13], Roßstraße 134, Crefeld, willst Du 60 M per Postkarte senden und Betrag notieren. Sind im April – also bis zum 30. – noch Gelder eingegangen, dann willst Du mir diese in Deinem Briefe nach Zürich melden. Ferner bitte ich Dich, die Avise *einen Tag früher als angegeben stets abzusenden*. Die für hier kamen erst gestern an, und es fehlte nicht viel, so hätte ich gestern schon Besuche machen können, und dann wären die Avise gleich mit mir angekommen.

Dem Danziger schicke ich keinen Brief.

Frau Schack werde ich vorläufig nicht schreiben. In der Angelegenheit, in der sie Auskunft wünscht, ist noch gar nichts entschieden. Du kannst ihr das sagen, wenn sie nach dort kommt.[14]

Es ist mir angenehm zu hören, daß Euch die Zeit so rasch vergeht. Das ist mir viel lieber, als das Umgekehrte zu hören. Mir wird selbstverständlich bei der Menge der Abwechslung die Zeit nicht lang, obgleich mir bei der Menge der Eindrücke die Zeit, wo ich von Hause weg bin, viel länger vorkommt, als sie in Wirklichkeit ist.

Doch ich muß schließen, es ist 1 Uhr durch, und ich habe gewaltigen Appetit. Vermutlich sitzt Ihr in diesem Augenblick auch bei Eurem Sonntagsbraten. Was meiner harrt, weiß ich noch nicht, ich esse nach der Karte.

Also beachte, die Avise einen Tag früher zu senden.

Friedchen soll sich nicht überanstrengen.

Die herzlichsten Grüße und Küsse an Euch beide

Dein August

---

1 Im Zeitraum vom 7. April bis 1. September 1886 unternahm Bebel mehrere Geschäftsreisen. Zur Vorbereitung hierauf erhielt er die polizeiliche Genehmigung, sich vom 5. bis 7. April frühmorgens in Leipzig aufzuhalten. Die Briefe Nr. 66 bis 69 schrieb er während einer rund sechswöchigen Abwesenheit von zu Hause, die er um den 26. April begann und von der er am 8. Juni 1886 zurückkehrte.
(Siehe Moskau, F. 192, Nr. 59, Bl. 46-48; AB an F. Engels, 23.4.1886, BARS, 2/2, S. 232).

2 Ignatz Auer heiratete 1876 in Hamburg Agnes Henckhus (1858 - nach 1920). Sie stammte aus Schwerin und war nach Hamburg in Stellung gegangen. Nach seiner Ausweisung aus Hamburg und Harburg versuchte Auer, sich in Schwerin als Sattler und Tischler Auskommen zu verschaffen. Sie lebten dort sehr ärmlich. Im April 1886 zog Auer mit seiner Familie nach München, wo er an den von L. Viereck herausgegebenen Blättern mitarbeitete. Wie Bebel am 8. Januar 1886 an Schlüter schrieb, hatte Viereck Auer eine Stelle als Redakteur mit Beteiligung am Reingewinn angeboten. Auer fragte brieflich bei Bebel nach dessen Meinung, zumal Auer befürchtete, er werde sich mit Viereck nicht verstehen. Im gleichen Brief hieß es: „Ich antwortete Auer, daß er, wenn Viereck gut bezahle, annehmen solle, schrieb aber auch, daß V[iereck] den Plan verfolge, in M[ünchen] eine Art Zentralleitung zu gründen, wozu er ihn als Stütze und Rückendeckung brauche." Anfang September 1887 gab Auer die Zusammenarbeit mit Viereck auf und brach persönlich mit ihm.
(IISG, NL Bebel, Nr. 43; siehe Nr. 133, 82/4; I. Auer an W. Liebknecht, 27.4.1886, Moskau, F. 200, Op. 4, Nr. 1805; U. Heß: Louis Viereck, wie Nr. 16/8, S. 34)

3 Anna Auer (1879-1965) heiratete im Oktober 1900 den Sozialdemokraten Berthold Heymann (1870-1939), der 1918 Kultus- und 1919/1920 Innenminister in Württemberg wurde. Drei Kinder. Emigrierte 1933 mit ihrem Mann in die Schweiz, wo sie in Zürich eine Fremdenpension unterhielten.

(Siehe F. Tennstedt, wie 52/4, S. 480; Biographisches Handbuch der deutschsprachigen Emigration nach 1933, Bd. I: Politik, Wirtschaft, öffentliches Leben. Leitung u. Bearb. Werner Röder, Herbert A. Strauss..., München u.a., S. 293)

4 7. Mai 1886.

5 Philipp Moritz Wiemer (1849-1924), Zirkelschmied, 1873/1874 sozialdemokratischer Agitator der SDAP, ab 1875 Mitglied der Redaktion der „Chemnitzer Freien Presse", nach Verbot bei Erlaß des Sozialistengesetzes Versuche von Geschäftsgründungen durch Polizeischikanen vereitelt. Im August 1881 Übersiedlung nach Nürnberg, seinem Geburtsort. Dort Posamentengeschäft in der Karlstraße; MdR 1878-1881, 1884-1887; Beisitzer im Gauvorstand Nürnberg, 1900 Mitglied der Preßkommission.

Am 29. November 1880 heiratete Philipp Wiemer in Chemnitz Anna Clara Kühn (geb. 1855). Seine erste Frau Anna Martha Pröhl (geb. 1855) war am 11. Juni 1879 verstorben. Wiemers wohnten in Nürnberg zunächst in der Oberen Wörthstr. 24 und zogen im September 1886 in die Augustinerstr. 19.

(Siehe Liebknecht-Briefwechsel II, wie Nr. 3/3, S. 256; StA Chemnitz, Polizeimeldebücher, übermittelt von Christine Hinze; Adreßbücher Nürnberg 1885, 1886, übermittelt vom StA Nürnberg)

6 Adolph Kroeber (1834-1896), Holzhändler und Besitzer von Dampfsägereien, Mitglied der Deutschen Volkspartei, auf dem Nürnberger Vereinstag des VDAV 1868 für Annahme des Programms der IAA, seit 70er Jahren in München, MdR 1884-1887, 1888-1890, 1893-1896. Seit 1869 im Briefwechsel mit A. Bebel. Kroeber heiratete – wohl vor 1864 – Antonie Boersperg, geb. Neudeck (1839-1902).

(Siehe StA München, PMB, G 423)

7 Gemeint ist wohl Franz Viereck, geb. 1876 in Würzburg, also vor der Ehe mit Laura Viereck; später Realschüler, dann Gärtner.

(Siehe StA München, PMB, F 123)

8 Viereck griff Bebel im „Deutschen Wochenblatt" (München) vom 11. April 1886 wegen der Reichstagsreden vom 31. März 1886 an, die Bebel während der zweiten Lesung zur Verlängerung des Sozialistengesetzes gehalten hatte. Puttkamer hatte in seiner Rede zur Begründung der Vorlage darauf verwiesen, daß sich Bebel mit der Pariser Kommune solidarisiert und den Fürstenmord verherrlicht habe. Viereck warf Bebel vor, daß dieser hierzu nicht geschwiegen hatte. Mit seiner Entgegnung hätte er liberalen Abgeordneten den Vorwand für die Verlängerung des Sozialistengesetzes geliefert. Wörtlich hieß es u.a. im „Deutschen Wochenblatt": „Bebel gehört zu denjenigen Rednern im Reichstage, deren Worte mit vollem Recht die allseitigste größte Aufmerksamkeit finden, und auch diese Rede war nach Form und Inhalt eine bedeutende Leistung. Gleichwohl hatte dieser Redner diesmal keinen besonders glücklichen Tag. Daß er von seinem Standpunkte aus und nach dem, was er früher wiederholt gesagt, weder die Kommune verleugnen, noch in die offiziellen Entrüstungsstürme über die Nihilisten einstimmen konnte, bedarf keiner Erörterung; nach Lage der Dinge hätte er daher auf die Provokationen, die man ihm machte, lieber nicht reagieren, *in die raffinierten Fallen, die man ihm gestellt, nicht gehen sollen.* Über gewisse Dinge ist unter Umständen Schweigen die höchste Redekunst."

Bebel schrieb dazu an F. Engels, Viereck habe sein Auftreten „im echten Heulmeierton kritisiert". Er hatte sofort eine Entgegnung an den „Sozialdemokrat" gesandt, zog diese aber zurück.

(Siehe Stenographische Berichte, 6/2/3, S. 1788-1792, 1797-1799; AB an F. Engels, 23.4.1886, BARS, Bd. 2/2, S. 230; AB an E. Bernstein, 23.4.1886, Moskau, F. 204, Nr. 186)

9 Gertrud Schack gab zu dieser Zeit in Offenbach „Die Staatsbürgerin" heraus.

212

10 *Adolf* Abraham Sabor (1841-1907), Privatlehrer, Journalist, ab 1870 in Frankfurt (Main), siegte 1884 bei der Reichstagswahl über L. Sonnemann, MdR 1884-1890, am 23. Dezember 1886 aus Frankfurt ausgewiesen. Da durch Heirat vermögend, unterstützte er Familien der Inhaftierten. Zog sich wegen Krankheit von der Tätigkeit in der Sozialdemokratie zurück.

11 Bebel bezieht sich auf seinen Aufenthalt in Leipzig vom 5. bis 7. April 1886 frühmorgens.

12 Gemeint sind die beiden Kinder von Hope Bridge Adams-Walther und Otto Walther. 1884 wurde ihr Sohn Heinz geboren (gest. 1968). Er wirkte später als Frauenarzt und Chirurg in Darmstadt. Ihre Tochter Mara (1886-1964) studierte später Medizin und heiratete 1909 den Arzt Dr. Angel Carlos Maggiolo, Universitätsprofessor in Montevideo/Uruquay.
(Siehe G. Walther, wie 65/2, S.20; Sepp Schülj, wie ebenda, S. 191)

13 Carl Wesch, Sozialdemokrat, agitatorisch im Rheinland tätig. Kandidat bei den Reichstagswahlen 1887 in Duisburg. Ging offenbar später in die USA.
(Siehe Wahl-Korrespondent <Dresden>, Kandidatenliste zur Reichstagswahl 1887; AB an H. Schlüter, 25.2.1896, BARS, Bd. 5, S. 82)

14 G. Schack sprach am 22. Juni 1886 auf einer öffentlichen Frauenversammlung in Dresden. Sie polemisierte gegen M. Kayser, der auf einer Volksversammlung am 8. Mai eine Resolution hatte annehmen lassen, daß die Frau ihrem natürlichen Beruf, der Mutterschaft, zurückgegeben werden solle. Hiergegen gerichtet verteidigte Schack das Recht der Frau auf Berufsarbeit: „Nicht Verdrängung der Frauenarbeit, sondern gleiche Löhne bei gleichen Leistungen müsse die Parole sein." G. Schack ging dabei so weit, die Einschränkung der Nachtarbeit und andere Schutzmaßnahmen für Frauen im sozialdemokratischen Arbeiterschutzgesetzentwurf zurückzuweisen.
(Siehe Sächsisches Wochenblatt, 12.5., 26.6.1886)

67

Meine liebe gute Julie!

Deinen lieben Brief habe ich heute vormittag erhalten. Du hast ihn offenbar wieder in einer etwas trüben Stimmung geschrieben. Du darfst die Dinge nicht so tragisch nehmen. Die Reisen, die ich mache, sind doch ein Stück Existenz, und dieser zuliebe muß sich die Mehrzahl der Menschen weit größeren Unbequemlichkeiten und Unannehmlichkeiten aussetzen als ich und wir überhaupt.

Deinen Brief nach Ulm habe ich auch erhalten, wie ich Dir wohl schrieb.

Ich hatte mich auf der Reise hierher etwas erkältet. Der starke Zug auf der Bahn und das heftige Regenwetter der letzten Tage bei nicht ganz wasserdichten Schuhen hatten mir einen ziemlichen Katarrh eingebracht. Ich blieb infolgedessen gestern bis 10 Uhr im Bett, heute ist er wesentlich besser und wird in einigen Tagen verschwunden sein. Das Wetter war heute vormittag kühl, aber sobald die Sonne durchbricht, wird es drückend heiß. Mottelers habe ich wohl und bei guter Stimmung angetroffen. Frau Schlüter, die ich gestern abend sah, sieht zwar gut aus, aber sie ist schmaler als früher, und Frau M[otteler] mag nicht Unrecht haben, wenn sie glaubt, sie habe die Schwindsucht, wenn auch zunächst erst den Anfang davon.[1]

Der Brief Maria [Z]s rührt von ihrem Vater. Er enthält merkwürdige Äußerungen über seine Familienverhältnisse. Ich will nicht weiter darüber schreiben, Du magst ihn selber lesen, aber ich glaube nicht an alles, was er sagt. Mir tun nach dem Brief die armen Mädchen doppelt leid. Das ist auch ein Familiendrama, wie es in den höheren Schichten nur gar oft vorkommt.

Die Kassette kostet 25 M, sie ist zum Anschrauben an den Boden, aber so eingerichtet, daß sie mit einem einzigen Schlüsseldruck vom Boden losgemacht werden kann. Ich habe sie 3 M billiger erhalten, als ihr Preis ist. Sie ist von einem sehr soliden Fabrikanten, und das ist die Hauptsache.

Das Geld, das Du im Besitz hast, trage nicht auf die Bank. Die 1000 M von H. sind mir bekannt. Mit Wesch hat B[ahlmann] nicht recht, wenigstens jetzt nicht mehr. Abgesehen davon war die Hülfe eine vorübergehende und wurde auf Empfehlung gewährt.

Wenn Friedchen wirklich so viel studiert und arbeitet, werde ich doch wohl eingreifen müssen. Vor allen Dingen sieh darauf, daß sie tüchtig ißt und trinkt und namentlich auch fleißig Bewegung hat. W[alther]s werden sich natürlich über den Eifer sehr freuen, wenn sie davon hören. Ich gehe Mittwoch früh hier weg und komme Donnerstag abend nach Freiburg/B. Ich bitte Dich, mir etwas Wäsche etc. nach dort zu senden, und zwar unter der Adresse von F. Haug[2], Schuhmachermeister, Freiburg/B, Kaiserstraße 117. Ich wünsche 1 Oberhemde mit 3 Kragen und 1 Paar Manschetten, 1 Nachthemde, 1 Paar wollne Strümpfe (die jetzigen sind durch), 4 - 5 Taschentücher und 6 Bronze- und 6 Hornmusterkarten, die unten links im Sekretär liegen. Bitte dieses Paket spätestens Mittwoch abzusenden, aber so einzupacken, daß ich die Bogen zu einer Rücksendung benutzen kann. Du kannst ja einen andern Namen als Absender angeben, notifiziere dies aber dann H[aug] zuvor durch ein paar Zeilen.

Der neue preußische Regierungserlaß in bezug auf Berlin ist wieder recht nett. Man muß in den oberen Regionen sehr unruhig sein und sich sehr unsicher fühlen, daß man zu solchen Mitteln greift. Das schönste ist nur, daß die eigenen Leute gar nichts von der Bedeutung ahnen, die man ihnen oben beilegt, und man Mühe hat, ihnen die Situation klarzumachen, d. h. den sog. Führern. Ich habe über den Erlaß einen kurzen Artikel für den „S[ozial]d[emokrat]" geschrieben, der wirken wird.[3]

Most hat neuerdings offen zum Totschlag unserer Personen aufgefordert, Du wirst's wohl im „S[ozial]d[emokrat]" gelesen haben.[4] Schade, daß sie diesem Hansnarren durch seine Verhaftung in N[ew] Y[ork] die Märtyrerkrone wieder aufgesetzt haben. Bei dem verkommmensten Subjekt würde ich die Prügelstrafe mißbilligen, weil ich an andere Mittel zu seiner Rettung glaubte. Diesem Lumpen würde ich mit eigner Hand mit Vergnügen jeden Tag 25 aufzählen. Nach neueren Nachrichten hat man ihn wieder gegen Kaution von 1000 D[ollar] entlassen, ein Beweis, daß man ihm schwerlich viel machen kann; um so schlimmer, daß man ihn einsteckte.[5]

Morgen geht die Reichsbude wieder auf. So sehr ich mich freue, daß ich nicht wieder hin muß, so möchte ich doch gern Herrn v. P[uttkamer] auf Grund seiner neuesten Taten einmal wieder an den Kragen gehen. Nun, ich hoffe, das wird L[ie]bk[necht] gründlich besorgen. Ich habe ihm geschrieben, er solle rücksichtslos dreinhauen, denn zu verderben sei nichts mehr.

Dienstag soll ich hier speziell vor unsern Leuten – also im engeren Kreise – Vortrag halten, und das will ich tun.[6] Für morgen mittag hat mich Frau Schl[üter] zu Tisch geladen.

Die Hälfte der Tour ist also um, in drei Wochen sitze ich in Fr[an]kf[urt] und denke an die Heimreise.

Fange mir keine Grillen und tröste Dich damit, daß es um so hübscher ist, wenn wir uns nach längerer Trennung wieder sehen.

Und nun lebe wohl, und sei nebst Friedchen aufs herzlichste gegrüßt und geküßt

Dein August

---

1 Anna Schlüter erkrankte an Tuberkulose und hielt sich 1887 zur Heilung in Davos auf.
  (Siehe Frieda Bebel an AB, 19.4.1887, SAPMO/BArch, NY 4022/31)
2 Johann Friedrich Haug (1850-1928), seit 1871 Mitglied des ADAV, dann der SDAP, aktiv in der illegalen Parteiorganisation in Freiburg, Mitarbeiter im illegalen Vertriebssystem des „Sozialdemokrat", in den 90er Jahren führend in Baden tätig.
3 Am 11. April 1886 leitete die preußische Regierung mit dem „Streikerlaß" des Innenministers Robert von Puttkamer eine erneute Verschärfung des Sozialistengesetzes ein. Arbeitervereine, gewerkschaftliche Fachvereine, ihre Presseorgane und Versammlungen wurden verboten. Der Freiberger Sozialistenprozeß wurde beschleunigt vorbereitet. Allein bis Januar 1889 folgten ihm 55 weitere Sozialistenprozesse. Nach unvollständigen Angaben wurden in den Jahren 1886 bis 1890 1466 Sozialdemokraten mit Gefängnis bestraft. 17 Prozent aller Ausweisungen unter dem Sozialistengesetz entfielen auf das Jahr 1887.
  Da sich der Reichstag am 10. April bis zum 17. Mai vertagte, konnte die Sozialdemokratie dort erst mit Verzögerung gegen den Erlaß Stellung nehmen. W. Hasenclever brachte namens der sozialdemokratischen Reichstagsfraktion am 18. Mai eine Interpellation ein, in der angefragt wurde, ob dem Bundesrat der „Streikerlaß" bekannt wäre und was dieser gegen die damit erfolgte Verletzung eines Reichsgesetzes unternommen habe. Die Interpellation beantwortete der Staatssekretär des Innern H. v. Boetticher am 21. Mai 1886 im Reichstag. Er verneinte beide Fragen. Dieser Erlaß berühre das Reich nicht. Immerhin erzwang die Sozialdemokratie eine Debatte zum Streikerlaß (siehe Nr. 69/13). Zu Bebels Stellungnahme siehe Nr. 69/10.
4 Bebel und Liebknecht waren vom Nationalexekutivkomitee der Sozialistischen Arbeiterpartei Nordamerikas zu einer Agitationsreise zugunsten des Wahlfonds der deutschen Sozialdemokratie eingeladen worden. Bebel sagte seine Teilnahme ab. Liebknecht war vom 31. August bis 3. September 1886 Gast bei Engels in Eastbourne und weilte vom 13. September bis 27. November in den USA. Anschließend hielt sich Liebknecht zusammen mit seiner Frau vom 5. bis 10. Dezember 1886 bei Engels in London auf.

Im „Sozialdemokrat" vom 13. Mai 1886 wurde eine Stellungnahme aus der „Freiheit" abgedruckt. Darin wurde aufgefordert, die geplante Agitationsreise von Bebel und Liebknecht nach Kräften zu behindern. Das „Beste wäre, wenn man die Kerle totschlüge, sobald sie sich hierzulande blicken lassen".

5 Johann Most hatte am 25. April 1886 auf einer Volksversammlung in New York zur Bewaffnung aufgefordert. In Verbindung mit den Verfolgungen nach der Kundgebung auf dem Haymarket am 1. Mai 1886 in Chicago wurde Most am 11. Mai 1886 verhaftet und zwei Tage später gegen eine Kaution von 1000 Dollar freigelassen. Am 27. Mai 1886 begannen die Gerichtsverhandlungen. Am 2. Juni wurde er zu einem Jahr Strafanstalt und 500 Dollar oder 500 weiteren Tagen Haft verurteilt. Im „Sozialdemokrat" hieß es am 10. Juni 1886: „Wie immer man über den Wortführer des Anarchismus denken mag ... Das war keine Gerechtigkeit, die aus dem Richter sprach, das war krasse Partei- und Klassenjustiz!" Most wurde in der Strafanstalt Blackwells Island wie ein gemeiner Straftäter behandelt.
(Siehe R. Rocker: Johann Most, wie Nr. 46/3, S. 165-170; zu Bebels Urteil über Most siehe BARS, AmL, S. 344)

6 Bebel hielt sich vom Sonnabend, dem 15. Mai, bis Mittwoch, den 19. Mai 1886, in Zürich auf. Am 18. Mai 1886 sprach er dort vor Sozialdemokraten über die politische Situation in Europa und wies auf die drohende Kriegsgefahr hin. Darüber ging ein Bericht beim Informationsdienst des Auswärtigen Amtes in Wien ein.
(Siehe E. Bernstein an K. Kautsky, 22.5.1886, IISG, NL Kautsky DV 63; Haus-, Hof- und Staatsarchiv Wien, wie Nr. 34/3, 1886, SN 26 1720/4)

68

Plauen-Dresden, den 18. Mai 1886

Mein guter lieber August!

Deinen lieben Brief habe ich heute erhalten und freue mich, daß Du wieder wohl bist. Denke Dir, daß ich mir Sorge machte, weil ich am Sonnabend oder Sonntag träumte, daß der Doktor bei Dir saß.

Nimm Dich nur recht in acht, daß Du Dich nicht so lange damit herumschleppst. Heute ist es wieder sehr warm, während es vorher immer kalt war. Wir haben heute das erste Mal seit Ostern wieder in der Laube gesessen, es war sehr hübsch, alles wächst und blüht, daß es eine Freude ist. Ich möchte ja auch nur, daß Du mehr daran teilnehmen könntest, sonst klage ich doch nicht, ich habe eben manchmal Sehnsucht nach Dir. Daraus ist mir doch kein Vorwurf zu machen. Ich freue mich schon jetzt auf Dein Wiederkommen.

Es ist ganz gut, daß Du nicht auf den Reichstag brauchst, die andern können sich auch mal ins Zeug legen, freilich geschieht es leider nicht so, wie es sein sollte. Der Max Kayser prangt bereits heute im Blatte.[1] In der heutigen Berliner Zeitung steht, daß Dr. Ladendorf[2] in Berlin gestorben ist, nachdem er kurz zuvor in Dalldorf in einer Anstalt untergebracht war, wo er tobsüchtig war. Er habe in den drückendsten Verhältnissen mit seiner Familie gelebt, so daß erst kürzlich seine Freunde davon Kenntnis erlangt und eine erfolgreiche Kollekte veranstaltet haben. Ich glaubte, er sei längst gestorben.

Das Familienverhältnis mit Z.s tut mir auch leid der armen Mädchen willen, ich dachte mir, daß so etwas in dem Briefe stünde. Ich glaube, mit ihr hat er einen schlimmen Stand, während die Mädchen sehr an ihm hängen, wenigstens scheint es so. Neulich berührte ich auch mal wieder ganz kurz, ob sie gute Nachrichten hätten, weil sie von ihrem Sohn und Bruder erzählten, und wie ich sie ansah, ohne die geringste Ahnung, waren beide, Mutter und Tochter, hochrot im Gesicht, so daß ich fast erschrak und dachte, ob ich wohl eine Ungeschicklichkeit begangen? Ich frage nicht mehr, das steht fest. Frau Z. ging nur auf die Frage ein in bezug auf ihren Sohn, und das hat mich so unangenehm berührt, da muß etwas anderes zugrunde liegen, sonst braucht man doch nicht zu erröten. Familie B[ahlmann] ist wieder bei guter Stimmung. Felix ist sein böser Zahn herausgenommen worden, und [er] schläft nun wieder, und die kleine Ottilie[3] ist ein prächtiges Dingelchen. Herr B[ahlmann] nahm uns am Sonnabend mit zum Wallnerianum ins Residenztheater.[4] Ich hatte Frau Schlüter geschrieben, und wirst Du den eingelegten Brief erhalten haben? Es ist auch traurig mit der Familie. Der Vater ist noch immmer arbeitsunfähig und die Mutter auch wieder von neuem krank. Ich glaube auch, daß die böse Krankheit in der Familie liegt. Ich habe Kayser das Geld mitgegeben. Er sandte mir seine Verlobungskarte.

Ich werde also das Gewünschte morgen senden. Am Freitag, als Bahl[manns] in Berlin waren, hatten wir ein so starkes Gewitter, daß in Plauen die Telephone unbrauchbar waren und 5 Mann von früh an an der Arbeit waren, natürlich auch bei uns. Herr B[ahlmann] hatte Freitag telephoniert, und bei uns läutete es nicht, folgedessen sandte das Amt jemand, der die Sache wieder in Ordnung brachte. Wir sind wohl und wünschen nur, daß Du es auch sein mögest. Friedchen sagte, als ich ihr die Ergüsse von Most vorlas: Na, Mama, da hätten wir aber keine ruhige Stunde, so lange der Papa fort wäre; wer bürgte denn dafür, daß es nicht solche fanatisierte Menschen gäbe, die es zur Ausführung brächten. Ich glaube, es wird L[iebknecht] auch nicht so geheuer sein, wenn er noch hingeht.
Doch nun leb wohl, und sei recht herzlich gegrüßt und geküßt von
Deiner Frieda und Julie

Eben fragen Walthers an, wann Du kämst, und freuen sie sich sehr darauf. Wir sollten natürlich auch mitkommen und die Pfingsten dort verleben. Ich schreibe ihnen heute; die Freude über ihre Tochter kommt erst in zweiter Reihe, es sei alles wieder in schönster Ordnung.

[Am oberen Rand der ersten Seite:]
Wenn Du nur für Walthers könntest ein kleines Fäßchen Wein in Freiburg aufgabeln.
Friedchen wird mit Frau Luchtenau in „Maria Stuart" gehen heute abend und ich in eine Frauenversammlung.[5]

1 M. Kayser äußerte sich am 17. Mai 1886 zu einer Vorlage der Petitionskommission. Er forderte, daß die für die Gemeinden bestehende gesetzliche Verpflichtung zur Armenunterstützung auch für Elsaß-Lothringen gelten müsse.
(Siehe Stenographische Berichte, 6/2/3, S. 2048-2050, 2053/2054)

2 August Ladendorf (1814-1886), Demokrat, Teilnehmer der Revolution 1848/1849 in Berlin, 1853 in Haft wegen Vorbereitung zum Hochverrat, 1854 zu fünf Jahren Zuchthaus verurteilt, wegen schwerer Krankheit 1858 aus der Haft beurlaubt, 1862 in die Schweiz emigriert. Aktiv im deutsch-republikanischen Verein in Zürich, Mitglied der IAA. Mitverwalter des von Kinkel gegründeten „Revolutionsfonds". Daraus unterstützte er in den 60er Jahren die von Bebel und Liebknecht geführte Richtung der Arbeiterbewegung. Dann wieder in Berlin als Journalist tätig. Am 18. Mai erschien in der „Volks-Zeitung" die Nachricht vom Tod, am 19. Mai 1886 ein Nachruf.

3 Ottilie Bahlmann wurde am 17. Februar 1885 geboren.

4 Das Ensemble des Berliner Wallner-Theaters gastierte in Dresden. Aufgeführt wurde am 15. Mai 1886 das Lustspiel „Herr und Frau Doktor".

5 In Dresden fanden ab 30. März 1886 zahlreiche Frauenversammlungen statt, in deren Gefolge im April ein Arbeiterinnenverein gegründet wurde. Angesichts der Drangsalierung bzw. der Verbote von Arbeiterinnenvereinen aufgrund des Puttkamerschen Streikerlasses wurde der Dresdner Verein von den Behörden zu einem politischen erklärt und Mädchen bis zu 21 Jahren sowie verheirateten Frauen die Mitgliedschaft untersagt. Letztere hätten durch die Ehe ihre Mündigkeit verloren. Über eine Versammlung am 18. Mai 1886 berichtete das „Sächsische Wochenblatt" nicht.
(Siehe Sächsisches Wochenblatt, 3.4., 14.4., 21.4., 1.5., 14.7.1886)

69

Meine liebe gute Julie!

Wie ich Dir schon per Karte meldete, habe ich Deinen lieben Brief nebst Paket erhalten. Eigentlich hätte ich recht nötig leichte Strümpfe gebraucht, wer konnte diese Hitze voraussehen.

Ich schicke heute oder morgen ein Paket mit Wäsche an Dich zurück mit den großen Hornkarten, die außer Kurs gesetzt sind.

Mott[elers], Schlüt[ers], Bernst[ein]s etc. lassen Euch schön grüßen. Frau M[otteler] hatte sich wieder einen großen, sehr kokett aussehenden Sommerhut machen lassen, in der inwendigen Krempe mit roter Seide ausgeschlagen. Darin sah sie, wie ich ihr sagte, sehr herausfordernd aus.

Das prächtige Wetter ermöglichte diesmal, die Hochalpen in einer Pracht zu sehen wie selten, namentlich da auch die Vorberge, unter anderen auch der Rigi, dick mit frisch gefallenem Schnee bedeckt waren. Auch unsere alten Bekannten im Berner Oberland: Jungfrau, Eiger, Mönch, Schreckhorn etc. sah ich auf der Fahrt nach Solothurn in vollem Glanze.

Aber es läßt Euch noch jemand grüßen, der – alte Joh[ann] Phil[ipp] *Becker* aus Genf[1], der, als er hörte, daß ich in Z[ürich] sei, mit einem holländischen Genossen nach Zürich kam. Der Alte ist ganz unverändert, hat noch immer kein graues Haar und erzählt seine Schnurren in alter Weise. Der von ihm mitgebrachte Holländer war eine sehr interessante Persönlichkeit. Ein Mann in der Größe Bahlmanns*, 34 Jahre alt, frisch und urkräftig und von urwüchsiger Gesundheit. Der junge Mann war 9 Jahre auf Java, davon 6 als Ingenieur der Regierung, und wußte von dort viel Interessantes zu erzählen. Er besitzt gegenwärtig dort ein mächtiges Stück Land, das er in Parzellen verkauft. Die im „Soz[ial]demokr[at]" erscheinenden Artikel mit der Überschrift „Der Märzmonat 1886 in Belgien" rühren von ihm her.[2] Er sprach auch nach mir am Dienstag abend in Z[ürich] und mit einer Kraft und Verve, die bei uns ganz verschwunden ist und nicht möglich wäre. Er mußte seiner Gesundheit halber auf einige Zeit nach Europa kommen, ist verheiratet – die Frau ist auch Sozialistin[3] – und hat ein 1 Monat altes Kind[4].

In Frankfurt bin ich heute abend über 14 Tage. Ich bleibe aber nur Sonntag und Montag – Montag mache ich ein Geschäft –,

Dienstag rücke ich unter **allen** Umständen aus und komme nachts nach Hause.[5] Die Pfingsten bringen mich keine 10 Pferde zu einer größeren Reise fort. Das Zigeunerleben hat man nach 6 Wochen herzlich satt. Macht Friedchen wirklich etwas für die Frau Dr.[6] – obgleich ich nicht weiß, woher sie die Zeit nehmen will –, so schicke es rechtzeitig mit den beiden Pfeifen nach Fr[an]kf[u]rt, füge auch 4 große und 4 kleine Photographien bei von denen, die Du im Laufe dieser Woche erhalten wirst. Ich bin nämlich mal wieder in N[ürnberg] photographiert worden und nicht schlecht.[7] Wollt Ihr Euch nicht auch photographieren lassen? Brustbild und etwas groß! Wenn die Nürnb[erger] Photographie zu den Euren nicht paßt, laß ich mich später in Dr[esden] abnehmen bei demselben Photographen.

Ladendorfs Verhältnisse können gar nicht so sehr schlecht gewesen sein, der alte Joh[ann] Phil[ipp Becker] erzählte mir, daß er mit seiner Frau voriges Jahr in Genf war.

Der gute Max [Kayser] schwätzt freilich, aber Waser, nichts als Wasser. Der glaubt, mit Schwätzen die kranke Welt kurieren zu können.

Du wirst auch noch mal an Schweichels schreiben und sie einladen müssen, und Du bätest, daß sie einige Tage zuvor meldeten, wann sie kämen. Billette möchten sie nach Dresden-Altstadt nehmen.

An Herrn Z., der mir seine N[ew] Y[orker] Adresse mitteilte, schreibe ich heute auch. Er klagt seine Frau schwer an, ohne etwas Positives anzugeben, er habe sich von ihr auf „immer" getrennt, mit den Kindern stünde er auf dem herzlichsten Fuße. Ich habe ihm geschrieben, daß ich nichts von seinen Familienverhältnissen wüßte und nichts wissen wollte. Er will in Amerika Geschäft zu machen suchen, er sei auf „Freibillett" hinüber.

Ich will bei dem heißen Wetter heute ein Fluß(zellen)bad nehmen, ich habe den Nachmittag Zeit; abreisen kann ich doch nicht mehr, wenigstens hat es keinen Zweck. Dagegen reise ich morgen, Sonntag, vormittag, und zwar nach Offenburg, um mir die Singersche Villa[8] in Augenschein zu nehmen.

Frau Architekt Mees, in deren Familie ich gewöhnlich hier einen Abend zubrachte, ist krank. Sie ist krank geworden infolge der Aufregung und Pflege für ihre älteste Tochter[9], die schwer am Typhus darniederliegt.

Von den Gebrüdern Muscat in Nürnberg 1886 angefertigtes Foto

Im neuesten „Soz[ial[demokr[at]" wirst Du an der Spitze einen Artikel finden, der meine Ansichten in bezug auf den neuesten preußischen Ukas enthält. L[ie]b[knecht] hatte eine Einsen-
dung gemacht, worin er die Situation merkwürdig verkannte
und äußerst harmlos auffaßte.[10]
Grüße an B[ahlmann]s und Z.s.
Mein Katarrh ist so gut wie verschwunden.
Seid beide aufs herzlichste gegrüßt und geküßt von
Deinem August

Ich komme soeben aus dem Bad, das Wasser war famos und die
Badeeinrichtung wunderhübsch. Auch las ich erst heute, daß
über Spremberg der Belagerungszustand erklärt wurde.[11] Das ist
ja recht nett. In Berlin scheint man von der Tarantel gestochen zu
sein. Nach diesem Vorgang dürfen wir noch auf interessante
Dinge gefaßt sein.
Falls Hasencl[ever] oder sonst jemand um Geld schreibt für
die Familien der Ausgewiesenen, so schicke 500 M.
Beiliegend sende ich Dir dreihundert. Ich habe 500 für mich
eingenommen, auf die ich nicht gerechnet habe.[12]
Im Reichstag ist die Verhandlung über den Puttkamererlaß
kläglich verlaufen. Hasencl[ever] und Meister haben nichts
Sonderliches geleistet, und die Gegner haben sich traurig benommen.[13] Auf P[uttkamer]s Provokationen mußte anders geantwortet werden. Aber man will eine Rede halten, auch wenn
man der Situation nicht gewachsen ist.
Melde mir Empfang des Geldes nach *Stuttgart*.

* Die Bahlm[ann]sche Familie kennt er dem Namen nach und
war verwundert zu hören, daß ein Glied dieser streng katholischen Familie Sozialdemokrat sei.

1 Johann Philipp Becker (1809-1886) Bürstenbinder, Journalist, Teilnehmer am
Hambacher Fest 1832, Oberbefehlshaber der badischen Volkswehr 1849, seit 1860
Freund von Marx und Engels, seit 1865 Präsident der Sektionsgruppe deutscher
Sprache der IAA und Herausgeber des „Vorboten" (1866-1871), mit Bebel persön-
lich bekannt seit dem Gründungskongreß der SDAP 1869, 1878 Mitbegründer der
Sozialdemokratischen Partei der Schweiz, bis zu seinem Tod aktiv in der interna-
tionalen Arbeiterbewegung.
Julie und Frieda Bebel lernten Becker 1884 bei einer Urlaubsreise kennen, die
sie alle drei von Mitte Juli bis 15. August 1884 unternahmen. Sie weilten am 31. Juli

und 1. August 1884 in der Schweiz bei Becker zu Gast. Nach der Rückkehr bedankten sich alle drei herzlich für die schönen Stunden.

Angesichts der drückenden finanziellen Not Beckers veranlaßte Bebel 1884, daß jener mit jährlich 200 Fr. aus der Parteikasse unterstützt wurde.

(Siehe den Nachruf von Friedrich Engels, in MEW, Bd. 21, S. 319-324; Rolf Dlubek: Johann Philipp Becker. Vom radikalen Demokraten zum Mitstreiter von Marx und Engels in der I. Internationale <1848-1864/65>, Phil. Diss. Berlin 1963; AB an J. Ph. Becker, 13.9.1884, BARS, Bd. 2/2, S. 138; Briefe Julie und Frieda an denselben, 13.9.1884, SAPMO/BArch, NY 4022/121; AB an F. Engels, 12.10.1886, BARS, Bd. 2/2, S. 241)

2 Gemeint ist Hendrikus (Henri) Hubertus van Kol (1852-1925), Ingenieur, Sozialdemokrat. 1871 Mitglied der IAA, traf während des Haager Kongresses der IAA mit Marx und Engels zusammen. 1876 bis 1884 und 1886 bis 1892 als Ingenieur auf Java (Niederländisch-Indien). 1884 Mitarbeit am Wochenblatt „Recht voor Allen". 1894 einer der Gründer der Sozialdemokratischen Arbeiterpartei der Niederlande. 1897-1909 Mitglied der II. Kammer, 1913-1922, 1923/1924 der I. Kammer.

Die genannten Artikel erschienen im „Sozialdemokrat" vom 13. und 20. Mai 1886. Darin nahm van Kol zu den Unruhen in einigen Städten Belgiens und zu den Streiks der Bergarbeiter Stellung, gegen die Militär eingesetzt wurde. Er schloß die Artikel mit den Worten: „Seit der Kommune von Paris sind die März-Ereignisse in Belgien das blutigste Gemetzel, worauf der Klassenkampf des Proletariats hinzuweisen hat." Die Schlächterei habe wichtige Lehren erteilt. „Der revolutionäre Geist ist mächtig im Volke, mächtiger als die meisten Sozialisten glauben; er braucht nur eine feste Organisation."

(Siehe F. G. van Baardewijk: Kol, Hendrikus Hubertus van, in: Biografisch Woordenboek van Nederland. Onder eindredactie van J. Charité, 3. Teil, s´Gravenhage 1989, S. 346-348)

3 Im Juli 1883 heiratete van Kol die Schriftstellerin Jacoba Maria Petronella (Nelly) Porreij (1851-1930). Sie wirkte seit 1872 als Erzieherin, seit 1875 in Batavia (Niederländisch-Indien). Wurde durch ihre schriftstellerische Tätigkeit mit van Kol bekannt, wandte sich sozialistischen Ideen zu. 1884-1886 in den Niederlanden, in Belgien und in der Schweiz. Schrieb auch aus Niederländisch-Indien, wo sie sich 1886 bis 1892 mit ihrem Mann aufhielt, für die niederländische und belgische sozialdemokratische Presse Artikel über die Rolle der Frau und über Kindererziehung. 1892 Vorsitzende der Union für die Solidarität der Frauen in Brüssel, 1893 Mitbegründerin des Holländisch-Flämischen Frauenbundes sowie in der Folgezeit weiterer Frauenorganisationen. Gab 1898-1900 die Bibliothek für Jungen und Mädchen heraus, 1890-1913 die Volkskinderbibliothek. Vertrat dann religiös-sozialistische Ideen.

(Siehe Fia Dieteren: Porreij, Jacoba Maria Petronella <Nelli van Kol>, in: ebenda, 3. Teil, S. 462-464)

4 Adrienne Nelli Maria van Kol wurde am 15. April 1886 geboren. Das erste Kind, ein Sohn, war 1884 tot zur Welt gekommen.

5 Bebel traf offenbar noch nicht am Dienstag, dem 7. Juni 1886, zu Hause ein. Die Durchreise durch Leipzig nach Dresden beantragte er bei der Polizei für den 8. Juni spät abends.

(Siehe Moskau F. 192, Nr. 59, Bl. 48)

6 Hope Bridges Adams-Walther, in zweiter Ehe Adams-Lehmann (1855-1916), Engländerin, geboren in Halliford/Schottland. Studium der Medizin in England und Deutschland, dort als Hospitantin der Medizin an der Universität Leipzig 1877-1880. Promotion an der Universität Bern im Juli 1880 mit der Dissertation über „Hämoglobinausscheidung in der Niere", gedruckt Leipzig 1880. Ihr Examen wur-

de durch Protektion in Deutschland anerkannt. In Leipzig Bekanntschaft mit Otto Walther (siehe Nr. 65/2), der ihr nach England folgte. Ab 1881 praktizierende Ärztin in Frankfurt (Main), dort Heirat am 6. Januar 1882. Zwei Kinder: Heinz und Mara.

Sozialdemokratin. Übersetzte Bebels Buch „Die Frau und der Sozialismus", dessen Anschauungen sie teilte, in der Fassung der 2. Auflage ins Englische (siehe Woman in the past, present and future. Translated by Dr. H. B. Adams Walther. Labour Library, New York 1886). Bebel schrieb dazu am 20. März 1886 an H. Schlüter, daß die Übersetzerin finanzielle Opfer statt Belohnung bringen mußte, um die Herausgabe in Englisch zu ermöglichen (siehe BARS, Bd. 2/2, S. 228). 1886/1887 schwere Erkrankung an Tuberkulose. Im Dezember 1886 übersiedelte Adams mit ihrem Mann auf die Brandeck (siehe Nr. 69/8).

Adams engagierte sich bei den Überlegungen hinsichtlich Frieda Bebels beruflicher Ausbildung. Ab 31. Juli 1888 hielt sich Frieda bei Walthers auf der Brandeck auf, um eine psychische Erkrankung auszuheilen. Danach bereitete sie sich dort bis in den April 1889 – mit einer Unterbrechung zur Jahreswende 1888 – auf ihre Studien in Zürich vor.

Ab 1891 wirkte Adams als Ärztin im Lungensanatorium Nordrach. 1893 Trennung von Otto Walther wegen Zuneigung zu Carl Lehmann (siehe Nr. 149/3). Übersiedlung nach München, am 8. Juni 1896 Hochzeit. Weiterhin Freundschaft mit der Familie Bebel. Herzliche Beziehungen zu Clara Zetkin. Das Heim der Lehmanns in München war Treff vieler Sozialisten, darunter von W. I. Lenin und N. K. Krupskaja. Adams trat seit den 90er Jahren mit Publikationen zur Frauenemanzipation hervor, auch vom sozialhygienischen Standpunkt. Förderte die Einrichtung sozialer Institutionen. Als Frauenärztin forderte sie die freie Entscheidung der Frauen über Schwangerschaft und nahm Schwangerschaftsunterbrechungen vor. Von September 1914 bis Januar 1915 in England, setzte sich für die Beendigung des Krieges ein. (Siehe Gesamtverzeichnis des deutschsprachigen Schrifttums 1700-1910, Bd. 2, S. 32, 34; Dittler: Erinnerungen, wie Nr. 65/2; G. Walther, wie ebenda, S. 17-29; Karl Heinrich Pohl: Hope Bridges Adams Lehmann und die Frauenemanzipation im deutschen Kaiserreich. Zur Person, Vorstellungswelt und politischen Tätigkeit einer Münchener Sozialdemokratin und Frauenrechtlerin im Wilhelminischen Deutschland. In: IWK, 1988/3, S. 295-307, dort Verzeichnis iherer Aufsätze; Christine Kirschstein: „Fortgesetzte Verbrechen wider das Leben". Ursachen und Hintergründe des 1914 nach Paragraph 219 RSTGB eingeleiteten Untersuchungsverfahrens gegen die Münchener Ärztin Dr. Hope Bridges Adams-Lehmann, Frankfurt a. M. 1992; siehe auch die Nachrufe vom 19.10. und 2.11.1916 in den „Sozialistischen Monatsheften")

7 Es könnte sich um die Porträtaufnahme A 1/860 im Besitz des IISG handeln mit dem Vermerk Gebr. Muscat, Photogr. Atelier Nürnberg. Auf der Rückseite ist außerdem die Adresse – Mohrenthor 18 – vermerkt. Das Foto wird in diesem Band wohl neuerdings erstmals publiziert.

8 Gemeint ist die Villa Brandeck auf dem Brandeck-Kopf, östlich von Offenburg. Das Haus wurde von dem österreichischen Oberleutnant a.D. Wilhelm Strehlen anstelle einer Blockhütte an einem windgeschützten Platz gebaut. Der Boden hatte ursprünglich dem Besitzer eines dort nahe gelegenen Bauernhofs gehört. Als Strehlen, der mit Adolf Geck und weiteren Sozialdemokraten freundschaftlich verkehrte, nach Ungarn übersiedelte, überließ er die Villa der sozialdemokratischen Partei als Kollektivbesitz, wobei eine Hypothek von 4000 M noch abzuzahlen war. Damit das Gebäude nicht laut Sozialistengesetz konfisziert werden konnte, fungierte Paul Singer im Vertrag vom März 1886 als Eigentümer. In die Villa Brandeck zog das Arztehepaar Walther im Dezember 1886 ein, um die Lungentuberkulose von Hope Adams-Walther auszukurieren.

(Siehe G. Walther, wie Nr. 65/2, S. 20-23)

9 Gemeint ist Konstanze Mees (geb. 1876). Siehe auch Nr. 51/2.
(Übermittelt vom StA Freiburg/Breisgau)

10 Bebels Stellungnahme erschien im „Sozialdemokrat" vom 20. Mai 1886 unter der Überschrift „Aufgepaßt". Angesichts der blutigen Zusammenstöße zwischen Arbeitern und Polizei bzw. Militär in Belgien und in den USA warnte er, daß die herrschenden Kreise Deutschlands „gewaltsame Ausbrüche des Volkszorns und der Volkserbitterung" hervorrufen wollten, um diese dann „blutig nieder[zu]schlagen". Hinsichtlich Liebknecht bezog er sich offenbar auf die Veröffentlichung „Puttkamer's Ukas" in der „Sozialpolitischen Rundschau" des „Sozialdemokrat" vom 29. April. Liebknecht teilte, auch nachdem Bebels Stellungnahme erschienen war, offensichtlich Bebels Bedenken nicht. Er gab seinem Bericht im „Sozialdemokrat" vom 27. Mai 1886 über eine Debatte im englischen Parlament die Überschrift „Das Recht zur Rebellion. Herrn von Puttkamer und verschiedenen anderen Leuten ins Stammbuch".

11 Über Spremberg und Umgebung wurde am 20. Mai 1886 der Kleine Belagerungszustand verhängt, obwohl es in dieser Stadt nur wenige Sozialdemokraten gab. Die Maßnahme gehörte zu den infolge des Puttkamerschen Streikerlasses erfolgten Unterdrückungsmaßnahmen und wurde auf direkte Veranlassung Bismarcks auf der Sitzung des preußischen Staatsministeriums am 8. Mai 1886 beschlossen. Den Anlaß gab der Umtrunk einer Gruppe militärpflichtiger junger Leute im Spremberger Schützenhaus am 30. April 1886, an den sich ein Umzug anschloß. Dabei trugen die Demonstranten an einem Stock ein rotes Tuch voran und sangen die Arbeiter-Marseillaise. Ein Polizeisergeant ging mit dem Säbel gegen die Demonstranten vor und löste eine Schlägerei aus. Von den Teilnehmern wurden 23 verhaftet. Am 1. Mai kam es erneut zu Zusammenstößen mit der Polizei.

Im November 1886 fanden gegen 54 Teilnehmer Gerichtsverfahren statt, zwölf wurden freigesprochen, die anderen erhielten insgesamt 40 Jahre Gefängnis. 1888 wurde der Kleine Belagerungszustand über Spremberg wieder aufgehoben.
(Siehe Thümmler, wie Nr. 20/3, S. 88-94)

12 Es handelt sich um Einnahmen aus dem Verkauf von Bebels Buch „Die Frau und der Sozialismus". Er hatte zunächst den Erlös von 500 Exemplaren ganz der Parteikasse übereignet. Später ließ er sich pro Stück 1,20 M gutschreiben bei einem Verkaufspreis von 2 M und der Begleichung der Druckkosten durch Bebel. Während seines Aufenthalts in Zürich rechnete Bebel den Verkauf seines Buches mit Schlüter und dem Verleger und Buchhändler J. Schabelitz ab. Am 3. Juni 1886 zeigte „Der Sozialdemokrat" eine neue Auflage von Bebels Buch an.
(Siehe u.a. AB an H. Schlüter, 6.1., 9.1.1884, [Ende April 1886] IISG, NL Bebel, Nr. 43)

13 Die Sozialdemokratie erreichte durch ihre Interpellation gegen den Puttkamerschen Streikerlaß (siehe Nr. 67/3), daß über diesen am 21. Mai 1886 im Reichstag debattiert wurde. W. Hasenclever ergriff zweimal das Wort. H. Meister unterstützte ihn in der Debatte. Seitens der bürgerlichen Opposition sprachen L. Bamberger, Deutschfreisinnige Partei, und L. Windthorst, Zentrum. Sie mißbilligten den Erlaß.
(Siehe Stenographische Berichte, 6/2/3, S. 2098-2103, 2115/2116; 2104-2108; 2108-2111, 2116-2118; 2116)

Nach dem Freiberger Urteil. 1886

Jahrelang trug die preußische Polizei Anklagematerial gegen Bebel und acht weitere Sozialdemokraten zusammen, die sie bei ihrer Rückkehr vom Parteikongreß in Kopenhagen abgefangen hatte. Schließlich fand vom 28. bis 30. September 1885 vor dem Chemnitzer Landgericht der Prozeß statt. Das Urteil lautete am 7. Oktober 1885 Freispruch. Nachdem der Staatsanwalt Revision eingelegt hatte, verhandelte das Freiberger Landgericht vom 26. bis 28. Juli 1886 die Anklage. Inzwischen war das Bismarcksche Herrschaftssystem in eine Krise geraten. Die Opposition unter Teilen der Bourgeoisie richtete sich gegen wirtschaftspolitische Maßnahmen, gegen Bismarcks Außenpolitik und gegen seine Mißerfolge gegenüber der Sozialdemokratie. Einen Ausweg sah Bismarck in der verschärften Unterdrückung der Arbeiterbewegung. Diese setzte im Frühjahr 1886 ein. Die Freiberger Verhandlungen wurden zum Muster für folgende Prozesse in allen größeren Städten. Dementsprechend lautete das Urteil am 4. August 1886: neun Monate Gefängnis für Ignatz Auer, August Bebel, Carl Frohme, Carl Ulrich, Louis Viereck und Georg von Vollmar, sechs Monate Gefängnis für Heinrich Dietz, Stefan Heinzel und Philipp Müller. Ein solches Strafmaß hatten die Bebels nicht erwartet. Die Nachricht traf sie wieder einmal getrennt und damit besonders hart, da Bebel vom 1. bis 31. August notwendige Reisen unternahm. Wieviel Tapferkeit und Standhaftigkeit wurden Julie und Frieda abverlangt. Sie waren nur aufzubringen durch ihre Übereinstimmung mit den Bestrebungen des Ehegatten und Vaters, mit den Zielen der Sozialdemokratie.

70

Meine liebe gute Julie!

Ihr werdet meine Karte, die ich Montag abend hier absandte, Dienstag nachmittag erhalten haben. Morgen vormittag reise ich ab nach Augsburg, von dort direkt nach der Schweiz, und hoffe ich, Sonnabend nachmittag in Zürich einzutreffen.[1] Für Frau M[otteler] habe ich hier eine hübsche Brosche, goldbraun mit Steinen und Emaille, für 6,50 [M] gekauft. Paul [Singer] gefällt sie auch sehr gut. Zufällig bin ich auch in das renommierteste Geschäft dieser Art hier geraten. Es gab wunderhübsche Sachen für verhältnismäßig billiges Geld. Wüßte ich, daß eine Brosche Dir recht gewesen wäre, hätte ich auch eine für Dich gekauft.

Wenn Du diese Zeilen erhältst, wißt Ihr, wie Freiberg ausgefallen ist.[2] Mag es noch so schlimm ausfallen, laßt den Kopf nicht hängen. Wir werden auch diesen Schlag überwinden, wie wir viele andere überwunden haben. Wir sind alle hier einig, daß wir verdammt werden, nur über das Strafmaß gehen die Meinungen auseinander. Wir haben uns für heute abend ein Rendezvous in einer Brauerei gegeben, wo wir die Depesche erwarten wollen.[3] Auf die verschiedenen Gesichter bin ich neugierig. Die „Fr[an]kf[u]rt[er] Zeit[ung]" brachte schon gestern eine Korrespondenz aus Berlin, worin sie von dem in Freiberg *geplanten Schlag* sprach.[4] Diese Sprache ist charakteristisch, sie entspricht aber der Situation. Das Urteil wird jedenfalls in der Presse viel Staub aufwirbeln, und die Richter[5] dürften keine Freude dran erleben.

Unser guter Freund Puttkamer ist auch hier. Er logiert in einem Hotel wenige hundert Schritt von mir. Paul ist ihm gestern begegnet. Seine hiesige Anwesenheit steht in den Zeitungen, während man, die Polizei mit eingeschlossen, von unserer Anwesenheit gar nichts zu wissen scheint. Die hiesige Polizei gibt sich nicht viel mit dem Studium der Hotelgastlisten ab, und das ist im Augenblick auch ein schweres Stück Arbeit. Fremde sind in Masse da, alles reist nach den Königsschlössern. Obgleich in meinem Hotel über 250 Zimmer und wohl über 400 Betten sind, war am Montag abend 7 Uhr kein Bett mehr zu haben. Auch in den „4 Jahreszeiten", wo Paul logiert, ist alles überfüllt, namentlich logieren dort ziemlich viel Juden.

Mit Vierecks bin ich am Montag abend in der Restauration meines Hotels zusammengetroffen. Frau Viereck ist gestern mit den Kindern in die Gegend von Rosenheim, wohin er morgen wohl folgen wird. Auer ist erst gestern abend zurückgekommen aus seinem Wahlkreis, seine Frau war schon vorgestern mit in der Gesellschaft. Vierecks und Frau Auer lassen Euch grüßen, ebenso Vollmars, bei denen ich mit Paul gestern abend von 1/2 6 bis 1/2 9 Uhr war und Abendbrot aß. Frau V[ollmar][6] hat ihre Schwester augenblicklich bei sich, Frau V[ollmar] (Mutter)[7] war besuchsweise da, sie wohnt in ihrem alten Logis in München. Vollm[ar]s haben sich ganz modern, d. h. altdeutsch, eingerichtet; ihre Wohnung in Schwabing liegt dicht in der Nähe des englischen Gartens, dessen Bäume ungefähr 50 Schritte vor den Fenstern so dicht stehen, daß sie die weitere Aussicht hemmen. Vor den Bäumen fließt ein Arm der Isar. Ich schließe, daß die Gegend zu gewissen Jahreszeiten sehr feucht ist und sehr viel Nebel haben muß. Auch hat V[ollmar] bei seinem Zustand ziemlich weit nach der Pferdebahn, mehr als doppelt so weit wie wir. Hinter dem Hause stehen in einem sog. Garten 3 Riesenkastanienbäume, sonst enthält derselbe nur sehr ungestaltete Rasenplätzchen. Sie hätten sicher eine ebenso angenehme, aber viel bequemere Wohnung in der Nähe der Pferdebahn haben können. Der jungen Frau soll die jetzige Wohnung so sehr gefallen haben.

Das Wetter ist hier durchschnittlich kühl, es hat diese Tage verschiedentlich geregnet. Die Nächte sind sogar empfindlich kühl. Im Gebirge kann es keineswegs angenehm sein.

Bismarck war auch einige Tage hier, er ist Dienstag früh nach Gastein. Heute bringen einige Zeitungen hier die Nachricht, er habe sich dahin geäußert, daß ein Krieg mit Frankreich noch dieses Jahr nicht zu den Unmöglichkeiten gehöre, auch sei das Verhältnis zu Rußland sehr gespannt. Die betreffende Zeitung gilt hier für offiziös, die Nachricht kann also wohl richtig sein. Ein anderes ist, ob die Vermutung B[ismarck]s eintrifft. Ich glaube für dieses Jahr nicht daran.

P[aul] reist auch morgen früh ab, unsere Züge folgen sich in einem Zeitraum von 10 Minuten in der Abfahrt.

Ihr werdet eben im schönsten Trubel sitzen, laßt Euch den Kopf nicht zu warm machen.

Den Auszug, den Du mir sandtest, habe ich erhalten, auch Herrn B[a]hl[mann]s Brief, sage ihm dieses. Grüße L[ie]b-

[knecht]s und B[ahlmann]s, und sei Du nebst Friedchen aufs herzlichste gegrüßt und geküßt von
Deinem August

Nächsten Brief werdet Ihr erst Montag, von Zürich aus, erhalten.

1 Vom 1. bis 31. August 1886 befand sich Bebel auf Reisen. Sein Rundreisebillet, das
 die Dresdner Polizei an die einzelnen Polizeibehörden weitermeldete, enthielt die
 Orte Hof, Weiden, Schwandorf, Regensburg, Landshut, München, Augsburg, Zürich, Kempten, Lindau, Rorschach, Appenweiler, Freiburg (Breisgau), Karlsruhe,
 Pforzheim, Bietigheim, Stuttgart, Bruchsal, Heidelberg, Kaiserslautern, Mannheim,
 Darmstadt, Mainz, Offenbach, Frankfurt (Main), Wiesbaden, Hanau, Bebra, Erfurt,
 Weimar, Gotha, Gera und Zeitz.
2 Die Verurteilung erfolgte wegen „Geheimbündelei" aufgrund des Paragraphen 129
 des Strafgesetzbuchs. Diese sei gegeben durch den Vertrieb des „Sozialdemokrat"
 und die Abhaltung geheimer Kongresse. Die Revision des Urteils lehnte das
 Reichsgericht am 11. Oktober 1886 ab. Der Paragraph 129 lautete: „Die Teilnahme
 an einer Verbindung, zu deren Zwecken oder Beschäftigungen gehört, Maßregeln
 der Verwaltung oder die Vollziehung von Gesetzen durch ungesetzliche Mittel zu
 verhindern oder zu entkräften, ist an den Mitgliedern mit Gefängnis bis zu einem
 Jahr, an den Stiftern und Vorstehern der Verbindung mit Gefängnis von drei Monaten bis zu zwei Jahren zu bestrafen."
 (Strafgesetzbuch, wie Nr. 31/7, S. 292/293; siehe den dreizehnseitigen gedruckten
 Urteilsspruch in: Geheimes Staatsarchiv Preußischer Kulturbesitz (ehemals Merseburg),
 Rep. 77, Tit. 343 A, Vol. 1, Nr. 152, Adh. 35, Bl. 207-213)
3 Gemeint sind außer Bebel die in München lebenden Angeklagten I. Auer, L. Viereck
 und G. v. Vollmar sowie P. Singer, der sich in München aufhielt.
4 Das Abendblatt der „Frankfurter Zeitung" vom 2. August 1886 enthielt eine
 längere Korrespondenz vom 1. August aus Berlin, die mit der Feststellung begann:
 „Die seit dem Schluß des Reichstages eingetretene schärfere, oder richtiger schärfste Handhabung des Sozialistengesetzes und der auch außerhalb dieses Gesetzes
 mit allen Machtmitteln der Polizei und der Staatsanwaltschaft gegen die soziale-
 mokratischen Führer unternommene Vernichtungskampf scheinen selbst in den
 zahmsten nationalliberalen Gemütern den Geist des Widerspruchs und eine Ahnung hervorzurufen, was aus dieser Saat in Zukunft aufgehen kann." Dazu wurde
 eine längere Passage aus den „Hamburger Nachrichten" zitiert, daß die Handhabung des Sozialistengesetzes und „das Gefühl erlittener Vergewaltigung fort und
 fort Tausende in die Arme der Sozialdemokratie treibt". Der Korrespondent stellte
 fest, daß „die öffentliche Meinung ganz überwiegend auf Seite der angeklagten
 sozialdemokratischen Abgeordneten [sei], schon deshalb, weil man fühlt, daß der
 dort geplante Schlag sich gegen unser ganzes politisches Leben richtet".
5 Die „Ferienstrafkammer des Königlichen Landgerichts zu Freiberg" setzte sich wie
 folgt zusammen: Landgerichtsdirektor Philipp Albrecht Vollert als Vorsitzender
 sowie die Landgerichtsräte Clement Oeser, Johann Theodor Georg Riebold, Heinrich Albert Bursian und Karl Alfred Jacobi als Richter. Seitens der Staatsanwaltschaft fungierte wie im Chemnitzer Prozeß Oberstaatsanwalt Christian *Julius*
 Schwabe. A. Vollert wurde vor der Übernahme des Prozesses mit einem Orden

dekoriert, C. Oeser wurde danach zum Direktor des Landgerichts Zwickau befördert.

Der Wiener Gesandte am sächsischen Hof berichtete am 10. August 1886 nach Wien, daß „auf Antrieb insbesondere des Herrn Justizministers und gegen die Ansicht des Staatsministers von Nostitz-Wallwitz der sächsische Ministerrat damals die Zulassung des [Chemnitzer] Prozesses überhaupt beschlossen hatte". Der sächsische Justizminister habe im Gespräch mit ihm geäußert, daß die Sozialdemokratie möglicherweise durch die Härte des Urteils „sich zu gefährlichen Ausschreitungen hinreißen" lasse. „Allerdings, sagte er dann weiter, wäre es unter Umständen gar nicht unerwünscht, wenn diese Partei sich solche strafbaren Handlungen zu Schulden kommen ließe, die es möglich machen würden, sie die ganze Strenge der Gesetzgebung fühlen zu lassen." Die Richterkollegien seien bei politischen Vergehen immer zu großer Milde bereit. Das sei auch im Freiberger Richterkollegium zutage getreten. Es hätte nicht das Höchstmaß von einem Jahr zuerkannt, „und selbst bei der Verurteilung zu neun Monaten hätten der Vorsitzende und die zwei älteren Beisitzer alle Mühe gehabt, gegen die Ansicht ihrer drei jungen Kollegen, die nur auf drei Monate erkennen wollten, aufzukommen und wenigstens einen der drei auf ihre Seite herüberzuziehen, um den Majoritätsbeschluß von neun Monaten zustande zu bringen."

(Haus-, Hof- und Staatsarchiv Wien, wie Nr. 34/3, 1886, SN 426, Nr. 2553/4)

6 Julia von Vollmar, geb. Kjellberg (1849-1923), Tochter eines schwedischen Großindustriellen. Begegnete Vollmar, als sie sich 1884 auf das Studium der Sozialwissenschaften in Zürich vorbereiten wollte. Heirat im Juni 1885.

(Siehe Jansen, wie Nr. 27/1, S. 34; Kampffmeyer, wie ebenda, S. 70)

7 Karoline von Vollmar, geb. Loibl (1824-1903).

71

Meine liebe gute Julie!

Meinen Brief und mein Telegramm wirst Du erhalten haben. Das Urteil erfuhr ich heute abend, 1/2 7 Uhr – um 11 Uhr schreibe ich diese Zeilen –, es ist über Erwarten hart, aber es entspricht der ganzen Lage. Das Urteil ist ein politisches Urteil, kein Rechtsurteil. Wir *mußten* so verurteilt werden, weil man uns für die nächste Zukunft nicht brauchen kann. Die Frauen Auer, Vollmar etc. waren tief betroffen, und Du und unser liebes Friedchen werdet es auch gewesen sein. Ihr tut mir unendlich leid, daß Ihr diesen neuen Schlag aushalten müßt, und doppelt schmerzt mich, daß ich nicht einmal bei Euch sein kann. Ich werde meine Heimreise so sehr wie möglich beschleunigen, um zu Euch zu kommen. Ertragt das Unvermeidliche mit Würde, Ihr habt Euch ja bisher stets so tapfer gehalten, Ihr werdet es auch diesmal tun.

Zunächst wird natürlich Revision angemeldet, und wird Mitte Oktober herankommen, ehe das Reichsgericht entschieden hat. L[ie]bk[necht] wird sich auch zu überlegen haben, ob er unter bewandten Umständen nach Amerika geht. Eine Reise, von der ich um so weniger halte, je mehr ich mich mit der Stimmung drüben beschäftige. Doch er mag tun, was er will, ich werde ihm nicht abreden, um keinen falschen Schein zu erwecken.

Morgen früh reise ich nach Augsburg und werde mit Kurierzug fahren nach der Schweiz, wodurch ich gleich einen ganzen Tag profitiere. Mein sehnlichster Wunsch ist jetzt, wieder so bald als möglich nach Hause zu kommen zu Euch. Unangenehm ist für mich das Spießrutenlaufen bei der Kundschaft, die jetzt mich nach allen Richtungen ausfragen wird. Das Urteil wird übrigens gewaltiges Aufsehen machen, und es wird ein starker Federkrieg für und wider entbrennen. Die Chemnitzer Richter[1] werden sich freuen, daß sie diesem Werk ferngeblieben sind.

Noch einmal. Nehmt die Sachlage als unabänderlich hin, und tröstet Euch mit dem Gedanken, daß auch diese Zeit überstanden wird. Eine Reise nach den deutsch-afrikanischen Kolonien, und währte sie nur halb so lange, wäre unangenehmer und unendlich gefährlicher.

Tausend herzliche Grüße und Küsse Euch beiden

Dein August

Welchen Maßstab das Freib[erger] Gericht anlegte[2], daß es das Strafmaß wie geschehen verteilte, darüber haben wir uns vergeblich die Köpfe zerbrochen. Mir scheint, die haben Ulrich[3] statt Dietz als Reichstagsabgeordneten angesehen, das wäre eine schöne Blamage.[4]

1 Der Gerichtshof in Chemnitz, der vom 28. bis 30. September 1885 verhandelte und am 7. Oktober den Freispruch verkündete, setzte sich zusammen aus Landgerichtspräsident Karl Theodor Brückner sowie den Landgerichtsräten Karl Lippert, Kurt Eduard Klöppel, Erwin Beschorner und Martin Theodor Hoffmann. Die Anklage vertrat wie später in Freiberg Oberstaatsanwalt Julius Schwabe aus Chemnitz.
(Siehe Der Chemnitzer Monstre-Sozialisten-Prozeß, München 1885, S. 3)

2 Bei Bebel: urteilte.

3 *Carl* Theodor Johann Ulrich (1853-1933), Schlosser, Journalist; seit 1872 Mitglied der SDAP, seit 1874 in Offenbach; 1875-1878 Redakteur der „Neuen Offenbacher Tages-Zeitung", dann weiterer Arbeiterblätter in Offenbach unter dem Sozialistengesetz; 1878-1886 Geschäftsführer der Genossenschaftsdruckerei, bis 1886 bereits mehrfach verurteilt; seit 1885 Mitglied des hessischen Landtags; MdR 1890-1903, 1907-1918, 1919-1933; Staatspräsident des Freistaats Hessen 1919-1928.
(Siehe Carl Ulrich: Erinnerungen des ersten hessischen Staatspräsidenten. Hrsg. Ludwig Bergsträsser, Offenbach 1953; siehe auch Nr. 73/3, 99/7)

4 Das Gericht verurteilte diejenigen Angeklagten, die bereits am Parteikongreß in Wyden 1880 teilgenommen hatten, zu der höheren Gefängnisstrafe.

72

Mein lieber guter August!

Deinen lieben Brief sowie Karte und Telegramm haben wir erhalten und freuen uns, daß Du wohl bist. Das Urteil übersteigt an Gemeinheit alles bisher Dagewesene und zeigt aber, wie es nur gemacht war, um Euch einen Schlag zu versetzen, um so mehr, da *Du* dabei warst. Nun, ich zweifle nicht, daß Du den Schlag parierst; wie uns dabei zu Mute ist, kommt ja nicht in Betracht, es war ja schon zu lange schön gewesen. Herr Bahlm[ann] war sehr verstimmt und hat seine Wette verloren, Herrn Lieb[knecht] merkte man weniger an, da er sehr glücklich über seinen und seiner Familie Aufenthalt ist. Ich hatte meine zwei Zimmer umsonst hergerichtet, da er und sie und die drei jüngsten Jungen[1] nur gekommen sind. Frau L[iebknecht] und die Kinder wohnen bei Bahl[manns] und er im „Amalienhof". Auf die Weise habe ich keine Arbeit mit ihnen, als daß wir immer mit spazierengehn, und habe ich meine Schelte umsonst empfangen deswegen, als Andenken an den letzten Tag unseres Zusammenseins. Nun, draußen wirst Du hoffentlich wieder besseren Humor bekommen. Liebknecht sagte, es sei gut für Dich, daß es endlich zu Ende mit dem Prozeß wäre, da Deine Nervosität sich immer mehr gesteigert hätte die letzte Zeit. Sie waren heute auf der Bastei, wo wir durchaus mitgehen sollten, es fiel uns aber nicht ein, und Bahlm[ann] ist auch nicht mit. Er hat sich Schnabel[2] engagiert, und haben sie sich sehr gut amüsiert, sie waren ganz entzückt. Morgen geht's in den Rabenauer Grund und dann zu uns und um 6 Uhr nach Borsdorf. Gestern waren wir auf der Vogelwiese, und den Abend wollte ich mit ihnen ins Konzert ins Belvedere, da aber mittlerweile die traurige Botschaft eingelaufen war, fiel es mir nicht ein, hinzugehen. Doch für heute genug. Heute hatten wir wieder Besuch von Friedas Freundin aus Großenhain.

Leb wohl, und halte Dich munter, herzlichst grüßt und küßt Dich

Frieda und Julie

Ein Paket von Ißleib ist noch immer nicht angekommen.

---

1 Gemeint sind August Wilhelm *Otto* Eduard Liebknecht (1876-1951), später Chemiker, *Wilhelm* Alexander Liebknecht (1877-1972), später Rechtsanwalt, und Adolf

Curt Carl Liebknecht (1879-1966), später Facharzt für Dermatologie. Auf Einladung von Bahlmanns verlebten sie mit ihren Eltern einige Tage in Dresden.

2 Richard Schnabel (1846 - nach 1911), Weber, Buchhändler. Sozialdemokrat, bis 1878 als Expedient der „Berliner Freien Presse" tätig, 29. November 1878 aus Berlin ausgewiesen, Expedient sozialdemokratischer Zeitungen in Dresden, unter dem Sozialistengesetz in der Leitung des Volksbildungsvereins Dresden. 1888 Mitbegründer des Konsumvereins Vorwärts und dann langjähriger Vorsitzender des Aufsichtsrats, später sozialdemokratischer Stadtverordneter in Dresden.

(Siehe Marianne Schmidt: Die Arbeiterorganisationen in Dresden 1878 bis 1890. Zur Organisationsstruktur der Arbeiterbewegung im Kampf gegen das Sozialistengesetz, in: Jahrbuch für Geschichte 22, Berlin 1981, S. 201; Thümmler, wie 20/3, S. 228; G. Riem: Aus der Geschichte der Dresdner Arbeiterbewegung. Den Delegierten zum 8. Deutschen Gewerkschafts-Kongreß 1911 gewidmet von den Dresdner Gewerkschaften, Dresden 1911, S. 43)

73

Plauen, den 6. August 1886, Sonnabend[1]

Mein lieber guter August!

Ich danke Dir für Deinen lieben Brief und werde danach handeln, so gut es geht. Meinen gestrigen an Frau Moretty gesandten Brief wirst Du erhalten haben. Übereile Dich nicht mit der Reise, damit Du Dich nicht zu sehr anstrengst und krank wirst. Mein einziger Wunsch ist jetzt nur, daß Du gesund bleibst, dann wird sich das andere schon ertragen lassen. Die Entrüstung ist freilich eine allgemeine, doch der Federkrieg wird so arg nicht werden, sie fürchten ebenfalls Verurteilung, sobald sie sich abfällig darüber auslassen, wie es ja verschiedenen Blättern erging, z. B. in der Angelegenheit „Heines"[2], das zu 500 Mark Geldstrafe verurteilt wurde. Die Reaktion ist eben in vollster Blüte, man glaubt sich ins Mittelalter versetzt. Anbei zwei Briefe, der eine von Ulrich[3], der andere von Munckel[4]. Hättet Ihr denn das nicht müssen vorher ausmachen, da doch beide Herren verreisten und ihnen alsdann schwer habhaft zu werden ist und Euch doch die Verurteilung sicher war.

Ich ließ den Ulrichschen Brief Bahlm[ann] lesen, aber er gab ihn mir ohne Äußerung zurück. Es wird überhaupt schwer halten, jetzt Geld zu schaffen. Noch schwerer aber wird es halten, jemand für das Geiser-Liebknechtsche Projekt[5] zu gewinnenn, das soll nur L[iebknecht] aufgeben, es wäre überhaupt Wahnsinn, jetzt den Leuten mit solchen Anforderungen zu kommen. Geisers siedeln nunmehr nach Breslau über, kommen aber zuvor nach Borsdorf auf eine Woche, wo sie im „Kaffeebaum" logieren werden, wahrscheinlich auf Liebk[necht]s Unkosten.

Wenn Du glaubst, Liebknecht hätte Bedenken, nach Amerika zu gehen, so irrst Du, er wird sogar schon Ende dieses Monats gehen und hat sich Instruktionen von Bahlm[ann] geben lassen. Gertrud wird aber nicht mitgehen, er will sich erst umsehen für sie und sie dann nachkommen lassen. Liebknechts haben sich sehr gut amüsiert und bedauerten, nicht länger bleiben zu können. Bahlm[anns] werden froh sein, wieder in ihrer Ordnung zu sein, denn es war ein tüchtiger Radau. Sehr viel Kondolenzbriefe sind da, und kann ich sie nicht hier behalten? Von Ißleibs, Brauers, Geyer[6], Großenhain, und die von den Braunschen[7] will ich aber beifügen und erwähnen, daß derselbe das Geld für Vialer gesandt hat, was ich wohl auch dabehalten kann?

Soviel ich weiß, war von den Angeklagten niemand in Freiberg zur Verkündigung des Urteils, außer Liebknecht, ich werde aber bei letzterem zur Vorsicht anfragen.[8]

Und nun leb für heute wohl und sei herzlichst gegrüßt und geküßt von Friedchen und

Deiner Julie

Grüße alle Bekannten von uns.

1 Der Sonnabend fiel 1886 auf den 7. August.
2 A. Heine wurde in einem der „Diätenprozesse" (siehe Nr. 82/5) zu 450 M Rückzahlung an die preußische Staatskasse verurteilt.

   August Heine (1842-1919), Hutmacher, Geschäftsinhaber. 1863-1878 Vorsitzender des Arbeiterbildungsvereins Halberstadt, seit 1875 Sozialdemokrat, 1880-1886 Stadtverordneter, 1884-1887, 1890-1893 MdR. Im Magdeburger Geheimbundprozeß 1887 freigesprochen.

   (Siehe Liebknecht-Briefwechsel II, wie Nr. 3/3, S. 466)
3 Der Brief Carl Ulrichs vom 5. August 1886 lag Julies Brief bei. Durch polizeiliche Verfolgungen in Offenbach, vor allem durch das Verbot von Presseorganen, die in der Genossenschaftsdruckerei erschienen, und durch das Freiberger Urteil stand Ulrich vor dem finanziellen Ruin. Er bat Bebel und Liebknecht, ihm zu helfen, jemanden zu finden, der sich mit 2400 Mark am Geschäft beteilige. Ulrich gründete eine Spezereihandlung, um seine Familie zu ernähren.

   (Siehe Ulrich, Erinnerungen, wie Nr. 71/3, S. 80)
4 August Carl Munckel (1837-1903), Rechtsanwalt in Berlin, Mitglied der Deutschen Freisinnigen Partei, MdR 1881-1903, seit 1882 Mitglied des preußischen Abgeordnetenhauses. Er verteidigte zusammen mit Otto Freytag die Angeklagten im Chemnitzer und Freiberger Prozeß. Während im Chemnitzer Prozeß durch Freispruch die Gerichtskosten zu Lasten der Staatskasse gingen, hatte diesmal die Sozialdemokratie die Kosten zu tragen.
5 Im September 1886 ging Geiser nach Breslau, seiner Heimatstadt. Dort gab er neben der „Neuen Welt" eine populäre Schriftenreihe heraus unter dem Titel „Volks-Bibliothek des gesammten menschlichen Wissens, begründet von Bruno Geiser". Das Heft kostete 10 Pfennig. Sein Anliegen formulierte Geiser so: „Ich will ein Lieferungswerk ... herausgeben, welches die Quintessenz aller modernen Bildung enthalten und nachstehend aufgezählte Wissenschaften umfassen soll: Deutsche Sprache, Literaturgeschichte, Allg. Kulturgeschichte, Anthropologie, Zoologie, Botanik, Chemie, Physik, Allg. Technologie, Gesetzes- und Verwaltungskunde, Gesundheitspflege, Erziehungslehre. Jeder Wissenschaft sollen 5 Lieferungen, 10 Bogen, je ein Bändchen bildend, gewidmet werden, das Ganze soll zwischen 15 und 20 Bändchen umfassen und innerhalb 3 Jahren vollendet sein." Um seinen Schwiegersohn finanziell zu unterstützen, erklärte sich Liebknecht bereit, auf dem Titel genannt zu werden: „herausgegeben und verlegt von Wilhelm Liebknecht". Das brachte ihm manche Kritik ein, auch von Bebel, der das geringe Niveau der Hefte mißbilligte. Im Oktober 1889 schied Liebknecht aus dem Unternehmen aus.

(B. Geiser an M. Vogler, 31.1.1887, SAPMO/BArch, NY 4034/74; Berliner Volksblatt, 25.10.1889)

6 *Friedrich* August Carl Geyer (1853-1937), Zigarrenarbeiter, Journalist; seit 1871 Mitglied der SDAP, zunächst in Großenhain, unter dem Sozialistengesetz verfolgt, u.a. ab Januar 1882 acht Monate Gefängnis; 1890-1895 Redakteur sozialdemokratischer Zeitungen in Leipzig, 1895-1918 Redakteur des „Tabakarbeiters", führend in der sächsischen Parteiorganisation, Abgeordneter des sächsischen Landtags 1885-1897, MdR 1886/1887, 1890-1918, 1919-1924, sächsischer Finanzminister 1918/1919, Mitglied der USPD, 1920-1922 der KPD, seit 1922 der SPD.

7 Heinrich Braun (1854-1927), Journalist, Sozialdemokrat in Österreich und Deutschland, 1883 an der Gründung der „Neuen Zeit" beteiligt. Seit 1888 Herausgeber des „Archivs für soziale Gesetzgebung und Statistik", ab 1892 des „Sozialpolitischen Zentralblatts", Mitarbeit an Zeitschriften des Revisionismus, MdR 1903/1904.

Josefine Braun, geb. Spiegler, Tochter eines Fabrikanten in Österreich, Heirat mit Heinrich Braun um 1882, zwei Söhne. Verfaßte sozialpolitische Aufsätze für „Die Neue Zeit" und andere Zeitschriften. Ging 1890 nach Wien zurück, um 1890/1891 Scheidung.

(Siehe Julie Braun-Vogelstein: Ein Menschenleben. Heinrich Braun und sein Schicksal, Stuttgart 1967, bes. S. 86-89, 98)

8 Laut Mitteilung des „Leipziger Tageblatts" vom 6. August 1886 war keiner der Angeklagten bei der Urteilsverkündung zugegen außer Wilhelm Liebknecht.

74

Meine liebe gute Julie!

Deinen lieben Brief[1] erhielt ich gestern abend. Daß Du über das schuftige Urteil sehr niedergeschlagen warst, ist ja selbstverständlich, aber die kleinen Malicen gegen mich in Deinem Brief hättest Du doch unterlassen sollen. Doch nichts weiter darüber.

Du schreibst mir von einem Brief. Es scheint also, daß Du meinen zweiten Brief bei Abgang desselben noch nicht hattest, was allerdings auch nicht gut möglich war. Jetzt, nachdem ich einigermaßen die Motivierung des Urteils kenne, übersehe ich erst die bodenlose Gemeinheit desselben. Richter, die eines solchen Urteils fähig sind, verdienen, gehängt zu werden; so handeln fanatische politische Gegner, nicht Menschen, die das „Recht" vertreten und sich ihres Eids bewußt sein sollen. Die einzige Genugtuung – die freilich an der Tatsache selbst nichts mehr ändert – ist die Verurteilung, der das Urteil allgemein in der Presse begegnet. Die „Frankf[urter] Zeit[ung]" brachte bereits den 4. Artikel über das Urteil; „Freis[innige] Zeit[ung]", „[Berliner] Börsen-Cour[ier]", „Volks-Zeit[ung]" und ebenso auch die hiesige Presse sprechen sich ebenfalls sehr entschieden aus.[2] Ich werde Sorge tragen, daß dem Vorsitzenden des Gerichts alle diese Urteile über sein und seiner Freunde Vorgehen vor die Augen kommen, damit sie sich ihres Lumpenstreichs bewußt werden. Gespannt darf man sein, ob nunmehr andere Gerichte sich zur Nachahmung finden und die übrigen „Teilnehmer" auch prozessieren. Die Konsequenz wäre natürlich, und auf deren Urteile dürfte man auch gespannt sein.[3]

Wie ich Dir schon schrieb, werde ich nunmehr eilen, nach Hause zu kommen. Der Boden brennt mir unter den Füßen. Ich werde morgen einige Abstecher für das Geschäft machen und Dienstag früh weiterreisen. Treffen meine Berechnungen ein und begegnet mir nicht unerwarteter Aufenthalt, so hoffe ich, am Abend zu Deinem Geburtstag eintreffen zu können.[4]

M[otteler]s und Schl[üter]s lassen schön grüßen. M[otteler]s sind jetzt noch isolierter als sonst. Heute, wo man wenigstens gemeinsam einen Spaziergang machen sollte, wird dies offenbar nicht geschehen, weil man sich nicht verständigen und nicht akkomodieren kann. Ein recht unerquicklicher Zustand, den sich die Leutchen gegenseitig selbst schaffen.

Gestern traf ich den Bruder der Frau Adams-Walther, der hier auf einer Ferienreise ist. Es ist ein Mann von ca. 25 Jahren, dunkelhaarig, aber in der Stimme und in dem Mienenspiel seiner Schwester sehr ähnlich. Letztere soll mit ihrem Mann und dem kleinen Heinz augenblicklich auf dem Schauinsland im Schwarzwald weilen, wo sie wohl noch 14 Tage zu bleiben gedenken. Ich selbst werde mich in Frankfurt nur 1 Tag für mein Geschäft aufhalten; bis ich hinkomme, werden sie wohl auch zu Hause sein. Wenn nicht, dann um so besser, dann bin ich nicht den Drängeleien, länger zu bleiben, ausgesetzt. Frau Schack habe ich noch nicht gesehen, sie soll morgen abend Versammlung hier halten, ich werde aber auf keinen Fall hingehen.

Daß L[ie]bk[necht]s nur zur Hälfte kamen, ist recht gut, da hast Du wenigstens Arbeit und Aufregung gespart. Daß er nichts Besseres über mich zu sagen wußte, als das alte Lied von meiner angeblichen Nervosität anzustimmen, ist einfach lächerlich.

Ich bitte Dich, mir einige Wäsche nach Freiburg im Br[eisgau] zu senden, und zwar 2 Hemden mit 3 Paar Manschetten und 7 - 9 Kragen, 2 Paar Strümpfe, Unterhose und Unterjacke und *je 6 Horn- und 6 Bronzekarten, die Du* im Schreibtisch unten rechts findest. Bitte, das Paket *Mittwoch nachmittag* abzusenden, und zwar an

Herrn Agent Emminger[5]
Freiburg in Baden.

Ferner bitte ich Euch, die *Avise je 1 Tag oder auch 2 früher abzusenden*, als angegeben. Wo ich jetzt zur Kundschaft komme, ist der Prozeß das Gesprächsthema, die indifferentesten Leute schütteln die Köpfe.

Paul [Singer], der heute in Hamburg sein sollte, wird dort auch alles in Aufregung finden[6], wahrscheinlich treffe ich ihn noch auf der Reise.

Nunmehr will ich schließen, ich werde wahrscheinlich erst Donnerstag Euch wieder schreiben können, da ich die nächsten 3 Tage viel zu tun habe und von früh bis spät auf der Bahn liege. Auch die Briefsendungen müßt ihr nunmehr um je 1 Tag früher machen.

Lebt recht wohl, schlagt Euch die Sorgen aus dem Sinn, und seid aufs herzlichste gegrüßt und geküßt
Dein August

1 August Bebel bezieht sich im Folgenden auf Julies Brief vom 5. August 1886.

2 Siehe Frankfurter Zeitung, 5. August 1886 Abendblatt*, 6. August Morgenblatt* u. Abendblatt, 7. August Morgenblatt* u. Abendblatt. Die mit Stern gezeichneten Artikel fanden Aufnahme in der Sammlung von Pressestimmen über den Freiberger Prozeß (siehe Nr. 77/1). Siehe dort auch die Stellungnahmen im „Berliner Börsen-Courier" vom 5. u. 6. August 1886 und in der „Volks-Zeitung" (Berlin), 6. August 1886.

3 Das gedruckte Urteil des Freiberger Geheimbundprozesses wurde sämtlichen Innenministerien der Bundesstaaten sowie den Staatsanwaltschaften und Landgerichten zur Information und Beachtung übersandt. In der Folgezeit wurden in den meisten Zentren der Sozialdemokratie ebenfalls Geheimbundprozesse durchgeführt, auch wenn die Angeklagten nicht am Parteikongreß in Kopenhagen teilgenommen hatten. Bis Januar 1889 waren es bereits 55 Prozesse.
(Der Sozialdemokrat, 8.9.1886, 11.5.1889)

4 Bebel traf am Dienstag, dem 31. August 1886, in Plauen bei Dresden ein, rechtzeitig zu Julies Geburtstag am 2. September.
(Siehe AB an H. Schlüter, 2.9.1886, IISG, NL Bebel, Nr. 43; Moskau, F. 192, Nr. 59, Bl. 55)

5 Es könnte sich laut Einwohnerverzeichnis von Freiburg um den Kaufmann Hermann Emminger handeln.
(Übermittel vom StA Freiburg/Breisgau)

6 Am 4. August 1886 wurden in Hamburg acht Zigarrenarbeiter, alle Sozialdemokraten, verhaftet. Sie wurden wegen Geheimbündelei unter Anklage gestellt. Das Gericht verurteilte einen zu 13 Monaten, die anderen zu je zwölf Monaten Gefängnis. Als sie Ende 1887 entlassen wurden, erhielten sie die Ausweisung aus Hamburg, Altona und Umgebung.
(Siehe Thümmler, wie Nr. 20/3, S. 68)

75

Plauen, den 11. August 1886

Mein lieber August!

Deinen lieben Brief vom Sonntag sowie heute Deine Karte aus Zürich haben wir erhalten und freuen uns, daß Du wohl bist. Ich habe heute ein Paket mit den gewünschten Sachen an die angegebene Adresse in Freiburg/B. gesandt, konnte leider nichts dazuschreiben, weil Herr Bahlm[ann] dazukam und eben eine Dynamitsprengung der Pioniere stattfinden sollte, die uns vorher angekündigt war. Herr B[ahlmann] hat sie von dem Küchenfenster angesehen und fand es großartig und bedauerte sehr, daß wir es nicht auch mit angesehen. Wir glaubten aber, daß es ärger sein würde, weil uns anbefohlen war, die Fenster zu öffnen, und Frieda nicht gern schießen oder dergleichen hört. Auch war sie noch angegriffen vom vorhergehenden Tage, wo ich den Arzt kommen ließ. Sie hatte von früh an so arge Leibkrämpfe, die bis Mittag andauerten, trotz Tee und Umschläge, so daß sie es kaum aushalten konnte und einer Ohnmacht nahe war und aussah wie tot. Ich rieb ihr mit Kölnischem Wasser die Schläfe, und kam sie allmählich wieder zu sich, auch ließen die Schmerzen nach. Der Arzt war über Land, kam aber sofort, als er nach Hause kam, und fand sie wieder ziemlich wohl, frug, ob sie eine starke Aufregung gehabt oder eine große Partie gemacht habe, und konstatierte, daß sie blutarm sei, und haben wir wieder ihre Tropfen machen lassen. Sie ist noch matt und bleich und hat nicht viel Appetit. Es hängt mit ihrer Periode zusammen, die so lange ausblieb, sonst fühlt sie sich wieder wohl.

Ich habe sehr viel Kondolenzschreiben bekommen, die ich nur teilweise zu beantworten habe. Ich bitte Dich nur, doch ja nicht so zu hetzen, damit Du Dich nicht so anstrengst, auch wirst Du Herrn Ißleib keinen Gefallen damit tun. Mir ist ganz gleich, ob Du zu meinem Geburtstage kommst oder ein paar Tage später, wenn ich auch sonst wünschte, daß Du so bald als möglich nach Hause kämst. Herr Singer war wieder in Borsdorf, wohin ihn wohl Herr Liebknecht beordert hat. Der letztere entfaltete eine Tätigkeit bezüglich Eurer Verurteilung und schrieb mir schon verschiedentlich, um mich zu trösten. Heute ist auch das Erkenntnis eingetroffen. Soll ich es schicken oder nicht? Du gibst mir wohl eine Adresse für Dich an. Seit Dienstag hat sich auch Albert

[Otto] eingestellt und will bis zum Sonntag bleiben, ohne daß ich ihm geschrieben und [ihn] aufgefordert habe. Wir kümmern uns gar nicht um ihn und lassen ihn laufen, wohin er will. Beifolgende Ausschnitte wurden aus Hamburg-Altona gesandt, ich weiß nicht, von wem. Bahlm[ann] hebt auch die „Frankfurter [Zeitung]" auf. Auch das „Leipziger Tageblatt", das sich anfangs ganz passiv verhielt, fängt an, abzudrucken, aus der „Germania"[1], fügt aber gleich dazu, daß die Richter gefeit seien gegen diese Angriffe, und sie hätten nur ihre Schuldigkeit getan, das schreibt das „Dresdner Journal". Das ist ja ganz gut, die Entrüstung, aber nützen wird es doch nichts. Nun Adieu für heute. Taubert[2] schreibt auch, daß die Revision rechtzeitig eingereicht würde, über das Urteil blieb einem der Verstand stillestehen.

Die herzlichsten Grüße und Küsse von Friedchen und
Deiner Julie

1 Am 6. August 1886 kommentierte die „Germania" u.a.: „Die systematische Verbreitung einer Zeitung, die Teilnahme an einer Parteizusammenkunft, von welcher man der Öffentlichkeit erst nachträglich Kenntnis gibt – das sind alles Momente, die bei anderen Parteien gleichfalls zutreffen können." Das Urteil sei „ein Schwert, das über allen Parteien geschwungen werden kann – eine Rechtsauffassung, welche die seitherige nicht zuläßt". Diese Stellungnahme wurde in mehreren Zeitungen angegriffen, was die „Germania" am 11. August 1886 zurückwies.
2 Wahrscheinlich Emil Taubert (auch Tauber; 1858-1893), Eisendreher, Sozialdemokrat, Organisator der Leipziger Metallarbeiter. Er wurde am 19. Februar 1889 aus Leipzig ausgewiesen.
(Siehe Berndt, wie Nr. 16/4, S. 240-242)

76

Meine liebe gute Julie!

Wie Euch bereits meine Karte mitgeteilt haben wird, die ich Dienstag früh von Zür[ich] absandte, habe ich Deinen lieben Brief wie auch den von unserm lieben Friedchen in Z[ürich] empfangen. Letzteren brachte mir Frau Schlüter morgens nach der Bahn. Ich hätte gern Friedchen direkt geschrieben, ihr Brief ist sehr hübsch und hat mir viel Freude gemacht, aber ich kann heute wegen Mangel an Zeit nicht. Ich werde es Sonntag, wenn ich in Karlsruhe bin, nachholen. Daß Friedchen die Philosophie besitzt, das Gefängnis meiner amerikanischen Reise vorzuziehen, hat mir viel Spaß gemacht. Ich weiß zwar nicht, ob ich, vor die Wahl gestellt, in ihrem Sinne mich entschiede, da es aber die Wahl nicht gibt, so ist das Klügste, sich mit dem Unabänderlichen zurechtzufinden und es von der möglichst besten Seite anzusehen. Wenn wir alle dazu den guten Willen haben, wird sich alles ausgleichen lassen. Ich bin jetzt bei der Kundschaft überall einem förmlichen Examen unterworfen. Die Sache hat furchtbar eingeschlagen, und wenn die Freib[erger] Richter alle die Urteile hören könnten, die mir gegenüber von Leuten ausgesprochen wurden, die wahrhaftig nicht auf meinem Standpunkt stehen, so müßten sie vor Scham in den Boden sinken. In der Schweiz glaubte man, weil ich unmittelbar hinter dem Bekanntwerden des Urteils dort eintraf, ich hätte mich eiligst aus dem Staube gemacht und wollte die Schweizer Luft der deutschen vorziehen. Als ich erklärte, daß man sich irre, war man einigermaßen überrascht. Der Schweizer kann ein Urteil, wie das gefällte, absolut nicht begreifen. Würde man mich nach meiner Freilassung ausweisen, was ich unter keinen Umständen glaube, ich würde das kaltblütig annehmen. Wir setzten uns dann in die Schweiz, und ich behielt irgendwo in Sachsen meinen Wohnsitz, um das Bürgerrecht nicht zu verlieren. Friedchen könnte dann in Z[ürich] mit aller Bequemlichkeit ihren Studien obliegen.

Frau Gu[illaume-] Sch[ack] habe ich nicht getroffen. Sie wußte von meiner Anwesenheit bis zum letzten Abend nichts, und in ihrer Versammlung war ich nicht. Diese war auch nicht besonders stark besucht.

Am Sonntag haben wir doch noch nachmittags einen Ausflug gemacht per Dampfschiff, nach einem sehr hübschen Aussichtspunkt am See. Die „Tante" war aber nicht mit, sie ging zu Reitenbachs, die ihren einzigen Umgang bilden. Abends trafen wir im Konzert mit ihr zusammen. Frau M[otteler] sieht sehr schlecht aus, die Furchen in ihrem Gesicht werden immer tiefer, aber das Räsonieren auf alle Welt auch immer ärger. Zwischen M[otteler]s und Schl[üter]s ist das Verhältnis ganz besonders gespannt, und Joos benimmt sich ein wenig ungeschickt, indem er sich zu sehr auf Schl[üter]s Seite stellt und sich von ihnen ganz beherrschen läßt.

Von Sonntag bis Dienstag und namentlich an letzterem Tage hatten wir fürchterliche Hitze, 28 Grad Reaumur im Schatten. Dann brachen Regengüsse los und kühlten wesentlich ab. Gestern und heute ist es wieder warm, und vermutlich wird die Hitze sich wieder peu à peu steigern.

Heute morgen wurde ich von sehr unerwartetem Besuch überrascht, Opificius klopfte, während ich noch im Bett lag, an die Türe. Er traf gestern abend mit einem Bekannten hier ein und hat, um mich zu treffen und Doktors auf dem Schauinsland zu besuchen, seine eigentliche Tour verlassen. Ich hatte ihm in Rücksicht auf Paul [Singer], der hier in diesen Tagen durch Baden nach der Schweiz reist, meine Adressen gesandt, und diese hat er selbst benutzt. Da ich heute vormittag mit dem Geschäft fertig wurde, habe ich mich entschlossen, die Partie auf den Schauinsland mitzumachen. Wir haben ca. 4 Stunden zu marschieren, den Abend wollen wir wieder zurück. Dies ist der Grund, warum ich Friedchens Brief heute nicht direkt beantworten kann.

Das Paket mit Wäsche, dem wahrscheinlich auch ein Brief von Dir beiliegt, ist bis jetzt nicht eingetroffen. Ich denke, es wird noch heute kommen, und werde ich dann meine verbrauchte Wäsche an Dich absenden.

Liebkn[echt] werde ich wahrscheinlich noch vor seiner Abreise sehen. Daß er den Plan, Gert[rud] mitzunehmen, aufgegeben hat, ist sehr vernünftig; ob er drüben das Gewünschte für sie findet, ist zweifelhaft. Ich glaube, er wird drüben überhaupt nicht finden, was er hoffte. Die Verhältnisse in der Partei sind offenbar ziemlich zerfahren.

In der Offenbacher Sache weiß ich nicht, was tun. Off[enbach] hat sich bisher sehr wenig um die Partei bekümmert, und so ist der Eifer dafür nicht allzu groß. Immerhin tut mir Ulr[ich] leid, dessen Existenz durch all diese Schläge vollständig in Frage gestellt ist.[1]

Das Liebk[necht-] Geisersche Projekt wird wohl ins Wasser fallen. Ich wüßte nicht, wer die Mittel hergeben sollte und wer besondere Lust hätte, L[ie]b[knecht] ausgenommen, sich für die Sache ins Zeug zu werfen. Ich werde übrigens Dienstag abend nach Stuttgart kommen und dann hören, was Dietz sagt.

Ich bitte Euch, *die Avise schon Mittwoch statt Donnerstag,* wie ich zuletzt schrieb, abzusenden, also 2 Tage früher, als ich angab, und zwar vormittags. Ich hoffe, bis zu Deinem Geburtstag fertig zu werden und wenigstens im Laufe desselben in Dresden eintreffen zu können, und zwar ohne besondere Übereilung.

Ferner bitte ich Euch, Bahlm[ann]s von mir zu grüßen und ihm zu sagen, er möchte mir doch sämtliche Nummern der „Fr[an]kf[u]rt[er] Zeit[ung]", in denen Kritiken über das Freib[erger] Urteil enthalten sind, beschaffen, die Artikel anstreichen und sie Friedchen geben. Fr[ieda] mag sie dann unter Kreuzband an den Landgerichtsdirektor Vollert, Freiberg/Sachs[en] schikken. Bahlm[ann] soll nicht übersehen, den zweiten Teil in der „Berner Correspondenz", Nr. 221 Abendblatt der „Fr[an]kf[u]rt[er] Zeit[ung]", anzustreichen, ich lege auf jene Auslassungen Gewicht.[2]

Doch die Zeit drängt, und das Papier wird alle. Sonntag werde ich Euch von Karlsruhe schreiben. Lebt wohl und seid aufs herzlichste gegrüßt und geküßt
Dein August

Brief nach Karlsruhe müßte spätestens Sonntag vormittag aufgegeben werden, nach Stuttgart Dienstag vormittag, Mannheim Donnerstag bis Sonnabend abend.

[Am Rand der 3. Seite:]
Frau Gr. schicke ich nichts mehr, ich habe das mögliche getan. Eine Verpflichtung der Partei besteht **längst** nicht mehr, und aus allgemeinen Gründen haben Tausende dasselbe Recht und sind in derselben Lage.

1 Siehe Nr. 73/3.
2 In der Korrespondenz aus Bern vom 8. August 1886 im Abendblatt der „Frankfurter Zeitung" des folgenden Tages hieß es: „Nicht unbesorgt ist man hier wegen des Freiberger Urteilsspruches. Die deutschen Sozialdemokraten in der Schweiz übten eine Art scharfer Polizei gegenüber den Anarchisten, bekämpften diese in ihren Versammlungen und hielten wohl viele junge Deutsche davon ab, sich den geheimen anarchistischen Klubs anzuschließen. Diese Arbeit dürfte ihnen durch die Folgen des Freiberger Urteils schwerer gemacht werden."

77

Meine liebe gute Julie!

Ich war gestern in keiner geringen Unruhe, als ich von Freiburg wegfuhr, ohne daß ich von dem Paket etwas gesehen noch eine Zeile von Euch erhalten hatte. Ich habe sofort an H. geschrieben, der wahrscheinlich auch bei Euch war. Hier fand ich nun gestern abend Deinen lieben Brief und war froh, daraus zu ersehen, daß meine Befürchtungen hinfällig waren. Du hättest es grade umgekehrt machen sollen, den Brief nach Freiburg, das Paket hierher senden sollen. Der Brief geht weit schneller als das Paket, jetzt muß ich mir letzteres nachsenden lassen. Ich schrieb mit Vorbedacht, Du solltest es Dienstag schon absenden. Nun, der Fehler ist geschehen, und da ist nichts mehr zu machen. Da ich heute erfuhr, daß ich bis morgen abend Wäsche gewaschen bekommen könnte, habe ich sofort einige Hemden etc. weggegeben, so daß ich nicht in Verlegenheit komme. Ich hoffe, daß Du mir auch wollene Wäsche beigelegt, denn diese brauche ich nun am nötigsten, da ich stark geschwitzt habe.

Was Du mir über Friedchens Zustand schreibst, beunruhigt mich. Sie hat sich, was ja auch ganz natürlich ist, über die Verurteilung doch sehr aufgeregt, andrerseits steht aber auch fest, daß das viele Studieren sie sehr angegriffen hat, und *das muß sie entschieden mäßiger treiben.* Vor allen Dingen laß Du sie keinen Unterricht nehmen, bevor ich nach Hause komme. Auch muß sie neben den Tropfen tüchtig Milch trinken, namentlich Eier essen und sich im Garten zu schaffen machen oder öfter spazierengehen. Ich glaube, für die Leibkrämpfe wär ein guter Kognak das beste, den mußt Du ihr ein andermal geben, oder ein Glas Portwein, den wir ja auch im Keller haben.

Das Urteil behalte dort, ich habe Auer geschrieben, daß er es mir im Abdruck sende; ich bin auf den Wortlaut sehr gespannt. Daß sogar das „Leipz[iger] Tageblatt" die Urteile der Presse zurückweisen mußte, ist sehr gut. Damit erfahren die Leipziger, wie man anderwärts denkt. Mehr Staub hat kaum ein Urteil je aufgewirbelt als das Freiberger. Ich habe im „Soz[ial]demokr[at]" aufgefordert, mir die Urteile einzusenden, hebt mir alles sorgfältig auf. Unter Umständen geben wir eine Zusammenstellung derselben heraus und verteilen sie im Reichstag.[1] Nützt es nichts mehr, so wollen wir doch die Herren nach Kräften ärgern, die einzige Genugtuung, die wir uns verschaffen können.

L[ie]bkn[echt]s Eifer wird ihm nichts helfen. Die Richter müßten Esel sein, wenn sie nicht formal das Urteil so abgefaßt hätten, daß das Reichsgericht nicht heran kann. Außerdem wird das letztere sich nicht groß den Kopf zerbrechen, um es umzustoßen, die Herren haben erreicht, was sie wollten.

Daß Albert [Otto] sich auch wieder eingestellt hatte, ist wirklich gut. Wahrscheinlich kam er nur, um Dich zu trösten.

Am Freitag waren wir, wie ich Dir schrieb, auf dem Schauinsland. Das war eine sehr derbe Partie, 4 3/4 Stunde hinauf, 3 1/2 herunter und von mittags 1/2 12 Uhr ab. Doktors hausen oben im echten Schwarzwald in einer Gegend ähnlich wie auf der Scheideck, nur fehlen die Schneeberge. Letztere sahen wir übrigens vom Schauinsland (Jungfrau etc.), was mich sehr überraschte, denn die Entfernung ist eine sehr große. Das Wirtshaus, in dem Doktors logieren, ist ein sehr großes, ganz aus Holz gebautes Bauernhaus, hinten an die Berghalde gebaut, daß man von dort ins Dach fahren kann, kleine Fenster und eine recht schwarzwäldisch ausstaffierte große Wirtsstube mit 12 Fenstern. Aber alles sauber, appetitlich und gut, sie seien ganz überrascht über die gute Verpflegung. Als wir kamen, saßen Doktors einige hundert Schritt entfernt in einem Waldstück auf Feldstühlen. Überall weiden die Kühe, Ziegen, Schafe, Schweine, die Besitzungen abgegrenzt wie in der Schweiz.

Doktors begleiteten uns auf den Schauinsland, zu dem wir 3/4 Stunden emporzusteigen hatten, und überließen Heinz dem Wirt. Der Kleine blieb auch ruhig zurück. Abends gegen 7 Uhr verabschiedeten wir uns und trennten uns auf der Höhe. Frau Doktor war sehr gerührt, ihr standen immerfort die Tränen in den Augen. Ich soll, wenn ich nach Fr[an]kf[u]rt komme, bei ihnen logieren, auch wenn sie nicht da seien, es sei alles geordnet.

Die Miß ist im *Irrenhaus*, sie hat wieder einen ihrer Anfälle. Opificius hat sie nach Bendorf bei Koblenz gebracht, da alle Irrenhäuser in der Nachbarschaft von Fr[an]kf[u]rt so überfüllt sind, daß kein Platz da war. Auch ein Zeichen der Zeit.

Doktors gaben mir viele Grüße an Euch auf. Ich bin Mittwoch in Stuttgart, Adresse Fr. Bösch, Weißenburgstraße 10. Von Freitag bis mit Sonntag bin ich in Mannheim. Brief, den ich Sonntag vormittag haben soll, müßte *Sonnabend vormittag* aufgegeben werden.

Ich schrieb Dir wohl schon, daß Ihr Avise 2 Tage früher, als angegeben, aufgeben möchtet, also schon Mittwoch statt Freitag, und zwar vormittag.

Paul S[inger] ist hier, er erwartete mich gestern abend. Morgen geht er auf die Brandeck, übermorgen nach Zürich.[2] Er hat sich bis jetzt ganz gut unterhalten. Nach Borsdorf ging er, weil er von Hamburg fernblieb. Wenn Zeitungen schwätzen, als sei man dort einer allgemeinen, die Partei betreffenden geheimen Organisation auf der Spur, so ist das Blech. Diese existiert nicht, und Briefe, die man von Abgeordneten gefunden haben will, sind durchaus harmlos und haben mit dem in Hamburg Vorgefallenem **gar nichts** zu tun.

Tausend herzliche Grüße und Küsse Dir und Friedchen von Deinem August

[Am Rand der 3. Seite:]
Paul läßt Euch herzlich grüßen, auch B[ahlmann]s. Er erzählte mir soeben bei Tische von seinen Borsdorfer Erlebnissen. Die Wohnung L[ie]b[knecht]s habe ihm einen schauderhaften Eindruck gemacht. Die ganze Familie war dort, und sei das Mittagessen unter anderm in einer von ihm nie erlebten Weise serviert worden, dabei hätten sich beide gezankt und seien die heftigsten Vorwürfe und Anklagen gegenseitig gemacht worden. Er habe über das Gesehene und Gehörte vor Aufregung nicht schlafen können. Ich mußte lachen über diese Weichherzigkeit. Wenn die Leute sich selbst quälen, verdienen sie es nicht besser.

1 Bebel verfaßte am 9. August 1886 in Zürich einen Aufruf, ihm alle Kritiken in- und ausländischer Zeitungen über das Urteil des Freiberger Landgerichts zuzusenden. Diesen Aufruf druckte „Der Sozialdemokrat" am 11. August 1886. Im gleichen Jahr erschien in Nürnberg die Schrift „Preßstimmen über das am 4. August 1886 vom Landgericht zu Freiberg gefällte Urteil wider die Angeklagten Auer, Bebel, Dietz, Frohme, Heinzel, Müller, Ulrich, Viereck und v. Vollmar".
2 Paul Singer mußte am 3. Juli 1886 seine Familie in Berlin verlassen, da er am 29. Juni – in Verbindung mit der Entlarvung des Polizeispitzels Ihring-Mahlow durch ihn – die Ausweisung aufgrund des Kleinen Belagerungszustands erhalten hatte. Nur während der Reichstagssessionen war ihm der Aufenthalt in Berlin gestattet.

78

Meine liebe gute Julie!

Meine Karte, worin ich Dich um Sendung einer Anzahl Geschäftskarten bat, wird Dir den Empfang Deines lieben Briefs bestätigt haben. Ich schreibe Dir noch von hier, bevor ich [nach] Fr[an]kf[u]rt abreise, weil ich vor Sonntag auf keinen Fall mehr Zeit habe.

Ich denke, wir wollen unsern sehr müßigen Streit ruhen lassen. Du bist mein gutes, liebes Weib, das ich um keinen Preis der Welt missen möchte, und mit unserm lieben Friedchen im Bunde soll uns kein Schicksalsschlag etwas anhaben können. Sooft ich an die 9 Monate und zugleich an Viereck denke, kommt mir unwillkürlich das Lachen. Der Gedanke, wie dieser nervös überreizte, total verwöhnte Mann sich in die Situation finden wird, hat für mich etwas ungemein Komisches. Auch ist das Sitzen noch immer tröstlicher, als Fürst von Bulgarien zu sein[1] oder wie der alte arme Binkert[2] in Darmstadt im 9. Monat ans Bett gefesselt zu sein und mit der Aussicht, noch unterschiedliche Monate aushalten zu müssen und keine Aussicht auf volle Wiederherstellung zu haben.

Vorige Woche traf ich Kollegen Hartwig[3] aus Dresden auf dem Heidelberger Schloß, wo die deutschen Architekten, von Frankfurt kommend, ein Fest hatten. Ich sprach ihn an, und begann er sofort die Unterhaltung mit Freiberg. Er schimpfte ganz wütend auf das Urteil. Umgekehrt traf ich in Kaiserslautern einen Kollegen, den vielfachen Millionär Bürklin[4], auf dem Bahnhof, wandte ihm aber den Rücken, da er ein gemeiner Nationalliberaler ist. Seine Gesellschaft hatte er aber auf mich aufmerksam gemacht, denn diese machte sich allerlei in meiner Nähe zu schaffen, um das Wundertier begaffen zu können. Auch die Polizei macht sich recht viel mit mir zu schaffen. Sie wacht sorgfältig, damit mir kein Haar gekrümmt werde, geht mir aber im übrigen hübsch aus dem Weg. Ich habe diese Aufmerksamkeit offenbar der Dresdner Polizei zu danken, die auf Grund meines Rundreisebilletts überall die Polizei benachrichtigte[5], und darüber sind dann verschiedene Polizeibüttel ganz aus dem Häuschen geraten. Ist das Volk dumm.

K[ayser?] werde ich doch morgen treffen, er sollte anfangs nicht eingeladen werden, darum schrieb ich. Wir werden 7 oder 8 Leute sein. Was wir zu besprechen haben, kann alle Welt hören. Kommt man uns zu nahe, werden wir schon die rechte Antwort haben. So weit sind wir noch nicht, daß nicht 7 oder 8 Leute eine Privatbesprechung haben dürfen.[6]

Wenn Du wüßtest, welchen Brief Schramm an Grillo geschrieben, würdest Du Dich über den meinen nicht wundern. Der Brief war notwendig, da namentlich Jul[iu]s [Motteler] über den Schr[amm]schen Brief ganz aus dem Häuschen war, denn ihn ging er mit an. Da Paul [Singer] in Z[ürich] war, während mein Brief dort ankam, wird mein Brief die gewünschte Wirkung gehabt haben. Die Antwort von Schr[amm] zeigt es.[7]

Stangl habe ich geschrieben, daß er sich an Münch wende.

Wir haben vor wie nach starke Hitze, namentlich ist es heute fast unerträglich. Als ich am Montag ein prächtiges Rheinbad nahm, redete mich sofort der Bademeister an. Wenn ich noch einige Jahre in Süddeutschland reise, werde ich kein Inkognito mehr halten können.

Unser Kunde Hommel[8] hier bot mir heute allen Ernstes an, Reisender bei ihm zu werden, ich würde mich gut bei ihm stehen, besser als bei den Drückern, nur müßte ich die Politik an den Nagel hängen. Ich sagte ihm, es pressiere mir nicht, vorläufig hätte ich Zeit, mir seinen Vorschlag zu überlegen.

Wenn künftig wieder jemand anfragt, wo ich bin, antwortest Du, das ginge niemand etwas an. Die Unverschämtheit ist doch groß. Weigert sich der Beamte künftig zu sagen, wer gerufen habe, so werde ich mich beschweren, denn wissen muß er es, und zu sagen ist er es verpflichtet. Mit dem Spionagenpack werde ich fertig. Merke Dir die Tage, wo diese Anfragen erfolgten.

Freytag hat mir das Urteil hierher geschickt, ich bin aber noch nicht zum Lesen gekommen. Das werde ich morgen tun.

Ob Doktors schon wieder in Frankfurt sind, weiß ich nicht. In zwei Stunden reise ich ab nach dort. Also Mittwoch auf Wiedersehen.[9]

Die herzlichsten Grüße und Küsse Dir und Friedchen von
Deinem August

---

1 Im Ringen Österreich-Ungarns und Rußlands um die Vorherrschaft auf dem Balkan wurde gegen Alexander von Battenberg, Fürst von Bulgarien, russischer-

seits eine Offiziersverschwörung organisiert, die zu seiner Verhaftung und am 21. August 1886 zu seiner Abdankung führte.

2 Franz Joseph Binkert (1827-1887), Schmied, Mitglied des VDAV und Mitbegründer der SDAP, führend in Darmstadt tätig, unter dem Sozialistengesetz Vertrauensmann im illegalen Vertriebssystem des „Sozialdemokrat".

3 Gustav Emil Leberecht Hartwig (1839-1908), Baumeister in Dresden, Konservativer, MdR 1884-1887. Bei der Reichstagswahl 1884 siegte er in Dresden-Altstadt in der Stichwahl über Bebel.

4 Albert Bürklin (1844-1924), Jurist, Gutsbesitzer, Intendant des Hoftheaters in Karlsruhe, MdR 1884-1898.

5 In der Akte der Leipziger Polizeibehörde über Bebel befindet sich eine Mitteilung der Polizeidirektion Dresden vom 2. August 1886, in der die auf Bebels Rundreisebillet vermerkten Orte genannt werden. Siehe Nr. 70/1.

6 Es handelte sich offenbar um eine interne Beratung führender Sozialdemokraten am 27. August 1886, nach dem Rundreisebillet wohl in Offenbach, über die Konsequenzen für die Partei aus dem im Freiberger Prozeß gefällten Urteil.

7 Carl August Schramm (siehe Nr. 52/6) hatte in der Broschüre „Rodbertus, Marx, Lassalle" die wissenschaftliche Leistung von Marx bestritten. Bebel hatte sich gegen die Veröffentlichung dieser Schrift im Parteiverlag Hottingen-Zürich gewandt – sie erschien im Dezember 1885 bei L. Viereck in München. Der Hauptstreitpunkt betraf letztlich die Einschätzung des Bismarckstaats. Dessen Sozialreformen wertete Schramm als Staatssozialismus. Bebel dagegen verstand sie als von der Sozialdemokratie abgetrotzte Reformen, die die Arbeiterbewegung nicht von ihrem revolutionären Ziel, diese Staats- und Gesellschaftsordnung zu stürzen, abbringen dürften. Gegen die wissenschaftliche Leistung von Marx trat Schramm auch in der „Neuen Zeit" und im „Sozialdemokrat" auf, wogegen Kautsky und Bernstein polemisierten. Schramm wollte unbedingt die Polemik fortsetzen, wogegen sich die sozialdemokratische Reichstagsfraktion wandte. Schramm kündigte an, er wolle eine Broschüre mit Enthüllungen über die Sozialdemokratie veröffentlichen.

Über seinen Brief an Schramm bemerkte Bebel am 22. August 1886 gegenüber Schlüter: „Der Schluß meines Briefes lautete, daß ich für ihn (Schr[amm]) nur noch ein Gefühl, das der tiefsten Verachtung, hegte, er möge in zehntausend Teufels Namen tun, wozu seine gemeine Natur ihn zwinge." Am 2. September 1886 schrieb er Schlüter, Schramm werde sich „hüten, seine Drohung auszuführen".
(BARS, Bd. 2/2, S. 235; IISG, NL Bebel, Nr. 43; siehe auch AB an Karl Kautsky, 15.12., 26.12.1885, 14.3.1886, in: August Bebels Briefwechsel mit Karl Kautsky. Hrsg. von Karl Kautsky (jr.), Assen 1971, S.45-49, 51/52, sowie den Briefwechsel zwischen E. Bernstein und K. Kautsky, IISG, NL Kautsky, und Moskau, F. 204, Op. 1).

8 Hermann Hommel (1847-1924), zunächst Inhaber einer „Eisenwarenhandlung und Produzent Technischer Werkzeuge", dann Industrieller mit Fabrikationsstätten von Gußstahlfabrikaten und Präzisionswerkzeugen mit Filialen in Köln, Mannheim, München, Wien, Zürich u.a. Orten mit weit verzweigten internationalen Geschäftsbeziehungen. Seit 1895 ehrenamtlicher Vizekonsul von Schweden und Norwegen.
(Auskunft vom StA Mainz; siehe auch H. Hommel: Meine Lebensgeschichte, Mainz 1929)

9 Siehe Nr. 74/4.

Von August Adler in Dresden 1888 angefertigtes Foto

Gefängnishaft Zwickau. 1886/1887

Die zudiktierten neun Monate Haft verbrachte August Bebel vom 15. November 1886 bis 14. August 1887 in der Landesgefangenenanstalt Zwickau auf Schloß Osterstein. Außer ihm waren dort Ignatz Auer und Louis Viereck sowie zeitweise Carl Ulrich inhaftiert. Von Bebel bei Haftantritt nicht vorhergesehen, spitzte sich die politische Situation im Deutschen Reich rasch zu. Am 14. Januar 1887 löste Bismarck den Reichstag auf. Durch ein Wahlbündnis von Konservativen und Nationalliberalen erreichten diese bei den Wahlen am 20. Februar eine Majorität. Der „Kartellreichstag" erhöhte die indirekten Steuern, wodurch u.a. der Brotpreis anstieg. Er verlängerte die Legislaturperioden, um die Agitation der Sozialdemokratie einzudämmen. Und er leitete eine neue Phase verstärkter Militarisierung ein. Bebel traf in Briefen an Julie scharfsinnige Analysen der „Kartellpolitik" und ihrer Folgen. Dazu verfaßte Zeitungsartikel wurden von der Gefängnisleitung beschlagnahmt. Es gelang Bebel jedoch, den Artikel „Der nächste Krieg in Zahlen" für „Die Neue Zeit" aus dem Gefängnis zu schmuggeln. Darin legte er dar, daß ein nächster Krieg europäische Ausmaße annehmen werde, daß „Heeresmassen gegeneinanderrücken..., wie sie bisher die Weltbühne nie betraten", daß er länger und furchtbarer als die vorhergehenden Kriege sein und zum Zusammenbruch des kapitalistischen Wirtschaftssystem führen werde.

In diesen neun Monaten stellte Julie die ganze Reife ihrer Persönlichkeit unter Beweis. Da Bebel nur einen Brief pro Woche schreiben durfte, erledigte sie nach Inhaltsskizzen die Korrespondenz. Sie leitete Anfragen an ihn weiter, immer bedacht, sich an die Restriktionen der Zensur zu halten, denn alle ihre Briefe wurden geöffnet und tragen den Stempel der Gefangenenanstalt. Sie nahm in Dresden an Versammlungen teil und berichtete darüber. Sie sorgte sich um Friedas Ausbildung und um deren Gesundheit. Die befreundete Familie Bahlmann in Dresden war ihr eine große Stütze. Sie schöpfte aber auch immer wieder aus der Beobachtung der Natur neue Kraft. Zweimal reisten Julie und Frieda zum Besuch nach Zwickau, am 5. Februar und am 28. Mai 1887.

Theoretischer Hauptertrag der Haftzeit war die Schrift „Charles Fourier. Sein Leben und seine Theorien" für die „Internationale Bibliothek". Bebel verfaßte mehrere Rezensionen, legte sich thematische Sammelmappen für sein späteres Wirken an und las neuere gesellschaftskritische Literatur, so von Henrik Ibsen, Friedrich Spielhagen und Emile Zola.

79

Chemnitz, Landgerichtsgefängnis, den 17. November 1886

Meine liebe gute Julie!

Es wird Dir und Friedchen sicher sehr angenehm sein, eine Nachricht von mir zu erhalten,[1] und ich bin froh, sie Euch zukommen lassen zu können. Die Karte wie den Brief, die ich Euch vor meinem Haftantritt sandte, werdet Ihr erhalten haben.

Wie ich Euch schrieb, bin ich veranlaßt worden, bis zur Überführung nach Zw[ickau] im Landgerichtsgefängnis hier mein unfreiwilliges Staatsquartier aufzuschlagen. Mit meinem Aufenthalt bin ich sehr zufrieden, da mir sofort aufs bereitwilligste alle möglichen Erleichterungen gewährt wurden. Die Kost, die ich beziehe, ist quantitativ und auch qualitativ zufriedenstellend. Morgens trinke ich Kaffee und esse *zwei* Semmel dazu, zu Mittag erhielt ich gestern Suppe, Schweinekotelett mit Kartoffeln und ein Glas Bier, die Abende empfing ich kalten Aufschnitt mit Bemmchen (den Aufschnitt mit Abwechslung in der Art der Fleischsorten) und wieder 1 Glas Bier. Ihr seht, daß man bei dieser Kost bestehen kann, und erhalte ich sie, wie ich hoffe, auch in Zw[ickau], so kehre ich später, in Anbetracht des Mangels von Aufregung, den man in diesen Räumen hat, möglicherweise mit einer Fettschicht zu Euch zurück. Also gebt Euch keiner Sorge wegen mir hin, wie ich annehme, daß Ihr Euch so gut als möglich in das Unvermeidliche fügen werdet.

Arbeiten kann man, wenn man von morgens 6 bis abends 10 [Uhr] auf sich angewiesen ist; es ist überraschend, was man hier im Vergleich zu draußen leistet. Aber fürchtet nicht, daß ich das Arbeiten übertreibe, ich sorge schon von selbst für Abwechslung und Unterbrechung. Langeweile hoffe ich nicht zu bekommen.

Heute vormittag werden wohl die übrigen Herren Kollegen sich gemeldet haben,[2] und hoffe ich, daß wir, wenn nicht heute, so doch wohl morgen, nach Zwickau übersiedeln, damit man definitiv innerhalb der bestimmten vier Wände ist. Schreibt mir vorläufig nicht, sondern wartet weitere Nachricht von mir ab.

Bitte sage P[aul Singer], ich hätte am Montag hier den dicken Locke[3] getroffen. Der Gute sei wieder in der Klemme und wolle sich an ihn wenden, er möge die Taschen nicht gar zu offen haben. Ferner sage P[aul]: Ich bäte, meinen Auftrag an das Reichstagsbüro nicht zu vergessen.[4] Geht P[aul] nach M[an]nh[eim]?[5]

Gehabt Euch wohl, habe ja acht auf Frieda, daß sie nicht zu viel lernt[6] und nicht zu spät zu Bett geht. Nur nicht später als halb elf Uhr. Grüße P[aul] und B[ahlmann]s, und seid beide ebenfalls auf das herzlichste gegrüßt und geküßt von
Deinem August

1 Vom 15. bis 18. November 1886 befand sich Bebel im Landgerichtsgefängnis Chemnitz, dann wurde er in die Landesgefangenenanstalt Zwickau überführt. Dorthin war vom Ministerium des Innern bereits am 17. September 1886 „dem Herrn Landesanstaltsdirektor" Böhmer mitgeteilt worden, daß die Sozialdemokraten die laut Gefängnisordnung möglichen Vergünstigungen erhalten sollten. „Es wäre unerwünscht, wenn den Betreffenden Anlaß zu ... Beschwerden gegeben und dadurch die Regierung behelligt würde." Am 2. Oktober 1886 gingen Böhmer detaillierte Ausführungen über die Vergünstigungen zu. Als Bebel daher am 12. November einen Antrag auf Hafterleichterung stellte, wurde ihm diese sofort gewährt. Unter Berufung auf seine Haft in Zwickau 1874/1875 bat Bebel „zu gestatten, daß ich a. eigne Kleidung, Wäsche und Uhr und den Bart tragen; b. die Selbstbeköstigung beschaffen und literarische Selbstbeschäftigung vornehmen; c. bis abends 10 Uhr Licht brennen; d. eine Zeitung und zwar das ‚Leipziger Tageblatt' abonnieren darf." Diese Zeitung zählte zu den großen politischen Tageszeitungen und vertrat die Interessen der Nationalliberalen Partei. Sie enthielt die Bekanntmachungen des Land- und Amtsgerichts Leipzig sowie des dortigen Rats und Polizeiamtes und verfügte über einen umfangreichen Auslands- und Handelsteil. Da ihm das Halten von zwei politischen Zeitungen erlaubt wurde, wählte Bebel außerdem die demokratische Berliner „Volks-Zeitung", die von Franz Mehring redigiert wurde. Einmal wöchentlich konnte Bebel ein Bad nehmen. Seinen Tagesablauf beschrieb er Julie im Brief vom 8. Dezember 1886.
Bei der „literarischen Selbstbetätigung" hatte Bebel auch die Umarbeitung seines Buches „Die Frau und der Sozialismus" geplant. Ihm wurde jedoch die Benutzung dieser von ihm verfaßten Schrift nicht erlaubt, da sie laut Sozialistengesetz verboten war. Die Liste der Bebel nicht ausgehändigten Literatur enthält folgende Titel: Von Bebels Schriften die erste und zweite Auflage der „Frau", „Der deutsche Bauernkrieg mit Berücksichtigung der hauptsächlichsten Bewegungen des Mittelalters" und „Die parlamentarische Tätigkeit des Deutschen Reichstages und der Landtage von 1874 - 1876"; von Friedrich Engels „Der deutsche Bauernkrieg", „Herrn Eugen Dührings Umwälzung der Wissenschaft", „Die Entwicklung des Sozialismus von der Utopie zur Wissenschaft"; von Paul Lafargue „Das Recht auf Faulheit"; sowie die Schrift „Anarchismus oder Communismus?", eine Diskussion zwischen Paul Grottkau und Johann Most. Über Bebels literarische Tätigkeit geben die Briefe Auskunft. Allerdings kam die Gefängnisverwaltung in ihrem Bericht Ende April 1887 an das Innenministerium zu dem Entschluß, den inhaftierten Sozialdemokraten das Versenden von Artikeln usw. zu untersagen, um ihnen alles Wirken für Parteizwecke abzuschneiden.
(Siehe SHA, Strafvollzug Zwickau, Nr. 137 <im folgenden Akte Zwickau>, Zitate Bl. 2, 18, 62/63, 65, 67; Abdruck von Bebels Gesuch und der nicht ausgehändigten Literatur bei R. Schauer: Revolutionäre Taktik der deutschen Sozialdemokratie unter dem Sozialistengesetz. Bemerkungen zum Freiberger Geheimbundprozeß 1886 und zu Bebels Haft in

Zwickau, in: Beiträge zur Archivwissenschaft und Geschichtsforschung, Weimar 1977, S. 211-228, Abdruck S. 226/227)

2 Bebel hatte von der Staatsanwaltschaft beim Landgericht Chemnitz spätestens am 12. November 1886 die Aufforderung erhalten, sich bis zum 15. November in Chemnitz zur Verbüßung seiner Haft einzufinden. I. Auer und L. Viereck mußten am 17. November 1886 die Haft antreten. Am 22. November trafen sie in der Landesgefangenenanstalt Zwickau ein. Festgelegt war, daß die sechs Sozialdemokraten, die zu neun Monaten Haft verurteilt waren, in Zwickau ihre Strafe verbüßen sollten. Von ihnen wurde G. v. Vollmar aufgrund ärztlichen Attestes die Haft in München gestattet, die er am 22. November 1886 antrat. Ein gleiches Ersuchen wurde L. Viereck abgelehnt, ebenso I. Auers Ersuchen um Haft in Nürnberg. K. Frohme saß ab 23. November 1886 in Frankfurt (Main) ein. Zuvor mußte er sich am 18. November in Berlin einem Gerichtsverfahren stellen, in dem er zu 100 Mark Geldstrafe verurteilt wurde. Die drei zu sechs Monaten Haft Verurteilten wurden in Chemnitz gefangen gehalten. Ihre Haft dauerte vom 17. November 1886 bis zum 16. Mai 1887. Zu Carl Ulrich siehe Nr. 80/4.

3 Wahrscheinlich Johann Heinrich Julius *Magnus* Locke in Chemnitz (geb. 1853), Schneider.
(Siehe Adreßbuch Chemnitz 1886/1887; StA Chemnitz, Polizeimeldebücher, übermittelt von Christine Hinze)

4 Bebel bat offenbar um die Übersendung der Drucksachen des Reichstags. In diesem Sinn schrieb er nach der Neuwahl des Reichstags am 8. März 1887 dorthin.
(Siehe Akte Zwickau, Bl. 61)

5 Paul Singer reiste nach Mannheim, um die dortigen Sozialdemokraten bei einer Nachwahl zum Reichstag zu unterstützen. Diese erhielten mit 6811 Stimmen für A. Dreesbach erstmals die zweithöchste Stimmenzahl in diesem Wahlkreis. In der Stichwahl am 6. Dezember 1886 steigerte die Sozialdemokratie ihr Ergebnis auf 9633 Stimmen. Es siegte ein Nationalliberaler mit 10 580 Stimmen.

6 Frieda Bebel hatte die Absicht, einen Beruf zu erlernen. Entsprechend den Auffassungen ihrer Eltern wurde sie von ihnen bestärkt. Sie neigte zum Medizinstudium. Dazu mußte sie sich durch Privatunterricht auf das Abitur vorbereiten. Die damit verbundenen Probleme widerspiegeln sich in den folgenden Briefen. Mehrere Privatlehrer waren am Annenrealgymnasium tätig, einer Knabenschule, deren Lehrpersonal das Recht hatte, Mädchen in Privatstunden zu unterrichten.

In Leipzig hatte Frieda die von W. Smitt geleitete Höhere Töchterschule besucht. Ob Frieda nach dem Wohnungswechsel von Plauen nach Dresden dort zur Schule ging, ist nicht zu belegen. In den Schülerlisten der Städtischen Schule für höhere Töchter in Dresden-Altstadt ist sie ebenso wenig wie Anna Eysoldt (siehe Nr. 89/2) vermerkt, mit der sie 1886/1887 gemeinsam Privatstunden nahm.
(Siehe auch Nr. 1/4, 18/2, 151/6)

80

Zwickau, Landesgefangenenanstalt, den 20. November 1886
Meine liebe gute Julie!
Deinen lieben Brief vom 17. d. M. habe ich gestern erhalten. Du sandtest denselben ab, ehe Du den meinen aus dem Landesgerichtsgefängnis Ch[emnitz] empfingst. Du wirst aus letzterem ersehen haben, wie es mir erging. Ergänzend will ich Dir und Friedchen noch mitteilen, daß Mittwoch nachmittag *Auer* zu mir in die Zelle gelegt wurde und wir bis nächsten Vormittag, bis zu meinem Abgang nach hier, zusammen waren. Wir waren natürlich beide sehr erfreut, uns zu sehen. A[uer] ist übrigens krank, worüber er sich selbst auch nicht täuscht. Doch hoffe ich, daß die Haft seine Krankheit nicht verschlimmern wird, da es ihm auch hier an ordentlichem Essen, frischer Luft und guter Behandlung nicht fehlt und er mehr Ruhe genießt als draußen. Läßt er also die Trennung von der Familie und die Einsamkeit nicht zu sehr auf sich wirken, so kann der Aufenthalt hier ihm nicht schaden.

Viereck war von seiner Einforderung sehr überrascht. Er glaubte, die Haft noch aufschieben zu können, und hofft, noch einmal loszukommen.[1] Er dürfte sich täuschen, und Vorteil hat er auch nicht davon, da dieser Kelch nicht an ihm vorübergeht und es das Beste ist, ihn so bald als möglich zu genießen, um ihn früher zu leeren.

Wie schon oben angedeutet, bin ich seit Donnerstag mittag hier und bin mit allem sehr zufrieden, was Euch sicher eine große Beruhigung ist. Ich habe eine sehr saubere, luftige und helle Zelle in der oberen Etage, fast das ganze „Meublement" ist neu und das Essen ganz nach Wunsch. Ich hatte z.B. gestern zu Mittag eine gute Suppe und ein mächtiges Filetbeefsteak mit Kartoffeln und Apfelmus, und das alles soll 65 Pf kosten. Wenn der Wirt das Essen in ähnlicher Quanti- und Qualität fortliefert, muß er „Verdienen" sehr klein schreiben.[2] Was ich sonst brauche, beziehe ich von außen, und bin ich auch da mit allem bis jetzt Empfangenen sehr zufrieden. Ferner wurde mir seitens des Herrn Direktors[3] bereitwilligst gestattet, selbst Kaffee zu kochen, und sind alle bezüglichen Gerätschaften noch Donnerstag beschafft worden. Wenn mein Kaffee zu Ende geht, werde ich darum nachsuchen, Kakao resp. Tee kochen zu dürfen.

Ihr seht, es geht mir so gut, als es unter bewandten Umständen möglich ist, und so bitte ich Euch, Euch in das Unabänderliche zu fügen, keine Grillen zu fangen und zu genießen, was sich Euch darbietet. Wie dann, wenn ich eine Reise um die Welt oder eine Entdeckungsreise nach dem Südpol zu machen hätte?

Ich habe eine Bitte an Dich, liebe Julie: Schreibe Du oder Fr[ieda] *sofort* an Frau Julius Seifert, Zwickau, Innere Leipziger Str. 48, und bitte sie, daß sie die Besorgung (Vermittlung) meiner, vielleicht auch der Kollegen Wäsche übernähme und namentlich auch *allenfallsige Reparaturen* vornehmen lassen wollte. Natürlich **nur** gegen *volle* Vergütung.

Ferner willst Du oder Fr[ieda] an C. Ulrich, Spezereihandlung, Offenbach (Main) schreiben, er solle das Gesuch, worüber ich ihm schon vor einem Monat schrieb, vor seinem Haftantritt hierher richten, und auch empfehle es sich, wenn er sich ein Kopfkissen und Besteck mitbringe.[4]

Da ich das Geld, was ich für U[lrich] zur Einzahlung mitnahm, auf meinen Namen einschreiben ließ, weil ich ihn nicht traf, so sorgt vielleicht P[aul Singer] für die Übersendung neuen Geldes an ihn oder für rechtzeitige Einzahlung hierher. Ersteres wäre besser. Wenn K[au]t[sk]y[5] aus L[o]nd[on] schreibt, laß mich wissen, was der Brief enthält.

P[aul] und B[ahlmann]s willst Du schön von mir grüßen, auch die Familien Z. und E[ysoldt][6], wenn Ihr zu ihnen kommt.

Wenn Friedchen mir künftig, wie sie mir mitteilt, ausführlich schreibt, werde ich mich freuen.

Habt Ihr die Papiere, wie ich angab, gekauft? Vergeßt es nicht.

Wahrscheinlich nehmen heute A[uer] und Viereck hier auch Quartier.

Haltet Euch tapfer, und seid beide aufs herzlichste gegrüßt und geküßt von
Deinem August

Ist nicht am Montag ein französisches Buch für mich eingetroffen? Bitte, es mir aufzuheben und gelegentlich herzusenden. Ebenso wollt Ihr alle für mich eingehenden Broschüren und Schriften sorgfältig aufheben resp. mir Mitteilung machen.

„Freiheit", New Yorker „Sozialist" und Z[ürcher] „Arbeiterstimme" könnt Ihr, nachdem sie gelesen sind, vernichten, als Makulatur verkaufen dürft Ihr sie nicht.

1 Im „Sozialdemokrat" vom 26. November 1886 hieß es: „Genosse Viereck hatte unter Hinweis auf ein zweites, gegen ihn in München gerichtetes Verfahren und auf seinen durch ein ärztliches Zeugnis unterstützten Antrag, die Strafe in München absitzen zu dürfen, das Gesuch um Strafaufschub eingereicht." Als Antwort erhielt er vom Staatsanwalt folgendes Telegramm: „Ladung bleibt in Kraft. Eventuell Haftnahme, resp. Steckbrief. Schwabe, Staatsanwalt." So trat er am 17. November die Haft an.

2 Das Mittagessen erhielt Bebel vom Gastwirt Wilhelm Hendel, Besitzer des „Hotel Goldner Adler". Den Preis von 65 Pf zahlte er die gesamte Haftzeit, ab 1. Dezember 1886 kam ein Aufschlag von 5 Pf für den Boten hinzu.
(Siehe Akte Zwickau, Bl. 22, 33)

3 In der Leitung der Gefangenenanstalt Zwickau wurde 1886 kurz vor Haftantritt der Sozialdemokraten ein Wechsel vorgenommen. Direktor wurde Wilhelm Arthur Böhmer (1839-1905), Hauptmann a. D. Im November 1886 erhielt er den Titel Regierungsrat. Seit 1867 Anstaltsinspektor im Arbeitshaus zu Zwickau, dann stellvertretender Direktor des Zuchthauses Waldheim, 1884 Direktor der Korrektionsanstalt für Männer zu Hohnstein. Ab 1894 Direktor des Zuchthauses Waldheim.
(Siehe Akte Zwickau; R. Schauer, wie 79/1, S. 222/223)

4 Es handelte sich um den Antrag auf Hafterleichterung, den C. Ulrich am 30. November 1886 stellte. Ulrich hatte sich zunächst bemüht, in Hessen die Haft anzutreten. Das lehnte Hessen ab. Er erhielt daraufhin vom Chemnitzer Landgericht den Bescheid, sich bis zum 3. Dezember 1886 einzufinden. Hiergegen wandte sich Ulrich unter Berufung auf seine Immunität als Mitglied des hessischen Landtags, aber vergebens. Am 29. Dezember 1886 trat er die Haft in Zwickau an. Durch einen längeren Urlaub wegen Erkrankung seiner Frau konnte er erst am 5. November 1887 die Freiheit zurückerlangen.
(Siehe Akte Zwickau, Bl. 35, 68)

5 Karl Kautsky (1854-1938), Schriftsteller, 1883-1917 Redakteur der „Neuen Zeit", setzte sich für die Verbreitung der Ideen von Marx und Engels ein. Nach Engels´ Tod galt er als der führende Theoretiker der deutschen Sozialdemokratie und der II. Internationale. Kautsky war Anfang 1885 nach London übergesiedelt, was Bebel sehr befürwortet hatte. Beide waren sich erstmals 1877 in Leipzig begegnet. In der Schweiz traf Bebel 1880 mehrfach mit Kautsky zusammen, der zeitweilig am „Sozialdemokrat" mitarbeitete. Zu dieser Zeit fühlte sich Kautsky als Schüler von Bebel. Noch 1888 schrieb er an E. Bernstein: „Nächst General [Engels] kann ich heute von niemandem so viel lernen wie von August." Während Bebels Londonreise 1887 gingen Bebel und Kautsky zum Du über.
(Siehe August Bebels Briefwechsel mit Karl Kautsky, Hrsg. von K. Kautsky jr., Assen 1971; Zitat K. Kautsky an E. Bernstein, 2.4.1888, Moskau, F. 204, Op. 1, Nr. 933)

6 Gemeint sind Bertha Eysoldt (siehe Nr. 91/6) – die geschiedene Frau des Rechtsanwalts Arthur Eysoldt (siehe Nr. 96/6) – sowie ihre Töchter Anna (siehe Nr. 89/2) und Gertrud (siehe Nr. 91/7).

81

Zwickau, Landesgefangenenanstalt, den 25. November 1886
Meine liebe Julie!
Ich bin beunruhigt, daß ich von Euch gar keine Nachricht erhalte und keine Antwort auf meinen Brief, den ich Sonnabend, den 20., hinausgab. Habt Ihr denselben nicht erhalten? Oder ist der Eure an mich nicht eingetroffen? Oder was liegt sonst für eine Ursache vor? Ich hoffe, baldigst Nachricht zu erhalten.

Mein Befinden ist das Beste, und es wird mich sehr freuen, Gleiches von Euch zu hören. Alles, was ich in meinem letzten Brief über den Aufenthalt hier schrieb, kann ich heute aufs neue bekräftigen. Das Essen ist nach wie vor gut, und wenn unser Wirt so weitermacht, bekommt er nach meiner Freilassung eine Dankadresse für die Verdienste, die er sich um mein leibliches Befinden erworben.

Seit Montag sind auch A[uer] und Viereck hier. Wir machen unsere Spaziergänge – vormittags 1 Stunde, nachmittags 1/2 Stunde – gemeinsam, eine Erleichterung der Haft, die wir dankbar anerkennen. Viereck hofft, die Haft in München abmachen zu können, und zwar seines Gesundheitszustandes wegen, und dürfte alsdann nicht lange hier bleiben. Er hat sich leidlich in das Unvermeidliche gefunden; allerdings geht es ohne allerlei Absonderlichkeiten, wegen deren wir ihm [alle?] den Kopf zurechtsetzen, nicht ab. Ich sagte ihm gestern, wenn er 9 Monate in unserer Gesellschaft bliebe, könne er noch ein leidlich vernünftiger Kerl werden. Das will er aber nicht Wort haben. Auer befindet sich wohl. Viereck und A[uer] lassen Euch grüßen.

Wenn Ihr nächste Woche an Br[auer]s zum Geburtstag schreibt, bitte ich, beide von mir zu grüßen.[1] Ratet Br[auer], er solle sich durch die jetzige Kurstreiberei an der Börse nicht verführen lassen, es sei alles Schwindel. Ehe einige Wochen ins Land sind, muß wieder der Krach kommen, denn es gibt keinerlei Gründe in der Lage, die die Hausse in den Industriepapieren rechtfertigt. Die Börsenwölfe wollen einmal wieder die Dummen scheren, das ist der ganze Zweck des Geflunkers.

Das „L[ei]pz[iger] Tageblatt" brachte über den letztwöchentlichen Altonaer Sozialistenprozeß einen langen Bericht, worin unter anderm auch ausgeführt wurde, daß ich verschiedene Zahlungen von dort erhalten hätte. Die Behauptung stützt sich

darauf, daß in den Notizen oder Büchern Zahlungen an B. geleistet wurden, und das soll ich natürlich sein. Ich schrieb dem
„[Leipziger] Tagebl[att]" eine Berichtigung, aber gebracht hat es
dieselbe bis gestern nicht.[2] Ich bitte, daß Du oder Fr[ie]dch[en] an
P[aul Singer] nach Berlin schreibst, daß ich von Altona **nie** einen
Pfennig, sei es für Reisen und Diäten oder sonst einen Zweck,
erhalten hätte und die Verurteilten nicht einmal kenne.

Doch ich will lieber selbst an P[aul] schreiben, da es nicht sicher ist, daß bei Erörterung des Belagerungszustandes auf diese
Vorgänge die Rede kommt und dann die unwahre Behauptung
wiederholt wird.[3] Im übrigen macht sich die Presse das altge-
wohnte Vergnügen zu behaupten, daß unsere Verhaftung die
ganze Partei aus dem Leime treibe und dergleichen Unsinn mehr.

Die Revision in der Mannheimer Prozeßsache wurde vom
Reichsgericht verworfen.[4] Das war vorauszusehen. Hätte man
meinem Rat gefolgt und die Revision unterlassen, wäre ein Stück
Geld gespart worden. Du wirst nunmehr in Kürze die Rechnung
erhalten. Begleiche sie, indem Du den Betrag an die auf der Rechnung unterzeichnete Gerichtssportelkasse zahlst. Ich bin nicht
sicher, ob das Reichsgericht direkt eine Rechnung schickt oder ob
sie mit über Mannheim kommt.

Ferner ersuchte ich die Chemnitzer Staatanwaltschaft, die Kostenrechnung für den Freib[erger] Prozeß für uns alle an mich
resp. an Dich zu senden. Ich habe mit den andern Verurteilten
abgemacht, daß die Verrechnung unter uns später stattfinden
solle. Da für die Zahlung immer 8 Tage Frist angegeben ist, hast
Du die Zeit, Dir das Geld zu beschaffen. Es wird ein hübscher
Betrag werden.

Die letzten Leipziger Verurteilten sind sehr hart bestraft worden.[5] Das habe ich mir gedacht.

Ich habe als erste literarische Arbeit hier für „Die N[eue]
Z[eit]" einen kleinen Aufsatz fertiggestellt, den ich nächster Tage
an die D[ietz]sche Firma nach St[u]ttg[a]rt senden will.[6]

Lebt wohl, und laßt mir recht bald Antwort und Nachricht
über Euer Befinden zukommen. Gruß den Bekannten und tausend herzliche Grüße und Küsse Euch beiden
Dein August

1 Julie Bebels älteste Schwester Friederike wurde 60 Jahre am 29. November 1886.

2 Bebel bezieht sich auf einen Bericht im „Leipziger Tageblatt" vom 18. November 1886. Die von ihm am 21. November verfaßte Berichtigung erschien dort am 25. November 1886. Bebel verwahrte sich dagegen, mit Sozialdemokraten in Altona in Verbindung gestanden bzw. Geld von ihnen empfangen zu haben.

3 Die Verlängerung des Belagerungszustands über Hamburg, Altona und Umgebung wurde im Reichstag nicht debattiert.

4 Am 21. Januar 1886 fand vor dem Mannheimer Landgericht ein Prozeß gegen Bebel, A. Dreesbach, H. Reichert und J. Willig statt. Sie wurden beschuldigt, am 19. Juli 1885 auf der Neckarspitze bei Mannheim eine Volksversammlung unter freiem Himmel ohne polizeiliche Anmeldung durchgeführt zu haben. Die Angeklagten wurden freigesprochen. Nachdem die Staatsanwaltschaft gegen das Urteil Revision eingelegt hatte, verhandelte am 1. Juli 1886 das Mannheimer Landgericht erneut in der gleichen Strafsache und verurteilte Bebel und Dreesbach zu je 50 Mark sowie Reichert und Willig zu je 25 Mark Geldstrafe. Ein sozialdemokratischer Revisionsantrag wurde vom Reichsgericht am 18. November 1886 verworfen.
(Siehe Leipziger Tageblatt, 21.11.1886; Stenographischer Bericht über die Verhandlung vor Großh. Strafkammer II zu Mannheim am 21. Januar 1886, Mannheim, o. J.)

5 Am 26. September 1886 wurde der Sozialdemokrat Richard Schumann aus Leipzig ausgewiesen, weil er Flugblätter verteilt haben sollte. Er wurde aber vom Gericht freigesprochen. Beim Verlassen der Stadt begleitete ihn eine große Anzahl Sozialdemokraten, die ein rotes Tuch mit sich führten. Vier Polizisten in Zivil provozierten eine Schlägerei, wobei zwei von ihnen zu Boden geworfen, aber nicht verletzt wurden. Daraufhin wurden Schumann und drei weitere Sozialdemokraten wegen „Aufruhrs" angeklagt. Die Verhandlung fand am 23. November 1886 vor dem Schwurgericht statt. Schumann wurden vier Jahre Zuchthaus und acht Jahre Ehrverlust zudiktiert. Er starb nach einem dreiviertel Jahr im Alter von 27 Jahren im Zuchthaus Waldheim. Hugo Kießling erhielt zweieinhalb Jahre Zuchthaus, Hermann Mehnert und Johann Pöhlmann je zwei Jahre Zuchthaus.
(Siehe Leipziger Tageblatt, 25.11.1886; H. Berndt, wie 16/4, S. 155/156, 185/186, 201/202, 232/233)

6 Als erste Publikation Bebels nach seinem Haftantritt erschien 1887 in Heft 2 der „Neuen Zeit" anonym der Aufsatz „Zur Kriminalstatistik des Deutschen Reiches".

82

Zwickau, den 29. November 1886, Landesgefangenenanstalt
Meine liebe gute Julie!

Unmittelbar nach Absendung meines Briefes erhielt ich den Deinen vom 25. d. M.; der meine wird mittlerweile bei Euch angekommen sein. Ich bin froh, daß keine meiner Befürchtungen eintraf. Im Briefschreiben ist uns eigentlich kein Zwang auferlegt[1], aber wir haben selbstverständlich den Wunsch, den Herren Beamten keine unnütze Arbeit zu machen. Ich werde mich daher – wenn keine *besondere* Veranlassung vorliegt, davon abzuweichen – damit begnügen, Euch wöchentlich einmal zu schreiben und empfehle Euch, es ebenfalls so zu halten. Ich erwarte also diese Woche noch einen Brief von Euch. Von nächster Woche rate ich, es so zu halten, daß Ihr mir Sonntag oder Montag schreibt, wie es Euch am besten paßt, worauf ich dann antworte. Habt Ihr dagegen eine besonders dringende Veranlassung, noch einmal zu schreiben, so steht diesem nichts im Wege von hier aus. Friedchen kann mir entweder mit an Deiner Stelle schreiben oder ihren Brief dem Deinen beilegen, darüber verständigt Euch. Ich werde mich freuen, bald etwas von ihr direkt zu hören.

Die Angelegenheit U[lrich] in Ulm[2] amüsiert mich. Ich bitte Dich, ihm zu schreiben, daß ich Kr[oeber] schon lange kenne und die Familie für sehr rechtschaffen und respektabel nach jeder Richtung hielte. Das Töchterlein[3] habe ich erst dieses Frühjahr kennengelernt, wo ich einige Stunden in ihrer Gesellschaft war, und habe von ihr ebenfalls einen günstigen und angenehmen Eindruck erhalten. Ich fand sie sehr liebenswürdig. Mehr kann ich nicht sagen, weil ich nicht mehr weiß und mehr nicht verantworten kann. Du willst U[lrich] schön von mir grüßen, den für mich bestimmten Brief ihm aber nicht zurücksenden, er möchte es übelnehmen. Kennst Du die Adresse? Sie lautet: Gust[av] U[lrich], Bankier, Ulm/Don[au].

Ob der Offenb[acher] Ulr[ich] klug tut, sich jetzt von der Haft zu drücken und hernach allein zu sitzen, bezweifle ich. Doch er mag tun, was ihm am besten paßt. Er hat auch wohl geschäftliche Gründe, sich jetzt noch von der Haft fernzuhalten.

A[uer] erklärt, sich sehr wohl zu fühlen, mehr kann man nicht verlangen, obgleich es mir oft einen beängstigenden Eindruck macht, wenn ich ihn, der ca. 12 - 14 Zellen von mir liegt, namentlich abends heftig husten höre, in der Regel auch frühmorgens.

A[uer] und V[iereck] haben ganze Ladungen Fourage von Hause erhalten. A[uer] auch noch von seiner alten Schwiegermutter[4], die sehr an ihm hängt. Ich will Dich nicht zu Gleichem animieren, indem ich Dir dies schreibe. Ich kann mir alles kommen lassen, was ich wünsche, und außerdem sind größere Sendungen der Gefahr des Verderbens ausgesetzt, da es in unsern Klausen sehr warm ist. Obgleich ich den ganzen Tag die Fensterklappe auf habe, ist es mir oft so warm, daß ich das Jackett ablegen muß. Von dem schlechten Wetter hat man überhaupt hier noch nicht viel bemerkt, ich bin heute und auch die letzten Tage mehrfach ohne Überzieher gegangen auf den Spaziergängen. Dagegen bitte ich Dich, mir gelegentlich senden zu wollen:

1 Kaffeelöffel, 1 Päckchen Tee, drei Wischtücher – um meine Wirtschaft in Ordnung halten zu können –, noch ein Handtuch und 1 Paar Strümpfe, *Teesieb*, 1 Tasse und 10 Stück große gelbe Kuverts, wie sie im oberen Fach meines Schreibtischs liegen. Letztere packe zwischen zwei Pappen, wie Du sie passend in der großen Schublade, Mittelfach, des Schreibtisches finden wirst, damit sie nicht zerknittert werden. Ich kann diese Kuverts für literarische Arbeiten benutzen, um letztere einzupacken und zu versenden.

Wenn Du das alles nächste Woche beförderst, genügt es.

Hasencl[ever] ist also in der Diätenfrage abgeblitzt vor dem Reichsgericht[5], trotzdem Simson[6] selbst, auf den viele so sehr rechneten, präsidierte· Ich bin nun begierig, ob der Fiskus einklagt die Beträge, das wäre doch schön.

Bitte schreibe an Hasencl[ever] nach Berlin, Adresse Reichstag: Ich ließ ihn bitten, 1 Exemplar *des Etats für das Reichsamt des Innern* an Prof. Dr. Abbe, Jena, senden zu lassen, er möchte mir aber per Karte anzeigen, ob A[bbe] das Exemplar erhalte, ich werde dann selbst an A[bbe] des weiteren schreiben.[7] Hast Du keine Zeit, so mag Friedchen schreiben.

Bitte alle für mich gemachten Auslagen, auch Portos für mich, zu notieren.

Von der M[annheimer] Wahl wissen wir sicher, daß es zur Stichwahl kommt, deren Ausgang sehr zweifelhaft ist. Das „[Leipziger] Tagebl[att]" hat in den Zahlen für Dreesb[ach] einen groben Druckfehler, dadurch ist die Übersicht gestört.[8]

In Leipzig ist eine zweite Serie abermals zur Aburteilung gekommen. Ich bin nur froh, daß Gr[üneberger] freigesprochen
wurde.[9] Er hat sich gut gehalten und soll die sehr alberne und
unsinnige Demonstration, wie ich schon früher hörte, haben
zurückhalten wollen. Die Sache hatte an und für sich keinen
Zweck und nun solche Opfer.

Angenehm ist mir zu hören, daß in Fr[ankfurt] alles leidlich
steht, wenn P[aul Singer] sich nur nicht täuschte.[10] Ich habe ihm
Sonnabend in Reichstagsangelegenheiten geschrieben. Wie ich
gestern las, soll H[a]s[en]cl[ever] die Etatrede halten[11], hoffentlich
wird sie gut. L[ie]b[knecht] kommt zu spät.[12] Jetzt ist's ganz
gleich, ob er eine Woche früher oder später zurückkommt; was
nächste und die folgenden Wochen kommt, hat für ihn keine
Bedeutung. Werden keine anderen Vorlagen gebracht, als die
Thronrede ankündigte, dürfte der Reichstag bis April fertig sein.
Ich halte sogar alsdann seine Auflösung für sehr wahrscheinlich.
Man braucht für die neuen Militärorganisationen und das vorhandene Defizit heidenmäßig viel Geld, und B[ismarck] glaubt,
vom jetzigen Reichstag keine neuen Steuern in genügender Menge erhalten zu können. Will er also nicht einen gehörigen Pump
anlegen, der außerdem geplant ist, muß ein neuer Reichstag rasch
heran. Dann könnte es auch eine Sommersession geben. Einen
besseren Reichstag, als er jetzt hat, bekommt er kaum.

Geht Ihr nicht zuweilen zu B[ahlmann]s? Ab und zu müßt Ihr
Euch doch dort sehen lassen. Sorge, daß Frieda nicht zu spät zu
Bett geht und daß sie vor allen Dingen *sich tüchtig Bewegung macht*.
Das ist absolut nötig. Ich habe es doch nur meiner vernünftigen
Lebensweise in den letzten 10 Jahren zu verdanken und nicht zu
vergessen, Deiner guten Pflege, daß das ärztliche Urteil hier in
der Anstalt lautete: Atmungsorgane und Brust lassen nichts zu
wünschen übrig. Bei A[uer] ist nicht Schwindsucht, sondern
Bronchitis vorhanden, ich glaube aber, er erholt sich.

Da fällt mir noch ein, bitte dem Paket das französische Buch –
ich habe den Titel vergessen – und das Novemberheft der
„N[euen] Zeit" zuzufügen, das ich zu einer Arbeit brauche, außerdem meine französische Grammatik. Letztere wird Fr[ieda] zu
finden wissen.

Grüßt alle Bekannte, insbesonder auch Z.s. B[ahlmann] wird
kaum die Zeit erwarten können, wo L[ie]b[knecht] nach
Dr[esden] kommt und ihm von seinen Fahrten erzählt.

Haltet Euch wohl, und seid auf das herzlichste gegrüßt und geküßt
Dein August

1 Am 30. November 1886 wurde den in Zwickau inhaftierten Sozialdemokraten mitgeteilt, daß sie nur einmal in der Woche einen Brief absenden dürften, ausgenommen Erfordernisse, die aus ihrer Erlaubnis zur Selbstbeschäftigung erwüchsen. Anlaß zu dieser Festlegung sei Bebels Absicht gewesen, „seine Fraktionsgenossen von hier aus brieflich zu instruieren". Er hatte Paul Singer dazu einen langen Brief geschrieben, auf den dieser am 3. Dezember 1886 antwortete.
(Siehe Akte Zwickau, Bl. 31, 59; P. Singer an AB, 3.12.1886, IISG, NL Bebel, Nr. 159)
2 Gemeint ist der Bankier und Sozialdemokrat Gustav Ulrich (1850-1910). Bebel nahm fälschlicherweise an, daß Ulrich selbst Heiratsabsichten hätte.
3 Anna Maria Kroeber (1865-1914) heiratete im Juni 1887 den Kgl. Forstmeister Franz Helbling (1857-1908).
(Siehe StA München, PMB, H 196)
4 Marie Henckhus (auch Henkhus), geb. Siefert (auch Sievert; gest. um 1894), Frau des Schuhmachers Fr. Henckhus (gest. um 1864) in Schwerin. Sie erwarb sich den Lebensunterhalt als Kleiderhändlerin und Trödlerin, ab 1876 wohnhaft 1. Engestr. 8.

Als Ignatz Auer 1881 aufgrund der erneuten Ausweisung nach Schwerin kam, versuchte er zuerst in seinem gelernten Beruf als Sattler den Unterhalt der Familie zu verdienen. Er eröffnete in der Wladimirstraße 22a (heute Buschstraße) eine Werkstatt. Von C. Höchberg erhielt er dazu eine finanzielle Unterstützung von 1500 Mark. Das Geschäft ging jedoch schlecht. Daher versuchte er es mit der Umarbeitung alter Möbel. Aus dieser Zeit resultiert die von Bernstein genannte Berufsbezeichnung Altmöbelhändlerin für Auers Schwiegermutter.
(Siehe Schweriner Wohnungsanzeiger für 1858 <bis 1899>, StA Schwerin; C. Höchberg an E. Bernstein [August] 1881, 4.9., 18.9.1881, Moskau, F. 204, Op 1, Nr. 758, 761, 762; Eduard Bernstein: Ignaz Auer. Eine Gedenkschrift, Berlin 1907, S.44)
5 Gegen Sozialdemokraten und Mitglieder der Deutschfreisinnigen Partei strengte die preußische Regierung 1886 Diätenprozesse an. Sie berief sich dabei auf die Reichsverfassung, die den Empfang von Diäten verbot, weil der Empfänger dadurch an Aufträge und Instruktionen gebunden würde. Aufgrund des preußischen allgemeinen Landrechts konnte der Fiskus die Gelder vom Empfänger zurückfordern. W. Hasenclever war zunächst vom Oberlandgericht Naumburg verurteilt worden, die von der Sozialdemokratie empfangenen Gelder zurückzuzahlen. Er hatte aber audrücklich feststellen lassen, daß er 1501 Mark erhalten hätte, weil es ab 1500 Mark möglich war, beim Reichsgericht Berufung einzulegen. Hasenclever hoffte auf eine Annullierung der vom preußischem Gericht ausgesprochenen Verurteilung, zumal der Gerichtsvorsitzende Simson als Liberaler galt. Das Reichsgericht bekräftigte jedoch am 25. November 1886 die Zahlung von 1500 Mark an den preußischen Fiskus. Darüber berichtete das „Leipziger Tageblatt" am 26. und 27. November 1886.
(Siehe Deutsches Wochenblatt, 18.4., 25.4., 1.5., 16.5., 23. 5.1886; Sächsisches Wochenblatt, 8.1.1887; BLHA, Nr. 626, wie Nr. 18/10, Vol. 2, Bl. 4)
6 Martin Eduard Sigismund Simson (1810-1899), Jurist; Mitglied und zeitweilig Präsident der deutschen Nationalversammlung (rechtes Zentrum), Mitglied des preußischen Abgeordnetenhauses 1849 und 1858-1867 sowie 1860/1861 dessen Präsident, nationalliberaler Abgeordneter des Norddeutschen bzw. Deutschen Reichstags 1867-1877 und bis 1873 deren Präsident; 1879-1891 erster Präsident des Reichsgerichts.

7 Gemeint ist Ernst Abbe (1840-1905), Physiker, ab 1866 wissenschaftlicher Mitarbeiter von C. Zeiss in Jena, gründete 1889 die Carl-Zeiss-Stiftung, 1870-1896 Professor in Jena, früher Anhänger der deutschen Volkspartei, dann Mitglied der Deutschen Freisinnigen Partei. Bebel lernte ihn im Juni 1869 bei seiner Agitationsreise durch Thüringen kennen.

8 Siehe Nr. 79/5. Bebel bezieht sich auf eine Mitteilung im „Leipziger Tageblatt" vom 29. November 1886. Die dort genannte Stimmenzahl für die jeweilige Partei stimmt mit denen von Specht/Schwabe überein.

(Siehe Fritz Specht/Paul Schwabe: Die Reichstags-Wahlen von 1867 bis 1907. Eine Statistik der Reichstags-Wahlen nebst den Programmen der Parteien und einem Verzeichnisse der gewählten Abgeordneten. Zweite, durch einen Nachtrag ergänzte Aufl., Berlin 1908)

9 In Zusammenhang mit der Ausweisung von R. Schumann fand am 25. November 1886 eine weitere Gerichtsverhandlung vor der III. Strafkammer statt. Verurteilt wurden Carl Albert Langhammer (1 Jahr, 4 Monate), Gottlob Carl Uschner (1 Jahr, 3 Monate), Siedow, Voigtländer, Max Werner, Ernst Fischer und Friedrich Wilhelm Carl Krüger (je 1 Jahr). Freigesprochen wurden Grüneberger, Hofmeister, Schneider und Gustav Werner.

(Siehe Leipziger Tageblatt, 27.11.1886; Berndt, wie Nr. 16/4, S. 118-120, 146, 166/167, 169, 247/248, 267/268))

10 Es handelt sich um die Verhaftung der gesamten sozialdemokratischen Parteileitung von Frankfurt (Main), die am 10. November 1886 erfolgte. Zunächst wurden 23 Personen festgenommen. Sie versuchten, ihre Zusammenkunft als eine Beratung zu den bevorstehenden Gewerbegerichtswahlen auszugeben, die nicht anmeldepflichtig war. Zehn Wochen wurden sie in Untersuchungshaft gehalten. Bis Ende Dezember wurden insgesamt 44 Verdächtige festgenommen, gegen die ein Geheimbundprozeß vorbereitet wurde. Der Prozeß fand vom 17. bis 22. Januar 1887 statt. Die Haftstrafen für 31 Sozialdemokraten – von einem bis sechs Monaten Gefängnis – wurden allgemein als niedrig empfunden. 23 Sozialdemokraten erhielten sofort nach dem Prozeß die Ausweisung. Die Verhaftung diente außerdem als Anlaß zur Verhängung des Kleinen Belagerungszustands. Siehe dazu Nr. 85/7.

(Siehe Der Sozialdemokrat, 29.1.1887; V. Eichler, wie Nr. 50/4, S. 179-188)

11 Der Deutsche Reichstag wurde am 25. November 1886 zur 4. Session der VI. Legislaturperiode eröffnet. Die vom Staatsminister Karl Heinrich von Boetticher verlesene Thronrede druckte das „Leipziger Tageblatt" am 26. November 1886 ab. Am 28. November teilte das Blatt die Redner der Fraktionen für die Generaldebatte zum Reichshaushaltsetat mit. Für die Sozialdemokratie sprach W. Hasenclever am 1. Dezember 1886. Er begründete die Ablehnung dieses Etats durch die Sozialdemokratie. Den Inhalt der Rede ersah Bebel aus dem „Leipziger Tageblatt" vom 2. Dezember 1886.

(Siehe Stenographische Berichte, 6/4/1, S. 38-42)

12 W. Liebknecht wurde nach seiner Amerikareise in den Stenographischen Berichten des Deutschen Reichstags am 15. Dezember 1886 als wieder anwesend vermerkt.

83

Zwickau, Landesgefangenenanstalt, den 8. Dezember 1886

Meine liebe gute Julie!

Ich schwankte, ob ich Dir schreiben sollte, bevor ich einen Brief von Dir hätte. Ich vermute, daß Du Montag geschrieben hast. Da aber Briefe hierher nach den bisher gemachten Erfahrungen zwei volle Tage brauchen, so kann ich den Deinen erst heute abend erwarten, und ich könnte dann erst morgen schreiben. Ich ziehe also vor, dies heute zu tun, um so mehr, da ich Fr[ieda]s Brief[1] gleich mit beantworten will.

Zunächst will ich mitteilen, daß uns die Mitteilung zuging, daß wir überhaupt nur einen Brief pro Woche schreiben dürften, ausgenommen Sendungen, die Arbeiten enthalten. Nach dieser Ordre müssen wir uns richten, und so werde ich Dich manchmal bitten müssen, einen Brief für mich zu schreiben, weil ich sonst Euch nicht schreiben könnte, und der Brief an Euch geht selbstverständlich allen andren vor. Hinzufügen will ich, daß *Ihr* an diese Beschränkung *nicht* gebunden seid, also öfter schreiben könnt.

Friedch[en] schrieb mir, daß eine Filzdecke angekommen sei und daß Ihr mir diese schicken wolltet. Ich bitte, dies zu unterlassen, ich hatte sie auch nicht gewünscht, sondern H[eine] hat sie an uns alle drei unaufgefordert gesandt. Zunächst habe ich die Decke nicht nötig und hoffe sie auch nicht nötig zu haben. Was ich sonst wünschte, werde ich wohl diese Woche bekommen.

Ich bin neuerdings zweifelhaft geworden, ob ich die für K[autsky] und D[ie]tz übernommene Arbeit[2], die Bearbeitung des Fourier, liefere.[3] Ich habe für diesen Zweck ca. 10 Bände aus dem Französischen zu übersetzen[4], und da der Autor in einem sehr schwerfälligen und ungenießbaren Stil schreibt und außerdem eine Menge Wortbildungen benutzt, die in keinem Lexikon stehen, so habe ich weit mehr Mühe und Arbeit, als ich darauf zu verwenden berechnete und anzuwenden Neigung habe. Ich will mir die Sache noch einmal genau überlegen und eventuell die nächste Woche weiteres schreiben, damit Du es an K[autsky] gelangen lassen kannst. Welche größere Arbeit ich vornehme, falls ich den F[ourier] zu bearbeiten unterlasse, darüber bin ich mir noch nicht klar.

Von P[aul Singer] erhielt ich einen Brief, bevor er nach L[on]-d[on] ging.[5] Vermutlich haben sie Montag abend bei E[ngels] dort flott gekneipt. L[ie]b[knecht] wird wahrscheinlich heute schon auf der Rückreise sein, wenn er nicht angesichts der Reichstags-verhandlungen vorzog, einige Tage länger in L[on]-d[on] zu bleiben. P[aul] mußte auch in dem Prozeß des Berliner Arbeite-rinnenvereins Zeugnis ablegen.[6] Die angeklagten Frauen haben sich gut verteidigt, namentlich hat mir Frl. Jagert[7] gefallen.

Damit Du nicht glaubst, wenn ich über mein Befinden nichts schreibe, es ginge mir nicht gut, so will ich Dir mitteilen, daß ich mich so wohl als möglich befinde. Meine Tagesordnung ist fol-gende: Halb sechs früh „Auferstehung", dann wird das Bett gemacht und die Zelle in Ordnung gebracht. Nach diesem wa-sche ich mich, und darauf folgt das Kaffeekochen. Nachdem dieser getrunken ist, geht's bis 9 Uhr an die Arbeit. Dann folgt der Spaziergang. Von 10 - 12 Uhr Arbeit; Punkt 12 ist das Mittag-essen da. Ist dies vorüber, so versuche ich eine halbe Stunde zu duseln, worauf bis halb fünf Uhr, wo der zweite Spaziergang auf [eine] 1/2 Stunde angetreten wird, wieder die Arbeit folgt. Diese wird unterbrochen um 7, wenn ich zur Nacht esse, und Feier-abend erfolgt gewöhnlich um halb zehn. Natürlich folgen noch einige kleine Unterbrechungen, wie Zeitunglesen, Freiübungen etc. So geht ein Tag nach dem andern hin, und sie werden alle.

Geht Ihr denn nach L[ei]pz[i]g? Ich hoffe es. Zu Weihnachten wähle Dir, was Du wünschest, und kaufe es Dir. Wenn die Feier-tage vorbei sind, soll mir's angenehm sein. Nebenstehend sende ich Dir die Antwort auf Fr[ieda]s Brief, die Du ihr geben willst, ich habe mich über ihren Brief sehr gefreut. Ich hoffe, daß Du wohl und munter bist.

Grüße die Freunde, und sei selbst aufs herzlichste gegrüßt und geküßt von
Deinem August

---

1 Von den Briefen, die Frieda Bebel während der Haft ihres Vaters an diesen schrieb, sind nur neun erhalten (siehe SAPMO/BArch, NY 4022/31). Der hier erwähnte Brief liegt nicht vor. Im folgenden wird auf die erhaltenen Briefe in einer Fußnote eingegangen.

2 Bei dem Projekt der „Internationalen Bibliothek" trafen sich Überlegungen von H. Dietz und von K. Kautsky. Dietz beabsichtigte, „eine Bibliothek herauszugeben, die vorzugsweise für die arbeitenden Klassen sowie auch für diejenigen bestimmt sein soll, die wenig Zeit haben, die Originalwerke der großen Bahnbrecher auf dem

Gebiete der Natur- und Gesellschaftswissenschaften zu lesen". Kautsky plante, in einer solchen Reihe Vordenker sozialistischer Ideen zu behandeln. Beide wollten Autoren gewinnen, die fachlich profund waren und möglichst den historisch-materialistischen Standpunkt von Marx und Engels vertraten. Die Reihe sollte in Einzelheften zu 50 Pf herauskommen und dann auch gebunden erscheinen. Dietz gab der Reihe mit einem rötlichen Einband ein einheitliches Aussehen, damals ein buchgestalterisches Novum. Zum Gelingen des Vorhabens trug wesentlich der Band 2 bei: Karl Kautsky: Karl Marx' oekonomische Lehren. Gemeinverständlich dargestellt und erläutert. Er erschien Anfang 1887. Bis September 1887 waren bereits 5000 Exemplare verkauft. Mit der „Internationalen Bibliothek" erwarb sich Dietz in der Folgezeit auch international hohes Ansehen.

(Siehe Briefe von H. Dietz an K. Kautsky während des Jahres 1886, IISG, NL Kautsky, KD VIII, Zitat 15.5.1886, Nr. 108; Verzeichnis der in der „Internationalen Bibliothek" erschienenen Bände bei B. Emig/M. Schwarz/R. Zimmermann: Literatur für eine neue Wirklichkeit, wie Nr. 31/9, S. 39, 199ff)

3 August Bebel verfaßte für die Reihe „Internationale Bibliothek" die Schrift „Charles Fourier. Sein Leben und seine Theorien". Am 6. September 1886 hatte K. Kautsky Bebel brieflich vorgeschlagen, Fourier zu übernehmen. Am 25. Oktober übermittelte er ihm seine Vorstellungen über den Aufbau der Reihe. Ihnen stimmte Bebel am 2. November zu. Bebel beendete den Entwurf im März 1887 und überarbeitete ihn sofort nach der Freilassung. Am 3. September 1886 schrieb Dietz an Kautsky: „Von Bebel ist soeben der Fourier eingetroffen." Mitte Oktober 1887 wurde das Manuskript gesetzt. Die Schrift erschien von Januar bis April 1888 in mindestens 3000 Exemplaren als Heft 17 bis 19 der „Internationalen Bibliothek" und im Dezember 1888 als Band 6 dieser Reihe. Weitere Auflagen kamen 1890 und 1907 heraus.

(Siehe Nr. 84, 118; Bebels Briefwechsel mit Kautsky, wie Nr. 78/7, S. 56, 57-60, 61; Zitat in IISG, K D VIII, Nr. 166; H. Dietz an K. Kautsky, 13.10.1887, ebenda, Nr. 171. Zur Einschätzung des wissenschaftlichen Werts der Darlegungen Bebels über diesen von 1772 bis 1837 lebenden französischen utopischen Sozialisten siehe J. Höppner: Nachwort [zum Neudruck von August Bebels Schrift im Reclam-Verlag], Leipzig 1978, S. 253-304)

4 Bebel erhielt Arbeiten von und über Fourier durch Karl Bürkli (1823-1901) aus der Schweiz. Mit den zehn Bänden meint Bebel wahrscheinlich Ch. Fourier: Oeuvres complètes, 6 Bde, Paris 1841-1845; Publications des manuscrits de Ch. Fourier, 4 Bde, Paris 1851-1858. Letztere hat er aber wohl nicht durchgesehen.

5 Bebel bezieht sich auf Singers Brief vom 3. Dezember 1886, IISG, NL Bebel, Nr. 159.

6 Nach im Mai 1886 vorgenommenen Haussuchungen wurden die Arbeiterinnenvereine Berlins verboten. Gegen die Vorstandsmitglieder wurde Anklage wegen Vergehens gegen das Vereinsgesetz erhoben. Am 4. Dezember 1886 erfolgte die Urteilsverkündung. Pauline Staegemann wurde zu 100 Mark Geldstrafe, Marie Hofmann, Emma Ihrer und Johanna Jagert zu je 60 Mark verurteilt. Darüber berichtete das „Leipziger Tageblatt" sehr kurz am 6. Dezember 1886.

7 Johanna Jagert (geb. 1862), Buchbinderin, Sozialdemokratin in Berlin, 1885 Mitbegründerin des Arbeiterinnenvereins Berlin und Mitglied des Vorstands, 1888 für die Organisierung der Frauen in Gewerkschaften tätig. Anläßlich einer erneuten Verurteilung zu einem Monat Gefängnis Anfang Mai 1889 bezeichnete sie Bebel als „die hervorragendste Agitatorin auf dem Gebiet der Arbeiterinnenbewegung". Verlobte von C. Janiszewski; sie trennten sich im Frühjahr 1890.

(Gleichheit, 10.5.1889; siehe BLHA, Nr. 10895, wie Nr. 113/6; Dieter Peuser: Die gewerkschaftliche Arbeiterinnenbewegung in Deutschland <1885 bis 1896>, Phil. Diss. PH Leipzig 1979, Biographischer Anhang. Peuser schreibt, Johanna Jagert sei 1889 nach England emigriert; das Jahr kann keinesfalls stimmen.)

84

Zwickau, Landesgefangenenanstalt, den 15. Dezember 1886
Meine liebe gute Julie!

Deinen lieben Brief vom 6. d. M. wie Deine Karte, die der Kiste
beilag, habe ich erhalten. Für den Inhalt der Kiste sage ich Dir
noch meinen schönsten Dank, außerdem sollst Du im Geiste extra
einen Kuß dafür haben. Der Inhalt ist richtig in meine Hände
gelangt, nur hatte sich Friedchen in bezug auf die französische
Grammatik geirrt. Ich wollte nicht die A'schen Lehrbücher, sondern meine wirkliche Grammatik, die sie aber möglicherweise
gar nicht kennt. Diese dürfte rechts im Bibliothekschrank in
meiner Stube in einem der untersten Fächer liegen. Doch ich
brauche sie vorläufig nicht.

Ich hoffe, daß Du wirklich wohl bist. Diese Anfälle, unter denen Du auch schon früher littest, werden wohl darauf zurückzuführen sein, daß Du einmal jetzt nicht genug Bewegung hast – die
Du Dir also machen mußt –, dann daß Ihr zu warm schlaft, nebenbei Dir wahrscheinlich allerlei unnütze Gedanken machst,
worüber Du Dich aufregst. Ich wiederhole also immer wieder: Du
kannst wegen mir vollkommen beruhigt sein, ich sitze eben in
Hemdärmeln, weil mir es zu warm ist, trotzdem ich das Fenster
aufhabe.

Es freut mich, daß B[ahlmann] Euch so oft besucht, dafür bin
ich ihm sehr dankbar. Grüße ihn und seine Frau herzlich von mir.
L[ie]bk[necht] wird wohl mittlerweile in Dr[esden] gewesen sein
und seinen Sack Neuigkeiten ausgekramt haben. B[rauer] möchte
ich raten, sich mit Anschaffung von Industriepapieren sehr in
acht zu nehmen. Käme wirklich zum Frühjahr ein Krieg, so
müßte er sich mit Barmitteln auf mindestens ein Jahr versehen,
denn während dieser Zeit dürfte es mit den Papieren und dem
Verkauf derselben schlecht stehen. In den letzten Tagen sieht der
politische Himmel etwas heller aus. Einmal hat sich herausge-
stellt, daß Rußland in furchtbarer Geldklemme ist und nicht
einmal in Paris eine Anleihe unter halbwegs günstigen Bedingungen erhalten konnte, so daß es zu Mitteln greift, die notwendig seinen Kredit noch mehr erschüttern müssen, und dann zeigt
die Schwierigkeit, die Frankreich hat, einen Minister des Auswärtigen zu bekommen,[1] daß alle Welt die Verantwortlichkeit
dieses Postens sich weigert anzunehmen. Überhaupt ist die Un-

berechenbarkeit der Dinge in Frankreich ein Faktor, der mehr gegen als für den Krieg spricht. Ginge aber Rußland los, so folgte Frankreich auf **jeden** Fall. Dann gibt's einen Krieg, wie noch keiner da war. Ich wünsche natürlich *sehr*, daß Friede bleibt, denn das wäre eine schöne Situation, hier hinter Schloß und Riegel zu sitzen, während ganz Europa in Flammen steht. Vorläufig wollen wir uns den Kopf nicht warm machen.

Du wirst wissen, daß der alte Joh[ann] Phil[ipp Becker] gestorben ist. Ich erfuhr die Nachricht am 8. abends, Schlüter hatte mir sofort telegrafiert. Ich freue mich doch, daß ich ihn dieses Frühjahr in Zürich noch gesehen habe, und Engels wird auch froh gewesen sein, daß er ihn vor kurzem noch einmal in London sah. Der Alte dürfte 78 Jahre oder mehr erreicht haben.[2] Deine Nachricht über E[ngels]' Befinden[3] ist mir gar nicht angenehm. Ich bin in Sorge, daß er es dem alten J[ohann Ph[ilipp Becker] nachmacht, und das wäre ein sehr großer Verlust. Er hat in den letzten Jahren Erstaunliches geleistet, aber er muß noch mehr leisten, er wäre augenblicklich unersetzbar.

V[iereck] ist noch hier und bleibt auch hier, so sehr er sich nach M[ünchen] sehnt. U[lrich] ist noch nicht da. Mit seiner Auffassung über die Bedeutung der hessischen Verfassung für sächsische Gerichtsurteile stimme ich nicht überein, er dürfte sich täuschen. Allerdings kann ihm die Staatsanwaltschaft nicht an den Kragen, wenn die Hessen nicht helfen, und diese sind allerdings vorläufig gebunden. Nun, er muß nachexerzieren, und darum beneide ich ihn nicht. Mit *heute* trete ich den zweiten Monat an, es geht also vorwärts.

Wenn Füllgr[abe] sein Kompagnon starb, ist dies für die Beteiligten eine Wohltat, derselbe war seit Monaten als unheilbar im Irrenhaus. Aber sonst ist F[üllgrabe]s Situation sehr unangenehm, jetzt [ist] das Hauptgeschäft im ganzen Jahr, und er kann nicht da sein, das ist bitter.[4] P[aul Singer] dürfte in bezug auf die Fr[an]kf[u]rt[er] doch zu optimistisch gewesen sein. Ich will nur wünschen,daß gewisse andere Leute keine Ursache bekommen, sich selbst Vorwürfe zu machen.

Der Frau in Cotta habe ich – ich glaube wenigstens, daß es dieselbe ist –, obgleich ich sie persönlich nicht kannte, vor einem Jahr 5 M geschickt; aber das geht natürlich nicht so fort, am allerwenigsten unter den jetzigen Verhältnissen.

Daß wir zu A's Begräbniskosten beitragen sollen und der Vater bei 3000 M Einkommen sich weigert, etwas dazuzugeben, ist in der Tat unerhört. Der Alte sollte sich schämen, sich dessen zu weigern. Ich glaube nicht, daß Br[auers] schuld sind, daß die Leute sich an Dich wandten, kommst Du aber nach L[ei]pz[i]g, so sage Br[auer]s, daß ich B. für einen ganz verächtlichen Kerl hielt, und wenn Dir B. begegnet, so sage ihm das in meinem Namen ins Gesicht.

Meine alten Sachen wirst Du für Wetzlar aufheben müssen. Ich vermute sehr, daß der Herr Vetter sich außerdem noch vor Weihnachten melden wird.[5]

Wenn A's Kinder an der Diphtheritis leiden, sollte er doch nicht Euch besuchen, schon in Rücksicht auf die Kinder im Hause und auf B[ahlmann]s.

Wie ich im „Leipz[i]g[er] Tageblatt" las, soll dort, im Januar wohl, eine großartige Kochkunstausstellung stattfinden, die sehr schön zu werden verspricht.[6] Wie wäre es denn, wenn Ihr bis dahin Euren Besuch in L[ei]pz[i]g verschöbet? Ferner las ich, daß Dr. Wachtel[7], den Du doch auch wohl kanntest, in L[ei]pz[i]g starb, er wird nicht viel über 49 Jahre alt geworden sein.

Die Mannh[eimer] Kostenrechnung muß allerdings bezahlt werden. Du willst künftig gar nicht erst in ähnlichem Falle anfragen, da gibt's kein Drücken.

Dieser Tage erhielt ich von Dr. Braun einen Brief, worauf ich ihm antworten muß. Ich bitte, daß Du oder Friedchen dies übernimmst, und zwar in folgendem Sinne:

Ich freute mich, ein Lebenszeichen von ihm erhalten zu haben, bedauerte aber, ihm selbst nicht schreiben zu können, weil ich wöchentlich nur einen Brief senden dürfte und ich diesen selbstverständlich für Euch reservierte. Ich sei auch von der Antwort K[autsky]s nicht befriedigt, vermöchte ihm aber gegenwärtig nicht zu schreiben, auch hätte ich aus absolutem Mangel an Zeit in den letzten Tagen vor meinem Haftantritt K[autsky] nicht mehr schreiben können. Ich wäre der Ansicht, er, B[raun], solle die Arbeit dennoch machen. K[autsky] habe doch nicht allein zu entscheiden, D[ietz] habe doch auch ein Wort mitzusprechen, und schließlich hätte der Abdruck der Arbeit bis nächsten Herbst Zeit.[8] Ferner würde ich mich freuen, wenn er Rodbertus bearbeitete, ich hätte jetzt dessen letzte Schrift („Das Kapital") gelesen und ihn darin auf starken Zweideutigkeiten ertappt. Bei der

278

Bedeutung, die R[odbertus] im Augenblick grade für die studierende Jugend habe, sei eine gründliche Besprechung seiner Schriften sehr wünschenswert. Ich hätte erst hier wieder Gelegenheit gehabt, mich zu überzeugen, wie R[odbertus] überschätzt und falsch beurteilt werde.[9]

Ferner hätte ich hier auch erst die Arbeit der Frau Dr. in Nr. 10 der „N[euen] Z[eit]" gelesen und müßte ihr mein Kompliment machen, die Arbeit sei vortrefflich.[10] Schließlich wollt Ihr herzlich von mir grüßen. Adresse: Dr. Br[aun]. Goebenstr. 9, W Berlin.

Die Arbeit der Frau Dr. ist wirklich sehr gut, sie beherrscht die Frage, über die sie schrieb, vollständig.

Besondere Neuigkeiten kann ich Euch von hier nicht schreiben. Ein Tag geht in vollster Regelmäßigkeit wie der andere dahin. Eine Abwechslung verursacht teilweise nur das Wetter, das seit gestern regnerisch ist. Aber die Spaziergänge werden gewissenhaft eingehalten, und wenn es noch so sehr regnet. Über die Kollegen zu schreiben, muß ich aus Gründen der Disziplin unterlassen, eventuell kannst Du alles durch die Frauen erfahren, die jetzt infolge der Haft ihrer Männer vielfach miteinander verkehren.

Den Kakao breche ich nicht eher an, bis mein Kaffee zu Ende ist. Den Tee habe ich noch nicht versucht, und zwar macht es mir zuviel Arbeit zu kochen, wenn ich an der Arbeit bin. Ich trinke regelmäßig eine Flasche Einfachbier, doch soll der Tee auch noch drankommen, vielleicht wenn's kälter wird.

Der Reichstag dürfte höchstwahrscheinlich aufgelöst werden. Pariert er in der Militärvorlage nicht, so erfolgt die Auflösung im Januar, im andern Fall wahrscheinlich nach Erlaß des Budgets. Bismarck braucht neue Steuern und glaubt sie nicht erhalten zu können, worin er unrecht hat. Wenn er es richtig anfängt, bekommt er 80 - 100 Millionen mit Spaß, aber das scheint ihm zuwenig zu sein.

Der neue Reichstag würde nach der Wahl sofort wieder berufen und dürfte das Vergnügen haben, bis in den Hochsommer zu sitzen. Die Frage ist nur, ob der neue Reichstag gefälliger wird als der alte, und das glaube ich nicht. Eine Verschiebung der Stimmen um 15 - 20 ändert gar nichts, und mehr tritt nicht ein.[11] Tritt über kurz oder lang ein vorauszusehendes Ereignis ein,[12] dann wird's nach verschiedenen Richtungen ein wenig anders.

Nun will ich schließen. Über Kürze des Briefs dürft Ihr Euch nicht beschweren.

Da fällt mir noch eins ein. Bitte schreibe an Frau J[ulius] Seifert, hier, Innere Leipziger Str. 48, und frage an, ob sie die Wäsche sich regelmäßig bezahlen ließe, sonst möchte sie das monatlich tun, also für das bis jetzt Gelieferte Ende dieses Monats. Sage ihr auch, daß wir mit der Wäsche zufrieden seien, und grüße sie und ihren Mann schön von mir. Grüße ebenso alle Freunde und Bekannten dort.

Lebt wohl, und empfangt viel herzliche Grüße und Küsse von Deinem August

Noch eins. Schreibt noch an Dr. Br[aun]: Für sein freundliches Anerbieten, mir nötige Bücher zu verschaffen, danke ich ihm. Einstweilen sei ich voll versehen, und für Fourier würde ich überhaupt nichts mehr brauchen. Letzteren hätte ich angefangen zu bearbeiten. Anfangs hätte ich Neigung gehabt, die Arbeit zu unterlassen, weil ich gefunden, daß ich mein Französisch durch Mangel an Übung stark verschwitzt hätte und sein Stil und seine Nomenklatur mir sehr viel zu schaffen machten. Aber jetzt fände ich, daß ich mich einarbeitete, und solle es nach Kräften vorwärtsgehen. Dagegen würde ich wahrscheinlich auf die Bearbeitung des Mün[t]zer verzichten, es fehle mir hier zu sehr das Material, und K[autsky] sei bereit, ihn zu übernehmen und habe in L[on]d[o]n mehr Material als wir in Deutschland.[13]

1 Am 3. Dezember 1886 trat in Frankreich das Ministerium Freycinet zurück. Bei der Neubildung unter Goblet wurde als letztes der neue Außenminister gewonnen: Emile Flourens (1841-1920). Er setzte sich angesichts der Drohgebärden des deutschen Kaiserreichs für die Annäherung der französischen Republik an das zaristische Rußland ein.
(Siehe Emile Bourgeois: Manuel Historique de Politique Etrangère, Paris 1932, S. 213 ff.; Schulthess´ Europäischer Geschichtskalender 1886, S. 337/338)
2 J. Ph. Becker verstarb am 7. Dezember 1886 in Genf im Alter von 77 Jahren. Vom 17. bis 28. September 1886 hatte er Engels in London besucht. Zu Bebels Zusammentreffen mit Becker siehe Nr. 69.
3 Von Engels´ Gesundheit hatte Julie Bebel wohl durch Natalie und Wilhelm Liebknecht erfahren, denen sie am 11. Dezember 1886 anläßlich deren Rückkehr aus London geschrieben hatte.
4 Oskar Füllgrabe (1854-1919), Schreiner, Kaufmann, seit 1872 Sozialdemokrat, eröffnete 1878 gemeinsam mit seinem Schwager Konrad Schade ein Kolonialwarengeschäft. Schade verstarb am 25. November 1886. Füllgrabe, der seit 1885 die illegale Frankfurter Parteiorganisation leitete, war seit dem 10. November 1886 inhaftiert. Am 22. Januar 1887 wurde er zu sechs Monaten Gefängnis verurteilt und danach ausgewiesen. Im Februar 1887 mußte er sein Geschäft verkaufen. Nach der Haft wandte er sich nach Kassel und erwarb sich dort wieder durch Kolonialwarengeschäfte seinen Unterhalt.

(Siehe V. Eichler, wie Nr. 50/4, S. 416/417)

5 Siehe Nr. 32/4.

6 Vom 27. bis 31. Januar 1887 fand in Leipzig im Kristallpalast die erste internationale Ausstellung für Volksernährung und Kochkunst statt, die mit Massenbeköstigungen verbunden war. Das „Leipziger Tageblatt" berichtete über die Vorbereitungen und ausführlich über den Verlauf der Ausstellung.

7 Das „Leipziger Tageblatt" enthielt am 9. Dezember 1886 eine Traueranzeige zum Tod des Rechtsanwalts Friedrich Wachtel (1846-1886).

8 Wie Kautsky an Bebel am 25. Oktober 1886 schrieb, erwog Heinrich Braun, in der „Internationalen Bibliothek" einen deutschen Sozialisten zu behandeln. Es fielen die Namen Albert Lange – über ihn hatte Braun seine Dissertation verfaßt –, Ferdinand Lassalle und Karl Rodbertus. Kautsky sprach sich gegen die Aufnahme aller drei in die „Internationale Bibliothek" aus.
(Siehe Bebels Briefwechsel mit Kautsky, wie 78/7, S. 59)

9 Bebel lehnte die Auffassungen von Johann Karl Rodbertus (1805-1875) ab. Er sah in ihm einen Theoretiker, dessen Lehren posthum propagiert wurden, um den Bismarckstaat als Interessenvertreter der Arbeiter auszugeben. An Kautsky schrieb er am 26. Dezember 1885: „Sie haben allerdings recht, daß Rodb[ertus] der Partei nie gefährlich werden könne, aber eine Kritik R[odbertus´] trägt dazu bei, zugleich die Leute zu kritisieren, die sich für R[odbertus] ins Zeug werfen, und diese spielen zum Teil in der Partei eine Rolle, und ihre Abfertigung ist ein Vorteil."
Bebel nahm an, daß Braun in der Beurteilung von Rodbertus seinen Standpunkt teile. Schrieb dieser doch um diese Zeit an Paul Natorp: „Was mich betrifft, so beschäftige ich mich gegenwärtig vornehmlich mit einer Arbeit über die Theorie von Karl Marx in ihrem Verhältnis zur praktischen Sozialpolitik. Und es kommt mir dabei mehr noch als auf eine kritische Darstellung der einzelnen programmatischen sozialpolitischen Forderungen von Marx auf den prinzipiellen Zusammenhang seines Systems mit praktischen Vorschlägen an. Du wirst wohl wissen, daß von seiten der herrschenden Schulweisheit gegen den wissenschaftlichen Sozialismus der Einwand erhoben wird, er vermöge nur in Inkonsequenz seines Systems zu reformatorischen Vorschlägen zu gelangen und besitze im Grund kein praktisches Programm... Die Untersuchung, die mich beschäftigt, möchte ich möglichst gründlich führen. Ich stehe ganz auf dem Boden von Karl Marx. Aber ich habe ... den dringenden Wunsch, durch meine Studie auch ihm gegenüber zu voller innerer Freiheit und Selbständigkeit zu gelangen."
(Bebels Briefwechsel mit Kautsky, wie Nr. 78/7, S. 48; Julie Braun-Vogelstein, wie Nr. 73/7, S. 64/65)

10 Gemeint ist der Artikel „Die Gewinnbetheiligung", in: Die Neue Zeit, S. 447-458. Darin lehnte Josefine Braun die Beteiligung der Arbeiter am Unternehmergewinn als ein Mittel zur Lösung der sozialen Frage ab und legte eingehend die Nachteile für die Arbeiter dar. Sie schloß ihren Aufsatz mit der Feststellung: „Die Gewinnbeteiligung ist ein sozialpolitischer Versuch, der für die Arbeiter die nachteiligsten Folgen nach sich zieht. Eine sozialwissenschaftliche Betrachtung, die von dem Standpunkt des Gemeininteresses ausgeht, muß daher eine entschiedene Gegnerin dieser Einrichtung sein."

11 Die Zusammensetzung des im Februar 1887 gewählten Reichstags brachte Bismarck eine Mehrheit. Siehe Nr. 92/2.

12 Bebel spielt auf einen Thronwechsel im Deutschen Reich wegen des hohen Alters von Wilhelm I. an.

13 Kautsky hatte Bebel vorgeschlagen, Thomas Müntzer für die „Internationale Bibliothek" zu untersuchen, und dieser war zunächst nicht abgeneigt. Ihm wurden aber von der Gefängnisverwaltung die Schrift von Engels und seine eigene über den Bauernkrieg nicht ausgehändigt, ohne die eine Darstellung über Müntzer unmöglich war. Kautsky veröffentlichte erst 1895 in seinem Buch „Vorläufer des neueren Sozialismus" einen Abschnitt über „Die deutsche Reformation und Thomas Münzer".

(Siehe Bebels Briefwechsel mit Kautsky, wie Nr. 78/7, S. 58/59, 62, 64).

85

Zwickau, Landesgefangenenanstalt, den 22. Dezember 1886
Meine liebe gute Julie!
Deinen lieben Brief vom 14. d. M. erhielt ich am 16., aber den Du am Sonntag schreiben wolltest, der ist bis jetzt nicht in meinen Besitz gelangt. Ich vermute, Du konntest Sonntag nicht schreiben, und [der,] den Du Montag abschicktest, wird wahrscheinlich im Schnee steckengeblieben sein. Wir haben gestern nicht einmal von L[ei]pz[i]g die Blätter erhalten, und wenn dorthin die Verbindung unterbrochen ist, dann nach Dresden erst recht. Wenn dieses Unwetter noch einige Tage dauert, wird es einen schönen Wirrwarr geben, dann kommen die Weihnachtssendungen zu Neujahr an.

Vor allen Dingen möchte ich mich mit Dir wegen des Briefschreibens verständigen. Bisher war es regelmäßig so, daß mein Brief nach Pl[auen] und der Deine hierher sich kreuzten, und auf diese Weise konnte ich immer erst acht Tage später antworten. Das muß künftig vermieden werden. Du könntest auch manchmal in Verlegenheit kommen, wenn Du eine Frage rasch beantwortet haben willst.*

Wenn Du Dich entschließt, regelmäßig *Sonntag* zu schreiben, so muß dieser Brief bis *Abend 6 Uhr* auf der *Hauptpost* oder bis *gegen 9 Uhr Abend* auf dem Böhmischen Bahnhof aufgegeben werden, damit er während der Nacht hierher geht. Ich kann dann sicher darauf rechnen, bis Dienstag in seinen Besitz zu kommen. Gibst Du ihn erst Montag vormittag auf, so kommt er vor Abend nicht an, und dieser Tag ist für die Anstalt verloren. Paßt Dir aber der Sonntag häufig nicht, wie ich vermute, dann schreibe Montag und gib ihn, wie oben bemerkt, auf, so erhalte ich ihn sicher Mittwoch und kann *Donnerstag* antworten, denn ich muß Briefe bis *vormittag 8 Uhr* einliefern. Ich werde also künftig *nicht eher* schreiben, bis ich einen Brief von Euch, der Sonntag oder Montag abging, erhielt.

Also beachtet das *genau*.

Dir wegen der Weihnachtsgeschenke zu schreiben ist natürlich zu spät. Ich bin der Ansicht, daß L[iebknecht]s beide Ältesten als Burschen von 16 und 17 Jahren[1] keine Geschenke mehr bekommen. Sollen die Freude haben, so muß man was Ordentliches kaufen, und das kommt zu teuer. Dagegen müssen die 3 kleineren bedacht werden, ebenso die kleinen B[ahlmann]s und von O[pificius]', wenn Du überhaupt schickst, die Anna[2]. G. ist über das Alter hinaus.

Hepn[er] ist in der Tat sehr naiv. Also er will kein Honorar, aber 2000 Bücher gratis, und das nennt er kein Honorar. Das ist in der Tat spaßhaft. Und was wird seine Sendung sein? Wie gewöhnlich wieder etwas Unbrauchbares.[3] Schreibe ihm, daß ich mich um nichts könnte bekümmern, daß auch D[iet]z bis Ende Mai im Gefängnis sei, er also über sein Manuskript verfügen könne und müsse.

Wegen des Fourier soll sich niemand meinen Kopf zerbrechen, ich habe meinen Plan, und dieser wird durchgeführt. Ich lese zuerst die ganzen Bände durch, dann nehme ich sie zum zweiten Male vor, exzerpiere und notiere, und schließlich geht's über die Bearbeitung. Ich verbrauche so ca. 6 Wochen mehr Zeit, aber die Arbeit wird wesentlich erleichtert.

Friedchen könnte mir nicht helfen. Hier handelt sich's nicht bloß um die mechanische Übersetzung, sondern um den Sinn der oft sehr wunderbaren Ideen, in die hinein sich zu denken man verstehen muß. Der Fourier ist den Franzosen so unverständlich wie Marx den Deutschen. Man hat ihn aus dem Französischen erst ins Französiche übersetzen müssen, genau wie wir daran sind, Marx verständlich zu machen, indem wir sein Deutsch popularisieren.

Englisch werde ich beginnen, wenn ich den Fourier hinter mir habe, ich habe dann noch Zeit genug. Für diesen Fall wird mir B[ahlmann]s Sendung des Toussaint sehr angenehm sein. Sage Friedchen, sie möchte einmal nachsehen, ob unter dem Pack Bücher, der im Regal links vom Schreibtisch im 2. oder 3. Fach liege, sich „Kritische Darstellung der Socialtheorie Fouriers", Verfasser Churoa, befinde.[4] Das Buch enthält, glaube ich, mehrfache Schriften. Ist es da, so schreibt mir darüber. Ich bin nicht sicher, ob ich es mitnahm, es fehlen mir einige Bücher, die ich noch nicht bekam, und so wäre nicht unmöglich, daß es darunter wäre.

Ferner bitte ich, Paul [Singer] zu schreiben, der dieser Tage von London zurückkehren wird: Ich ließ ihn bitten, sich den neuesten Roman von Spielhagen, betitelt „Was will das werden?", anzuschaffen und, nachdem er ihn gelesen, mir denselben zuzustellen. Ich nähme an, daß ich ihn auch den andern leihen dürfe. Nach der Kritik im „L[ei]pz[iger] Tagebl[att]" zu schließen, ist dies der erste wirklich sozialistische Roman in Deutschland.[5] Sp[ielhagen] hält den obern 10 000 einen recht hübschen Spiegel vor, erinnert sie daran, daß alle großen Umgestaltungen in der Welt von unten ausgingen, daß das Christentum ein armer Zimmermannssohn im Verein mit Armen und Elenden gründete etc. etc., und kommt zu dem Resultat, daß die soziale Frage kein Minister und kein noch so Hochstehender lösen könne, sie werde von unten gelöst. Das hat aus diesen Kreisen noch keiner in Deutschland gesagt, und deshalb ist der Roman so interessant.

Schreibe ferner P[aul], ich würde ihm die Bücher wieder mitbringen, wenn er sie nicht früher haben wolle. Ferner riet ich ihm, sich die Nr. 7, 9 und 10 der Zeitschrift „Gesundheit", Jahrgang 1884, Verlag Daube und Comp. in Fr[an]kf[ur]t (Main) zu verschaffen. In derselben habe Liernur eine Geschichte des Schwemmsystems in Berlin gegeben, die er als einer der 90 Stadtväter kennen müsse. L[iernur] sei freilich Partei, aber es scheine doch festzustehen, daß man in Berlin mit dem Schwemmsystem arg hereingefallen sei.[6]

P[aul] hatte mit seiner Meinung bezüglich Fr[ank]f[u]rts unrecht. Ich schrieb Dir schon meine Befürchtung, jetzt haben wir die Bescherung, und zwar im wahrsten Sinne. Acht Tage vor Weihnachten den Belagerungszustand verhängen, zahlreiche Familienväter von Frau und Kindern treiben, das stimmt gut.[7] Darin liegt Raffinement. Auch soll gegen die Verhafteten die Klage auf Hochverrat erhoben werden. Darüber verwundere ich mich auch nicht. Es wird nicht Hochverrat, sondern höchstwahrscheinlich nur Vorbereitung zum Hochverrat sein, und zwar wegen der unbedachtsamen Erklärung in Nr. 17 des „S[ozial]-d[emokrat]" vom vorigen Jahr.[8] Wenn Verurteilung erfolgt, kann es nur Festungshaft sein, Zuchthaus halte ich für unmöglich. Wahrscheinlich wird aber außerdem Anklage auf Paragraphen 128 und 129 erhoben, und da setzt es Gefängnis. Die Sache ist sehr fatal. Ein paar Dutzend Existenzen werden gründlich ruiniert. Da darf man auch fragen: „Was will das werden?"

Ferner bitte ich Dich, an Kautsky nach London zu schreiben und ihm mitzuteilen, daß ich den F[ourier] machen würde, auf den Mün[t]zer aber verzichtete. Es machte mir zu viel Mühe, die Bücher über letzteren zu beschaffen, und da er drüben laut Verzeichnis Quellen habe, die wahrscheinlich hier aber kaum zu haben seien, und er sowieso bereit gewesen sei, ihn zu bearbeiten, so möchte er ihn übernehmen. Du kannst ihm das auf einer Weltpostvereinskarte schreiben. Friedchen hat wohl die Adresse? Wenn nicht, liegt ein Brief von ihm in dem Kistchen in dem Regal links vom Schreibtisch.

Ferner bitte ich, daß Ihr B[ahlmann] fragt, ob er vielleicht „Nana" von Zola habe? Und ob er außer den „Rougon-Macquart", die ich gelesen[9], und „[L'] Assommoir" [Der Totschläger], das ich hier hätte, noch etwas besitze. „[L'] Ass[ommoir] ist, beiläufig bemerkt, schandbar übersetzt, kaum zu genießen. Ich würde ihn bitten, was er von Z[ola] außer dem erwähnten habe, mir *später* gelegentlich nebst Toussaint (englisch) zu übersenden. Ihr wollt dann den *„Germinal"* und eventuell Churoa *beifügen*.

Im „[Leipziger] Tageblatt" las ich, daß in London ein Damenmantelgeschäft fallierte, durch das Berlin 15 000 Pfund (300 000 M) einbüßt. Ich will wünschen, daß S[inger]s dabei nicht beteiligt sind, das wäre auch ein Weihnachten.[10]

Die Verurteilten in Spremberg sind auf den 24. Dezember zum Haftantritt eingefordert, also auf den Weihnachtsabend.[11] Es ist wirklich gottvoll.

Blos ist sein einziges Kind gestorben im Alter von 4 1/2 Jahren. Nach einer Photographie, die ich mal sah, muß es ein prächtiger Junge gewesen sein. Das wird beiden, insbesondere aber der Frau, furchtbar nahe gehen.[12]

Der Börsenkrach, den ich Dir neulich innerhalb sechs Wochen ankündigte, ist bereits nach 3 Wochen eingetreten.[13] Hoffentlich hat sich Br[auer] nicht verführen lassen zu spekulieren.

Mein Papier wird alle, und so will ich schließen. Verlebt die Feiertage so gut als möglich, mehr kann ich nicht wünschen. Nehmt Euch auch bei diesem Wetter ja recht in acht, damit keins von Euch krank wird, benutzt lieber öfter die Pferdebahn, die freilich jetzt auch stocken wird. Namentlich aber kommt abends nicht so spät nach Hause, wenn Ihr in der Stadt wart. Grüßt herzlich B[ahlmann]s, auch Paul [Singer] und K[au]tskys und die übrigen Bekannten. Friedchen soll sich nicht überarbeiten, da sei ein wenig streng mit ihr, und geht nicht zu spät ins Bett.
Für heute lebt wohl, und empfangt tausend Grüße und Küsse
Dein August

Ich vergaß bald, wegen der Briefe Mitteilung zu machen. Was Paul zu antworten wäre, habe ich bereits bemerkt. Dr. Br[aun] und Frau (Goebenstr. 9, W B[erlin]) bitte ich zunächst für ihre Glückwünsche zu danken, die ich erwiderte. Auch wollt Ihr einiges über mein Befinden mit einflechten, da er schreibt, daß Du darüber kein Wort mitgeteilt hättest. Ich riet ihm ferner, wenn K[autsky] hartnäckig auf seinem Standpunkt bezüglich Lass[alle]s und Rodbertus' beharrte und auch Dietz K[autsky] zustimmte, die beiden Bearbeitungen doch ja zu machen, da sie die Volksbuchhandlung mit Vergnügen in Verlag nehmen würde und sie auch auf einen großen Leserkreis rechnen könnten. Der Weitling sei von Dr. K[a]l[er] bearbeitet worden für die Volksbuchhandlung.[14] Im übrigen erführe ich alles, was draußen vorging – wenigstens in der Hauptsache –, da ich neben dem famosen „Leipz[iger] Tagebl[att]" auch die Berliner „Volks-Zeitung" läse. Grüße.

Ferner bitte ich, einige Zeilen an Seifert, Zwickau, zu senden. Ich bät ihn, dem Geber der Wurst, den er sicher kenne, meinen schönsten Dank auszusprechen, auch dankte ich für den übersandten Glückwunsch. Teile auch mit, daß Ihr nächstens herkämet.

Wein und Wurst hätte ich gerne hier mit den andern geteilt, aber das ist wider die Gefängnisverfassung, die Hausordnung. So bin ich verurteilt, alles allein zu verzehren.

Schließlich noch eins. Da Schl[esinger] sich wider Erwarten nicht gemeldet hat, willst Du den Anzug noch aufheben. Es ist mir eingefallen, daß ich für den Sommer ihn hier recht gut benutzen kann, wenn er einigermaßen gewaschen wird. Sobald ich frei bin, werde ich eine Generalausgabe für Garderobe haben. d.O.

Bei einer Untersuchung meines Obstlagers entdecke ich mit Schrecken, daß es da heißt, zugegessen, sonst bleibt nicht viel Genießbares übrig. Sendet mir kein Obst mehr, es ist zu ärgerlich, wenn es verdirbt. Beiläufig bemerkt, die prachtvolle Birne, die wahrscheinlich Friedchen sandte, war von so grobem, geschmacklosem Fleisch, daß sie fast wie Kohlrabi schmeckte. Das ausnahmsweise große und schöne Obst hat in der Regel keinen Geschmack. Die Natur wendet dabei alles äußerlich an, die schönsten Menschen sind in der Regel auch die dümmsten. Gut, daß wir nicht schön sind.

* Hast Du einmal eine recht dringliche Angelegenheit, so willst Du dies an der Spitze des Briefes für die Verwaltung hervorheben.

1 Gemeint sind Theodor Liebknecht (1870-1948) und Karl Liebknecht (1871-1919).
2 Anna Opificius (geb. 1881) war die Tochter von Margarethe und Ludwig Opificius. Sie heiratete 1909 Otto Weitnauer in Kempten.
   (Siehe Einwohnermeldekartei im Institut für Stadtgeschichte Frankfurt/Main)
3 Um welches Manuskript von Adolf Hepner (siehe Nr. 6/2) es sich handelte, konnte nicht ermittelt werden. 1886 erschien von ihm in New York die Schrift „Die Ikarier in Nordamerika. Eine Warnung vor communistischen Colonialgründungen".
4 Unter dem Anagramm Churoa veröffentlichte August Ludwig von Rochau 1840 in Braunschweig den von Bebel genannten Titel. Bebel verwies in seiner Publikation über Fourier auf ihn.
5 Der Roman „Was will das werden?" von Friedrich Spielhagen (1829-1911) erschien in drei Bänden mit der Angabe Leipzig 1887. Dazu veröffentlichte das „Leipziger Tageblatt" am 15. Dezember 1886 eine längere Rezension.
6 Gemeint ist der Artikel „Geschichte der Einführung des Schwemmsystems in Berlin" in der Zeitschrift „Gesundheit. Zeitschrift für öffentliche und private Hygiene. Organ des internationalen Vereins gegen Verunreinigung der Flüsse, des Bodens und der Luft", Frankfurt a. M., 1884, S. 97-100, 129-132, 144-147. Es handelte sich um einen Auszug aus der Schrift von Charles T. Lienur „Rationelle Städteentwässerung. Eine critische Beleuchtung sämmtlicher Systeme", Berlin 1883. Lienur kritisierte das in Berlin angewandte Schwemmsystem für zu kostenaufwendig und trat für zwei Kanalsysteme unter Trennung von Abwasser und Kloake ein.
   (Artikel übermittelt von der Zentralbibliothek der Medizin Köln)
7 Am 16. Dezember 1886 wurde über Frankfurt (Main) und Hanau mit Umgebung sowie über den Kreis Höchst und den Taunuskreis der Kleine Belagerungszustand verhängt, der am 18. Dezember in Kraft trat. Am 24. Dezember 1886 zwischen 17 und 18 Uhr erhielten 21 Sozialdemokraten die Vorladung zur Polizei zum 25. Dezember. Dort wurde ihnen mitgeteilt, daß sie innerhalb von drei Tagen das Gebiet zu verlassen hatten.
   (Siehe Der Sozialdemokrat, 1.1.1887; Thümmler, wie Nr. 20/3, S. 94-97; V. Eichler, wie Nr. 50/4, S. 179-188)
8 Gemeint ist das Protestschreiben von Sozialdemokraten in Frankfurt (Main) gegen die Haltung der sozialdemokratischen Reichstagsfraktion zur Dampfersubvention und gegen ihren Versuch, den „Sozialdemokrat" zu bevormunden, abgedruckt im „Sozialdemokrat" am 23. April 1885. Bebel hatte schon damals dessen Wortwahl als unklug empfunden, da dem Fortbestand der sozialdemokratischen Partei offen Ausdruck verliehen wurde. Das Schreiben wurde auch im Chemnitzer, Freiberger und Elberfelder Prozeß vom Gericht herangezogen.
9 Emile Zola (1840-1902), französischer Schriftsteller, Bahnbrecher des Naturalismus. Unter dem Titel „Les Rougon-Macquart" erschien zunächst der erste der 20bändigen „Natur- und Sozialgeschichte einer Familie unter dem Kaiserreich". Später wechselte der Titel für den ersten Band, und „Les Rougon-Macquart" blieb dem Gesamtwerk als Titel vorbehalten.

10 Aus späteren Briefen von Julie an August Bebel geht hervor, daß die Firma Gebrüder Singer ebenfalls größere Verluste erlitt.

11 Die im Spremberger Sozialistenprozeß Verurteilten (siehe Nr. 69/11) sprachen sich ab, nicht am 24. Dezember 1886 die Haft anzutreten. Sie stellten sich am 26. und 27. Dezember 1886.
(Siehe Volks-Zeitung, Berlin, 5.1.1887)

12 Wilhelm Blos (1849-1927), Journalist, Historiker, seit 1872 Mitglied der SDAP, 1873/1874 Redakteur des „Volksstaat", MdR 1877/1878, 1881-1887, 1890-1906, 1912-1918, 1918 Vorsitzender der Provisorischen Regierung und 1919/1920 Staatspräsident Württembergs.

In seinen Erinnerungen schrieb Blos, daß sein Sohn Willy im Alter von fünfeinhalb Jahren an Diphterie gestorben sei. Kurz darauf wurde sein erste Ehe, die er am 15. Mai 1875 mit Anna Katharina Dörr (geb. 1851), Tochter eines Handwerkers in Bischofsheim, geschlossen hatte, geschieden.
(Siehe W. Blos: Denkwürdigkeiten eines Sozialdemokraten, Bd. 2, München 1919, S. 148 – den Namen seiner ersten Frau zu nennen, hält Blos nicht für notwendig; Staatsarchiv Hamburg, Staatsangehörigkeitsaufsicht B III 10539)

13 Bebel verfolgte aufmerksam im „Leipziger Tageblatt" die umfangreiche Rubrik „Volkswirthschaftliches", die u.a. detaillierte Börsennachrichten enthielt. Am 20. Dezember 1886 trug der Leitartikel dieser Rubrik die Überschrift „Panik an der New Yorker Börse". Auch über Erscheinungen einer Börsenkrise in Deutschland und anderen Ländern wurde berichtet.

14 Emil Kaler-Reinthal (1850-1897), seit 1869 Sozialdemokrat in Österreich, 1872-1875 in Nordhausen, dann führend in der österreichischen Sozialdemokratie, ab 1876 Redakteur der „Gleichheit" und des „Sozialist", mehrfach inhaftiert und ausgewiesen. Seit 1881 in Insbruck, enge Kontakte zu den deutschen Sozialdemokraten in Zürich und zu Kautsky. Ende der 80er Jahre Redakteur eines christlich-sozialen Blattes.

Die Schrift „Wilhelm Weitling. Seine Agitation und Lehre im geschichtichen Zusammenhange dargestellt" erschien Ende Januar 1887 als Heft XI der „Sozialdemokratischen Bibliothek", Hottingen-Zürich 1887. Sie wurde sofort durch die Kreishauptmannschaft Dresden verboten.
(Siehe Maitron, Autriche, wie Nr. 34/3, S. 155-157; Klausjürgen Miersch: Emil Kaler-Reinthal. Sozialethiker und früher österreichischer Arbeiterführer, Wien u.a. 1992; Der Sozialdemokrat, 29.1.1887; Sächsisches Wochenblatt, 29.1.1887)

86

Zwickau, Landesgefangenenanstalt, den 30. Dezember 1886
Mein liebes Weib!

Ich bin glücklich in den Besitz Eurer lieben Briefe gekommmen, und ebenso traf die Kiste ein. Fr[iedchen]s Brief vom 21. erhielt ich am 27., er war zwar am 24. hier eingetroffen, aber erst am 26. in die Anstalt gekommen.[1] Ebenso erhielt ich die Kiste erst am 28., also Dienstag; sie hat die Tour über Leipzig gemacht. Ihr hättet Euch nicht so zu beeilen brauchen, denn das war klar, daß diese Schneemassen nicht so im Handumdrehen zu beseitigen waren. Wir waren vier Tage ohne alle und jede Beziehungen nach außen.

Nun, die Kiste mit ihrem kostbaren Inhalt kam auch nach den Feiertagen recht – daß sie zu Weihnachten einträfe, hielt ich von vornherein für ausgeschlossen. Ich habe mich desselbigen Tages nachmittags daran gemacht, extra einen Kaffee zu kochen und ein kleines Probeessen mit der Stolle zu veranstalten, und das ist sehr zu meiner Zufriedenheit ausgefallen. Die Stolle ist *sehr gut*. Herzlichen Dank für alles.

Ich bin auch noch von anderer Seite bedacht worden. Von Glauchau traf, ebenfalls Dienstag, für jeden von uns ein Korb mit Obst ein: mehrere Pfund langbeerige südländische Trauben, eine Partie Äpfel, Nüße, eßbare Kastanien. Wir vermuten als Absender einen dortigen parteigenössischen Obsthändler. Ob er für sich allein gesandt hat oder mit für andere, wissen wir nicht. Ich muß Euch bitten, dorthin wie nach verschiedenen anderen Seiten für mich Briefe zu schreiben. *Friedchen kann das Sekretäramt für mich übernehmen*, ich werde mich schon abfinden. Die bezüglichen Adressen und Antworten findet Ihr am Schlusse dieses Briefes. Die Briefe können ganz kurz sein.

Ferner meldete mir ein Genosse aus Heilbronn[2], daß sie alten Heilbr[onner] Wein an mich gesandt, an dem ich mich stärken möchte. Wieviel es ist, ob ich ihn bekommen kann, weiß ich noch nicht. Eventuell veranlasse ich, daß die Sendung direkt an Euch von hier geht.

Weiter hat mir Christensen[3] von Leipzig, wo er sich vorübergehend aufhielt, geschrieben und die Sendung von Nordaus „Paradoxe", 4. Auflage, durch seinen Verleger an mich veranlaßt.[4] Auch ihm muß ich antworten. Endlich schickten Genossen aus Neu-Coschütz, die ich gar nicht kenne, einen Brief mit Grüßen und legten gleich eine Marke zur Antwort bei. Also auch diese muß ich bedenken.

Weiter müssen ein paar Zeilen an M. Kayser geschrieben werden, da ich entdeckte, daß wir als „unentschuldigt" im offiziellen Reichstagsbericht aufgeführt werden.[5] Das ist eine Albernheit.

Vor allen Dingen will ich bemerken, daß ich die bestellten Bücher keineswegs eilig brauche. Ihr könntet mir das *kleine Brockhaus'sche Konversationslexikon* (2 Bd.), das auf dem Schreibtisch steht, mit beipacken und die vier Bände von Schäffle „Bau und Leben des socialen Körpers".[6] Letztere nur, wenn das Paket nicht über 10 Pfd. schwer wird, sonst haben sie für später einmal Zeit, jetzt komme ich nicht dazu, sie zu lesen. Aber das Konversationslexikon ist mir *gelegentlich* sehr erwünscht. Auf Sendung von Schuhen verzichte ich, daß Ihr sie mir habt gemacht, dafür danke ich Euch, aber ich habe kein Bedürfnis jetzt dafür. Ich wünschte, ich könnte Euch die überschüssige Wärme abgeben, die Tag für Tag bei mir durchs Fenster geht. Die Heizungsanlage hier ist ausgezeichnet, und daß man mit dem Ofen keine Schererei hat, ist prächtig. Wenn Ihr frort, so kann das doch nur infolge heftigen Windes geschehen sein, der allerdings auf unserer luftigen Höhe Fenster und Wände durchpfeift. Die Witterung ist ja mittlerweile wieder gelinde geworden. Die furchtbaren Schnee-massen sind hier schon hübsch zusammengefallen und verschwinden, wenn auch langsam, was jedenfalls die Gefahr von Großwasser verhütet. Das fehlte noch bei all dem Malheur, das so schon entstanden ist. Das „[Leipziger] Tagebl[att]" brachte mehrere Tage lange Verzeichnisse von Unglücksfällen. *Die* Sicherheit hattet Ihr wenigstens, daß wir hier hinter Schloß und Riegel keine Gefahr liefen, im Schnee zu ersticken.

Die kleine Kölnerin hätte auch so klug sein sollen, ihren Eltern zu telegraphieren, das Geld hätte ihr jemand auf ihr ehrliches Gesicht geborgt. Daß der junge Z. so spät eintraf, dachte ich mir, der wird in Nürnberg oder Hof hängengeblieben sein. Sehr lieb war mir zu hören, daß Ihr Euch die Feiertage so gut wie möglich vergnügt habt.[7] Das habt Ihr recht gemacht, beim Trübsalblasen kommt nichts heraus.

Ich komme wiederholt auf meinen Vorschlag zurück, daß Ihr zu der Ausstellungszeit nach Leipzig geht, sicher nicht früher, als bis der Schnee gründlich weg ist. Ein zweiter ähnlicher Fall kommt hoffentlich nicht wieder. Ich schlage vor, daß Ihr dann die Reise folgendermaßen macht: Ihr fahrt von Dresden nach Leipzig auf *einfaches* Billett, haltet Euch in Leipzig so lange auf, *als es Euch gefällt*, und fahrt dann eines Tages Vormittag um 9 Uhr 10 Min. auf dem Bayrischen Bahnhof nach hier, wo Ihr um 12 Uhr ungefähr ankommt, und reist Abend 1/2 6 Uhr von hier nach Dresden, wo Ihr 11 Uhr eintrefft.

Notwendig ist, daß Ihr den *zweiten* Tag *vor* Eurer Abfahrt *hierher* mir kurz Eure Ankunft meldet. Wenn Ihr dann etwa ein Viertel nach drei Uhr bis 1/2 4 Uhr in der Anstalt eintrefft, so ist dies die geeignetste Zeit wohl. Vor 5 Uhr müßtet Ihr nach der Bahn. Euer Gepäck, das Ihr Euch so leicht als möglich machen wollt, ließet Ihr bei dem Portier, und wenn Ihr vorher Jul[ius] Seifert, Innere Leipziger Str. 48, hier, mit einer Zeile unterrichtet, holt dieser Euch sehr gern am Bahnhof ab.* Der Mann hat Zeit, da er als Kassierer einer Krankenkasse schon über seine Zeit soweit verfügen kann. Empfehlen würde ich dies, ebenso, daß Ihr Bahlmann bittet, daß er Euch abends spät am Bahnhof in Empfang nimmt und nach Pl[auen] begleitet, denn das geht nicht, daß Ihr die Nacht allein hinausgeht. B[ahlmann] wird das sicher *sehr gern* tun, vielleicht auch für sorgen, daß Euch das Dienstmädchen des Unternachbars[8] Feuer den Nachmittag anmacht.

Ich halte diesen Reisevorschlag für den zweckmäßigsten und verhältnismäßig billigsten. B[ahlmann] müßtet Ihr Tag *vor* Eurer Abreise von L[ei]pz[i]g unterrichten, wann Ihr in Dr[esden] wieder einträfet.

Wenn P[aul Singer] etwa die nächsten Tage dort eintrifft, so wollt Ihr ihn herzlich von mir grüßen, ebenso B[ahlmann]s etc. etc. Im „[Leipziger] Tagebl[att]" las ich heute Bericht von Berlin, daß das Konfektionsgeschäft in England diesmal ungewöhnlich schlecht gegangen sei und auch aus Deutschland allerwärts die gleichen Klagen in dieser Branche laut würden. Es ist aber in allem Lumperei und Hetzerei, viel Arbeit und wenig Erfolg.

Es ist in der Tat das denkbar Stärkste, daß man die Ausweisungen in Frankfurt am 1. Weihnachtsfeiertage überreichte, also recht demonstrativ. Das wird Haß setzen. Nur zu, je toller, je besser. Unter den Ausgewiesenen sind auch mehrere Restaurateure der sog. gemäßigten Couleur.[9] Daß man Sabor auswies, ist gut. Nicht, weil ich das S[abor] gönnte – ich bedaure jeden, den es trifft –, aber von Sabor weiß ganz Frankfurt, daß er einer gewalttätigen Handlung unfähig ist, und da er allgemein bekannt und sehr geachtet ist, wird grade seine Ausweisung sehr viel böses Blut auch im Bürgertum machen. Für die nächste Wahl hat er sein Mandat nunmehr zweifellos in der Tasche, das sind die Früchte solcher Maßregeln. Herrn v. P[uttkamer] muß der Weihnachtsbraten doppelt gut geschmeckt haben, hoffentlich bekommt er die rechte Antwort im Reichstag.

Da S[abor] ein reicher Mann ist, wird ihm die Ausweisung nicht finanziell schaden. Die andern Selbständigen sind freilich ruiniert. Ein Wunder, daß nicht auch Offenbach an die Reihe kam. Vermutlich hat sich der Großherzog bedankt, denn sein erster Minister tanzt, wie man in B[erlin] pfeift.[10]

Vergiß nicht, den Briefträgern ihr Neujahr zu geben. Friedch[en] soll den Vorgang mit Herrn Tr[aeger][11] nicht so tragisch nehmen, und ganz unrecht habt Ihr, wenn Ihr ihm wegen der Übernahme der Stunde Vorwürfe macht. Ihr wißt doch, wie das kam und daß ich schon große Mühe hatte, ihn zu bestimmen, daß er überhaupt eine Forderung stellte. Wenn er nun absolut für das nächste Vierteljahr kein Geld nehmen will, so ist dies immer vernünftiger, als wenn er hintennach dafür Fr[ied-chen] Bücher kauft. Der Mann ist in der Lage, daß er für Geld nicht zu arbeiten braucht, und da begreift sich seine Weigerung. Also redet mit ihm vernünftig, und macht keine Staatsaktion aus der Sache. Grüßt ihn von mir.

Friedch[en] rate ich, sich den Scherr gegen die Kurzsche Literaturgeschichte einzutauschen. Ich kenne zwar die Literaturgeschichte von Scherr nicht, aber ich kenne die meisten seiner übrigen Schriften, und darnach wird seine Literaturgeschichte ein sehr einseitiges, tendenziöses und auch oberflächliches Werk sein. Er ist der Mann des Heroenkultus, der die einen in den Himmel erhebt und die andern in den Abgrund verdammt. Die K[urzsche] Literaturgeschichte ist die beste, die es gibt.[12]

Wenn ihr nach Leipzig geht, *vergeßt nicht, das Geschäftsadreß-buch an Iß[eib] mitzunehmen*, es liegt im Sekretär oben rechts. Das Avelingsche Buch[13] wünsche ich nicht.

Dr. W[alther]s werden auf dem Schwarzwald vollständig eingeschneit sein. Ich las, daß schon vom 22. aus Baden-Baden gemeldet wurde, daß auf dem Schwarzwald der Schnee 1 1/2 - 2 Meter hoch liege und aller Verkehr aufgehört habe. Ich hoffe, daß Fr[ie]dch[en] sich unter keinen Umständen veranlassen wird lassen, dort hinauf einen Besuch zu machen. Es schien aus ihrem Briefe, als mache B[ahlmann] möglicherweise einen solchen Vorschlag.

Friedch[en] schrieb mir, ein Bild von Ottilchen [Bahlmann] senden zu wollen, das ist ja recht hübsch, aber bekommt man von Euch keins zu sehen?

Wer ist denn die Frau Sch., die mit L[iebknecht]s gemeinschaftlich London verließ?[14] Ich habe mir vergeblich den Kopf zerbrochen. Das „[Leipziger] Tagebl[att]" brachte einen Bericht über L[ie]b[knecht], der ihn wohl zu einer Erklärung nötigen wird.[15] Daß man ihn nach L[ei]pz[i]g ließ, wundert mich in der Tat.[16] Nach der Art, wie man dort in den letzten Jahren gegen uns vorging, ist das sehr viel.

Ich habe große Lust, in einigen Jahren eine Tour durch die Ver[einigten] Staaten zu machen, wenn - alles nach Wunsch geht.

Frau von V[o]llm[ar] in M[ünchen] sorgt für Kinderzeug, was sagst Du dazu? Ferner Fräulein Kr[oeber] in M[ünchen], nach der kürzlich U[lrich] sich so angelegentlich erkundigte, hat sich mit einem jungen Forstpraktikanten verlobt.[17] Frau A[uer] war bei dem Verlobungsessen. Der arme U[lrich] hat entschieden Pech. So geht's den Herrn Junggesellen, wenn sie nicht zu rechter Zeit zu heiraten verstehen. Ich habe sehr lachen müssen, als ich von der Verlobung hörte.

Schreibst Du mal gelegentlich an Frau E[milie] M[otteler] in Zür[ich], dann grüße schön von mir und schreibe, es wäre mir sehr lieb, wenn ich noch 1 Exemplar meines Broschürchens „Das Reichs-Gesundheitsamt und sein Programm"[18] *direkt hierher* unter Kreuzband erhalten könnte.

Mein Befinden betreffend, so kann ich Euch mitteilen, daß dies *nichts* zu wünschen übrig läßt. Mehr könnt Ihr nicht erwarten. Ich arbeite mit Abwechslung und Unterbrechung.

Tretet das neue Jahr gesund und möglichst vergnügt an, was es bringt, mögen die Götter wissen. Vielleicht wird's besser, als man hofft. Schließlich ändert die Jahresnummer auch nichts am Lauf der Entwicklung, sie ist nur ein Merkmal, das das Menschlein für seine Zwecke gebraucht.

Ich komme nun zur kurzen Skizzierung der Briefe. Ich bitte Frieda, daß Sie bei sämtlichen im Eingang bemerkt, warum ich nicht selbst und direkt schreiben könne.

Der für Jens L. Christensen ist an A. Kaden[19], Neustadt-Dresden, mit der Bitte um Weiterbeförderung zu senden, da Chr[istensen] nicht wußte, wohin er sich wenden werde.

Also, es wäre ihm zu schreiben, daß ich seinen Brief mit viel Vergnügen empfangen und ebenso das Buch, das ich mit Interesse lesen würde. Ich sagte ihm für die Zusendung herzlichen Dank. Ferner wären einige Bemerkungen über mein Befinden anzufügen. Grüße natürlich an ihn wie K[aden]. Für sein Anerbieten betreffend Bücherbeschaffung dankte ich, ich sei versehen.

Ferner an Emil Pfau, Maschinenbauer in Neu-Coschütz bei Potschappel. Ich hätte seinen im Namen der dortigen Genossen gesandten Brief vom 25. d. M. erhalten, freute mich über ihre Wünsche, dankte ihnen und erwiderte sie. Wir befänden uns sehr wohl und hofften, später wieder unsern Mann zu stellen. Grüße.

Weiter an M[ax] Kayser. Ich ließ ihn bitten, doch im Reichstag die ihm passend scheinenden Schritte zu tun, daß der Unfug abgestellt werde, daß die verhafteten Fraktionsgenossen in den offiziellen Berichten als „unentschuldigt" aufgeführt würden. Gruß.

Weiter an G[ustav] Kittler, Schreiner, Heilbronn/W[ürttemberg]. Seinen Brief im Auftrag der Genossen hätte ich mit vielem Vergnügen erhalten und freute mich, daß sie meiner so freundlich gedächten. Die Sendung sei zwar bei Abgang meines Briefes noch nicht eingetroffen gewesen, doch werde sie wohl noch kommen und solle sie dann die gewünschte Verwendung finden. Ich sagte ihnen herzlichen Dank. Mein Befinden entspreche allen Wünschen, und hoffte ich, nach der Haft wieder voll meinen Posten ausfüllen zu können.

Endlich einen Brief an Wilh[elm] Stolle[20], Gesau bei Glauchau. Ich bät ihn, Beilage an den Obsthändler, der seinen Stand auf der Eisenbahnstraße in Glauchau habe[21], abzugeben, da ich vermute, daß dieser der Geber der im Briefe gedachten Sendung sei.

Diesen Zeilen an St[olle] hätte dann ein zweiter Brief mit der Anrede „Geehrter Herr" beizuliegen, welcher lautete: Daß er wohl der wohltätige Spender jenes Fruchtkorbs sei, den ich vor einigen Tagen erhalten hätte. Die Sendung hätte mich um so mehr gefreut, weil sie ganz unerwartet gekommen sei. Ich sagte ihm und den etwaigen Hülfsgenossen bei dieser Tat meinen herzlichen Dank und würde mir den Inhalt des Korbes sehr gut munden lassen, obgleich ich seiner Mahnung „Nähre Dich von

Früchten, dann bleibst Du gesund" nicht so ganz nachleben könne, weil ich ein gut Stück Fleisch auch für durchaus nicht verwerflich ansähe. Gruß.

Dem Korb lag nämlich ein gedrucktes Plakat mit dem erwähnten Motto bei, der Mann scheint fanatischer Vegetarianer zu sein.

Das wären die Briefe, die zu schreiben wären. Friedchen soll sie nur möglichst kurz halten, sie kann meist die Briefkarten benutzen. Stolles Brief wollt Ihr eine Marke nach Glauchau beilegen.

Nun will ich aber schließen. Friedchen mag den Inhalt dieses Briefes gleich mit als Antwort auf den ihren, der mir viel Freude machte, ansehen.

Empfangt beide tausend herzliche Grüße und Küsse

Dein August

Ich bitte mir gelegentlich bei Sendung eines Pakets noch ein drittes *wollenes Hemde* zu senden, aber ein **langes** und nicht so stark wie das letzte neue, das unangenehm dick ist. Die Halsweite muß 40 sein. Ich spare mit diesen Hemden die Oberhemden.

Gratuliert B[ahlmann]s in meinem Namen.

[Am Rand der 6. Seite:]
Frau K[ronke] wünsche ich zu ihrem Unternehmen das allerbeste, aber ich hoffe, daß Du Dich nicht engagierst. Dem Sohn rate ich sehr energisch, einen vernünftigen Arzt zu nehmen und den wegen gründlicher Lungengymnastik zu konsultieren.[22]

* Könnt gleich auf dem Bahnhof essen.

---

1 Frieda Bebel begann ihren Brief am 20. Dezember 1886 und beendete ihn einen Tag später. Sie nahm Anteil an der Verhängung des Belagerungszustands über Frankfurt (Main) und wollte Bebels Meinung zu den Reichstagsverhandlungen wissen. Liebknecht schwärme von Amerika. Er und Bahlmann schlügen Bebel vor, Französisch sein zu lassen und sich auf Englisch zu konzentrieren, es würde die Weltsprache. Zu Weihnachten bescherten sich Frieda und Julie nichts und schmückten auch keinen Weihnachtsbaum. Das schöben sie für das nächste Jahr auf, „wenn Du, mein liebes Väterchen, wieder bei uns bist" (SAPMO/BArch, NY 4022/31).

Die meisten Bezüge in Bebels Brief beziehen sich offenbar auf Mitteilungen aus Julies bisher nicht aufgefundenem Brief.

2 Gustav Kittler (1849-1929), Schreiner, unter dem Sozialistengesetz führender Sozialdemokrat in Heilbronn, seit 1885 Gemeinderatsmitglied, Mitglied des Landtags in Württemberg 1919-1924.

(Siehe Gustav Kittler: Aus dem 3. württembergischen Wahlkreis. Erinnerungen und Erlebnisse, Heilbronn 1910; Christof Rieber: Das Sozialistengesetz und die Sozialdemokratie in Würtemberg 1878-1890, Stuttgart 1984, S. 745-749, 827)

3 Jens Lauritz Christensen (1856-1902), Lehrer, bis Ende 1883 im Schuldienst, Journalist, Sozialdemokrat, seit 1885 Agitator der SDAP in Berlin, Thüringen und Schleswig-Holstein; lieferte Singer Material für die Entlarvung des Polizeispitzels Ihring-Mahlow. Deshalb Haft und Ausweisung aus Berlin am 3. Juli 1886. Von November 1886 bis August 1887 aus mehreren Städten Sachsens und Thüringens ausgewiesen. 1887 Emigration nach London, 1888-1892 Redakteur der „Chicagoer Arbeiterzeitung".

(Siehe Ulrich Heß: Jens Lauritz Christensen und die Sonneberger Sozialdemokratie in den letzten Jahren des Sozialistengesetzes, Sonneberg 1962; Liebknecht-Briefwechsel II, wie Nr. 3/3, S. 797)

4 Max Nordau: Paradoxe, Leipzig 1885. Das Buch erschien im Verlag von Balthasar Elischer. Max Nordau (1849-1923), Arzt, Schriftsteller, einer der Begründer des Zionismus.

5 Bei dem Namensaufruf am 18. Dezember 1886 im Deutschen Reichstag wurden die inhaftierten sozialdemokratischen Abgeordneten Auer, Bebel, Dietz, Frohme und Vollmar als unentschuldigt, Viereck als entschuldigt geführt. Bei der Abstimmung am 14. Januar 1887 wurden sie unter den entschuldigten Abgeordneten genannt.

6 *Albert* Eberhard Friedrich Schäffle (1831-1903), Ökonom, Soziologe, Professor in Tübingen. Liberaler, Vertreter staatssozialistischer Auffassungen. War 1885 mit der Schrift „Die Aussichtslosigkeit der Sozialdemokratie" hervorgetreten. Sein vierbändiges Werk „Bau und Leben des socialen Körpers. Encyclopädischer Entwurf einer realen Anatomie, Physiologie und Psychologie der menschlichen Gesellschaft" erschien in Tübingen 1875 bis 1878. Den ersten Band hatte Schäffle am 17. Juli 1875 Bebel ins Zwickauer Gefängnis gesandt.

(Siehe BARS, AmL, S. 385; Bebels Rezension in der „Neuen Zeit" zu Schäffles Lebenserinnerungen, BARS, Bd. 7/2, Nr. 35)

7 Wie aus Frieda Bebels Brief hervorgeht, verbrachten Julie und Frieda den 24. Dezember 1886 bei der Familie Z. Zu den Feiertagen waren sie von Bahlmanns eingeladen.

8 Parterre wohnte Hohestraße 22 der Ingenieur Gottlieb *Ottomar* Koritzki mit Familie.

(Siehe Adreß-und Geschäfts-Handbuch der Gemeinde Plauen bei Dresden für das Jahr 1886/87)

9 Unter den zu Weihnachten 1886 aus Frankfurt (Main) ausgewiesenen Sozialdemokraten befanden sich die Gastwirte Jacob Schmidt (geb. 1842) und Emil Fleischmann (1817-1926). Vom Frankfurter Geheimbundprozeß waren betroffen die Gastwirte Josef Bitter (geb. 1841), Jean Eckardt (1849-1892), Georg Koch (geb. 1861), Johann Heinrich Pfuhl (geb. 1838), Heinrich Prinz (1844-1909) und Johann Schött (geb. 1851).

(Siehe V. Eichler, wie Nr. 50/4, S. 185-187, 411-423)

10 Die preußische Regierung verhandelte auf diplomatischem Weg mit dem Großherzogtum Hessen, um auch über Offenbach die Verhängung des Kleinen Belagerungszustands zu erreichen. Weder der Großherzog Ludwig IV., der von 1877-1892 regierte, noch sein von 1884-1898 amtierender Staatsminister Jakob Finger waren zunächst dazu geneigt. Die seitens Preußens daraufhin veranlaßte größere Zahl von Ausweisungen aus Frankfurt (Main) und die Zuwanderung vieler dieser Sozialdemokraten nach Offenbach bewirkten die Zustimmung der hessischen

Regierung. Am 11. Februar 1887 wurde über Offenbach der Kleine Belagerungszustand verhängt.

(Siehe Thümmler, wie Nr. 20/3, S. 94-107)

11 Aus Frieda Bebels Brief an ihre Eltern vom 12. Oktober 1888 läßt sich schließen, daß mit Tr. ein Herr Traeger gemeint ist, der im Wintersemester 1886/1887 am Polytechnikum Dresden studierte und Frieda Unterricht in Latein erteilte. Die entsprechenden Immatrikulationsverzeichnisse sind nicht mehr vorhanden.

12 Gemeint sind Johannes Scherr: Allgemeine Geschichte der Literatur. Ein Handbuch in 2 Bden, umfassend die nationalliterarische Entwicklung sämmtlicher Völker des Erdkreises, 7. verb. Auflage, Stuttgart 1887, sowie Heinrich Kurz: Geschichte der deutschen Literatur mit ausgewählten Stücken aus den Werken der vorzüglichsten Schriftsteller. Mit vielen nach besten Originalen und Zeichnungen ausgeführten Illustrationen in Holzschnitten, 4 Bde, 4. berichtigte Aufl., Leipzig 1881.

13 Es handelt sich um Edward B. Aveling: Die Darwin´sche Theorie, Internationale Bibliothek, 1. Heft, Stuttgart 1887.

Edward Bibbins Aveling (1849-1898), Arzt, Publizist, 1872-1882 Professor der Anatomie am London Hospital; Atheist, Anhänger sozialistischer Auffassungen; Mitglied der Social Democratic Federation, 1884 Mitbegründer der Socialist League und 1893 der Independent Labour Party, gehörte Ende der 80er Jahre zu den Organisatoren der Massenbewegung der ungelernten Arbeiter und ihres Zusammenschlusses in den neuen Trade-Unions. Seit 1884 Lebensgefährte von Marx´ Tochter Eleanor. Mitschuldig an ihrem Freitod.

14 Frieda bezog sich auf Gertrud Schack, die von London aus zu ihren Eltern nach Beuthen reiste, um dort Weihnachten zu verbringen.

15 Das „Leipziger Tageblatt" vom 27. Dezember 1886 enthielt einen gehässigen Bericht über Liebknechts Agitationsreise in den USA. U.a. wurde aus Liebknechts Protest gegen die über amerikanische Arbeiterführer verhängten Todesurteile geschlußgefolgert, „daß für ihn auch der offene Übertritt zum Anarchismus nur eine Frage der Opportunität ist. Auch er bekennt sich zu dem Losschlagen; nur glaubt er, daß hierfür die Zeit in Deutschland noch nicht gekommen sei."

16 Liebknecht erhielt von der Leipziger Polizei die Erlaubnis, sich nach Rückkehr aus den USA und London einige Tage bei seiner Familie in Leipzig zu erholen. Er durfte Weihnachten und Neujahr dort verbringen.

17 Siehe Nr. 82/3.

18 Bebels Artikel „Das Reichs-Gesundheitsamt und sein Programm vom socialistischen Standpunkt beleuchtet", der in der „Zukunft" vom 1. April 1878 erschienen war, wurde von der Associations-Buchdruckerei Berlin im gleichen Jahr als Separatabdruck herausgegeben. Bei Verhängung des Sozialistengesetzes entzog die Sozialdemokratie die meisten der noch vorhandenen Schriften dem Zugriff der Polizei durch Schaffung von Literaturlagern. In der Liste der zum Verkauf angebotenen Schriften, die in der Probenummer des „Sozialdemokrat" vom 28. September 1879 erschien, war auch diese Schrift von Bebel aufgeführt.

19 August Kaden (1850-1913), Zigarrenmacher. Da er während des Sozialistengesetzes auf die Schwarze Liste gesetzt wurde, eröffnete er ein Zigarrengeschäft, das der Partei in Dresden als Treffpunkt diente. 1880-1890 Vorsitzender des illegalen Komitees der Sozialdemokratie in Dresden-Neustadt, 1885-1897 Mitglied des sächsischen Landtags, ab 1890 Vorsitzender der Parteikontrollkommission, ab 1890 Verleger der „Sächsischen Arbeiter-Zeitung".

(Siehe M. Schmidt, wie Nr. 72/2, S.209/210)

20 Carl *Wilhelm* Stolle (1842-1918) Gärtner, führendes Mitglied des VDAV und der sächsischen Volkspartei in Crimmitschau, Mitbegründer der SDAP, 1870-1878 Mitherausgeber des „Crimmitschauer Bürger- u. Bauernfreund", ab 1880 Gastwirtschaft in Gesau, die der Sozialdemokratie als Treffpunkt diente. MdR 1881-1887, 1890-1918, Abgeordneter des sächsischen Landtags 1885-1897, 1917 Mitglied der USPD.

21 In Glauchau gab es keine Eisenbahnstraße. Gemeint sein könnte Gustav Emil Müller (1830-1914) Weber und Grünwarenhändler in der Kohlenstraße 9, die unmittelbar am Bahndamm entlangführt.
(Auskunft des Kreisarchivs Glauchau. Verwiesen wurde auch auf den Kunst- und Handelsgärtner Carl Ernst Haneck <1835-1914> in der Bahnhofstraße 6)

22 Familie Kronke war mit Theodor Brauer verwandt. Wie sich aus den Briefen von Julie an August Bebel schließen läßt, war die Mutter der hier genannten Amalie Auguste *Emma* Kronke (gest. um 1905 in Dresden) eine Schwester von Theodor Brauer, die wie er aus Danzig stammte. Emma Kronke lebte mit ihrem Sohn Emil zumeist in Dresden.

Emil Kronke (1865-1938), Pianist, Komponist, Verfasser von Schriften über die Technik des Klavierspiels, ab 1892 Lehrer für Klavier in Dresden, später Professor am Dresdner Konvervatorium. Siehe auch Nr. 107/1.
(Siehe Adreßbuch Dresden 1894 bis 1906. Für 1886 und 1887 ist Emma Kronke nicht verzeichnet, Adreßbücher für die später eingemeindeten Stadtteile liegen nur vereinzelt vor; Kurzgefaßtes Tonkünstler-Lexikon. Für Musiker und Freunde der Musik begründet von Paul Frank, neu bearb. u. ergänzt von Wilhelm Altmann, 14. stark erweiterte Auflage, Regensburg 1936; dasselbe, fortgeführt von Burchard Bulling, Florian Noetzel, Helmut Rösner, 15. Aufl., Wilhelmshaven 1974)

87

Mein geliebter Mann!

Dein lieber Brief kam zum Jahresschluß in unsere Hände, und haben wir uns gefreut, Gutes von Dir zu hören. Möchte es im neuen Jahr auch so sein und bleiben. Hoffentlich hast Du dasselbe gesund angetreten. Doch mit dem Wünschen ist's Unsinn und kaum der Mühe wert, daß man 8 Tage lang Briefe schreibt und Karten verschickt. Es kommt, wie es kommt, und spricht allen Wünschen Hohn, zum größten Teil wenigstens. Doch die Menschen wollen es einmal so, und man ist schwach genug, es mitzumachen. Wir haben das neue Jahr ganz heiter angetreten und waren bei Kronkes, die uns auch nach Hause begleitet haben. Eyso[ldts] waren auch mit. Gestern und vorgestern war Herrn B[ahlmanns] Freund zum Besuch da, Cassius. Heute reist er wieder ab. Wir waren gestern wieder zu B[ahlmanns] Tische geladen, überall wurde natürlich Deiner gedacht. Herr L[iebknecht] hatte noch nichts hören lassen, wann er käme. B[ahlmann] vermutete, daß es heute der Fall sei, denn morgen beginnt doch der Reichstag. Ich las, daß Herr Ulrich am 29. seine Haft angetreten habe, und seid Ihr nunmehr 4 Mann? Es ist auch schlimm für die Frau, die mit dem Geschäft allein fertig werden muß. Du bringst uns mehr Neuigkeiten, als ich Dir bringen kann, denn dieselbe von Frau von V[ollmar] ist mir allerdings interessant. Der Ärmste war schon bei dem ersten Ereignis im Gefängnis[1], und nun geht es ihm wieder so, da wird wohl die Mutter angenehm sein. B[ahlmann] hatte an Opific[ius] geschrieben und sich als Helfer in der Not angeboten, hat aber gar keine Antwort erhalten. Die werden in Aufregung gewesen sein; da er sich aber schon lange zurückgezogen hatte, ist er auch verschont worden. Dagegen wird es der Familie Sabor hart ankommen, nun, er wird wohl auch zurückkehren. Herr Z. besuchte uns gestern, er geht heut oder morgen wieder fort. Er sowie Cassius lassen Dich grüßen. Wir sind ganz nett beschenkt worden. Außer dem feinen Parfümkasten haben wir von Schweichels ein hübsches Buch bekommen: „Münchener bunte Mappe", sehr hübsche Bilder sind darin. Dann hat Frieda von Frau Liebk[necht] einen Handschuhkasten, die Kulturgeschichte, eine Schürze und viele Kleinigkeiten. Es hat uns so leid getan, daß Du die Feiertage ohne Stolle etc. warst, doch wird es noch vielen so gegangen sein.

Herr Ißleib hat mich mit einer Mission betraut, an deren Ausführung ich nachher gehen will. Er oder Frau I[ßleib] schrieb mir, daß sie gehört hätten, daß das Dresdner Montierungsdepot Tuchleisten in großen Mengen abgäbe, er wollte aber auch schnelle Auskunft haben, wie immer. Nun war Herr B[ahlmann] wieder der Helfer in der Not und [hat] sich in Neustadt in den Kasernen danach erkundigt. Es wird dieses Zeug jährlich 2mal in Submission vergeben, und waren es immer 400 Kilogramm, die auf einmal weggingen, und ein gewisser Thomaß[2] am Freiberger Platz der beständige Abnehmer sei. Nun will ich eben zu dem gehen und sehen, was da zu machen ist. Es wird wieder einmal auf Pfennigfuchserei hinauslaufen, ich sollte nämlich welche kaufen, und wenn ich hinginge, gleich mitbringen.

Nun haben wir keine große Lust, zu verreisen bei dieser Jahreszeit, und werden einmal einen Tag benutzen, um Dich zu sehen, aber eben wird schon wieder von Schneeverwehung der Züge gesprochen, und geht die Kochkunstausstellung auch erst Ende Januar los. Meinem Schwager Brauer ist sein einziger Bruder in Danzig am Heiligen Abend durch Herzschlag gestorben[3], das wird ihm sehr nahe gehen.

Eben schneit es wieder ganz gemütlich. Habe vorgestern 50 Mark Strafgeld nach Mannheim geschickt, das verlangt wurde. Die Reisebegleitung Liebknechts war Frau Schack, die von England zu ihren Eltern[4] reiste. Frau Liebknecht hat uns ihr Bild gesandt, das sehr gut ist; wir werden uns auch bald abnehmen lassen. Der Bankrott hat Singers nicht getroffen, wie mir Frl. Jagert, die mich mit der Frau Schnabel besuchte, sagte. Die erstere wird ihre Strafe absitzen, natürlich ist eben Revision eingelegt. Eine wirklich rührende Neujahrsgratulation haben wir erhalten, wie sie so leicht niemand bekommen hat, nämlich in Silber, eine gravierte Silberplatte, worein sehr hübsch graviert ist: „Herzlichen Glückwunsch zum Neuen Jahre". Auf der Rückseite ist geschrieben: „Euch, den oftmals schwer geprüften,/ deren Liebe, echt und wahr,/ blieb dem Vater immerdar,/ wünschen wir auf echtem Silber/ besseres Glück zum Neuen Jahr. Familie Wankmüller."[5] Mit einem ebenso überschwenglichen Briefe. Ich werde den guten Menschen entsprechend antworten. Wir haben überhaupt von verschiedenen Seiten solche Briefe erhalten, die ich natürlich beantworten muß. Ich oder Frieda werden Deine Korrespondenz besorgen, wie ich dieselbe in den letzten Briefen besorgt habe. Christ[ensen] hat sich in Dresden aufgehalten, ich weiß aber nicht, ob er noch da ist. Auch die Frauen Viereck und Vollmar haben uns gratuliert, und bin ich beiden Briefe schuldig. Nach dem Buch habe ich P[aul Singer] geschrieben[6], aber noch keine Antwort erhalten. B[ahlmann] sagt, es sei Schwindel und 18 Mark viel zu teuer dafür.

Das würde für heute alles sein, und muß ich schließen. Doch da fällt mir ein, daß Du wahrscheinlch im Irrtum bist, wenn Du glaubst, daß es U[lrich] anging mit der Frl. K[roeber]. Dem Briefe nach zu urteilen, hat er die Auskunft für einen Freund erbeten, denn er schrieb: Ich selbst kenne Frl. K[roeber] nicht.

Brauers und alle Bekannten lassen Dich grüßen. Soll ich Herrn Heine seine Decke wiedersenden oder hierbehalten? Wir befinden uns wohl, und geht uns die Zeit schnell hin, an Abwechslung fehlt es nicht unter den vielen Bekannten, und würden wir uns auch mit weniger begnügen, da das viel Zeit kostet. Nun will ich aber schließen.

Bleib recht gesund, und empfange die herzlichsten Grüße und Küsse von Friedchen und
Deiner Julie

Frau Ißleib schrieb, daß sie das Weihnachtsfest auch so still wie nie gefeiert haben, was ich ihnen glaube, da beide Kinder[7] fort sind.

1 Julie Bebel bezieht sich offenbar auf die erste Frau von Georg von Vollmar, Luise von Vollmar, geb. Busch-Nießl, Schauspielerin in Dresden. Sie heirateten im Frühjahr 1878. Ende April 1879 trennten sie sich wieder, nach Vollmars zehnmonatiger Gefängnishaft, die am 25. Juni 1878 begonnen hatte.
(Siehe Dresdner Volks-Zeitung, 30.6.1878; Jansen, wie Nr. 27/1, S. 17)
2 Gemeint ist die Firma von Gustav Bruno Thomaß, Dresden, Freiberger Platz 30, im Firmenverzeichnis als Trödelhandlung bezeichnet.
(Siehe Adreßbuch Dresden 1887)
3 Es handelt sich um Theodor Brauers älteren Bruder Johann Julius Brauer.
(Siehe Friederike Brauer an Julie Bebel, [24. 12. 1887] SAPMO/BArch, NY 4022/156)
4 Alexander Graf Schack von Wittenau (1805-1898) heiratete 1838 Elisabeth Gräfin von Königsdorff (1811-1888). Sie wohnten in Beuthen/Schlesien.
(Gothaisches Genealogisches Taschenbuch der gräflichen Häuser, 1878 und 1910)
5 Gemeint ist die Familie von Ludwig Wankmüller, Graveur in Pforzheim, spätestens Anfang 1870 Mitglied der SDAP, Mitarbeiter im illegalen Vertriebssystem des

„Sozialdemokrat", von 1878 bis um 1900 sozialdemokratischer Stadtverordneter. Bebel hatte Wankmüller im „Sozialdemokrat" vom 23. Oktober 1884 gegen Vorwürfe verteidigt und ihn als alten Genossen bezeichnet, der nie seine Gesinnung verleugnet habe.

6 Siehe Nr. 85/5.

7 *Arthur* Hermann Ferdinand Ißleib (1864-1935), Handelskaufmann, unternahm zunächst die Geschäftsreisen für die Firma seines Vaters, später Inhaber dieser Firma. Die Firma „Ißleib & Bebel GmbH" ist zuletzt 1936 im Leipziger Adreßbuch verzeichnet. Heiratete 1893 Emma Kötter, geb. 1822 in St. Louis/USA.

Olga Marie Wilhelmine Theodore Ißleib (geb. 1866) heiratete 1907 den Landessekretär *Karl* Friedrich Wilhelm Brandenburg und zog mit ihm nach Neuwestend bei Stettin.

(Siehe StA Leipzig, PoA, 1876-1889, Nr. 129, Bl. 3; Staatsarchiv Leipzig, PP-M 494)

88

Zwickau, Landesgefängnis, den 6. Januar 1887

Mein liebes Weib!

Deinen vom 3. d. M. datierten Brief empfing ich gestern. Es freute mich zu hören, daß Ihr den Silvester so angenehm verbracht habt. Bei mir unterschied er sich von den andren Abenden dadurch, daß ich mir eine Portion italienischen Salat zum Abendessen kommen ließ. Zu Bett ging ich wie gewöhnlich, wurde aber um Mitternacht infolge des Glockenläutens für einige Augenblicke wach. Die Tage kommen und gehen, einer nach dem andern, und wenn der letzte hier hinter mir liegt, hoffe ich sagen zu können, daß mich Langeweile nicht geplagt hat.

Ich bin mit Gratulationen überschüttet worden. Ich empfing rund 36 Sendungen, darunter eine Anzahl Kollektivgratulationen. Briefe erhielt ich von L[ie]bk[necht], P[aul Singer][1] – auch Karte – und Dr. Br[aun] in B[erlin], 2 Depeschen: 1 von Dresden von Peters Restauration[2] und eine aus der Lausitz. Saalmann gratulierte mir von Basel. Er scheint im Wahne zu sein, ich hätte nur sechs Monate, denn er spricht von der Erledigung eines Drittels. Aus Wien erhielt ich Postkarte, worauf mir unter andern Leo Frankel[3], der ehemalige Kommunarde, gratulierte – wir hatten erst kurz zuvor von ihm gesprochen, und wußte niemand, wo er eigentlich sei. Ferner gratulierten Emma Adler[4], vermutlich Frau des Dr. A[dler][5], A. Braun[6], Bruder des Dr. Br[aun], und einige andere, die ich nicht kenne und deren Namen unleserlich waren. Von Dresden erhielt ich auch viel Sendungen. Es wäre mir angenehm, wenn Du mit Deiner Namensunterschrift im Kayserschen Blatt etwa folgende Annonce veröffentlichen wolltest:

Dank.

Da mein Mann nicht in der Lage ist, die an ihn nach Zwickau gerichteten Neujahrswünsche direkt erwidern zu können, unterziehe ich mich der angenehmen Pflicht, in seinem Namen dies zu tun und allen Beteiligten herzlich zu danken.

Plauen-Dresden, d. Name[7]

Ich müßte Euch sonst ersuchen, an eine Anzahl direkt zu schreiben, und das wird damit vermieden, und die Leute wissen alle, daß ich in den Besitz ihrer Karten gekommen bin. An einige zu schreiben, muß ich Euch doch bitten, sie folgen am Schluß.

Ferner erhielt ich von hier aus der Stadt eine Riesenwurst zugesandt – einen Schwartenmagen, der wenigstens 4 - 5 Pfund wog. Wer der Geber ist, weiß ich nicht, Seifert wird ihn aber wohl kennen, und so empfiehlt sich, ihm einige Zeilen zu schreiben. Ich werde Mühe haben, mit dem Ungetüm fertig zu werden. Viel kann man nicht essen, da sie ziemlich fett ist. Zum Glück kam der Schwabenwein, den ich in der Weise erhalte, daß mir eine Flasche nach der andern zugestellt wird. Die Heilbronner haben, was die Schwaben „a guote Schoppe" nennen, geschickt, und zu der Wurst ist er sehr dienlich. Mein Obst langt auch bis in den Februar, mehr wünsche ich vorläufig nicht.

Ich erinnere Dich an die Zahlung der Lebensversicherung für Julius [Motteler]. Du findest die bezügliche Quittung resp. Adresse links im Sekretär in dem obersten Fach. Sende als Posteinzahlung.

Ulrich ist hier, wie Du richtig gelesen.

O[pificius] ist aus Fr[an]kf[urt] nicht ausgewiesen. Es sind im ganzen 21 an die Reihe gekommen, 42 sitzen. Der Hochverratsprozeß ist niedergeschlagen, man konnte nicht ankommen, aber ich hatte recht mit meiner Vermutung, daß es sich um die Erklärung handelte. Dagegen kommt die Anklage auf §§ 128 und 129, und dürfte Anfang Februar der Prozeß sein.[8]

Paul schreibt mir, daß er den Roman schicken werde, ich würde aber vom Inhalt enttäuscht sein. Na, wir werden sehen. Im ersten Brief schrieb er, daß er von Euch keine Nachricht habe, woran wohl die Schneewehen schuld seien. Da er anfragt, wie es mit unserm Befinden steht, so wollt Ihr ihm entsprechend antworten. Wir befinden uns alle wohl. Weiter fragt er an, ob er mich besuchen könne oder ob er besser tue, erst bei der Verwaltung anzufragen. Zu letzterem *rate ich entschieden*, es wäre doch fatal, wenn er die Reise eventuell umsonst machte. Da L[ie]b-[knecht] andeutete, daß er auch eventuell mal kommen wolle, so weiß dieser dann auch, woran er ist. Wenn ihr P[aul] schreibt, wollt Ihr ihn natürlich von mir grüßen, ebenso seine Geschwister[9], in deren Namen er auch schreibt. Das S[inger]s nicht bei dem Londoner Bankrott beteiligt sind, ist mir sehr angenehm zu hören, ein solcher Verlust fehlte noch.

Ihr könntet ihm auch mitteilen, daß Frl. Jag[ert] ihre Geldstrafe absitzen wolle. Er kann sie gut leiden, und da schafft er vielleicht Rat. Es ist ja sehr heroisch, daß Frl. J[agert] ins Gefängnis gehen will, aber besser ist's doch, sie hat's nicht nötig. Übrigens habe ich in den Frauenvereinsprozessen ungesucht auch eine Rolle gespielt.[10] Ich bin dafür hübsch aufgezogen worden.

Hat Dr. Adler die „Gleichheit" gesandt? Es wäre mir doch lieb zu hören, ob in den Nummern ein Artikel über die deutsche Sozialdemokratie enthalten ist.[11] Sieh einmal nach.

L[ie]bk[necht] war bis zum 1. Januar, also volle acht Tage, in L[ei]pz[i]g. Besonderes hat er mir nicht geschrieben. Er schickte mir von sich und seiner Frau Grüße und Glückwünsche, die Ihr gelegentlich in meinem Namen erwidern wollt.

Die vierwöchentliche Zeitungsnachricht, daß auch München mit dem Belagerungszustand beglückt werden sollte, hatte hier begreiflicherweise große Aufregung hervorgerufen. Es waren bereits die Pläne für die neue Zukunft fertig, als die Nachricht eintraf, daß es sich um eine Ente handelte. Ich sagte mir auch, wenn die Dinge so weit sind, daß die Bayern zu solchen Mittelchen greifen, wird's nicht mehr lange dauern, und keine größere Stadt ist mehr verschont. Da könnte man sich in die Stille des Landlebens zurückziehen und Kohl pflanzen.

Ich hatte das letzte Mal vergessen zu bemerken, daß [ich] ein wollenes Hemde 40 oder 41 cm Halsweite haben muß, ferner könnte auch noch eine wollene Unterhose beigefügt werden und derjenige Band von Buc[k]le, in welchem er die Entwicklung Frankreichs im vorigen Jahrhundert behandelt. Friedchen wird das aus dem Inhaltsverzeichnis ersehen können. Ist sie nicht ganz sicher, so mag sie mir den 2. und 3. Band senden.[12]

Kroeber hat uns die Verlobung seiner Tochter direkt angezeigt. Der Bräutigam ist ein königl. Forstamtsassistent, Fr[anz] Helbling.[13] Hast Du noch nicht an Frau Viereck geschrieben, dann bitte ich, sie und ihr Frl. Schwester von mir zu grüßen und in meinem Namen für den übersandten Neujahrswunsch zu danken.

Daß die Gräfin [Schack] in England war, hatte ich ganz vergessen. Auf der Rückreise von ihren Eltern wird sie Euch jedenfalls besuchen; sie schrieb es mir, als sie nach E[ngland] ging. Sie wird aber vor Februar kaum zurückkommen.

Fr[ie]dch[en] wird mir wohl mitteilen, was für eine Kulturgeschichte sie von L[ie]b[knecht]s empfing, das interessiert mich zu wissen. Ich hatte den Plan, ihr eine zum Geburtstag zu schenken. Nun stehe ich wieder da und weiß nicht, was ich ihr kaufen soll.

Da mußt Du Dich der Angelegenheit ein wenig annehmen und hören, was sie sich wünscht.

Br[auer]s Bruder ist so alt, daß sein Tod niemand aufregen darf, er wird's gleichwohl tun.

I[ßleib]s Ansuchen ist ganz in der Ordnung. Wir haben diese Tuchleisten schon seit vielen Jahren nicht mehr nach Wunsch nirgends bekommen können, weil die neuen Tuche nur mit ganz schmalen Leisten, die für unsere Zwecke unbrauchbar sind, fabriziert werden. Wir sind dadurch schon oft in Verlegenheit gekommen.

Das ist ja ganz rührend, wie W[ankmüller]s Eurer gedacht haben. Aber recht ist mir's nicht, der Mann bringt in der Tat ein Opfer, wenn er die Arbeit, die er selbst leistete, auch nichts rechnet und in Freistunden ausübte. Wenn den Herbst keine Wahlen sind, stoße ich [mit] W[ankmüller]s *vielleicht* an, denn ich glaube, daß ich unter allen Umständen eine Reise nach der Schweiz machen muß.

Wenn Ihr glaubt, mir zuliebe auf einem baldigen Besuch bestehen zu müssen, so bemerke ich, daß, so lieb Ihr mir seid, ich auf 8 oder 14 Tage längeren Termin mich einrichte. Jetzt könnt Ihr hierher doch nicht kommen, denn grade die Linie Dresden-Chemnitz-hierher ist die schwierigste von allen. Andererseits halte ich den von mir vorgeschlagenen Plan für den besten und billigsten. Wenn Ihr auf *Tages*billett nach L[ei]pz[ig] geht, so ist das für Eure Verpflichtungen dort zu kurz, denn Ihr habt nur 2 1/2 Tage und diese knapp. Macht Ihr es, wie ich schrieb, so könnt Ihr Euren Besuch auf den 4., eventuell auch den fünften Tag ausdehnen und dann hierher kommen. Ihr seid also in Euren Dispositionen viel freier. Etwas anderes wäre es, Ihr wolltet gar nicht nach L[ei]pz[ig], aber das setze ich nicht voraus. Auch kostet die von mir vorgeschlagene Rundreise Dresden-Leipzig-Zwickau-Dresden wohl kaum mehr als zwei direkte Retourbillette. Wenn Ihr hierher direkt von Dr[esden] kommt, müßt Ihr um 9 Uhr Vormittag weg und seid erst 2 Uhr 4 Min. hier; 5 1/2 Uhr müßt Ihr zurück und kommt 11 Uhr in Dr[esden] wieder an. Doch haltet's, wie Ihr wollt.

Soeben lese ich, daß man in Sonneberg abermals ein unter Vierecks Mitwirkung erschienenes Blatt unterdrückt hat.[14] Man spielt Viereck hart mit.

Lebt für heute wohl. Grüßt herzlich B[ahlmann]s und alle Bekannte, und seid ebenfalls aufs herzlichste gegrüßt und geküßt
Dein August

1 Paul Singer schrieb am 30. Dezember 1886 u.a., er rechne Mitte Januar mit der Auflösung des Reichstags.
(Siehe IISG, NL Bebel, Nr. 159)
2 Johann Jacob Peters (gest. vor 1903), Tischler, Sozialdemokrat, Gewerkschaftsfunktionär, unter dem Sozialistengesetz Gastwirt, Mitglied der illegalen Parteileitung in Dresden-Altstadt, an der Verteilung des „Sozialdemokrat" beteiligt. 1887 gehörte er zum sozialdemokratischen Wahlkomitee für Dresden-Altstadt. Durch Annonce im „Sächsischen Wochenblatt" hatte Peters zur Silvesterfeier in das von ihm geführte Restaurant zur Wartburg am See eingeladen. „Peters war Jahrzehntelang der Leiter der politischen und größeren gewerkschaftlichen Versammlungen in Dresden."
(Festschrift zum Dresdner Parteitag 1903, Dresden 1903, S.8; siehe auch M. Schmidt, wie Nr. 72/2, S. 199, 207)
3 Leo Frankel (1844-1896), Goldarbeiter, ungarischer Sozialdemokrat, 1861-1867 Arbeit in Deutschland, 1867-1871 in Frankreich. Mitglied der IAA und Bekanntschaft mit Marx, Mitglied der Pariser Kommune, verantwortlich für den Bereich Arbeit, Industrie und Handel. In Abwesenheit zum Tode verurteilt. 1871-1875 in England, 1871/1872 Mitglied des Generalrats der IAA. 1875 nach Österreich, dort Einkerkerung und Auslieferung nach Ungarn, Oktober 1876 wird Verfahren gegen ihn wegen Teilnahme an Pariser Kommune eingestellt. Redakteur der „Arbeiter-Wochen-Chronik" (Budapest), 1878 Mitbegründer der Partei der Nichtwahlberechtigten und 1880 der Ungarländischen Allgemeinen Arbeiterpartei. Infolge von Preßprozessen 1881-1883 Gefängnishaft. Bis 1888 in Wien, dort ab 1886 Mitarbeiter der „Gleichheit". Ab 1889 in Frankreich. Mitbegründer der II. Internationale. Persönlich lernten sich Bebel und Frankel wahrscheinlich erst auf dem Pariser Kongreß 1889 kennen.
(Siehe Marga Aranyossi: Leo Frankel, Berlin 1957)
4 Emma Adler, geb. Braun (1858-1935), Schwester von Adolf und Heinrich Braun, seit 1878 Gattin von Victor Adler. Sozialdemokratin, Mitarbeiterin an der „Arbeiter-Zeitung", Herausgeberin von Schriften für die Jugend, u.a. 1905 „Buch der Jugend". 1906 erschien von ihr „Die Frauen der französischen Revolution". Sie übersetzte Werke aus dem Englischen, Französischen, Italienischen und Russischen, u.a. 1897 ein Drama von Turgenjew.
(Siehe Maitron, Autriche, wie Nr. 34/3, S. 20)
5 Victor Adler (1852-1918), Arzt, Journalist. Redakteur der „Gleichheit" und der „Arbeiter-Zeitung" Wien, Mitbegründer der Sozialdemokratischen Partei Österreichs und der II. Internationale, 1905-1918 Mitglied des Reichsrats. Bebel und Adler trafen 1883 erstmals persönlich zusammen. 1886 gewann Adler Bebel zur Mitarbeit an dem von ihm gegründeten sozialdemokratischen Presseorgan, ab den 90er Jahren war Adler einer der engsten Vertrauten Bebels.
(Siehe A. Bebel: Zu Victor Adlers 60. Geburtstag, BARS, Bd. 8/2, Nr. 82; Victor Adler. Briefwechsel mit August Bebel und Karl Kautsky..., Wien 1954)
6 Adolf Braun (1862-1929), Bruder von Emma Adler und Heinrich Braun. 1886 Dr. phil., Redakteur der „Gleichheit" und enger Mitarbeiter von Victor Adler bei der Gründung der Sozialdemokratischen Partei Österreichs. Später von Bebel ge-

schätzter Redakteur an Organen der deutschen Sozialdemokratie; ab 1906 an der österreichischen Arbeiter- und Gewerkschaftspresse tätig. Wirkte seit 1913 wieder in der deutschen Sozialdemokratie. 1918 deutsche Staatsangehörigkeit erworben. Ab 1920 Sekretär des Parteivorstands der SPD und 1920-1928 Mitglied des Parteivorstands.

(Siehe Maitron, Autriche, wie Nr. 34/3, S. 55/56)

7 Im „Sächsischen Wochenblatt" vom 12. Januar 1887 erschien die Danksagung mit Unterschrift von Julie Bebel als Annonce im gleichen Wortlaut, datiert vom 9. Januar 1887.

8 Siehe Nr. 85/7, 85/8.

9 Gemeint sind Heinrich Singer (1841-1920) und Mathilde Singer (1842-1902). Die drei Geschwister führten in Berlin einen gemeinsamen Haushalt.

(Mitteilung der Lebensdaten von Wilfried Henze)

10 Im Prozeß gegen einen weiteren Berliner Arbeiterinnenverein, in dem am 21. Dezember 1886 die Urteile verkündet wurden, war die Rede von einem „Bebelschen Programm" im Ringen um die Gleichberechtigung der Frau, das der Verein vertreten habe.

(Siehe Leipziger Tageblatt, 23.12.1886)

11 Gemeint ist der von Bebel verfaßte und -e- gezeichnete Artikel „Die deutsche Sozialdemokratie und das Sozialistengesetz", abgedruckt in der Probenummer der „Gleichheit" (Wien) vom 11. Dezember 1886 und der Nummer 1 vom 25. Dezember 1886. Nach seiner Haftentlassung im August 1887 verfaßte Bebel bis zur Aufhebung des Sozialistengesetzes für die „Gleichheit" bzw. der Nachfolgerin „Arbeiter-Zeitung" mehr als hundert Korrespondenzen, in denen er über die deutsche Sozialdemokratie informierte und tagespolitische Ereignisse im Deutschen Reich kommentierte.

(Siehe den Neudruck von 18 Korrespondenzen in: BARS, Bd. 2/1, Nr. 44, 46, 48, 52, 54, 57, 58, 63, 64, 72, 74, 76-78, 80-83)

12 Siehe Nr. 43/2. Bebel schrieb Bucle, wodurch Julie und Frieda den Namen nicht verstanden.

13 Siehe Nr. 82/3.

14 Das „Sächsische Wochenblatt" teilte am 29. Dezember 1886 das Verbot der „Thüringer Waldpost" durch die Regierung Oberbayerns aufgrund des Sozialistengesetzes mit. Bebel las die Notiz in der „Volks-Zeitung" vom 5. Januar 1887.

89

Plauen-Dresden, den 9. Januar 1887

Mein lieber guter August!

Deinen lieben Brief haben wir gestern erhalten und sind glücklich über Dein Wohlbefinden. Wenn ich wieder einen Brief von Dir erhalte, ist der dritte Monat angebrochen, es sind freilich immer noch viele, aber die Zeit vergeht ebenso schnell wie sonst, und ist bei uns niemals Langeweile vorhanden.

P[aul Singer] schreibt in sehr trüber Stimmung, die er aber absolut nicht zugeben will, daß die nächste Woche entschiede, ob er nur zum Besuch oder vorläufig wieder dauernd zu uns komme. Er selbst hatte sich auf seiner Reise erkältet, in der Familie sind verschiedene Krankheitsfälle, und seine Schwester sei auch nicht, wie es sein müsse, und den Ärger nicht ausgeschlossen. Ich habe ihn getröstet und gesagt, daß der Reichstag nicht aufgelöst würde, und wenn es dennoch wäre, solle er zu uns kommen und Dein Zimmer in Besitz nehmen, denn wenn der neue gleich wieder einberufen würde, dauert der Aufenthalt nicht lange. Die Bücher will er Dir senden, trotzdem nicht das dran sei, was Du glaubtest, aber interessant sei es immerhin, wie Spielh[agen] sich um gewisse Dinge herumdrücke. Übrigens ist der Roman in der „Gartenlaube" gestanden.[1]

P[aul] läßt Dich herzlich grüßen sowie B[ahlmann]s. Felix' Geburtstag ist morgen, ich werde ihm von Dir gratulieren. Der Junge ist ganz versessen auf mich und meinte, das wäre zu hübsch, wenn ich in ihrem Hause wohnte, da könnte er immer herauf und herunter, und seiner Mama erklärte er, daß er mich lieber habe als sie. Die kleine Ottilie ist ein prächtiges Ding und schwätzt alles. So hat unser kleiner Unternachbar Siegfried [Koritzki] mich um Dein Bild gebeten und hat mich jeden Tag gequält darum, bis [ich] es ihm gab, und da war er ganz glücklich. Ich sagte, daß ich es ihm nur gäbe, wenn ich seines dafür erhielte, da sagte er, ich solle seinem Schwesterchen ihres bekommen, er habe keines von sich.

Die Gräfin [Schack] hat sich schon angekündigt. Soll ich Paul von Dir gratulieren? Er hat mit Frieda Geburtstag. Das hast Du versehen, oder ich habe mich nicht richtig ausgedrückt: Frieda hat nur einen Handschuhkasten von Frau Liebknecht. Die Literatur-, nicht Kulturgeschichte ist die von Herrn Tr[aeger], der Dich bestens grüßen läßt. Frieda sagte, daß sie eine Kulturgeschichte habe, und die Literaturgeschichte sei nicht nur eine deutsche, sondern die aller Völker, und sie meint, daß es nicht gut anginge, dieselbe umzutauschen, was auch meine Meinung ist.

Frieda war von heute morgen 10 - 2 Uhr Schlittschuhfahren, vorige Woche war sie mit Anna E[ysoldt][2] und hat bei denen zu Mittag gegessen. Es ist eine ganz gute Mution, aber sie ist wie zerschlagen, so greift es sie an, weil sie so lange nicht gefahren ist, und werde ich meinen Besuch bei B[ahlmanns] abtelephonieren. Da wir morgen sowieso hinein müssen, will ich lieber Deine Briefe schreiben. Die für den vorigen, 7 St[ück], sind besorgt, und die andren werde ich noch erledigen. Frieda kommt noch weniger dazu. Die Wege nach der Stadt, die wir stets gehen, nehmen aber eine heillose Zeit weg, und kommt B[ahlmann] ein um den andren Tag, kann ich auch nichts tun. Er hat mir Leisten in Gestalt von Watterollen, die zwischen die Türen angeklebt werden, gebracht. Es ist auch wesentlich besser, aber warm bekommen wir schwer, es dauert immer zu lange, ehe der Ofen seine Schuldigkeit tut.

Nie ist man doch Herr seines Willens. Wie ich B[ahlmann] telephoniere, daß wir nicht kommen könnten, sagte er, daß sie sich schon darauf gefreut haben, er wolle uns eine Droschke schicken, wenn Frieda so müde sei. Das haben wir nun nicht angenommen, aber wir sind schließlich hineingegangen, und Dein Brief kommt wieder erst Montag fort. B[ahlmann] bot sich an, er wolle mir die Briefe auf der Maschine schreiben, was ist denn das für ein Profit, wenn ich es ihm vorsagen muß. Wir haben jetzt unter unserem Fenster eine Schlittschuhbahn auf dem noch freien Eckplatz, der sonst Wiese ist. Da tummelt sich die Plaunsche Jugend, und ist es sehr amüsant, zuzusehen. Doch ist die Bahn zu uneben, es wird vielleicht noch besser, weil immer gegossen wird. Ich habe Frieda neue Schlittschuhe als Geburtstagsgeschenk gekauft. Ich weiß auch nicht, was ich ihr schenken soll sonst noch.

Vorgestern telephonierte mir Advokat Freytag aus Leipzig und frug, wie es Dir ginge. Er wäre geschäftlich in Dresden und habe heute keine Zeit; wenn er wiederkäme, wolle er uns besuchen und läßt Dich schön grüßen. Ich las im Blatt, daß die Ausstellung vom 27. - 31. Januar stattfände. Wir werden also bis dahin warten mit unserm Besuch nach Leipzig. Wenn Du so viel zu essen bekommst, brauchen wir Dir nichts mehr zu senden?

Aber die Wäsche und Bücher werde ich Dir diese Woche senden, auch wird Frieda nachsehen mit den Büchern, ebenso nach den Blättern, die Dr. Adler sendet. Ich sehe die Blätter nicht alle an, da könnte ich die ganze Zeit zum Lesen verwenden. Frau Dr. Braun hat ganz recht, wie sie mir sagte, daß ihr die Zeit zu kostbar sei, um sie zu verschwätzen, und deshalb schafft sie sich keinen Umgang oder Gesellschaft an. Es ist mir unerklärlich, daß ich ihm nichts von Dir geschrieben hätte. Du siehst aber, wie die Kürze der Briefe aufgenommen wird. Die Leute wollen ganz genaue Details wissen. Es genügt nicht, wenn wie ich ihm schrieb, daß wir sehr befriedigte Nachrichten von Dir hätten. Ebenso mit P[aul]. Ich hatte ihm nicht gleich geantwortet, weil ich die Neujahrsgratulation gleich mit verbinden wollte. Mein Neffe Rudolph [Otto] hat mir auch geschrieben aus Köln und um einen Brief gebeten.

Herr L[iebknecht] hat sich noch nicht sehen lassen, obgleich ihn B[ahlmann] immer erwartet, das ist doch komisch. Er will erst seine Rede los werden, sagt B[ahlmann]. L[iebknecht] schrieb, daß er keine Lust mehr am politischen Leben habe. Amerika stecke ihm noch zu sehr in den Gliedern mit seiner Großartigkeit. Verdenken kann ich es ihm nicht, es ist doch alles recht erbärmlich überall, wohin man sieht. Mäxchen [Kayser] kriegt auch einen geharnischten Denkzettel für seine Feigheiten in seinem Blatt von den Berliner Arbeitern im „S[ozial]d[emo-krat]".[3] Das geschieht ihm recht, es hilft aber deshalb nichts.

Doch ich muß schließen, da wir zu B[ahlmanns] müssen.

Ich hätte den andren Herren auch gern gratuliert, aber ich glaubte, daß man derartige Arbeiten der Verwaltung ersparen müsse und nicht mehr als nötig senden solle. Frau Viereck hatte ich schon geschrieben, so bald werde ich es nicht tun können.

Und nun leb wohl für heute. Das ist aber sehr schön, daß Du den Wein trinken darfst, ist es denn weißer oder roter? Der letztere wäre Dir besser. Doch wird der andere auch gut tun. Grüße die Herren von mir. Was soll ich mit der Filzdecke machen?
Mit den herzlichsten Grüßen und Küssen
Deine Frieda und Julie

---

1 Der Roman von F. Spielhagen „Was will das werden?" wurde in der „Gartenlaube" von Nr. 1 bis Nr. 39, Januar bis September 1886, abgedruckt.

2 *Anna* Maria Eysoldt (1868-1913) war die Tochter des Rechtsanwalts Arthur Eysoldt und seiner zweiten Frau Bertha Eysoldt. 1877 wurden die Eltern geschieden. Anna bereitete sich gemeinsam mit Frieda Bebel durch Privatstunden auf das Abitur vor. Am 31. März 1887 übersiedelte sie mit ihrer Mutter und ihrer Schwester Gertrud nach Zürich. Aufgrund ihres Gesuchs, am dortigen Knabengymnasium die Maturität zu erlangen, mußte sich die Schule im Auftrag des Erziehungsrats mit der Aufnahme von Mädchen befassen, die aber zum wiederholten Mal abgelehnt wurde. Da in Zürich Frauen auch ohne Abitur Vorlesungen hören durften, studierte sie dennoch von Oktober 1887 bis Mai 1890 und von November 1890 bis Februar 1891 dort Medizin, dazwischen in Bern. Sie heiratete 1892 den Rechtsanwalt Ernst Aebi (etwa 1856-1922) in Bern, der der Sozialdemokratie nahestand. Er erwarb sich „den Ruf eines der ersten Plädoyisten der Schweiz". 1905 geschieden. Anna ging dann nach Bonn, wo sie mit der Sozialdemokratin und Frauenrechtlerin Johanna Elberskirchen (1864 - nach 1934) zusammenlebte. Bereits 1900 erschien in München das von beiden gemeinsam verfaßte Buch „Die Mutter als Kinderärztin. Praktische Ratschläge zur Pflege des gesunden und kranken Kindes, in kurzer, allgemein verständlicher Darstellung".
(Siehe Geschichte der Kantonsschule Zürich in den letzten 25 Jahren. 1883-1908, Zürich 1910, S. 26; Auskünfte von Gabi Einsele und vom Staatsarchiv des Kantons Zürich; Ricarda Huch: Frühling in der Schweiz. Jugenderinnerungen, Leipzig [1949], S. 42/43; Zitat zu Aebi: Berner Woche, 23.12.1922)

3 Am 8. Januar 1887 erschien im „Sozialdemokrat" eine Stellungnahme von Berliner Sozialdemokraten. Sie setzten sich mit Darlegungen eines „Mitglieds der Reichstagsfraktion" im „Sächsischen Wochenblatt" vom 20. November 1886 auseinander. Kayser bekannte sich später als Verfasser. Er sprach sich ausschließlich für den Weg von Reformen mit parlamentarischen Mitteln aus. Diese Auffassung wurde von den Berlinern „für unvereinbar mit den wirklichen Verhältnissen, den Prinzipien der sozialdemokratischen Partei und den Geboten der Taktik" erklärt. „Statt im Reichstage den Bettelsack zu schwingen, in dem doch nie etwas fallen wird, was den Arbeiter satt machen kann, sollten die Vertreter des Proletariats im Reichstage noch in viel höherem Grade als jetzt unter das Volk gehen, um es aufzuklären" und den Reichstag als Tribüne benutzen. Kayser zeige „sich den Zuständen der heutigen Gesellschaft gegenüber so friedfertig..., daß er beinahe einen Platz unter den Nationalliberalen verdiente". Auf diese Kritik berief sich Kayser in seinem Gesuch, das Verbot des „Sächsischen Wochenblatts" aufzuheben (siehe Nr. 98/8) Ein noch härteres Urteil über das Blatt wurde am 11. Februar 1887 im „Sozialdemokrat" gefällt.

90

Zwickau, Landesgefangenenanstalt, den 13. Januar 1887
Meine liebe gute Julie!

Deinen lieben Brief empfing ich gestern. Ich bin heute in der angenehmen Lage, Euch wenigstens nicht für mich weitere Brief-schreiberei zumuten zu müssen, da ich in der letzten Woche von Zuschriften verschont blieb. Wenn Ihr allerdings weiter wie bisher in Anspruch genommen werdet, wird Euch nichts anderes übrig bleiben, als Euch ein wenig zurückzuhalten. Was soll denn das erst den Sommer werden und wenn ich wieder zu Hause bin?

Ich will nicht hoffen, daß P[aul Singer] in die Lage kommt, Deine Einladung anzunehmen, und ich wünsche, daß er sie nicht annimmt, wenn er sollte in die Lage kommen. Da hat Dich Dein gutes Herz einmal wieder verführt. Ganz abgesehen davon, daß P[aul] mit dem einen Zimmer nicht genug hat, wie willst Du denn mit der Arbeit fertig werden? Und die Stunden, die Ihr dann für Euch habt, könnt Ihr erst recht mit der Laterne suchen. Bringt Ihr Euer Zimmer jetzt nicht warm, das andre werdet Ihr erst recht nicht warm bringen. Das Übel ist, daß wir immer meh-rere Zimmer zu heizen haben und unsre Unternachbarn [Koritzki] in den vorderen Zimmern nicht heizen. Probiert es doch, daß Ihr abends einheizt für den Morgen und gegen Mittag das zweitemal. Ich befinde mich da im Vergleich zu Euch, soweit es auf die Heizung ankommt, in einer beneidenswerten Lage. Erführe ich nicht, wenn wir auf den Hof kommen, wieviel Grad wir haben, in der Zelle merkte ich's nicht, und dabei habe ich den ganzen Tag die Fensterklappe auf und die Nacht ebenfalls teil-weise.

P[aul] scheint in einem krankhaften Zustand zu sein, ein Zu-stand übrigens, an dem der ganze Reichstag offenbar leidet. Ist das ein Lärm und ein Trödel für nichts und wieder nichts. Es müßte sonderbar zugehen, wenn der Reichstag wegen der Mili-tärvorlage aufgelöst werden sollte. Die Opposition bietet ja Mann für Mann, zunächst nur auf drei, statt auf sieben Jahre. Und ich fürchte, sie wird auch noch über den Stock springen und die sieben Jahre apportieren.[1]

Wenn das Ausland unsern Verhandlungen folgt, muß es den Kopf schütteln. In der ganzen Welt ist es Sitte, soweit überhaupt ein parlamentarisches Leben existiert, daß das Parlament *alljähr-*

lich alle Ausgaben festsetzt und das Militärbudget bewilligt. Ein Minister, der in Frankreich oder England dem Parlament zumutete, was dem Reichstag zugemutet wird, müßte unter dem Sturm der Entrüstung *aller* Parteien augenblicklich seine Stelle räumen. Nur in Deutschland ist das anders, weil der deutsche Großbürger, und der hat heute das Heft in der Hand, ein feiges, charakterloses Subjekt ist. Bei uns hat das politische Eunuchentum Oberwasser, und da verdenke ich's einem Minister nicht, wenn er mit diesen Leuten nach Belieben umspringt. Ich hoffe, daß, wenn L[ie]b[knecht] zum Wort gekommen ist, er nicht nur mit B[ismarck] sein Hühnchen rupft, sondern namentlich auch mit den andren Parteien. Ohne deren jammervolle Haltung seit 20 Jahren wären all diese Zumutungen nicht möglich.

Glaube ich also nicht, daß es wegen der Militärvorlage zur Auflösung kommt – obgleich B[ismarck] das offenbar *sehnlichst wünscht* –, so dürfte trotzdem der Reichstag kein langes Leben mehr haben. B[ismarck] braucht einige hundert Millionen Geld und hat sonst noch allerlei Pläne im Hintergrund, die er gerne verwirklichen möchte, ehe eine Änderung in der obersten Stelle im Reich eintritt. Diese Pläne glaubt er mit dem jetzigen Reichstag nicht verwirklichen zu können, worin er nach meiner Überzeugung unrecht hat. Wenn er den Reichstag nur ein wenig anders behandelte, bekäme er alles. Und der nächste wird nicht besser, auf wesentliche Parteiverschiebungen ist zunächst nicht zu rechnen. Das ändert sich erst, wenn das System sich ändert.

Ich bin im Grunde genommen froh, daß ich das Treiben nur aus der Vogelperspektive mir anzusehen brauche. Ich teile den Widerwillen L[ie]b[knecht]s, wenn auch aus andern Gründen.

Schade, daß ich augenblicklich nicht Besitzer von hunderttausend Russen bin – ich meine von russischen Staatspapieren. Die Folge der B[ismarck]schen Rede[2] wird sein, daß diese in den nächsten Tagen gewaltig steigen. Der russische Finanzminister[3] wird alle Ursache haben, sich vergnügt die Hände zu reiben, und wenn nächstens wieder neue Zollerhöhungen und Schikanierungen deutscher Staatsbürger seitens Rußland stattfinden, so werden wir diese Ohrfeigen als gebührender Dank ruhig einstecken und statt die Faust nach der Newa nach der Seine ballen. Es geht in der Tat nichts über die Konsequenz. Die deutsche Politik wird nicht in Berlin, sondern in St. Petersburg gemacht, und der Lohn wird nicht ausbleiben. Rußland nutzt die Situation aus, und die

Zeche werden wir schließlich bezahlen müssen; wenn nicht heute, so morgen.

Es wird mir sehr angenehm sein, wenn Ihr mir die Bücher recht bald schickt, ich brauche namentlich das Lexikon. Ich verlange nicht, daß Ihr mir die Adlerschen Blätter[4] schickt, ich wollte bloß das Inhaltsverzeichnis der ersten Nummer, d. h. die größeren Artikel, kennen. Im übrigen wünschte ich allerdings, daß Ihr Euch wenigstens den Titel der Blätter ansähet und Blätter dieser Art, die mir besonders zugehen, ebenso wie Broschüren und Bücher aufhöbet. Wie ich schon bemerkte, „Freiheit", New York[er] „Sozialist", Züricher „Arbeiterstimme" etc. könnt Ihr makulieren. Dagegen müßt Ihr mir den Z[üricher] „Soz[ial]-demok[rat]" sorgfältig aufheben.

Ihr wißt doch so viel von mir, daß Ihr den Leuten, wo es nötig ist, auch über mein Tun und Treiben einiges schreiben könnt. Im übrigen will ich allerdings, daß die Briefe nicht mehr, als absolut notwendig, enthalten.

Der Wein ist, scheint es, halb roter, halb weißer. Von 2 Flaschen, die ich bisher leerte, enthielt die eine Rot-, die andere Weißwein. P[aul] wollt Ihr allerdings in meinem Namen gratulieren, ich glaubte, mein heutiger Brief träfe noch zeitig genug ein.

Es ist mir lieb zu hören, daß Ihr meinen Vorschlag, über L[ei]pz[i]g zu reisen, annehmt. Seht, daß Ihr vielleicht den 27. oder 28. schon in L[ei]pz[i]g seid, die Ausstellung ist jedenfalls in den ersten Tagen am schönsten, ich freue mich, Euch mal wieder zu sehen.

Ich bitte, dem Paket für mich auch einige Stücke Seife beizufügen, Du weißt ja, wie ich sie gerne habe. Ferner wenigstens einen Rockhenkel – der an meinem Jackett ist abgerissen – beizufügen.

Besondere Mitteilungen von hier habe ich Euch nicht zu machen. Ein Tag geht dahin wie der andere. Wir befinden uns sämtlich wohl.

Mit großem Bedauern las ich gestern, daß der Abgeordnete Dirichlet[5] plötzlich starb. Es war ein ganz prächtiger Mensch, immer munter wie ein Wiesel und einer der wenigen schneidigen Redner unter den Freisinnigen. Die letzteren haben Malheur, sie verlieren nacheinander ihre besten Leute, ohne daß neuer Zuwachs käme – das Bild der bürgerlichen Gesellschaft, die auch in der Abwirtschaftung begriffen ist und ihrem Untergang entgegeneilt.

Grüße herzlich B[ahlmann]s. Daß Du Felix gratuliertest, war recht, ich hatte nicht an seinen Geburtstag gedacht. Du wirst Frau B[ahlmann] eifersüchtig machen, wenn Du ihr das Herzblättchen abspenstig machst.

Anbei einige Zeilen an Frieda.[6] Ich muß mich dazuhalten, um den Brief rechtzeitig hinauszubringen, ich fing zu spät zu schreiben an.

Herzlichen Gruß und Küsse von

Deinem August

Montag kommen die Frankfurter ans Messer, ich bin gespannt, wieviel es setzt.

Schreibt [an die] Redaktion des „Schwäb[ischen] Wochenblatts", Stuttgart, und ebenso an die Redaktion der „Gleichheit", Wien, Sendungen hierher zu unterlassen. Es sind solche hier angekommen, sie werden aber nicht an mich abgegeben.[7] Wiener Adresse werdet Ihr auf dort liegenden Nummern finden. Sendet Karte.

1 Zu seinen Bemerkungen über die Militärvorlage wurde Bebel durch die zweite Beratung der Vorlage im Deutschen Reichstag veranlaßt, die am 11. Januar 1887 begann. Am 25. November 1886 war der neue Militärgesetzentwurf dem Reichstag vorgelegt worden, obwohl das 1880 beschlossene Septennat noch bis 1888 Gültigkeit besaß. Bismarck wollte mit diesem Gesetz die innen- und außenpolitische Krise, die seine Politik hervorgerufen hatte, überwinden. Die Vorlage sah eine Erhöhung der Heeresstärke um zehn Prozent sowie strukturelle Veränderungen im Heer vor. Auf die Kostendeckung wurde nicht eingegangen. Der Vorsitzende der Deutschfreisinnigen Partei Eugen Richter errechnete die jährlichen Ausgaben mit 24 Millionen, die einmaligen Ausgaben mit 64 Millionen Mark. Zur Auflösung des Reichstags hatte sich Bismarck bereits auf der Staatsratssitzung am 9. Januar 1887 die Zustimmung eingeholt. Als der Reichstag am 14. Januar 1887 nachmittags beschloß, die Militärvorlage für drei statt für sieben Jahre zu billigen, löste Bismarck den Reichstag auf. Neuwahlen wurden für den 21. Februar 1887 festgesetzt. Die weitreichenden innenpolitischen Ziele, die Bismarck mit der Auflösung verfolgte, kennzeichnete Bebel im Brief Nr. 92.

2 Gemeint ist Otto von Bismarcks Rede am 11. Januar 1887 im Deutschen Reichstag, die im „Leipziger Tageblatt" am 12. Januar 1887 abgedruckt wurde. Bismarck betonte darin, daß das Deutsche Reich keine Händel mit Rußland habe. Wegen Rußland sei die Erhöhung der Heeresstärke nicht notwendig. Er fürchte aber „den Angriff Frankreichs; ob in zehn Tagen oder in zehn Jahren, das ist eine Frage, die ich nicht entscheiden kann".

(Siehe Stenographische Berichte, 6/4/1, S. 335-343, Zitat S. 339; Ernst Engelberg: Bismarck. Das Reich in der Mitte Europas, Berlin 1990, S. 475-489)

3 Finanzminister in Rußland war Iwan Alexejewitsch Wyschnegradskij (1832-1895).

4 Gemeint ist die „Gleichheit" (Wien). Siehe Nr. 88/11.

5 *Walter* Arnold Abraham Dirichlet (1833-1887), Gutsbesitzer, Mitglied der Deutsch-freisinnigen Partei, MdR 1881-1887. Bebel erfuhr von seinem Tod durch das „Leipziger Tageblatt" vom 13. Januar 1887.

6 August Bebel sandte seiner Tochter einen Geburtstagsgruß zum 16. Januar. Sie wurde 18 Jahre alt.

7 Eine Aufforderung, die Zusendung der genannten Zeitschriften zu unterbinden, erhielten Auer, Bebel und Viereck am 14. Januar 1887 von der Gefängnisverwaltung.
(Siehe Akte Zwickau, Bl. 46)

91

Mein lieber guter August!
Die Situation drängt mich, Dir schon heute zu schreiben, bevor ich Deinen Brief habe. Die Depesche hast Du wohl erhalten?[1] Es ist also geschehen, was ich nicht für möglich hielt. Da kann es passieren, daß P[aul Singer] grade zu seinem Geburtstage fort muß, das wird ein schöner Jammer dort sein, und B[ismarck] freut sich. Wir hatten allgemein erwartet, L[iebknecht] würde bei der zweiten Lesung der Militärvorlage sprechen, aber vergebens. In einem Donnerstag hierher gelangten Brief bemerkte L[iebknecht], es sei alles abgemacht worden, als er noch weg war. Er würde nicht zum Worte kommen. Ein Unglück sei es ja nicht, obgleich er recht gern gesprochen hätte. In verschiedenen Blättern nahm sich die Rede Hasenc[levers] gradezu aus wie eine Blechpauke, welche die „[Berliner] Börsen-Zeitung" folgend glossierte: „Herr H[asenclever] geriet sehr zur Unzeit in dieses aufregende Duell zwischen zwei großen Intelligenzen. Bei seinen derben, ungeschlacht stilisierten und mit einer mißtönigen Stimme, die im Rauch von Bierlokalen heiser und kreischend geworden zu sein scheint, vorgebrachten Ausfällen dachte man unwillkürlich an das Wort des Dichters: ‚Da, wo der Löwe den Tiger packt, da soll der Treiber sich ducken'. Wie vornehm und elegant sticht die Beredsamkeit eines Bebel trotz ihrer Schärfe und fanatischen Leidenschaftlichkeit gegen diese Hintertreppendiktion, gegen diesen Ton der Portierloge ab." Und an einer andern Stelle: „Er, B[ismarck], korrigierte die Akten, versah sie mit Randbemerkungen und schien in seiner Arbeit durch die wüste Beredsamkeit des Herrn H[asenclever] nicht im mindesten gestört zu werden. Er achtete nicht einmal auf jene Bemerkungen des 'urkomischen' Sozialistenführers, dieses Humoristen wider Willen, welche die schallendste Heiterkeit und das herzlichste Spott- und Hohngelächter hervorriefen, sondern las und schrieb immer ruhig weiter. Herr H[asenclever] gab sich alle erdenkliche Mühe, von ihm einen Blick der Entrüstung zu erhalten, er apostrophierte den 'gewaltigen Fürst Reichskanzler', er schrie nach ihm hin, zeigte anklagend auf ihn, es war alles vergeblich. Fürst Bismarck setzte seine Lektüre mit sichtlichem Interesse fort, und es war, als ob er nicht einmal das lustige Gelächter hörte, welches durch die

unmöglichen neuen Wortbildungen und gedankenlosen Bemerkungen in Parenthese des Redners erregt wurden."[2]

[15. Januar 1887]

Ich habe heute Deinen lieben Brief erhalten und freue mich, daß Du wohl bist. Wir waren eben im Arbeiterbildungsverein, wo Herr Wurm chemische Vorträge hielt[3], die Frieda sehen wollte, über Schwefel und Phosphor, da war Herr Kayser grade von Berlin gekommen und sagte, daß P[aul] auch heute abend käme. Er schrieb mir, daß er uns morgen besuchen würde, eventuell zu besprechen wegen der Wohnung. Wenn ich darauf eingehe, würde ich meine Scheuerfrau jeden Tag kommen lassen und mich von vornherein mit ihm verständigen. Mit dem Mittag würde ich mich nicht einlassen, da kann er nach der Stadt fahren und zum B. gehen, kurz, mich in keiner Weise binden. Da in 5 Wochen Neuwahl ist, wird er auch zu arbeiten haben. In der Wohnstube wird es jetzt ganz schön warm, weil ich zweimal feure, wie es aber in Deinem Zimmer werden wird, weiß ich noch nicht. Herr B[ahlmann] wollte heute bei Frau Kraffert mieten[4], wenn sie Zimmer frei hat, also ist es fraglich, ob er zu uns will. Ich weiß nicht, warum ihr auf einmal gegen Vermietungen seid. Frieda natürlich auch, die sieht sich schon zurückgesetzt von mir. Du warst doch vorher nicht so sehr dagegen? Natürlich werde ich es nur geschäftlich behandeln. In unseren jetzigen Verhältnissen kann ich keine Gastfreundschaft üben. Ich frug K[ayser], warum L[iebknecht] nicht gesprochen habe, [da] sagte er, er habe nicht gewollt. H[asenclever] hätte aber doch ganz gut gesprochen, und nach ihm hätte L[iebknecht] auch noch sprechen können, er habe aber auch da nicht gewollt. Na, wir sind ganz froh, daß Du Dich nicht hast ärgern müssen und daß Du bei der Wahlkampagne Dich nicht zu beteiligen brauchst. Kayser war es gar nicht recht, daß Du nicht frei seist. Er ist vielleicht bange um seinen Wahlkreis? Was man aber zu der Auflösung sagen soll, weiß man nicht. Deine Wäsche habe ich besorgt und sende morgen die Bücher mit derselben.

[16. Januar]

Eben ist P[aul] angekommen und munter in unserm Kreise. Bahl[manns], K[ronkes] und Eyso[ldts] sind dabei, und haben wir auf Dein Wohl verschiedene Gläser geleert. Frieda ist sehr reich beschenkt worden. P[aul] hat ihr ein reizendes goldenes Armband geschenkt und Bahl[manns ein] prachtvolles Blumenkörbchen und Buketts und noch ein wertvolles Geschenk. Z. waren leider schon anderwärts eingeladen und konnten nicht kommen. Eben haben sich alle entschlossen, Dir ein Gedicht zu machen, das anbei folgt und Dich amüsieren soll. Doch muß ich für heute schließen, da ich den Brief mitten in der Gesellschaft schreibe und keinen gescheiten Gedanken fassen kann. Den Löwenanteil haben Paul und Emil [Kronke] geliefert an dem Gedicht. In den ersten zwei Nummern der „Gleichheit" steht der Artikel, der sich sehr gut ausnimmt.

Und nun leb wohl für heute und sei recht herzlich gegrüßt und geküßt von Frieda und
Deiner Julie

Frieda wird Dir die Woche schreiben.

Soeben aus Berlin gekommen (P)
Von uns gleich mit Beschlag genommen [J. B.]
Sitzen wir bei Bier und Punsch (E. K. filius)
Und haben nur den einen Wunsch (E. K. sen.[5])
Im nächsten Jahr der heut'ge Tag (B. E.[6])
Dir viele Freuden bringen mag [F. B.].
Kehrst Du dann neugewählt zurück (P)
Wozu wir wünschen jetzt schon Glück (G. E.[7])
Dann ist's für uns ein Hochgenuß (E. K. sen.)
Daß die Regierung sehen muß (B.E.)
Wie treu das Volk hält an der Fahn (E. K. filius)
Die Du so lang ihm trugst voran (P).
Wie stets auch heut wir Dein gedenken [F. B.]
O! könnten Freiheit wir Dir schenken [J. B.]
Statt derer folgt mit unserm Gruß (B. E.)
Des Töchterchens Geburtstagskuß [F. B.].[8]

---

1 Im Telegramm wurde die Auflösung des Reichstags mitgeteilt.
2 W. Hasenclever setzte sich am 12. Januar 1887 im Reichstag mit der von Bismarck am Vortag gehaltenen Ansprache auseinander (siehe Stenographische Berichte, 6/4/1, S. 362-367). Hasenclevers in Stuttgart als Separatabdruck veröffentlichte Rede wurde polizeilich verboten. Julie Bebel zitierte wörtlich aus der „Berliner Börsen-Zeitung", ließ aber einen Bismarck würdigenden Satz aus. Der erste Teil des Zitats entstammt der Nummer vom 13. Januar 1887, der zweite Teil der Abendausgabe vom 12. Januar 1887. Vorredner war der Freikonservative Otto Heinrich von Helldorf (1833-1908). Nach Hasenclever sprach der preußische Kriegsminister Paul Bronsart von Schellendorff (1832-1891).

3 Es handelte sich um einen der regelmäßig sonnabends stattfindenden Vorträge im Volksbildungsverein Dresden. E. Wurm hielt seinen vierten chemischen Vortrag zum Thema Schwefel und Phosphor.

Emanuel Wurm (1857-1920), Chemiker, Sozialdemokrat, MdR 1890-1906, 1912-1918; 1902-1917 Redakteur der „Neuen Zeit", 1907-1914 Lehrer an der zentralen Parteischule, 1917 USPD.

(Siehe Sächsisches Wochenblatt 15.1.1887)

4 Frau Kraffert war die Gattin des Kaufmanns Albert Kraffert, dem das Haus in der Lindenstraße 25 gehörte. Dort wohnte Singer ab September 1886. Nunmehr zog Singer in Bebels Wohnung. Später mietete sich Singer in der Hohestraße 25 ein.

(Siehe Gemkow, Phil. Diss., wie Nr. 13/1, S. 46.

5 Von Emil Kronke senior ist in den hier abgedruckten Briefen nicht die Rede. Offenbar bezeichnete sich Emma Kronke als E. K. senior.

6 *Bertha* Wilhelmine Eysoldt, geb. Richter (1845-1934), Tochter eines Rittergutspächters, heiratete 1867 Arthur Eysoldt, wurde 1877 geschieden. Sie war eine selbstbewußte Frau, die ihren Töchtern eine Ausbildung zuteil werden ließ, die ihnen eine berufliche Tätigkeit ermöglichen sollte. Am 31. März 1887 reiste sie mit ihren Töchtern Anna und Gertrud nach Zürich, zog 1888 mit Tochter Gertrud, bei der sie später lebte, nach München. Dort eröffnete sie 1891 ein Fotoatelier. Julie Bebel stand weiterhin mit Bertha Eysoldt in Verbindung. Siehe Nr. 162.

(Angaben von Gabi Einsele, Zürich, Horst Eppstädt, Pirna, und Carsten Niemann, Hannover)

7 *Gertrud* Gabriele Franziska Eysoldt (1870-1955), Schwester von Anna Eysoldt. Schulbildung an der Städtischen Höheren Töchterschule Dresden-Altstadt, 1887 nach Zürich, ab 1888 Besuch des Konservatoriums in München. Seit 1890 Schauspielerin, 1890/1891 in Meiningen, 1891-1893 in Riga, 1893-1899 in Stuttgart, dann in Berlin. Von 1902 bis 1933 gehörte sie zum Ensemble des Deutschen Theaters unter Leitung von Max Reinhardt. Anfang des 20. Jahrhunderts wurde sie durch ihre neuartigen Interpretationen von Rollen, besonders zeitgenössischer Autoren – z.B. der Salome (Wilde), der Elektra (Hoffmannsthal), der Lulu (Wedekind), der Nastja (Gorki), aber auch des Puck (Shakespeare) – zu einer viel beachteten Schauspielerin. Sie war Mitglied in dem von Helene Stöcker gegründeten Bund für Mutterschutz und Sexualreform und vertrat im Ersten Weltkrieg pazifistische Positionen.

Im hohen Lebensalter erinnerte sich Gertrud Eysoldt an August Bebel: „Als ich ein zwölfjähriges Mädchen war und meine Schwester, um Medizin zu studieren, mit Bebels Tochter Privatstunden fürs Abitur nahm, sagte meine Mutter einmal zu Bebel von mir in meiner Gegenwart: ‚Sie will Schauspielerin werden, sie ist aber zu klein.' Darauf schaute Bebel mich mit seinen klaren Augen an und sagte: ‚Wer wachsen will, der wächst'. Ich war so beglückt und reckte mich jedesmal abends im Bett – bis ich später begriff, wie geistig er es gemeint hatte."

(Gertrud Eysoldt an Wilhelm Ringelband, 18.1.1946, in: Wilhelm-Ringelband-Archiv, Bensheim; übermittelt von C. Niemann. In der Jahresangabe irrt allerdings Gertrud Eysoldt. Familie Bebel zog erst im September 1884 nach Dresden. – Siehe Carsten Niemann: Die Schauspielerin Gertrud Eysoldt als Darstellerin der Salome, Lulu, Nastja, Elektra und des Puck im Berliner Max-Reinhardt-Ensemble, Phil. Diss. Frankfurt/Main 1993)

8 Von den nicht mit Namenskürzeln versehenen Zeilen könnte – nach der Schrift zu urteilen – die 2. und 14. Zeile von Julie Bebel sowie die 6., 13. und letzte Zeile von Frieda Bebel stammen. Ihre Namenskürzel wurden in eckigen Klammern ergänzt.

92

Meine liebe Julie!

Noch ehe ich den üblichen Brief von Dir erhalten habe, sehe ich mich veranlaßt, Dir zu schreiben, und zwar ist die direkte Ursache eine Notiz in der gestrigen Berl[iner] „Volks-Zeit[ung]" – die ich seit dem 1. d. M. lese –, worin unsere Wohnung als Sitz des Mitgliedes des sozialdemokratischen Wahlkomitees P[aul] S[inger] genannt wird.

Ich weiß freilich nicht, ob P[aul] die Wohnung nur als Büro benutzt – womit ich natürlich sehr einverstanden bin – oder ob er sich ganz bei Euch einquartierte. Für den letzteren Fall halte ich das im letzten Briefe von mir Erwähnte aufrecht, und das übrige wird Dir die Erfahrung selbst bestätigen.

Im einen wie im andern Falle werdet Ihr – darüber wird sich auch P[aul] nicht täuschen – für die nächsten Monate Gegenstand sorgfältiger polizeilicher Aufmerksamkeit sein. Bei der Stellung, in die P[aul] zur Dresdner Polizei geriet[1], wird man ihm gegenüber sogar manches tun, was man andernfalls unterließ. Kommt hinzu, daß die ganze Situation wesentlich gegen *unsere* Partei ausgebeutet werden soll.

Da P[aul] das alles so gut weiß wie ich, brauche ich es ihm nicht zu sagen, ich will Dir nur hiermit einige Ratschläge geben, wie *Du* Dich bei den möglicherweise wiederholten Besuchen verhalten sollst und *mußt*. Denn daß man auch Eure Kisten und Kasten dann gründlich lüften wird, halte ich für selbstverständlich. Du hast also, sobald die Herren kommen und in *Deinen* resp. *Fr[ieda]s Gelassen* haussuchen wollen, zunächst die *richterliche* resp. *staatsanwaltschaftliche* Bescheinigung zu verlangen. Eine solche ist nach dem Gesetz *notwendig*. Hat man diese nicht und beruft man sich auf irgendwelchen Umstand, so willst Du gegen die Haussuchung in aller Form protestieren und erklären, daß Du durch mich Beschwerde resp. Anklage werdest erheben lassen. Geht die Haussuchung vor sich, so willst Du darauf sehen, daß die Herren alle Gegenstände, soweit sie nicht für gut finden, solche mitzunehmen, wieder an den richtigen Ort legen, also auch die Möbel wieder in Ordnung stellen.

Briefe oder was sie sonst mitzunehmen Neigung haben, willst Du unter keinen Umständen die Beamten lesen lassen. Du berufst

Dich hierbei auf die Strafprozeßordnung, die anordnet, daß der Behaussuchte verlangen kann, daß sämtliche Gegenstände in ein Verzeichnis gebracht werden und daß Briefe etc. in *ein Paket zu packen* und *mit dem Siegel des* **Eigentümers** *zu versiegeln sind.* Dieses Paket muß die Polizei dem *Richter* übergeben, der erst in *Eurer* resp. *meiner* Gegenwart die Briefe etc. öffnen darf.

Wird nichts mitgenommen, so läßt Du Dir ausdrücklich eine Bescheinigung geben, in der der Grund aufgeführt sein muß, *weshalb* die Haussuchung stattfand.

Du willst mir alsdann sofort genaueste Mitteilung machen, damit ich meinerseits vorgehen kann.

Präge Dir das Gesagte genau ein, noch richtiger: Hebe Dir diesen Brief für den Eventualfall auf.

Was nun die allgemeine Situation betrifft, in die wir im Handumdrehen geraten sind, so ist der Reichstag natürlich nur scheinbar aus dem angegebenen Grunde aufgelöst worden. B[ismarck] weiß so gut wie ich, daß er nach drei Jahren genau seine Forderungen bewilligt erhält, wie er sie auf drei Jahre bewilligt erhielt. Eine prinzipiell feindliche Majorität ist im Deutschen Reichstag nicht möglich, da die *einzige*, die möglich wäre, die sozialdemokratische, im *gewöhnlichen* Lauf der Dinge bis 1890 **un**möglich ist, und bei *un*gewöhnlichem Verlauf handelte es sich um ganz andere Dinge als die Lumperei eines drei- oder siebenjährigen Armeebestandes.

Was die Opposition, richtiger, Freund und Feind bereits fühlen, ist, daß es sich um einen viel wichtigeren Zweck handelt. B[ismarck] will neben den militärischen Forderungen seine Steuerprojekte durchsetzen können, und dann soll eine Revision der Verfassung, des Wahlrechts, Verschärfung des Strafgesetzes und des Sozialistengesetzes vorgenommen werden und sonst noch allerlei: Das sind die *wahren* Pläne und Zielpunkte.

Ob B[ismarck] sich nicht verrechnet, wird die Zukunft lehren. Bekommt er keine Mehrheit, was ich für wahrscheinlich halte, so muß er von vorn anfangen, und damit macht er seine Lage nur immer schlimmer. Bekommt er eine Mehrheit, so erhalten wir eine solche Masse die Massen aufregender und erbitternder Maßregeln, daß die Folgen ganz unberechenbar sind.[2] Namentlich im Falle eines Krieges, der unzweifelhaft, wenn auch dieses Jahr wahrscheinlich nicht, aber dann mit einer Furchtbarkeit, wie noch *keiner* da war, kommt. Die Rüstungen werden mit fieberhafter Eile in ganz Europa auf die Spitze getrieben. Ist man aber fix und fertig, so kann man, das hat ja der alte Moltke selbst zugegeben,[3] sich nicht bis an die Zähne bewaffnet auf die Dauer gegenüberstehen. Da geht irgendwo ganz unversehens eine Flinte los, und die mit Elektrizität über und über geschwängerte Luft kommt zur Explosion. Ich habe es vor 16 Jahren, 1871 und dann 1880 im Reichstag angekündigt, daß die Ende der Achtziger nicht vorübergehen werden, ohne den Weltbrand zu entzünden[4]; man hat mich ausgelacht. Nun, wer zuletzt lacht, lacht am besten.

Ich glaube, die Hohenzollern haben alle Ursache zu wünschen, daß B[ismarck] bei den Wahlen *nicht* siegt. „Allzu scharf macht schartig" und „Die Geister, die ich rief, die werd' ich nicht mehr los" – das sind ein paar Sprüchlein, die sich auch ein Staatsmann merken darf, vor dem jetzt alles platt auf dem Bauche liegt, jede Äußerung als einen Ausspruch des delphischen Orakels anstaunt, auch wenn sie noch so haltlos ist. Es ist jetzt ein wahrer Hochgenuß, das „Leipz[iger] Tagebl[att]" zu lesen. Man sollte nicht für möglich halten, was dort für ein Kohl und Blödsinn aufgetischt wird, und das lesen Leute mit Andacht, die doch sonst im Leben auf Zurechnungsfähigkeit einigen Anspruch haben. Unsere Leute werden den Hauptstoß auszuhalten haben, es wird an den *stärksten* Maßregeln nicht fehlen, darauf werden wohl alle vorbereitet sein.

Die Situation ist natürlich für uns hier keine angenehme. Wir sitzen hier wie an Händen und Füßen Gefesselte, denen man die Ohrfeigen rechts und links verabreicht, ohne daß sie sich wehren können. Eine Erleichterung ist wenigstens, daß wir täglich Gelegenheit haben, uns auszusprechen, man möchte sonst buchstäblich platzen.

Wahrscheinlich ist auch Eure Leipz[iger] Reise zu Wasser geworden. Es wird noch manches andere zu Wasser werden, deshalb bleiben wir schließlich doch oben. Was immer kommt, muß durchgefochten werden, ohne das kommt man nicht zum Ziel. Der Tag kommt doch, wo wir als Sieger in der Bresche stehen.

Ich kann Dir nunmehr auf Deinen zu erwartenden Brief sofort nicht antworten. Wäre *absolut* eine Antwort nötig, würde ich um die besondere Erlaubnis dazu einkommen, im andern Fall werde ich erst den *zweiten* Brief von Dir abwarten. Herzlichen Gruß an P[aul] und B[ahlmann]s.

Ich hoffe, daß Friedchen sich gestern zu ihrem Geburtstag gut amüsiert hat. P[aul] wird den seinen wohl mit der Abfahrt von Berlin gekrönt haben.

Sonst: all right.

Herzliche Grüße und Küsse Dir und Frieda

Dein August

Die Depesche erhielt ich nächsten Vormittag. Die Leute riefen sich den Abend zuvor schon die Nachricht auf der Straße zu. Dank für die Sendung.

Ich habe mir auf Fr[ieda]s und P[aul]s Wohl gestern einen kleinen Zapf getrunken, wozu 1/2 Flasche genügte. Ich gratuliere P[aul] schon im voraus zu seinem Berliner Wahlsieg.[5] Berl[in] wird sich prachtvoll halten. Da Ihr wahrscheinlich nicht nach Leipzig geht, so ist kein Hindernis, jeden Tag hierher zu kommen – Sonntag natürlich ausgenommen. Je eher Ihr kommt, desto lieber ist es mir. Ihr müßt Vormittag 9 Uhr von Dresden abfahren, aber Euch zuvor hier anmelden.

[Am Rand der dritten Seite:]

Nachdem sich jetzt alle Welt „entrüstet"[6], habe ich den anderen vorgeschlagen, daß wir uns auch mal „entrüsten" wollten, nämlich darüber, daß wir in solcher Zeit eingesperrt seien. Es wird uns freilich nichts helfen, hoffentlich hilft's auch den andern nichts.

1 Als Paul Singer am 31. Juli 1886 in Dresden auf einer Volksversammlung über „Die sozialpolitische Lage Deutschlands" sprach, löste der Polizeikommissar G. Paul mitten in Singers Rede die Versammlung wegen Verächtlichmachung des Bundesrats auf. In der Folgezeit verbot die Dresdner Polizei mehrfach öffentliche Versammlungen, auf denen Singer als Referent angekündigt war, so am 5. und 30. Oktober 1886. Siehe auch Nr. 94/2.
   (Siehe Sächsisches Wochenblatt, 4.8., 9.10., 27.10., 30.10.1886)

2 Die Nationalliberale Partei und die beiden konservativen Parteien gingen bei dieser Wahl ein Kartell ein: Besaß eine dieser Parteien das Reichstagsmandat, so sollte dieser Abgeordnete als gemeinsamer Kandidat der drei Parteien aufgestellt werden. Gehörte der Mandatsträger einer anderen Partei an, wollten die drei den aussichtsreichsten Kandidaten gemeinsam nominieren. Auf diese Weise erhielt das Kartell 220 der 397 Sitze des Reichstags, obwohl nur 3,6 Millionen von den 7,5 Millionen abgegebenen Stimmen auf das Kartell entfielen. Bismarck verfügte seit 1881 erstmals wieder über eine Mehrheit im Reichstag. Zu diesem Wahlergebnis hatte die vom Bismarckstaat entfesselte Kriegspsychose beigetragen, die einen drohenden Überfall Frankreichs auf Deutschlands suggerierte. Die Bejahung der

Militärvorlage wurde als Entscheidung für den Frieden ausgegeben. Die Sozialdemokratie erhöhte ihre Stimmenzahl von 549 990 im Jahre 1884 auf 763 128, statt 25 Mandaten erlangte sie nur noch 11. Die Kartellmehrheit beschloß nicht nur das Septennat, sie verlängerte außerdem die Legislaturperioden von drei auf fünf Jahre und führte neue indirekte Steuern ein. Bismarck erhielt für die von ihm beabsichtigte Verschärfung des Sozialistengesetzes keine Mehrheit. Die Auswirkungen der Politik des Kartellreichstags analysierte Bebel in seiner Schrift „Die Tätigkeit des Deutschen Reichstages von 1887 bis 1889", die 1890 in Nürnberg erschien (siehe BARS, Bd. 2/1, S. 631-724). Bei den Wahlen 1890 wurde die Sozialdemokratie mit 19,7 Prozent der Stimmen zur wählerstärksten Partei und erhielt 35 Mandate. Die Folgen der Politik des Kartellreichstags trugen dazu bei, daß O. v. Bismarck im März 1890 abdanken mußte.

3 *Helmuth* Karl Bernhard Graf von Moltke (1800-1891), Konservativer, 1857-1888 Chef des Generalstabs, Mitglied des Norddeutschen bzw. Deutschen Reichstags 1867-1891, seit 1872 Mitglied des preußischen Herrenhauses. Er stellte in der Reichstagssitzung am 4. Dezember 1886 bei der Befürwortung der neuen Militärvorlage fest: „Meine Herren! Ganz Europa starrt in Waffen. Wir mögen uns nach links oder nach rechts wenden, so finden wir unsere Nachbarn in voller Rüstung, in einer Rüstung, die selbst ein reiches Land auf die Dauer schwer nur ertragen kann! Dies drängt mit Naturnotwendigkeit auf baldige Entscheidung hin." Bebel verwandte dieses Zitat u. a. in seiner Reichstagsrede am 30. November 1887.
(Stenographische Berichte, 6/4/1, S. 95; siehe BARS, Bd. 2/1, S. 413)

4 Bebel hatte seine Reichstagsreden vom 24. April 1871 und vom 19. Februar 1880 vor Augen. Er datierte letztere im Brief auf 1879.
(Siehe BARS, Bd. 1, S. 141-146, Bd. 2/1, S. 76-90)

5 Paul Singer kandidierte im 4. Berliner Reichstagswahlkreis. Obwohl er aufgrund der Ausweisung aus Berlin dort keine Versammlungen abhalten konnte, siegte er im 1. Wahlgang. Mit 32 064 Stimmen – rund 57 Prozent der gültigen Stimmen – vereinte er die höchste Stimmenzahl auf sich, die überhaupt für einen Reichstagskandidaten bei dieser Wahl abgegeben wurde.

6 Bebel spielt auf die Petitionsbewegung an, die von seiten der Konservativen und der Nationalliberalen für die Annahme der Militärvorlage organisiert wurde. Man entrüstete sich darüber, daß die Mehrheit des Reichstags dem Septennat nicht zustimmen wollte. Berichte darüber enthielten das „Leipziger Tageblatt" und die „Volks-Zeitung" mehrfach.

93

Meine liebe gute Julie!

Mein erster Brief war bereits abgegeben, als noch rechtzeitig der Deine eintraf, und da hatte man die Güte, mir Gelegenheit zu geben, Dir noch gleich zu antworten.

Du siehst, wie ich die Situation auffasse, alles aus dem beiliegenden ersten Brief.

Wie ich bezüglich P[aul Singer]s denke, steht nur kurz drin. Ich füge also hinzu, daß ich dagegen bin, daß P[aul] bei uns logiert: 1. weil das eine Zimmer nicht genügt; 2. weil Du eine ganz gewaltige Mehrarbeit, namentlich jetzt bei der Kälte, Dir aufhalst; 3. weil die Berliner Besuche, die P[aul] seitens seiner Angehörigen bekommt, Dir dann auch sofort und ohne jeden Abzug auf den Hals kommen und Du infolge alles dessen eine gar nicht mehr zu bewältigende Mühe und Arbeit bekommst; 4. bist Du infolge alles dessen zu Ausgaben genötigt, die Du unter keiner Form Dir ersetzen lassen kannst, die zu machen wir aber nicht in der Lage sind; 5. wirst Du so von dieser neuen Veränderung in Anspruch genommen, daß Du für alle übrigen Bekannten nicht mehr vorhanden bist. Du wirst also begreifen warum B[ahlmann]s auch nichts von dem Plane wissen wollen; 6. endlich wird auch Frieda dadurch von ihren Arbeiten abgezogen und aus aller Ordnung gerissen.

Ich denke, das sind Gründe genug. Wenn das Malheur dennoch geschehen sein sollte und P[aul] bei Euch wohnte, so ist allerdings absolut erforderlich, daß Du Dir eine Aushülfe nimmst, das sind aber doch auch neue Kosten. Ich habe guten Freunden gegenüber mein Leben lang den Grundsatz bewahrt, sich nicht zu hart und zu *dauernd* auf den Leib zu rücken, weil dann Reibereien und Unzuträglichkeiten nicht ausbleiben und die Freundschaft nur zu leicht in die Brüche geht. Ist P[aul] mit etwas unzufrieden, so wagt er es nicht zu sagen usw. usw.

Dir hat eben Deine Gutmütigkeit, die ja unerschöpflich ist, wie schon oft keinen guten Rat gegeben.

Will P[aul] das Büro in meinem Zimmer aufschlagen, habe ich nichts dagegen. In der Stadt hätte er freilich Hülfe näher, und die im Laufe des Tages eingehenden Briefe erhielt er auch einen halben Tag früher. Doch das hätte nichts zu sagen.

Über H[asenclever]s Rede will ich nichts sagen. Daß L[ie]b-[knecht] nicht zum Wort gelassen wurde, bedaure ich *ganz außerordentlich* und die andern mit. Was gesagt werden mußte, ist *leider nicht* gesagt worden, und eine so glänzende Gelegenheit kommt so leicht nicht wieder. Ich habe die *Mehrheit* der Fraktion im Verdacht, daß sie H[asenclever] vorschob, weil sie fürchtete, L[ie]b[knecht] werde zu scharf vorgehen. Es soll mich freuen, wenn ich mich täuschte. Der Fraktion resp. der Partei ist ein gar nicht gutzumachender moralischer Schade entstanden. Wahrscheinlich würde ich auch die Stimmenthaltung[1] bekämpft haben, ich halte diese Taktik unserer nicht würdig. Nachdem die Mehrheit die einfachsten konstitutionellen Grundsätze preisgab, war kein Grund vorhanden, sie zu schonen und ihr die Kastanien aus dem Feuer zu holen. Obendrein legt uns das Zentrum bei dem nächsten Sozialistengesetz doch wieder den Strick um den Hals, und wenn der Reaktionscancan gegen uns getanzt wird, sind die Schwarzen an der Spitze.

Uns versetzt man die Fußtritte, und wir lohnen mit Kußhänden. Ich danke. Doch es ist vorbei, und ich will nur hoffen, daß die Partei den Kampf führt, wie sich's gebührt. Um die Massen ist mir nicht bange, wenn sie nur gut geführt werden.

Das Gedicht hat mich sehr amüsiert. Nun herzlichen Dank und Gruß der ganzen Dichterkolonie. Aber gebt nur keine Bücher heraus, das wäre schrecklich. Auf Fr[ieda]s Brief freue ich mich. Lebt wohl, und seid herzlichst gegrüßt und geküßt
Dein August

Herzliche Grüße an P[aul] und B[ahlmann]s etc.

---

1 Im Reichstag hatten C. Grillenberger am 4. Dezember 1886 und W. Hasenclever am 12. Januar 1887 der grundsätzlichen Ablehnung der Militärvorlage seitens der Sozialdemokratie Ausdruck verliehen. Bei einer Teilabstimmung über die Dauer der Militärvorlage am 14. Januar 1887 enthielten sich die sozialdemokratischen Abgeordneten der Stimme. Zuvor hatte Hasenclever sogar angekündigt, daß die Sozialdemokraten in dieser Teilfrage mit Ja stimmen würden. Da Bismarck mit der Auflösung des Reichstags drohe, sei er „der Meinung, daß man im allgemeinen der Opposition nicht den Wahlkampf erschweren soll", denn eine Mehrheit der Opposition im Reichstag sei besser als eine der Rechten. Offensichtlich stieß er damit in der Fraktion auf Widerspruch. Auch ohne die Stimmenthaltung der Sozialdemokraten hätte der Antrag des Zentrums, die Militärvorlage nur für drei Jahre statt für sieben zu bewilligen, eine Mehrheit erhalten. Bebel ersah die Vorgänge im Reichstag aus den Berichten des „Leipziger Tageblatts". Über Hasenclevers Rede wurde am 13. Januar 1887 informiert. (Siehe Stenographische Berichte, 6/4/1, bes. S. 103, 366/367, 430, Zitat S. 366)

94

Mein geliebter Mann!

So geht es einem, grad als ich Dir schreiben wollte, kamen Z. kurz nach 5 Uhr und blieben bis 10 Uhr. Sie waren in diesem Jahre noch nicht auf länger bei uns, und so war ich froh, daß wir da waren. Ich hatte sie schon mehrere Male eingeladen, aber es paßte nicht immer, sie waren immer vergeben. Und nun zu Deinem Briefe, der mich etwas beunruhigt hat. Erstens, weil er mir Deine Aufregung verriet, die allerdings in der gegenwärtigen Situation begreiflich ist, und dann diese Schreckgespenster, die Du mir vor Augen führst und an die ich nicht glauben kann. Es tut mir sehr leid, wider Deinen Willen unbewußt gehandelt zu haben, und wenn Du es wünschest oder glaubst, daß uns Unannehmlichkeiten durch P[aul Singer]s Anwesenheit erwachsen, so kann es jederzeit geändert werden. Wie es dazu kam, kann und will ich Dir hierbei nicht detaillieren, doch regst Du Dich ganz unnütz darüber auf. Ich meinte, daß Du mir soviel zutrauen könntest, daß ich nichts tue, was ich nicht verantworten kann. Du stellst Dir das schlimmer vor, als es in Wirklichkeit ist, es geht alles ganz exakt. P[aul] ist so an Pünktlichkeit gewöhnt, daß wir uns auch daran gewöhnen. Er arbeitet so fleißig in Deinem Zimmer, daß wir ihn bei uns wenig sehen, und halte ich es so vorteilhafter, als wenn er uns besuchen kommt. Jetzt kann sich jeder in sein Zimmer zurückziehen. Da wir deren 5 haben und da das große Zimmer bei dieser Kälte nicht zu erwärmen ist, daß man längere Zeit sich darin aufhalten kann, haben wir es P[aul] zum Schlafen hergerichtet. Am Sonntag hat sich die ganze Gesellschaft wieder ins Wohnzimmer entriert, trotzdem ich Sonnabend und Sonntag immerfort geheizt hatte. Dahingegen habe ich Deinen Vorschlag ausgeführt, daß ich zweimal des Tages heize in Deinem wie im Wohnzimmer, und da haben wir, trotz der Kälte, ganz warm. Dein Zimmer, das sonst gar nicht warm wurde, ist jetzt ganz angenehm. Dadurch, daß ich abends noch mal feure, sind morgens beide Zimmer warm. Ich freue mich um Deinetwillen, da wir sonst auch immer daran laborierten; wenn ich es nur erst wieder für Dich tun könnte. Zudem ist's doch auch nur kurze Zeit, daß wir P[aul] haben. In 4 Wochen sind die Wahlen, und wird dann doch auch der Reichstag kurz darauf einberufen werden. Morgens kommt die Hausmannsfrau[1], um seine Arbeit zu machen, mittags geht er zum Essen, und für den Abend haben seine Geschwister eine große Kiste feinsten Inhalts gesandt. Alle sonstigen Ausgaben bestreitet er selbst, da er sich von uns nichts braucht schenken zu lassen, und so erwachsen uns keine Ausgaben. Du kannst darüber ganz ruhig sein, und bitte ich Dich, gegen die andren Herren nichts zu sagen. Der Gedanke würde mir sehr peinlich sein, wenn später durch derartige Geschwätze ihm etwas zu Gehör käme. Was nun die polizeilichen Schikanen betrifft, werden sie sich nicht in der Weise wiederholen wie bei der früheren Wirtin[2], und im übrigen ist nichts vorhanden, was nicht jedermann bei uns sehen kann. Also brauchst Du Dir auch darüber keine Sorge zu machen.

Ich hatte die Absicht, Dich diese Woche zu besuchen, aber wir hatten so viel Besuch. An einem Tag waren Friedas Studiengenossinnen, die aus der Pension zurück sind, da[3], und gestern nachmittag Z., und da war Frieda nicht zum Arbeiten gekommen. Auch haben wir keine Reisedecke, da auch B[ahlmann] gestern auf mehrere Tage verreist ist nach Aachen etc. Dann, wo muß ich mich denn vorher anmelden, und muß ich dann erst Antwort abwarten?

P[auls] Brief wirst Du erhalten haben. Er ist Donnerstag morgen verreist bis Montag. Folgedessen hatte ich die Sachen nicht aufgegeben, um sie gleich mitzubringen. Habe sie aber nunmehr abgesandt. 2 Bände Lexikon, 1 Stück Seife, ein Stückchen Geburtstagskuchen, der aber leider sitzengeblieben ist, aber ganz gut schmeckt, 1 wollne Unterhose, 1 wollnes Hemd und dann einen Henkel für den Überzieher, den Du abmachen willst, weil er sonst vielleicht verloren ginge. Aber von Bueda[4], wie Du schreibst, haben wir nichts in Deinen Büchern gefunden, weder im Schrank noch auf dem Regal, ich weiß nicht, wo ich es suchen soll. Dahingegen konnte ich den Schäffle „Bau und Leben" nicht beifügen, da das Paket zu schwer wurde.

Herr Liebknecht war ein paar Tage hier zum Besuch, natürlich auch bei uns einen Nachmittag. Er läßt Dich grüßen und sagen, daß alles getan würde und sie alle ihre Schuldigkeit täten. Zudem hoffte er, daß Du in Leipzig gewählt würdest, und die Dresdner hoffen es auch. Über sein Nichtreden sagte er nichts, aber es ist schon so, wie Du vermutest. Kayser sagte es mir gradheraus, und L[iebknecht] scheint nicht böse darüber. Christensen läßt Dich auch grüßen. Es scheint, daß er gern kandidieren will, aber nicht aufgestellt werden soll[5], wenigstens war L[iebknecht] dagegen. Der Gräfin [Schack] war es bisher zu kalt zum Reisen, und kommt sie etwas später, wie sie mir schrieb.

Friedas Brief muß später folgen, da sie absolut nicht dazu kam. Wir haben diesen Monat so vielen zu gratulieren und Briefe zu schreiben. Frau Ißleib ihrer ist den 31. dieses, ich werde ihr in Deinem Namen gratulieren. Unsere Lust nach Leipzig ist nicht so groß, als Du denkst, zumal wenn es kalt ist, und können wir recht gut auf wärmere Jahreszeit waren. Da wir zwischen Weihnachten und Neujahr nicht recht kamen, pressiert es uns jetzt auch nicht.

Wischnewetzky[6], New York, fragt an, ob er „Unsere Ziele"[7] ins Englische übersetzen könne? Vielleicht kann ich den Brief beifügen. K[ronkes] erben etwas von ihrem Onkel, meines Schwagers Bruder. Das können sie gut brauchen, da sie immer in der Klemme sind. Das würde für heute alles sein.

Leb recht wohl und sei recht herzlich gegrüßt und geküßt von Deiner Julie und Frieda

Ich habe die Adresse abgeschnitten, im Falle ich dem Manne antworten soll. Viele Grüße von unsern Bekannten.

---

1 Vielleicht ist die Frau des Fabrikarbeiters Eduard Starke gemeint, die außer den Familien Bebel und Koritzki als Bewohner der Hohestraße 22 im Adreßbuch Plauen für 1886/1887 verzeichnet sind.

2 Singer hatte am 8. September 1886 in Dresden in der Lindenstraße 25 seinen Wohnsitz genommen. Am 18. September war in der „Frankfurter Zeitung" zu lesen, daß bei seiner Wirtin – Frau Kraffert – „ein Polizeikommissar und ein Kriminalpolizist, beide in Zivil" erschienen waren und ihr mitteilten, daß ihr Logisgast „ein sehr gefährlicher Mensch" sei, „der streng überwacht werden müsse. Die Wirtin möge aufpassen, was Singer tue und treibe, welche Besuche er empfange usw., die Polizei werde von Zeit zu Zeit nachfragen und sich von ihr, der Wirtin, Bericht erstatten lassen, doch solle sie Singer gegenüber das strengste Schweigen beachten."
(Zitiert nach Gemkow, Phil. Diss., wie Nr. 13/1, S.414)

3 Es handelte sich um Paula und Frieda Dose in Dresden.

4 Bebel hatte um Bände von Th. Buckle gebeten.

5 Jens Christensen kandidierte im 1. und 3. Berliner Wahlkreis und in Sonneberg. Mit 9088 Stimmen gelangte er im 3. Berliner Wahlkreis in die Stichwahl. Dabei unterlag er dem Kandidaten der Deutschen Freisinnigen Partei Carl Munckel mit 10 558 Stimmen. In Sonneberg erhielt er 4 650 Stimmen.

6 Es handelt sich um Florence Kelley (1859-1932), zu dieser Zeit verheiratete Wischnewetzky. Sie entstammte einer Quaker-Familie in Philadelphia, die sich für die Aufhebung der Sklaverei engagiert hatte. 1883/1884 studierte sie Staatswissen-

schaften in Zürich und wandte sich sozialistischen Ideen zu. 1884/1885 übersetzte sie „Die Lage der arbeitenden Klasse in England" von Friedrich Engels ins Englische und erreichte 1887 in den USA die Drucklegung. Mit Engels unterhielt sie einen Briefwechsel. Wegen ihrer Kritik an der unzulänglichen Verbreitung sozialistischer Schriften durch die Sozialistische Arbeiterpartei der USA wurde sie 1887 aus dieser Partei ausgeschlossen.

Im Oktober 1884 heiratete sie in Zürich den Medizinstudenten und späteren Arzt, den Sozialdemokraten Lazar Wischnewetzky. Im Herbst 1886 übersiedelte das Ehepaar nach New York. Kelley gebar zwischen Juli 1885 und Januar 1888 zwei Söhne und eine Tochter. 1892 trennte sie sich wegen Mißhandlung durch Wischnewetzky von diesem. Sie widmete ihr weiteres Leben – 1893-1897 als Hauptfabrikinspektorin von Illinois und ab 1898 als Generalsekretärin der National Consumers' League – der Ausdehnung der staatlichen Gesetzgebung für Gesundheits- und Arbeitsschutz der amerikanischen Arbeiter, insbesondere der Frauen und Kinder.

Mit Bebel wurde sie offensichtlich während ihres Aufenthalts in Zürich bekannt, als sie engen Kontakt zu den dort in der Emigration lebenden Sozialdemokraten besaß. 1885 verwies sie in der amerikanischen Presse auf das in englischer Übersetzung erschienene Buch Bebels „Die Frau und der Sozialismus". Vor allem trat sie für die Berufstätigkeit der Frau ein. Sie veröffentlichte im August 1886 im „Sozialdemokrat" die Artikelreihe „Die Sozialdemokratie und die Frage der Frauenarbeit. Ein Beitrag zur Programmfrage".

(Siehe Kathryn Kish Sklar: „Doing the Nation´s Work". Florence Kelley and Women´s Political Culture 1860-1930, New Haven 1995; als Verfasserin der Artikelreihe belegt durch G. Schack an F. Engels, 16.8.1886, Moskau, F.1, Op. 5, Nr. 4667)

7   Über eine englischsprachige Ausgabe von Bebels Schrift „Unsere Ziele" ist nichts bekannt. Dagegen erschien Johann Jacobys Rede „Das Ziel der Arbeiterbewegung" unter folgendem Titel: „The Object of the Labor Movement. Being a Speech Delivered Before his Constituency, Jan. 20. 1870, Translated by Florence Kelley-Wischnewetzky, New York, Labor Library Nr. 1, New York 1887". Sie wurde besprochen in „Der Sozialdemokrat", 27. Mai 1887. Jacobys Schrift hatte Kelley wahrscheinlich durch die 1883 bei der Schweizerischen Genossenschaftsdruckerei Hottingen-Zürich erschienene Ausgabe kennengelernt.

(Siehe auch E. Silberner: Johann Jacoby. Politiker und Mensch, Bonn-Bad Godesberg <1976>, bes. S. 407-425, 592/593)

95

Zwickau, Landesgefängnis, den 25. Januar 1887

Meine liebe gute Julie!

Ich bin gestern vormittag in Besitz Deines lieben Briefes gekommen, ebenso erhielt ich P[aul Singer]s Brief und am Sonntag vormittag eine Depesche von Peters, worin mir die Aufstellung meiner Kandidatur in der Volksversammlung der Centralhalle gemeldet wurde.[1]

Ich ersah schon aus P[aul]s Brief, daß meine Briefe Euch in den Glauben versetzten, ich befände mich in einem Zustand hochgradiger Aufregung. Nichts *irriger* als dies. Ich habe mal wieder die Erfahrung gemacht, wie sich Geschriebenes oft ganz anders liest, als der Schreiber wünscht. Was ich schrieb, würde ich auch gesagt und getan haben, wenn ich draußen war. Die Winke in Bezug auf eventuelle Haussuchungen waren einfach *selbstverständlich*. Sie ergaben sich aus der Situation, und ich hielt sie um so weniger für überflüssig, als hundert Erfahrungen mich lehrten, daß man die selbstverständlichsten Dinge gar nicht oft genug wiederholen kann. Dafür hat mir der Frankfurter Prozeß wieder recht drastische Beispiele gegeben; und daß an demselben Tage, wo ich Dir meinen Brief sandte, bei Frau Viereck in München unter ganz nichtigem Vorwande eine Haussuchung war, wie ich nachträglich erfuhr, beweist, daß ich wohl einige Berechtigung hatte, meine Warnungen zu geben. Kannst Du keinen Gebrauch davon machen, um so *besser*, aber überflüssig waren und sind sie nicht.

Was dann meine politischen Äußerungen anlangt, so teile ich sie heute wie vor acht Tagen und werde sie später teilen. Es ist Zukunftsmusik, die in 1, 2, 3 Jahren kommen kann, aber sicher kommt. Besser war vielleicht, ich spielte sie Euch nicht vor, obgleich ich auch nach dieser Richtung hin Euch schon oft genug meine Ansichten mitgeteilt hatte. Ich habe ein lebhaftes Bedürfnis, Ideen, die ich erfaßt habe, auch mitzuteilen. Es war, wie gesagt, ein Fehler, daß ich sie grade Euch mitteilte. Im übrigen wiederhole ich noch einmal, mein Puls und meine Hirnfunktionen sind sehr regelmäßige und in gar keinem abnormen Zustand.

Nachdem P[aul] mir auseinandergesetzt, wie wohl er sich bei Euch befinde, und Du schreibst, daß alles so hübsch gehe, wäre es mehr als Taktlosigkeit, auf einer Änderung zu bestehen. Du willst doch wohl beachten, daß ich den Brief schrieb, ehe ich wissen konnte, daß alles abgemacht sei. Trotz alledem geht aus Deinem letzten Briefe hervor, daß Ihr über alle Maßen in Anspruch genommen seid, daß Ihr kaum einen Brief schreiben könnt und Fr[ieda] nicht ihre Arbeiten machen kann. Nun, Beweis genug, daß ich mit meinen Warnungen, Euch noch mehr Verpflichtungen aufzuladen, *vollkommen recht hatte.*

Ich habe aus alledem meinen schon seit *einiger* Zeit gefaßten Gedanken nur bestärkt gefunden, daß jetzige Logis aufzugeben und ein kleineres zu mieten, damit alle Welt begreift, daß wir in der Tat nicht in den Verhältnissen sind, in denen man uns vermutet. Wenn ich daran denke, daß nach meiner Freilassung sich all die Inanspruchnahmen noch verstärken und man rein der Sklave anderer wird, in den eigenen vier Pfählen keine Ruhe hat, dann werde ich etwas aufgeregt. Ich mache da *niemand* einen Vorwurf, die Dinge ergeben sich aus meiner und Eurer Stellung, aber angenehm sind sie nicht. Schließlich brauchen wir so wenig eine „gute" Stube wie B[ahlmann]s, die fünfmal mehr Einkommen haben; diese „gute" Stube kann mein Arbeitszimmer werden. *Wir wollen hierüber nicht weiter uns brieflich unterhalten*, ich sprach den Gedanken nur aus, weil er sich aus der Ideenassoziation mit dem Vorhergehenden ergab.

Wenn Ihr hierher kommt, habt Ihr gar nichts weiter zu tun, als was ich Euch schrieb. Du meldest Euer Kommen zwei Tage vorher mir brieflich, und Ihr stellt Euch nachmittags nach 3 Uhr hier ein. Antwort brauchst Du *nicht* abzuwarten. Die Tage wählt, wie sie Euch passen, nur keinen Sonntag.

Rücksichtlich der Heizung rate ich Dir noch, ein paar tausend Briketts kommen zu lassen und diese bei dem Feueranmachen so zu verwerten, daß eine Partie unmittelbar auf das Holz gelegt wird und dann tüchtig Steinkohlen aufgeschüttet werden. Ich stelle mir vor, daß dies eine intensive Hitze gibt. Das Wetter ist glücklicherweise milder geworden, aber den Winter sind wir noch nicht los. Im „[Leipziger] Tagebl[att]" las ich, daß in L[ei]pz[i]g Briketts mit 58 resp. 68 Pfennig der Zentner ins Haus geliefert werden, aber ich berechnete, daß sie mit Fracht etc. ebenso teuer nach Dr[esden] kommen, als man sie dort jetzt bezahlen muß. Außerdem müßte man einen ganzen Waggon nehmen. Es ist mir unbegreiflich, daß man in der Nähe von Dresden dieses sehr praktische Feuerungsmaterial nicht fabriziert.

Paul schwebt, scheint es, bezüglich der Wahlen im siebenten Himmel. Ihm hängt der Wahlhimmel voller Trompeten, Klarinetten und Geigen, die reine Weihnachtsbescherung. Da bin ich sehr viel kühler. Wir haben das letztemal in der Hauptwahl – die Stichwahlen zählen für die Stimmenzählung nicht, weil dort alles durcheinander läuft – ca. 530 000 Stimmen gehabt. Wenn wir diesmal 700 000 bekommen und die entsprechende Zahl Mandate, einige dreißig, bin ich *sehr* zufrieden. Das ist ein sehr respektabler Gewinn. Wir können unter den gegenwärtigen Verhältnissen nicht die Stimmen aus dem Boden stampfen. Mit einer Million müßten wir mindestens 45 Mandate haben, ich möchte wissen, wo diese wachsen sollen. Das „Berl[iner] Volksbl[att]" hat sich auch bereits mit der Million dick gemacht[2], ich halte das für verkehrt. Mut und Begeisterung soll man den Leuten machen, wo sie fehlen, aber man darf nicht überschwengliche Hoffnungen erregen, die schließlich notwendig Enttäuschung bringen, und ausgelacht wird man extra. Das „B[erliner] V[olksblatt]" mußte sich bereits sagen lassen, es werde wohl auch mit weniger vorlieb nehmen, und das können wir und können doch sehr zufrieden sein.

Denkt man denn auch recht an unsere erzgebirgischen Wahlkreise? *Glauchau*, den 19., 22. etc.? Ferner *Mittweida*? In allen denen ist Hülfe und Unterstützung *sehr* notwendig.

Sehr gefallen hat mir *und den andern* der Wahlaufruf der Fraktion, *der konnte gar nicht besser sein*. Da hat L[ie]b[knecht] ein **gut** Stück Arbeit geliefert.[3] Schreibst Du oder P[aul] an ihn oder kommt er nach Dr[esden], so sagt ihm das. Der Aufruf sollte als Flugblatt in den Wahlkreisen verteilt werden. Mit einer passenden Einleitung und der Empfehlung der Kandidaten würde er seine Wirkung tun.

Daß man Chr[istensen] nicht aufstellen will, dagegen K[ayser] in H[alle] und G[eiser] in Br[eslau] noch aufstellt[4] und so gradezu Doppelwahlen *provoziert*, scheint von ein und denselben Personen und aus denselben Motiven zu kommen. Sachlich sind diese Gründe nicht, und der Sache nützen sie auch nicht. Die Wirkung wird auf die alten Wahlkreise eine sehr schlechte sein und in allen beteiligten Wahlkreisen nur Streit erzeugen. Aus H[alle] berichteten das sogar schon, wie gar nicht anders zu erwarten war, die Blätter, und wie es in Br[eslau], Ch[emnitz] und R[euß] steht, weiß ich ganz genau, mir macht man kein X vor. Man wird sich seinerzeit zu verantworten haben. Denkt man denn auch an München? *Dort ist Hülfe* **nötig**.[5]

Die New Yorker Anfrage willst Du bejahend beantworten, von mir grüßen und bemerken, warum ich nicht selbst antworten könnte.

Den Frankfurtern hat man weniger nachzuweisen vermocht, als ich fürchtete. Für das, was man ihnen nachwies, haben sie grade genug bekommen. Gut, daß ihnen die volle Untersuchungshaft angerechnet wurde. Das Schlimmste ist freilich, daß nach der Freilassung die Ausweisung folgt.

Ich glaube recht gern, daß die Dresdner und Leipz[i]g[er] Genossen mich wählen wollen, d. h. durchbringen, aber es wird schwer werden. Ich urteile so: Hamburg wahrscheinlich, Dresden möglich, Leipzig unwahrscheinlich. Gäbe es in letzterem eine engere Wahl, so ständen die Chancen günstiger. Ich bin ganz verwundert, wie wenig das „[Leipziger] Tagebl[att]" bis jetzt auf uns schimpft. Ich habe grade deshalb auf es abonniert, um mich an seinem Schimpfen und seinen Wutausbrüchen zu ergötzen. Vielleicht kommt es später um so dicker.

Ich wiederhole dringend: Sorge, daß Friedchen sich nicht überarbeitet und fleißig Bewegung hat. Das angekündigte Gewicht, das sie als sicher günstig hinstellte, hat sie mir noch nicht gesandt.

Habt Ihr denn noch immer nichts aus dem Schwarzwald gehört?[6] Dieses Schweigen ist doch auffallend. Ich hoffe, bald von Fr[ie]dchen etwas zu hören, und wenn P[aul] mir ab und zu mal schreiben und Neuigkeiten mitteilen will, soll mir das sehr angenehm sein.

Herzliche Grüße allen und spezielle herzlichste Grüße und Küsse Dir und Friedchen
Dein August

[Am Rand der 3. bis 1. Seite:]
Die Nationalliberalen bestreiten, daß sie dem allgemeinen Wahlrecht an den Kragen wollen. Das ist Sophisterei. Man braucht nur den 2jährigen Wohnsitz und die *öffentliche* Stimmabgabe einzuführen oder das letztere nur allein, dann ist das Wahlrecht selbst nicht angetastet und doch in seinem Lebensnerv vernichtet, und das will man. Nach dieser Richtung sollte man gegen sie losschlagen.

In dem Verzeichnis, was Du mir über den Inhalt des Pakets schickst, stehen die zwei Bände Buckle nicht; sollten diese vergessen sein, bitte ich diese unbedingt *mitbringen zu wollen*, ich brauche sie sehr nötig. Ich nehme an, daß Fr[ie]dchen selbstverständlich mitkommt, eine Stelle in Deinem Brief *könnte* verstanden werden, als wolltest Du allein kommen. Ihr solltet P[aul] in geeigneter Weise vorstellen, daß er Geschenke absolut unterläßt.

Die Adresse des N[ew] Y[orker] Briefes lautet: Mistreß Florence Kelley-Wischnewetzky. Ich kenne die Dame.

1 Auf einer öffentlichen Wahlversammlung für Dresden-Altstadt am 21. Januar 1887 sprach M. Kayser vor rund 3000 Teilnehmern im völlig überfüllten Saal der Centralhalle fast zwei Stunden zur Militärvorlage und ihren Folgen. Einberufer der Versammlung war J. J. Peters. Einstimmig wurde eine Resolution beschlossen, „wonach Herr August Bebel zum Kandidaten der Sozialdemokratischen und Arbeiterpartei proklamiert wird".
(Sächsisches Wochenblatt, 26.1.1887; siehe auch Dresdner Nachrichten, 23.1.1887)
2 Bebel bezieht sich auf den Leitartikel im „Berliner Volksblatt" vom 19. Januar 1887.
3 Nach den Vermerken in der Akte Zwickau (Bl. 47) erhielten die vier inhaftierten Sozialdemokraten das Flugblatt „An das deutsche Volk", 14. Januar 1887 datiert, vor dem 25. Januar 1887 zugesandt, aber zunächst nicht ausgehändigt, da der Gefängnisdirektor mit einem Verbot rechnete, das von der Kreishauptmannschaft Zwickau auch ausgesprochen wurde. Erst am 27. Januar wurde es ihnen übergeben. Doch kannten sie den Wortlaut durch den Abdruck des Wahlaufrufs am 23. Januar 1887 in der „Volks-Zeitung". Diesem Blatt konnte Bebel viel über den Wahlkampf der Sozialdemokratie, vor allem in Berlin, entnehmen. Wie Julie am 28./29. Januar 1887 an Bebel schrieb, war Singer an der Abfassung des Wahlaufrufs ebenfalls beteiligt.
(Zum Verbot des Flugblatts siehe Akte Zwickau, Bl. 47; Dresdner Nachrichten, 31.1.1887)
4 Zu Christensen siehe Nr. 94/5. Kayser kandidierte in Halle und in Breslau. In Halle erhielt die Sozialdemokratie 6590 Stimmen gegenüber 3535 im Jahre 1884. Der Wahlkreis Breslau Ost hatte 1884 Hasenclever in den Reichstag entsandt. An seiner Stelle kandidierte nunmehr Kayser, nicht Geiser. Die Sozialdemokratie gelangte in die Stichwahl und unterlag mit 10 069 Stimmen einem Konservativen, der 11 075 Stimmen auf sich vereinte. Im Wahlkreis Breslau West siegte J. Kräcker in der Stichwahl über einen Nationalliberalen.
5 Georg von Vollmar hatte 1884 erstmals in der Stichwahl den Wahlkreis München II mit 13 552 Stimmen erobert. Beim Wahlkampf 1887 waren die drei in München wohnenden sozialdemokratischen Reichstagsabgeordneten Auer, Viereck und Vollmar inhaftiert. Vollmar erreichte wieder die Stichwahl, unterlag aber mit 12 494 Stimmen einem Zentrumsabgeordneten. Im Wahlkreis München I handelte es sich um eine Zählkandidatur. Dort erhielt Vollmar 4563 Stimmen.
6 Die Familie Bebel wartete auf Nachrichten von Hope Adams Walther und Otto Walther.

96

Plauen-Dresden, den 28. [/29.] Januar 1887

Mein lieber guter August!

Deinen lieben Brief habe ich erhalten, mittlerweile wirst Du Friedas Brief erhalten haben.[1] Das arme Kind hatte eine schlechte Woche. Seit Sonntag hat sie Zahnschnmerzen, wahrscheinlich eine kleine Erkältung, die sich regelmäßig an den Zahn, d. h. Wurzel, setzt. Der einzige kranke Zahn macht ihr so viel zu schaffen, während die andern tadellos sind. Vor Jahren hatte sie sich ihn herausziehen lassen wollen, da brach ihn der Zahnarzt ab, und wie sie am Montag die Wurzel ziehen lassen will, setzt der Arzt viermal an und bringt ihn nicht heraus, so daß sie mit schlimmeren Schmerzen nach Hause kam und wir tagelang warme Kräuterumschläge machen müssen, um ihr nur einigermaßen Linderung zu schaffen. Nun will sie sich chloroformieren lassen, damit sie die Schmerzen los wird. Ich bin nicht dafür, aber Bahlm[anns] reden ihr zu und wollen den Arzt zu sich kommen lassen. Frau B[ahlmann] ließ sich auch auf diese Weise die Wurzel ausziehn.

Heute abend ist sie mit der Gräfin [Schack] ins Theater gegangen, da es ziemlich gut war mit den Schmerzen. Es wurde Calderons „Das Leben ein Traum" gegeben, was ihr auch gut gefallen hat.

[29. Januar]

Heute abend wollen wir alle zusammen in die Centralhalle zur Wählerversammlung. Ich kam gestern abend nicht zur Vollendung des Briefes. P[aul Singer] soll auch reden. Ob man es ihm gestatten wird?[2] Ich werde wahrscheinlich zu Bahl[mann]s gehen und sie dann abholen. B[ahlmann] ist auch erst Donnerstag zurückgekommen. Da das Wetter so schön war, hat er seine Reise ausgedehnt, Frankfurt, Mainz, Darmstadt, Aachen, Zürich etc. Überall hat er viele Grüße mitgebracht. O[pificius] sind guter Dinge und harrten gestrosten Mutes der Dinge, die da kommen sollen. Von Dr. [Walthers] hat er auch keine bestimmte Nachricht gebracht, O[pificius] hatte aber gesagt, daß es wahrscheinlich nicht gut ginge. Der Dr. hatte um Weihnachten den Bubi geholt und sich gar nicht aufgehalten. Eine englische Köchin haben sie kommen lassen, aber sie verstand nicht, den Ofen zu hantieren, und da ist oder wird sie wieder hinüber spediert. Ich werde ihnen schreiben. O[pificius] kann es sich auch nicht erklären, warum sie nicht schreiben, jedenfalls nicht aus dem von Dir gefürchteten Grunde. P[aul] ist Donnerstag zurückgekommen, also 8 Tage weggewesen; er war mit dem Resultate zufrieden.[3] Er freut sich, daß Euch die Arbeit der Fraktion gefiele, weil er und L[iebknecht] es gemacht, aber die besten Stellen seien gestrichen von der Fraktion. Er läßt Dich herzlich grüßen und sagen, daß an alle gedacht würde und sie in voller Tätigkeit seien. P[aul] ist außerordentlich fleißig, und sitzt er immer in Deinem Zimmer, wo er besser arbeiten kann als irgendwo. Dein Geist scheint ihn zu durchdringen, solche Schaffenslust hat er.

Frau Sch[ack], die seit Weihnachten kommen wollte, ist wie immer unser Verhängnis, ist am Donnerstag gekommen und reist Montag weiter. Sie läßt Dich grüßen. Sie ist fast alle Tage woandershin eingeladen. Ich schicke Dir morgen die Bücher und hoffe, daß wir nächste Woche kommen können. Es wäre die vergangne so gut gegangen, und wollte ich am Montag uns anmelden, als grade die Zahnaffaire stattfand. Frieda konnte fast nichts arbeiten. Ich bin aber froh, seit heute ist sie die Schmerzen los, natürlich wird auch der Plan der Operation aufgegeben. Denke Dir, unser Onkel Brauer erbt auf seine alten Tage, ist das nicht komisch. Sein Bruder hat kein Testament hinterlassen, aber 6000 Mark, zwei davon sind nicht zu finden, und die andren 4000 bekommen Brauers, Kronkes und Frau K[ronke]s Bruder. Die letzteren können es sehr gut brauchen, da sie beständig in der Klemme sind.

Ich weiß gar nicht mehr, was ich Dir schreiben soll, es fällt mir nichts ein. Du mußt ein andermal die Titel besser schreiben, wir haben alle Bueda anstatt Buckle gelesen in Deinem Briefe, und deshalb schrieb ich Dir, daß wir es nirgends fänden. Ich schicke mit den 3 Bänden auch „Was will das werden?" P[aul] hat sie mitgebracht. Montag kommt L[iebknecht] hier durch von Borsdorf und reist nach Offenbach. P[aul] muß auch bald wieder fort. Ihr fehlt gewaltig bei der Arbeit, und möchten sich die andern zerteilen, doch es ist nicht zu ändern. Ich frug Dich schon mal: Kann ich Herrn Heine, was er für Dich sandte und Du nicht brauchst, zurücksenden? Oder soll ich sie vorläufig hierbehalten? B[ahlmann] hat auch Frau Müller, Darmstadt, besucht. Dieselbe klagte, daß es nicht mehr so gut ginge wie früher, wo ihr Mann da war.[4] Dann hat er den Erbonkel besucht, es geht ihm insofern etwas besser, als er tags einige Stunden außer Bett zubringen kann, aber geschäftlich geht es gleich Null. Nieuwenhuis hat seine Haft angetreten. Dem Ärmsten geht es aber nicht gut, indem er Haar und Bart geschoren bekam, Holzschuhe und Züchtlingskleider tragen muß, das ist doch barbarisch; ein ganzes Jahr lang.[5] P[aul] soll auch nach Pirna, da kandidiert Peters gegen Eysoldt[6], das ist spaßig. Ein früherer Studiosus, jetzt Rechtsanwalt in Düsseldorf, Belles, kandidiert in Düsseldorf.[7] Beiliegenden Zettel habe ich aus der Dresdner Zeitung herausgeschnitten, weil er Dich interessiert. Für Deine Wahl scheinen die Aussichten günstig zu sein.

[Wortlaut der aufgeklebten Zeitungsnotiz:]

„Dresden, 29. Januar.

– Eine hiesige Korrespondenz der nationalliberalen ‚Magd[eburgischen] Z[ei]t[un]g' bezeichnet die Aussichten für die nicht zur Opposition gehörenden Parteien *in dem Reichstagswahlkreise links der Elbe* für keine günstigen. Sie meint, das Programm des nunmehrigen Kompromißkandidaten der Konservativen und Nationalliberalen, des Handelskammerpräsidenten *Hultzsch*[8], eröffne wenig Aussicht auf dessen Wahlsieg. ‚In Dresden-Altstadt ist kein der äußersten Rechten angehöriger Mann am Platze; hier mußte unbedingt eine angesehene Persönlichkeit der Mittelparteien als Kandidat aufgestellt werden. Handelskammerpräsident Hultzsch hat klar und deutlich erklärt, daß er sich für den Fall seiner Wahl den Deutschkonservativen anschließen und insbesondere bezüglich der Handwerkerfrage Hand in Hand mit dem Geh. Hofrat Ackermann[9] gehen werde. Das genügt, um viele davon abzuhalten, für ihn zu stimmen, obgleich sie weder mit den christlichen Sozialreformern, noch mit den Freisinnigen oder gar mit den Sozialdemokraten halten.'"

Auch in Leipzig sind die Aussichten für Deinen Sieg sehr günstig. So hast Du also Aussicht, diesmal 3mal zu siegen. Da wird die Wahl schwer werden. Auch die französischen Genossen erlassen Aufrufe für Sammlung von Geldern für die deutschen Wahlen.[10]

Der Familie B[ahlmann] geht es sehr gut, die Kinderchen sind sehr lieb, und fragt Felix immer nach Dir. Das wäre für heute alles.

Leb recht wohl, und sei herzlichst gegrüßt und geküßt von Frieda und

Deiner Julie

1 Frieda Bebel schrieb ihrem Vater am 25. Januar 1887. Sie berichtete von ihrem Geburtstag und über Besuche von Freundinnen. Mehrfach äußerte sie sich über Familie Bahlmann und Paul Singer. Sie war froh, daß die Urteile im Frankfurter Sozialistenprozeß nicht noch härter ausgefallen waren. „Die Pariser Freunde, die mir auch gratulierten, lassen Dich herzlich grüßen." Offensichtlich bezog sie sich auf Lina und Carl Hirsch sowie auf Louis Haschert.

2 Am 29. Januar 1887 erschien eine Annonce, daß am gleichen Abend 20 Uhr in der Centralhalle eine öffentliche Wählerversammlung stattfände. Im „Wahl-Korrespondent" hieß es am 2. Februar: „In Dresden machte am Sonnabend Herr Stölzer vor ungefähr 2000 Personen für die Wahl Bebels Propaganda." Die „Dresdner Nachrichten" vermerkten am 31. Januar 1887, nach dem Referat „meldete sich der frühere sozialdemokratische Abg. Paul Singer aus Berlin zum Wort, doch gab der überwachende Polizeikommissar hierzu nicht seine Einwilligung".

Julius Cassianus *Oswald* Stölzer, auch Stelzer (geb. 1842), war spätestens seit 1870 Mitglied der SDAP; Mitglied des Gemeinderats in Reudnitz; am 25. Juli 1881 aus Leipzig und Umgebung ausgewiesen, ging nach Dresden.
(Siehe Berndt, wie Nr. 16/4, S. 237/238)

3 Singer war eines der fünf Mitglieder des Zentralen Wahlkomitees der Sozialdemokratie. Eine erste Reise zur Wahlagitation unternahm er bis zum 27. Januar 1887, u.a. traf er am 22. Januar Absprachen in Breslau. Am 26. Januar löste die Polizei eine angeblich geheime Versammlung in Görlitz auf und leitete ein Strafverfahren gegen Singer ein. Siehe Nr. 135/2.

Singer sprach am 4. Februar 1887 in Reichenbach/Vogtland vor 1500 Wählern. Während der anschließenden Debatte wurde die Versammlung aufgelöst. Eine zum 5. Februar angesetzte Versammlung in Dresden mit Singer als Referenten genehmigte die Polizei nicht. Singer reiste am 8. und 9. Februar 1887 nach Meerane und Glauchau und wollte am 12. Februar in Köln sein. Die Versammlungen wurden jedoch verboten. Bei einer zum 15. Februar 1887 in Leipzig einberufenen Versammlung wurde Singer nicht als Referent zugelassen. Er nahm aber an der Veranstaltung teil. In vielen Orten führte Singer Absprachen mit Sozialdemokraten. In Frankfurt/Main fand er „die Stimmung und Begeisterung für unsere Sache vortrefflich". In Darmstadt fand eine „prachtvolle Versammlung" statt. In Offenbach wurde er ausgewiesen, agitierte aber am 20. und 21. Februar in anderen Orten von Liebknechts Wahlkreis.
(P. Singer an AB, 19.2.1887, IISG, NL Bebel, Nr. 159; siehe Kleines Journal, 15.2.1887; Der Wahl-Korrespondent, 5.2.1887; Gemkow, Phil. Diss., wie Nr. 13/1, S. 422-437)

4 Philipp Müller (1849-1920), Holzbildhauer; wurde unter dem Sozialistengesetz einer der führenden Sozialdemokraten in Hessen; unterhielt in Darmstadt die Gastwirtschaft „Zur Schirn" als Treffpunkt der Sozialdemokraten. Im Freiberger Prozeß zu sechs Monaten Gefängnis verurteilt. Ab 1888 Redakteur des „Hessischen Volksfreund". 1890-1896 Landtagsabgeordneter in Hessen, später in Altona und Wiesbaden in der Arbeiterbewegung tätig. Er heiratete 1872 Maria Margarete Bender (1850-1934).
(Siehe Albrecht Eckhardt: Arbeiterbewegung und Sozialdemokratie im Großherzogtum Hessen 1860-1900, Darmstadt 1976; zu Maria Margarete Müller bes. S. 246, 467)

5 Ferdinand Domela Nieuwenhuis (1846-1919), Mitbegründer und einer der Führer des Sozialdemokratischen Bundes und später der Sozialdemokratischen Arbeiterpartei der Niederlande, Mitbegründer der II. Internationale, 1888-1891 Mitglied des Parlaments, später Anarchist. Antimilitarist.

Nieuwenhuis wurde am 17. Juni 1886 wegen des Artikels „Der König kommt", abgedruckt am 24. April 1886 in der sozialdemokratischen Wochenschrift „Recht voor Allen", wegen Beleidigung des Königs zu einem Jahr Gefängnis in Einzelhaft und zu 50 Gulden Geldstrafe verurteilt. Das Urteil wurde im Januar 1887 vom Kassationshof bestätigt. Nieuwenhuis mußte die Haft am 18. Januar 1887 in Utrecht antreten. Am 1. September 1887 kam er wieder frei, der Rest der Strafe wurde ihm erlassen.

(Siehe R. de Jong: Nieuwenhuis, Ferdinand, in: Biografisch Woordenboek van Nederland, wie Nr. 69/2, S. 431-433; O. Q. van Swinderen: Ein Sozialistenprozeß in den Niederlanden, in: Das Tribunal. Zeitschrift für praktische Strafrechtspflege, H. 8/9, August/Sep-tember 1887, Hamburg 1887, S. 419-424)

6 Arthur Eysoldt (1832-1907), Rechtsanwalt, zunächst in Pirna, dann in Dresden. Im Wahlkreis Pirna war er seit einer Nachwahl 1869 zum Norddeutschen Reichstag stets als Vertreter der Deutschen Fortschrittspartei in den Reichstag entsandt worden, davon 1871, 1874, 1877 und 1881 bereits im ersten Wahlgang. 1887 unterlag er im ersten Wahlgang dem Kartellkandidaten, einem Konservativen. Die Sozialdemokratie erlangte 1884 in diesem Wahlkreis 2227 und nunmehr 1711 Stimmen.

7 Düsseldorf entsandte seit 1871 stets einen Vertreter des Zentrums in den Reichstag. Die Sozialdemokratie stellte seit 1874 Zählkandidaten auf. 1884 erzielte sie 1084 Stimmen. Wilhelm Belles erhielt 2933 Stimmen. Belles war Angeklagter im Elberfelder Sozialistenprozeß 1889, begab sich aber vor Prozeßbeginn in die Schweiz. Dort gab er 1890/1891 kurzzeitig das Blatt „Der Proletarier. Correspondenz für die deutschen Sozialisten und Arbeitervereine im Ausland" heraus. 1892 Rückkehr nach Deutschland und nachträglicher Freispruch.

(Siehe Freie Presse, Elberfeld, 19.11.1889; Staatsarchiv Berlin-Dahlem <früher Merseburg>, Ministerium des Innern, Rep. 77, Tit. 343 A, Nr. 152, Bd. 11, adh. 4: Die Sozialistische Bewegung in der Schweiz, Bl. 97, 137; AB an F. Engels, 4.6.1892, Bebels Briefwechsel mit Engels, wie Nr. 1/1, S. 543)

8 Theodor Hultzsch (1831-1904), Besitzer einer Produktengroßhandlung in Dresden, Vorsitzender des Aufsichtsrats der Sächsischen Bank. Freikonservativer, ohne dieser Partei als Mitglied anzugehören. Seit 1875 in Dresden ehrenamtlicher Stadtrat für Finanzen, seit 1882 Präsident der Dresdner Handwerkskammer. Zu seinem Wahlprogramm hieß es in den „Dresdner Nachrichten" vom 27. Januar 1887 u. a.: „...in Betreff der Handwerkerbewegung werde ich für jede ersprießliche Stärkung der Innungen, Ausrüstung derselben mit allen Attributen, die ihr Ansehen heben und ihren Bestand zu sichern geeignet sind, kräftig eintreten, den wünschenswert erscheinenden Befähigungsnachweis befürworten und allen Maßregeln zustimmen, welche geeignet sind, die Standesehre und wirtschaftliche Förderung der Innungsmitglieder sowie die tüchtige Ausbildung der Gehilfen und Lehrlinge zu fördern." Bebel ersah das Wahlprogramm von Hultzsch aus einer knappen Mitteilung im „Leipziger Tageblatt" vom 29. Januar 1887, wobei Hultzsch erklärte, sich dem Programm von Ackermann anzuschließen. Hultzsch siegte in der Stichwahl in Dresden-Altstadt mit 19 656 Stimmen über August Bebel, für den 10 077 Stimmen abgegeben wurden. Auch 1890-1893 vertrat Hultzsch diesen Wahlkreis im Reichstag. Bebel hatte in Dresden-Altstadt 1877 und 1878 das Mandat erhalten.

9 Carl Gustav Ackermann (1820-1901), Rechtsanswalt, Finanzprokurator. Führer der Konservativen Partei in Sachsen, Abgeordneter des Norddeutschen bzw. Deutschen Reichstags 1869-1893, des sächsischen Landtags 1869-1899 und 1891-1898 Präsident der Zweiten Kammer. Hinsichtlich der Lage des Handwerks setzte sich Ackermann – nach Bebels Einschätzung – für die Wiederherstellung der Rolle der Innungen und die Privilegierung dieser Handwerkerkreise ein.

343

(Siehe Bebels Meinung dazu in: Die Tätigkeit des Deutschen Reichstages von 1887 bis 1889, BARS, Bd. 2/1, S. 715-719)

10 Angesichts der chauvinistischen Hetze seitens herrschender Kreise Deutschlands und Frankreichs veröffentlichte die Arbeiterpartei in Frankreich am 29. Januar 1887 einen Aufruf, in dem sie zu Geldspenden für den Wahlkampf der deutschen Sozialdemokratie aufrief. Dadurch würden die Arbeiter beider Länder ihre gemeinsamen Klasseninteressen beweisen. In diesem Aufruf wurde an die Proteste von August Bebel, Wilhelm Liebknecht und Johann Jacoby gegen die Annexion Elsaß-Lothringens erinnert. Schon am 22. Januar 1887 rief „Le Socialiste" (Paris) zur Solidarität mit der deutschen Sozialdemokratie auf. Das Blatt quittierte 365 Fr 80 cent. für den Wahlfonds.

(Siehe Le Socialiste, 26.2., 12.3.1887; siehe auch Jutta Seidel: Deutsche Sozialdemokratie und Parti ouvrier 1876-1889. Politische Beziehungen und theoretische Zusammenarbeit, Berlin 1982, S.134-139)

97

Zwickau, Landesgefängnis, den 2. Februar 1887

Meine liebe gute Julie!

Wenn ich Deinen lieben Brief vom 29. v. M. erst heute beantworte, geschieht dies, weil ich den Deinen erst gestern vormittag empfing. Fr[ied]ch[en]s Brief habe ich erhalten, ebenso Dein Paket mit Inhalt. Besten Dank; der Kuchen war gut.

Daß Euer Kommen abermals aufgeschoben wurde, überrascht mich nicht. Ihr werdet überhaupt keine Zeit bekommen, und wird's am besten sein, wenn Ihr den Gedanken zunächst überhaupt aufgebt. Ihr habt dann keine Sorge, und ich werde nicht weiter gefoppt.[1] Daß Ihr nicht in L[ei]pz[ig] auf der Ausstellung sein konntet, ist schade, nach den Berichten des „[Leipziger] Tagebl[atts]" war sie sehr sehenswert.

Fr[ie]dch[en] wird sich doch chloroformieren lassen müssen, wenn die Schmerzen wiederkommen, aber dann beim Arzt. Was soll sie bei B[ahlmann]s, wo die nötigen Vorkehrungen nicht sind? Rede ihr nur vernünftig zu, sie soll vor allen Dingen ruhig sein. Diese Prozedur wird täglich hundert Mal vorgenommen, ohne daß man kaum je von einem Unfall hörte. Zudem gibt's ja das neue Mittel, das Kokain, das Schmerzlosigkeit bereitet, ohne daß man chloroformiert wird. Es ist vielleicht etwas teurer in der Anwendung, das schadet aber nicht.

Sind die Bücher noch nicht abgeschickt, so bitte ich meine Schnürschuhe beizufügen. Ich finde, daß meine Stiefel in einigen Wochen repariert werden müssen. Füge auch Vorratsriemen bei. Entweder liegen sie im Waschtischkasten in der Schlafstube oder oben rechts im Schränkchen meines Schreibtisches.

Ich glaubte doch, daß Ihr den Büchertitel verstehen würdet, namentlich da ich auf Friedas Inhaltskenntnis reflektierte. Ich setzte voraus, sie habe den Buckle gelesen.

Wenn P[aul Singer] während 8 Tagen so weit und an so vielen Orten war, kann er Versammlungen kaum abgehalten haben. Ich bin ja überzeugt, daß alle leisten, was sie können, aber über Wahlversammlungen in Sachsen liest man wenig. Mir will scheinen, die Bewegung müßte noch sehr viel höher gehen, wenn eine halbwegs starke Beteiligung der Massen erzielt werden soll. Das „[Leipziger] Tagebl[att]" ist im ganzen sehr lahm, wir werden kaum erwähnt, und in Bezug auf L[ei]pz[i]g schweigt es fast ganz. Eroberten wir dies, so würde ich mich ganz besonders freuen. Wenn diese Hochburg des National-Servilismus fällt, dann ist keine mehr uneroberbar. In Dresden ist der Konflikt zwischen den Gegnern recht nett im Zuge. Das erwartete ich. Man mag über Hartwig denken, wie man will, aber er hat ein Rückgrat und einen Kopf für sich, zwei Dinge, die man in Dresden noch weniger findet als anderwärts.[2]

Der Handelskammerpräsident H[ultzsch] macht mir dagegen den Eindruck eines Jammermanns. Erklärt, kein Parteimann zu sein, und stellt dann das denkbar reaktionärste Programm auf und schämt sich auch nicht, sich zum Nachtreter Ackermanns herzugeben. Ich kenne Herrn H[ultzsch] nicht, aber der Mann hat entweder keinen Verstand oder keinen Charakter, möglicherweise fehlt es ihm an beidem. Von einem Handelskammerpräsidenten kann man doch einigen Überblick über das soziale Leben erwarten, und da kommt dieser Herr und stellt als Programm den kleinbürgerlichsten Kretinismus auf. Wenn ich draußen wäre, dem zerzauste ich gehörig das Fell. Nicht, weil er mein Gegner ist, sondern weil er für seine Stellung ein unerhörtes Maß von Beschränktheit oder von – Berechnung besitzt. In Leipzig wäre eine solche Kandidatur unmöglich.

Im übrigen sehe ich dem Treiben draußen mit großer Gemütsruhe zu. Ich stecke so in der Arbeit, daß ich an die Wahlen nur denke, wenn ich die Zeitung in die Hand nehme oder mit den andern in Unterhaltung komme.

Daß man im schönen Holland als politischer Gefangener wie ein Spitzbube behandelt wird, sagte ja schon B[ahlmann]. Das einzige Mittel ist, in der Presse tüchtig Lärm zu schlagen.

Wie ich lese, ist K[ayser]s Blatt in Dresden verboten worden.[3] Das machte das Wahlkraut nicht fett, es ist nur ein Zeichen der Zeit. Gut, daß ich nicht draußen war, sonst hätte ich mir am Ende vorgeworfen, ich sei schuld.

Wenn P[aul Singer] nach Pirna geht, tut er, was ich vor 3 Jahren tat.[4] Ich hoffe, daß es doch gelingt, E[ysoldt] in der engeren Wahl in den Reichstag zu bringen, er ist von den Deutsch-Freisinnigen einer der besten.

Mich hat man auch mehr, als mir lieb ist, aufgestellt und ohne mich zu fragen. So auch wieder in Köln, denen ich schon nach der letzten Wahl schrieb, sie möchten nur einen Kandidaten aus der eigenen Mitte oder aus der Provinz nehmen.[5] Die Fürther frugen an, ob ich kandidieren wolle. Ich lehnte ab.[6]

Der Rechtsanwalt B[elles] ist mir dem Namen nach bekannt. Wir brauchten recht nötig ein paar Juristen in der Fraktion, leider ist nur Düsseldorf kein Wahlkreis, der Aussicht auf eine Wahl bietet. Was mich etwas wundert, ist, daß man Vollm[ar] nirgends in einem sicheren Kreise aufstellte; München halte ich für sehr gefährdet. Nachdem auf einmal andere doppelt und dreifach aufgestellt wurden, konnte man an ihn auch denken. Ich hoffe, es war keine Absicht dabei.

Heine kannst Du die Decke senden. Bitte ihn zu grüßen.

Das Kartell zwischen Nationalliberalen und Konservativen, das im Falle eines günstigen Ausfalls den Eintritt Bennigsens ins preußische Ministerium zur Folge hat, hat die gute Wirkung, daß unser guter Freund, Herr v. P[uttkamer], offenbar sehr verschnupft ist. Man kann es ihm nicht übelnehmen, denn er muß weichen. Das hat das Gute für uns, daß die Maßregeln, die sonst unzweifelhaft kämen, zurückgehalten werden. Doch ich wollte eigentlich über den ganzen Wahlquark kein Wort mehr schreiben.

Wir haben jetzt auch unsere Lebenshaltung ein wenig verbessert, indem wir uns Butter zulegten. Man bekommt hier für 70 Pfennig ein gutes Stückchen. Ich verbrauche alle 5 - 6 Tage eins, ich hatte schließlich großes Bedürfnis darnach.

Ich fühle mich durchaus wohl, aber daß ich an Gewicht zunehme, glaube ich nicht. Schade, daß wir bei dem Einzug nicht gewogen wurden.

Frau Sch[ack] ist nunmehr wohl abgereist?

Anbei Brief für Fr[ieda].

Grüße herzlich P[aul] und B[ahlmann]s, und habe ebenfalls herzlichen Gruß und Kuß von

Deinem August

---

1 Julie und Frieda Bebel besuchten nunmehr August Bebel vor dem 7. Februar 1887 im Zwickauer Gefängnis, wahrscheinlich am Sonnabend, dem 5. Februar.

2 Entsprechend den Absprachen zum Wahlkartell hätte Hartwig als Träger des Reichstagsmandats von Dresden-Altstadt der gemeinsame Kandidat der Nationalliberalen und Konservativen sein müssen. Innerhalb der Konservativen gab es jedoch Vorbehalte gegen ihn, so daß es zur Aufstellung von zwei konservativen Kandidaten kam: Hartwig und Hultzsch. Hartwig erhielt 4688 Stimmen. Für die Stichwahl empfahl er seinen Anhängern die Entscheidung für Hultzsch.

(Siehe Kleines Journal, 4.2., 25.2. 1887)

3 Am 29. Januar 1887 erschien die vorerst letzte Nummer des „Sächsischen Wochen-blatts". Es wurde am 31. Januar verboten wegen des Artikels „Zur Reichstags-wahl", einem Nachdruck aus dem „Berliner Volksblatt". Bebel erfuhr das Verbot durch das „Leipziger Tageblatt" vom 1. Februar 1887. Im Ergebnis einer Beschwer-de Kaysers erklärte die Reichskommission das Verbot am 17. März 1887 für un-rechtmäßig, so daß das Blatt ab 26. März 1887 wieder erscheinen konnte. In der Zwischenzeit informierte das „Kleine Journal. Organ gegen Korruption und politi-schen Servilismus" (ab 4. Februar 1887) und „Der Wahl-Korrespondent" (ab 22. Januar 1887).

(Siehe Reichs-Commission, wie Nr. 17/4, S. 224-227; Sächsisches Wochenblatt, 26.3.1887)

4 Bebel hatte am 17. Oktober 1884 auf einer Wahlversammlung in Pirna gesprochen.

5 In der Stadt Köln erhielt Bebel als Zählkandidat 4952 Stimmen bei der Wahl von 1887 gegenüber 4151 im Jahr 1884.

6 Der Sozialdemokrat Martin Segitz aus Fürth bat Bebel im Namen der dortigen Sozialdemokraten am 26. Januar 1887, ihn als Zählkandidaten im Wahlkreis Fürth-Erlangen aufstellen zu dürfen. Auf Bebels erste ablehnende Antwort hin erfolgte ein weiterer Briefwechsel, den die Fürther als Zusage Bebels auffaßten. Bebel erhielt 2869 Stimmen gegenüber 1506 für die Sozialdemokratie bei den Wahlen von 1884. In der Stadt Fürth bekam Bebel von allen vier Kandidaten die meisten Stimmen. Segitz teilte mit, daß die Sozialdemokraten in der Stichwahl für den Kandidaten der Deutschen Freisinnigen Partei, Franz von Stauffenberg, stimmen würden. Dieser siegte über einen Nationalliberalen.

(Siehe M. Segitz an AB, 26.1., 24.2.1887, IISG, NL Bebel, Nr. 156)

98

Mein lieber guter August!

Wir sind ganz gut nach Hause gekommen. Herr B[ahlmann] war so freundlich, uns nach Plauen zu geleiten. Wir freuen uns, Dich gesehen zu haben, und gingen beruhigt von dannen, umso mehr, als uns der Herr Direktor [Böhmer] in so gütiger und freundlicher Weise die Beruhigung auf den Weg gab, wofür wir herzlich dankbar sind. Daß Du bleich und wüst aussahest, liegt in den Verhältnissen und alteriert uns weiter nicht, doch mußt Du Deine Arbeit nicht so anhaltend treiben. Es würde mir lieber sein, wenn Du täglich ein paar Stunden Dich technisch oder physisch beschäftigen könntest, das würde die Verdauung besser befördern. Zudem gibt es auch Mittel, z. B. Pillen, die das tun, und wirst Du dieselben vom dortigen Arzt bekommen können. Ich sende Dir die nötigen Kleidungsstücke und Brot, auch habe ich noch zwei Flaschen alten Portwein schon lange für Dich liegen. Da Du sonst keinen trinkst, wäre am Ende jetzt die geeignete Zeit, ihn zu trinken. Der wird Dir gut tun, und füge ich ihn bei.

Endlich haben Doktors geschrieben, da sie erfahren, daß wir uns über ihr Schweigen gewundert hatten, sehr liebenswürdig und gut wie immer, und was die Hauptsache ist, seiner Frau geht es besser. Sie kämen langsam voran, aber doch so, daß sie es merkten, hauptsächlich an der Gewichtszunahme, ihre Kleider würden zu eng. Das Wetter wäre prachtvoll, so daß sie bei 15 und zuweilen 21 Grad Reaumur in der Sonne auf der Veranda im Freien gesessen haben, und [sie] sind ganz entzückt von ihrer Wohnung. Heute hat Frau Dr. [Adams-Walther] Frieda geschrieben im Bezug ihres Studiums. Wir wollen Dir den Brief mal senden, er ist sehr lang, und darf sie eigentlich nicht schreiben, aber es ist charakteristisch, wie sich ihr Sinn im Bezug auf Doktorstudium geändert hat. Der kleine Heinz ist bei ihnen. Sie fragen, ob sie Dir schreiben dürften, und freuen sich schon auf *unser* Hinkommen nach Deiner Freilassung. Wenn die nur erst da wäre.

Gestern gab mir unser Hauswirt[1] eine Bestellung auf, die ich Herrn Ißleib gleich aufgegeben habe. Er will unter andern 24 Fenstergriffe nach einem Muster, das er mir gegeben und ich mitgeschickt habe. Er will sie bei Dir gesehen haben. War das vernickeltes Eisen oder Weißbronze? Ich glaube, es wird das erstere gewesen sein, da es jedenfalls billiger ist, und habe ich in dem Sinne Herrn Ißleib geschrieben. Wann soll ich das Kistchen mit Griffen fortsenden an Iß[leib]s? Oder können sie stehen?

P[aul Singer] geht morgen und übermorgen nach Glauchau-Meerane und Sonnabend nach Köln etc.[2] Daß in Berlin 14 000 Flugblätter beschlagnahmt sind, wirst Du gelesen haben. Beifolgendes wurde gestern in Dresden verteilt und ist ganz gut vonstatten gegangen, auch nicht verboten worden.[3] P[aul] will heute abend mit uns ins Residenztheater, wo die Geigerin Therese Tua auftritt.[4] Gestern waren wir zusammen bei B[ahlmann]s, die Dich grüßen lassen, sowie P[aul], der natürlich erst nach den Wahlen Dich besuchen kann. Vorige Woche waren wir im Großen Theater, wo die leichte Oper „Der König hat's gesagt" gegeben wurde.[5] Es war aber nichts dazu und schade ums Geld, das für solche gehaltlose Sachen ausgegeben wird. Heute in 14 Tagen um die Zeit sind die Würfel gefallen.

Frau Schack hat Frieda zwei Bände lateinisches Wörterbuch gesandt. Wir werden nächstens andern gegenüber gar nichts mehr verlauten lassen. Frieda ließ nur durch Frau Sch[ack], die nach Leipzig ging, bei den Liebknechtschen Jungens anfragen, welches das beste sei, und da hat sie es ihr gleich besorgt. Frau Sch[ack] schreibt, daß sie sämtliche Strohwitwen ganz gut angetroffen habe. Man sähe daraus, wie überflüssig eigentlich die Herren der Schöpfung seien. In München sitzt alles außer E[ichhoff?].[6] Ob sich Ernsts Frau nun scheiden läßt von ihrem Manne, wie sie vorher sagte?[7] Daß wir nicht wegen der Kochkunstausstellung in Leipzig waren, ist nicht schade. Frau L[iebknecht] sagte, daß eine so kolossale Menschenmenge immer da war, daß man nichts sehen konnte. Es ist ja natürlich, nur 3 Tage, zudem war vor gar nicht langer Zeit eine solche in denselben Räumen, die ich gesehen habe. Die Massenfütterung hat eine Masse Menschen hingelockt gehabt, daß Liebknechts beinahe keinen Platz mehr im Eisenbahnwagen bekamen, so viel waren von auswärts gekommen.

Mäxchen [Kayser] hat eine jämmerliche Erklärung losgelassen und eine ebensolche Eingabe wegen Freigabe seines Blattes gemacht[8], daß alle empört sind, und Paul[9] habe gesagt, er habe sich selbst gewundert, daß das Blatt verboten wurde, also von ihm aus sei es nicht gegangen.

In unserm Garten haben die Hasen unsern ganzen Kohl abgefressen und von drei Obstbäumchen die Rinde. Das ist schade, die werden wohl nun eingehen. Ich wundere mich, daß Doktors gar nichts vom Schnee schreiben. Seit einigen Tagen ist ja alles wieder recht friedlich gestimmt in den Blättern, und die Kurse gehen wieder in die Höhe.

Doch nun muß ich schließen, mein Stoff ist zu Ende. Leb recht wohl, und bleib gesund, und arbeite nicht zuviel, und sei herzinnigst gegrüßt und geküßt von uns beiden

Deine Julie

1 Ernst Born, Bauunternehmer, Hauswirt Hohestraße 22. Als Besitzerin dieses Hauses ist Auguste Born im Adreßbuch von Plauen-Dresden ausgewiesen.

2 Siehe Nr. 96/3.

3 Der „Wahl-Korrespondent" berichtete am 9. Februar 1887, daß am Sonntag, dem 6. Februar, in Dresden-Altstadt und -Neustadt „in den frühen Morgenstunden massenhaft Flugblätter" verteilt wurden, die zur Wahl von Bebel und Kaden aufforderten.

4 Die italienische Violinvirtuosin Teresina Tua (1866-1955) begann am 7. Februar 1887 ihr Gastspiel in Dresden. Sie trug an diesem Abend – am Klavier begleitet – vor allem Stücke von Felix Mendelssohn-Bartholdy (1809-1847) und Henryk Wieniawski (1835-1880) vor. Eine Würdigung ihres Spiels enthielten die „Dresdner Nachrichten" am 9. Februar 1887.

5 „Der König hat´s gesagt" wurde am 2. Februar 1887 im Großen Theater gegeben. Es handelt sich um die 1873 in Paris uraufgeführte komische Oper „Le Roi l´a dit" des Komponisten Léo Delibes (1836-1891) und des Librettisten Edmond Gondinet (1829-1888).

(Siehe Franz Stieger: Opernlexikon, Teil I bis III, Tutzing 1975-1979)

6 Wilhelm Eichhoff (1833-1895), Journalist, Kaufmann; wegen Anprangerung preußischer Polizeispitzel 1860 und 1861 zu insgesamt zwei Jahren Gefängnis verurteilt; entzog sich der Haft durch Emigration nach England (1861-1866). Lernte dort Marx und Engels kennen. Mitglied der IAA, verfaßte 1868 unter Mitwirkung von Marx die Schrift „Die Internationale Arbeiterassociation. Ihre Gründung, Organisation, politisch-soziale Thätigkeit und Ausbreitung", für deren Verbreitung im VDAV sich Bebel vor dem Nürnberger Vereinstag 1868 einsetzte. 1869 Mitbegründer der SDAP. Seit Frühjahr 1885 in München Mitarbeit an von L. Viereck herausgegebenen Presseorganen, ab 1888 Mitarbeiter am „Schwäbischen Wochenblatt" (Stuttgart). Übersetzte soziale und wissenschaftliche Schriften ins Deutsche.

(Siehe H. Gemkow. Nachwort [Originalgetreue Reproduktions der oben genannten Schrift], Berlin 1964, S. 81-109.

7 Maximus Ernst (geb. 1848), Schriftsetzer, Verleger in München; um 1876 Redakteur des „Zeitgeist", druckte die von L. Viereck herausgegebenen Blätter und übernahm 1889 die Druckerei. Im ersten Münchner Geheimbundprozeß zu sechs Monaten Haft verurteilt, ab 1890 Verleger der „Münchener Post".

Er heiratete im Dezember 1883 Emilie Pauline Stahr, geb. Büttermann (1844-1920), nachdem seine erste Frau Mathilde Louise, geb. Rehnitz, 1880 verstorben war.

(Siehe StA München, PMB, E 96; Heinrich Hirschfelder: Die bayerische Sozialdemokratie 1864-1914, Erlangen 1979, Bd. 2, S. 673)

8 Kayser veröffentlichte ein Flugblatt mit der Bekanntgabe des Verbots des „Sächsischen Wochenblatts" und den angegebenen Gründen. In seiner bei der Reichskommission eingereichten Beschwerde betonte er, daß das Blatt für soziale Reformen auf demokratischer Grundlage eintrete, was durch das Mittel der Wahlen erreicht werden solle und jede Umsturztendenz ausschließe. Weiter schrieb er, daß das Blatt nie Organ der sozialdemokratischen Partei gewesen, wegen seiner Haltung vom Zürcher „Sozialdemokrat" angegriffen worden und stets der Revolutionsromantik entgegengetreten sei. Siehe auch Nr. 89/3.

9 Gemeint ist Georg Paul, Polizeikommissar von Dresden.

99

Zwickau, Landesgefangenenanstalt, den 10. Februar 1887
Meine liebe gute Julie!

Deinen lieben Brief nebst Beilage habe ich erhalten. Ich bin vor allem froh, daß Ihr gut zu Hause ankamt; ich hatte einige Sorge, Ihr würdet den rechten Zug verpassen. Daß B[ahlmann] Euch abholte, erwartete ich, freut mich aber darum nicht minder. Lieb ist mir auch, daß Ihr mein angeblich bleiches Aussehen ganz natürlich findet, aber daß ich auch „wüst" ausgesehen haben soll – der Württemberger würde sagen „wischt" – das schmerzt meine Eitelkeit sehr. Ich glaubte mich so festtäglich herausgeputzt zu haben, als es mir möglich war. Ich werde nunmehr, sobald der vertrackte russische Wind, der seit gestern bläst, nachgelassen hat, meine Simsonslocken der Schere überliefern, ohne zu fürchten, daß deswegen auch meine „Stärke" irgendwie Schaden leidet.

Ich habe jetzt abends wieder das Biertrinken aufgenommen. Ich hatte schließlich ein wahres Bedürfnis nach etwas Alkoholischem, so wenig ich mir ja sonst draus mache. Ich trinke statt dem „einfachen", das ich früher hatte, Lagerbier, das recht gut ist und seinen Zweck erfüllt. Für die Sendung, die wohl nächster Tage eintreffen wird, danke ich recht schön. Der Portwein kommt mir wie gerufen. Der liegt ja schon so lange im Keller, daß ich gar nicht mehr dran dachte. Hoffentlich hast Du mir keine Kiste geschickt; nur keine überflüssige Emballage.

Es war mir angenehm zu hören, daß Dr. [Walthers]s endlich etwas von sich hören ließen und dieses so günstig lautete. Ich war in einiger Sorge. Schade, daß ich meine neun Monate nicht in der Einsiedelei auf dem Schwarzwald abmachen kann, ich würde mich sogar zu allerlei Bußübungen verpflichten, z. B. keine Zeitungen zu lesen, nicht einmal das „Leipz[iger] Tagebl[att]". Das will doch viel sagen.

Der Brief der Frau Dr. wird mir ganz angenehm sein, aber die Hoffnung, uns bei sich zu sehen, werden sie aufgeben müssen. Das ist doch ein wenig kostspielig. Vielleicht, daß ich den Spätherbst nach der Schweiz vorbeihusche und mal einen Tag oben bleibe, länger nicht.

Die kleine Gräfin [Schack] hat ja eine recht hübsche Meinung von uns. Am Ende hat sie aber recht, sie muß es ja am besten wissen. Außerdem fand ich, daß Du sehr gut aussahst, was ich Dir nicht einmal sagte, ein Beweis, daß Du sonst viel Ärger und Sorge mit mir hattest und jetzt, derselben ledig, wieder zu blühen anfängst. Auch das Schlimme hat sein Gutes.

Was Born für Fenstergriffe eigentlich haben will, weiß ich nicht. Die Weißbronze wird ihm *viel* zu teuer, außerdem liefert in jeder Bronze Dresden so billig, daß wir nicht mit fortkönnen. Wünscht er vernickelt oder verkupfert Eisen, dann ließe sich eher reden. Er hatte bisher Eisenhalsgriffe mit Büffelhorn N 111 blank. I[ßleib] mag sich vorsehen und nicht zu teure Griffe senden, wenigstens nicht, ohne bei B[orn] anzufragen. Schreibe I[ßleib] in diesem Sinne sofort eine Karte. Doch da es einen Geschäftsbrief betrifft, so kann **ich** I[ßleib] *direkt* schreiben und will dies tun.[1] Du hast es also nicht nötig. Daß das Kistchen mit Griffen noch nicht fort ist, ist mir nicht angenehm. Mich wundert nur, daß I[ßleib] wegen der Inventur nicht anfrug. *Sende es sobald als möglich und als Frachtgut.*

Hat denn Frau L[ie]b[knecht] bei ihrem Dortsein Euch nicht mitgeteilt, daß Gertrud in Ph[iladelphia] wieder aus der Stelle ist? Das wäre doch merkwürdig. Ich wußte es schon bei Eurem Hiersein, dachte aber bei der Kürze der Zeit nicht daran.* Es war ein törichter Streich, daß sie überhaupt hinübergelotst wurde. Wer hier sich schwer zurechtfindet, findet sich drüben erst recht nicht zurecht. Ich will nur wünschen, daß die Angelegenheit nicht noch einen tragischen Ausgang nimmt.

Frau E[rnst] wird sich von ihrem Manne nicht scheiden lassen, weil er ein paar Monate ins Gefängnis muß. Daß ihr Frauen dergleichen nur ernst nehmen könnt, sie ist froh, daß sie ihren E[rnst] hat. Du kennst doch auch eine Frau, die dergleichen schon oft behauptete. Wir Männer sitzen fest im Sattel.

Über M[ax Kayser]s Erklärung kann ich nicht sprechen, da ich sie nicht kenne, im übrigen wundert mich nichts von ihm.

Das Dresdener Flugblatt, das Du mir sandtest, wirkt übrigens auch kaum „aufregend". Es hat zwei Fehler, erstens, daß es nicht „packt", und zweitens, daß es zu wenig berücksichtigt, daß in Dresden auch das Handwerkertum und nicht bloß der Arbeiter wesentlich in Betracht kommt. Doch damit will ich keine Vorwürfe aussprechen; es gelingt nicht immer jeder Wurf, und schließlich machen die Flugblätter – so wichtig sie sein mögen – nicht die Wahlen. Deshalb ließ mich auch die Meldung, man habe in

Berlin 400 000 gefaßt, die dann auf 60 000 reduziert wurden, sehr kühl. Ich mußte sogar lachen, daß die pfiffigen Berliner so unpfiffig gewesen sein sollten, alles an einem Fleck drucken zu lassen. Die Massen marschieren diesmal an die Urnen, wie von einer magnetischen Gewalt gezogen, der Agitation bedarf's da gar nicht so sehr. Die ganze Situation stimuliert die Geister, und diese Situation ist trotz allem Friedensgeläute, das neuerdings wieder beginnt, nachdem man von dem durch das Kriegsgeheul angerichteten Schaden selbst bis hoch hinauf erschrocken ist, sehr ernst. Sehr wahrscheinlich, daß dieses Jahr kein Krieg kommt, denn **alle** ohne Ausnahme entsetzen sie sich bei dem Gedanken, und doch werden sie wie mit Geisterhänden dazu gezogen. Wird der Krieg vermieden, was sich in zwei bis drei Monaten klar übersehen läßt, so bekommen wir sogar wahrscheinlich einen industriellen Cancan wie 1872, nur daß ein um so furchtbarerer Krach ihm binnen einem Jahre folgt. Und kommt dann auch noch ein Krieg, wie höchstwahrscheinlich – denn auf die Dauer ist er nicht zu vermeiden –, so werden sich unerhörte Dinge zutragen. Wenn die Blase nur nicht eher platzt, bis wir wieder draußen sind. Die Kurse stehen fortgesetzt noch immer schlecht und werden sich zunächst nicht wesentlich verändern. Bism[arck] erhält zwar keine Mehrheit, aber er erhält das Septennat, nachdem der „deutsche" Mann in Rom, der Papst, sich auf Bismarcks Wunsch so lebhaft dafür interessiert.[2] Das Zentrum stimmt zu einem Drittel dafür. B[ismarck] hätte auch das letztemal die Mehrheit erlangt, wenn es zur dritten Lesung kam, und deshalb kann ich noch immer nicht mich zufrieden geben, daß unsere Leute Windthorst und Konsorten den Gefallen taten und sich der Abstimmung enthielten. Das Zentrum ist mit unser Todfeind, dem durften wir keine goldne Brücke bauen. Den Herbst standen die Wahlaktien noch weit günstiger für uns als jetzt und für das Zentrum schlechter.

Sage Paul [Singer], wenn er zurückkommt, ich wünschte sehr, daß mir am Wahltag Abend nach Feststellung des Resultats Depeschen von Hamburg (alle 3 *Wahlkreise*), Leipzig, Leipzig-Land und Dresden zukämen, aber mit *genauen Stimmenzahlen*. Außerdem bäte ich ihn, was er bis Dienstag, den 22., Mittag an Wahlresultaten wisse, mir zu telegraphieren.

Wie ich lese, soll auch der Landtag auf kurze Zeit zusammentreten, aber es gibt keine Vorlage von Bedeutung.[3]

Den übersandten Roman habe ich bereits gelesen.[4] Ich begreife, daß er B[a]h[lmann] gar nicht gefiel, dazu ist er viel zu verwickelt und etwas zu kraus. Wenn P[aul] sagt, man merke, daß der Verfasser vieles verschweige, bin ich nicht dieser Ansicht. Der Roman könnte kürzer und knapper gehalten sein, aber dann würde er eine Wirkung gehabt haben, die der Verfasser nicht wagte und nicht wagen kann. Der Roman enthält in Rücksicht auf die Tendenz – Nebensächliches ausgenommen –, was er enthalten kann, und ich glaube, Spielh[agen] wird ganz gehörig damit anstoßen. Daß er seine Sozialdemokraten meist aus alt-adeligen pommerschen Geschlechtern erwachsen läßt, daß eine der Hauptrollen einer der intelligentesten preußischen Generalstabsoffiziere – ein Oberst – spielt, das muß sehr stark verschnupfen. Der Roman ist sehr charakteristisch für unsere Zeit, und Ihr, namentlich Frieda, müßt ihn später auch lesen. Es sind einige ganz prächtige Frauengestalten darin, während der eigentliche Held ein Träumer ist, der immer nur geschoben werden muß.

Wenn ich wieder nach Berlin komme, werde ich Spielhagens Bekanntschaft zu machen suchen, wozu mir, denke ich, Schw[eichel] verhelfen wird können. Der Herzog, der im Roman eine Rolle spielt, ist ganz offenbar der Coburger.[5] Es werden eine Menge Vorgänge ins Spiel gebracht, die mir genau bekannt sind, auch die Gegend, soweit der Roman in und um seine Residenz spielt. Vermutlich sind auch die andern Figuren aus dem Leben gegriffen, und darüber möchte ich Näheres hören.

Eine Stelle erinnerte mich auch an May[6] nach dem, was Ihr über den sagtet und ich selbst schon beobachtete. Die Stelle handelt auch von einem Künstler und lautet:

„Es wollte mir nichts Rechtes mehr gelingen. Der Künstler muß in seinem Hause eine reine, wohlige Luft atmen, und wenn es nicht der Fall ist, spürt man es bald an seinen Werken. Es liegt kein Glanz mehr darauf, oder aber sie werden aus Schwächlichkeit übertrieben."

M[ay] schleppt heute die Kette nach, die er in jugendlicher Unüberlegtheit sich geschmiedet, und die zieht ihn hinunter. Eine schwer zu behandelnde Natur ist er allerdings auch.

Hast Du mir auch die beiden letzten Hefte der „Neuen Zeit" mitgesandt? Wenn nicht, bitte sie unter Kreuzband zu senden.

U[lrich] ist Montag fort, ich beneide ihn nicht.[7]

Heine ist in Magdeb[urg] verhaftet worden. Offenbar bei einer Wahlberatung. Aber man wird ihn und die andern halten und den Zweck wenigstens teilweise erreichen.[8] Auch in Stettin ist es schön zugegangen. Das kommt, wenn in der unmotiviertesten Weise die zu Tausenden versammelten Leute wegen nichts und wieder nichts herumgeschickt und damit gereizt werden.[9] Ich wundere mich gar nicht, ich wundere mich, daß es nicht noch schlimmer kommt.

Nun will ich meine Epistel schließen. Gehabt Euch wohl und haltet Euch die Stube warm, was bei dem Ostwind einige Mühe kosten wird. Daß uns die Hasen den Kohl fraßen, war ganz recht, dafür war er da; aber daß sie auch die Bäume zernagten, war nicht hübsch. Der Winter war aber auch bisher sehr unangenehm für Herrn Lampe und seinesgleichen, und Born hätte bei ein wenig Nachdenken darauf kommen müssen, daß die Bäume geschützt werden mußten. Ich dachte sofort daran, als der Schnee fiel, und sagte es hier sogar, vergaß aber zu schreiben.

Grüßt B[ahlmann]s und P[aul] und alle Bekannten herzlich und seid beide insbesondere herzlich gegrüßt und geküßt von Deinem August

* L[ie]b[knecht] hat die Nachricht nach München geschrieben.

---

1 Bebel schrieb den Brief an Ißleib noch am gleichen Tag, einen weiteren Geschäftsbrief an diesen am 18. März 1887.
(Siehe Akte Zwickau, Bl. 60)
2 Bismarck hatte im Dezember 1886 auf diplomatischem Weg Papst Leo XIII. (1810-1903) vorgeschlagen, zugunsten der Militärvorlage auf das Zentrum einzuwirken. Dieser ließ durch den Kardinal Jacobini dem Zentrumsführer Windthorst übermitteln, der Heilige Vater wünsche, daß das Zentrum die Vorlage des Septennats in jeder demselben möglichen Weise unterstütze. Am 6. Februar 1887 veröffentlichte das „Leipziger Tageblatt" ein Schreiben von Jacobini in dieser Sache unter der Überschrift „Der Papst über das Septennat". Die „Volks-Zeitung" berichtete hierzu am 28. Januar und 5. Februar 1887.
3 Der sächsische Landtag trat vom 1. bis 5. März 1887 zu einer außerordentlichen Sitzung zusammen. Er genehmigte den Ankauf der seit 1877 von der preußischen Regierung verwalteten Strecke Dresden-Elsterwerda durch den sächsischen Staat.
4 Bebel bezieht sich auf den Roman von F. Spielhagen „Was soll das werden?"
5 Gemeint ist Herzog Ernst II. von Sachsen-Coburg-Gotha (1844-1893). Er setzte sich in den 60er Jahren des 19. Jahrhunderts für ein geeintes liberales Deutschland unter preußischer Führung ein.
6 *Heinrich* Julius May (1849-1911), Holzbildhauer aus Nürnberg, vorwiegend kunstgewerblich tätig auf dem Gebiet der Metallkunst, der Keramik und der Schriftgie-

ßerei; kam in den 70er Jahren nach Leipzig, Freundschaft mit Bebel, Liebknecht, Motteler u.a., Anfang der 80er Jahre nach Dresden. Hielt Vorträge über Kunstfragen im dortigen Verein für Volksbildung. Ging aus dem Wettbewerb um die Gestaltung des Grabdenkmals für Wilhelm Liebknecht als Sieger hervor, Aufstellung 1902. Schuf auch Grabdenkmäler für Bruno Schoenlank und Manfred Wittich. Schied wegen Krankheit freiwillig aus dem Leben. Seine Frau und sein Sohn überlebten ihn.

(Siehe Ernst Klaar: Heinrich May. Ein Nachruf. In: Dresdner Volkszeitung, 29.6.1911)

7 C. Ulrich erhielt ab 7. Februar 1887 Hafturlaub. Am 28. Januar war ihm telegrafisch mitgeteilt worden, daß seine Frau Katharina, geb. Enders (1843-1887), einen schweren Schlaganfall erlitten habe und wenig Hoffnung auf Genesung vorhanden sei. Dazu hatten die seelischen Erschütterungen durch die Haft ihres Mannes und durch die Ausweisung Frankfurter Sozialdemokraten, die sie zu unterstützen versuchte, beigetragen. Ulrich mußte aber erst noch ein ärztliches Attest beibringen, in dem die Lebensgefahr bestätigt wurde. Ulrich brachte seine Kinder Fritz (geb. 1876), August (1877-1950), Marie (geb. 1879) und Rudolf (geb. 1880) zu seinen Eltern nach Braunschweig und regelte die Pflege seiner Frau durch Verwandte, die auch die Spezereihandlung weiterführten. Nach dem 20. März 1887 traf Ulrich wieder in der Haftanstalt Zwickau ein. Unmittelbar nach seiner Haftentlassung verstarb seine Frau am 13. Dezember 1887. Siehe auch Nr. 112/2.

(Siehe C. Ulrich: Erinnerungen, wie Nr. 71/3, S. 80/81; Akte Zwickau, Bl. 62; Lebensdaten vom StA Offenbach a. Main)

8 In Magdeburg wurden am 7. Februar 1887 etwa 35 Sozialdemokraten verhaftet, auch Karl Heine aus Halberstadt, der für Magdeburg zur Reichstagswahl kandidierte. Ein Spitzel in der Leitung der dortigen Parteiorganisation hatte der Polizei umfangreiche Belege über die Tätigkeit der illegalen Parteiorganisation für Magdeburg und Umgebung erbracht. Nach etwa einer Woche wurden Heine und zehn weitere Sozialdemokraten wieder entlassen. Im Magdeburger Geheimbundprozeß, der am 16. und 17. Mai 1887 stattfand, wurden 46 Personen angeklagt, 15 freigesprochen und 31 Sozialdemokraten zu 164 Monaten Gefängnis verurteilt. Die insgesamt 84 Monate Untersuchungshaft wurden nicht angerechnet. Den Prozeß hatte der Polizeiinspektor W. Krieter (siehe Nr. 125/4) vorbereitet.

(Siehe Der Sozialdemokrat, 25.2., 27.5.1887; Von Fehden und Kämpfen. Bilder aus der Geschichte der Arbeiterbewegung Magdeburgs, Magdeburg 1910, S. 19)

9 Die Stettiner Sozialdemokraten führten am 7. Februar 1887 ihre zweite Wahlversammlung durch. Vor rund 4000 Teilnehmern sprach der sozialdemokratische Reichstagskandidat Fritz Herbert (1860-1925) gegen die Militärvorlage. Als er eine Lösung der sozialen Frage nach demokratischen Grundsätzen forderte, löste die Polizei die Versammlung wegen angeblicher umstürzlerischer Bestrebungen auf. Als die Anwesenden protestierten, trieb sie die Polizei mit der blanken Waffe aus dem Saal. Auf der Straße schlug eine herbeigerufene Militärpatrouille auf die Menschenmenge ein, wobei ein Arbeiter getötet und weitere Personen schwer verletzt wurden. Am 10. Februar leitete das preußische Staatsministerium die Verhängung des Kleinen Belagerungszustands über Stettin und Umgebung ein, was am 14. Februar 1887 in Kraft trat. Die „Volks-Zeitung" berichtete am 9. und 10. Februar 1887 über die Vorgänge in Stettin.

(Siehe Der Sozialdemokrat, 18.2.1887; Thümmler, wie Nr. 20/3, S. 107-114)

100

Mein lieber guter August!

Deinen lieben Brief haben wir erhalten uns uns gefreut, daß Dein Humor nicht so schlecht ist. Du wirst mittlerweile meine Kiste erhalten haben. Ich hätte sicher dieselbe weggelassen, wenn es nur gegangen wäre. Aber den Wein konnte ich nicht gut in ein Paket verpacken, da er zum Kaputtgehen zu schade ist. Du hast die Sachen und das Brot sicher schon längst erwartet, aber ich mußte an den Gegenständen Verschiedenes arbeiten. Vom Liegen ist der Bademantel nicht ganz sauber geblieben, aber es hätte sonst noch länger gedauert, wenn ich ihn erst waschen ließe, und ich wollte Dich doch gern in Besitz des Brotes bringen. Kannst Du nicht die Kisten zum Feuermachen geben? Die brauchen nicht aufgehoben zu werden, außer wenn Du Deine Winterkleider retourierst.

Gestern besuchte uns Herr Münch aus Zittau und fragte, ob er Dir Grahambrot senden dürfe sowie den andern Herren? Du hättest es bei ihm immer so gern gegessen. Denn da Du Dich nicht von Deiner verkehrten fleischessenden Lebensweise trennen könntest und Dich der allein richtigen, d. h. dem Vegetarinismus, nicht zuwenden wolltest, würdest Du Verdauungsbeschwerden haben, wie es gar nicht anders möglich sei, und da solltest Du wenigstens solches Schrotbrot essen, er wollte Äpfel hineinbacken. Ich sagte ihm, daß er es nur schicken solle, aber vorläufig seist Du versehen. Darf ich es ihm schreiben, daß er Dir welches senden soll? Es ist ein gelungener Kauz, man kann es ihm aber nicht verdenken, wenn er auf den Vegetarianismus schwört, er sah so jugendlich frisch und stramm aus, daß man ihm sein Alter nicht ansieht.

Ich muß Dir heute verschiedene Hiobsposten bringen, die Du aber teilweise schon wissen wirst. Erstens ziehen E[ysoldts] Ostern von hier weg nach der Schweiz, Annas Studium halber. Ihr Vater will durchaus nichts davon wissen, weil er denkt, sie mache Fiasko, und will natürlich auch keine Mittel für geben. Da hat es unliebsame Auseinandersetzungen gegeben, und hat sich Frau E[ysoldt] entschlossen, gleich an die rechte Schmiede zu gehen. Uns tut es sehr leid, es war Friedas liebster Umgang, weil sie gleiche Interessen verbanden, und wird das Friedas Studium wesentlich beeinträchtigen, um so mehr, da auch Herr Tr[aeger] Ostern weggeht. Dann ist Herr Liebknecht aus Offenbach ausgewiesen, was ihn gewiß schmerzen wird, er war so gern dort, als erstes Opfer des Belagerungszustandes.[1] Daß die Versammlungen in Meerane und Glauchau verboten wurden, hast Du gewiß gelesen. Ebenso in Leipzig.[2] Daß sie S[inger] für so eine gefährliche Person ansehen, ist mir unbegreiflich, er ist es doch in keiner Weise. Wenn sie alle so gemäßigt wären, brauchten sie sie nicht zu fürchten. In Köln haben sie den Gürzenich-Saal auch nicht bekommen, und da ist P[aul Singer] nicht hingegangen.

Wir waren mit ihm am Sonnabend im Neustädter Hoftheater, wo Blumenthals „Schwarzer Schleier" das erste Mal aufgeführt wurde.[3] Es war ganz hübsch, und wurde darin in Staatssozialismus gemacht, eine Gerichtsverhandlung, wie sie in Wirklichkeit nicht besser und würdiger vorgestellt werden kann. Doch das Ende vom Liede war, daß der Held das Feld räumte, da es ihm in der Heimat durch Intrigen zu schwer gemacht wurde, seine *Pläne* zu *verwirklichen*, und ging nach Schottland, wo er ein dankbareres Feld für seine Pläne fand. Der kleine Blumenthal wurde mehrfach hervorgerufen. Dem Publikum wird es allerdings eine neue Sprache gewesen sein, daß sie so viel von Sozialismus zu hören bekamen.

Gestern waren wir bei Bahl[manns], die 3 Mann Einquartierung haben. Einen haben sie in der Wohnung, und für die anderen zwei hat er täglich 4 Mark zu zahlen, auch eine nette Ausgabe. Entschädigung bekommt er 17 Pfennig per Tag. 10 Tage oder 12 haben sie dieselben. Herr Ißleib hat mir die Rechnungen gesandt für Herrn Born, die ich mir notieren sollte und zum 1. April abziehen. Er schreibt, daß er von Dir Brief erhalten habe und [es] im Geschäft faul ginge, ich solle nur weiter für Geschäfte sorgen.

Daß Gertrud aus der Stellung in Philadelphia und von dort weg ist, hat uns Herr L[iebknecht] selbst erzählt, und ich glaubte, es Dir mitgeteilt zu haben. Sie ist bei Verwandten von ihrer Mutter (verstorbenen). Das ist ganz schrecklich, wenn sich ein junges Mädchen gar nicht forthelfen kann. Herr L[iebknecht] sagte, wenn sie keine Stellung erhielt, müßte er sie wieder herüberkommen lassen. Ich danke, das viele Geld. Ich hoffe immer noch, daß sich ein Mann findet, das ist für sie die beste Lösung. An ihre Mama schreibt sie gar nicht, da weiß sie, daß sie nicht ankommt. Wenn nur erst die Wahl vorbei wäre, P[aul] ist bei sehr schlechter

Stimmung. Von der Familie Ulrich hört man gar nichts. P[auls] Bruder schreibt auch, daß es faul im Geschäft ginge. Ich hatte ganz vergessen, Dir mitzuteilen, daß Singers an dem englischen Bankrott beteiligt sind und mit nicht wenig. Nun, sie können es aber aushalten. Donnerstag wird die kleine Ottilie [Bahlmann] 2 Jahr.

Uns geht es sonst gut, und sind wir gesund. Vorige Woche waren wir mal abends bei Z . Der junge Z. ist von Stuttgart weg und nach den Azoren. Frau Z . ging es sehr nahe, und war er nicht noch mal hierher gekommen, um den Seinen den Abschied nicht so schwer zu machen. Es ließe sich doch nicht in so kurzer Zeit mit dem Examen machen. Panzner geht auch im Juli vom Konservatorium ab und sucht sich eine Stellung außerhalb.[4] Der Kommerzienrat Kaps ist auch gestorben.[5] Auf dem Gebiet des Klaviers ist eine Umwälzung bevorstehend, indem ein Herr von Janko eine Klaviatur erfunden hat, die das Klaviervirtuosentum überflüssig machte, indem es mit zwei Händen spielt, was sonst 4 taten.[6] B[ahlmann] wollte sich gleich eins anschaffen, nachdem er erst den kostbaren Flügel sich gekauft hatte. Doch mein Stoff ist zu Ende, es passiert in Plauen nicht viel, und in die Stadt komme ich wenig. Da ist auch nichts weiter, als was Du aus den Zeitungen liest. B[ahlmann] glaubte, daß man Euch zu den Sitzungen des Landtages freilassen würde. Doch das geschieht nicht, zudem wird es auch nicht lange dauern. Doch da fällt mir ein, daß ich vergaß, Dir die Butterglocke mitzusenden, weil ich Dich nochmals fragen wollte, ob ein kleiner Behälter genügt, den Du vor das Fenster stellen kannst, oder ob ich unseren Butterkühler senden soll. Der ist aber etwas groß. Wenn Du dafür keinen Platz hast, kann er Dir nichts nützen. Aber die kleine Brotkapsel werde ich Dir senden, damit das Brot nicht so vertrocknet.

Nun leb wohl und bleib gesund. Das erste Drittel wäre glücklich herum, möchte das andere auch so vergehen.

Herzliche Grüße von P[aul] und B[ahlmanns] sowie von uns nebst innigem Kuß von Frieda und
Deiner Julie

[Am Fuß der 2. Seite:]
Den Waltherschen Brief bitte zurücksenden.

1 Der Belagerungszustand wurde am 11. Februar 1887 über Offenbach verhängt. Liebknecht war 1881 und 1884 jeweils in der Stichwahl vom Wahlkreis Offenbach-Dieburg in den Reichstag entsandt worden. Seine Ausweisung, die am 13. Februar

sofort bei seinem Eintreffen in Offenbach erfolgte, beeinträchtigte die sozialdemokratische Wahlagitation beträchtlich. Er verlor das Mandat im ersten Wahlgang. Erst im August 1888 erhielt er bei der Nachwahl im 6. Berliner Reichstagswahlkreis wieder ein Mandat.

Liebknecht sprach während der Wahlagitation in vielen Orten, u.a. in Dieburg, Erfurt, Mainz, Mittweida und dem gesamten 15. sächsischen Wahlkreis. An weiteren Orten erhielt er Redeverbot, u.a. in Kiel.

2 Siehe Nr. 96/3.

3 Oskar von Blumenthal (1852-1917), Redakteur am „Berliner Tageblatt", 1888 Gründer des Lessing-Theaters in Berlin, das er bis 1897 leitete, vorwiegend Autor von Lustspielen. „Der schwarze Schleier", den Julie und Frieda Bebel am 12. Februar 1887 anschauten, hatte an diesem Tag in Dresden Premiere. Über die Aufführung berichteten die „Dresdner Nachrichten" am 14. Februar 1887.

4 Der aus Teplitz stammende Karl Panzner (1866-1923) hatte sich am Dresdner Konservatorium zum Pianisten ausbilden lassen und schloß im März 1887 seine Studien dort ab. Er war später Konzertmeister, u.a. 1893-1899 in Leipzig, dann Dirigent der Philharmonie in Bremen, seit 1909 städtischer Musikdirektor in Düsseldorf. Siehe Nr. 109.

(Siehe Dresdner Nachrichten, 1.4.1887; Frank-Altmann 1937, wie Nr. 86/22, S. 446)

5 *Ernst* Karl Wilhelm Kaps (1826-1887), Besitzer der bekannten Dresdner Pianofabrik und Förderer des Dresdner Konservatoriums, verstarb am 11. Februar 1887. Die „Dresdner Nachrichten" widmeten ihm am 13. Februar einen langen Nachruf. Bebel bezog sich im folgenden Brief auf einen Bericht im „Leipziger Tageblatt" vom 16. Februar 1887 über Kaps Beisetzung, in dem es hieß: „Am offenen Grabe widmete ein Vertreter des vollzählig erschienenen Arbeiterpersonals der Kaps´schen Fabrik dem dahingeschiedenen Meister in schlichten Worten einen herzlichen Nachruf."

6 Paul von Janko führte am 6. und 14. Februar 1887 seine Neuklaviatur in Dresden vor. Eine ausführliche Erläuterung seines Systems enthielten die „Dresdner Nachrichten" am 8. Februar 1887 aus der Feder von E. Krantz vom Dresdner Konservatorium. Dieser bezeichnete Jankos Erfindung als „Zukunfts-Klaviatur".

101

Zwickau, Landesgefangenenanstalt, den 17. Februar 1887
Meine liebe gute Julie!
Deinen lieben Brief erhielt ich gestern, Mittwoch nachmittag. Die Kiste ist richtig eingetroffen. Ich sah allerdings auch, daß es ohne diese nicht ging. Verbrennen lasse ich sie aber nicht; wenn ich von hier ausrücke, brauche ich doch Packmaterial, und so ließ ich sie aufheben. Der Portwein ist mir sehr angenehm, wirkt wie Medizin, und in diesen Dosen trinke ich ihn auch. Auch der Pökelbraten war eine angenehme Überraschung, er war sehr gut und ist und bleibt mir die liebste Zutat; aber sende künftig doch keine Eßwaren mehr. Ich werde mir hier gelegentlich auch mal Pökelbraten kommen oder einige Pfund braten lassen. Das Grahambrot ist auch gut. Ich habe bei Frau Seifert angefragt, ob es dieses hier gäbe. Wenn nicht, nehme ich wieder gewöhnliches, die Hin- und Hersenderei ist mir zu umständlich. Aus diesem Grunde danke ich auch Münch für seinen guten Willen. Daß er im Vegetarianismus das Heil sieht, ist einmal bei ihm fixe Idee. Wenn man wie er keine Sorge hat, den ganzen Tag in der freien Luft und im Walde verkehrt und sonst mäßig lebt, kann man auch bei Fleischgenuß sich sehr wohl fühlen. Man braucht ihm ja nur L[ie]bkn[echt] gegenüberzustellen, der ein Hauptfleischesser ist und doch sehr gesund und lebendig bisher blieb. Auch ist der deutsche Kaiser kein Vegetarianer.

Daß E[ysoldt]s zu Ostern nach Z[ürich] gehen, tut mir [um] Fr[ieda]s willen sehr leid, indes wer weiß, ob wir nicht bald folgen. Die Dinge entwickeln sich ja so hübsch, daß das gar keine ferne Möglichkeit für uns zu sein braucht. Andrerseits könnte Frieda unter Umständen bei E[ysoldt]s in Z[ürich] Quartier nehmen, falls sie ernsthaft weiter zu studieren gedenkt. Ich sähe sie dort lieber als bei sonst jemand in Z[ürich].

Frau Dr. [Adams-Walther]s Brief war mir interessant, weil sie jetzt selbst die Schwierigkeiten zugibt, die ich längst einsah. Wie einmal unsere ganzen sozialen Verhältnisse liegen, können Frauen nur ausnahmsweise sich diesem Berufe widmen. Was man bekämpfen muß, ist, daß man den Frauen das Studium überhaupt verbieten oder erschweren will und dann naturgemäß zu den lächerlichsten Gründen greifen muß.

Ich wäre bei Fr[ieda], auch wenn sie weit kräftiger wäre, gegen das medizinische Studium, weil ich überzeugt bin, daß sie auf Grund des Namens, den sie trägt, in Kürze eine gar nicht zu bewältigende Praxis, und zwar aus Kreisen, welche die größten Opfer und Anstrengungen erfordern, haben würde und auch die eisernste Natur dabei aufgerieben würde.

Andererseits bin ich mit dem, was Frau Dr. vorschägt, auch nicht einverstanden. Mich darüber auszusprechen, würde Bogen kosten, ich unterlasse es deshalb, außerdem pressiert's nicht; Fr[ieda] mag wie bisher fortfahren, bis ich hinauskomme. Auch gegen Griechisch bin ich ganz entschieden. Das ist eine Marotte von D[okto]rs. Grade für Geschichte ist Griechisch noch überflüssiger als für Medizin. Quellenstudien sind in Griechisch überhaupt nicht mehr zu machen. Das ist erschöpft und alles in der einen oder der andern lebenden Sprache, die Fr[ieda] kennt, aufs beste übersetzt. Auch ist die Geschichte der letzten Jahrhunderte weit wichtiger als alle frühere Geschichte. Letztere wäre nur Hülfsmittel etc. etc. Lateinisch ist für Geschichte *viel* wichtiger als Griechisch, weil die Römer und das ganze Mittelalter in dieser Sprache schrieben.

P[aul Singer] mag sehr verstimmt sein, daß er so überall polizeiliche Hindernisse findet, aber das muß er auf die leichte Achsel nehmen. Ich habe über all diese Verbote nur gelacht und bin *überzeugt*, daß diese Verbote besser wirkten als seine besten Reden, die er gehalten hätte, das wird der 21. Februar zeigen. Ich sehe die Wahlsituation trotz all der Schläge, die man neuerdings in Offenbach und Stettin gegen uns geführt hat und in Magdeburg etc. weiter gegen uns führen wird, sehr rosig an, d. h. so, wie ich sie von vornherein angesehen habe. Ich werde in meinen Erwartungen nicht enttäuscht. Wenn Herr v. P[uttkamer] gegen uns mit seinen Mitteln, als Polizeimann der alten Schule, glaubt aufkommen zu können, so dürfte er am 21. Februar eine Reihe recht gründlicher moralischer Ohrfeigen erhalten. Hier bleibt Cavours Wort ewig wahr: Mit dem Belagerungszustand kann jeder –[1] regieren.

Ganz besonders amüsiere ich mich über Leipzig. Ich leg Dir ein kleines Gedicht aus dem gestrigen „[Leipziger] Tagebl[att]" bei. Im übrigen ist das „[Leipziger] Tagebl[att]" von einer wahrhaft katzenjämmerlichen Stimmung. Von den alten gewohnten Angriffen keine Spur, ein Wahlkampf, der mir von seiner Seite rein unverständlich ist. Daß die Deutsch-Freisinnigen Munckel bringen, hat es ganz aus dem Häuschen gebracht, denn das geschähe nur, um mir durchzuhelfen.[2] Tröndlin, der keine Versammlung zu halten wagt, hat sein Programm in einer „Rede" im „[Leipziger] Tagebl[att]" entwickelt, etwas so Erbärmliches, als mir kaum vorgekommen ist.[3] Auch er spricht von möglicher Niederlage etc. Sehr amüsiert hat mich, unter dem Deutsch-Freisinnigen Komitee die Unterschrift von Mor[itz] Lorenz zu finden, diesem aristokratischen Handelsherrn.[4] L[orenz] war in den sechziger Jahren einer der wütendsten Gegner Beusts[5] im Landtag und nach [18]66 ein glühender Verehrer B[ismarck]s. Grade jetzt vor 21 Jahren saß ich mit ihm, Biedermann[6] und dem ganzen Generalstab der politischen Oppostion in L[ei]pz[i]g in einem Komitee. Es handelte sich um Stellungnahme in der Kriegsfrage wider Österreich, wobei jene sämtlich die Neutralität Sachsens befürworteten, ich für Kriegsbeteiligung gegen Pr[eußen] war. Dadurch kamen wir im März 1866 auseinander.[7] Daß wir aber jetzt wieder einmal in einer Schlachtlinie kämpften und M[oritz] L[orenz] eventuell lieber mich, den Gottseibeiuns für ihn früher, als Tr[öndlin] wählt, das ist in der Tat eine wunderbare Sache. L[orenz] ist ausgesprochener Freihändler und entschiedener Feind der Bism[arck]schen Zoll-, Gewerbe- und Sozialpolitik, das erklärt diese sonst unbegreifliche Parteistellung.

Auf Leipzig bin ich sehr gespannt.

Ich erinnere noch einmal und lasse P[aul] bitten, daß er mir, abgesehen von den Depeschen, die schon Montag abend oder Montag nacht an mich gehen können, er mir Dienstag mittag noch weiter telegraphische Nachrichten, soweit sie ihm zugängig geworden und auf uns Bezug haben, mitteilt, namentlich auch über das Resultat in **Berlin**, das wir sonst vor Mittwoch kaum erfahren dürften.

Ich bin nicht sicher, ob man auf Grund unserer Verfassung einen Abgeordneten aus der Strafhaft losfordern kann, aber selbst wenn es wäre, habe ich *gar keine Neigung dazu*.[8] Ich habe kein Verlangen, so und so viel Tage eines sehr gleichgültigen Gegenstandes halber nachzusitzen. Sollte also einer der Kollegen fragen, ob ich einen solchen Antrag gestellt sehen wünschte, willst Du ausdrücklich mit „Nein" antworten. B[ahlmann] muß seine 2 Mann sehr nobel untergebracht haben, wenn er 4 M pro Tag bezahlt. Nun, den armen Kerlen ist's zu gönnen.

Vergiß ja nicht, Born zum 1. April die Rechnung abzuhalten. Daß I[ßleib] klagt, glaube ich ihm sehr gern. Er wird noch mehr zu klagen bekommen und andere Leute auch. Mir macht es fast den Eindruck, als wolle B[i]sm[arck] mit Hülfe von Italien zum Frühjahr einen Krieg mit Frankreich provozieren. Italien hat er die Wiedereroberung Savoyens und Nizzas versprochen, das ist meine feste Überzeugung. Er hofft andrerseits im Orient Rußland mit Österreich isolieren zu können. Ob das feingesponnene Spiel so glatt gelingt, ist sehr fraglich. Der ganz Coup ist echt B[i]smarckisch. Bis jetzt hat noch kein Blatt irgendwelche Andeutung gemacht oder gewagt, aber es scheint etwas in der Luft zu liegen. Das ganze Geschäft, auch die Börse, ist wie vom Alp bedrückt. Obgleich plötzlich alle beunruhigenden Nachrichten zurückgehalten werden, wollen sich weder die Kurse noch das Geschäft erholen.

Du hast mir weder von S[inger]s Verlust in L[on]d[o]n noch von G[e]rtr[ud Liebknecht] ein Wort gesagt oder geschrieben. Im ersteren Fall schriebst Du im Gegenteil, sie seien nicht beteiligt, ich hatte also mit meiner Befürchtung recht. Von G[e]rtr[ud] hast Du nichts erwähnt, obgleich Du mehrere Male von Frau L[ie]bk[necht] und ihm schriebst. Mir scheint, Du bist etwas sehr zerfahren, Deine Briefe machen mir diesen Eindruck. Wenn Du Gelegenheit hast, so rate L[ie]b[knecht], daß er G[ertrud] kommen läßt, das arme Ding dauert mich. Nachdem die erste Stelle verunglückte, wird sie kaum in eine zweite treten. Und ein Mann wird sich trotz all ihrer Reize in Am[erika] schwer finden, weil der Amerikaner durch und durch praktisch ist. Sie kann nur einen Mann brauchen, der Geld genug hat, sie die große Dame spielen zu lassen, und diese sind nicht so dick gesät. Ich möchte nur wissen, wer L[iebknecht] den unglücklichen Gedanken eingab, sie hinüberzunehmen.

Ihr habt mir zwar Nr. 2 der „N[euen] Zeit" gesandt, aber nicht Nr. 1. Bitte um Nachsendung per Kreuzband. Ferner war Nr. 2 in wahrhaft barbarischer Weise durch Aufreißen zugerichtet. Diese Behandlung der Blätter wünsche ich nicht, da ich sie binden lasse. Fr[ie]dch[en] mag das Blatt, so oft es kommt, *sofort* aufschneiden, damit niemand in Versuchung gerät, Kraftübungen damit vorzunehmen.

Ferner bitte ich Dich, an J. H. W. Dietz, Stuttgart, per Karte zu schreiben, ich wünschte sofort *hierher*: „Der nächste Krieg in

Zahlen" von Dr. Alb[ert] Schäffle, Tübingen, Lauppsche Buchhandlung. Bemerke, daß ich eine längere Kritik für die „N[eue] Z[eit]" schreiben wolle.[9] Ich will mir Hern Sch[äffle] mal kaufen.

Ferner willst Du oder P[aul] 1 Exemplar „Der Kamerad", Organ der sächsischen Kriegervereine, für dieses erste Quartal abonnieren und das *Blatt mir sorgfältig aufheben.*[10] Abonnement bei der Post.

Wann kommt denn P[aul] hierher?[11] Ich wünschte dies 3 - 4 Tage vorher zu wissen, ich möchte eine Anzahl Bücher, die ich nicht mehr brauche, für ihn zur Mitzurücknahme herausgeben. Ferner würde ich ihn bitten, mir Schäffle: „Bau und Leben des socialen Körpers", 4 Bände, F. A. Lange: „Geschichte des Materialismus", 2 Bände, und Fr[ie]d[ri]ch Engels: „Der Ursprung der Familie, des Privateigentums und des Staats"[12], 1 Band, mitzubringen. Das letztere Buch wird wahrscheinlich im Bücherregal links vom Schreibtisch, die andern werden im Schrank stehen.

Die Butterglocke pressiert mir nicht. Wenn sie größer ist als jene, die wir hatten – ich meine die *Kühlglocke* –, und nur eine solche kann ich brauchen, wünsche ich keine. Auch die Brotkapsel ist überflüssig. Wenn ich zum gewöhnlichen Brot zurückkehre, bekomme ich *täglich* frisches.

Der übersandte Bademantel etc. ist ganz gut.

Daß K[ap]s starb, las ich. Seine Arbeiter werden ihn nicht beweint haben. – Natürlich muß B[ahlmann] sofort ein neues Instrument haben, dergleichen Neuerungen sind sein Vergnügen.

Daß Ihr Blumenthals „Schw[arzer] Schl[eier]" saht, ist mir angenehm zu hören. Ich hatte schon Kritiken gelesen, die „natürlich" vom Ring ausgingen und das Machwerk „natürlich" in den Himmel hoben. Eigentlich kann ja kein Dichter und kein Romanschreiber mehr etwas leisten, ohne die soziale Frage zu ver- und zu bearbeiten. Aber wie? Spielhagen macht eine Ausnahme, der hat die Frage wenigstens studiert und weiß, worüber er schreibt. Aber Herr Bl[umenthal] ist ein oberflächliches Bürschchen, der nichts als die „Mache" los hat. Der Dichter muß ein Generalesel sein, der einen „Sozialreformer" aus Deutschland nach Schottland schickt. Der Erfinder einer solchen Idee verdient, daß man ihm sein Manuskript um die Ohren schlägt.

Ich hatte keine Ahnung, daß die kleine Ottilie [Bahlmann] heute ihren Geburtstag hat, sonst hätte ich ihr gratulieren lassen. Da fällt mir aber grade ein, daß ihr Alter den seinen am 21. hat,

Ihr wollt also in meinem Namen ihn mit beglückwünschen. Das Beste, was ich ihm zum Geburtstag wünschen könnte, wäre ein recht glänzender Ausfall der Wahlen für unsere Sache. Das Gegenteil wünsche ich natürlich Herrn Miquel, der auch am 21. seinen Geburtstag hat.[13]

Anbei sende ich Euch auch den Brief der Frau Dr. W[alther] zurück. Schreibt Fr[ieda], so mag sie bemerken, daß ich zwar Briefe empfangen, aber nicht direkt beantworten könne. Natürlich lasse ich herzlich grüßen, ebenso B[ahlmann]s und P[aul], und die herzlichsten Grüße und Küsse an Euch beide
Dein August

[Wortlaut des Zeitungsausschnitts:]
„(Eingesandt.)
Nachtstück, mit Kanonenschlägen und unter Pech- und Schwefelgeruch vorzutragen, durchaus nach großem Muster.

Nacht, Nacht ist's! Der Deutsche (ha, pechschwarze Nacht!)
Wird um all sein Errungnes betrogen.
Die Reaktion (ha, wie's wettert und kracht!)
Kommt apokalyptisch gezogen!
Agrarier, Zünftler und *Antisemit.*
Sie reiten vereint den satanischen Ritt.
Da, als Retter – wer tritt aus dem Dunkel?
Aus Berlin kommt der Retter, kommt M -unckel.[14]

Was sich Liberalismus und Bürgertum nennt,
Bis zum letzten Rest soll's zerbrechen.
Ein *willenlos elendes Ja-Parlament*
Ist bestimmt, ihm die Gurgel zu stechen.
Despotismus, mit Tabak- und Schnapsmonopol,
Chauvinistisch-konfliktstoll, zertritt unser Wohl,
Mord sprüht seines Blickes Gefunkel.
Da – wer rettet? Der Retter ist M -unckel.

Zur Besänftigung
für die Wenigen, die es noch nicht wissen oder merken. Kanonenschläge und Pech und Schwefel fallen weg.

Ach reizendes Späßchen! Mit T. und mit B.
Soll M. ja sein Länzchen nicht brechen.
Aber, mischt man den M. ein, kommt B. mit dem T.

Vielleicht – o wie himmlisch! – zum Stechen.
Dann – dank den Kamelchen, die erst man beschwätzt,
Bestimmt man den Sieg, je nachdem man sich setzt
Zu T. oder B. in die Schunkel,
Und es fragt kein Mensch mehr nach M-unckel.

1 Hier wurde „Esel" ausgelassen. Camillo Benso von Cavour (1810-1861) verfocht die Einigung Italiens „von oben" unter Führung der Dynastie Savoyen, 1860/1861 Ministerpräsident des Königreichs Sardinien-Piemont.

2 Für C. Munckel handelte es sich in Leipzig um eine Zählkandidatur. Auf ihn entfielen 1382 Stimmen. Er erhielt sein Mandat im 3. Berliner Wahlkreis. Das „Leipziger Tageblatt" bemerkte am 16. Februar 1887 in einem Leitartikel: „Die Deutschfreisinnigen haben offen erklärt, daß sie mit ihrer ganz aussichtslosen Kandidatur Munckel eine Stichwahl herbeiführen und in dieser dann für Bebel stimmen wollen."

3 Bruno Tröndlin (1835-1908), Justizrat, Nationalliberaler, 1876 zweiter Bürgermeister, ab 1899 Oberbürgermeister von Leipzig. Erlangte 1887 wie schon 1884 das Reichstagsmandat der Stadt Leipzig im ersten Wahlgang. Nur 1881 hatte Bebel eine Stichwahl erzwingen können. Hinsichtlich des Wahlprogramms von Tröndlin veröffentlichte das „Leipziger Tageblatt" am 13. Februar 1887 dessen am 8. Februar gehaltene Ansprache an das Wahlkomitee. Tröndlin weigerte sich, auf einer öffentlichen Versammlung zu sprechen, da er „sozialdemokratische Ruhestörer" fürchtete. Er beabsichtigte, den Wählern Leipzigs sein Programm brieflich zugehen zu lassen. Siehe auch Leipziger Tageblatt 12.2., 20.2.1887.

4 Der Kaufmann *Moritz* Heinrich Lorenz (1823-1895) war 1865 Mitglied vom Ausschuß des Nationalvereins, 1865-1868 Stadtverordneter und 1860-1863 Stadtrat in Leipzig.
(Angaben von W. Schröder; siehe auch Toni Offermann: August Bebel und der Deutsche Nationalverein. Unbekannte Briefe Bebels aus seiner Tätigkeit in der sächsischen Arbeiterbewegung 1865/66, in: IWK, 1978/3, S. 320)

5 Friedrich Ferdinand Graf von Beust (1809-1886), Minister in Sachsen 1849-1866, führend an der Unterdrückung der demokratischen Bewegung beteiligt, Gegner der preußischen Vorherrschaft, 1866-1871 Außenminister und Reichskanzler von Österreich-Ungarn.

6 Karl Friedrich Biedermann (1812-1901), Historiker, Publizist, Universitätsprofessor in Leipzig; 1848/1849 Abgeordneter der Nationalversammlung (Zentrum), zeitweilig Mitglied des VDAV in Leipzig, Führer der Nationalliberalen in Sachsen, MdR 1871-1874.

7 Bebel irrte sich im Monat. Die gegensätzlichen Auffassungen fanden auf den Versammlungen am 5. und 8. Mai 1866 ihren Ausdruck.
(Siehe BARS, AmL, S. 111/112)

8 Bebel bezieht sich auf die Beratung des sächsischen Landtags.

9 Gemeint ist „Der nächste Krieg in Zahlen. Militär- und finanzstatistische Studie über die Erhöhung der deutschen Friedenspräsenz, von Dr. Albert E. Fr. Schäffle, k. k. österr. Minister a. D. Unveränderter Separat-Abdruck aus der ‚Zeitschrift für die gesamte Staatswissenschaft', Tübingen 1887, Verlag der H.Lauppschen Buchhandlung". Bebel verfaßte die Rezension zu diesem Buch im März 1887 und ließ sie offensichtlich ohne Kenntnis der Gefängnisverwaltung herausbringen. Sie erschien anonym im Juniheft der „Neuen Zeit".

(Siehe BARS, Bd. 2/1, S. 359-373)

10 Das Präsidium des Militärvereinsbund Sachsens hatte ein Zirkular an alle Vereine gesandt mit der Aufforderung, die Mitglieder der Vereine zusammenzurufen und sie aufzufordern, alle für die Annahme der Militärvorlage zu stimmen. Bebel ersah diesen Aufruf aus dem „Leipziger Tageblatt" vom 12. Februar 1887. Er wies später diese laut Vereinsgesetz nicht statthafte Einmischung in den Wahlkampf zurück, u.a. in seiner Reichstagsrede vom 4. Dezember 1888.
(Siehe BARS, Bd. 2/1, S. 508-515)

11 Paul Singer konnte zunächst nicht nach Zwickau kommen, da sofort nach den Stichwahlen der neu gewählte Reichstag am 3. März 1887 eröffnet wurde. Er besuchte Bebel nach Ostern, am 13. April 1887.

12 Bebel gab als Titel an „Die Entstehung der Familie, des Eigenthums und des Staats". Er hatte die im Oktober 1884 erschienene Schrift sofort nach ihrem Erscheinen gelesen. Offenbar wollte er sich jetzt auf eine Umarbeitung seines Buches „Die Frau und der Sozialismus" vorbereiten, die aber erst mit der 9. Auflage 1890/1891 erfolgte.
(Siehe MEGA, Erste Abteilung, Bd. 29, Berlin 1990; AB an Hermann Schlüter, 15.12.1887, BARS, Bd. 2/2, S. 154; Verarbeitung von Ideen der Engels-Schrift in Bebels Festrede zum IV. Stiftungsfest des Fachvereins der Tischler zu Dresden, ebenda, Bd. 2/1, S. 343-358, und in „Die Frau und der Sozialismus" ab der 9. Auflage, siehe dazu BARS, Bd. 10/2; siehe auch Ursula Herrmann: Engels´ Schrift „Der Ursprung der Familie, des Privateigentums und des Staats" in der deutschen Sozialdemokratie 1884 bis 1895, in: Marx-Engels-Jahrbuch 10, Berlin 1987, bes. S. 85-88)

13 Johann Miquel (1828-1901) hatte am 19. Februar seinen Geburtstag. Die Initiative zur Festlegung des Wahlkartells mit den konservativen Parteien ging von diesem führenden Nationalliberalen aus. Bebel hatte seinen ersten Zusammenstoß mit Miquel 1871. Als sich dieser verächtlich über die Arbeiterpartei äußerte, teilte Bebel am 3. April 1871 im Reichstag mit, Miquel hätte selbst einst dieser Partei angehört. Miquel hatte sich nach seiner Teilnahme an der Revolution 1848/1849 dem Bund der Kommunisten 1850 angeschlossen. 1890-1901 war Miquel preußischer Finanzminister, seit 1882 Mitglied des preußischen Herrenhauses.
(Zu Bebels Aussage siehe Stenographische Berichte, 1/1/1, S. 134)

14 Bebel setzte statt M. den vollen Namen von Munckel ein.

102

Mein lieber guter August!
Empfange meine herzlichste Gratulation zu Deinem Geburtstage.
Die Wünsche, die ich im Tiefinnersten für Dich hege, kennst Du,
und will ich sie nicht alle aufzählen, zudem halten wir nicht viel
vom Wünschen, weil sie meistenteils nicht in Erfüllung gehen.
Wenn nur die beiden in Erfüllung gingen, wollte ich zufrieden
sein, nämlich daß Du gesund bleiben möchtest und Deine Freiheit
nicht mehr mit dem Gefängnis zu vertauschen brauchtest. Da wir
Dir diesmal nichts schenken können, wird es uns wohl gestattet
sein, Dir wenigstens den üblichen Geburtstagskuchen zu senden?
Möchte er Dir recht gut schmecken, wir haben alle Liebe hinein-
gerührt. Er hält sich lange, auch wenn er trocken wird. Da Du
noch ein Badehandtuch brauchst, senden wir es gleich damit, es
läßt sich so besser in Papier packen. Ich soll Dir zwar keine Eßwaren mehr senden, womit ich auch einverstanden bin, ich hatte
aber schon die beifolgende Gänsebrust gekauft und sende Dir
nochmal ein Stück mit. Ich werde damit abschließen, weil es auch
bald wärmer wird, wo sich dergleichen nicht lange hält. Wie ich
neulich mit Frieda beim Photographen war, hat er mich partout
zum Sitzen oder Stehen genötigt. Es ist auch danach, und werde
ich es später noch mal versuchen, doch schöner wird es auch
nicht werden. Es ist so, wenn man alt wird und der Ernst des
Lebens im Gesicht steht, obgleich ich mich im Innern so jung und
ungebrochen fühle, daß ich es noch mit manchen Unbilden aufnehmen kann, zudem bin ich gesund und will damit zufrieden
sein. Frieda meint, es müsse mit dem Bild vor 10 Jahren standhal-
ten[1], doch ist das nicht möglich. Wenn Du wieder bei uns bist,
werde ich glücklicher aussehen. Ein Freund von Dir hat mir eine
Flasche „Süßen" für Dich zum Geburtstag gegeben, ich werde ihn
aber vorläufig zurückbehalten, da Du eben noch versehen bist,
und Dir später senden, im Paket geht das nicht gut. Es ist übrigens ganz gut, daß Du etwas Bier trinkst, Du verweichlichst sonst
im Geschmack. Das ist auch der erste Winter, daß ich Bier trinke.
Ich hätte gedacht, ohne Tee nicht existieren zu können, aber wir
trinken es sehr gern.

Du wunderst Dich, lieber Mann, wenn ich etwas zerfahren
mitunter bin. Ich wundere mich nur, daß Du so schnell vergessen

kannst, wie größtenteils unsere Situation mitunter ist, und daß ich fast nie einen Brief an Dich ungestört schreiben kann, grad wie eben, wo wieder jemand dasitzt und mich beständig mahnt zu schreiben, aber nichtsdestoweniger mit Fragen und Bemerkungen mich unterbricht. Wie kann man da mit der nötigen Ruhe schreiben. So ging es mir vor acht Tagen; wo ich zu schreiben anfangen will, kommt Herr Münch und bleibt zwei Stunden, und wie der glücklich fort ist, kommt P[aul Singer]. Dann hatten wir B[ahlmann]s versprochen, hinzukommen, und da rede man noch von freiem Willen. Wenn ich dann aufgeregt werde und in dieser Situation schreibe, wird freilich nichts Gescheites daraus.

P[aul] kommt erst Montag zurück.[2] Er hat in Darmstadt sehr gute Versammlung gehabt. In Leipzig, wo er nicht sprechen durfte, hat er derselben beigewohnt. In Offenbach ist er ausgewiesen wie Herr Liebknecht. Wann er Dich oder Euch besucht, weiß ich also noch nicht, doch denke ich diese Woche. Da ja möglicherweise der Reichstag den ersten März beginnt, kann er schon heut in acht Tagen nach Hause, und vorher will er Euch besuchen. Ob er sich aber mit den Büchern bepackt, weiß ich nicht, und werde ich sie am Ende schicken müssen. Nun, ich will sehen.

Wie ich die Kiste an Herrn Ißleib glücklich nach dem Böhmischen Bahnhof transportiert hatte, wurde sie dort nicht angenommen, sondern mußte auf den Zentralbahnhof. Da war wieder B[ahlmann] Retter in der Not und hat sie mittels Dienstmann nach Geuka[?] befördert und frei gemacht, obgleich ich ihm abriet. Nun, wenn es ihm Spaß macht, Herr I[ßleib] wird nicht böse darüber gewesen sein. I[ßleib] wollte auch Avise beigefügt wissen, aber da die Kiste schon zugenagelt war, habe ich sie noch nicht gesandt. Soll ich sie gelegentlich senden? Die Rechnungen kann ich nicht beide zum ersten April abziehen, da sich Herr Born 100 Mark von mir geliehen, die ich wahrscheinlich nicht eher wiederbekomme. Doch werde ich ein andermal mich nicht darauf einlassen.

Ich soll heute abend noch an Frau Auer schreiben, daß sie ihren Mann bald besuchen möchte auf Kosten unseres Freundes B[ahlmann]. Erst sollte sie ihre Kleine mitnehmen; wenn sie aber über 10 Jahre ist, kann sie es nicht, da es da das doppelte Reisegeld kostet. Nun, sie mag es machen, wie sie will. Da sie doch noch mal hinreist, kann sie sie da mitbringen, es ist jetzt doch noch sehr kalt. Hoffentlich läßt die Kälte bald nach, wir hatten vorgestern 11 Grad an unsrem Thermometer, und die ganzen Tage waren 8, 7 und so fort. Der Winter dauert lange, es war aber auch ein langer Herbst. Wir sind morgen zu Tisch geladen zur Geburtstagsfeier, er bildet sich nicht wenig darauf ein, seinen Geburtstag auf solch einen wichtigen Tag zu haben.

Ich begreife nicht, wie Du Dich über die L[iebknecht]sche Angelegenheit so alterieren kannst. Er hat niemand um Rat gefragt, wollte sie anfangs gleich mitnehmen, da hat ihm B[ahlmann] von abgeraten. Wie er kaum drüben war und alles im rosigsten Lichte sah, ließ er sie sofort nachkommen, und war natürlich B[ahlmann] der Helfende. Zum Dank dafür hat er ihm nicht einmal gesagt, wo G[ertrud Liebknecht] ist, das hatten wir ihm abgefragt und hat B[ahlmann] sehr verdrossen. Wie ich Dir schrieb, ist sie bei Verwandten ihrer verstorbenen Mutter, die werden sie nicht umkommen lassen. Und geht es nicht mehr, nun, sagt L[iebknecht], muß ich sie zurückkommen lassen. Es ist eben Pech mit dem Mädchen, sie wird in keiner Lage sich zurechtfinden. Dein Vetter[3] hat sich auch wieder gemeldet. Er habe sich in den Finger geschnitten und könne nicht arbeiten. Wir möchten ihn umgehend unterstützen. Soll ich ihm was schicken? Es sind von Leipzig eine Masse Gratulationen eingetroffen, die ich Dir mitteilen soll, von Ottos, Brauers, Ißleibs, und andere werden noch folgen. Die Leute wissen nicht, wohin sie zu schikken haben. Doch nun leb wohl. Die Aufregung an dem Tage wird Dich nicht zu trüben Gedanken kommen lassen. Ich bin froh, wenn dieser Wahltrubel vorbei ist, und bin gar nicht mit einverstanden, daß man Dich so viel aufstellt, dem sollte doch endlich einmal gesteuert werden. Nun, hoffentlich bekommst Du wenigstens ein Mandat als Geburtstagsgeschenk. Wir werden ein Glas auf Deine Gesundheit trinken und im Geiste bei Dir sein.
Mit den innigsten Grüßen und Kuß
Deine Julie

[Am Fuß der ersten und Kopf der zweiten Seite:]
Telegramme werdet Ihr erhalten. B[ahlmann] sagt, das Bild wäre so schlecht, ich könnte es Dir nicht senden.

---

1 Bei dem neu angefertigten Foto könnte es sich um die Porträt-Aufnahme A 4/486 im IISG Amsterdam handeln. Sie wurde angefertigt im Photographischen Atelier A.

Hoffmann. Inhaber Lipczynski. Mit der Aufnahme vor zehn Jahren ist vielleicht das 1876 angefertigte Familienfoto gemeint (IISG A 1/867; mehrfache Neudrucke, u.a. Bebel. Eine Biographie, wie Nr. 23/9, nach S. 192 u. Fischer/Krause: Bebel-Katalog, wie ebenda, S. 90)

2 Siehe Nr. 96/3

3 Gemeint ist Friedrich Schlesinger.

103

Zwickau, Landesgefangenenanstalt, den 22. Februar 1887
Meine liebe gute Julie!
Eure lieben Briefe[1] wie die Sendung und insbesondere auch die Photographien heute erhalten. Für das alles wie für Eure Wünsche meinen herzlichsten Dank. Ich wünsche mir, was Du mir wünschst, und soweit es in meinen Kräften steht, will ich diese Wünsche selbst zu erfüllen suchen. Die Wahlen geben allem Anschein nach in der nächsten Zeit Deutschland ein Gesicht, daß eine solche Absicht leichter wird als unter andern Umständen.

Über Eure Photographien habe ich mich sehr gefreut. Ich finde, um offen zu sein, daß die Deine nicht gut ist. Du bist nicht schlecht getroffen, aber die obere Partie des Kopfes und überhaupt das ganze Bild ist nicht klar genug. Fr[ieda]s Bild ist in jeder Beziehung besser. Ich glaube, Ihr würdet beide besser getroffen, wenn Ihr Euch en profil hättet abnehmen lassen. A[uer] und V[iereck], denen ich die Bilder zeigte, waren mit mir der gleichen Meinung.

Mit dem Eßwarensenden willst Du in der Tat nunmehr aufhören. Es ist uns Ende voriger Woche überdies offiziell mitgeteilt worden, daß Eßwaren nicht mehr herein dürften. Wenn ich Deine Sendung doch noch bekam, verdanke ich dies besonderer Nachsicht. Man kann hier wirklich alles bekommen, Pökelbraten, wenn er auch nicht so gut wie der Deine ist, sogar Grahambrot, für das ich durch Frau Seifert eine Quelle ausfindig machen ließ. Außerdem sandte Münch an jeden von uns ein größeres Brot. Bitte ihm mit ein paar Zeilen in unserm Namen zu danken und ihm mitzuteilen, daß wir das Brot hier bekommen könnten, also auf weitere Sendungen dankend Verzicht leisteten. Ferner willst Du Paul [Singer][2] und Bahlm[ann]s herzlichen Dank für die übersandten Glückwünsche sagen. Im Namen von B[ahlmann]s schrieb oder ließ schreiben der kleine Felix, und habe ich über den Brief herzlich lachen müssen.

Auch von Walt[hers] bekam ich eine Gratulation, ferner von May, dem Du auch durch ein paar Zeilen danken willst, falls er nicht schon weiß, daß ich nicht direkt schreiben kann. Meinen Dank für die dort eingelaufenen Wünsche bitte ich gelegentlich ebenfalls auszusprechen, ganz besonders auch in einem Brief an Ißl[eib] einige Zeilen an das Geschäfts*personal* beizufügen, das mir mit 35 Unterschriften eine Gratulation sandte, was mich ganz besonders freute. Ich wundere mich über die Zahl, wir hatten seinerzeit höchstens 30. Diese Zeilen willst Du an Franz Zita[3] senden als denjenigen, welcher an der Spitze der Unterzeichner steht.

Weiter empfing ich 12 Gratulations- und vier Wahldepeschen, unter letzteren zwei von Dresden. Meine eigene Wahl in Hamburg habe ich nur aus den telegraphischen Glückwünschen entnommen, direkte Nachricht liegt nicht vor, so daß ich gar nicht weiß, wie die Sachen stehen.[4]

Soweit bis jetzt die Wahlnachrichten vorliegen – ich schreibe diese Zeilen abends nach sieben Uhr –, sind sie für Bismarck und die Kartellbrüderschaft ungewöhnlich günstig ausgefallen. Die kolossale Kriegshetzerei und Kriegsangst, verbunden mit dem Hochdruck des gesamten Apparats, der Thron, Altar und Geldsack zur Verfügung steht, haben ihre Schuldigkeit getan. Paul schrieb mir, daß Bism[arck] im letzten Reichstag in der dritten Lesung das Septennat würde erhalten haben. *Ganz meiner Meinung*, die ich Dir sofort schrieb. Dann ist es um so unverzeihlicher, daß grade unsere Fraktion durch ihre Richter [und] Windthorst zu Gefallen beobachtete Taktik Bism[arck] in die Lage setzte, die Auflösung des Reichstages, nach der er, *wie* **alle Welt** *klar sah, gierte*, ins Werk setzen zu können. Weigerte sich unsere Fraktion, zu der von Windthorst gewünschten Taktik sich herzugeben, so konnte Windthorst schon *bei der zweiten Lesung seine Leute nicht zusammenhalten*, Bism[arck] erhielt das Septennat und *der Grund, der für ihn die ausgezeichnetste Wahltaktik war*, war hinfällig. Schritt er dann zur Auflösung, wozu er gezwungen war, weil ihm das Geld fehlte und er in der Thronrede angekündigt hatte, daß er von diesem Reichstag keine Steuer mehr verlangen werde, dann kam er mit der Steuerfrage als Wahlparole, und die war für ihn die *gefährlichste*.

Kurz, die Opposition hat sich durch ihre Haltung ganz furchtbar in den Finger geschnitten, und alles, was jetzt aus dem Resultat folgt, ist durch sie verschuldet.

Das ist nicht erst seit heute meine Meinung, ich habe sie A[uer] und V[iereck] vom ersten Augenblicke an gegenüber vertreten und Dir geschrieben.

Mein einziger Trost ist, daß die Kartellbrüderschaft auch aus den heterogensten Elementen besteht und Bism[arck] mit mancher seiner Forderungen seine liebe Not haben wird. Aber was gegen uns geht: Abschaffung des geheimen Wahlrechts, Verewigung und möglicherweise Verschärfung des Sozialistengesetzes, des Strafgesetzes etc. etc., das geht durch. Nur irrt sich Paul, wenn er glaubt, dazu lasse sich Bism[arck] erst drängen; nein, das Programm ist fertig, und die Vorlagen werden nicht auf sich warten lassen. B[i]sm[arck] ist der Rufer in diesem Kampf, und die andern apportieren.

So wie es scheint, haben wir in Sachsen alle unsere Positionen verloren. Leipzig-Land hängt an einem Faden.[5] Reichenbach[6], Zwickau[7], Chemnitz[8] sind, wenn auch mit Ehre, verloren. Was Mittweida[9] und Stollberg[10] bringt, weiß ich noch nicht, große Hoffnung habe ich keine. Auch der 17. Wahlkreis soll, wie Auer behauptet, zur Abwechselung mal wieder verloren sein.[11]

Wenn man bedenkt, daß die Geldmacht, die Fabrikantenmacht, der ganze gewaltige staatliche und kommunliche Apparat, die gesamte Presse gegen uns arbeitete, die Versammlungen unmöglich gemacht, die Flugblätter massenhaft verboten, die Leute in jeder Weise in Angst und Schrecken gejagt wurden, und all dem gegenüber ein Häuflein Proletarier den Kampf führend, dann muß man über die Leistungen erstaunen. Berlin hätte ich mir in der Stimmenzahl etwas besser gedacht, aber immerhin hat es sich ausgezeichnet gehalten; 94 000 Stimmen[12], das ist eine Armee, und wir können sagen, was wir jetzt haben, das haben wir fest und gehört ganz zu uns. Nur die Hälfte der Macht und der Mittel unserer Gegner – und sie würden zu Paaren getrieben!

Wahrscheinlich aber ist, und das ist das Schönste bei der Sache, daß wir trotz oder grade wegen des Sieges Bismarcks im Laufe des Sommers einen Krieg bekommen, er scheint ungeduldig zu sein, mit Frankreich anzubinden. Wir werden sehen.

Falls wider Erwarten irgendwo eine Doppelwahl vorkommt, so setze ich voraus, daß Auer in **allererster** Linie berücksichtigt wird, angenommen, daß L[ie]bkn[echt] nicht auch unterliegt. Unter allen Umständen müßte A[uer] G[ei]s[e]r oder V[o]ll[mar] vorgezogen werden. Sage das Paul, daß dies meine Meinung sei, ich riet ihm aufzupassen.

Auer war *sehr* erfreut, daß B[ahlmann] seiner Frau eine solche Reise möglich machen will, und läßt ihm herzlich danken. Er will aber erst um Pfingsten seine Frau kommen lassen, einmal der Jahreszeit wegen, dann der Schulferien wegen. Dieser Plan stand überhaupt schon fest, aber das Geldopfer fällt ihm **sehr schwer,** da er sich kärglich durchschlagen muß. Will also B[ahlmann] die Reise seiner Frau bis hierher ihm vergüten, so ist ihm das sehr angenehm. Gleichzeitig mit der Reise hierher will die Frau eine Reise zu ihrer Mutter[13] nach Schwerin machen. Vielleicht ist B[ahlmann] so gut und entwirft ihr dann ein praktisches Rundreisebillett. Das Kind ist 8 Jahr alt, und das nimmt sie natürlich mit.*

Wenn P[aul] nach Berlin geht, willst Du ihm unter allen Umständen den Pfandschein, den ich vorigen Herbst für Frieda kaufte, mitgeben zur Versilberung. Es wird zwar ein ziemlicher Verlust entstehen, allein ich will das Papier los sein. P[aul] soll das Geld in der mit Dir mündlich abgesprochenen Münze aufbewahren. Es ist bei ihm besser aufgehoben. Daß Du B[orn] die 100 M gabst, ist mir außerordentlich unangenehm. Wie denn, wenn er morgen pleite wird und die Häuser in Subhastation kommen? Dann kannst Du dem Gelde nachsehen. Ich habe gegen den Mann ein tiefes Mißtrauen und halte ihn zu vielem fähig, und so rate ich Dir *dringendst*, nimm Dich vor ihm in acht. Du hattest es leicht, ihm zu sagen, daß Du unter bewandten Umständen nichts zur Verfügung hättest. Daß B[orn] überhaupt schon zu Dir kam, ist ein außerordentlich schlechtes Zeichen für seinen finanziellen Stand. Auf alle Fälle halte ihm den Rest von der I[ßleib]schen Rechnung ab.

Hast Du vielleicht auch Kr[onke]s geliehen? Darüber wäre mir Auskunft erwünscht. Gewarnt habe ich Dich.

Dem Herrn Schl[esinger] schicke per Karte 6 M. Der hat bald ein böses Bein, bald einen bösen Finger, alles Schwindel.

Walth[er]s nehmen als „selbstverständlich" an, daß wir in corpore sie den Herbst besuchten. Dazu haben wir kein Geld, und selbst wenn ich es hätte, würde ich es schwerlich tun. Er hat 28 Pfund, sie 18 Pfund zugenommen, das ist doch sehr viel. Gegend und Wetter seien prächtig; ich glaube es. Wenn Ihr schreibt, bitte ich, sie von mir zu grüßen, ihnen mitzuteilen, daß ich ihren Brief erhielt und mich über die guten darin enthaltenen Nachrichten sehr gefreut hätte. Aus der Reise würde indes kaum etwas werden, außerdem könne heute kein Mensch sagen, wie es in sechs Monaten aussähe.

Kürzlich ist auch meine letzte Festrede, gehalten bei dem Tischlerfachvereinsfest in Dresden, in Mannheim verboten worden. In Dr[esden] hört sie die Polizei an, läßt sie auch drucken und verbreiten, in M[annheim] hält man sie für staatsgefährlich und umstürzlerisch.[14] O Deutschland! Du Nationalzuchthaus!

Ich verlange nicht, daß Du mir regelmäßig Sonntag oder Montag vier Seiten schreibst. Was ich erwarte und wünsche, ist, daß ich an einem bestimmten Tage bestimmt auf ein Lebenszeichen von Euch rechnen kann. Kannst Du den Brief nicht vollenden, so schreibe nur einen zweiten, ich werde Dir dies nicht als Vergehen anrechnen. Ich begreife Eure Situation, sowenig ich auch davon erbaut bin, und kann auch nicht einsehen, daß ich für die Verpflichtungen gegen andere die Zeche zahlen soll. Es ist ja jetzt bald schlimmer als damals, wo Du alle geschäftlichen Verpflichtungen zu erfüllen hattest.

Die „N[eue] Z[eit]", um die ich gebeten (Nr. 1), ist mir auch nicht gesandt worden. Es wurde überhaupt schon verschiedenes übersehen, ich mag nur nicht immer erinnern.

Ich denke, P[aul] wird sich wohl mit dem Päckchen abschleppen. Ich würde es ihm auch bringen, wenn er hier säße. Jedenfalls werde ich ihm das meine mitgeben. Vor dem Stichwahltag wird er wohl kaum hier sein können, einige Arbeit wird's wohl noch dafür geben.

Und nun leb wohl, und sei herzinnig gegrüßt und geküßt von Deinem August

Bitte mir aus dem „Berl[iner] Volksbl[att]" die Wahlnachrichten dieser ganzen Woche, also von heute ab, auszuschneiden und zu senden per Kreuzband.[15]

[Am Rand der fünften Seite:]
P[aul] möge doch ja dafür eintreten, daß in Berlin bei den engeren Wahlen kein Fehler gemacht werde. Der Versucher wird schon kommen. Daß in Dresden wegen lumpiger 26 Stimmen Stichwahl ist, tut mir leid.[16] Rein weggeworfenes Geld.

* Ich sehe eben, daß B[ahlmann] eine Extrareise bezahlen will, er tut A[uer] aber einen *weit größeren* Gefallen, wenn er ihm zu der einen Reise seine Mithülfe gibt. Suche B[ahlmann] in diesem Sinne zu bestimmen.

1 Auch Frieda Bebel sandte am 20. Februar 1887 ihrem „herzlieben Papa" einen Geburtstagsgruß ins Gefängnis. Ihr Wunsch war: „Möchtest Du vor allem immer gesund bleiben und uns nie wieder so lange verlassen müssen." Seine Wähler würden ihm sicher morgen ein Mandat schenken. Weiter berichtete sie über ihre Studien und den geplanten Umzug der Familie Eysoldt nach Zürich. Anna wolle versuchen, in die Oberprima des Zürcher Knaben-Gymnasiums aufgenommen zu werden, um so das Abitur zu erwerben.

2 P. Singer schrieb Bebel am 19. Februar 1887 aus Darmstadt: „Zunächst sende ich Dir herzliche Gratulation zum Geburtstag und verbinde damit den Wunsch, daß Du den Deinen und uns noch lange, lange erhalten bleiben und selbst noch die Früchte Deiner rastlosen Tätigkeit ernten mögest. – Ohne viel Worte zu machen, drücke ich Dir im Geiste die Hand, und alles, was ich für Dich wünsche und hoffe und wozu ich Dir feste und dauernde Gesundheit und Kraft wünsche, sei damit ausgesprochen." Er berichtete von seinen Eindrücken bei der Wahlagitation und meinte: „An Arbeit hat es die letzten Wochen nicht gefehlt, ich habe eigentlich nur noch auf der Eisenbahn und in Versammlungen gelebt, die Zwischenpausen mit schriftlichen Arbeiten ausfüllend." Er erhoffte „einen imposanten Stimmenzuwachs", befürchtete aber die Abschaffung des bestehenden allgemeinen, gleichen, direkten und geheimen Wahlrechts.
(IISG, NL Bebel, Nr. 159)

3 Franz Zita ist im Leipziger Adreßbuch als Drechsler, wohnhaft in Lindenau, ausgewiesen.

4 Wie schon 1884 erhielt Bebel sein Reichstagsmandat im 1. Hamburger Wahlkreis bereits im Hauptwahlgang, diesmal mit 14 497 Stimmen. 1884 hatte er 12 282 Stimmen auf sich vereinigen können.

Im 2. Hamburger Wahlkreis siegte Heinrich Dietz wie schon 1881 und 1884 ebenfalls im Hauptwahlgang. Die Stimmenzahl für die Sozialdemokratie stieg von 14 278 im Jahre 1884 auf 18 672 bei dieser Wahl.

Im 3. Hamburger Wahlkreis siegte wie 1884 der Schiffsgroßreeder Adolf Woermann, Nationalliberaler. Im ersten Wahlgang erhielt Stefan Heinzel 17 803 und Woermann 15 052 Stimmen. In der Stichwahl siegte Woermann mit den Stimmen der Freisinnigen Partei. Er vereinte 20 069 Stimmen auf sich, Heinzel 19 324 Stimmen.

5 In Sachsen verlor die Sozialdemokratie alle sechs Mandate, die sie 1884 hatte gewinnen können. In Leipzig-Land hatte die Sozialdemokratie erstmals 1877 den Abgeordnetensitz erobern können. 1881 ging er verloren; 1884 siegte Louis Viereck in der Hauptwahl mit 15 233 Stimmen. Diesmal erhielt der Nationalliberale Ferdinand Goetz (siehe Nr. 105/6) im 1. Wahlgang mit 20 039 Stimmen das Mandat. Auf Viereck entfielen 19 327 Stimmen.

6 In Reichenbach/Vogtland siegte im 1. Wahlgang ein Konservativer mit 13 949 Stimmen. Die Sozialdemokratie erhielt 6802 Stimmen. 1884 siegte Max Kayser in diesem Wahlkreis. Im ersten Wahlgang erhielt er damals 4064, in der Stichwahl 9041 Stimmen.

7 Das Mandat von Zwickau-Crimmitschau besaß seit 1867 ein Arbeitervertreter, nur 1878 war es verloren gegangen. 1884 siegte Wilhelm Stolle sogar im Hauptwahlgang. Diesmal gewann ein Nationalliberaler im ersten Wahlgang mit 14 485 Stimmen. Stolle erhielt 12 913 Stimmen, das bisher höchste Ergebnis für die Sozialdemokratie in diesem Wahlkreis.

8 Im Wahlkreis Chemnitz hatte Geiser 1884 im ersten Wahlgang das Mandat erhalten mit 14 512 Stimmen. Diesmal entfielen auf Geiser 15 356 Stimmen. Es siegte ein Nationalliberaler in der Hauptwahl mit 18 221 Stimmen.

9 In Mittweida hatte die Sozialdemokratie 1878 und 1881 das Mandat erobern können. Wie 1884 verlor sie es 1887 im ersten Wahlgang. Es siegte ein Nationalliberaler. Die Sozialdemokratie erhielt 7634 Stimmen, ihr bisher höchstes Ergebnis in diesem Wahlkreis.

10 Der Wahlkreis Stollberg-Schneeberg hatte 1867, 1874, 1877 und 1878 Wilhelm Liebknecht in den Reichstag entsandt. 1881 ging das Mandat für die Sozialdemokratie wie schon 1871 verloren. Für 1884 ergab die von der Sozialdemokratie geforderte Wahlprüfung, daß dem Konservativen sein Mandat abgesprochen wurde. Bei der Nachwahl im März 1886 siegte Friedrich Geyer mit 8420 Stimmen. Diesmal erhielt die Sozialdemokratie 7106 Stimmen. Das Mandat eroberte ein Nationalliberaler in der Hauptwahl mit 13 393 Stimmen.

11 Im Wahlkreis Glauchau-Meerane hatte 1867 bis 1877 Bebel immer im ersten Wahlgang das Mandat erobert. Da er 1877 in Dresden-Altstadt gewählt worden war, trat Wilhelm Bracke 1877 an seine Stelle, später Ignatz Auer. Der Wahlkreis ging 1881 erstmals für die Sozialdemokratie verloren. 1887 siegte ein Nationalliberaler im ersten Wahlgang mit 13 393 Stimmen. Die Sozialdemokratie erhielt 7106 Stimmen.

12 In den sechs Berliner Wahlkreisen wurden im ersten Wahlgang 93 335 Stimmen für die Sozialdemokratie abgegeben. Sie gewann den 4. und 6. Wahlkreis, die Mandate fielen auf Singer und Hasenclever.

13 Siehe Nr. 82/4.

14 Gemeint ist die „Festrede zum IV. Stiftungsfest des Fachvereins der Tischler zu Dresden am 12.Oktober 1886 in der Centralhalle" (BARS, Bd. 2/1, S. 343-358). Sie wurde am 11. Februar 1887 in Mannheim verboten. Die Beschwerde der Verleger Schoenfeld & Harnisch, Dresden, wies die Reichskommission als unbegründet zurück. Der Redner habe die Herbeiführung eines gewaltsamen Umsturzes der Gesellschaft vor Augen gehabt.
(Siehe Reichs-Commission, wie Nr. 17/4, S. 389-393)

15 Im „Berliner Volksblatt" wurde sehr detailliert über die Wahlergebnisse in den einzelnen Wahlkreisen berichtet.

16 Die Gesamtzahl der gültigen Stimmen betrug in Dresden-Altstadt 29 930 Stimmen. Davon erhielt Hultzsch 14 949. Er verfehlte knapp die absolute Mehrheit. Auf Bebel fielen 9175 Stimmen. Der Kandidat der Freisinnigen Partei erhielt im ersten Wahlgang 1110 Stimmen. In der Stichwahl erhielt Bebel 10 077 und Hultzsch 19 656 Stimmen. Diesem kamen die 4688 Stimmen, die für Hartwig abgegeben worden waren, zugute.

104

Zwickau, den 28. Februar 1887, Landesgefangenenanstalt
Mein liebes Weib!

Deinen lieben Brief nebst dem Schreiben des Wahlkommissars, dem Zeugnis und dem Brief der Frau von L[yscowska][1] habe ich erhalten. Letzterer sandte ich die Akten direkt. Das ist einer der unglücklichen Petenten, wie sie jedesmal zu Dutzenden in der Session kommen, denen leider nicht zu helfen ist. Ich hatte es ihr schon voriges Jahr geschrieben, allein diese sind unverwüstlich.

Das Zeugnis war für mich als einen alten Erbeingesessenen des Reichstags keineswegs nötig. Der Kommissar erfüllte einfach eine Form, wenn er es verlangte. Da es aber einmal da war, benutzte ich gleich die andere Seite, in Ermangelung von passendem Papier, um meine Zustimmung abzugeben.

Die Wahlen sind nach jeder Richtung eine Überraschung, und zwar für Freund und Feind. Alle Seiten täuschten sich. So kam es, daß das „Leipz[iger] Tagebl[att]" noch bis 2 Tage vor der Wahl in wahrhaft katzenjämmerlicher Stimmung war.[2] Von hier, wo man keine Fühlung mit dem Leben draußen unmittelbar hat, war ja die Beurteilung sehr viel schwerer. Dennoch habe ich mich in der abgegebenen Stimmenzahl für unsere Partei nicht getäuscht. Wir haben, wie ich vorausgesagt, zwischen 700 000 bis 750 000 Stimmen, aber bekommen eine weit geringere Zahl Mandate, da die Massenabstimmung der Gegner nicht vorauszusehen war. Die furchtbare Kriegshetze und was damit zusammenhing, hat reichlich ihre Schuldigkeit getan.

Was ich über die ganze Situation denke, habe ich in mehreren Artikeln an die Hamb[urger] „Bürg[er]-Zeitung" gesandt. Druckt sie dieselben ab, so findet Ihr sie darin unter der Überschrift „Eine Wahlbetrachtung" und „Im Kartell kracht's".[3] Es werden 3 - 4 Artikel. Möglich, daß aber W[edde][4] die Überschrift ändert, möglich, daß er den ersten sogar gar nicht abdruckt, weil ich Ansichten entwickele, die manchem nicht passen.

Die Stichwahlen werden uns erst die Hauptsache bringen. Wieviel, ist schwer zu sagen, da auf die Deutschfreisinnigen, die in 16 von den 18 Stichwahlen den Ausschlag geben, ganz und gar nicht zu rechnen ist. Arbeiteten die für uns, wie wir für sie in der engeren Wahl arbeiten werden, so müßten wir 12 Sitze sicher davon gewinnen.[5]

Ich hätte gegen die verminderte Abgeordnetenzahl **gar nichts** einzuwenden, wenn einige der Durchgefallenen, vor allem L[ie]b[knecht], mit im Reichstag wären. Würden wir 30 - 35 geworden sein und wäre das Parteienverhältnis wie vordem geblieben, so daß wir noch mehr als früher das Zünglein der Waage bei entscheidenden Abstimmungen hätten, so wäre das Diplomatisieren und Kompromisseln noch ärger geworden, als es schon war. Wir hätten unter 30 mindestens 20 kleine „Staatsmänner" gehabt. Dem ist ein Riegel vorgeschoben, und darüber bin ich sehr froh.

L[ie]b[knecht] geht's, wie mir's [18]81 ging, und er wird hoffentlich wie ich damals in einer Nachwahl gewählt werden können. Ob aber jetzt schon eine wird, ist sehr zweifelhaft. Es müßte denn Heinzel auch in Kiel gewählt werden – in Hamburg III scheint seine Wahl sicher –, an die Kieler Wahl glaube ich aber nicht.[6] Das Schlimme ist, daß L[ie]b[knecht] grade jetzt in der ersten Session nicht drin ist, wo eine Rede gehalten werden müßte, wie sie leider bei der vorigen Session in der entscheidenden Stunde nicht gehalten wurde. Doch das ist nun nicht zu ändern.

Ich hatte schon hier mich ausgesprochen, daß ich glaubte, daß P[aul Singer] nicht kommen werde. Die übereilige Einberufung des Reichstags und die Stichwahlen schienen mir das fast unmöglich zu machen. Daß von den 6 Gewählten von uns nur drei antreten können, weil drei sitzen[7], ist in der Tat heiter. Wäre P[aul] gekommen, hätte ich ihm geraten, daß sie als richtiger Wachtposten in den Reichstag einzogen, er als der Längste als Unteroffizier voran, die beiden andern hinter ihm drein. Na, ich mußte [18]71 ganz allein das Feld behaupten und habe es behauptet, bald bekommen sie Nachschub.

Es ist recht schön, daß Du nochmal kommen möchtest, und mir wäre es auch selbstverständlich *sehr* angenehm, aber unter bewandten Umständen bitte ich, doch noch zwei bis zweieinhalb Monate zu warten, die andern hier müssen sich eine größere Entsagung auferlegen.

Hast Du Paul das Papier mitgegeben? Wenn nicht, schicke es ihm gelegentlich, d. h. doch sobald als möglich, *Einschreiben*, und er möchte es so gut wie möglich und *sofort* verkaufen und das Geld einstweilen aufheben. Das Papier steht noch immer 4 Prozent unter dem Einkaufspreis, der Kurs wankt und weicht nicht.

Kein gutes Zeichen für ein so sicheres Papier. Ich bleibe überhaupt bei meiner ausgesprochenen Ansicht, daß die Situaton trotz dem regierungsfreundlichen Ausfall der Wahl bedenklich ist und bleibt und wir unversehens in die bedenklichsten Verhältnisse in Deutschland kommen können. Deshalb rate ich Dir noch ganz speziell, nimm die wenigen Mittel, die Du zur Verfügung hast, sorgfältig in acht.

Daß Du an Kr[onke]s gegeben, darin hatte ich also recht. Wie nun, wenn die Erbschaft nicht kam, das Geschäft weiter schlecht ging oder gar noch eine Kriegskatastrophe dazwischenkam? Dann war Dein Geld so sicher flöten wie 2 mal 2 vier ist. Ich erwarte also **auf das allerbestimmteste**, daß Du von jetzt ab **jede** Anforderung, *woher sie kommt*, **entschieden zurück**weisest. Hätte ich geahnt, wie schwach Du wärest – ich konnte es freilich wissen –, so hätte ich das Geld in andere Hände gegeben. Was ich über Kr[onke]s zu sagen habe, deren 1000 M *binnen 3 Monaten* alle sind, wie ich sie kenne –, gilt mindestens auch von B[orn]. *Den* haltet Euch überhaupt vom Halse, laßt ihn nicht einmal in Eure Zimmer. Der Mann ist, wenn er in Verlegenheit ist, zu vielem fähig. Wer garantiert Dir, daß er, wie er über P[aul] spionierte, [nicht] auch über Euch spioniert?

Ich meine, Du hast jetzt ausreichendste Gründe, jede Zumutung von Dir fernzuhalten resp. zurückzuweisen. Auf alle Fälle *verlange* ich, *daß ich erst gefragt werde.*

Wenn Du an P[aul] schreibst, so frage ihn, ob die Verwaltung des „Berl[iner] Volksblatts" geneigt wäre, ab und zu einen Artikel oder eine Korrespondenz von mir anzunehmen. Ich bät ihn, einmal Anfrage zu halten. Die Honorarbestimmung überließ ich dem Blatt, und zwar nach Maßgabe der gelieferten Arbeit.

Die Bücher mögen einstweilen noch *dort* bleiben. Richte mir meine Frühjahrssachen allmählich zurecht: Überzieher, das braunrote Jackett mit Hose, meine grünkarierte Sommerhose und den schwarzen Rock.

Meinen Winterrock und überhaupt alles, was ich ablege, und das dürfte so ziemlich alles sein, was ich hier trage, *werde ich hier in Zwickau lassen.* Es gibt hier arme Teufel genug, die dergleichen brauchen können, und ich spare den Rücktransport. Auch könnte ich den ganzen Kram unmöglich in der Zelle behalten.

Dietz darf unter *keinen Umständen* angegangen werden, für L[ie]bk[necht] zurückzutreten, das würde ihn schwer beleidigen.

Wenn seine Gesinnung so ist, wie man voraussetzt, wird er es freiwillig tun. Wenn nicht, bleibt's, wie es ist. L[ie]b[knecht] muß ebensogut die Konsequenzen seiner Niederlage tragen wie wir alle, also nur keine Heulmeierei und Sentimentalität.

Das Geschenk des Tischlers ist ja allerliebst. Der Mann muß geahnt haben, was mir fehlt. Ein solches Maß fehlt mir in der Tat.

Der Ibsen ist von Dr. W[alther] aus Fr[an]kf[urt] gesandt. Daß Fr[ie]dch[en] grade die „Gespenster" las, ist mir nicht recht.[8] Ich mag jetzt keine Kritik seiner Sachen schreiben, vielleicht einmal später.

Schreibt Dr. W[alther] in Fr[an]kf[u]rt (Main), Merianplatz, ein paar Zeilen vom Empfang und dankt herzlich in meinem Namen.

Herzliche Grüße und Küsse Dir und Friedchen. Grüße an B[ahlmann]s

Dein August

1 Eine Frau Lyscowska aus Pestlin hatte sich an Bebel wegen einer Petition in persönlichen Angelegenheiten gewandt.
2 Unmittelbar vor dem Wahltag am 21. Februar 1887 nahm das „Leipziger Tageblatt" scharf gegen Bebels Kandidatur in Leipzig Stellung. Am 19. Februar erschien der Leitartikel unter der Überschrift „Herr Bebel und seine Weltverbesserungs-Pläne". Unter Berufung auf „Die Frau und der Sozialismus" wurden Bebels Vorstellungen von der sozialistischen Gesellschaft und der Gleichberechtigung der Frau völlig verzerrt wiedergegeben. Wer solche Auffassungen vertrete, sei entweder ein Narr oder er schreibe aus Eitelkeit wider besseres Wissen. Am 20. Februar wurde in Annoncen unter Bezugnahme auf den Leitartikel vom Vortag Bebels Kandidatur zurückgewiesen.
3 Bebels Artikel „Eine Wahlbetrachtung" und „Im Kartell kracht's" wurden vom Direktor des Zwickauer Landesgefängnis beschlagnahmt. Das gleiche Schicksal widerfuhr im März 1887 Bebels Artikel „Die militärischen Mehrforderungen im Deutschen Reiche".
(Siehe Akte Zwickau, Bl. 57)
4 *Johannes* Friedrich Christoph Wedde (1843-1890), Journalist, der SDAP als Mitglied beigetreten, 1881-1887 Redakteur der sozialdemokratischen „Bürgerzeitung" in Hamburg, am 12. Oktober 1887 aus Hamburg ausgewiesen.
5 In den Stichwahlen konnte die Sozialdemokratie nur fünf Kandidaten durchbringen: in Breslau-West J. Kräcker, in Elberfeld F. Harm, in Frankfurt (Main) A. Sabor, in Hannover H. Meister und in Solingen G. Schumacher. In zahlreichen Wahlkreisen verweigerte die Deutsche Freisinnige Partei den sozialdemokratischen Kandidaten ihre Stimme. Siehe dazu Bebels Urteil in Nr. 106. Im Gegensatz hierzu gab die Sozialdemokratie bei vielen Abgeordneten der Freisinnigen Partei den Ausschlag – die Freisinnigen konnten in den Stichwahlen 21 von ihren insgesamt 32 Mandaten gewinnen.
6 Im 3. Hamburger Wahlkreis verlor Heinzel die Stichwahl, ebenso in Kiel.

7 Von den in der Hauptwahl gewählten sechs Sozialdemokraten – Bebel, Dietz, Frohme, Grillenberger, Hasenclever und Singer – waren die ersten drei zum Zeitpunkt der Wahl aufgrund des Freiberger Urteils eingekerkert.
8 Frieda Bebel schrieb ihrem Vater am 20. Februar 1887, sie habe sich von H. Ibsen „Die Gespenster" und „Nora" in der Reclam-Ausgabe gekauft.

105

Plauen-Dresden, den 6. März 1887

Mein lieber guter August!

Als ich am Freitag nach Tisch mich hinsetzen und Dir schreiben will, telephoniert B[ahlmann], daß ich möchte schleunigst zum Felix kommen. Es schien sich etwas zu ereignen, und als ich hineinkam, war bereits der kleine Junge da.[1] Die kleine Ottilie schrie in einem fort und wollte zur Mama und hat nichts gegessen. Es geht alles gut, und wollte B[ahlmann] gestern bereits verreisen nach Stuttgart, Frau D[ietz][2] zu besuchen, aber Frieda sagte ihm, er solle sich es doch recht sehr überlegen. Ich war nicht drin, da Frieda Stunde hatte und ich so arges Kopfweh, aber heute wollen wir hinein, und zwar bald. Es ist schon sehr hübsches Wetter, so frühlingsartig.

Heute stand im „[Dresdner] Anzeiger", der Reichstag werde bis Ostern fertig mit seinen Arbeiten, was ich nun nicht glaube. Aber jedenfalls wird die Nachricht P[aul Singer] in die Glieder gefahren sein und seiner Schwester noch mehr.[3] Unser Gemeindeamt hat ihm keinen Wählbarkeitsschein ausgestellt, weil er nur besuchsweise sich bei uns aufhielt und seinen Wohnsitz nicht hier hat, und das Berliner Polizeipräsidium hat ihm auch keinen ausgestellt, weil er seinen Wohnsitz [als] Folge seiner Ausweisung dort nicht mehr hätte, sondern [er] müsse sich denselben dort ausstellen lassen, wo er seinen Wohnsitz habe. Er wird nun an die höheren Instanzen gehen und sehen, wie die entscheiden. Seinem Eintritt im Reichstag ist das nicht hinderlich, da seine Wahl notorisch, aber komisch ist's doch. Er war bis gestern noch als einziger Vertreter der sozialdemokratischen Fraktion, da die andern noch nicht eingetroffen waren.

Also auch München nicht und Hamburg nicht. Wir sind auch ganz Deiner Ansicht, daß es nichts schadet, Sitze verloren zu haben, aber der Liebknechtsche ist der empfindlichste, und umso mehr, da augenblicklich keine Aussicht ist, in einer Nachwahl ihn unterzubringen. B[ahlmann] meinte, als ich ihm von Deiner Ansicht sagte, D[ietz] betreffend, er wäre damit zufrieden, denn Du seist nicht prinzipiell dagegen, d. h. er würde eventuell sagen, daß Du nicht dagegen seist. Ich habe mich dagegen verwahrt und werde eventuell auch mein Veto einlegen gegen eine solche Ansicht, die Du nicht hegst. Wie Du nicht gewählt warst, und zwar noch dazu aus Schuld des eignen Freundes, wurde auch nicht alles in Bewegung gesetzt, um Dich dennoch wählbar zu machen.[4] Das muß eben mit hingenommen werden. Herr Eysoldt ist ja auch unterlegen, und zwar mit Hülfe seiner eignen Freunde. Er ist auch vom Anfang dabeigewesen und manchmal beinahe einstimmig gewählt. Vorgestern besuchten uns die Landtagsabgeordneten. Sie bedauerten, daß sie Dresden schon wieder verlassen mußten, gestern war Schluß.[5] Zum Trost bleibt ihnen noch das Landtagsmandat. G[eyer] war ja noch zu jung dabei, aber St[olle] war nicht sehr erbaut und wollte behaupten, es sei in seinem Kreis nicht genug getan worden, namentlich auf den Dörfern nicht. Nun, das mag ja sein, aber es ist diesmal mit so schmutzigen Mitteln gekämpft worden, daß man sich nicht zu wundern braucht. Hast Du Flugblätter bekommen? Wie sie gegen Dich agitiert haben, trotzdem sie wußten, daß sie siegten, und wenn sich selbst Dr. Goetz[6] dazu hergibt, einen mundtoten Mann, der sich nicht wehren kann, zu beschimpfen, da ist's mit der Moral der Herren nicht weit her. Beifolgendes Flugblatt wurde uns brieflich zugeschickt. Während die Polizei erlaubte, daß [man] die gegen Dich in Massen auf den Straßen verteilte, hat sie die beifolgenden abgefangen.[7] Da fällt mir ein, ich weiß nicht, ob es verboten wurde, und da darf ich es Dir ja nicht senden. Ich will mich aber erkundigen und es dann senden, wenn es nicht verboten ist.

Die beifolgende Karte kam. Was soll ich damit? Hast Du das bestellt? Ich nahm sie mit zu B[ahlmanns], wo ich hoffte, an Dich schreiben zu können und dieselbe beizulegen. Es kam aber nicht dazu, und trug ich sie in der Tasche herum, deshalb ist sie so zerknittert. Endlich wird P[auls] Korrespondenz alle, die ich täglich noch hatte. Nun ist wieder die B[ahlmannsche] Geschichte, da möchte man nun jeden Tag hineingehen, trotzdem sie eine Masse Leute haben. P[aul] war ärgerlich über Deine grundlose Sorge des Papiers wegen. Er hat mir versichert, daß er es mir zu jeder Stunde abnimmt, aber eben wäre nicht die geringste Sorge, er würde mich aber davon benachrichtigen, sobald nur irgendwie Gefahr drohe. Es fällt mir nicht mehr ein, etwas zu verborgen, um so mehr ich mein Geld jetzt selbst zu Rate ziehen muß. Frau K[ronke] läßt sich nicht mehr sehen. Sie wollte nämlich von P[aul Singer] eine Stellung am liebsten in seinem Geschäft verschafft haben. Dem stand grade der Kopf nach solchen Dingen, und habe ich ihn fern gehalten und hat sie [das] wahrscheinlich verdrossen. Sie hat ihre Selbständigkeit auch schon wieder satt. Wir werden nun wohl bald mal nach Leipzig reisen müssen, obgleich, bevor Friedas Stunden zu Ende gehen, es nicht gut geht. Aber Ostern wollen K[ronkes] nach Leipzig, nun, wir werden ja sehen. Mir war es sehr recht, daß Du von meinem Besuch absahst. Ich wollte ja auch nicht so bald wieder kommen, bevor die andern nicht die Ihren gesehen. Frau Auer hat mir geschrieben, daß sie ihren Reiseplan nicht ändern möchte, wenn aber ihr Mann es wollte, würde sie es doch tun. Sie schrieb, daß Frau Viereck im April hinreisen würde, vorausgesetzt, daß ihr Mann nicht zur Kur nach München könne. Ist er denn krank? Frau V[iereck] schrieb mir, daß ihr Mann möglicherweise zum Termin hin müsse. Mit Frau Ulrich geht es noch nicht gut, sie erholt sich ganz langsam, doch ist eine Genesung in Aussicht. Frau Vollmar sieht im April ihrer Niederkunft entgegen[8], sie sähe wohler aus als je, aber ihr Mann solle schlecht aussehen. Doch ich will schließen. Albrecht war eben da und brachte eine Einladung für morgen abend in der Centralhalle.[9] Ich glaube aber nicht, daß wir hingehen. Frieda wird Dir in den nächsten Tagen schreiben und die andern Bilder schicken. Leb wohl für heute.

Doch da fällt mir noch ein, daß ein junger Mensch bei mir war und sagte, daß er mit Dir zusammen in Zwickau gewesen wäre und daraufhin was schnurren wollte. Erst war er da, wo ihm P[aul] etwas gab, da er allein war. Dann kam er nochmals, um von mir etwas zu erlangen. Nun, ich gab ihm auch etwas, sagte ihm aber, daß das eine sonderbare Art der Bettelei sei, da Du mit ihm nichts gemein habest. Er sagte, er habe Dich beim Spazierengehen gesehen.

Doch wir müssen gehen. Deine Sachen werde ich zurechtmachen.

Sei recht herzlich gegrüßt und geküßt von Frieda und
Deiner Julie

War denn Bornemann nicht als erster und ältester Arbeiter aufgeführt, der scheint nicht mehr im Geschäft zu sein?

---

1 Am 4. März 1887 wurde das dritte Kind von Barbara und Ignatz Bahlmann geboren. Der Sohn erhielt aus Freundschaft zur Familie Bebel den Vornamen Augustus.

2 Catharina Magdalena Elise (genannt Helene bzw. Lene) Dietz (1847-1927), geb. Zülow, heiratete im Juni 1870 Heinrich Dietz. Während dessen sechsmonatiger Haft 1886/1887 übernahm sie die Geschäftsleitung. K. Kautsky schrieb über sie: „Wer Dietz ehrt, muß auch diese tatkräftige und kluge Frau ehren, die so verständnisvoll und standhaft mit ihm den Kampf gegen alle Mißhandlungen mitkämpfte, die unter dem Schandgesetz namentlich über die Ausgewiesenen in ruchloser Hetzjagd verhängt wurde." Clara Zetkin hob anläßlich Dietz´ 70. Geburtstag hervor, welch „starke Stütze ihr treues Walten in den schärfsten Stürmen gewesen ist" und unterstrich „ihre unerschöpfliche Güte und sonnige Heiterkeit". Am 5. März 1932 schrieb sie an Dietz´ Enkeltochter Anna Geiger: „Den Genossen Dietz halte ich für den gebildetsten und einen der weitblickendsten Führer der alten Sozialdemokratie... Ihre Großmutter aber, Helene, war seine ebenbürtige Gefährtin. Nicht alle, die in dem gastfreien Hause Dietz verkehrten, erkannten den hohen Wert von Helene. Ich rechne es zu den Glücksfällen meines Lebens, daß ich diesen Wert sofort erkannte und gegen alle in die Schranken trat, die glaubten, Helene als eine ‚Nebensächlichkeit' behandeln zu dürfen. Ich war sozusagen Helenes treuester Ritter."
(K. K[autsky]: Heinrich Dietz, in: Die Neue Zeit, 1913/1914, 1. Bd., S. 7; Die Gleichheit, 1.10.1913, S. 5; SAPMO/BArch, NY 4005/75, Bl. 1/2; Angaben zur Person von Angela Graf)

3 Die I. Session der 7. Legislaturperiode des Deutschen Reichstags währte vom 3. März bis 18. Juni 1887 mit einer Osterpause vom 28. März bis 19. April 1887. Nur während der Reichstagsverhandlungen durfte sich Singer in Berlin aufhalten.

4 Siehe Nr. 27-30.

5 Die Landtagsabgeordneten Friedrich Geyer aus Großenhain und Wilhelm Stolle aus Gesau hatten bis zum 5. März 1887 an der außerordentlichen Sitzung des sächsischen Landtags teilgenommen. Sie hatten beide ihr Reichstagsmandat verloren.

6 Ferdinand Goetz (1826-1915), Arzt; Teilnehmer am Dresdner Aufstand 1849, Mitbegründer der bürgerlichen Turnbewegung, Mitglied der Deutschen Volkspartei, dann Nationalliberaler. Abgeordneter des Norddeutschen Reichstags 1867-1870 und MdR 1887-1890 von Leipzig-Land.

7 Wie „Der Wahl-Korrespondent" am 2. März 1887 berichtete, lagen am 1. März „den beiden am meisten verbreiteten Blättern ‚[Dresdner] Nachrichten' und ‚[Dresdner] Anzeiger' zwei in unflätigen Redensarten sich ergehende Flugblätter bei... In aller Eile wurde noch eine Antwort auf diese die Arbeiterpartei beschimpfenden Flugblätter fertiggestellt". Die Polizei beschlagnahmte letztere als unzüchtige Schrift, weil darin behauptet wurde, die Söhne der Großkaufleute liefen den Bordellmädchen nach. Nur ein kleiner Teil gelangte zur Verbreitung. Das Verbot wurde am 14. März 1887 als nicht stichhaltig aufgehoben, teilte das Sächsische Wochenblatt am 2. April 1887 mit.

8 Der Sohn von Julia und Georg von Vollmar, Siegfried Vollmar, wurde am 24. April 1887 geboren. Er starb bereits am 26. Oktober 1887 an Lungenentzündung.

9 *Adolf* Friedrich Wilhelm Albrecht (1848-1888?/vor 1903), Steinhauer, Sozialdemokrat in Neuschönefeld, am 25. Juli 1881 aus Leipzig und Umgebung ausgewiesen; wandte sich nach Dresden und wirkte dort in der sozialdemokratischen Parteiorganisation. Er überbrachte Julie und Frieda Bebel eine Einladung zum III. Stiftungsfest des Gesangvereins Alpenglüh´n, das am 7. März 1887 in der Centralhalle stattfand. Angekündigt waren Konzert, Gesangsvorträge und Ball.
Der Gesangverein „Alpenglüh´n" wurde 1884 als sozialdemokratische Tarnorganisation gegründet. Seine rund 30 Mitglieder gehörten der Sozialdemokratie an. Er sei – so hieß es in Polizeiberichten – einer „der gefährlichsten Agitationsherde

dieser Partei". Der Verein organisierte mehrfach größere legale sozialdemokratische Veranstaltungen. Ihr Erlös floß der Dresdner Parteiorganisation zu. August Bebel war Ehrenmitglied des Vereins.

(Siehe Berndt, wie Nr. 16/4, S. 82/83; Thümmler, wie Nr. 20/3, S. 171; Kleines Journal, 4.3.1887; SHA, Kreishauptmannschaft Dresden, Nr. 1069; Zitat nach M. Schmidt, wie Nr. 72/2, S. 200)

106

Meine liebe gute Julie!

Deinen lieben Brief von gestern empfing ich heute. Ich dachte mir, daß Du durch das Ereignis bei B[ahlmann]s einmal wieder in Anspruch genommen wirst. So kommt eins nach dem andern, und wer zuletzt kommt, das bin ich. Es ist so ganz in der Ordnung.

Ich lege auf das allerentschiedenste Protest dagegen ein, daß B[ahlmann] mich in die D[ietz]sche Mandatsangelegenheit mischt, ich habe ihn in keiner Weise dazu autorisiert, und wenn B[ahlmann] etwa schon abgereist sein sollte, so willst Du sofort an Frau D[ietz] schreiben, daß ich B[ahlmann] in keiner Weise beauftragte, in meinem Namen eine Meinung abzugeben, und ich heute, nach näherer Überlegung und nachdem die Wahlen zu Ende sind und einen Überblick über die Situation ermöglichen, sogar entschieden *dagegen* bin.*

Ich habe die feste Überzeugung, daß eine Niederlegung des Mandats durch D[ietz] den Wahlkreis überhaupt in Frage stellt. Bei der Nachwahl würden sich in H[amburg] alle gegnerischen Parteien, die über die Niederlage in den beiden ersten Wahlkreisen erbittert sind, verbinden, und es würde von jener Seite mit einer Wut gegen den neuen Kandidaten gekämpft, wie sie bis jetzt nicht da war. Ferner würden die Wähler von Dietz zum großen Teil durch einen solchen Tausch vor den Kopf gestoßen. D[ie]tz verdankt seine Wahl hauptsächlich Tausenden von Kleingewerbetreibenden, die in ihm ihresgleichen sehen und die unter keinen Umständen für L[ie]bk[necht] stimmten. Kurz, seine Wahl wäre *sehr* zweifelhaft, und verlören wir in einer solchen Wahl den zweiten, so wäre das nächste Mal auch der erste flöten.

Die gegenwärtige Situation ist die denkbar ungünstigste, und der Vorschlag dürfte auch in Hamburg auf sehr entschiedenen Widerspruch stoßen.

Ich erkläre also noch einmal: Ich bin gegen jede Änderung und verwahre mich dagegen, daß mein Name irgendwie in der Angelegenheit erwähnt wird.

Flugblätter habe ich nicht erhalten, wenigstens nicht bis jetzt. Es ist mir schließlich sehr gleichgültig, wie gegen mich gekämpft wurde, gemein waren die Gegner immer, wenn sie es diesmal nicht gewesen wären, hätten sie ihre Natur verleugnet.**

Ich kann sagen, daß ich mit dem Wahlresultat an sich sehr zufrieden bin. Wenn wir unter Aufgebot aller erlaubten und unerlaubten Mittel *gegen* uns doch noch an 800 000 Stimmen erhielten, d. h. bald 50 000 mehr, als ich bei günstigstem Ausfall der Wahlen anfangs rechnete und Dir schrieb, dann ist das außerordentlich, und wir können mit dem Resultat sehr zufrieden sein; es liegt den Gegnern schwer in den Knochen. Das haben die Stichwahlen gezeigt. Die Deutsch-Freisinnigen, die nichts als eine Bourgeoispartei vom reinsten Wasser sind, haben, vor die Alternative gestellt, einen von uns oder einen rechtsstehenden Mitbourgeois zu wählen, aus Angst vor uns und *in ganz richtigem Klasseninteresse* handelnd, lieber den Mann nach rechts gewählt; der war und ist Fleisch von ihrem Fleisch, Bein von ihrem Bein. Insofern bin ich auch mit den Stichwahlen zufrieden, obgleich ich wünschte, daß wir wenigstens 15 Mann wären, um bei Anträgen die Unterstützung einer andern Partei entbehren zu können.

Die Stichwahlen haben die Situation außerordentlich geklärt, den Kampf zu einem reinen Klassenkampf gestempelt und damit für zukünftig alle Illusionen zerstört. Das ist notwendig, so weh es diesem und jenem tun mag.

St[olle] mag sich trösten. Ich bin überzeugt, die Leute taten, was sie tun konnten. Überdies saß er ja nahe genug, um selbst eingreifen und sich überzeugen zu können. Nur keine kleinlichen Klagen. Auch dem „Berl[iner] Volksbl[att]" möchte ich raten, die Sache mehr von einem vornehmeren, prinzipielleren Standpunkt zu betrachten. Wie ich aus dem „[Leipziger] Tagebl[att]" ersehe, ist es auf die Deutsch-Freisinnigen sehr erbost.[1] Erklären und begreifen heißt verzeihen.

B[a]hl[mann] täte gut, wenn er Sab[or] ein wenig anstachelte, besser seinen Mann im Reichstag zu stellen, und wenn L[ie]bk[necht] einmal draußen bleiben muß, so rate ich ihm, endlich seine Geschichte der französischen Revolution, für die er alle Vorarbeiten fertig hat, fertigzustellen.[2] Da leistet er sich und der Partei einen größeren Dienst als durch zwei oder drei Reden im Reichstag, die zur Not auch ein anderer halten kann. Er hielt ja früher so wenig vom Reichstag – nach meiner Ansicht etwas zu wenig –, warum jetzt der Lärm, wo er nicht mittun kann. Er selbst wird wohl auch nicht den Lärm machen.

Wenn Frau K[ronke] sich nicht bei Dir sehen läßt, so suche Du sie nicht auf. Wenn sie Geld braucht, wird sie schon kommen, dann bist Du hoffentlich nicht zu Hause.

Von B[o]rn willst Du Dir unter allen Umständen die 100 M ins Mietbuch quittieren lassen, man weiß nicht, was alles bis zum 1. April passieren kann.

Mit P[aul Singer]s Ansicht wegen des Papiers bin ich ganz und gar nicht einverstanden, das willst Du ihm schreiben. Einmal ist bei der ungeheuren Überfüllung des Marktes mit 3 1/2 Prozent Papieren eine Kurssteigerung selbst unter günstigen Verhältnissen nicht zu erwarten. Die Stadt Berlin hat eine Anleihe von 35 Millionen zu 3 1/2 Prozent noch liegen und kann sie zu annehmbarem Kurs *nicht* anbringen. Außerdem ist die Situation viel ernster, als P[aul] glaubt. Ich verfolge von hier die Entwickelung der Dinge sorgfältiger und überlegter als er. Er steckt im Trubel *und merkt erst den Krach, wenn er da ist, dann ist's aber zu spät.*

Wenn ein Krieg kommt, kommt er plötzlich, jedenfalls so rasch, daß der Kurssturz ein rapider ist, daß man statt 4 Prozent 14 und 20 Prozent verliert, wenn die Papiere überhaupt noch zu verkaufen sind. Der Markt ist mit Papieren vollgepfropft. Kommt es zu einer Katastrophe oder droht es ernstlich dazu zu kommen, so drängt alle Welt so plötzlich mit Papieren nach dem Markt, daß der Andrang kolossal ist. 1870 mußte der Norddeutsche Bund mit 5 Prozent verzinsliche Papiere zu 83 statt 100 ausbieten und bekam sie kaum, das nächste Mal wird's *viel* schlimmer. Erstens verläuft der nächste Krieg nicht mehr wie 1870 und 1866, und zweitens ist die Papiermasse, die heute vorhanden ist, fünf- bis sechsmal größer als zu jener Zeit.

Doch ich kann mich hier nicht auf bogenlange Auseinandersetzungen einlassen. Ich traue dem Wetter nicht, alles stockt bis heute, und da will ich, **selbst auf die Gefahr, daß ich mich irre**, was ja nicht ausgeschlossen ist, lieber einen kleinen Verlust haben als im schlimmen Fall einen großen, den wir *nicht ertragen können*. Denn wenn es zu einem Kriege käme, der ein sehr langwieriger würde, *sind auch meine Einnahmequellen alle verstopft*, das willst Du Dir auch merken.

Ich wollte heute schon den Rat geben, daß die paar sächsischen Schuldscheine, die Du im Depot hast, wenigstens zunächst die *Hälfte* davon, verkauft würden *und Du das Geld B[a]h[lmann] zum Aufheben gibst*. Dort mag es schlimmsten Falles ein paar

Monate „brach" liegen. Du willst darnach handeln und sie zum Tageskurs verkaufen lassen, auch P[aul] schreiben, daß ich den Verkauf des Papiers wünschte. Ich könne mich für seine Letztemomentstheorie, die eine Zuspättheorie sei, nicht erwärmen.

Nach einer Notiz, die durch die Blätter ging, zu urteilen, muß P[aul] in einer recht grimmigen Stimmung sein. Ich verstehe das nicht. Ich finde für *die Partei* die Situation sehr günstig.

Daß der Reichstag schon bis Ende April fertig werden soll, halte ich einfach für *Zeitungsgeschwätz*. Bismarck schmiedet das Eisen, solange es warm ist, dafür ist er der Mann, und er hat alle Ursache dazu. Es kann unter Umständen Juni, selbst Juli werden. Es kommt natürlich auf die Entwickelung der Situation an.

Mit Eurer Leipziger Reise haltet's, wie Ihr wollt, darein mische ich mich nicht mehr.

Du weißt doch aus früheren Vorgängen, wie es die Bettler machen. Kommt Dir wieder einer in der angedeuteten Weise, so gib ihm, was Du gewöhnlich gibst, verbitte Dir aber jede weitere Anspielung. Du wirst Dich resp. Ihr werdet Euch vor dieser Art Ansprechern etwas in acht nehmen müssen. Fertigt sie vor der Türe ab, höflich, aber entschieden.

Die 5 M 20 bitte ich an W. Spemann, Verlagsbuchhandlung Stuttgart, für 1 Ex. „[Deutscher] Litteratur-Kalender"[3] zu senden. Ich habe seinerzeit einen solchen bestellt.

Ich würde an P[aul]s Stelle keine Staatsteuern in B[erlin] mehr zahlen. Es ist übrigens sehr bezeichnend für die famosen Zustände unter dem Sozialistengesetz, in die wir geraten sind. P[aul] ist noch Stadtverordneter von Berlin und wohnt, wenn er dort ist, den Sitzungen bei, und das Präsidium der Polizei behauptet, er gehöre nicht mehr zur Gemeinde.

Viereck ist meines Wissens nicht krank, wenigstens nicht kränker, als er wohl immer ist oder sein will. Ich weiß von der Geschichte nichts, da läuft wohl ein Mißverständnis unter.

Sage den Dresdnern, ich freute mich, daß sie bei der Stichwahl trotz aller Aussichtslosigkeit so tapfer standgehalten, sie haben sogar noch 10 Prozent gewonnen. Das „[Leipziger] Tagebl[att]" hatte die Güte, diese den Deutsch-Freisinnigen zuzuschreiben.[4] Spaß, diese haben mir nicht zehn Stimmen gegeben, worin sie recht hatten.

Du willst mir die bestellten Kleider auf Ende dieses Monats zurechtmachen lassen; ich werde noch näher schreiben, wann ich sie wünsche. Füge auch 6 Paar Sommerstrümpfe bei. Ihr habt mir eine Stopfnadel mitgegeben, die vorn so breit ist wie hinten, da braucht man eine halbe Pferdekraft, um sie durch den Strumpf zu bringen. Das ist ein saures Geschäft. Hast Du Dich seinerzeit erkundigt, ob man hier so eine Patentbutterdose bekommen kann? Viereck möchte auch eine haben.

Es wird mir sehr angenehm sein, wenn Friedchen wieder etwas von sich hören läßt.

Wenn Du wieder die Kopfschmerzenanfälle hast, rate ich Dir, mehr spazieren zu gehen und dabei tüchtig zu atmen, d. h. recht tief, mir hilft das sehr rasch. Dieser Trubel geht nicht so weiter, wenn ich zurückkomme.

Wir hatten heute sehr trübes Wetter, aber die Witterung ist so milde, daß ich ohne Winterrock die Spaziergänge mache. Ich weiß nicht, ob ich schon schrieb, daß wir seit vorigen Montag auch den Nachmittag eine volle Stunde zu gehen erlaubt bekamen.

Herzlichste Grüße und Küsse Euch beiden

Dein August

Bornemann hatte den Brief zu zweitletzt unterschrieben, was mir allerdings auffiel. Ich weiß nicht, ob er noch im Geschäft ist, vermute es nur. Zita stand an der Spitze, und dem willst Du schreiben unter der Adresse der Firma.

* Bei Frau D[ietz] dürfte B[ahlmann] nicht gut ankommen.
** Bitte mir die gegnerischen Flugblätter sorgfältig aufzuheben und in das rechte Fach der großen Schublade in meinem Schreibtisch zu legen. Ich werde wohl im Reichstag Gelegenheit haben, mit den Herren abzurechnen, und da soll ihnen nichts geschenkt werden.

---

1 Seit dem 4. März 1887 veröffentlichte das „Leipziger Tageblatt" Artikel und Berichte über die Mandatsgewinne der Deutschen Freisinnigen Partei bei den Stichwahlen. Im Leitartikel dieses Tages wurde die DFP als „eine Partei von Windthorsts und Bebels Gnaden" bezeichnet. Am 5. März konstatierte das Blatt, daß die Sozialdemokratie von der DFP genasführt worden sei. Am 7. März wurde festgestellt, die Sozialdemokratie habe dem Freisinn 15 Mandate erobert, die DFP dagegen in 7 Wahlkreisen den Sieg der Sozialdemokratie verhindert. In diesem Zusammenhang zitierte die Zeitung aus dem „Berliner Volksblatt" vom 4. März

1887. Die „Volks-Zeitung" kritisierte das Verhalten des Freisinns gegenüber der Sozialdemokratie bei den Stichwahlen.

2 Siehe W. Liebknecht: Geschichte der französischen Revolution. Im Abrisse und in Skizzen. In: Volksbibliothek des gesammten menschlichen Wissens. Begründet und redigirt von Bruno Geiser, hrsg. von Wilhelm Liebknecht, H. 73, 75, 77, 80, 95, 103, Dresden (1888/1889).

3 Siehe Deutscher Litteratur-Kalender, Hrsg. von Joseph Kürschner (1853-1902), Verlag von W. Spemann (1844-1910), Berlin und Stuttgart. Der Kalender wurde seit 1879 herausgegeben.

4 Siehe Nr. 103/16. Bebel bezieht sich auf das „Leipziger Tageblatt" vom 4. März 1887.

107

Plauen-Dresden, den 9. März 1887

Mein guter lieber Mann!

Als Entschädigung sollst Du heute schon einen Brief erhalten, und will ich gleich das Vergessene im letzten Briefe zuerst anführen. Zu Deiner Beruhigung will ich Dir schreiben, daß ich davon überzeugt bin, wie gut ich es habe, und sehr zufrieden wäre, wenn Du uns nur nicht immer so oft verließest. Aber deshalb sind wir uns auch Deines Wertes bewußt. Frieda nun gar, die philosophiert immmer: Von allen Männern, die ich bis jetzt habe kennenlernen, gleicht doch keiner unserem Papa. Das macht mir oft Spaß, und muß ich ihr immer beistimmen.

Aus beifolgendem Briefe ersiehst Du meine schnelle Antwort. Ich sagte ihr, daß Du das wohl nicht machen könntest, und müsse sie sich an irgendeinen Gelegenheitsdichter wenden, aber ich wolle es Dir senden.[1] Wenn Du es also nicht kannst, läßt Du mich es wohl bald wissen? – d.h. sobald es in der Erlaubnis zum Schreiben liegt. Frau K[ronke] ist so dick geworden, daß sie eine Kur machen muß, Karlsbader Wasser trinken und kein Bier und höchst Diät leben muß und täglich 5 Stunden spazieren gehen soll. Was braucht man auch unbändig im Essen und Trinken zu sein? Emil [Kronke] wird immer magerer. Wenn er nur bald Stellung erhält, denn sie hat die Selbständigkeit auch schon satt. Sie ist eben sehr unbeständig in allem. B[ahlmann] war am Sonnabend und Sonntag in Stuttgart und Montag wieder zurück. Frau D[ietz] freute sich sehr, wie er behauptet, ihren Mann einmal sehen zu können, und wollte er sie in Chemnitz erwarten[2], und ich sollte auch mit hinreisen, um sie kennenzulernen, was ich auch ganz gern getan hätte, aber heute hat sie sehr kurz abgeschrieben. Nun geht B[ahlmann] selbst nach Chemnitz, um D[ietz] zu sprechen.

Wenn ich jetzt immer über die vielen Fälle von Verrücktheit im „Berliner Tageblatt" lese, das ist ganz staunenerregend, da kommen mir unwillkürlich Gedanken. Bei B[ahlmanns] geht es gesundheitlich sehr gut, aber eine Menge Menschen summen darin herum, daß man sich fragt, wie er das alles duldet, für jedes Familienglied eine Bedienung. Und dabei möchten wir auch immer da sein, das tun wir aber nicht. Gestern abend waren wir bei Z.s geladen, vorgestern hatte der Verein Alpenglühn sein

Stiftungsfest, und wurden wir durch Deputation eingeladen. Wir gingen ein paar Stunden hin, und war es ganz nett. Hofmann[3] sang seinen Kuhstall etc. Geyer und Kaden waren auch da, und Stolle wollte mit seiner Frau kommen, aber G[eyer] sagte, er mache es seiner Frau bloß weis. G[eyer] hat am Dienstag, wo vor 8 Tagen Liebknecht in der Centralhalle sprechen sollte, gesprochen und ganz gut.[4] Die Centralhalle hat oder bekommt einen andern Pächter, der es den Sozialdemokraten entziehen soll, wie im „[Dresdner] Anzeiger" stand.[5] L[iebknecht] schreibt ganz resigniert, daß ihm ein paar Jahre Ruhe zu gönnen seien, wenn er sie nur auch gehörig ausnutzt. Das Dümmste ist nur, daß er in dem öden Nest aushalten muß. Wenn er wenigstens zu Hause sein könnte; doch Du hast es ja auch müssen.

Daß P[aul Singer] so verstimmt ist, liegt doch an seinem so sehr weichen Naturell, das sich indes durch die unangenehmen Situationen zu härten anfängt. Er steht so ziemlich allein, da keiner dabei ist, für den er freundschaftliche Gefühle hegt, und das braucht er. Dann können sie nicht mehr an Kommissionen teilnehmen, wo er sonst dabei war. Mag noch manches andere dazu kommen, was man nicht weiß. Kurz, in so verbissener Stimmung habe ich ihn noch nicht gesehen. Was ihm am meisten nahe gehen wird, ist, daß man ihm den Boden unter den Füßen wegziehen will. Er geht wegen des Attestes an die höheren Instanzen, und werden wir sehen, was daraus wird. Ich schreibe ihm keine Ratschläge von Dir, er scheint es nicht zu lieben und glaubt sich selbst Herr der Situation. Was ich ihm schrieb, hat er mir nicht beantwortet, nur läßt er Euch bestens grüßen. Was Du über die Abstimmung schriebst, hat ihm, scheint's, gar nicht gefallen. Übrigens war seine Rede, die er jetzt gehalten[6], ganz gut, wenn sie auch schärfer hätte sein können, und viel war es auch nicht, was allerdings auch kein Fehler ist. Ich werde ihm das Papier senden. Du hast ja furchtbar pessimistische Gedanken? Ich freue mich, daß Ihr jetzt 1/2 Stunde länger spazierengehen könnt. Das viele Sinnen und Denken ist nicht gut für Dich, und will ich froh sein, wenn Du wieder frei bist. Heute morgen 1/2 8 Uhr erschien ein Gerichtsvollzieher und präsentierte mir eine Rechnung vom Badischen Landgericht Mannheim mit 50 M 70 Pf, die ich natürlich bezahlte. Ich sagte aber dem Mann, daß ich schon mal 50 Mark Strafe und 21 Mark Kosten bezahlt habe. Da hat er die Rechnung wieder mitgenommen. Hinterher überlegte ich mir, daß das wahrscheinlich die Kosten für das Reichsgericht seien, die zusammen über 160 M betrugen und in 3 Teile gingen. Ich habe ja nie eine Quittung von dort erhalten und [habe nur] den Postschein als solchen. Nr. 1 „Neue Zeit" hast Du wohl erhalten? Ich werde Dir bald Nr. 3 senden, möchte aber erst etwas lesen von Frau Dr. Braun[7] die ist ja sehr fleißig. Du hast jedenfalls die Reihnadel als Stopfnadel genommen, die Frieda mit in Dein Necessaire tat, und mußt Du nach letzterer suchen.

Heute hat Frieda die letzte Physikstunde mit Anna [Eysoldt] und bald auch die letzte für Lateinisch bei Herrn Tr[aeger], der bald fortgeht. Latein wird sie bei Annas Lehrer fortnehmen und mit der andren einstweilen pausieren, weil die eigentlich ein Vorgriff war, aber trotzdem büßt sie sie nicht gern ein. Das Lernen macht ihr viel Vergnügen, und muß ich oft ihren Lerneifer bewundern. Während andere junge Mädchen von Vergnügungen entzückt sind, lernt und lernt sie so trockene Kost. Nun, es paßt ja schließlich auch am besten zu unserer Stimmung. Ich freue mich auf die Natur, die bereits anfängt zu erwachen. Z.s lassen Dich herzlich grüßen sowie B[ahlmann]s, und wie viele tragen mir immer Grüße für Dich auf, und wieviel Nachfrage und aufrichtige Teilnahme begegnen mir. Wenn es nur nicht so lange wäre. Nun, ich will nicht klagen, die Zeit wird vergehen, freilich wir mit. Nun, das schadet auch nichts. Frau Dietz habe ich geschrieben, ich bin neugierig, ob B[ahlmann] die Erlaubnis erhält, D[ietz] zu sprechen, und wie er den Mut hat, ihm das zu sagen, es ist ihm förmlich zur fixen Idee geworden. Wahrscheinlich werden wir morgen Abschiedsvisite feiern mit E[ysoldts]. Herr L[iebknecht] schrieb, daß Gertrud krank gewesen sei [in]folge Klimawechsels, daß es aber besser ging. Den Kalender werde ich bestellen.

Wir sollen durchaus Ostern nach Berlin kommen. So lieb es von S[ingers] ist, so liebe ich derartige Reisen nicht. Dann soll ich Frieda allein schicken, nun, ich werde sehen. Ich hatte noch nichts Bestimmtes mit Frau Seifert abgemacht wegen einer Butterglocke, weil ich beabsichtigte, die meine zu senden. Soll ich sie von hier schicken oder Frau Seifert Auftrag geben? Und nun leb wohl, und bleib gesund. Du schreibst gar nicht, wie es Dir geht. Wir sind gesund.

Sei recht herzlich gegrüßt und geküßt von Frieda und
Deiner Julie

1 Emma Kronke bat Bebel, ihrem Sohn eine Ansprache für die Abschlußfeier des Dresdner Konservatoriums zu entwerfen, die am 31. März 1887 stattfand. Emil

Kronke erhielt dort sein Abschlußzeugnis als Pianist, verbunden mit dem „Preis-Zeugnis", der „höchsten Auszeichnung der Anstalt".
(Dresdner Nachrichten, 1.4.1887).

2 Offenbar wollte Bahlmann Helene Dietz die Kosten einer Reise nach Chemnitz zum Besuch ihres Gatten bezahlen.

3 Es handelt sich um den Sozialdemokraten *Franz* Hermann Theodor Hofmann (1852-1903), Zigarrenarbeiter, am 12. Oktober 1886 aus Stötteritz/Leipzig ausgewiesen, ging nach Chemnitz. Er war „mit seinem virtuosen Baß eine Hauptanziehungskraft aller ... Arbeiterfeste". MdR 1890-1903, Mitglied des sächsischen Landtags 1895-1901.
(Ernst Heilmann: Geschichte der Arbeiterbewegung in Chemnitz und dem Erzgebirge, Chemnitz 1912, S. 174; siehe Berndt, wie Nr. 16/4, S. 143/144)

4 Die Rede ist von der sozialdemokratischen Wählerversammlung für Dresden-Altstadt am 1. März 1887 zur Vorbereitung der Stichwahlen. Zunächst war Liebknecht als Referent in der Presse angekündigt worden.
(Siehe Kleines Journal, 25.2.1887; Der Wahl-Korrespondent, 2.3.1887)

5 Im „Dresdner Anzeiger" vom 9. März 1887 wurde mitgeteilt, daß die Centralhalle an einen Herrn Gustav Giesold, früher Küchenchef im Hotel Stadt Gotha in Chemnitz, verpachtet worden sei „und künftig auch nicht mehr der sozialdemokratischen Partei zu Versammlungs- und anderen Zwecken überlassen" werde.

6 Singer hielt während der ersten Lesung des Gesetzentwurfs über die Friedenspräsenzstärke des deutschen Heeres am 7. März 1887 eine kurze Rede. Darin konstatierte er, daß die Sozialdemokratie gegen die Vorlage stimmen werde. Weiter wies er auf die bei den letzten Wahlen begangenen „Verbrechen an der Wahlfreiheit" hin und sagte voraus, daß der Kartellreichstag den Werktätigen neue Steuern aufbürden und das Volksrechte weiter beschneiden werde.
(Siehe Stenographische Berichte, 7/1/1, S. 21/22)

7 Siehe Josefine Braun: Ein Streiflicht auf die Hausindustrie, in: Die Neue Zeit, 1887, H. 3, S. 122-127. Es handelte sich um eine kritische Rezension des Buches von Karl Kaerger: Die Lage der Hausweber im Weilerthal, Straßburg 1886. Dabei bezog sie sich u.a. auf „Das Kapital" und „Zur Judenfrage" von Karl Marx sowie auf Friedrich Engels´ Schrift „Zur Wohnungsfrage".

108

Zwickau, Landesgefangenen-Anstalt, den 13. März 1887
Meine liebe gute Julie!
Deinen lieben Brief erhielt ich gestern, Sonnabend vormittag. Das war wenigstens wieder einmal ein Brief, der Inhalt hatte und in dem die ewigen Klagen über Mangel an Zeit, Abhaltung etc. fehlten. Diese Klagen hatten mich allmählich sehr degoutiert, wie ich gar nicht verhehlen will, denn ich verursachte sie nicht.

Sehr gelacht habe ich über das Urteil, das mein Töchterlein über ihren Alten fällte. Daß sie die beste Meinung von ihm hat, das ist am Ende natürlich, aber daß sie diese hat, nachdem sie zwischen ihm und „all den Männern, die sie bisher kennenlernte", strenge Kritik geübt, das hat mich amüsiert. Ich Unglücklicher säße schön in der Patsche, wenn Frau und Tochter zu einem andern Resultat gekommen wären. Ich bin ganz ausnehmend stolz auf Euer Urteil, aber sagt es niemand weiter.

Du scheinst vorauszusetzen, daß ich mich in bedenklicher Aufregung befände, weil ich Dir mehrere Male so dringend wegen des Papierverkaufs geschrieben. Du bist sehr irre; ich urteile vollkommen kühl und bin so wohl, wie man überhaupt nur sein kann. Mir fehlt in Bezug auf mein körperliches Befinden nichts, und auch geistig bin ich in einer ganz zufriedenstellenden Stimmung, immer unter der Voraussetzung, daß ich hier sein *muß*.

Ich schrieb Dir wegen der Papiere, weil, wie ich schon einmal mitteilte, wir im Falle eines Krieges alle unsere Einnahmequellen so gut wie gänzlich verlieren. Ob dann nicht noch andere Maßregeln kommen, wie sie 1870/71 schon in kleinem Maßstabe gegen uns eintraten, ist wahrscheinlich. In Rücksicht auf dieses und den Umstand, daß ein Krieg, wenn er ausbricht, viel länger dauert und viel schlimmere Folgen hat als der letzte von 1870/71[1], müssen wir uns mit genügenden Mitteln versehen. Ist der Krieg da oder droht er aller Welt sichtbar unmittelbar auszubrechen, dann ist auch der Kurssturz da, und dann sind wir *gezwungen*, um *jeden* Preis zu verkaufen. *Dieser Gefahr will ich mich nicht aussetzen*. Ich nehme lieber den kleinen Verlust auf das Risiko, daß kein Krieg kommt. Das soll mir *sehr* angenehm sein.

Im Augenblick pfeift alles friedlich, aber wie es trotz alledem steht und keine Macht der andern *traut*, zeigt, daß die zum 1.

April für die Heeresvermehrung eingestellt werdenden Rekruten in ungewöhnlich kurzer Zeit einexerziert werden müssen, daß Krupp provisorische Gebäude baut, um die Kanonen rechtzeitig, d. h. auf kürzestem Termin, zu liefern, daß man in allen Arsenalen arbeitet, als sollte es morgen losgehen.

Das sind alles *nur Vorsichtsmaßregeln*, aber *so vorsichtig wie jene Herren will ich auch sein*. Mehr Vertrauen wie jene habe ich auch nicht, obgleich keiner von ihnen, wie sie alle versichern, den Krieg will. So, nun habe ich Dir noch mal kurz gesagt, wie ich denke und die Dinge ansehe. Unter der Voraussetzung, daß Du handelst, wie ich angeordnet, werde ich über dieses Kapitel nichts weiter schreiben.

Frau Kr[onke] willst Du grüßen und ihr sagen, daß ich mich sehr gefreut, von ihr ein paar Zeilen direkt zu erhalten, daß es mir aber leid täte, ihren Wunsch nicht zu erfüllen. Du weißt, wie ich die Festreden hasse und was es kostete, mich letzten Herbst zu jener – der vierten in meinem Leben[2] – zu bringen. Nun soll ich zu einer Veranlassung gar eine schreiben, wo ich nicht nur das Institut gar nicht kenne, sondern das mir auch seiner ganzen Tendenz nach so fern als möglich steht. Das ist ganz unmöglich. Lieber hacke ich 12 Stunden Holz, als daß ich ein solches Zukkerwassergefasel – denn das müßte es doch wohl sein – zusammenbraue. Dafür halte ich mich für zu gut. Ich rate Frau Kr[onke] – wenn ihr Sohn in dem Zustand ist, in dem Du ihn schilderst –, ihn überhaupt die Rede nicht halten zu lassen. Eine solche Rede verursacht einem jungen Mann, der schon für gewöhnlich sich die Worte abkaufen läßt, große Aufregung, und zwar nicht bloß für den Tag, wo er sie halten soll, sondern lange zuvor. Das ist Gift für seinen Zustand. Sie soll nur den Arzt fragen, dieser wird mir zustimmen, und dann ist er in bester Manier aus jeder Verlegenheit. Schließlich braucht er auf Grund des ärztlichen Zeugnisses gar nicht hinzugehen.

Ich fürchte, daß der Zustand des jungen Mannes wie seine Art, sich zu geben und zu benehmen, es ihm nicht leicht macht, eine ihm *gefallende* Stellung zu finden und Frau Kr[onke] längere Zeit vergeblich auf „Erlösung" hofft. Kr[onke] ist eine Art männlicher Gertrud [Liebknecht]. Ich will ihm, seiner Mutter und auch *uns* wünschen, daß ich mich irre und das Glück dem jungen Manne hold ist. Gut, daß der Arzt Frau Kr[onke] Diät verschreibt, sonst käme sie nie dazu. Er hat wohl 5 Stunden Spaziergang vorgeschrieben, weil er annimmt, froh sein zu müssen, wenn die Hälfte erfüllt wird, ebenso mit der Diät. Laß Du Dich nur auf nichts ein, das wiederhole ich; ich will gefragt sein.

Ich glaube nicht, daß ich versuchte, P[aul Singer] gegenüber den Mentor zu spielen. Ich kann überhaupt nur post festum urteilen. Daß ich Dir schreibe, was ich über dies und das denke, ist doch natürlich, daß er andererseits auf solche Auslassungen, die Du ihm schriebst, nicht antwortete, ist auch natürlich. Wenn ich Dich erst, um spiritistisch zu reden, als Medium benutzen muß, um eine Meinung gegebenen Falles anzubringen, so würde die Retourkutsche auf demselben Weg die Geisterverbindung doch etwas sehr erschweren und macht sie zwecklos. Wenn ihm wirklich meine Ansicht über die berufene Abstimmung[3] nicht gefiel, so beweist das nicht, daß sie falsch war, und überdies werden die Tatsachen mittlerweile auch andere Leute über ihren „Bock" aufgeklärt haben. Durch die Presse macht ein Artikel des „Soz[ial]demokr[at]" die Runde, der wunderbar meine Auffassung teilt.[4] Irre ich mich nicht in dem Verfasser, so ist nur das wunderbarste, daß grade dieser mich mit meiner Opposition gegen die parlamentarische Taktik im Stich ließ, sogar erklärte: Er habe alles, was er früher anders darüber gesagt und geschrieben, als „Irrtum" erkannt.

Du kannst Dir denken, wie ich mich amüsierte, als ich heute im „[Leipziger] Tagebl[att]" in jenem Artikel das Paterpeccavi über die zuletzt gehabte Meinung fand. Ich wiederhole, ich bin sehr froh, daß die Dinge so gekommen sind, wie sie jetzt liegen, und ich habe von *diesem* Standpunkt aus gegen den gemachten „Bock" gar nichts einzuwenden. Der „Bock" spricht nur für die Tatsache, die „Parlamentskomödie" nicht ernst zu nehmen.

B[ahlmann] hat also in Stuttgart ganz den Erfolg gehabt, den ich voraussetzte. Frau D[ietz] weigert sich, mitzutun. Ich begreife auch, daß sie ihren Mann allein zu sehen wünscht und die Unterhaltung nicht durch eine solche Diskussion sich stören will. Es wäre uns übrigens allen recht angenehm, wenn wir ebenso nahe am Ziele unserer Haft stünden wie die Chemnitzer. Sie sind Mitte Mai frei. Wenn man uns sechs Monate gab, war's grade genug für das, was wir getan haben sollen. Tröstet Euch! Das Übrige vergeht auch, Dienstag beginnt der fünfte Monat. Den 14. August, auf einen Sonntag, komme ich frei, und zwar, wie es hier üblich ist, ganz früh am Tage.

Hast Du Gelegenheit, mit L[ie]bk[necht] zu sprechen oder zu korrespondieren, so teile ihm mit, was ich Dir wegen der Fertigstellung seiner französischen Revolutionsgeschichte schrieb. Er kann sie zum hundertjährigen Jubiläum derselben herausgeben, da kommt sie sehr recht. Außerdem hat er noch andere Arbeiten fertigzustellen. Seine schon vor 1 1/2 Jahren angekündigte Broschüre über den Normalarbeitstag, die sogar so gut wie fertig sein sollte im Manuskript, ist auch noch nicht erschienen.[5] Ferner würde ich ihm raten, wenn er die Familie dauernd in L[ei]pz[i]g lassen will und damit auch an B[orsdorf] so gut wie gebunden ist, das alte Loch von Logis aufzugeben und sich ein anderes zu mieten. Dort wird viel gebaut, und hat er ein ordentliches Logis, so ist Borsd[orf] zum Arbeiten ganz ausgezeichnet. Ich würde es Zwickau vorziehen. Die 9 Monate sind ihm und andern eigentlich geschenkt. Ich gönn's ihm.

Die Kostenrechnung war schon in Ordnung: Mannheimer Land- und Karlsruher Oberlandgericht. Diese ganze Appellation war der reine Unsinn, das sagte ich den andern gleich.

Du schreibst gar nicht, wie es bei B[ahlmann]s und namentlich Frau B[ahlmann] geht, ich nehme an, gut. Daß Ihr nicht öfter, als anständigerweise notwendig ist, hingeht, macht Ihr recht. Er ist in seinen Ansprüchen leicht übertrieben.

Ihr wollt B[ahlmann]s wie Z.s herzlich von mir grüßen, mich auch E[ysoldt]s empfehlen und ihnen sagen: Ich ließ ihnen gute Reise und Erfüllung aller ihrer Hoffnungen wünschen.

Wenn Du den Vorgarten herrichten läßt – einstweilen wird es wohl noch Zeit haben, wir hatten vergangene Nacht einen recht artigen Schneesturm und heute häßlichen Ostwind, wenn es auch hell war –, dann bitte die Georginen nicht zu vergessen. Du weißt, daß es für den Herbst meine Lieblingsblume ist. Ob die alten Zwiebeln wieder zu gebrauchen sind, weiß ich nicht, darnach wollt Ihr Euch genau erkundigen. Bei dem Pflanzen empfiehlt sich, den Rasen an den bezüglichen Stellen nicht bloß umgraben zu lassen, es wird auch mal eine ordentliche Düngung nötig sein. Fragt auch, ob nicht etwas für die Düngung des wilden Weins geschehen muß. Dein Gartenfeld wirst Du auch mit etwas mehr Zärtlichkeit bei dem Umgraben behandeln lassen müssen. Eine Düngung wird auch wohl nötig sein.

Wenn eine Butterglocke, wie die gewünschte, hier zu haben ist, ist das mir natürlich lieber. Der Transport eines solchen Dinges ist nichts Angenehmes, auch könnte dann Viereck eine solche bekommen. Schreibe einmal an Frau S[eifert] und erläutere ihr die Sache, sie möchte dann auf unsere Kosten die Anschaffung machen.

Dieser Tage sollte ich auch aus der Nachbarschaft hier eine Kiste Zigarren erhalten. Da es aber Kontrebande ist, mußte sie wieder hinauswandern. A propos, da fällt mir ein, wo stecken die Zigarren, die mir P[aul] kurz vor meinem Haftantritt schenkte? Bitte sorgfältig zu sorgen, daß sie nicht warm und nicht in der Sonne stehen. Irre ich nicht, stellte ich sie auf mein Bücherbrett links vom Schreibtisch. Steckt sie ganz nach hinten in das untere Schränkchen rechts im Schreibtisch.

Von Hamburg wurde mir auch der Antrag gestellt, an einer Zeitung für Drechsler mitzuarbeiten, ich sei dafür „einer von den rechten Leuten". Darin irren sich die Unternehmer. Ich will ihnen den allerbesten Erfolg wünschen, aber mich sollen sie bei dergleichen aus dem Spiele lassen. Ich bin froh, wenn ich von diesen Fachmannsschmerzen nichts zu hören bekomme. Was ich schreiben möchte, kann man in einem solchen Blatt nicht schreiben, und was man schreiben darf oder auch soll, mag ich nicht schreiben. Das können andere besser besorgen. Jeder nach seinem Geschmack. Ich schreibe also ab.[6]

Ich würde Euch raten, nach Berlin zu gehen, und zwar Ostern. Ich glaube, es machte Frl. Singer Vergnügen, Euch ein paar Tage dort zu haben, und der übrigen Familie auch. Zu einer andern Zeit könnt Ihr nicht gut hin wegen des Reichstags, denn P[aul] muß jetzt mehr auf dem Posten sein als früher. Ist auch eine angenehme Aussicht für mich nächsten Winter, und da wird's obendrein zu großen Kämpfen kommen. Ich lade einstweilen meine Geschütze.

Also geht nur nach Berlin, mit mir kommt Ihr schwerlich so rasch wieder hin. Natürlich reist Ihr *beide*.

Es ist ganz gut, wenn Frieda so eifrig lernt, wenn sie es nur nicht übertreibt, viel besser, als wenn sie tolle Romane läse oder sonstige Allotria triebe und sich langweilte. Sie handelt ähnlich, wie ich in ihrem Alter handelte. Ich hoffe, sie schreibt mir bald.

Dagegen scheint mir, daß Frau Dr. Br[aun] doch ein wenig zuviel arbeitet. Ich fürchte, die Frau ist schwindsüchtig, und bei diesen Menschen entsteht oft ein fieberhafter Arbeitseifer. Es ist, als triebe sie die Natur, sich auszuarbeiten, da die Jahre gezählt sind. Vergiß mir nicht, das Blatt zu schicken.

Jetzt will ich aber meine Epistel schließen, sonst werdet Ihr mit Lesen nicht fertig. Ich hoffe, es geht Euch wohl.

Seid beide aufs herzlichste gegrüßt und geküßt

Dein August

Bitte sage B[a]hl[mann]: Er möchte im sächsischen Staatshaushaltsetat nachsehen, wie hoch sich die veranschlagte Einnahme auf 1886 und [18]87 für die Einkommensteuer und für die Grundsteuer belief, aber jeden Posten getrennt mitteilen. Du willst mir die Summen per Karte noch diese Woche angeben.

Der Streit zwischen dem „Berl[iner] Volksbl[att]" und der freisinnigen Presse geht weiter und wird unangenehm. Das „B[erliner] V[olksblatt]" benimmt sich nicht geschickt.[7]

[14. März]

Wir haben heute, Montag früh, zirka 6 Grad Kälte, gestern abend bei dem Spaziergang hatten wir schon 1.

1 Bebel erläuterte diese Gedanken zur gleichen Zeit ausführlich in einer Rezension für „Die Neue Zeit" (siehe Nr. 101/9).
2 Bebel bezieht sich auf seine Festrede am 12. Oktober 1886 beim IV. Stiftungsfest der Tischler (siehe Nr. 103/14). Weitere Festansprachen hielt er am 21. Februar 1863 beim Stiftungsfest des Gewerblichen Bildungsvereins Leipzig, Ende April 1872 zum Stiftungsfest des Demokratischen Arbeitervereins Berlin und im Juni 1874 auf dem Stiftungsfest des Arbeiterbildungsvereins in Hohenstein-Ernstthal.
3 Siehe Nr. 93.
4 Siehe den Artikel „Die deutschen Wahlen" im „Sozialdemokrat" vom 4. März 1887, aus dem am 13. März 1887 das „Leipziger Tageblatt" einen Auszug publizierte. Bebel vermutete als Verfasser Wilhelm Liebknecht.
5 Über die Rolle des Normalarbeitstags gab es vor allem 1885 heftige Diskussionen in der Sozialdemokratie, bei denen es sich um die Reformierbarkeit des herrschenden Staats- und Gesellschaftssystem drehte. Einen Anlaß dazu bildete die Schrift von Carl Rodbertus „Der Normal-Arbeitstag". Wilhelm Liebknecht griff in diese Diskussionen ein mit einer Artikelreihe „Über den Normalarbeitstag", die vom 22. Oktober bis 19. November 1885 im „Sozialdemokrat" erschien. Liebknecht beabsichtigte, diese Darlegungen zu einer Broschüre auszubauen.
(Neudruck der Artikel in: Wilhelm Liebknecht: Kleine politische Schriften. Hrsg. Wolfgang Schröder, Leipzig 1976, S.190-205)
6 Gemeint ist die „Fachzeitung der Drechsler und Gewerksgenossen", die ab 1887 monatlich in Hamburg erschien. Am 14. März 1887 schrieb Bebel der Redaktion seine Ablehnung.
(Siehe Akte Zwickau, Bl. 61)
7 In den Kommentaren zu den Ergebnissen der Hauptwahl verwies das „Berliner Volksblatt" in mehreren Stellungnahmen auf die Wahlniederlage der Deutschfrei-

sinnigen Partei als Folge ihrer „schwächlichen und unentschiedenen Haltung". Am 9. und 10. März 1887 ging das Blatt auf die Haltung der Freisinnigen Partei bei den Stichwahlen ein. Wenn E. Richter in der „Freisinnigen Zeitung" bestreite, daß die Sozialdemokratie den Freisinnigen bei Stichwahlen gegen Kartellkandidaten zum Sieg verholfen habe, so müsse man das brandmarken. Von den Sitzen, die der Freisinn bei den Stichwahlen errungen habe, verdanke er 14 der Sozialdemokratie. Umgekehrt stimmten die Wähler der Freisinnigen Partei bei Stichwahlen zwischen Kartellkandidaten und Sozialdemokraten nicht für letztere. Sie hätten sich „gegen die Reaktion feige, gegen die Arbeiterpartei verräterisch benommen".
(Zitate Berliner Volksblatt, 25.2., 10.3.1887, siehe auch 23.2., 24.2., 4.3.1887)

109

Mein lieber guter August!

Ich muß Dir doch den üblichen Sonntagsbrief schreiben, wenn auch Frieda alles berichtet haben wird[1], was ich freilich nicht weiß, weil sie mich nie ihre Briefe lesen läßt. Du wirst also im Besitz von Friedas Brief, ihren Bildern und der „Neuen Zeit" nebst der Liste des Haushaltsplanes gekommen sein? Die Spemannsche Verlagshandlung hat mir geschrieben, daß sie augenblicklich nicht ein Exemplar des „[Deutschen] Litteratur-Kalenders" auf Lager habe, sondern in 8 - 14 Tagen erst, wo alsdann sie einen an Deine Adresse senden würden. Das Geld hatte ich schon lange gesandt, ich finde das etwas komisch.

Ferner schrieb mir ein Neffe, der jüngere Sohn von Bruder Franz [Otto], der seit einem Jahr in Köln a/Rh. ist und dort eine gute Stelle haben sollte, ich möchte ihm 30 Mark leihen. Er gäbe mir sein Ehrenwort, daß ich es bis Juni zurückhaben sollte. Er sei in Not geraten und wisse nicht, wohin er sich wenden sollte, und bittet mich aber um Gotteswillen, weder seinen Eltern noch Brauers etwas sagen zu wollen. Ich schrieb ihm, daß ich augenblicklich nicht in der Lage wäre, Geld verborgen zu können, wenn er aber von mir Vertrauen fordere, müsse er mir auch welches entgegenbringen und sagen, durch was er in Not geraten sei, und wolle ich mich eventuell für ihn verwenden, wahrscheinlich sei der Karneval schuld. Er hat mir darauf nicht geantwortet, und habe ich auch keine Ursache, ihm zu schreiben. Es waren immer sehr ordentliche Jungens, und schrieb er auch, daß es ihm schwer falle, den Brief zu schreiben, und es der erste solche sei, aber ich schrieb ihm auch noch, daß ich ihm deshalb keine Vorwürfe machen wolle, aber wozu seien denn die Eltern da, daß sie ihm auch helfen würden, um so mehr, als er sich Geld gespart hat. Ich habe mich trotzdem geärgert. Ich hatte ihm erst kurz zuvor einen freundlichen Brief geschrieben und mich gefreut, daß sie beide so brav seien, und kurz darauf kommt er mich anpumpen. Das ist der dritte Neffe, der es tut. Übrigens ist der Paul Buhrig[2] ganz gut geworden, er schreibt Brauers immer von weit her. Das Weihnachtsfest habe er mit seinen Kameraden auf dem Schiffe verlebt, es wäre eine harte Schule, aber er klagt nicht. Der vorletzte Brief ist 8 Wochen unterwegs gewesen.

Herr Panzner[3], unser Sonnabends-Tischgast, hat sich gestern im Konkurrenzspiel den Flügel erspielt. Wir hatten es nicht gedacht, und jedermann hatte seinen Konkurrenten dafür bestimmt. Sie hatten auch jeder 8 Stimmen von 16, da hat der artistische Leiter für ihn den Ausschlag gegeben.[4] B[ahlmann] telephonierte mir, daß er wohl heute der glücklichste Mensch in ganz Dresden sei. Wir haben uns sehr darüber gefreut. Der arme Mensch hat sich sehr geplagt neben seinen vielen Stunden, die er hat geben müssen, um überhaupt sein Studium möglich machen zu können. Er hat sich auch in dem letzten Jahre sehr entwickelt. Beim Soldaten ist er abermals auf ein Jahr zurückgeschrieben worden seiner Augen wegen, zum Juni geht er ab und sucht sich Stellung, wo er schon Aussicht nach Zürich hat. Beim Emil [Kronke] wird es sobald nichts werden. Er macht zu hohe Ansprüche und möchte jeden Abend 300 Mark verdienen wie die größten Künstler und will überhaupt nur Konzertreisen machen. Frau Kr[onke] hat die Wohnung gekündigt, um ihn zu zwingen, ernst zu machen. Es gefällt ihm so besser, die echte Künstlernatur, immer auf hohem Fuß leben und unbekümmert, wo die Mittel dazu herkommen. Sie wollen Ostern Brauers besuchen. Nun, die können sich freuen und ihr Erbteil wieder los werden. Ich werde selbstverständlich nichts mehr borgen, denn sonst könnte ich sehen, wo ich es wieder herbekäme.

P[aul Singer] schrieb mir, daß er Euch die Ferienwoche nach Ostern besuchen würde. Es wäre eben nicht schön im Reichstag sowie die ganze Situation, und wäre er froh, wenn die erste Session vorüber wäre. Seine Rede war ja nicht schlecht, aber es fehlt das Feuer und die Schärfe. Er ist eben keine Kampfnatur, und das weiß er und fühlt sich jetzt, da er mitunter der Einzige ist, sehr unbehaglich. Im Geschäft ging es schlecht und in der Familie manche Fatalität, nur ihr Dreigespann[5] hielt sich gesundheitlich am besten. Er läßt Euch grüßen. Er will uns auch mit besuchen. Vielleicht kann ich ihm ein paar Bücher mitgeben, doch kann ich auch einige mit den Kleidern senden. Kannst Du denn das alte Jackett nicht noch tragen, bis Du kommst, und den schwarzen Rock zum Spazierengehen benutzen, damit ich nicht soviel zu senden brauche? Zudem ist das rotbraune Zeug, Rock und Hose, nicht mehr gut, und werde ich es Albrecht schenken, der hat lange nichts mehr bekommen. Ebenso möchte ich ihm den alten Winterrock geben. Der seine von Dir seinerzeit ist recht schlecht, und kann er sich keinen kaufen. Ich sende die Kleider in einem Pappkarton, und kannst Du gleich den Winterrock hineinpacken und retour geben, da das keine große Mühe macht. Sonst kann er bei Seiferts abgegeben werden, und nehme ich ihn dann mit von dort. Kannst ja auch ein paar Bücher hineinpacken, ich lasse ihn alsdann auf dem Bahnhof, und kann sich ihn Albrecht holen. Frau Seifert habe ich wegen der Butterglocken geschrieben, und wird sie es hoffentlich besorgen. Wir werden ihr später ihre Mühe vergüten müssen, sie hat immer mit Euch zu tun. Olga [Ißleib] hat Frieda aus Rom geschrieben, daß sie dorthin berufen wurde, um ihren Bruder, der dort krank läge, zu pflegen.[6] Was ihm fehlt, schreibt sie nicht, wie sie überhaupt sehr kurz und nichts von Bedeutung schreibt. Wenn man in Rom und Florenz ist, muß es doch viel zu schreiben geben. In einigen Wochen würde sie wieder in Florenz sein. Sie sollte im März doch wieder zu Hause sein? Das wird den Eltern fatal sein, wenn Arthur auch nicht reisen kann. Nun, vielleicht wird er bis dahin wieder gesund. Bei Bahlm[anns] geht es ganz gut. Der Kleine ist ein nettes Kindchen, nur plagen sich die Alten mit Grillen und paßt ihnen die Umwälzung nicht. Die alte Geschichte: Wer keine Sorgen hat ...

Mit heute scheint der Winter für dieses Jahr zu Ende, lange genug hat er gedauert. Wir hatten jeden Tag morgens 5 Grad Kälte und ein Schneewetter wie im ärgsten Winter, aber heute fängt er an, sich zu verziehen. Die Düngung im Garten und Feld ist schon im Herbst gemacht. Wenn Du uns aber eine solche Perspektive vormalst, werde ich nicht viel an den Vorgarten wenden, um so mehr die Kinder einem immer die Sachen schädigen. Zudem ist der Rasen voriges Jahr frisch gemacht, und braucht er nur etwas nachgesät zu werden. Nun leb wohl für heute, nächste Woche ausführlicher.

Herzinnige Grüße und Küsse von Frieda und
Deiner Julie

---

1 Frieda Bebel datierte den Brief an ihren Vater mit dem 15. März 1887, sandte den Brief aber erst am 18. März ab, da sie dann erst von I. Bahlmann die Angaben aus dem sächsischen Haushaltsetat erhalten hatte. Sie berichtete ihrem Vater von ihren Studien in Mathematik, Physik, Latein und Französisch. Bisher hatte sie an Veranstaltungen des Literarischen Vereins als Gast von Eysoldts teilgenommen. Nun erhielt sie vom Leiter des Vereins die Einladung, künftig als sein Gast hinzukommen (siehe Nr. 119/4). Sie fragte Bebel nach seiner Meinung zum Artikel von Ro-

bert Schweichel über den naturalistischen Roman in Rußland, der in der „Neuen Zeit", Heft 1 bis 3, erschienen war. Weiter berichtete sie von den künstlerischen Wettbewerben am Konservatorium, an denen sie in Begleitung Bahlmanns teilgenommen hatte.

Außerdem teilte sie über den Brief von F. Engels an J. Bebel, 12. März 1887, folgendes mit: „Vorgestern schrieb auch Herr Engels an Mama. Er möchte gern wissen, wie es Dir geht. Er ist betreffs der Wahlen ganz Deiner Ansicht und mit dem Resultat, außer der Niederlage des Herrn L[iebknecht], außerordentlich zufrieden und betont, daß es ganz so eingetroffen, wie Du ihm vor Monaten geschrieben, Verlust an Mandaten und Stimmenzuwachs. Das Nähere wird Dir Mamachen mitteilen." Engels frage nach Bebels Befinden. Frieda habe zwar Frau Schack darüber geschrieben, diese habe sich aber länger in Paris aufgehalten, wo sie mit Louise Michel zusammengetroffen sei. Dadurch hatten die Londoner „seit Herrn S[ingers] Anwesenheit im Dezember, wie Herr E[ngels] schrieb, nichts von Dir gehört".

Zum Schluß bat sie ihren Vater um seine Meinung zu folgendem lateinischen Spruch: „Das Lob wenigstens wird Dir sicher sein für die Kühnheit des Gedankens, Großes gewollt zu haben, wenn Dir auch die Kräfte fehlen, es auszuführen; in großen Dingen genügt es auch, gewollt zu haben."

(SAPMO/BArch, NY 4022/31; siehe Bebels Briefwechsel mit Engels, wie Nr. 1/1, S. 302/303)

2 Bruno *Paul* Richard Buhrig (1865-1887) war ein Sohn von Julie Bebels Schwester Auguste (siehe Nr. 144/2). Von Beruf war er Schlosser. Im Mai 1884 meldete er sich nach Amsterdam ab und fuhr zur See. Er starb am 10. September 1887 auf dem Schiff Bismarck.

(Siehe StA Leipzig, PoA Reudnitz, Nr. 913, Bl. 21)

3 Siehe Nr. 100/4.

4 Am 19. März 1887 fand im Saal des Konservatoriums ein Konkurrenzspiel von Klavierschülern um einen Flügel statt, den Kaps´ Erben gestiftet hatten. Vier Beteiligte spielten jeweils die gleichen Stücke von Bach, Chopin und Schubert. Die anderen Stimmen entfielen auf Percy Sherwood (1866-1939), später Komponist und bis 1914 Lehrer am Dresdner Konservatorium, dann in London.

(Siehe Dresdner Nachrichten, 20.3.1887; Frank-Altmann 1974, wie Nr. 86/22)

5 Gemeint sind Mathilde, Heinrich und Paul Singer.

6 Arthur Ißleib war an Typhus erkrankt. Er kehrte um den 12. Mai 1887 aus Italien zurück.

(Siehe Staatsarchiv Leipzig, PP-M 494)

110

Meine liebe gute Julie!

Deinen lieben Brief vom 20. d. M. empfing ich heute vormittag. Ich wollte Fr[ie]d[a] nicht eher antworten, bis ich den Deinen hatte. Wenn Dein Töchterlein mit ihren Briefen vor Dir so geheim manipuliert, sollst Du hintennach entschädigt werden. Ich stelle sie Dir alle zur Durchsicht zur Verfügung. Eure beiden letzten Briefe kollidieren übrigens in gar keiner Weise, jeder schreibt etwas anderes.

Die Photographien erhielt ich, ebenso die „N[eue] Z[eit]" und den Haushaltplan, letzteren leider verkehrt. Statt mir denselben von [18]86/87 zu senden, hat B[ahlmann] den älteren von [18]84/85 ausgesucht, der mir den Zweck nicht erfüllt. Die Photographien sind in ihrer Art alle gut, Näheres in Fr[ieda]s Brief. Aber Du mußt Dich noch einmal photographieren lassen. Ich habe Dein Bild aufs neue betrachtet, und da finde ich, daß es doch sehr mangelhaft in der Ausführung ist.

Die Butterdosen empfingen wir heute auch, aber sie haben uns einigen Schrecken eingeflößt. Viereck stellt die seine wieder zur Verfügung. Statt daß die Frau [Seifert] eine tönerne kauft, kauft sie ein hochfeines Ding. Feiner Porzellanuntersatz mit vernickelter Sturze, Preis 5 M 50. Das ist eine Dose für die Tafel, die obendrein ihrem eigentlichen Zweck schlecht entspricht, da der metallene Aufsatz ein guter Wärmeleiter ist. Ich werde sie trotzdem behalten, um die Frau nicht in Verlegenheit zu bringen, da sie bereits bezahlt ist. Du bekommst so auch ein Andenken an Zwickau.

Wie Du dem jungen Otto schriebst, so war es recht. Lasse Dich auf nichts ein. Höchstwahrscheinlich ist er im lustigen Köln in leichte Gesellschaft geraten, und der Kölner Karneval kann einem schon ein Loch in den Beutel machen.

Spemann wird wohl den Kalender senden. Das Verfahren finde ich ein wenig unverschämt.

Daß P[anzner] den Flügel bekam, freut mich sehr, Fr[ieda] schrieb mir schon, daß er ihn schwerlich bekommen werde. Um so mehr freut mich, daß er ihn bekam, und zwar weil er ein armer Teufel ist, der sich sein Geschäft sauer werden läßt. Grüße ihn von mir, und ich gratulierte ihm.

Den jungen K[ronke] laß gewähren, er mag sehen, wie weit er kommt. Ich rate wiederholt, laß Dich auf nichts ein und wappne Dich mit einer passenden Antwort. Ich habe auch gar nichts dagegen, wenn Du Dich auf mich berufst.

Das alte Jackett trage ich allerdings, aber das ist so abgetragen, daß ich mich später im Hof nicht mehr damit sehen lassen kann. Ich bin damit einverstanden, daß Du mir von Kleidungsstücken nur den schwarzen Rock und die Hose und [den] Sommerüberzieher sendest und das andere verschenkst. Aber ich habe keine Neigung, den schweren Winterüberzieher zurückzusenden. Hier gibt es auch arme Teufel genug, und ich sehe keinen Grund, an einen alles zu schenken, zudem kann A[lbrecht] den Herbst meinen Sommerüberzieher erhalten. Mir steht nach meiner Freilassung eine Generalequipierung bevor. Ich bin abgebrannt wie nie.

Hoffentlich hast Du die Sachen noch nicht abgeschickt. Ich brauche neben den bestellten Kleidern und Strümpfen auch noch Unterhosen. Ich habe zwar drei, aber davon ist die eine so dick, daß ich sie bei wärmerer Witterung unmöglich tragen kann, und die zweite ist oder wird defekt. Ich habe nichts dagegen, wenn Du mir zwei von den alten weißen sendest, die ich hier abtragen kann, aber sie müssen ganz sein, denn mit der Flickarbeit hapert's hier. Ich muß mir bald jede Woche meine Strümpfe stopfen, da dies draußen – obgleich ich darum gebeten – nicht in der gewünschten Weise gemacht wird.

Wenn Arthur [Ißleib] ernsthaft krank sein sollte, wäre das sehr fatal. Ich stelle mir vor, daß es im Geschäft sehr flau geht. Die niedrige Konkurrenz wird sich sehr bemerklich machen, und da muß tüchtig gereist werden, sonst ist gar nichts zu holen.

Ich glaube, ein halbes Dutzend Georginen, diese werden das Portemonnaie nicht mehr leeren, als es schon geleert ist, und schließlich kann man sie auf Verlustkonto schreiben. Die Perspektive braucht Dich einstweilen nicht zu genieren, es ist Zeit genug, wenn sie Wirklichkeit erlangt.

Es soll mich freuen, wenn P[aul Singer] kommt. Seine Stimmung entspricht ganz der Vermutung, die ich von ihr habe. Wenn auch er über das Geschäft klagt, dann muß es in der Tat schlecht aussehen. Die waren bisher die Glücklichen, die immer mehr verkaufen konnten, als sie besaßen, wenn auch mit gedrückten Preisen. Die Schläge, welche das Kriegsgeheul während der

Wahlen dem Geschäft gab, werden so bald nicht verwunden. Das wäre ein Kapitel, das sich zu einer Rede im Reichstag sehr eignete.

In den letzten Tagen hat sich hier auch das Wetter aufgeklärt und verschwindet der Schnee wieder allmählich. Hoffentlich kommt er dieses Frühjahr nicht wieder. Zunächst müssen wir abwarten, was uns die Tage um den 24. bringen, für die Falb[1] noch allerlei mögliche Überraschungen in Aussicht stellte.

Wenn Du in der Zeitung liest: Vollm[ar] und Viereck hätten wegen Krankheit 3 Monate ihrer Strafzeit erlassen bekommen, so denke, es ist Schwindel. Einmal kann der bayrische Prinzregent[2] keine Begnadigung gegen Personen aussprechen, die in einem andern Lande verurteilt wurden. Ferner erfolgen solche partiellen Begnadigungen nur auf Gesuche, und diese sollen nicht eingereicht worden sein. Dann sind die Herren auch in keinem Zustand (glücklicherweise nicht), der eine solche Begnadigung nötig machte. Das Reportertum kann ohne Lügen nicht existieren.

Dieser Tage las ich im „[Leipziger] Tagebl[att]", daß unser erster Hauswirt, bei dem wir – es werden nächsten Monat 21 Jahre – unser Ehestandsnest bauten, Mühlig[3], gestorben ist.

Ferner las ich von einem andern alten Bekannten, Dr. Reyher, der glücklich als Präses unter die Radfahrer geraten ist und bei der Kaisersgeburtstagsfeier die Rede hielt.[4] Vielseitigkeit kann man dem Manne nicht absprechen.

Ich rate Euch, die neuen Briefmarken nicht mehr zu lecken. Sie sind neuerdings statt mit Gummi mit einem dextrinartigen Stoff bestrichen, und der ist sehr unappetitlich und schädlich.

Dann empfing ich von Prof. Dr. Hessèle[5], Dresden, 8, Pragerstr. einen Brief, den ich beantworten muß. Ich bitte Dich, daß Du denselben nach folgendem Manuskript ihm statt meiner beantwortest. Ich bin einigermaßen überrascht, daß er sich nicht an L[ie]b[knecht] wandte, den er besser kennt als mich.

(Datum)

Sehr geehrter Herr!

Ein Brief aus Zwickau von meinem Manne meldet mir, daß er Ihr geehrtes Schreiben vom 15. d. M. erhalten habe, und [er] beauftragt mich, da er selbst verhindert ist, Ihnen direkt antworten zu können, dies zu übernehmen.

Mein Mann empfiehlt Ihnen als deutschfreisinniges Blatt die von Eugen Richter redigierte „Freisinnige Zeitung" in Berlin, als sozialistisches Blatt das „Berliner Volksblatt", Berlin, wobei sie

aber beachten möchten, daß das Blatt unter dem Sozialistengesetz und unter den Augen des Herrn v. Puttkamer erscheint. Als unabhängige Zeitung empfiehlt er Ihnen die „Volks-Zeitung", Berlin, oder die „Frankfurter Zeitung".
Indem ich noch auf Wunsch meines Mannes Ihnen seine verbindlichsten Grüße übersende, zeichnet
Hochachtungsvoll
Ich bitte, diesen Brief sofort abschreiben zu wollen. Hast Du keine Zeit, so mag es Frieda übernehmen.
Im übrigen befinde ich mich wohl. Das Essen – das stets gut, zuweilen ausgezeichnet ist – schmeckt, und was fehlt, ist im Gefängnis einmal nicht zu haben.
Sei aufs herzlichste gegrüßt und geküßt von
Deinem August

Wenn ich die Kleider etc. in der Osterwoche habe, ist's recht. Bitte auch 1 Schlips beizulegen.
Hast Du an Ißl[eib] das Kundenbuch gesandt, das ich oben rechts in den Sekretär zur persönlichen Abgabe legte? Wenn nicht, muß es geschehen.

1 Rudolf Falb (1838-1903), Schriftsteller, entwickelte eine Wettertheorie, nach der durch die Einwirkung von Sonne und Mond auf die Luft und das feuerflüssige Innere der Erde „kritische Tage" entstünden, die zu Erdbeben, Wetterkatastrophen usw. führten.
2 Luitpold (1821-1912), Prinzregent von Bayern (1886-1912).
3 Den Tod des Glasers Carl Friedrich Hermann Mühlig (1821-1887) entnahm Bebel dem „Leipziger Tageblatt" vom 22. März 1887. Vom April 1866 bis 30. September 1867 wohnten August und Julie Bebel in der Gustav-Adolf-Straße 31 im Dachgeschoß (die Numerierung änderte sich später). Das Haus gehörte Hermann Mühlig und seinem Bruder August Robert Mühlig (1827-1918), Nadlermeister.
4 Am 20. März 1887 berichtete das „Leipziger Tageblatt" über den Kommers der Allgemeinen Vereinigung Leipziger Radfahrer, der am 18. März stattgefunden hatte. Der Vorsitzende Dr. Reyher verherrlichte in seiner Ansprache Wilhelm I. und veranlaßte ein Glückwunschtelegramm zum 90. Geburtstag des Kaisers.
   Carl August Oscar Reyher (1835-nach 1904), Arzt, Mitbegründer und 1863-1865 Erster Vorsitzender des Gewerblichen Bildungsvereins Leipzig.
   (Siehe StA Leipzig, PoA 1855-1875, Nr. 100, Bl. 94; siehe auch Zweiter Jahresbericht des Gewerblichen Bildungs-Vereins zu Leipzig. Hrsg. vom ausführenden Vorstand durch M. German, d.z. Schriftführer, Leipzig 1863)
5 Louis Florentin Hessèle (1813-1896), aus der französischen Schweiz stammend, wirkte von 1854-1896 als Dozent bzw. Professor für französische Sprache am Königlich Sächsischen Polytechnikum bzw. der Technischen Hochschule Dresden.
   (Übermittelt vom Universitätsarchiv der Technischen Universität Dresden)

111

Mein lieber guter August!

Deinen lieben Brief, resp. Briefe haben wir Donnerstag erhalten und freuen uns nur, wenn Du schreibst, daß Du gesund bist. Daß Du nicht so froh sein kannst wie in der Freiheit, ist ja natürlich. Ich kann es ja auch nicht sein, obgleich ich sie besitze. Aber man kann sich bei den vielfachen Anforderungen, die dieselbe mit sich bringt, nicht gehen lassen. Wie gern möchte ich einmal mit Dir tauschen und für Dich ein paar Monate sitzen, während Du Deinen Verpflichtungen nachgehen könntest. Ich würde der Anstalt noch weniger Mühe machen als Du, könnte ich nicht mal eine Eingabe machen? Es würde wohl nichts nützen, und müssen wir uns in Geduld fassen. Es ist freilich lang, und wären 6 Monate mehr als genug. Die Nachricht von Vollmar und Viereck war uns gleich unglaublich, obgleich ich es dem ersteren gegönnt hätte, denn für einen kranken Mann hat man immer Mitleid. Er soll schlecht aussehen und sich auch nicht besonders wohlfühlen, wie mir die Gräfin [Schack] vor einiger Zeit aus München schrieb, zudem kommt seine Frau im April nieder.

Da will ich gleich erwähnen, was ich im vorigen Brief vergaß. Ich werde immerfort angegangen, ob Du nicht Klage erheben wolltest wegen des gemeinen Flugblattes, das dem „[Dresdner] Anzeiger" beilag und nicht verboten wurde, während die Antwort darauf, die ganz gut war und die ich Dir neulich schicken wollte, sofort verboten wurde. Es waren aber vorher welche zur Verteilung gelangt. Ich hatte Dir das erstere, worin Dr. Goetz zitiert wird, gesandt mit noch mehreren, aber Du darfst es vielleicht nicht haben. Wenn Du aber den Herrn Direktor [Böhmer] bittest, daß er Dich Einsicht davon nehmen läßt, es sollen ehrenrührige Dinge darin stehen, wird er es gewiß erlauben. Sonst kann ich es Dir auch senden? Wenn ich es aber nicht wiederbekomme und Du auch nicht, dann habe ich keins für später für Dich. Es muß aber auch bald geschehen, weil sonst die 3monatliche Frist abläuft. Es ist doppelt gemein, einen Mann anzugreifen, der sich nicht wehren kann, doch man ist schon daran gewöhnt, und werde ich aber in Zukunft ganz entschieden dagegen sein, daß Dein Name fortgesetzt durch den Kot gezogen wird.

Den Brief an Prof. Hessèle habe ich besorgt und zwar sofort. P[aul Singer] schreibt, daß er wahrscheinlich schon nächste Woche nach Zwickau käme. Ich habe ihm geschrieben, daß Ihr Euch freutet, einmal jemand zu sehen. L[iebknecht] könnte es auch einmal tun. Ich werde mich hüten, ihm derartiges zu schreiben, was Du mir auftrugst. Er wird doch selbst wissen, was er zu arbeiten hat. Er wird übrigens diese Woche Bahl[mann] besuchen, da mag es ihm der sagen. Zudem würde das mit der Wohnung ändern gar nichts nützen. Wenn das nicht andere besorgen, geschieht es nicht, zudem ist's für den Sommer gar nicht nötig. Es will dies Jahr gar nicht Frühling werden, so kalt und häßlich ist es. Wie schön war es heute vor einem Jahr, da saßen wir in Charlottenhof im Freien in Berlin. Wir haben eben den Gärtner, der den Garten verrichtet. Du sollst auch schöne Georginen haben, überhaupt alles, womit wir Dich erfreuen können.

Wir bekommen morgen Einquartierung, Anna E[ysoldt], die Donnerstag früh abreisen. Da aber morgen die Möbel fortgeschafft werden, müssen sie einstweilen woanders bleiben. Ich hatte es Anna angeboten, und wurde es mit Freuden akzeptiert. Es ist Frau E[ysoldt] sehr wehmütig zumute.

Ich hatte es Bahl[mann] sagen lassen, daß wir das Falsche geschickt hätten, und wundere ich mich, daß er noch nicht da war, um das andere herauszusuchen. Ich verstehe mich nicht darauf. Er hatte zu Frieda, die gestern mit ihm im Konzert war, gesagt, daß er Montag nach Berlin reise, weiß nicht weshalb, wahrscheinlich, um der Kindermisere einmal zu entrinnen, denn das ist jetzt schrecklich. Die kleine Ottilie, die von der Mutter verzogen wurde, will nicht, daß sie das kleine Kind nehmen soll, und schreit den ganzen Tag hinter ihr her, sie ist förmlich krank, die Kleine. Am Donnerstag hatten Frieda, Anna und Dr. Besser[1] bei Bahl[mann] große Experimentalphysik, und waren sie alle sehr befriedigt.

Du hast ganz recht, daß mein Bild schlecht ist, und muß ich es noch einmal versuchen. Die verschiedenen Aufnahmen hat der Photograph umsonst gemacht, ebenso das meine. Die andern Bilder sind teuer genug, daß er es auch kann, es ist der beste in Dresden. Aber Herr Bahl[mann] ist mit den Bildern nicht zufrieden, ich finde sie aber ganz gut. Es tut mir leid mit den Butterdosen. Ich habe es der Frau [Seifert] so genau expliziert, wahrscheinlich zu genau, daß ich nicht begreife, wie sie solche teueren

Dinger nehmen kann. Du schriebst einmal von einer Patentbutterdose, und hat sie sich daran gehalten. Ich hatte geschrieben, mehr Kühler sollte es sein, wie man sie hier in den Läden hat. Ich konnte sie in die Kleider packen, und Viereck konnte sich seine selbst besorgen lassen. Es ist immer so, was man nicht selbst besorgt. Die Leute haben derartige Bedürfnisse nicht, und da wissen sie auch nicht zu besorgen. Es war aber recht, daß Du sie behieltest. Frieda möchte gern das eine Bild zurück, das ihr am unähnlichsten ist. Nicht das Schlittschuhbild und das nicht, wo etwas an der Nase ist, auch nicht das ganz von der Seite, von den Querstücken, es möchte es jemand haben.

Am 22. war auch in Plauen großer Radau, Illumination und Fackelzug.[2] Unsere Unternachbarn [Koritzki] hatten viel Geschichten gemacht, geschossen mit Feuerwerkskörpern, bengalische Beleuchtung und Pechfackeln etc. In der Stadt sind die Menschen bald erdrückt worden. Da wir derartiges Gewühl nicht lieben, verzichteten wir aufs Hingehen und Ansehen. Es soll sehr schön gewesen sein.

Ihr habt also wieder Zuwachs erhalten? Es stand in den Blättern, daß Herr Ulrich seine Haft wieder angetreten hätte und daß Aussicht vorhanden sei, daß seine Frau gesund würde. Das freut mich, aber das lange Nachsitzen nicht. Daß Du jetzt an meiner Stelle das „Leipziger Tageblatt" studierst, amüsiert mich. Du zogst mich früher immer damit auf. Wie sich die Situationen mitunter ändern. Der arme Mühlig konnte noch lange leben, nun ist noch ein Bruder übrig, der Nadler. So vergeht alles, bis wir auch an die Reihe kommen. Über den Dr. Reyher habe ich mich amüsiert. Überhaupt, wenn wir wieder mal nach Leipzig kommen, werden wir viel Neuigkeiten erfahren. Doch ich will meine Epistel schließen, da wir unsere sonntägliche Wanderung antreten wollen. Es regnet und schneit durcheinander und ist ungemütlich.

Leb wohl und laß Dir die Zeit nicht lang werden. Wenn ich wieder einen Brief von Dir erhalte, fängt es an, bergab zu gehen.[3] Wir sind wohl und haben immer zu tun. Die Tage sind herum, ehe man sie recht gewahr wird. Deine Sachen werde ich schicken, und ist mir's recht, wie Du es damit halten willst. Wir hatten die ganze Zeit heftigen Sturm, daß die Doppelfenster alle aus den Angeln sind und die höchste Zeit, daß sie herauskommen. Bahlm[anns] und Eyso[ldts] lassen grüßen.

Die herzlichsten Grüße und Küsse von Friedchen und
Deiner Julie

Ich hatte das Kundenbuch zur persönlichen Überbringung behalten, werde es aber nunmehr Herrn Liebknecht versiegelt mitgeben?

1 Carl Ernst Besser, Professor am Annen-Realgymnasium in Dresden-Altstadt, unterrichtete Anna Eysoldt in Mathematik und Physik.
(Zu Besser siehe Staatshandbuch für das Königreich Sachsen 1886/1887, S. 536)
2 Am 22. März 1887 wurde der 90. Geburtstag von Kaiser Wilhelm I. begangen.
3 Ende März 1887 hatte Bebel die Halbzeit seiner Haft erreicht.

112

Meine liebe gute Julie!

Deinen lieben Brief vom gestrigen Datum erhielt ich bereits heute nachmittag. Ich lege dem heutigen Briefe 2 Photographien Fr[ie]dch[en]s bei, da ich nicht sicher bin, welche sie meint. Vermutlich will sie eine an E[ysoldt]s geben. Du willst Frl. A[nna Eysoldt] bitten, daß, wenn sie nach Z[ürich] kommt und, wie ich annehme, durch Vermittlung der Frau Sch[ack] auch mal M[otteler]s besucht, [sie] dieselben von mir grüßt. Am Ende besuchen sie auch mal Schl[üter]s. Frau Schl[üter] wird sich als Dresdnerin sehr freuen, wenn sie Landsleute trifft, und E[ysoldt]s wird das umgekehrt auch ganz angenehm sein. E[ysoldt]s wird einiges Heimweh nicht erspart, und da ist es eine große Erleichterung, wenn man mit Landsleuten verkehren kann. Ich begreife, daß es Frau E[ysoldt] nicht ganz freudig zumute ist. Man kommt leichter von Hause weg als wieder dahin zurück, namentlich unter Verhältnissen, in denen sie sich befinden. Meine Wünsche werdet Ihr seinerzeit ausgerichtet haben, ich brauche mich also nur darauf zu beziehen heute.

Von dem Flugblatt habe ich nichts gesehen. Ich weiß nicht, ob es hier ankam. Ich werde mich gelegentlich erkundigen. Aber von einer Anklage meinerseits kann gar keine Rede sein, auch wenn es noch zehnmal gemeiner wäre, als es nach Deiner Versicherung sein soll. Ich klage grundsätzlich nicht, das überlasse ich gewissen andern Leuten, die sich sehr groß dünken und allerdings die erste Geige spielen.[1] Ich bin mein Leben lang mit soviel großen und kleinen Niederträchtigkeiten bedacht worden, daß es auf ein paar mehr nicht ankommt. Wir schreiben sie aufs Konto und rechnen einmal zusammen ab. Überdies empfinde ich gegen meine Gegnerschaft eine so unsägliche Verachtung, daß ich mir nicht die Mühe gebe, die Gerichte wegen ihrer in Bewegung zu setzen. Je mehr man diese Gesellschaft beobachtet, desto tiefer erscheint einem der Abgrund von Lüge, Heuchelei und Korruption, in dem sie watet. Die schönsten Worte, die glänzendsten Phrasen und die niederträchtigsten Handlungen.

Indes wünsche ich doch ein solches Blatt als „Andenken" zu besitzen. Spreche einmal mit Schnabel, er wird Dir zu einem zweiten verhelfen können.

P[aul Singer] wird sich wohl vorher anmelden, wenn er hierher kommt. Die Ferien treten diese Woche ein, die Session währt aber, wie ich Dir neulich schon voraussagte, sicher bis Pfingsten, möglicherweise noch länger. P[aul] wird wahrscheinlich seine Londoner Reise früher antreten, damit sein Bruder einige Wochen Karlsbad genießen kann, was ich ihm recht sehr gönne.

Spemann hat mir den Kalender gesandt. Den habe ich einmal gekauft und nicht wieder. Die Leute arbeiten so lange an einem herum, bis man doch mal sich breitschlagen läßt.

B[ahlmann] wird nach B[e]rl[in] sein, um mal die Feststimmung der Fraktion zu studieren; was soll er auch mit seinem Überfluß an Zeit machen?

Die Angelegenheit Vollm[ar]-Vier[eck] ist neuerdings durch die Zeitungen ziemlich richtiggestellt. Es ist wirklich stark, was das Zeitungsgeschwister schwindelt. Vollm[ar] soll Aussicht haben, für das zu erwartende Ereignis vier Wochen Urlaub zu erhalten. Ich beneide ihn nicht darum, mir dürfte man ihn anbieten, ich nähme ihn nicht an. Allerdings ist ja sein Fall ein besonderer, und keine Regel ohne Ausnahme. Aber es würde mir in der Tat höchst unangenehm sein – abgesehen von dem Fall selbst, welcher einem einen Urlaub zu nehmen aufzwänge –, wenn ich unterbrechen müßte. Das momentane Vergnügen hat einen bitteren Nachgeschmack. U[lrich] wäre auch lieber hiergeblieben und denkt mit großem Unbehagen an die Zeit seines Alleinseins. Von allen ist er in der *aller*unangenehmsten und bedauerlichsten Lage. Die Hoffnung auf Besserung seiner Frau ist schwach, volle Genesung meines Erachtens *unmöglich*. Nun die Frau gelähmt und unter fremder Pflege auf unabsehbare Zeit im Bett, das Geschäft in ungeschulten Händen, er hier, die Kinder in Braunschweig bei den Eltern von ihm. Das ist eine keineswegs beneidenswerte Situation.[2]

Vollm[ar] hat sich, scheint mir, seine Lage selbst schwieriger gemacht als nötig und gerechtfertigt. Wie er und wir behandelt werden, sind 9 Monate Gefängnis kein Gegenstand der Beunruhigung. Was sollen denn da die armen Teufel machen, die Jahre haben und unter ganz andern Verhältnissen, d. h. *viel* schlimmeren, existieren müssen. Nach denen kräht kein Hahn.

Kürzlich soll die „Magdeb[urgische] Zeit[ung]" eine Art „Jubelhymnus" gebracht haben, wie die Berliner „Volks-Z[eitung]" wörtlich meldete, daß ich noch auf längerer Zeit

„kalt" gestellt sei. Es ist wirklich zum Lachen. Das nationalliberale Pack muß große Angst haben, daß ihm die Larve ein wenig vom Gesicht gerissen würde. Das zeigt, wie schwach die Leutchen sich fühlen, trotz allem Sieg.

Ich glaube, es ist am besten, Du bleibst, wo Du bist, und ich bleibe hier, ich kann acht Wochen besser vertragen als Du acht Tage. Fangt nur keine Grillen, dann ist schon alles gut. Wegen mir macht Euch keine Sorge.

Was ich Dir aus dem „[Leipziger] Tagebl[att]" schrieb, las ich in den Berichten. Die Annoncen zu verfolgen, kann ich mich nicht gewöhnen, sonst könnte ich Dir wohl noch manches mitteilen. Zufällig entdeckte ich, daß der alte Rannebein[?] noch immer mit seinen Wetterprophezeiungen spukt. Aber der Alte scheint vorsichtig geworden zu sein, aus seinen Prognosen kann man immer mehrererlei lesen. Fr[ie]dch[en] wird es interessieren, daß Ihr Institutsdirektor in L[ei]pz[i]g zu K[aiser]s Geburtstag eine hochpatriotische Rede im konservativen Verein hielt.[3] Wenn man die Leute ein wenig näher kennt, beschleichen einen gar eigentümliche Gedanken. Ja, wir leben in einer Gesellschaft, wo die Aufrichtigkeit und die Wahrheitsliebe und die Tugend herrschen, der Patriotismus nur der unzweifelhaft reinsten und edelsten Quelle entströmt. Wer das bezweifelt, ist der wahre Lump. Die armen, armen Leute.

Wenn ihr nach Ostern nach L[ei]pz[i]g kommt – eher scheint es doch nicht zu werden –, werdet Ihr nicht allein viel Neues erfahren, sondern auch große Veränderungen kennenlernen. Seht Euch dann nur ein wenig um und bindet Euch nicht zu sehr an Br[auer]s.

Was Du mir über die Zustände unserer Doppelfenster schreibst, ist recht niedlich; ich habe es mir aber gedacht, namentlich als ich hörte und las, daß Ihr in Dresden auch so hübsch – wohl mehr noch als wir – mit Stürmen bedacht worden seid. Wir hatten bisher auch sehr unfreundliches Wetter, viel Regen und Wind. Die Sonne kämpft gegen den Regen an, aber Siegerin ist sie bis jetzt nicht geblieben. Wenn nur keine Schneewetter und größeren Fröste mehr kommen, ich habe den Winter satt.

Gehabt Euch wohl, bleibt munter und vergnügt, und seid aufs herzlichste gegrüßt und geküßt
Dein August

Wenn Du etwas Stopfwolle, *mehrere* Stücke Seife und etwas Gummischnur für Schlipsösen beilegen wolltest den Kleidern, wäre mir das sehr recht.

1 Anspielung auf die Vielzahl von Beleidigungsprozessen, die O. v. Bismarck anstrengte.
2 Siehe Nr. 99/7. C. Ulrich schrieb in seinen Erinnerungen über die Haft nach der schweren Erkrankung seiner Frau: „Das war für mich eine furchtbare Zeit, und ich vergesse nie in meinem Leben, mit welcher Liebe und Kameradschaftlichkeit sowohl Bebel als Auer mir das Ertragen derselben erleichterten." (S. 81)
3 *Willem* Carl Klaasens Smitt (1832 - um 1905) aus Altona leitete 1862-1905 die von Ernst Innocenz Hauschild 1855 gegründete private Höhere Töchterschule in Leipzig (siehe Nr. 18/2), zusammen mit seiner Frau Theresa Wilhelmine, Hauschilds ältester Tochter. Er unterrichtete seit 1859 in Leipzig alte Sprachen, Deutsch, Französisch und Geschichte. Smitt leitete auch die Öffentliche Buchhändler-Lehranstalt und war Verfasser mehrerer Schriften, u.a. 1866 eines Leitfaden der allgemeinen Weltgeschichte, 1891 eines Katechismus der Freimaurer.
Im Gegensatz zu der von Bebel genannten konservativen Haltung hatte Smitt bei Liebknechts Verhaftung durch die preußische Polizei 1866/1867 dessen Tochter Alice unentgeldlich weiter unterrichtet.
(Siehe StA Leipzig, Archiv I, Kap. IX, Nr. 6: Akten, Dr. Smittsche Töchterschule. Zehnklassiges Institut für höhere Mädchenbildung; Bibliothek des Stadtgeschichtlichen Museums in Leipzig, Blauer Kasten S 3: Dr. Smitt höhere Töchterschule nebst Elementarschule; Leipziger Tageblatt, 1.2.1884; Das Litterarische Leipzig, Leipzig 1897, S. 122; W. Schröder: Ernestine, wie Nr. 5/6, S. 171)

113

Plauen-Dresden, den 2. April 1887

Mein lieber guter Mann!

Deinen lieben Brief haben wir erhalten und freuen uns, daß Du gesund bist. Von Herrn Liebknecht soll ich Dich grüßen und Dir sagen, daß er Dir nicht gern schrieb und desto mehr an Dich denke, ebenso mit dem Kommen, das wäre ihm ein zu eigentümliches Gefühl.[1] Wir hatten ihm zu seinem Geburtstage gratuliert, und war er sehr erfreut darüber. Andern Tags war er zum Besuch hier, wir hatten aber Billette zum Konzert und konnten nicht zu Bahlm[anns] gehen. Herr L[iebknecht] lud uns andern Tags zum Mittagessen ein, und so konnten wir wenigstens eine Stunde mit Herrn L[iebknecht] zusammen sein. Er mußte 1/2 3 Uhr wieder weg, weil er sich anderwärts versprochen hatte. Herr L[iebknecht] sagte uns, daß gestern die alte Frau Kautsky[2] hier durchreise nach Leipzig und seine Frau besuchen wolle, um nach London zu ihren Kindern zu gehen, da würde der Storch erwartet[3]. Da fiel es Herrn B[ahlmann] ein, daß wir sie begrüßen möchten. Obgleich ich sie gern hätte kennengelernt, so sind wir nicht gern für derartige Extravaganzen. Aber um nicht den Wunsch abzuschlagen, gingen wir morgens 1/2 8 Uhr nach dem Böhmischen Bahnhof, und unser Herr B[ahlmann] stolzierte bereits mit einem riesenhaften Bukett auf und ab und siehe da, der Zug kam, aber keine Frau Kautsky, und so mußten wir mit unserm Bukett wieder abziehen, und wurde es uns zur Feier des Tages überlassen, denn da war die Hälfte Deiner Haft herum. Wir hatten nun das Vergnügen, es heimschleppen zu müssen, und an den Schanzen, wo der Sturm am ärgsten war, platzte die Umhüllung mit einem gehörigen Krach, daß die Leute erschraken und vielleicht dachten, wir hätten eine Bombe darin. Nun hatten wir Mühe, damit nach Hause zu kommen. Wir haben nämlich fortgesetzt Sturm und Regen, ganz abscheuliches Wetter. Wenn das nicht bald anders wird, gibt es keine schönen Ostern, nun, mir ist [es] einerlei. Heute bekam ich eine Karte von Frau Liebknecht auf meinen Brief, daß Frau K[autsky] wegen eines Augenübels nicht kam, und war es schon vorher zweifelhaft. Doch auf solche Gedanken kommt auch nur, wer zuviel Zeit und Geld hat. Wir hatten gleich unsere Besorgungen damit verknüpft.

Eine Hiobspost muß ich Dir auch bringen. Vor unseren Fenstern ist am 1. April der Eckplatz angefangen worden abzutragen, und wird der Bau gleich darauf beginnen. Es soll ein gewesener Restaurateur Wobsa aus Dresden, der rheumatisch ist, dasselbe bauen.[4] Es ist wenigstens das eine gute, daß der Platz sehr groß und deshalb aber kein großes Haus hinkommt. Freilich, ob es hoch wird, weiß ich noch nicht. Abgesteckt ist es genau wie das unsere, und ist der Zwischenraum von uns aus ziemlich weit entfernt. Es ist überhaupt die Bautätigkeit in und um Dresden eine große. Unser Hauswirt hat auch wieder ein Haus verkauft, das Eckhaus Nr. 25. Das soll besser gebaut sein als das unsere und war vorher schön hergerichtet, daß es auch die Malersleute gekauft hätten, wenn B[orn] nicht so grob gewesen wäre. Wie ich hörte, hat er 23 000 Mark dafür erhalten, nun hat er wenigstens wieder Geld. In die neuen Häuser, die noch gar nicht fertig sind, ziehen die Leute flott ein. Es ist ganz schrecklich.

Gestern sandte Herr Ißleib außer den üblichen Zinsen auch die Summe, die Du als Reisender von ihm vom 1. April aus erhältst mit Abzug der Rechnung für Born. Ich habe ihm sofort geschrieben und mich für das erstere Geld bedankt und für das andere mir Auskunft erbeten, für was dasselbe sei, ehe ich es akzeptierte. Ich wußte ja nicht, ob Du irgendwelche Abmachungen mit ihm getroffen hast; und sollte er es aus Anstandsgefühl für die Reise schicken, die Du nicht machen kannst, werde ich es retourieren, da wir kein Anrecht darauf haben und er sich einen andern Reisenden engagieren muß. Ißleibs tun mir schrecklich leid. Arthur hat den Typhus in Rom, wo ihn seine Schwester pflegt. Olga schrieb es Frieda. Von Herrn Liebknecht erfuhr ich nun, daß er auf den Tod krank war, aber sich jetzt auf dem Wege der Besserung befindet. Olga schrieb, daß sie in einem deutschen Kloster wären und ihr das Schrecklichste dabei sei, daß sie deutsch sprechen müsse, „ganz Olga". Was Arthur fehle, kein Wort, nur, daß er sie immer um sich haben wollte. Da wird er die Reise kaum machen können. Bei Puttrichs geht es nicht besser. Er hofft jetzt durch eine Operation wenigstens vor gänzlicher Blindheit bewahrt zu werden. Aber mit der armen Frau ist es ganz schrecklich, sie weiß, daß sie dem Tode in nicht ferner Zeit entgegengeht[5], und sucht dabei den Ihrigen durch Verleugnung ihrer Gefühle ihren Zustand zu verbergen und noch heiter zu erscheinen. Die Zunge schrumpft immer mehr zusammen, und kann sie schon nicht mehr alles essen, nur flüssige Speisen. Und Laute gibt sie von sich, die, wie Herr Liebk[necht] sagte, nicht zum Anhören seien, und muß sie alles aufschreiben.

Wir haben Herrn Tr[aeger] ein recht hübsches Bierseidel gekauft, worauf wir seinen Namen und „Zum Andenken" gravieren lassen. Wir hoffen, daß es ihm Spaß macht, und wenn er nach Heidelberg kommt, kann er es mit in seine Stammkneipe nehmen. Wir konnten uns auf nichts anderes besinnen, da er Bücher und dergleichen sich selbst kauft, und die feine Brieftasche, die wir in Offenbach kauften, haben wir ihm schon an Weihnachten geschenkt, somit hat die Geschichte ihren Abschluß gefunden.

Der arme Janiszewski, der jetzt heiraten wollte und schon die Wohnung hatte, ist noch immer nicht aus der Haft entlassen.[6] Sie hatten ihn, glaube ich, in Posen als Zählkandidat aufgestellt, und war für ihn ein Flugblatt ausgeteilt worden, was er aber nicht wußte, ob etwas darin stand, daß man ihn verhaften konnte.

Die kleinen Freytags[7] sind nach Rom gereist, derweilen Ella konfirmiert wird.[8] Die Verwandten haben sie so bearbeitet, daß sie es denen überlassen, es zu besorgen, und der Sache aus dem Wege gehen. Da sieht man auch wieder die Schwäche von sonst vernünftigen Leuten. Du hast ganz recht, es ist eigentlich gar nicht der Mühe wert – das war ja immer meine Meinung –, daß der einzelne alles opfert für die Allgemeinheit, es muß [...][9], doch ich will lieber meine Weisheit für mich behalten, es nützt ja doch nichts. Von dem Doktor habe ich nichts anderes erwartet. Der Selbsterhaltungstrieb der Menschen spielt immer die Hauptsache. Man ist liberal, konservativ, deutschfreisinnig, je nach Bedarf. Derartige Institute sind immer gefährdet, und will man sich nicht kaputtgehen lassen, muß man zu solchen Mitteln greifen. Ich möchte trotzdem nicht ins Innere mancher derartigen Leute blicken, es würde doch etwas anders aussehen, als sie von sich geben.

Unser Garten ist hergerichtet, und haben wir an Stelle des Stiefmütterchenbeetes Monatsrosen hineinsetzen lassen. Wenn nur erst einmal etwas wachsen wollte. Auch wilden Wein habe ich mehr pflanzen lassen, damit die Laube besser bewächst.

Ich weiß nicht, ob Dir Frieda geschrieben, wie sie es wollte, daß sich Herr E[ngels] nach Deinem Befinden erkundigte und Dir Grüße sendet.[10] Er ist ganz derselben Ansicht über die Wahlen wie Du, und dann läßt er Dir sagen, daß die erste Auflage der englischen Übersetzung des „Kapitals" nach 2 Monaten bereits verkauft und die zweite in der Presse ist[11], und das, noch ehe ein größeres Blatt dem Buch einen Artikel gewidmet hat. Ich habe ihm geschrieben über Dein Befinden etc.[12] Herrn Koch[13] habe ich auch mal zu seinem Geburtstage am 1. April gratuliert und geschrieben. Er ist immer so aufmerksam, unserer Geburtstage durch Briefe an Bahl[mann] zu gedenken. Er ist wieder in Davos. Doch nun leb wohl, ich glaube Dir genug geschrieben zu haben und werde morgen Deine Sachen absenden und „Die Neue Zeit" beilegen.

Sei recht herzlich gegrüßt und geküßt von Frieda und
Deiner Julie

1 Wilhelm Liebknecht schrieb doch an Bebel. Siehe den folgenden Brief.
2 Minna Kautsky (1837-1912), Schriftstellerin; Mutter von Karl Kautsky. Ihre Dichtungen wurden in sozialdemokratischen Familien sehr viel gelesen. August Bebel lernte Minna Kautsky Anfang September 1883 in Stuttgart kennen. Er schrieb dazu an Wilhelm Liebknecht, „war mir sehr angenehm; wir haben uns einige Stunden gut unterhalten". Nach Erscheinen ihres Buchs „Die Alten und die Neuen", Leipzig 1885, das Minna Kautsky mit einer Widmung an Bebel sandte, dankte dieser mit anerkennenden Worten. Julie Bebel traf mit Minna Kautsky erstmals im September 1887 in Dresden zusammen. Sie bewunderte an ihr, wie weit sie sich sozialistisch gebildet hatte. Als August und Julie Bebel (1890) sowie Minna Kautsky (1904) nach Berlin übergesiedelt waren, vertiefte sich ihre herzliche Freundschaft.
   (Siehe Minna Kautsky. Auswahl aus ihrem Werk. Hrsg. von Cäcilia Friedrich, Berlin 1965, bes. die Bibliographie, S. 163-165; Zitat AB an W. Liebknecht, 10.9.1883, Liebknecht-Briefwechsel II, wie Nr. 3/3, S. 429; zum genannten Buch: BARS, Bd. 2/2, S. 170/171, auch M. Kautsky an E. Bernstein, 1.3.1885, Moskau, F. 204, Nr. 969; Anhang II)
3 Siehe Nr. 117.
4 Im Adreßbuch von Plauen/Dresden wurde 1888/1889 ein neues Haus in der Hohestraße verzeichnet, die Nummer 21 b. Eigentümer war Georg Nikolaus Wobsa, Privatier. Der Inhaber des Restaurants in der Schloßstraße 25 hieß Michael Wobsa.
5 *Florentine* Wilhelmine Puttrich, geb. Schreyer (1836-1887), verschied am 28. Oktober 1887.
   (Siehe StA Leipzig, PoA, 1855-1875, Nr. 98, Bl.295; Leipziger Tageblatt, 29.10.1887)
6 Josef *Constantin* Janiszewski (1855-1923), Buchbinder, Schriftsetzer, polnischer Sozialist, 1882 im Posener Geheimbundprozeß zu zwei Jahren Gefängnis verurteilt. Danach aus Posen, Breslau und weiteren Orten ausgewiesen. In Berlin an der Entlarvung des Polizeispitzels Ihring-Mahlow beteiligt, deshalb Ausweisung aus Berlin und erneut aus mehreren anderen Orten. 1886 Expedient des „Sächsischen Wochenblatt" in Dresden. 1887 Reichstagskandidat in Posen, 1890 in Berlin, später dort Stadtverordneter. Betrieb eine Druckerei, in der in den 90er Jahren die „Gazeta Robotnicza" und weitere Publikationen der polnischen Sozialdemokratie herausgegeben wurden.

Janiszewski wurde verhaftet wegen eines Wahlflugblatts für Posen, das in Deutsch und in Polnisch verfaßt und in Dresden bei Schoenfeld & Harnisch gedruckt worden war. Der polnische Text verstoße durch Aufreizung zu Gewalttätigkeit gegen das Strafgesetzbuch. Janiszewski wurde zu zwei Jahren Gefängnis verurteilt. Davon wurde er ein ganzes Jahr in Ketten gelegt, unter Verweigerung eines Spaziergangs und von Lektüre. Bei einer 1888 erfolgten Amnestie wurde ihm ein Jahr Haft erlassen. Er kam aber nicht frei, sondern wurde ins Gefängnis Plötzensee überführt wegen einer während seiner Haft im Januar 1888 ausgesprochenen Strafe von 1 Jahr 6 Monaten. Erst am 30. September 1889 endete seine Haftzeit.

Von etwa 1886 bis Frühjahr 1890 mit der Sozialdemokratin Johanna Jagert verlobt, dann Trennung. Im Oktober 1892 heiratete er die Tochter von Julius Kräcker.

(Siehe BLHA, Berliner Politische Polizei, Rep. 30 C, Tit. 94, Lit. J., Nr. 10895 betr. den Buchbinder Josef Constantin Janiszewski)

7 Es handelt sich um Bernhard Freytag (1839-1901) und seine Frau *Helene* Maria (1846-1931), geb. Erbert. Bernhard F. war zunächst Rechtsanwalt in Plauen; zusammen mit seinem Bruder Otto verteidigte er Bebel, Liebknecht und Hepner im Leipziger Hochverratsprozeß 1872. Die Familie zog im Dezember 1875 nach Leipzig. Seitdem wirkte er im gemeinsamen Rechtsanwaltsbüro mit seinem Bruder.

(Siehe StA Leipzig, PoA, 1855-1875, Nr. 80. Bl. 328; 1876-1889, Nr. 148, Bl. 46; Leipziger Tageblatt 4.6.1901)

8 Gemeint ist Isabella Freytag (geb. 1872), Tochter von Bernhard und Helene Freytag. Isabella heiratete 1901 den Rechtsanwalt Dr. Moritz Ernst. August und Julie Bebel ließen ihre Tochter wohl nicht konfirmieren, im Polizeimeldebuch ist für Frieda „Dissident" vermerkt.

(Siehe StA Leipzig, PoA, 1876-1889, Nr. 148, Bl. 46, 328; zu Frieda Bebel ebenda, Nr. 129, Bl. 76)

9 Der Satz bricht ab.

10 Siehe Bebels Briefwechsel mit Engels, wie Nr. 1/1, S. 302/303. Siehe auch Nr. 109/1.

11 Siehe Karl Marx: Capital. A Critical Analysis of Capitalist Production. Translated from the Third German Edition, by Samuel Moore and Edward Aveling, and Edited by Frederick Engels, London 1887. Die englische Ausgabe erschien Anfang Januar 1887 in 500 Exemplaren. Im gleichen Jahr kam die zweite Druckquote, wieder mit 500 Exemplaren, heraus.

(Neudruck in MEGA, Zweite Abteilung, Bd. 9, Berlin 1990)

12 Siehe Anhang I.1.

13 Im Jahresbericht des Dresdner Volksbildungsvereins für 1885/1886 wird ein Direktor Koch als Vortragender genannt. Der hier erwähnte Koch befand sich in Davos zur Ausheilung seiner Lungenerkrankung. Dort traf er mit dem Bruder von Josefine Braun, Heinrich Spiegler, zusammen. Durch dessen Vermittlung wurde ihm ein weiterer Aufenthalt in einer Heilanstalt ermöglicht.

(Siehe Sächsisches Wochenblatt, 15.5.1886; Frieda Bebel an AB, 11.5.1887, SAPMO/BArch, NY 4022/31)

114

Meine liebe gute Julie!

Deinen lieben Brief empfing ich gestern. Das Wetter hat offenbar auf Deine Stimmung einigen Einfluß gehabt, sie wird wohl mit dem besseren Wetter auch besser geworden sein. Seit Montag haben wir endlich gründlichen Witterungsumschlag und, wie ich hoffen will, von Dauer. Das Wetter ist gegenwärtig prächtig. Morgens zwischert uns ein Rotschwänzchen sein Vogellatein vor, die Spatzen haben sich auf den Kastanienbäumen im Hofe in gewohnter Unverschämtheit der Starkästen bemächtigt und fangen an zu bauen, von den Staren selbst sieht und hört man nichts. Geht das Wetter auch während der Nächte so weiter, können die Knospen der Kastanienbäume bis zu den Feiertagen schon aufgesprungen sein.

Ende dieser Woche werden es auch 21 Jahre, daß wir uns verheirateten.[1] Ist das eine lange Zeit. Ich hätte damals gar nicht geglaubt, daß ich so alt würde; ein Beweis, daß ich doch eine gute Frau bekommen habe, zu der ich mir gratuliere und mit ihr mindestens noch 29 weitere Jahre zusammenzuleben hoffe. Es bleibt dabei, ich rücke unter 100 Jahren nicht aus diesem Jammertal ab und empfehle Dir, den guten Vorsatz ebenfalls zu fassen. Wir können dann sogar noch die Diamanthochzeit feiern. Es kommt sehr viel auf den Vorsatz an.

Deine Schilderung Eures Bukettabenteuers hat mich lachen machen. Ich hätte Euch nicht empfohlen, Euch an der Bahn einzustellen. Ihr mußt solchen Wünschen doch ein wenig Widerstand entgegensetzen. Frau K[autsky] würde sich gefreut haben, aber doch über den Überfall auch etwas verwundert gewesen sein. Das mochte B[ahlmann] machen, für Euch lag *zunächst* keine Veranlassung vor.

Ich freue mich, daß sie Aussicht hat, Großmutter zu werden, es hat ein wenig lange gedauert.

Fr[ie]dch[e]n schrieb mir von E[ngels]' Brief und seiner Äußerung über den Ausfall der Wahlen, aber nichts von dem außergewöhnlich raschen Absatz des „Kapitals", eine Angelegenheit, die mich doch sehr interessiert.[2] Der Vorgang zeigt, wie außerordentlich rege das Interesse für soziale Fragen und speziell vom sozialistischen Standpunkt ist. In England scheinen die Dinge sich fast umgekehrt wie in Deutschland zu entwickeln; die höheren Klassen sind's zuerst, die sich für die Fragen interessieren. Vielleicht macht Aveling als Übersetzer ein gutes Geschäft,[3] er kann das Geld brauchen.

Liebk[echt] hat mir einige Zeilen geschrieben[4] und unter anderm angefragt, wie hoch die Summe sei, welche V[ahlteich] seinerzeit von Lissem bekam.[5] Ich hatte L[ie]b[knecht] geschrieben, V[ahlteich] hätte 3000 M bekommen. V[ahlteich] will diese Summe aber nicht zugeben. Schreibe sofort L[ie]b[knecht], daß ich allerdings den Glauben, es seien 3000 M gewesen, hätte, aber beschwören könnte ich es nicht, und wenn V[ahlteich] nur 2000 M behaupte, so sei das wohl richtig. Ich schenkte seiner Versicherung Glauben. Frau L[i]ss[em] befindet sich in bitterer Notlage, und sie wird das Geld sehnlichst erwarten. Sie wußte nicht das geringste, daß ihr Mann überhaupt Geld an V[ahlteich] gegeben.

Ferner schreibe L[ie]b[knecht], ich hätte nicht gesagt, es sei gut, daß er durchgefallen wäre, sondern daß, nachdem er einmal durchgefallen wäre, es auch gut für ihn und die Partei sei. Ich möchte nicht, daß ihm meine Ansicht mißverständlich mitgeteilt wurde.

Daß er nicht kommen will etc., begreife ich. P[aul Singer] scheint sich auch nicht recht zu beeilen. Ob und wann er kommt, weiß ich bis jetzt nicht.

Ich empfing vorvorige Woche einen Roman: „Der Zug nach dem Westen" von P[aul] Lindau.[6] Ob P[aul Singer] diesen schickte? Ich habe vom Absender keine Ahnung. Der Roman ist gut geschrieben und auch interessant zu lesen, aber doch kaum mehr als Dutzendware. Der Herr P[aul] L[indau] fühlt sich in der höheren Gesellschaft sehr wohl und hütet sich, anzustoßen, wenn er auch hier und da ein wenig kritisiert.

Deine „Hiobspost" über die Bebauung des Platzes hat mich nicht überrascht. Ich habe mich in der letzten Zeit mehrmals gefragt, wann wohl diese Nachricht eintreffen werde. Höher als das unsere wird das Haus auf keinen Fall, und wenn der Mann einen hübschen Garten drum herum anlegt, ist die Aussicht noch nicht die schlechteste. Der Bauherr scheint der Restaurateur Wobsa aus der Schloßstraße zu sein, Hasch[ert] verkehrte alsdort. Aber mit Rheumatismus in ein neues Haus zu ziehen ist auch ein wenig töricht.

Am Ende gelingt es Born auch noch, unser Haus zu verkaufen, dann werden wir ausziehen müssen. Gut, daß so viel gebaut wird.

Ich glaube nicht, daß es noch nötig war, wilden Wein zu pflanzen. Dieses Jahr würde er die Laube ganz und gar umsponnen haben.

Du willst das Geld an Ißl[eib] sofort *zurücksenden* und ihm sagen, seine Absicht sei zwar sehr löblich, aber ich könne keine Bezahlung nehmen, wo ich nichts leistete. Wäre ich während der Reise krank oder von einem Unfall betroffen worden, dann ließe sich reden, so nicht. Daß ihn das Malheur mit A[rthur Ißleib] betraf, ist, abgesehen von der Bedauerlichkeit des Falles an und für sich, für das Geschäft außerordentlich fatal. Die Konkurrenz bekommt einen unangenehmen Vorsprung. Ein Glück, daß Arth[ur] wenigstens gerettet wurde. Wenn nur die Schwester nichts abbekommt. Typhus ist heimtückisch, und fest ist Olga nicht.

Es ist merkwürdig, wie manche Familien heimgesucht werden. Ich möchte weder mit I[ßleib]s, noch weniger mit P[uttrich]s tauschen. In der letzteren Familie müssen die Zustände traurige sein.

Wie stehst Du denn mit Born? Du hast ihm doch die Miete auf das Darlehn und die Drücker angerechnet? Wieviel hast Du noch zu bekommen?

Schreibe noch I[ßleib], ich hätte wegen dem Gehalt seinerzeit nichts geschrieben, weil ich als selbstverständlich annahm, im vorliegenden Falle keine Ansprüche machen zu können.

Bezüglich Herrn Tr[aeger] seid Ihr auf eine sehr vernünftige Idee gekommen, Besseres konntet Ihr nicht finden.

Die Sache mit Janiszewski ist freilich fatal. Man scheint ihn wieder einmal in eine große Untersuchung zu verwickeln. In Berlin waren auch mehrfach Haussuchungen, namentlich auch bei seiner Braut[7]. Da ich ihn im Verteidigen für nicht sehr geschickt halte und in Posen große Animosität gegen die Polen besteht, kann er unter Umständen übel wegkommen.

Ich wollte mich immer schon nach Koch erkundigen, vergaß es aber stets. Aber wie es ihm geht, davon schreibst Du kein Wort.

Die Gräfin [Schack] hat mir auch geschrieben, und zwar von London. Der Inhalt des Briefes ist ziemlich indifferent, sie wünsche Antwort, gibt aber keine Adresse an. Ich würde ihr aber auch aus bekannten Gründen nicht direkt schreiben. Habt Ihr Gelegenheit, ihr zu schreiben, so bitte zu bemerken, daß ich Brief und Zeitung erhielt und bestens danken ließ. Was Ihr sonst noch über mich schreiben könnt, wißt Ihr selbst. Frau Ulr[ich], nach welcher sie sich erkundigte, geht es sehr langsam besser. Der Arzt hofft, bemerkt aber gleich, daß die Besserung nur sehr langsam vorschreiten werde.[8] Das ist ein schlimmer Trost.

Für Frieda habe ich auch eine kleine „Hiobspost": Sie bekam doch seinerzeit von ihrem Onkel [Brauer] ein Bukarester 20-Frank-Prämienlos. Jetzt lese ich, daß die Bukarester Stadtväter so sorglich wirtschafteten, daß sie den alten Verpflichtungen nicht mehr nachkommen können und zu diesem Zweck eine neue Anleihe mit anlegen wollen, wegen welcher man ihnen Schwierigkeiten macht. Schlimmsten Falles kann sie diesen Verlust verschmerzen.

Bitte schreibe sofort an J.H.W. Dietz, Stuttgart, eine *Karte*. Ich bät mir so rasch als möglich *hierher zu senden*: „Die oberelsässische Baumwollindustrie und ihre Arbeiter" von Heinr[ich] Herkner[9], Verlag von Jul.

[Schluß des Briefes fehlt.]

---

1 Die Hochzeit von Julie und August Bebel hatte am 9. April 1866 stattgefunden.

2 Siehe Nr. 109/1, 113/11.

3 Samuel Moore hatte zusammen mit Edward Aveling die Übersetzung von Marx´ „Kapital" ins Englische besorgt. Avelings Anteil betrug ein Sechstel des Bandes. An der Vorbereitung dieser Ausgabe war auch Eleanor Marx-Aveling beteiligt, die im Britischen Museum die Zitate überprüfte und die ursprünglich englischsprachigen wieder auf den Originaltext zurückführte. Pro verkauften Band zahlte der Verlag 3 Schilling für die erste Auflage, für die zweite Serie der ersten Auflage 3 Schilling und 9 Pence.
(Siehe MEGA, Zweite Abteilung, Bd. 9, S. 712-716; F. Engels an Laura Lafargue, 10.3.1887, in: MEW, Bd. 36, S. 626)

4 Wilhelm Liebknecht schrieb Bebel am 30 März 1887. Er gratulierte ihm „zu dem morgigen Tag", an dem „die Reise *bergab* beginnt". Weiter hieß es u.a.: „Du hast ganz recht, es ist sehr gut, daß ich durchgefallen bin. Ich komme wieder ans wissenschaftliche Arbeiten. Ein anderes Logis wird freilich schwer zu beschaffen sein. Übrigens läßt Frau Richter jetzt bauen, und vielleicht wird meine Wohnung wohnlich." (Siehe Nr. 115/2) Er schloß mit den Worten: „Leb wohl, lieber Bursche. Sorge für Deine Gesundheit. Und sei herzlich gegrüßt von Deinem W. Liebknecht."
(IISG, NL Bebel, Nr. 127)

5 Vor Haftantritt hatte Bebel am 16. Oktober 1886 W. Liebknecht in die USA geschrieben, daß J. Vahlteich bei seiner Emigration 1881 dorthin u.a. von dem Sozialdemokraten Lissem in Köln, Teilnehmer am Parteikongreß in Wyden 1880, zwei- oder dreitausend Mark erhalten habe. Da sich Vahlteich finanziell gut stünde, solle

er nach und nach das Geld an Frau Lissem zurückzahlen. Lissem sei „unheilbar wahnsinnig, seiner Frau geht es erbärmlich", sie habe vier Kinder zu versorgen. Bebel sei von Sozialdemokraten aus Köln ersucht worden, mit Vahlteich eine Regelung zu finden.

(SAPMO/BArch, NY 4034/132)

6 Paul Lindau (1839-1919), Schriftsteller, Journalist, Kritiker; 1872-1881 Herausgeber der Wochenschrift „Die Gegenwart", Zeitschrift für Politik, Literatur und Kunst, ab 1895 Hoftheaterintendant in Meiningen, ab 1899 Direktor von Theatern in Berlin. Der genannte Roman erschien 1886.

7 Gemeint ist Johanna Jagert.

8 C. Ulrich hatte am 24. und 31. März bei Dr. med. Rossie in Offenbach um Auskunft über das Befinden seiner Frau gebeten.

(Siehe Akte Zwickau, Bl. 61)

9 Der Titel des Buches lautet: Heinrich Herkner: Die oberelsässische Baumwollenindustrie und ihre Arbeiter. Auf Grund der Thatsachen dargestellt. Abhandlungen aus dem Staatswissenschaftlichen Seminar zu Strassburg i.E. Hrsg. von G. F. Knapp und L. Brentano, H. 4, Strassburg 1887. Es handelte sich um die von L. Brentano angeregte Dissertation. Bebel verfaßte dazu eine Rezension, siehe Nr. 125/1.

Heinrich Herkner (1863-1932), Nationalökonom, Hochschullehrer in Freiburg (1889-1892), Karlsruhe (1892-1898), Zürich (1898-1907) – hier gehörte Josephine van Anrooy zu seinen Schülerinnen (siehe Nr. 164/6) –, dann in Berlin. 1917-1929 Vorsitzender des Vereins für Sozialpolitik, 1918 Mitbegründer der Deutschen Demokratischen Partei.

115

Mein lieber guter August!

Freitag nachmittag und noch keinen Brief von Dir? Wie geht denn das zu? Wir sind in einiger Sorge, und wollte Frieda bereits telegraphieren, doch werden wir nachher auf die Post gehen, da heute (Karfreitag) nicht ausgetragen wird. Wenn ich keinen Brief erhalte heute noch, lasse ich den Brief fortgehen und schreibe Dir bald wieder. Herr Singer hat mir geschrieben, daß er Euch nächsten Mittwoch, den 13. dieses Monats, besuchen will, und da möchte ich gern wissen, ob es ihm gestattet ist, um es ihn wissen zu lassen. Er will uns den dritten Feiertag besuchen und den Mittwoch früh nach Zwickau fahren. Er lädt uns ein, mit ihm zu kommen, ich glaube aber nicht, ob das geraten ist und ob es überhaupt erlaubt wird, daß gleich zwei Personen zum Besuch kommen, und ob Du es wünschest? Er bat mich, ihn anzumelden, weil er nicht wisse, wie das geschehen müsse, und werde ich ihm schreiben, daß er es tun muß. Er schreibt, er wisse den Namen des Herrn Direktors nicht, ich aber auch nicht.[1]

Deine Kleider habe ich erst Mittwoch gesandt, weil mehreres daran zu tun war. Sommerüberzieher, schwarzer Rock, zwei Beinkleider, ebenso zwei weiße baumwollne, 6 Paar Strümpfe, 1 Weste, 2 Schlipse, 2 Stücke Seife. Es ist mir hart angekommen, daß ich nichts Genießbares hinzulegen durfte, und wie gern hätte ich es getan. Aber wenn es einmal nicht sein soll, muß es auch unterbleiben. Heute vor 21 Jahren war es schöner, glücklicher als heute, indes bin ich glücklich in dem Gedanken, daß wir uns noch angehören. Wie viele von unsren Freunden sind voneinander gerissen während dieser Zeit, sei es durch den Tod oder durch sonstige Schicksalsschläge. Die große Hälfte ist bald herum. Freilich, vier Monate ist immer noch lang, aber das Ziel ist nicht mehr so weit weg. Herr Ißleib schrieb mir, daß er vorige Woche keine gute Nachricht von den Kindern habe, die letzte Woche lautete sie etwas besser. Es sei ein Hangen und Bangen. Das Geld sei Dein Reisehonorar, zu dem er sich verpflichtet habe Dir gegenüber. Ich will noch Deinen Bescheid abwarten und ihm dann das Geld zurücksenden. Herr B[ahlmann] war vorgestern in Leipzig und Borsdorf und hat Herrn L[iebknecht] seinen alten Schreibtisch gegeben, worüber er glücklich ist. Frau Richter[2] läßt bauen, habe aber kein Geld, und da will Herr L[iebknecht] noch ein Zimmer mieten, eventuell auszuziehen. Wir sagten Herrn Liebknecht, was Du über seine Revolutionsgeschichte schriebst, und da war er ganz mit einverstanden und sagte, Du habest ganz recht, und würde es auch ausgeführt, aber nur auf etwas andere Art. Im beifolgenden Verzeichnis[3] ist die Art angegeben, die richtige ist es freilich nicht. Es lag dem Kayserschen Wochenblatt bei, das wieder freigegeben ist, wie Du wohl schon weißt.

Der Frühling ist nun eingekehrt, und fängt es an zu grünen. Es geht aber langsam vor sich, heute früh hatten wir wieder 0 Grad, und Wind haben wir immerfort. Vorige Woche in diesem furchtbaren Winde sind 6 oder 8 Herren auf einem Segelboot auf der Elbe gefahren. In der Nähe der Saloppe kenterte das Boot, und alle Insassen verschwanden in den Wellen. Obgleich alle gute Schwimmer waren, sind 3 davon ertrunken, und zwar zwei Brüder und einzige Söhne ihrer Eltern, der eine 25 Jahr und der andere 19 Jahr, den wir und auch Du kanntest. Es war Hausteins ihr Kommis, der jetzige Ostern ausgelernt hat, ein blonder großer Jüngling.[4] Es ist zu traurig und für die armen Eltern entsetzlich. Kronk[es] sind gestern nach Leipzig gereist und bleiben bis Mittwoch, er will sehen, ob für ihn in der Musik etwas zu machen ist. Frieda hat Walthers einen Kuchen gebacken und geschickt nebst ihrem Bild. Von Anna [Eysoldt] hat Frieda eine Karte von Lindau, nichts als Regen und schlechtes Wetter. Da haben sie keine gute Reise gehabt. Ich hatte ganz vergessen, Dir zu sagen, daß ich in der Hamburger „Bürger-Zeitung" keine derartigen Artikel gelesen habe, aber gesandt haben sie auch diesmal.[5]

Doch ich will für heute schließen. Herr Tr[aeger] kommt, sich zu verabschieden, und werde ich bald wieder schreiben. Vielleicht kannst Du mir schreiben, ob Herr Singer kommen kann oder ob er es selbst tun muß.

Leb wohl und bleib gesund und gräme Dich nicht, daß Feiertage sind.
Sei recht herzlich gegrüßt und geküßt von Frieda und
Deiner Julie

---

1 Direktor der Gefangenenanstalt Zwickau war W. A. Böhmer (siehe Nr. 80/4).

2 *Rosine* Auguste Richter (1829 - etwa 1890) hieß eigentlich mit Familiennamen Ehrentraut und stammte aus Preußen. Sie kam aus einer begüterten Familie und wohnte seit etwa 1868 in Leipzig. Im April 1874 zog sie nach Borsdorf. Sie pflegte

dort ihren durch den Krieg 1870/1871 geisteskrank gewordenen Verlobten, der bereits verstorben war, als Bebel und Liebknecht Logis nahmen. Liebknecht hatte bei ihr zwei Zimmer gemietet, später noch eine dritte Stube.

(Siehe StA Leipzig, PoA, 1855-1875, Nr. 78, Bl. 60b; Kurt Eisner: Wilhelm Liebknecht. Sein Leben und Wirken. 2. erw. Auflage, S. 81/82)

3 Das Verzeichnis betrifft offenbar die von B. Geiser initiierte „Volks-Bibliothek des gesammten menschlichen Wissens". Siehe Nr. 73/5.

4 Am Sonntag, dem 3. April 1887, unternahmen sechs Mitglieder des Dresdner Rudervereins Triton eine Spazierfahrt nach Blasewitz. Die Verunglückten waren zwei Söhne des Kaufmanns Feller und ein Dritter namens Schwärig. – Felix Albert Haustein, Kaufmann, handelte mit italienischem Marmor.

(Siehe Dresdner Nachrichten, 4.4.1887; Adreßbuch Dresden 1887)

5 Gemeint ist offenbar das Honorar, das Bebel für die Mitarbeit an der Hamburger „Bürgerzeitung" erhielt. Zwei der von ihm geschriebenen Artikel ließ die Gefängnisverwaltung passieren. Sie ließen sich aber in der „Bürgerzeitung" nicht identifizieren. Ab Ende April 1887 wurde den inhaftierten Sozialdemokraten die Mitarbeit an Zeitungen während der Haft untersagt. Als das Blatt am 20. September 1887 verboten wurde, bemerkte Bebel: „...auch ich verliere eine kleine Beihilfe."

(AB an F. Engels, 24.9.1887, Bebels Briefwechsel mit Engels, wie Nr. 1/1, S. 310; siehe Akte Zwickau, Bl. 57)

116

Mein lieber guter August!

Deinen lieben Brief erhielten wir gestern morgen. Es war noch nicht vorgekommen, daß wir eine Woche keinen Brief von Dir erhielten, und deshalb die Sorge. So ganz schlimm war es am Ende nicht, sonst hätten wir wohl schon eher telegraphiert, aber der Herr Direktor [Böhmer] hatte mir das tröstliche Versprechen gegeben, wenn Dir etwas zustoße, es uns wissen zu lassen. Das wirkt sehr beruhigend, und dennoch war mit Sonnabend der höchste Termin vorüber, und dachte ich, daß feiertags der briefliche und dergleichen Verkehr mit den Gefangenen nicht gestattet würde, und ich hatte nirgends Ruhe mehr. Wenn ich dadurch über das Erlaubte ging, so bitte ich um Verzeihung.[1] Meinen Freitagsbrief wirst Du erhalten haben, worin ich schrieb, daß Herr Singer Euch Mittwoch, den 13., besuchen will, und hoffe ich, daß es ihm gestattet wird. Ich habe weiter keine Nachricht von ihm, und wird er morgen zu uns kommen. Ich will mich aber meines Auftrags erledigen und ihn anmelden. Ich weiß freilich nicht, ob das genügt, und kann er es morgen auch noch tun. Ich weiß nun auch nicht, ob wir mitgehen sollen. Wenn wir es auch gern möchten, so glaube ich nicht, daß wir es tun. Gestern waren wir zum Mittagessen bei Bahl[manns] bis abends 1/2 10 Uhr. Es war und ist auch heute wunderschönes Wetter, und doch gehen sie nicht aus. Heute gehen wir etwas spazieren. Wir sollen mit Z.s gehen, die Dich herzlich grüßen lassen. Herr Kautsky hat auch geschrieben. Er läßt Dich bestens grüßen, aber leider könnte Dein ausgezeichneter Artikel nicht in die Mainummer kommen, da dieselbe schon fertig wäre, aber es veraltete nicht deshalb.[2] Ich sende Dir den Brief mit, von Mittwoch, ebenso „Die Neue Zeit". Uns geht es gut, und freuten wir uns, das von Dir zu hören.

Leb wohl und sei recht herzlich gegrüßt von

Deiner Frieda und Julie

---

1 Julie hatte wohl – wie schon am Karfreitag, dem 8. April 1887, erwogen – ein Telegramm nach Zwickau gesandt, ob ihrem Mann etwas zugestoßen sei.
2 Siehe Nr. 101.

117

Plauen-Dresden, den 17. April 1887

Mein lieber guter Mann!
Wer wird nun gleich so ungeduldig sein, wenn ein Brief mal nicht
so ausfällt, wie man gewünscht. Die paar Zeilen vom zweiten
Feiertage sollten auch nicht die Antwort auf Deinen vorhergehenden Brief sein, die hatte ich mir vorbehalten. Da ich mich aber
meines Auftrags erledigen mußte bezüglich P[aul Singers] Kommen, der bis dahin nichts mehr von sich hören lassen, wollte ich
die Gelegenheit benutzen, ein paar Zeilen für Dich beizulegen.
Ich schrieb sie, während Besuch dasaß und wir den Brief fort-
schaffen mußten. Was kann man da Ordentliches schreiben?
Wieviel Geduld habe ich mir angewöhnen müssen, wie gern hätte
ich ein paar Worte von Dir gehabt, daß ich P[aul] sagen konnte,
Du wünschest es nicht, daß wir mit ihm kämen. Wenn man immer zugeredet bekommt, weiß man nicht, wie man es recht
macht. Er meinte es so gut, und dennoch sagte ich mir, daß es
besser wäre, wenn wir nicht mitkämen bei der gegenwärtigen
Situation und lieber etwas später Dich allein sprechen zu können.
Wir waren frühmorgens noch an der Bahn, damit er sehen sollte,
daß es nicht an uns lag, und abends 10 Uhr sind wir wieder nach
der Bahn, um zu hören, wie es Dir ging. Wir wurden denn auch
sehr erfreut durch P[auls] günstige Aussprache, daß er Dich
ungemein wohl und munter angetroffen habe. Damit sind wir
denn auch zufrieden und wünschen nur, daß es auch die andere
Zeit so bleiben möge. Dagegen hat ihm Herr Auer nicht so gut
gefallen.
Es ist wirklich ein ausgezeichneter Mensch, Herr Singer, immer bedacht, auch andren eine Freude zu bereiten. Er hat auch
uns ein paar Feiertage bereitet. Zu Mittag hat er mit uns gegessen,
dann sind wir zusammen nach dem Großen Garten gefahren und
abends ins Neustädter Theater, wo die „Goldfische"[1] gegeben
wurden, was ganz hübsch war. Nur das Spiel sei in Berlin viel
besser, wo es P[aul] schon im Deutschen Theater gesehen hatte.
Andern Tags hat er Euch besucht, und den dritten Tag haben wir
mit ihm zu Mittag gespeist, und dann sind wir zu B[ahlmanns],
wo Herr Liebk[necht] grade ankam, und um 7 Uhr ist er wieder
nach Hause gefahen. Abends hatte ich noch mit Herrn
L[iebknecht] ein Renkontre, was ihm nahe ging und wofür natür-

lich der arme P[aul] büßen mußte. Er besuchte uns aber andern Tags mit Herrn Vogel[2], den er sich als Kalfaktor engagiert hatte. Andern Tags früh 4 Uhr ist er abgereist[3], wozu ihm Herr B[ahlmann] ein Rundreisebillett zusammengestellt hat, was er natürlich nicht konnte, nicht einmal die Besorgung konnte in Leipzig bewerkstelligt werden.

Doch nun zu Deinen lieben Briefen. Wenn Du glaubst, dieselben seien zu lang, da irrst Du sehr. Ich lese dieselben jeden Tag immer und immer wieder, ist mir doch dabei, als unterhielt ich mich mit Dir, und sind dieselben mein einziges Vergnügen. Deine Aufträge werden alle besorgt. So z. B. habe ich am ersten Feiertage, wo wir zum Zuhausebleiben bei B[ahlmanns] bei dem prachtvollen Wetter verurteilt waren, den Brief für Herrn Liebk[necht] besorgt und die Bestellung an die Dietzesche Buchhandlung gemacht. Gleich nach den Feiertagen habe ich Herrn Ißleib geschrieben und ihm das Geld zurückgesandt. Hoffentlich hat er es erhalten, Nachricht bekam ich nicht. Ich hatte es als Geldbrief gesandt. Die Gräfin [Schack] soll diese Woche an die Reihe kommen, ebenso Herr Oertel[4]. Dann wären die Briefe für Dich erledigt. Was die andern Fragen betrifft: Born hat an uns noch 37 Mark 15 Pf zu zahlen, die ich ihm nächstes Vierteljahr abziehe. Seine Rechnung machte 78 Mark 65 Pf, hundert Mark hatte er voraus, 41,50 noch zu bekommen, bleibt also noch 37,15 [Mark]. Neulich sprach mich der Bäckermeister Horn[5], der zu gleicher Zeit Grundstücksvermittler ist, an. Ich wollte also unser Haus kaufen? Es sei jemand dagewesen, es anzusehen, da habe Born gesagt, das würden wir schon kaufen. Was diesem einfältigen Menschen nur einfällt. Seitdem ich ihn einmal frug, was es denn kosten solle, denkt er, ich spekuliere darauf, aber er hat sogar eins der neuen Häuser, die noch nicht einmal fertig sind, verkauft. Seitdem geht die Vollendung auch flotter vonstatten, denn ehe der allemal fertig wird mit den Häusern, dauert's eine Ewigkeit.

Nachdem wir eine Woche wunderbar schönes Wetter hatten, ist der Winter wieder eingekehrt. Glücklicherweise nicht lange, denn heute scheint wieder die Sonne, aber kalt ist es noch immer, und heizen wir wieder tüchtig. Wenn nur meine Sämereien nicht erfroren sind, den Monatsrosen, die wir auf das andere Beet setzen ließen, sind die Blätter erfroren. Ich hoffe indes, daß es nicht tiefer geht, und habe ich wieder alles zugedeckt. Vorige Woche hatten wir früh 5 Grad und die andern [Tage] bis heute ein Grad Kälte und ein Schnee wie im Winter. So was Verrücktes mit dem Wetter. Es dauert dies Jahr lange, ehe es grün wird, alles ist wieder stehengeblieben.

Es wäre allerdings ganz gut, wenn wir Dir die „N[eue] Z[eit]" direkt senden ließen, wir können sie von B[ahlmann] leihen. Ich wollte sie mit den andren verlangten englischen Büchern senden, und wie ich B[ahlmann] drum frage, hat er „Toussaint" englisch schon an Dich abgeschickt, und warum? Weil er es für Unsinn hält, daß Du gleich Lesebücher mitbekämst. Du sollst erst ordentlich lernen und später lesen. Ich hatte nun gleich die „N[eue] Z[eit]" unter Kreuzband an Dich gesandt nebst einem andren Heft, das Dir nachgesandt werden sollte, ich weiß den Titel nicht mehr genau, ich glaube über Volksernährung von Schmoller[6]. Verehrt wurde es Dir von einem Herrn Mehner. Dann hatte ich das erste Heft des Geiserschen Machwerks[7], das uns Herr Tr[aeger] mitbrachte, beigelegt. P[aul] hat L[iebknecht] auch sein Bedauern ausgesprochen, daß sein Name darauf verzeichnet sei. Doch in der Beziehung ist der Alte zu allem fähig, wenn er es nur seinen Freunden gegenüber auch täte, doch nichts ohne Dich. Der arme Janiszewski ist zu zwei Jahren verurteilt, es ist ganz schrecklich. Mit der armen Frau v. Vollmar ist es auch bös, nun, vielleicht geht es besser ab, als man fürchtet. Ich freue mich, daß man ihn herausgelassen hat, und das hoffte wahrscheinlich auch Herr Viereck. Der sollte sich schämen, sich so zu gebärden. Wir werden uns selbstverständlich in Leipzig umsehen und hoffen, bald nach dort zu reisen, wo wir auch Deinen Besuch mit verknüpfen wollen. Es freut uns, wenn uns Frau Auer besucht, und ist sie uns willkommen. Sie soll nur Herrn B[ahlmann] bitten, er wird ihr sehr gern ein Rundreisebillett zusammenstellen, er hat ja Zeit.

Da sieht man wieder, wie albern die Anschaffung von solchen Losen ist. Da hat es Frieda nun 18 Jahr, und in zwei Jahren müßte sie wenigstens den Betrag erhalten, und nun ist auch der futsch. Na, zu ertragen ist der Verlust. Daß Du als kleiner Junge kein solcher Schreihals warst wie der kleine August [Bahlmann], kommt wahrscheinlich daher, daß Dich Deine Mutter nicht so verwöhnen konnte[8], wie es mit letzterem geschieht. Mit der Großmutterschaft der alten Frau Kautsky ist's wohl nichts. Da hat Herr L[iebknecht] gefabelt. Das betraf eine Tochter[9] der Frau K[autsky], ich bin nicht recht klug aus ihm geworden. Er sollte mir von seiner Frau etwas ausrichten, wußte aber nicht mehr, was. Übermorgen ist Herr Hasenclever 50 Jahre, ich glaube nicht, daß er sich viel daraus macht, wir werden ihm ausnahmsweise gratulieren. Du machst es ganz recht, wenn Du Dir vornimmst, 100 Jahre alt zu werden, bei Dir ist's auch der Mühe wert. Ich möchte es schon auch, aber wage mir derartige Gedanken gar nicht. Aber Du weißt, wie ich am Leben hänge, trotz manchmal gegenteiliger Äußerungen. Das macht, weil ich glücklich bin, im Besitz eines so guten Mannes und Kindes. Wie ist es da anders möglich? Und habe nur den einen Wunsch, daß wir nicht soviel getrennt leben müssen. Die reine Ironie des Schicksals: Manche Menschen möchten getrennt sein, und die es nicht sein möchten, werden gewaltsam getrennt.

Doch ich hoffe Dich entschädigt zu haben. 2 1/2 Stunden habe ich mich mit Dir beschäftigt, und wollen wir unsere sonntägliche Wanderung antreten.

Leb recht wohl, und bleib gesund, wir sind es auch, und sei recht herzlich gegrüßt und geküßt von
Deiner Julie und Frieda

1 „Goldfische" war eine 1886 verfaßte Posse von F. v. Schönthan (1849-1913) und G. Kadelburg (1851-1925).

2 *Heinrich* Albert Vogel (geb. 1853), Sozialdemokrat, am 25. März 1881 aus Berlin ausgewiesen, ging nach Dresden, wirkte als Vorsitzender des dortigen Vereins für Volksbildung.
(Siehe u.a. Sächsisches Wochenblatt, 8. Dezember 1886; Thümmler, wie Nr. 20/3, S. 238)

3 Wilhelm Liebknecht reiste am 16. April 1887 zunächst nach Zürich, von dort unternahm er eine Reise nach Italien, die ihm I. Bahlmann finanziell ermöglichte. Das auf zehn Tage ausgestellte Rundreisebillet enthielt die Orte Chiasso, Mailand, Turin, Allessandria, Genua, Novi Voghera und wieder Mailand und Chiasso. Auf Drängen Geisers gab ihm Liebknecht seine Reisenotizen zur Veröffentlichung in der „Neuen Welt". Danach dauerte die Reise keine zehn Tage. Vielmehr durchquerte Liebknecht in der Nacht vom 20. zum 21. April den St. Gotthard und verließ Italien am 24. April 1887. In Monaco weilte er am 21./22. April, am 23. April besichtigte er Mailand.
(Siehe Rundreisebillet und Hotelkarten in Moskau, F. 200, Op. 3, Nr. 75; W. Liebknecht: Im Fluge vom Gotthard nach Monte Carlo und zurück, in: Die Neue Welt, Breslau 1887, Nr. 12, 13, 14, S. 127/128, 135/136, 141/142)

4 *Carl* Michael Oertel (1866-1900), Kaufmann, Journalist; seit 1884 Sozialdemokrat, Mitarbeiter der Nürnberger Genossenschaftsdruckerei sowie im illegalen Vertriebssystem des „Sozialdemokrat", 1893-1899 Mitglied der Kontrollkommission, MdR 1897-1900.

5 Ferdinand Horn, Bäckermeister, wohnhaft Chemnitzerstraße 34.

(Siehe Adreß- und Geschäfts-Handbuch der Gemeinde Plauen bei Dresden für die Jahre 1886/1887, Dresden, o. J.)

6 Vielleicht handelte es sich um den 1887 erschienenen Band 33 der „Schriften des Vereins für Sozialpolitik". Er enthielt Gustav Schmoller: Über die innere Kolonisation mit Rücksicht auf die Erhaltung und Vermehrung des mittleren und kleineren ländlichen Grundbesitzes. Korreferat auf das Referat von Sombart-Ermsleben bei den Verhandlungen des Vereins für Sozial-Politik, Frankfurt a. M. 1886.

Gustav Schmoller (1838-1917), Historiker, Nationalökonom, Universitätsprofessor in Berlin und Straßburg, Kathedersozialist. 1890-1917 Vorsitzender des Vereins für Sozialpolitik, seit 1884 Mitglied des preußischen Staatsrats, seit 1899 des Herrenhauses.

7 Als erstes Heft der „Volks-Bibliothek" erschien von Manfred Wittich „Geschichte der neuesten Zeit".

8 August Bebels Mutter *Wilhelmine* Johanna, geb. Simon (1804-1853), hatte 1838 Johann Gottlob Bebel (1808-1844) geheiratet. In dieser Ehe gebar sie vier Kinder, von denen zwei früh verstarben. Um das geringe Unteroffiziersgehalt aufzubessern, führte sie eine Kantine für die Mannschaften der Kasematte Köln-Deutz. Nach dem Tod von Bebels Vater und dessen Zwillingsbruder Ferdinand August, ihrem zweiten Mann (gest. 1846), empfing sie in Wetzlar Armenunterstützung und versuchte durch Handschuhnähen etwas zu verdienen. Da sie früh an Schwindsucht erkrankte, mußte Bebel viele Pflichten übernehmen.

(Siehe BARS, AmL, S. 9-16, 20-23)

9 Die Tochter von Minna Kautsky hieß ebenfalls Minna, geboren 1856.

118

Meine liebe gute Julie!

Deinen lieben Brief vom 17. empfing ich heute abend, und will ich die letzten Stunden benutzen, Dir zu antworten. Allerdings ließ ich in meinem letzten Brief meinem Unmut etwas die Zügel schießen. Das kommt, wenn man enttäuscht wird, da stellen sich die Gefängnismucken ein, und diese muß man loszuwerden suchen. Hättest Du Deinem vorletzten Brief eine Zeile über den Grund der Schreibbehinderung hinzugefügt, so wußte ich, woran ich war.

Wenn es Euch gleich ist, so schiebt Eure Reise nach L[ei]pz[ig] bis Anfang Mai auf, bis dahin dürft Ihr auch besseres Wetter erwarten, und der Mess[e]trubel ist in L[ei]pz[i]g vorüber.*

Fragt mal durch B[ahlmann] an, ob Ihr nicht über Leipzig und hier Rundreisebilletts bekommen könnt. Es gibt dergleichen für die sächs[ischen] Bahnen speziell, nur weiß ich nicht, ob grade auf dieser Route und ob sie nicht erst später in Gültigkeit treten. Kommt Ihr nach L[ei]pz[i]g, dann erkundigt Euch bei I[ßleib] einmal genauer nach dem Geschäft und speziell nach den Reisen. Hört namentlich, ob er darauf rechnet, daß ich dieses Jahr noch eine Tour mache. Ich habe keine Neigung dazu und würde mich *sehr* ungern dazu entschließen und nur dann, wenn er überhaupt die Reisen hätte müssen ausfallen lassen, was ein großer Schaden für ihn wäre.[1] Ich will, wenn ich hinauskomme, die Zeit bis zum Beginn der parlamentarischen Tätigkeit benutzen, verschiedene Arbeiten zu machen, zu denen ich mir hier nur ein Teil des Materials sammeln kann. Ich kann mir unmöglich alles kommen lassen, was ich brauchte, und manches ist mir nur draußen zugänglich. Ich studiere jetzt fleißig und lege mir Kollektaneen an, und da ist's erstaunlich, was man zusammenschafft. Den Fourier habe ich seit längerer Zeit bis auf die Revision fertig und habe ihn einstweilen beiseite gelegt. Ich will hören, wenn Dietz frei ist, wann er auf die Arbeit rechnet, und sie darnach fertigstellen.[2] In sechs Wochen ist er frei.[3]

Sage Friedchen, sie möchte nachsehen, wieviel Seiten meine Schrift „Die mohamedanisch-arabische Kulturperiode"[4] umfasse, und mir das mitteilen. Ich bekomme dann eine ungefähre Übersicht, wie weit mein Manuskript zum F[ourier] langt. Ich glaube, ich habe das Material gedrängter gepackt, als ich nötig hatte.

Die „N[eue] Z[eit]" ist angekommen, von den weiter angezeig-
ten Schriften habe ich noch nichts gesehen.

Der Toussaint-Langenscheidt ist ebenfalls letzte Woche eingetroffen. Bitte dies B[ahlmann] zu sagen und ihm in meinem Namen Dank zu sagen. Daß er das Bevormunden nicht lassen kann,
obgleich er doch genugsam erfahren hat, daß er damit bei mir
kein Glück hat.

Ich wünschte die drei Bände Macaulay[5], weil ich den darin be-
handelten Teil der englischen Geschichte studieren will.
B[ahlmann] weiß doch, daß ich schon Englisch trieb, also streng
genommen auf den T[oussaint]-L[angenscheidt] nicht angewiesen war. Ich ließ ihn mir kommen, weil er ihn mir anbot und weil
ich eine Repetition für sehr nützlich halte. Ihr könntet vielleicht
den 4. und 5. Band von Macauly, mehr nicht, mitbringen und
ebenso Fr[iedrich] Engels' Schrift „Der Ursprung der Familie, des
Privateigentums und des Staats"[6]. Die letztere steht links vom
Schreibtisch auf dem Regal im zweiten Fach von oben. Außer
diesen drei Büchern braucht Ihr mir nichts mitzubringen.

Von Vollmars haben wir noch keine Nachricht, obgleich Frau
A[uer] mittlerweile schrieb. Mir unbegreiflich, daß sie keine
Mitteilung machte, man hat doch doppeltes Interesse an dem Fall.
Auch ist noch nicht entschieden, wann Frau A[uer] reist, ob vor
Pfingsten oder Anfang August. A[uer] hat morgen auch Geburtstag, also mit H[asen]c[lever] zusammen. Das ist doch spaßhaft:
Grill[enberger] und ich und diese beiden. Wir haben hier nacheinander alle vier unsere Geburtstage gehabt. Von den übrigen
haben Frohme und Vollm[ar] die ihren ebenfalls im Gefängnis
verlebt. Von den früheren Abgeordneten nur D[iet]z nicht, den
andern ihre weiß ich nicht. Es ist recht hübsch, daß Du H[asen-
clever] gratulierst, er wird sich freuen. Weißt Du denn, daß sie
nach Dessau gezogen sind?[7] Der Grund, der ihn dahin trieb, war
so unstichhaltig wie möglich. Gewissen Dingen darf man nicht
aus dem Wege gehen, sie kompromittieren nur die Gegner.

Es wird nichts schaden, wenn Du gelegentlich Born den Wahn
benimmst, daß wir sein Haus kaufen wollten. Dazu habe ich weder Neigung noch Geld, und am allerwenigsten kaufte ich ein so
mangelhaft eingerichtetes Haus. Du kannst Dich ja auf die Mitteilung des Bäckers beziehen. Ein Mensch wie B[orn] ist imstande
und machte einem später noch Vorwürfe, wenn er erkannte, daß
man auf seine Idee nicht eingeht, obgleich dies so lächerlich wie

möglich wäre. Sage ihm, er möchte ruhig verkaufen, wenn er es könnte, obgleich es uns nicht angenehm wäre, wenn wir umziehen müßten. Vergiß ja nicht, ihm den Restbetrag abzuhalten.

Mit Janisz[ewski] sind also meine Befürchtungen eingetroffen. Als ich las, daß auch Harnisch und Schönfeld als Drucker mit angeklagt seien, war mir klar, daß Deine Angabe, J[aniszewski] habe das Flugblatt nicht gekannt, nicht richtig sein konnte. Die Polen haben, sobald sie in ihrer Sprache reden oder schreiben, keinen Maßstab für das, was deutsche Richter für erlaubt oder nicht erlaubt halten. Mit der Verurteilung ist ihm später auch die Position in Dresden unmöglich gemacht, denn natürlich würde gegen ihn das Ausweisungsgesetz in Anwendung kommen. Dasselbe geschieht gegen ihn in Preußen. Es wird ihm also sehr schwerfallen, wieder eine Existenz zu erhalten. Frl. J[agert] tut mir leid. Nur gut, daß sie tapfer ist und den Schlag überwinden wird.

Es ist doch gut, daß P[aul Singer] ab und zu mal nach Dr[esden] kommt, da habt Ihr wenigstens einen vergnügten Tag.

Es ist nicht gesagt, daß Fr[ieda]s Los gradezu wertlos ist. Die Bukarester Stadtväter müssen sich irgendwie arrangieren. Diese Lose sind überhaupt, sie mögen herausgegeben werden, wo sie wollen, der reine Schwindel. Infolge des niedrigen Betrags kommen sie meist in die Hände kleiner Leute, und dort gehen sie im Laufe der Jahre massenweise verloren zum Vorteil des Schuldners. Es ist ganz in der Ordnung, daß der Handel damit im Deutschen Reich verboten.

[Schluß des Briefes fehlt]

* Seht Euch in Leipzig auch die Ausstellung elektrischer Beleuchtungsgegenstände im Beckerschen Neubau am Augustusplatz an. Sie soll sehr interessant sein.

1 Bebel unternahm 1887 keine Geschäftsreise für die Firma Ißleib & Bebel.
2 Siehe Nr. 83/3.
3 Heinrich Dietz wurde am 16. Mai 1887 aus der Haft entlassen.
4 Gemeint ist August Bebels Schrift „Die Mohamedanisch-Arabische Kulturperiode", Stuttgart 1884, erschienen im Verlag von J. H. W. Dietz.
5 Siehe Thomas Babington Macauly: The History of England from the Accession of James the Second, Bd. 1-10, Leipzig 1849-1861. Das Werk lag seit 1864 auch in deutscher Sprache vor.
6 Bebel bezeichnete den Titel der Schrift von Engels hier als „Die Entstehung der Familie, der Ehe und des Staats".
7 Wilhelm Hasenclever verlegte am 1. Januar 1887 seinen Wohnsitz von Halle nach Dessau. Am 1. April 1887 folgte ihm seine Familie nach.

119

Mein lieber guter August!

Deinen lieben Brief haben wir empfangen, was wohl Frieda schon bestätigt hat.[1] Eben war Melitta [Z.] da, um uns aufzufordern, mit ihnen nach dem Rabenauer Grund zu gehen, was wir auch tun wollen, und will ich mich beeilen, Dir den üblichen Sonntagsbrief zu schreiben. Viel Neues ist nicht vorgekommen, auch wird Frieda alles weggeschnappt haben. Wir befinden uns wohl und sind glücklich in dem Gedanken, daß Du es auch bist, obgleich unsere Sehnsucht groß ist. Bald beginnt der Mai und mit ihm ein Schritt vorwärts dem Ziele zu. Die andern Glücklichen haben es bald überstanden. Es sind lange keine 6 Wochen, wie Du schreibst, die Hälfte nur. Man könnte Euch auch freigeben auf Grund Eures guten Verhaltens. Die andern Verbrecher sind besser daran als Ihr Staatverbrecher, doch müßt Ihr auch einen Vorzug vor jenen haben.

Es scheint Regen zu geben und macht sich sehr trübe, doch ist wenigstens der Frühling eingekehrt mit seiner Pracht. In [den] Gärten ringsum ist Leben hier. Die Vögel singen so schön, und auf unserm Starenkasten ist Streit zwischen den ersten Bewohnern, den Spatzen, und den letzteren, und sind die Spatzen herausgejagt. Im Mai haben wir Blumenausstellung[2], vom 8. - 16., ich weiß nun nicht, ob wir vorher oder nachher nach Leipzig gehen sollen. Was meinst Du? Wir sind gar nicht so versessen auf Leipzig, weil sich damit auch das Verlangen der Leipziger, uns zu besuchen, verknüpft. Wenigstens haben uns Kronkes schon Andeutungen gemacht. Mein Herr Bruder wartet schon sehnsüchtig und die andern gleichfalls.[3] Ich habe aber kein großes Verlangen danach. Es macht immer Arbeit und Geldkosten, die wir jetzt am wenigsten vertragen können, was ich auch in Leipzig sagen werde. Ißleibs haben mir nicht einmal den Empfang des Geldes angezeigt, während sie immer mit einer Ängstlichkeit darum ersuchen. Ich hoffe, daß sie es erhalten haben. Am Freitag erhielt Frieda von Herrn Tr[aeger] einen Heidelberger Gruß in Gestalt einer wunderschönen Karte mit dem Schloß und einer hübschen Widmung. Der arme junge Mann hat frühzeitig seine Eltern verloren und fand sich bei uns sehr wohl. Es machte ihm, wie es schien, Vergnügen, Frieda Unterricht zu geben, und war

Freitag, wo der Unterricht wieder beginnen sollte. Nun, es wird ihm in H[eidelberg] gefallen. L[iebknecht] ist noch nicht zurück, es wird ihm bei M[ailand] gefallen. Ich bin begierig, von ihm zu hören, wie es ihm in Italien gefallen hat. Bang war es ihm ja nicht, und hat er darin Ähnlichkeit mit B[ahlmann].

Vorgestern waren wir auf Doses Einladung mit im Literarischen Verein[4], wo eine Dame des Vereins über Uhland sprach. Doch gelang es ihr nicht ganz, weil sie seine politische Seite gänzlich fernhielt und ihn nur als Dichter verherrlichte. Sie nannte ihn sogar einen freisinnigen Partikularisten, worüber sich eine Diskussion entspann, die das letztere zurückwies. Dr. Duboc, der ihm mit noch andern Studenten [18]48 einen Fackelzug gebracht hatte, als er vom Parlament aus Stuttgart oder Frankfurt zurückkam, er war ja [in] Tübingen Professor, gab dann erst seiner Person die richtige Bedeutung, und war es ganz interessant. Der Vorstand war sehr nett zu uns und wollte Frieda unter seinen Schutz nehmen, wenn sie öfter hingehen wolle. Auch D[oses] haben sich dazu bereit erklärt und ist sehr liebenswürdig von den Leuten. Frl. Dose[5] will für ihre Schwestern eine englische Lehrerin engagieren, die hauptsächlich mit ihnen konferieren soll, und soll Frieda daran teilnehmen, was sie auch tun will. Mir ist die Erlernung der englischen Sprache die Hauptsache, und zusammen gibt es mehr Anregung. Doch ich muß für heute schließen und schreibe Dir bald wieder.

Wir sind eben zurückgekommen, und sind wir bei Z., die Dich vielmals grüßen lassen.

Sei recht herzlich gegrüßt und geküßt von Friedchen und Deiner Julie

---

1 Frieda antwortete ihrem Vater am 19. April 1887 auf einen von ihm empfangenen Brief. Sie schrieb über ihre Studien, u.a.: „Das betreffende Buch von Engels lese ich gerade jetzt, bin schon zur Hälfte durch." Auch wollte sie ihre Englisch-Kenntnisse vertiefen. „Ich freue mich so sehr darauf, wenn Du endlich wiederkommst. Ich möchte gern über so vieles Auskunft haben und empfinde lebhaft den Mangel einer Person, mit der ich das Gelesene besprechen könnte." Von Walthers erhielt sie Ratschläge zur Gesundheit. Sie „übertragen ihre ganze ärztliche Sorgfalt auf mich". Weiter brachte sie ihr Mitgefühl mit der Verlobten von Janiszewski zum Ausdruck. Sie teilte Nachrichten aus dem Verwandten- und Bekanntenkreis mit.
(SAPMO/BArch NY 4022/31)

2 Die Internationale Gartenbauausstellung in Dresden fand vom 7. bis 16. Mai 1887 statt. Julie und Frieda Bebel besuchten sie gemeinsam mit I. Bahlmann am 9. Mai.

3 Wie Frieda schrieb, hatte Julies Bruder Albert Otto große Sehnsucht, sie zu besuchen. Seine Tochter Gertrud wollte ebenfalls gern Dresden kennenlernen.

4 Der Literarische Verein in Dresden war 1862 unter Beteiligung des Romanschriftsteller Charles Edouard Duboc (1822-1910) gegründet worden. Der Verein stellte sich die Aufgabe, das moderne Schrifttum durch Vorträge, Dichterlesungen und Aufführung von Dramen zu fördern. Er widmete sich auch dem Naturalismus. Die Veranstaltungen waren nicht öffentlich, die Mitglieder des Vereins konnten aber Gäste mitbringen.

Die hier gemeinte Veranstaltung fand zu Ehren des 100. Geburtstags von Ludwig Uhland (1787-1862) statt. Uhland war während der Revolution 1848/1849 zum Abgeordneten der Nationalversammlung gewählt worden, die zunächst in Frankfurt (Main) tagte. Dort gehörte er der liberalen Linken an. Nachdem im Mai 1849 die meisten Konservativen und viele Liberale ihren Austritt erklärt hatten, tagte die Nationalversammlung in Stuttgart als Rumpfparlament, dem Uhland weiterhin angehörte, bis es am 18. Juni 1849 durch Militär auseinandergejagt wurde.

5 Gemeint ist Cäcilie Helene Dose, älteste Schwester von Frieda Bebels Freundinnen. Im Adreßbuch wurde sie als Privatier ausgewiesen.

120

Mein lieber guter August!

Meinen Brief von gestern wirst Du erhalten haben, aber nicht sehr erbaut davon gewesen sein. Das ist, wenn man gewaltsam von seinen Pflichten ferngehalten wird. 1/2 11 Uhr kam erst Melitta [Z.], um uns zum Mitgehen zu veranlassen, und um 2 Uhr mußten wir fortgehen. Doch wenn man uns nicht auf diese Weise hinausbrächte, wir würden wahrscheinlich nicht aus dem Hause gehen, außer zu B[ahlmann]s. Es war auch sehr hübsch gestern, aber etwas anstrengend. Wir sind von Hainsberg durch den Rabenauer Grund und von da zurück über die Berge gegangen und kamen um 7 Uhr in Dresden wieder an, und wollte [ich] den Brief beenden. Aber wenn alles um einen herumschwätzt, kann man nicht schreiben, und machte ich lieber Schluß. Daß ich nun heute schon wieder schreibe, liegt daran, weil heute zwei Herren zu mir kamen, die gestern schon da waren, und mich baten, Dich zu veranlassen, daß Du Deine Unterschrift geben möchtest für ein Bild für Dich. Sie haben es nach der letzten Nürnberger Aufnahme, die übrigens in Chemnitz angefertigt war, abgezeichnet, erst photographisch vergrößert und dann lithographiert, und soll es mittels Steinplatten vervielfältigt werden.[1] Das Bild ist sonst gut und dem kleinen genau ähnlich, aber mir gefällt das Nürnberger überhaupt nicht besonders. Sie wollten nun meine Meinung darüber haben. Ich sagte ihnen das, aber es ist nun nichts mehr damit zu machen. Der Mann hat 4 Wochen an der Platte gearbeitet; einige kleine Abänderungen ausgenommen, muß es so hergestellt werden. Die Größe ist nicht ganz so wie Marx.[2] Es fehlt nun noch Dein Faksimile, und bitten Dich die Herren, wenn es möglich sei und es Dir gestattet, sofort das zu senden. Kann das nicht auf einer Postkarte sein? Doch wenn es eben nicht geht, mögen sie sich noch geduldigen. Sie hoffen auf starken Absatz, es sei das Verlangen danach vorhanden. Später könnte man es lieber nach einer direkten Aufnahme von Dir machen. Mir gefällt das Bild, das in der „Illustrirten Zeitung" war[3], besser, und habe ich dasselbe vor einigen Wochen Leuten gegeben, die grade ein solches benötigten zu einer Büste für Dich. Die konnten mit dem Nürnberger Bild nicht zuwege kommen, weil das zu sehr Profil war. Frieda hat das uns geschenkte Bild, als erstes, was fertig war, gleich in ihre Stube gehängt, und ist es uns, als sähen wir Dich immer vor uns, wenigstens etwas.

Am Freitag hat sich der stellvertretende Direktor der Dresdner Bank[4] erschossen. Ich kannte ihn, da ich öfter dort war. Es war ein netter, liebenswürdiger Mann von vielleicht 38 - 40 Jahren, hat Frau und Kinder und soll sehr glücklich gelebt haben. Was ihn zu der Tat verleitet hat, weiß man noch nicht, wenigstens ist nichts ins Publikum gedrungen. Da er 8000 Taler Gehalt bekam, auch ein bedeutendes Vermögen besaß, glaubt niemand an Unterschlagung, und dennoch soll eine Untersuchung vom Staatsanwalt anhängig sein, von was, weiß ich nicht. B[ahlmann] sagte mir das nur, er ist auf dem Friedhof gewesen und hat ihn sich zeigen lassen. Sonderbar, nicht? Wir haben seit gestern nacht immer Gewitter, und treibt der Regen das Grüne heraus. Das ist ganz gut.

Wir wollten gestern Herrn May zu seinem Geburtstage gratulieren, da aber die Herren kommen wollten, mußten wir hübsch zu Hause bleiben, und heute regnet es den ganzen Tag. Der P[aul Singer] und Sabor haben ihre Sache ganz leidlich gemacht?[5] Jedenfalls wie sie es nicht besser konnten, aber natürlich ohne jeglichen Erfolg. P[aul] wird froh sein, daß er bald nach England geht, was Anfang Mai geschieht.[6] Er ist keine Kampfnatur. Munckel hat jedenfalls am besten gesprochen.[7] Ich werde wohl morgen einen Brief bekommen? Leb also für heute wohl.

Ich glaube, die Strecke ist zu klein für Rundreisebilletts, B[ahlmann] will aber nachsehen. L[iebknecht] hat von Mailand geschrieben, daß er bedaure, daß die schönen Tage zu Ende gingen, er sei mit seinen Erwartungen übertroffen. Der junge Z. ist in Yokohama glücklich angekommen und brauchte 40 Tage dazu. Eben kommt eine Karte von Herrn Vollmar, daß seine Frau am 24. nach schweren Kämpfen einen kräftigen Sohn geboren hat, Mutter und Kind befänden sich den Unstämden gemäß wohl. In 8 Tagen kehrt er ins Gefängnis zurück und läßt Dich bestens grüßen. Nun, ich freue mich aufrichtig über die gute Nachricht. Und nun unsere innigsten Grüße und Küsse
Deine Frieda und Julie

---

1 Bebel ließ sich im Mai 1886 in Nürnberg fotografieren (siehe Nr. 69). Diese Aufnahme diente hier als Vorlage, aber in einer in Chemnitz angefertigten Reproduktion.

Im „Sächsischen Wochenblatt" vom 13. Juli 1887 stand folgende Annonce: „Als Zierde jedes Zimmers empfehlen wir das in feinster Ausführung in photographischen Tönen hergestellte Porträt des Reichs- und Landtagsabgeordneten August Bebel. Brustbild in halber Lebensgröße. Preis per Stück 1 Mark." Den Vertrieb besorgten als Kommissionsverleger Schönfeld & Harnisch.

2 Möglicherweise handelt es sich um jenes Bild von K. Marx, das auch 1883 in der „Neuen Welt" (S. 385) publiziert wurde. Es wurde angefertigt nach einem vor dem 24. August 1875 in London angefertigten Foto.

3 Gemeint ist das Porträt Bebels in der „Illustrirten Zeitung" vom 10. Januar 1885, S. 39. Es trägt die Unterschrift: „Porträt aus dem deutschen Reichstag. 29. August Bebel. Nach einer Photographie von Gustav Backofen in Berlin." Die Photographie aus dem Photographischen Atelier G. Backofen in der Mohrenstraße 63/64 ist als Original erhalten.

(Siehe SAPMO/BArch, Filmarchiv, Nr. 601/76)

4 Es handelt sich um Richard Herrmann.

5 Adolf Sabor und Paul Singer sprachen am 19. April 1887 anläßlich der Rechenschaftsberichte der Regierungen zur Verhängung des Kleinen Belagerungszustands über Stettin und Offenbach. Beide wiesen nach, daß keine Ursachen für deren Verhängung bestanden, und versicherten, daß auf diese Weise die Sozialdemokratie nicht zu vernichten sei. Sabor hielt die Hauptrede. Singer verwies insbesondere darauf, daß in Offenbach die Wahl von Wilhelm Liebknecht verhindert werden sollte. Außerdem sprach Singer zu einem von ihm eingebrachten Antrag, die Rechenschaftsberichte über die Verlängerung des Kleinen Belagerungszustands in Berlin, Frankfurt (Main) und Hamburg-Altona, die wegen der Auflösung des Reichstags nicht debattiert wurden, im neu gewählten Reichstag zur Diskussion zu stellen.

(Siehe Stenographische Berichte, 7/1/1, S. 310-319)

6 Gemeint ist eine Geschäftsreise, die Paul Singer am 7. Mai 1887 antrat. Siehe Nr. 122.

7 C. Munckel sprach zu dem von Singer gestellten Antrag, der von sieben Sozialdemokraten und zehn Mitgliedern der Deutschen Freisinnigen Partei unterzeichnet worden war. Er polemisierte gegen K. H. von Boetticher, der den Antrag abschlägig beschieden hatte. Die Verweigerung der Debatte bezeichnete Munckel als Bruch der Rechte des Reichstags.

(Siehe Stenographische Berichte, 7/1/1, S. 320/321)

121

Zwickau, den 26. April 1887

Meine liebe gute Julie!

Deinen lieben Brief empfing ich heute nachmittag.[1] Daß ich Friedas Brief auch empfing, siehst Du aus der Beilage. Du wirst auch
daraus ersehen, inwieweit sie Dir den Briefstoff „weggeschnappt" hat, sie wird ja wohl nicht so grausam sein und Dir
den Brief vorenthalten, das darf sie nicht.

Wenn Ihr nicht bis Mitte Mai nach Leipzig reist, könnt Ihr vor
Juni nicht reisen, vorausgesetzt, daß dann nicht schon der Danziger Besuch eingetroffen ist.[2] Mit diesem zugleich bei Br[auer]s zu
logieren, halte ich aus mehr als einem Grunde nicht für gut.
Spätestens zu Himmelfahrt, den 19. Mai, müßtet Ihr wieder zu
Hause sein, da den 20. Mai Frau Auer von M[ünchen] abreisen
will. Sie würde den 20. abends hier eintreffen. Vermutlich kann
sie dann nächsten Vormittag ihren Mann besuchen, so daß sie
den 21. abends, also Sonnabend, in Dresden ankäme. Ich nehme
dann an, daß sie über Sonntag bei Euch wäre und Montag vormittag über Berlin nach Schwerin reiste. In diesen Tagen müßt Ihr
also zu Hause sein. Die Pfingstwoche könnt Ihr aber nicht nach
L[ei]pz[ig] gehen. Es bleibt Euch also nichts anderes übrig, wenn
Ihr überhaupt nach L[ei]pz[ig] gehen wollt, daß Ihr in einer der
nächsten zwei Wochen reist. Nun entschließt Euch *endlich* einmal,
damit diese ewige Seeschlange aus der Welt kommt.

Mir ist nur darum zu tun, über I[ßleib]s und den Stand des
Geschäfts mal etwas Genaueres zu erfahren, um zu wissen, ob
man den Herbst von mir noch eine Tour erwartet, an welcher mir,
wie schon bemerkt, nichts liegt. Daß I[ßleib] Dir nicht schreibt,
begreife ich, er schreibt nicht, wenn er nicht absolut muß.

Vielleicht wißt Ihr schon direkt, daß Frau Vollm[ar] am Freitag
einen Jungen gebar. Die Geburt soll schwer gewesen sein, doch
soll es leidlich gehen. Ferner schrieb Frau A[uer], daß Frau
V[iereck] dieser Tage mit ihrem kleinen Jungen ihren Mann hier
besucht und gleich eine Reihe Tage hier bleibt, sie dürfe [den] Tag
über zu ihm. Das ist der Vorteil, wenn man krank ist. Müßte ich
länger sitzen, versucht ich am Ende auch, krank zu werden.

P[aul Singer] bitte ich eine Karte zu schreiben: Er möchte versuchen, ob mir nicht durch das Büro die zur Verteilung gelangten
Hefte „Statistik des Deutsch[en] Reichs" zugesandt werden

könnten. Der Geheimrat wird es tun, wenn er noch welche hat.[3]
In der Belagerungszustandsdebatte haben er und Sabor geleistet,
was möglich war.

Daß Alb[ert Otto] und Gertr[ud Otto] und vielleicht auch seine
Frau Neigung haben, diesen Sommer Euch wieder auf eine längere Zeit heimzusuchen, schrieb mir schon Frieda. Ich finde diese
alljährlich wiederkehrenden Besuche und gleich auf längere
Dauer nichts weniger als bescheiden. Ermuntert sie nicht, und auf
alle Fälle verbitte ich mir die Besuche nach meiner Rückkehr.

Ich habe schon Frieda geschrieben, daß ich ganz mit der Aufnahme des Englisch einverstanden bin, aber mit den Fräulein
Dose nur unter der Bedingung, daß diese *mindestens* so weit sind
wie sie. Ist dies nicht der Fall, dann erkläre ich mich entschieden
gegen den gemeinsamen Unterricht. Ich meine, die gemachten
Erfahrungen sprächen stark dagegen. Frieda muß darauf sehen,
daß sie einer Sprache *vollkommen* Herr wird, und das kann sie
nur, wenn sie Aussicht hat, ordentlich vorwärts zu kommen. Ich
will lieber für die Stunde eine Mark mehr bezahlen; *aber nur keine
Halbheit.*

Es war recht hübsch, daß Ihr im Liter[arischen] Verein wart,
und macht es Euch Vergnügen, so geht öfter hin. In ihrem Urteil
über U[hland] hatte die Dame nicht so sehr unrecht. Die besten
Schwaben sind Partikularisten, sogar unsere eignen Leute dort
haben eine starke Ader davon. Daß Herr Dub[oc] und andere sich
für U[hland] ins Zeug warfen, begreife ich. Ich gehöre nicht zu
U[hland]s Verehrern.

Herr Tr[aeger] scheint sehr für Dich zus schwärmen. Du hast
Dich offenbar mit Deiner Bemutterungsrolle bei ihm einge-
schmeichelt. Hat er Dir doch sogar ein Kommersbuch verehrt,
wie mir Dein Töchterlein verriet.[4]

Ich bin ganz verwundert zu hören, daß L[ie]b[knecht] nach
Italien sei. Nach Deiner neulich sehr dunkel gehaltenen Notiz
schloß ich nur, daß er wahrscheinlich nach Z[ürich] sei. Und daß
er von dort nicht so rasch zurückkehren werde, verstand sich von
selbst.

Ich begreife gar nicht, warum ich von Stuttgart nicht die bestellte Schrift bekomme. Du hast doch Frau D[ietz] geschrieben?
Frau D[ietz] wird dem 17. nächsten Monats sehr sehnsüchtig
entgegensehen. Sie hat noch nie so lange ihren Mann entbehren
müssen, und im Geschäft wird er auch außerordentlich fehlen.

Tröstet Euch, auch an uns kommt die Reihe der Heimkehr. Ist der lange Winter vorüber, werden die 2/3 Sommer auch noch vergehen.

Ich hatte Auer gesagt, er möchte seine Frau ersuchen, an Dich resp. an B[ahlmann] 2 Formulare für Rundreisebilletts senden zu lassen, da diese in jedem Lande anders sind. Indes wird ja auch ein regulär ausgeführtes Verzeichnis angenommen.

Sage B[ahlmann], er möchte die Güte haben und die Billetts entwerfen. Also für Frau A[uer] und ihre *unter* 10 Jahre alte Tochter. Frau A[uer] muß natürlich von M[ünchen] hierher II. Klasse fahren, ebenso von hier zurück. A[uer] sagte mir nämlich, er hoffe, daß ihn seine Frau auf der *Rückreise* von Schwerin noch einmal besuchen könne. Frau A[uer] will *nicht die Nacht fahren.*

Sie müßte also meines Erachtens Vormittag 6 Uhr 55 von M[ünchen] abfahren mit Kurierzug. Von hier könnte sie nächsten Tag nachmittag 2 Uhr III. Klasse nach Dresden fahren, wo sie abend 7 Uhr einträfe. Von Dresden über Berlin nach Schwerin III. Klasse. Von Schwerin zurück III. Klasse über Magdeburg-Leipzig-hierher und von hier über Eger-Regensburg nach M[ünchen] wieder mit Kurierzug II. Klasse.

Vielleicht hat B[ahlmann] die Gefälligkeit, den Betrag, den er der Frau als Zuschuß gewähren will, gleich seinem Brief beizufügen. Ich glaube, das wird ihr sehr angenehm sein.

Heute nachmittag hat sich bei uns Regenwetter eingestellt. Grade zwischen 5 und 6 Uhr, wo wir Spaziergang hatten, goß es am meisten. Aber wir hielten tapfer aus und wurden natürlich pudelnaß. Doch es schadete nichts.

Leb wohl, und sei herzlich gegrüßt und geküßt von
Deinem August

Du willst obige Mitteilungen über Frau A[uer] für B[ahlmann] abschreiben.
Heute, 27. vormittag, haben wir das prächtigste Wetter.

1 Bebel bezieht sich auf Julies Brief vom 24. April 1887.
2 Theodor Brauer, der aus Danzig stammte, erwartete Verwandte namens Sommer.
3 Siehe Statistik des Deutschen Reichs. Hrsg. vom kaiserl. statist. Amt. Neue Folge, Berlin 1887. Direktor vom Büro des Reichstags war Geheimer Rechnungsrat R. Knack.
(Siehe Staats-, Hof- und Kommunal-Handbuch des Reichs und der Einzelstaaten, Hrsg. v. Joseph Kürschner, Berlin, Stuttgart 1888, S. 815)

4 Frieda Bebel schrieb am 19. April 1887 ihrem Vater: „Er schickte uns kurz vor seiner Abreise, Du wirst lachen, ein Commersbuch mit einer hübschen Widmung und einem selbstgedichteten lateinischen Vers. Es gefiel ihm nämlich, daß Mamachen so viele Volks- und Studentenlieder konnte und manchmal auch mit ihm sang. Um ihre Kenntnis zu vervollständigen, sandte er ihr dieses Buch der Lieder."
(SAPMO/BArch, NY 4022/31)

122

Mein geliebter Mann!

Deinen lieben Brief haben wir erhalten, oder vielmehr Briefe, und will ich heute den üblichen Sonntagsbrief schreiben, wenngleich ich zuvor einen sandte. Doch macht das hoffentlich nichts? Ich wußte wohl, daß Du dergleichen Geschichten nicht gern hast. Da aber die Leute mit der vollendeten Tatsache anrückten, konnte ich sie nicht schroff zurückweisen. Ich habe den Leuten geschrieben, wie Du darüber denkst.[1] Ich weiß nicht, ob man ein Recht hat, dergleichen ganz zu verbieten. Dasselbe war mit den Leuten, die die Büste anfertigen wollten. Ich wollte es auch nicht geben, aber sie baten so sehr, da die Büste bald fertig sei, aber [sie] zur Vollendung ein Bild im Profil bedürften. Was kann man da machen. Mir waren derartige Anforderungen noch nicht gestellt, nun ich es weiß, werde ich mich nicht mehr darauf einlassen. Zudem hatten die Leute sich Einwilligung von Becker[2] und Peters geholt, und waren sie von den beiden dazu aufgefordert worden, wie sie sagten. Ich werde mich danach erkundigen. Ich habe aber doch keinen Holzschnitt gegeben, sondern die Photographie, wonach der Holzschnitt in der „Illustrirten Zeitung" gemacht war.

B[ahlmann] wird die Billette ausfüllen. Ich habe es ihm abgeschrieben, und werde ich heute hören, ob es so zu machen geht. Wir werden selbstverständlich hier sein, wenn Frau Auer kommt, aber daß Dich unsere Reise so alteriert, begreife ich nicht. Wir können nicht dafür, wenn es sich durch anderer Schuld verschiebt. Zudem bin ich nicht darauf versessen, es wird aber dennoch geschehen.

Ich dachte, Du hättest Dich geschäftlich mit Herrn Ißleib vorher auseinandergesetzt, wie es doch hätte sein müssen. Daraus sieht man, daß es Dir genau geht wie andren, daß man um so unangenehme Dinge sich herumdrückt. Daß jemand reist, beweist, daß sich Herr Ißleib von mir die Avise verlangt hat, die ich ihm geschickt habe. Sonst erfährt man ja nie ein Wort weiter, als unbedingt nötig, auch das ist ein Grund mehr, warum ich nicht gern nach Leipzig gehe. Das ist auch leichter gesagt, ermuntere niemand zum Besuch, wenn man es gradezu angeboten bekommt. Ich muß mich dazu wappnen und es gradezu ablehnen, wenigstens ihnen sagen, daß ich keine Ausflüge mit ihnen machen könnte, denn die kosten das meiste Geld, und das können wir jetzt nicht, wo wir keine Einnahmen haben.

Ich hatte Dir doch geschrieben, daß Herr L[iebknecht] nach Z[ürich] gereist ist und von da nach Italien, wozu ihm B[ahlmann] die Mittel gab. Er hat denn auch einen Bericht geschickt, den sein Schwiegersohn bekommt, um ihn zu verwerten.[3] Am Mittwoch ist er zurückgekommen, und Dienstag will er nach Dresden kommen und einen Vortrag über Marx halten.[4] P[aul Singer] reist nächsten Sonnabend nach England und wird, wenn der Reichstag im Juni hinein tagt, nach Berlin zurückkehren und später mit seiner Schwester wohin reisen. Er hat sich ganz tüchtig herumgebissen bei den Wahlprüfungen.[5] Ich wüßte nicht, daß ich anderer Meinung gewesen sei als Du, und schrieb doch, daß P[aul] und S[abor] ihre Sache gut gemacht hätten und taten, was sie konnten. Wir waren vorgestern mit Herrn B[ahlmann] bei Schweighofer, wo wir uns sehr gut amüsiert haben.[6] Er ist wirklich ein genialer Mensch auf seinem Gebiete, und hat er Erstaunliches geleistet. Die Nacht darauf haben wir beide, Frieda und ich, gar nicht geschlafen, was aber nur vom Bier oder sonst etwas herrühren kann, denn das Gesehene hat uns nicht aufgeregt. Aber ich habe so viel von Dir geträumt und so lebhaft, daß, als ich darüber aufwachte, ich erst recht nicht mehr schlafen konnte.

Wir haben immer Gewitter, was das Gute hat, daß der Regen die ganze Vegetation ins Treiben gebracht hat. Es blühen bereits die Obstbäume. Ende April weiß ich nicht, daß das schon da war. Wir haben unsern Garten heute auch eigenhändig geschmückt mit Blumen und Pflanzen, damit es hübsch ist, wenn Du kommst. Es ist wirklich schrecklich lange. Wie schön wäre es, könnten wir uns mit den andern freuen. Doch ich gönne es denen auch, es wird auch die Zeit noch vergehen. Aber es ist mir doch lieber, daß Du nicht krankheitshalber es besser hast, da wollen wir uns lieber noch gedulden, wenn Du nur gesund bleibst, trotzdem ich auch Herrn Vierecks Leiden nicht so ernst nehme. Daß aber seine Frau mehrere Tage zu ihm darf, ist ganz gut, es wird vielleicht seine Nervosität etwas mildern. Anna E[ysoldt] hat heute einen Brief geschrieben, aber nicht sehr befriedigt von den Schweizern, auch nicht im Bezug ihres Studiums. Wir dachten uns das immer, nun, es muß erst noch werden. Frieda wird Dir nächste Woche schreiben.[7] Gestern ist der Photograph Teich-Hanfstaengl[8], der

Frieda photographiert hat und der sich freute, Dich auch bald photographieren zu können, ein außerordentlich geschickter und gewandter Mann, der sich sehr viel Mühe mit der Frieda gab, beerdigt worden. Der Mann in den besten Jahren, 50, frisch und gesund, starb plötzlich am Herzschlag. Es ist ganz erstaunlich, wie viele daran sterben, namentlich in letzter Zeit. Auch haben sie vor ein paar Tagen die Leichen der beiden ertrunkenen Brüder gefunden und beerdigt, die am Palmsonntag bei einer Kahnpartie ertranken.

Doch leb wohl für heute, mein guter Mann, und bleib gesund.
Viele herzliche Grüße und Küsse von
Deiner Julie und Frieda

1 Das Ende von Bebels vorhergehendem Brief ist nicht vorhanden. Offensichtlich wandte er sich dagegen, daß Büsten und Bilder von ihm angefertigt wurden.
2 Friedrich *Gustav* Becker (1849-1901), Schriftsetzer, Sozialdemokrat, am 8. Juli 1881 aus Stötteritz/Leipzig ausgewiesen. Ging nach Dresden. Betrieb dort eine Gastwirtschaft am Freiberger Platz, die der Dresdner Sozialdemokratie als Treffpunkt diente.
(Siehe Berndt, wie Nr. 16/4, S. 96/97; H. Goldstein: Die toten Vorkämpfer Dresdens, in: Festschrift 1903, wie Nr. 20/5, S. 10; siehe auch die ständigen Annoncen im Sächsischen Wochenblatt)
3 Siehe Nr. 117/3.
4 Ein Vortrag von Wilhelm Liebknecht über Karl Marx wurde im „Sächsischen Wochenblatt" nicht angezeigt.
5 Am 27. April 1887 wurden die Ergebnisse von Wahlprüfungen im Deutschen Reichstag debattiert, die bei Beschwerden wegen Verstößen gegen die in der Verfassung gewährte Wahlfreiheit stattfanden. Singer ergriff mehrfach das Wort.
(Siehe Stenographische Berichte, 7/1/1, S. 406/407, 418-420, 421, 437/438, 440/441, 423)
6 Felix Schweighofer (1842-1912), gefeierter Schauspieler, besonders in komischen Rollen hervorragend, gab vom 22. März bis 1. Mai 1887 im Residenztheater Dresden Gastspiele.
(Siehe die Berichte in den „Dresdner Nachrichten")
7 Der nächste erhaltene Brief von Frieda Bebel an ihren Vater datiert vom 11. Mai 1887.
8 Carl August Teich (um 1837-1887), Maler, Kunstverlagshändler, Königlich-Sächsischer Hofphotograph, Ritter, Inhaber der Firma Hanns Hanfstaengl.
(Siehe Dresdner Nachrichten, 28.4.1887)

123

Mein lieber Mann!

Im Besitz Deines lieben Briefes teile ich Dir mit, daß ich vor mehreren Tagen an Frau Dietz geschrieben habe, daß sie die Sendung veranlassen möchte. Die erste Bestellung sandte ich am ersten Osterfeiertage per Karte an die Firma. Ich weiß nicht, woran das liegt. Ich habe auch einen Artikel über das Buch gelesen, ich glaube in der Chemnitzer „Presse". Die Arbeitsverhältnisse müssen dort grauenhafte sein, und begreift man nicht, wie das die Besitzer und Direktoren mit zusehen können. Es ist, als wenn dem Menschen alles Gefühl und Mitleid für die leidende Menschheit erstorben sei und wir wieder den früheren Zuständen entgegen gingen, als vorwärts zu schreiten. Es wurde auch die Hoffnung angeknüpft, daß man im Reichstag darauf zu reden käme und Wandel schaffen würde. Daß ich überhaupt Deine Wünsche gleich zu erfüllen suche, siehst Du aus den statistischen Heften. „Die Neue Zeit" sandten wir auch gestern, worin ein Artikel von K[autskys] Mutter.[1] Die Frau ist umgemein produktiv. Daß K[autsky] schrieb und sich freute, von Dir wieder etwas zu hören, schrieb ich Dir wohl. Leider war die Nummer für Mai schon fertiggestellt, da aber Dein Artikel ein so guter sei, veralte er auch nicht und käme er etwas später.[2] Sie lassen Dich grüßen. Die gewünschten Sachen werde ich Dir alsbald senden. An Frau Auer habe ich geschrieben, und Herr B[ahl-mann] hat ihr die ausgefüllten Formulare geschickt, daß sie schon jetzt abreisen könnte. Frau Viereck hat es allerdings gut, sie ist schon über 8 Tage bei ihrem Mann und kann ihn den ganzen Tag besuchen. Nun, ich gönne es ihr und ihm. Übrigens können sie froh sein, der andere Prozeß gegen ihn in München ist niedergeschlagen, da es ein und dieselbe Sache betrifft, weswegen er jetzt büßt. Ich las es in seinem Blatte[3]. Ich ärgere mich, daß ich seinen Geburtstag nicht wußte, sonst hätte ich ihm gratuliert, da er im Gefängnis war und Dir seine Damen immer gratulieren. Doch wie gesagt, ich wußte es nicht, während ich zufällig den Hasencleverschen im „Berliner Tageblatt" las.

Wir hatten die Mittwoch-Nacht auch so arges Gewitter. Das Telephon rasselte, und waren wir aufgestanden. Es ist immerfort gewitterig und regnet mitunter. Für die Vegetation ist das sehr gut, doch las ich heute, daß in Stuttgart Hagelwetter war, das die ganze Baumblüte vernichtet habe, allerdings ein schlechter Anfang. Ein Sturm war die letzten Tage, wie es im Herbst nicht ärger sein konnte. Ich freue mich, wenn wir erst wieder zusammen unsern Spaziergang über die Höhen machen können. Die Natur ist doch das Schönste und söhnt einen mit vielem aus. Jedes Pflänzchen in dem eignen Revier freut einen, wenn es aufgeht. So hatte mir voriges Jahr der Ernst Maiblumen mitgebracht, die ich pflanzte. Jetzt haben sie schon Knospen, und werden wir Dir bald ein Exemplar Deiner Lieblinge senden können. Mein sehnlichster Wunsch ist auch, daß Du Dich in Zukunft nicht mehr so abzuhetzen brauchst mit dem Geschäft und allem möglichen. Ich begreife sehr wohl, daß Du Dich danach nicht sehnst. Das Leben ist auch nur möglich, wenn man im Trubel steckt und es aus einem ins andere geht, da wird es nicht so gemerkt. Wenn man aber einmal zur Ruhe kommt, merkt man die Folgen. Ich freue mich nur, daß Du so viel ißt und es Dir schmeckt. Da ißt Du mehr Brot allein als wir beide. Wir essen zusammen kaum 2 Pfund die Woche. Da wirst Du am Ende noch dick. Nun, Du kannst es schon brauchen, Du warst immer sehr mager. Aber Du mußt nicht so viel studieren, es strengt das Gehirn zu sehr an.

L[iebknecht] war am Montag bei B[ahlmann], wo wir auch waren, aber mit seinem Vortrag wurde es nichts, weil er Dienstag nach D[essau?] mußte, und wird er ihn später halten. Er hat nicht rechte Ruhe mehr in Borsdorf. Die Richtern baut, und da will er sich [ein] umgebautes Zimmer noch mieten, damit er seine Bibliothek hinschaffen kann, um zu arbeiten. Doch das nützt alles nichts. Da hat er diese schöne Reise, Z[ürich], durch den Gotthard nach Mailand, Monaco etc., in 10 Tagen gemacht. Wie kann man in einem Tage Mailand genau besehen. Dabei will er überall gewesen sein, was natürlich B[ahlmann] nicht glaubt, und hat er zu seinem Bericht den Baedecker benutzt. Frieda hat er nicht besonders imponiert, und meinte sie, so sei der ihre auch. Doch für heute will ich schließen. Maria [Z.] werde ich gelegentlich fragen. Es ist schwer, damit ankommen, auch die Mädchen halten sich reserviert darüber; der junge Z. leuchtete, als wir nach seinem Vater frugen.

Nun leb wohl, und bleib gesund, wie wir es auch sind. Wir grüßen und küssen Dich innigst
Deine Julie und Frieda

1 Siehe Minna Kautsky: Friedrich Hebbel. In: Die Neue Zeit, 1887, H. 5, S. 193-204. Fortsetzungen erschienen in Heft 6 und 7, S. 247-255 und 314-322.

2 Die Redaktion der „Neuen Zeit" vermerkte beim Abdruck der Rezension „Der nächste Krieg in Zahlen": „Die hier erscheinende Besprechung dieser Schrift wurde uns schon Anfangs April zugesandt, konnte jedoch technischer Hindernisse wegen nicht im Maiheft erscheinen, für das sie bestimmt war."
(Die Neue Zeit 1887, H. 6, S. 275)

3 Gemeint ist die „Münchener Post".

124

Mein lieber guter August!

Meinen Brief vom Mittwoch[1] wirst Du erhalten haben. Mittlerweile hat mir Frau Dietz geschrieben, daß das Buch Ende April an Deine Adresse gesandt wurde, befrag Dich doch einmal danach. Wenn es nicht angekommen ist, können wir es vielleicht nochmal bestellen? Frau D[ietz] freut sich sehr auf ihres Mannes Rückkehr und zählt nur noch die Tage. Sie wünschte mir, daß ich es auch könnte, ja, ich wünschte es freilich auch, jedoch nützt das Wünschen nichts. Aus Brünn wenden sich die Leute des dortigen Arbeiterblattes an mich um eine Photographie von Dir, da sie wie jedes Jahr einen Arbeiterkalender herausgeben, dem sie ein Gruppenbild der sozialdemokratischen Reichstagsabgeordneten beilegten. Soll ich ihnen eins senden?[2] Ich weiß nicht, wie ich es rechtmache. Dann will ein Mann ein Musterbuch von Dir, da er einem armen Kerl von Drechsler wieder auf die Beine helfen möchte und ihm geschäftlich behilflich sein will. Er appelliert an Deine Menschenfreundlichkeit. Ich werde ihm schreiben, daß Du im Gefängnis bist und er sich an Herrn Ißleib wenden soll. Ich sende den Brief lieber mit, damit Du bestimmst darüber, ich habe mir die Adresse abgeschrieben.

Frau Auer schrieb mir, daß sie gern zu uns käme, ihre kleine Anna war aber krank, so daß sie glaubte, nicht reisen zu können. Es gehe aber wieder besser. Brauers schrieben auch, daß sie geglaubt, daß wir unsere Reise bis zu Pfingsten aufgeschoben hätten, es wäre ihnen aber auch jederzeit recht, wenn wir kämen, und freuten sie sich schon lange darauf. Meine Schwester soll durchaus nach Karlsbad, und haben sie sich auch entschlossen, hinzureisen. Der Schwager will sie nicht alleinlassen, anderseits könnte er auch nicht allein fertig werden mit sich. Na, wenn das nur gut abläuft, will ich froh sein. B[ahlmann] wird Dir das Buch geschickt haben?[3] Gesagt haben wir es ihm. Koch ist wieder zu Hause bei seiner Mutter. Dein Plan, daß er nach dem Schwarzwald gehen möchte, wäre gar nicht übel, aber B[ahlmann] meinte, ob das Doktors recht sei, wisse er erstens nicht, und dann müsse er auch gute Nahrung haben, und das würde dann zu teuer, wenn er auch etwas dazu beitrüge. Aber B[ahlmann] möchte ihn sehr gern auf 6 - 8 Wochen zu sich nehmen, kann ihn aber nicht unterbringen, da der Felix bei seinem Papa schläft, und nun ist die finstere Stube als Fremdenzimmer eingerichtet. Da wäre der Aufenthalt für ihn nichts und auch die Gefahr der Ansteckung für die Kinder zu groß. Da sähe er es sehr gern, wenn wir ihn bei uns wohnen lassen könnten und daß er mittags zum Essen hineinführe und abends wieder herauskäme. Was meinst Du dazu? Wenn wir ihm Dein Zimmer so lange abtreten? Ist es für Frieda nicht gefährlich? Wegen des Ansteckens? Ich habe mich reserviert gehalten; wenn er aber wieder darauf zu sprechen kommt, wäre es mir lieb, wenn ich Deine Meinung hätte. Kosten würde es uns ja keinesfalls verursachen, da B[ahlmanns] für alles aufkämen. K[och] war auch in Z[ürich], wo er alles wohlauf gefunden hat, aber in Davos war er mit dem Chef nicht zufrieden, das sei ein sehr geiziger und unangenehmer Mensch gewesen. Ich glaube, K[och] ist auch sehr reizbar.[4] Anna [Eysoldt] hat sonst ganz vergnügt von Z[ürich] geschrieben, Frieda will Dir selbst darüber schreiben.[5] An Herrn Lavant[6] hat sie auch geschrieben.

Gestern ist die Gartenbauausstellung eröffnet, die sehr schön sein soll. Sie dauert 8 Tage, und werden wir in den nächsten Tagen hingehen. Die Baumblüte ist vollständig und alles um uns herum weiß. Ich glaube auch, wenn nichts dazwischen kommt, [daß] die Obsternte gut ausfällt. Aber momentan ist das Wetter nicht besonders, ziemlich kühl und regnerisch. Was besonderes Neues gibt es nicht. Wir waren am Montag zum Stiftungsfest im Arbeiterbildungsverein eingeladen[7] und würden auch hingegangen sein, wenn nicht B[ahlmann] es verstanden hätte, uns wie Herrn L[iebknecht] zu halten, der auch gern hingegangen wäre. Da er aber nur einen Tag da war, wollte er auch nicht fortgehen. Daß die Leipziger ein Blatt gegründet haben, weißt Du wohl? Es ist ganz gut redigiert, der Drucker ist Seebach.[8] Ich bin auch neugierig auf die Landtagswahl[9], was die Gegner alles zuwege bringen. Man kann heutzutage nichts mehr voraussehen. Unsere Leute sind guter Hoffnung wie immer.

Es gehen bereits die Anfragen los nach Deinem Kommen. Ich glaube, da müssen wir einen Coup ausführen oder die Leute auffordern, von Empfangsfeierlichkeiten abzusehen. Gestern frug mich einer, glücklicherweise hatte er ein falsches Datum, und frug, Du würdest wohl in Plauen oder Potschappel aussteigen, sie wollten Dir einen Fackelzug bringen. Ich sagte, das möchten sie nur unterlassen, Du liebtest derartige Kundgebungen nicht. Das fehlt noch, daß durch derartige Geschichten Gelegenheit gegeben würde, Maßnahmen zu treffen, zu denen bisher keine Ursache war. Doch ich weiß nichts mehr, und muß ich schließen. Leb wohl und bleib gesund und sei tausendmal gegrüßt und geküßt von uns.

B[ahlmanns] lassen ebenfalls grüßen. Es geht alles gut, die Kinder gedeihen ganz prächtig, aber hinaus wollen sie nicht, außerdem der Doktor käme gleich mit. Es ist ihr zu umständlich, und macht [sie] sich lieber jeden Tag Umständlichkeiten mit dem Wagen-Hinuntertransportieren, doch es ist ihnen nicht zu helfen. Nun adjeu, mein guter Mann!
Deine Julie

1 Der 5. Mai 1887 war ein Donnerstag.
2 Gemeint ist „Österreichischer Arbeiter-Kalender für das Schaltjahr 1888. Hrsg. von der Redaction des ‚Volksfreund‘ in Brünn“. Dort wurde in der „Socialpolitischen Rückschau auf das Jahr 1887“ vermerkt: „Wir bringen die Porträts der 11 deutschen Reichstagsabgeordneten sowie desjenige Liebknechts in unserer Illustrationsbeilage. Diese Männer bilden gegenwärtig die Parteileitung der deutschen Sozialdemokraten.“ Im Anschluß an eine Würdigung hieß es: „Indem wir die Bilder ihrer Vertreter publizieren, bringen wir unseren wackeren deutschen Arbeitsbrüdern unsere Huldigung dar.“ (S. 53) Dem von Jh. Baelz angefertigten Gruppenbild lag für Bebel die Fotografie aus Nürnberg zugrunde.
3 Gemeint ist das Buch von W. Krieter, siehe Nr. 125.
4 Siehe Nr. 113/13.
5 Frieda Bebel schrieb ihrem Vater am 11. Mai 1887 über ihre Studien, u.a. daß sie Englischstunden aufgenommen habe. Anna Eysoldt habe noch keinen Bescheid, ob sie am Zürcher Gymnasium die Reifeprüfung ablegen könne. In den Naturwissenschaften verlange man dort sehr viel. Frieda teilte mit, daß sie sich mit der dickleibigen Naturgeschichte befasse, die ihr Bebel zu einem früheren Geburtstag geschenkt habe. Nun liebe sie die Blumen noch mehr. Ausführlich berichtete sie über den Besuch der Internationalen Gartenbau-Ausstellung am 9. Mai zusammen mit ihrer Mutter und I. Bahlmann.
6 Rudolf Lavant (d.i. Richard Cramer) (1844-1915), Prokurist, Sozialdemokrat. Schriftsteller, vor allem Verfasser von politischer Lyrik. Veröffentlichte in der „Neuen Welt“, dem „Wahren Jacob“ und anderen sozialdemokratischen Publikationen.
(Siehe Rudolf Lavant: Gedichte. Hrsg. v. Hans Uhlig. Mit e. Vorwort von Manfred Häkkel, Berlin 1965)
7 Das VII. Stiftungsfest des Vereins für Volksbildung fand am 2. Mai 1887 statt. Vorgesehen waren Konzert und Ball sowie eine Festansprache, die Arthur Stadthagen hielt. Die Landtagsabgeordneten F. Geyer und A. Kaden nahmen teil.
(Siehe Sächsisches Wochenblatt, 7.5.1887)
8 Gemeint ist das „Leipziger Volksblatt. Organ für die Interessen der Arbeiter“. Es erschien vom 1. April bis 3. Juni 1887. Drucker des Blattes war der Sozialdemokrat

Carl *Albert* Seebach (geb. 1857). Er wurde nach Verbot des Blattes am 8. Juni 1887 aus Leipzig ausgewiesen.

(Siehe Berndt, wie Nr. 16/4, S. 234/235)

9 Alle sechs Jahre wurde ein Drittel der Abgeordneten in der Zweiten Kammer des sächsischen Landtags neu gewählt. 1887 mußte sich Bebel wieder der Wahl stellen. Im 23. ländlichen Wahlkreis erhielt er bei der Wahl am 18. Oktober 1887 erneut das Mandat, diesmal mit 61,8 Prozent der abgegebenen Stimmen. Insgesamt konnte die Sozialdemokratie bei dieser Landtagswahl 12 328, das waren 20,5 Prozent der gültigen Stimmen auf sich vereinen. „Der Sozialdemokrat" schrieb am 28. Oktober 1887 von 13 683 Stimmen gegenüber 4500 bei der Wahl vor sechs Jahren.

125

Meine liebe gute Julie!
Ich war im Zweifel, ob ich heute schon Deinen lieben Brief vom 5.
d. M. beantworten oder warten sollte, bis weitere Nachricht von
Dir oder von Friedchen eingetroffen sei. Schließlich habe ich mich
für die Beantwortung entschieden, damit Ihr nicht so lange auf
Nachricht zu warten habt und in der Erwartung, daß die Beantwortung eines etwa noch eintreffenden Briefs keine Eile hat.

Das Herknersche Buch – es ist ein Buch und keine Broschüre,
wie ich annahm – ist endlich eingetroffen. Ich werde nun hören,
ob in Stuttgart schon eine Arbeit darüber vorhanden ist oder ob
ich noch ankommen kann.[1] Der Verfasser hat sich mit seiner
Schrift ein Verdienst erworben; er hat speziell den Mülhauser
Fabrikanten im Elsaß den Heiligenschein vom Haupte gerissen.
Diese Gesellschaft ließ sich seit Jahrzehnten in ganz Europa als
wahre Musterbilder von Fabrikantentugenden verherrlichen, wo
ihre ganzen sog. Humanitätsbestrebungen nur darauf hinaus-
liefen, die Arbeiter in wahrhaft feudale Abhängigkeit von sich zu
bringen und Millionen über Millionen aus ihnen herauszupres-
sen. Als ich als junger Mensch in die Bewegung trat, wurde uns
das Loblied von jener Gesellschaft bereits gesungen; dort in
Mülhausen war die soziale Frage gelöst, war die Harmonie zwischen Kapital und Arbeit vollständig. Später kamen wir hinter
den Schwindel und entlarvten ihn auch, aber was half's? Es
waren ja Sozialdemokraten, die es sagten, und diese Bande hat ja
nur am Hetzen und Verleumden ihre Freude. Jetzt kommt ein
Zögling der Straßburger Universität, an dessen loyaler Gesinnung kein Zweifel ist, und beweist aktenmäßig, daß alles noch
viel schlimmer ist. Nun ist man verblüfft und beeilt sich, den
Mantel der christlichen Liebe über das Schauergemälde zu dek-
ken. B[ismarck]s Leiborgan, die „Nordd[eutsche] H...sgemeine"[2],
rüffelt sogar den Verfasser, daß er so unanständig offen die
Wahrheit gesagt. Sehr erklärlich. Man hat von oben dieser Bourgeoisie jeden Vorschub geleistet, hat sie mit den Bestimmungen
der Gewerbeordnung verschont etc., um sie zu gut deutschen
Patrioten zu machen. Darüber aber hat man bei den letzten Wahlen die Augen geöffnet bekommen[3], und nun ärgert man sich und
schämt sich auch ein wenig, daß man sich so düpieren ließ.

Die Schrift, durch B[ahlmann] gesandt, „Über die geheime Organisation der Sozialdemokratie" habe ich auch bekommen. Das bitte ich, B[ahlmann] zu sagen, und ich ließ ihm schön danken.*
Aber ich kam in den Besitz von 2 Exemplaren, das eine erhielt ich schon vorige Woche, von wem, weiß ich nicht. Die Schrift ist ganz das Machwerk, das ich erwartete. Wenn der Verfasser dazu schrieb, erläuternd: „Wahrheit und Dichtung" statt „nach autoritativen Quellen dargestellt", dann sagte er die Wahrheit. Wäre *wahr*, was der Verfasser behauptet, dann würden die „autoritativen Quellen" statt in seine unglücklichen Hände in die Hände des Staatsanwalts gewandert sein, und alles, was in Deutschland als Sozialdemokrat bekannt ist, *müßte* prozessiert werden.[4]

Der Verfasser hat jedenfalls infolge des Lärms, den eine gewisse Presse mit dem Jammerding machte, und infolge des marktschreierischen Umschlags und Titels (der Umschlag ist schwarz-weiß-rot und sieht schauerlich geschmacklos aus) ein hübsches Stück Geld als Honorar verdient, und damit hat es wenigstens einen Zweck erfüllt.

Frau Viereck soll sich ganz häuslich hier eingerichtet haben, und sie wird wohl so lange bleiben, wie ihr „Tyrann" es wünscht. Wie Frau A[uer] schrieb, hat sie den Kleinen[5] in eine Kinderbewahranstalt hier stecken müssen, weil er ihm, dem Vater, zu unartig ist. Das arme Wurm. Vierecks Krankheit wird wohl so lange dauern wie seine Haft. – Vollm[ar] ist vorige Woche wohl wieder in Haft. Er kann nun ungefähr vier Wochen nachexerzieren; nicht angenehm.

Du meinst, ich würde „am Ende noch dick", weil ich hier so große Portionen vertilge. Ein wenig zugenommen habe ich. Die Knie z.B., die so spitz waren, daß ich damit Löcher in die Wand bohren konnte, sind rundlicher geworden. Ich werde 5 - 6 Pfund zugenommen haben, aber damit wird auch das Maximum erreicht sein. A[uer] behauptet, er sei magerer geworden. Er hatte in M[ünchen] sich ein wenig Bierbauch zugelegt, und dieser mußte natürlich hier schwinden.

Ihr werdet mit Eurer Vermutung über L[iebknecht]s italische Reise wohl recht haben. Man weiß ja, daß L[iebknecht] infolge seiner Unbeholfenheit der unglücklichste Mensch ist, wenn er in eine Stadt kommt, wo er keinen Menschen hat, der sich seiner annimmt und ihn führt. Wer seit 20 Jahren nach Dresden kommt und sich nicht drin zurechtfindet – wie in Mailand etc., wo er nie war und keine Bekannten hat? Da mußte J[oo]s von Z[ürich] als Führer mitgesandt werden. Mir würde übrigens eine solche Tour ganz allein auch kein besonderes Vergnügen machen, so sehr mich Land und Leute interessieren.

Die extreme Witterung der letzten Woche steht offenbar wieder in direktem Zusammenhang mit den Erdbeben, die am 3. d. M. und die nächsten Tage wieder stark auftraten. Die arme Erde ist in einer ganz revolutionären Stimmung, und sie scheint auf die Menschen zu wirken. Beständige elektrische Spannung in der Luft und die gleiche Erscheinung in den menschlichen Gehirnen; daher auch die vielen Hirn- und Herzschläge. Es ist alles überreizt. In den letzten drei Tagen hatten wir nichtsnutziges Wetter, Tag und Nacht ohne große Unterbrechung Regen. Hier war Sonntag, wie das „[Leipziger] Tagebl[att]" berichet, großes Bicycle-Rennen[6], das natürlich total verregnete, und ebenso, ersah ich aus dem Blatt, ging es der Eröffnung der internationalen Gärtnereiausstellung in Dresden. Wenn das Wetter so weitermacht, werden die Aussteller ein gründliches Defizit haben. Heute abend wurde es heller, und die Sterne leuchten, aber derselbe Wind (NW) brachte auch den Regen.

In Kleinparis streiten sich Rat und Stadtverordnete auf Tod und Leben um den Platz für das Siegesdenkmal, das endlich dieses Jahr fertig werden soll.[7] Man könnte nunmehr gleich warten bis zur Beendigung des nächsten Kriegs und es dann aufstellen.

Mein Papier ist zu Ende und mein Faden auch. Sonst all right. Die herzlichsten Grüße und Küsse Euch beiden
Dein August

* Du willst auch von mir herzlich grüßen.

---

1 Über das Buch von H. Herkner „Die oberelsässische Baumwollenindustrie und ihre Arbeiter" (siehe Nr. 114/9) erschien eine Rezension in der „Neuen Zeit", Heft 8 und 9, 1887, S. 337–349, 385–391, ohne Angabe des Verfassers, der auch im Generalregister der „Neuen Zeit" nicht ausgewiesen ist. Bebels Autorschaft wird durch die Briefe Nr. 132 und 133 bestätigt. Sie ergibt sich auch aus dem Inhalt, zumal der Verfasser über sich sagt, daß er „von Anbeginn in der gegenwärtigen deutschen Arbeiterbewegung stand" (S. 337). Die Rezension ist in der Bibliographie der Schriften August Bebels, BARS, Bd. 2/2, nicht enthalten.

Bebels Autorschaft wird durch Herkner bestätigt. Er schrieb rückblickend: „Bebel hatte eben eine sehr anerkennende Besprechung meines Erstlingswerkes in der ‚Neuen Zeit' veröffentlicht. Engels behandelte mich mit großem Wohlwollen", als Herkner durch Vermittlung von K. Kausky im November 1887 Engels in London besuchte.

(Siehe H. Herkner: Der Lebenslauf eines ‚Kathedersozialisten`. In: Die Volkswirtschaftslehre der Gegenwart in Selbstdarstellungen. Hrsg. v. Felix Meiner, Leipzig, S.90. Siehe zu dem Besuch auch F. Engels an C. Schmidt, 26.11.1887, in: MEW, Bd. 36, S. 722)

2 Gemeint ist die „Norddeutsche Allgemeine Zeitung", die Bebel als „Hundsgemeine" bezeichnete.

3 In den 15 Wahlkreisen Elsaß-Lothringens siegte im Februar 1887 keiner der Kartellkandidaten, vielmehr wurden Gegner der Annexion bereits im ersten Wahlgang mit überwältigender Mehrheit gewählt.

4 Es handelt sich um die Schrift von Wilhelm Krieter „Die geheime Organisation der sozialdemokratischen Partei. Nach autoritativen Quellen dargestellt", Magdeburg 1887. Heinrich *Wilhelm* Ludwig Krieter (1839-1904) war Polizeiinspektor in Magdeburg. Seine Schrift diente der Anklage im Magdeburger Sozialistenprozeß. Sie wurde später in zahlreichen Geheimbundprozessen seitens der Staatsanwalt herangezogen, auch gegen Bebel im Elberfelder Geheimbundprozeß 1889. Siehe Nr. 151-157.

Bebel verfaßte im Gefängnis eine Rezension, die er nach der Haft am 20. August 1887 an J. Motteler sandte. E. Bernstein solle entscheiden, ob die „Kritik zu brauchen ist". Sie erschien im „Sozialdemokrat" vom 2. September 1887 unter dem Titel „Die angebliche geheime Organisation der deutschen Sozialdemokratie und die wirkliche Korruption der deutschen Polizei", gezeichnet -g-. Bebel bat, ihm für diese und eine weitere Rezension (siehe Nr. 130/2) „ein Honorar im Maßstab desjenigen, was ‚Die N[eue] Z[eit]' berechnet, gutzuschreiben, da mein Ausfall durch die Haft doch etwas größer geworden ist, als ich mir einbildete".

(BARS, 2/2. S. 280; Lebendaten Krieters übermittelt vom StA Magdeburg)

5 Georg Sylvester Viereck (1884 - nach 1937) lebte später vorwiegend in den USA, dort Schriftsteller, Verleger, Mitarbeiter großer amerikanischer Tageblätter und Monatsschriften.

(Siehe Who is who in America, Bd. 20, 1938-1939, Chicago 1938)

6 In Zwickau fand am 8. Mai 1887 das Frühjahrs-Wettrennen der Bicycles und Tricycles statt. Wie es im „Leipziger Tageblatt" am 10. Mai hieß, war das Rennen „durch recht schlechtes Wetter sehr beeinträchtigt".

7 Am 18. August 1888 wurde ein Siegesdenkmal in Erinnerung an den Krieg 1870/1871 in Gegenwart des sächsischen Königs Albert und des Chefs des Generalstabs Helmuth von Moltke eingeweiht. Es schloß den nördlichen Teil des Marktes ab und wurde von Rudolf Siemering (1835-1905) geschaffen. Im Frühjahr 1887 berichtete das „Leipziger Tageblatt" über Meinungsverschiedenheiten hinsichtlich des Standorts zwischen dem vorbereitenden Komitee, das für den Markt plädierte, und dem Stadtverordnetenkollegium, das sich für den Augustusplatz aussprach. Durch ein Schiedsgericht kam es zur Einigung. Bebel bezieht sich speziell auf eine am 10. Mai 1887 veröffentlichte Notiz.

126

Mein lieber guter August!

Daß wir Deinen lieben Brief erhielten, wird Dir Frieda geschrieben haben. Das letzte Drittel ist also angebrochen. Nun, es wird auch zu Ende gehen. Du scheinst ungeduldig zu sein, was ich sehr wohl begreife, aber nicht, daß Du es über uns bist. Wir würden diese Woche nach Leipzig [reisen], wenn nicht Ende derselben Frau Auer käme. Andernfalls wollte ich nicht Brauers so dicht hinter K[ronkes] besuchen, da meine Schwester sehr kontrakt sein soll und sie auch erwartet hatten, daß wir Pfingsten kämen. Wir werden also nächsten Dienstag oder Mittwoch reisen und Dich Donnerstag oder Freitag in derselben Woche von Leipzig aus besuchen, da die Fahrt von dort wesentlich kürzer ist.[1] Mir ist es gleich, wo ich bin, aber Frieda langweilt sich bei B[ahlmanns], und da wir keine Aussichten auf angenehme Feiertage haben, ist es doch besser, wenn wir sie bei den Unseren verbringen. Hoffentlich wird das Wetter besser, denn den ganzen Mai war es herzlich schlecht und ist vollständige Maikühle, so daß wir gestern und heute gefeuert haben. Auch heute ist es nicht besser, so daß die Gartenbauausstellung ein gehöriges Defizit gemacht haben wird, und ist bereits der morgige Tag zugegeben worden. Wir hatten es am Montag am besten getroffen mit dem Wetter. Über die Ausstellung hat Dir Frieda geschrieben, und war dieselbe wohl sehr schön, aber zu wenig Abwechselung. Die Leipziger war in der äußeren Ausstattung schöner, die wunderbar schönen Teppichbeete fehlten hier ganz. Nun, aber im großen und ganzen kann man schon zufrieden sein. Den Beteiligten hat es sicher große Mühe und Opfer gekostet.

Soweit war ich gekommen, als verschiedener Besuch sich einstellte. Außer K[ronkes], die unter Mittag kamen, besuchte uns der Zeichner von Borsdorf[2], der jetzt dort wohnt, aber augenblicklich eine 14tätige Übungstour als Soldat in Dresden zu machen hat. Während er noch da war, kam Familie Z., die bis 1/2 11 Uhr blieb. Dann tagten hier die Zentralkassenvereine, und besuchte uns einer aus Plagwitz, R[iehl], der den Freitag abend zwei Stunden bei uns war und sich nach Dir erkundigen [wollte] und Grüße von den Leipzigern brachte.[3] Sonnabend waren wir bei B[ahlmanns], die sich wohl befinden und über ihren kleinen

August erfreut sind. Daß die Kochsche Angelegenheit in ein anderes Stadium getreten ist, hat Dir wohl Frieda geschrieben.[4] Die Liebknechtschen ältesten Jungen machen eine Ferienreise, nach Breslau zu ihrem Schwager und ins Riesengebirge, wozu der Impresario die Rundreisebilletts entwerfen muß. Das kostet ein ganzes Stück Geld. Das Geisersche Ding geht ganz gut, natürlich mit der Empfehlung? Neuigkeiten gibt es sonst nicht, und liest Du es aus den Blättern. Es ist gut, daß der Reichstag bis im Juni beisammen ist für P[aul Singer], der eben in England ist. Pfannkuch hat hier auch gesprochen, was ich im Blatt las.[5] Von Leipzig erfährt man auch nichts, bis man selbst hinkommt. Der Neubau vor unserm Hause schreitet rüstig vorwärts, und wird wohl das Haus fertig sein, wenn Du kommst. Aber es ist so weit entfernt von uns, daß man den Blick die Straße entlang hat wie früher und [es] uns nicht geniert. Überhaupt ist eine Bautätigkeit hier und in Dresden, aber nur nicht für kleine Wohnungen. Da ist immerfort entsetzliche Not, und der Wucher, der damit getrieben wird, unerhört. So ist zum Beispiel eine kleine Wohnung unter dem Dach, Stube, Kammer und Küche, die meine Scheuerfrau voriges Jahr bezog und 40 Taler kostete, ihr mit 50 Taler vermietet, und jetzt soll sie 60 Taler bezahlen oder ausziehen, was natürlich geschehen muß. Gegen solchen Wucher sollte aber doch die Behörde eintreten. Aber dazu hat niemand den Mut, öffentlich aufzutreten, obgleich es in den Blättern genugsam besprochen wurde.

Morgen schlägt also die erste Befreiungsstunde.[6] Der Müller hat sich eine große Kiste bestellt, schon lange, damit er seine Sachen alle unterbringt. Nun, seine Frau wird froh sein, denn die Wirtschaft [wird] so nicht gut gegangen sein. Statt dessen sind wieder in Reudnitz so viele verurteilt wegen Verbreitung verbotener Schriften und so hoch trotz so guter Verteidigung.[7] Ich weiß nicht, wer Dir das andere Buch schickte. Ich werde es mir auch mal zu verschaffen suchen und lesen. Überhaupt möchte ich so vieles gern lesen, aber man kommt eben nicht dazu. Alles angefangen, aber vollenden, das gibt es nicht. Immer gibt es was anderes. Eben kommt Herr B[ahlmann], und frug ich ihn, ob er nichts Neues wüßte. Da sagte er, nun ja, schreiben sie, daß sie gestern nicht bei uns waren, aber es bald nachholen würden, und daß Herr L[iebknecht] nächsten Freitag einen Vortrag hält über seine amerikanische Reise in der Centralhalle.[8] Erst wollte er über

Marx sprechen, aber mir scheint, daß er nicht viel Lust zu dergleichen Ausarbeitungen hat. Ist das ein verrücktes Wetter, einmal scheint die Sonne, dann regnet und donnert es. B[ahlmann] wäre am liebsten nach Chemnitz gereist, um die Freigelassenen zu begrüßen, er wußte aber nicht, wann der Termin sei. Liest Du die Kinkelschen Briefe in dem „Berliner Tageblatt"?[9] Die Familie hat auch schwere Zeiten durchgemacht, und ist es ganz gut, wenn dem Volke die Taten ihrer Freiheitshelden von Zeit zu Zeit ins Gedächtnis gerufen werden. Es ist mir interessant, seine Lebens- und Leidensgeschichte kennenzulernen. Herr L[iebknecht] war nicht sonderlich auf ihn zu sprechen, und werde ich mich mal etwas mehr damit beschäftigen.

Doch nun leb wohl, und laß Dich herzlich grüßen und küssen von

Frieda und Deiner Julie

<hr>

1 Julie und Frieda Bebel weilten ab 25. Mai 1887 für eine Woche in Leipzig. Sie besuchten von dort aus am Sonnabend, dem 28. Mai, August Bebel in Zwickau.

2 Gemeint ist Johann *Carl* Pinkau (1859-1922), Steinschleifer, Lithograph, später Fotograf. Wegen Verbreitung sozialdemokratischer Schriften im September 1886 zu vier Monaten Gefängnis verurteilt und dann ausgewiesen. Ging nach Borsdorf. Gewerkschaftsfunktionär, 1906/1907 und 1912-1922 MdR, 1894-1896 im sächsischen Landtag.
(Siehe Berndt, wie 16/4, S. 199-201; W. Liebknecht: Im Fluge vom Gotthard nach Monte Carlo und zurück, in: Die Neue Welt, 1887, Nr. 14, S. 142)

3 In Dresden fand vom 8. bis 14. Mai 1887 die 7. Generalversammlung der Zentral-Kranken- und Sterbekasse der Tischler statt, an der 68 Delegierte teilnahmen. Im Delegiertenverzeichnis wurde Riehl aus Plagwitz genannt.
(Siehe Sächsisches Wochenblatt, 11.5., 18.5.1887)

4 Siehe Nr. 113/13.

5 Das „Sächsische Wochenblatt" vom 11. Mai 1887 kündigte zum gleichen Tag eine öffentliche Tischler-Versammlung an, zu der jedermann Zutritt habe. Dort sprach neben C. Meist aus Köln und P. Martinssen aus Altona als erster Redner W. Pfannkuch zum Thema „Die Bedeutung der gewerkschaftlichen Vereinigung für die sittliche und materielle Hebung des Arbeiterstandes".

6 Die zu sechs Monaten Gefängnis verurteilen Sozialdemokraten H. Dietz, St. Heinzel und Ph. Müller wurden am 16. Mai 1887 aus der Haft in Chemnitz entlassen.

7 Das „Leipziger Tageblatt" berichtete am 13. Mai 1887 über einen Prozeß gegen elf Sozialdemokraten, die der Verbreitung verbotener Schriften bezichtigt wurden. Es wurden Strafen von neun Monaten bis zu zwei Wochen verhängt. Davon erhielten sechs der Angeklagten allein 36 Monate Gefängnis zudiktiert. Zwei der Angeklagten wurden freigesprochen. Die mit angeklagte Frau Lengendorf wurde zu 15 M Geldstrafe oder drei Tagen Haft verurteilt.

8 Am 20. Mai 1887 sprach Wilhelm Liebknecht auf einer öffentlichen Versammlung vor rund 3000 Teilnehmern etwa zwei Stunden über „Die Arbeiterbewegung in Amerika". Seit neun Jahren, so stellte der Berichterstatter fest, durfte Liebknecht erstmals wieder auf einer Versammlung in Dresden reden. Er gab „ein fesselndes und objektives Bild". Siehe Nr. 127

(Sächsisches Wochenblatt, 25.5.1887. Die Beilage des „Sächsischen Wochenblatts" vom 28. Mai 1887 enthielt eine indirekte Wiedergabe von Liebknechts Rede; diese wurde am 1. Juni 1887 im „Berliner Volksblatt" nachgedruckt)

9 Gemeint ist „Drei Jahre aus dem Leben eines deutschen Dichterpaares (Gottfried und Johanna Kinkel). Briefe und Erinnerungen von Oktober 1848 bis Januar 1851. Mitgetheilt von Gottfried Kinkel - Zürich". Die Publikation erschien in Fortsetzungen in „Der Zeitgeist. Beiblatt zum Berliner Tageblatt".

Gottfried Kinkel (1815-1882), Dichter, Journalist, Teilnehmer der Revolution 1848/1849, bei Rastatt in preußische Gefangenschaft, zu lebenslänglichem Zuchthaus verurteilt, im November 1849 Flucht, Emigration in England. Gegner von Marx und Engels. Sammelte 1851 in Nordamerika Gelder für eine künftige Erhebung, die später dem von A. Ladendorf verwalteten Revolutionsfonds einverleibt wurden und der von Bebel und Liebknecht geführten Richtung der Arbeiterbewegung Ende der 60er Jahre zugute kamen. Ab 1866 Professor für Archäologie und Kunstgeschichte am Eidgenössischen Polytechnikum in Zürich.

(Siehe auch Gottfried Kinkel. Ein Lebensbild, in: Die Neue Welt, Stuttgart 1883, Nr. 9, S. 225-229)

127

Mein lieber guter August!

Da ich eben doch nicht schlafen kann, da Frieda sich mal wieder in Zahnschmerzen windet, und es bereits 12 Uhr ist, will ich mir die Zeit mit Dir vertreiben. Es wird nicht eher besser, als wenn die Wurzel heraus ist. Das wird nur schwer halten, weil das einzige faßbare Stückchen der Zahnarzt beim Herausziehen abbrach, und nun sieht man nichts mehr davon, aber jede kleine Erkältung zieht sich da hin, und so hat sie das Vergnügen, morgen zum Arzt zu gehen. Frau Auer ist glücklich hier angekommen mit ihrem kleinen Mädchen, das ein drolliges Ding ist, und schlafen sie schon längst. Glücklicherweise hat es aufgehört zu regnen, was seit heute morgen der Fall war. So haben wir uns gefreut, wieder einmal direkt etwas von Dir zu hören oder vielmehr indirekt durch Frau Auer, denn gesehen hat sie ja Dich nicht. Sie war mit ihres Mannes Aussehen zufrieden, auch sei er bei gutem Humor gewesen. Aber die Beschränkung im Sprechen[1] habt Ihr wahrscheinlich Herrn Viereck zu danken. Solche Menschen sollten sich doch nicht zu einer Partei zählen, die mit derartigen Opfern zu rechnen hat, die er am allerwenigsten zu bringen imstande ist. Er sollte sich schämen solchen unwürdigen Betragens. Gestern abend waren wir in der Centralhalle, wo Herr Liebk[necht] einen Vortrag über seine amerikanische Reise hielt. Er war sehr gut und interessant und sehr stark besucht. Herr L[iebknecht] hatte beifolgenden Zettel hinterlassen, den ich gleich beifüge. Wir sollten noch mit kneipen gehen, was uns natürlich nicht einfiel, und waren wir froh, aus der Hitze herauszukönnen.

Herr B[ahlmann], der auch an der Bahn war und mit uns herausfuhr, will, daß Frau Auer noch Montag dableiben solle, und soll sie da bei Bahl[mann] zu Mittag speisen und dann eine Partie mit ihnen unternehmen, natürlich auch mit uns. Morgen werden wir in den Zoologischen Garten gehen. Da mir mein Schwager [Brauer] heute schrieb, daß sein Vetter Sommer bei seiner Durchreise ein paar Tage in Leipzig bleiben wolle, wäre es ihnen lieb, wenn wir erst Mittwoch kämen, kann es auch geschehen, vorausgesetzt, daß es Frau Auer will, wonach ich sie noch nicht gefragt habe. Deine lieben Briefe haben wir am Donnerstag, Himmelfahrt, erhalten und uns darüber gefreut. Du wirst mittlerweile meinen Brief, den ich erst Montag absandte, erhalten haben, ebenso das Paket mit den gewünschten Büchern, Jackett, Seife und Zahnstocher.

Leider kam ich gestern nicht mehr zu Ende.

[23. Mai 1887]

Heute, Montag, ist es sehr schön, und waren wir bereits im Grünen Gewölbe und im Zoologischen Museum und wollen eben auf dem Dampfschiff nach Loschwitz oder Wachwitz, und Mittwoch werden wir nach Leipzig und dann Freitag oder Sonnabend zu Dir kommen. Ich werde mich vorher anmelden. Leider muß ich schließen, da B[ahlmann] zum Aufbruch mahnt, und werde ich Dir noch einmal schreiben. Gestern waren wir im Zoologischen Garten, vorher war Frau Auer mit Frieda im Museum und abends bei Bahl[manns].

Also bald schreibe ich mehr und grüße und küsse ich Dich herzlichst von Frieda
Deine Julie

B[ahlmann]s und Frau Auer lassen grüßen. Friedas Zahnschmerzen sind glücklicherweise wieder vergangen.

---

1 Die sozialdemokratischen Gefangenen durften von nun an ihre zu Besuch weilenden Angehörigen nur in Gegenwart eines Gefängnisbeamten sprechen, wie es die Gefängnisordnung allgemein vorsah. Diesen Bescheid erhielt Direktor Böhmer nach Anfrage am 14. Mai 1887 vom Innenministerium.
(Akte Zwickau, Bl. 64)

128

Mein lieber guter August!

Deinen lieben Brief empfing ich heute morgen beim Kaffeetrinken und war sehr angenehm berührt, daß wahrscheinlich der Herr Direktor [Böhmer] die Freundlichkeit hatte, ein paar Zeilen beizufügen, wonach uns der Besuch am Sonnabend gestattet ist, wofür ich dankbar bin, da ich ja nun gleich Bescheid weiß. Ich denke auch, daß es dem Herrn Regierungsrat genügt, wenn ich mich oder uns hierdurch für Sonnabend nachmittag 1/2 oder 3 Uhr anmelde. Ich muß eben mal die Züge von hier aus studieren, jedenfalls ist die Fahrt bedeutend kürzer. Wir wollen heute nachmittag zu Ißleibs gehen, deren Kinder vor 14 Tagen hier ankamen, und sollen sie wieder wohl sein. Heute vormittag besuchten wir Frau [Henriette] Freytag und Liebknechts, die sehr erfreut waren und uns bereits für gestern eingeladen hatten, mit nach dem Zoologischen Garten zu gehen und die gelehrigen Seehunde anzusehen. Den Brief fanden wir aber erst gestern bei Brauers vor. Herr Liebknecht hatte seiner Frau geschrieben, daß wir Dienstag kämen, und so konnten wir nicht hingehen, und haben sie umsonst gewartet. Mit dem Wetter scheint es allerdings nichts werden zu wollen, und sind wir gestern im Regen weg, und heute nachmittag regnet es weiter. Brauers haben sich sehr gefreut, das muß ich sagen, und sollen wir recht lange bei ihnen bleiben. Aber meine arme Schwester gefällt mir nicht. Sie ist sehr verfallen und furchtbar schwach auf den Füßen. Ich fürchte, daß die Füße eines Tags ihren Dienst ganz versagen und eine Lähmung eintreten wird, wie es bei Frau Dose[1] war. Ob das Bad die gewünschte Wirkung herbeiführt? Ich bezweifle es. Diese beiden hilflosen Menschen in solchen ungewohnten Verhältnissen ist mir undenkbar.

Wir waren mit Frau Auer und Herrn Bahlmann morgens im Grünen Gewölbe, dann haben wir bei B[ahlmanns] zu Mittag gespeist und dann mit dem Dampfschiff nach der Wachwitzhöhe. Also so anstrengend war die Tour nicht, doch schien es Frau Auer etwas angestrengt zu haben. Doch ich will für heute schließen, da Du den Brief auch nicht eher erhältst, als bis wir kommen, und teilen wir Dir alles mündlich mit.

Leb also wohl für heute und auf gesundes und frohes Wieder-
sehen, worauf sich herzlich freuen die Deinen mit herzlichen
Grüßen und Küssen
Frieda und Julie

Brauers lassen Dich vielmals grüßen.

1 Gemeint ist Cäcilie Auguste Friederike Dose (gest. vor 1887), Kaufmannswitwe in
  Dresden, Mutter von Friedas Freundinnen Frieda und Paula Dose.

129

Mein lieber guter August!

So wären wir denn glücklich wieder hier eingetroffen bei strömendem Regen und Gewitter und [haben] Arbeit genug vorgefunden. Einen Geschäftsbrief von Heidelberg, der in Leipzig an Deine Adresse als unbestellbar zurückkam. Ich schrieb gleich einen Brief dazu an Herrn Ißleib, und nahm ihn Herr B[ahlmann], der wieder so liebenswürdig uns abholte, mit nach der Stadt. Herr B[ahlmann] war schon tags zuvor auf der Bahn, obgleich ich ihm nicht geschrieben, sondern nur gesagt, daß wir 8 Tage bleiben würden. Ich war aber den Abend ganz kaputt, und war meine Abneigung gegen diese Reise gerechtfertigt. Jeden Tag Besuche gemacht, Theater und Zirkus besucht und Besuche empfangen etc. Ich liebe derartige Hetztouren nicht und habe mir vorgenommen, wenn ich wieder einmal hingehe, nur auf ein oder zwei Tage, um die Meinen zu sehen. Den letzten Abend noch bekam Frieda von Freytags das Theaterbillett und sollte mit Trudchen[1] gehen. Sie hat es aber standhaft abgelehnt mit dem Bemerken, wenigstens den letzten Abend mit Onkel und Tante zu verbringen, was Frau Otto Freytag nicht begreifen wollte. Dann lag noch eine Einladung von den kleinen Freytags[2], die uns den ersten Feiertag ihre Theaterbillets gaben, vor, die wir nicht mehr annehmen konnten, und noch verschiedene andere. So schrieb Frau Liebknecht, daß sie bestimmt auf unsern Besuch in Borsdorf rechneten. Um das zu ermöglichen, sind wir Vormittag von Leipzig weg und in Borsdorf bis 1/2 4 Uhr geblieben, worüber sie aber nicht zufrieden waren, und sollten wir später fahren, was wir natürlich nicht taten, und war ich froh darüber, denn es war eine solche Fülle auf der Bahn, daß es mir ganz elend war. Es stieg eine Frau Richter mit in unser Coupé, von der ich erfuhr, daß der Kastellan des Volksbildungsvereins I[dler][3] fort sei, und wisse man nicht, wohin – seine Frau sei nach Berlin und die Tochter bei der Frau Richter, die früher dort mit half, Bier ausschenken; die Tochter geht auf Arbeit. I[dler] soll so gutmütig gewesen sein und so viel verborgt haben und nicht genug hinterher gewesen sein und das Rechnen nicht verstanden haben. Ich hatte noch nichts davon gehört und war sehr überrascht von dieser Neuigkeit. Jetzt hat ein gewisser Vetters mit seiner Schwester die Wirtschaft inne, ob der es versteht, weiß ich nicht. Dann schrieb mir P[aul Singer], daß er glücklich daheim angekommen sei und seine Schwester krank im Bett liegend gefunden habe an Venenentzündung und sei noch nicht abzusehen, wann sie geh- resp. reisefähig sei. Seinen Bruder habe er nach Karlsbad ge- schickt, was der sehr benötige. Ferner erhielt ich einen Brief von Dr. Braun, der sehr niedergeschlagen schrieb, seine Frau sei an das Sterbebett ihres jüngsten Bruders gerufen, und fürchte er sehr für seine Frau, wie der Schmerz auf sie einwirken werde. Sie wollten eine Reise nach England machen zu Studienzwecken, ob aber nunmehr etwas daraus werde, sei fraglich. Es ist zu traurig, wo in einer Familie diese böse Krankheit herrscht. Ich weiß nun nicht, ob das derselbe ist, der in Davos war, mit dessen Gesund- heitszustand waren sie doch zufrieden.

Heute morgen besuchte uns unser früherer Werkführer[4], der in Radebeul Geschäfte hatte. Er war zwei Stunden da und hat viel erzählt. Ich glaube, er wird am längsten in seiner jetzigen Stel- lung sein. Er sagt gradezu, daß er bereue, damals nicht offen Herrn Ißleib entgegengetreten zu sein. Er habe jetzt den Unter- schied kennenlernen zwischen Herrn Ißleibs Kunstsinn und Arbeitskraft und zwischen dem andern seinen Leistungen, die nur im Mundwerk lägen. Ißleibs waren sehr liebenswürdig zu uns, und bedauerten wir gegenseitig, daß wir fortmußten. Die unteren Räumlichkeiten im Parterre, dieselbe Wohnung, die wir inne hatten und jetzt Kontor und Lagerraum bildet, sind muster- haft eingerichtet. Arthur war auf der Reise, und Olga soll zum Herbst wieder nach Italien, sie war sonst ganz wohl, aber nicht hübscher geworden. Frau Feigenspan ist unterleibsleidend und wird nicht wieder gesund werden.

Liebknechts große Jungen haben abgeschrieben, den heutigen Tag noch bei uns zu sein, weil sie noch nicht alles in Breslau gesehen hätten und nach Dresden eher könnten als nach Breslau, was ich auch vollkommen billige. Im Bezug auf Kronkes brauchst Du Dich nicht zu sorgen. Es wird mir nicht mehr schwer, ihnen abzuschlagen. Sie kamen allerdings mit der Anforderung, und sagte ich ihnen, daß ich es nicht könnte. Aber sie sagten, daß sie nichts zu essen hätten, und da gab ich ihnen etwas, was sie aber abarbeitet und Deine Oberhemden instand bringt. Ich sollte bei Onkel [Brauer] ein gutes Wort für sie einlegen, aber da war nichts, und hatte er es ihr schon bei ihrem Dortsein entschieden abgelehnt. Sie wollte nur 300 Mark haben. Das ist ein leichtsinniges Volk. Aber ich habe sie satt schon wegen der Schwätzerei, die sie bei Onkel und Tante vollführten. Also darüber brauchst Du Dich nicht mehr zu sorgen. Dahingegen haben mir Ottos 50 Mark von ihrer Schuld zurückgezahlt. Es geht ihnen ganz gut, und sind Alberts Beine wenigstens nicht schlechter, eher etwas besser, und wartet er sehnsüchtig auf die Ferien, wo er zu uns kann. Die Gertrud von Ottos ist ein großes, hübsches Mädchen geworden, überhaupt sind beide so gute, fleißige Kinder, und haben sie ihre Eltern am dritten Feiertage vertreten, wo dieselben mit uns aus waren. Überhaupt ist die Gertrud die ganze Mutter in ihren Leistungen. Unsere Papiere habe ich versichert und bereits die Quittung, am 6. d. M. ist die Auslosung. Ich habe es gleich von Leipzig aus gemacht, da mir der Onkel Bescheid gab. Mein Neffe [Rudolph Otto] schrieb mir und bat mich um Verzeihung, daß er mich hatte anpumpen wollen, und bat, daß ich niemand davon sagen sollte, was ich auch nicht getan. Bei seinem Vater [Franz Otto] erfuhr ich, daß er 250 Mark in der Lotterie gewonnen hatte und das Geld nach Hause schickte, mit Abzug von 50 Mark, die ihm also aus der Klemme halfen. In Leipzig war sonst alles beim alten, mit Ausnahme der Verschönerungen, die stattgefunden hatten, aber merkwürdig viele graue Haare unter den Bekannten in unserem Alter. Bahl[manns], wo ich eben fertig schreibe, sind alle wohl, und ist *Dienstag, den 7. Juni, Frau Bahl[manns]* Geburtstag. Da wirst Du wohl nicht rechtzeitig gratulieren können. Sie freuten sich, uns wiederzusehen, und haben Langeweile. Die Kinderchen entwickeln sich prächtig.

Nun leb wohl, heute in 10 Wochen, wären sie nur erst vorüber. Wir grüßen und küssen Dich innigst
Deine Frieda und Julie

---

1 Gemeint ist Laura Gertrud Freytag (geb. 1869), Tochter von Otto und Henriette Freytag. Sie heiratete 1891 Dr. med. Christian Friedrich Dumstrey in Müncheberg/Mark.
   (Siehe StA Leipzig, PoA, 1876-1889, Nr. 148, Bl. 2)
2 Siehe Nr. 113/7.
3 Carl *August* Friedrich Idler (geb. 1841), Schneider, Sozialdemokrat, aus Berlin am 7. Juni 1880 ausgewiesen, etwa 1883-1887 Hausverwalter im Volksbildungsverein Dresden; engagierte sich bei der Gründung des dortigen Arbeiterinnenvereins 1886; im August 1887 erbat er von Bern aus ein polizeiliches Führungszeugnis.

(Siehe SHA, Kreishauptmannschaft Dresden, Nr. 1076, Mitteilung von Marianne Schmidt, Dresden)

4 Gemeint ist Gottwald Hermann Schiffel (siehe Nr. 3/3).

130

Mein lieber guter Mann!

Ein schreckliches Sturm- und Regenwetter heute, wo man auch bei uns melancholisch werden kann. Wenn Ihr dort auch solches Wetter habt, glaube ich Dir gern, daß es Dich mißstimmt. Ich weiß nicht, ob wir heute zu Bahlm[anns] gehen. Felix ist seit Dienstag krank, und ich sagte, daß er wahrscheinlich Masern bekäme, was sie aber durchaus nicht glauben wollten. Aber seit gestern ist es so, und ist Herr Bahl[mann] ängstlich, daß sie Frieda nochmal bekommen könnte. Ausgeschlossen ist das allerdings nicht, daß man sie zweimal bekommt. Wenn sie aber dazu disponiert wäre, würde sie bereits angesteckt sein, weil wir ja schon, bevor sie ausbrachen, mit ihm zusammen waren. Sie verlaufen beim Felix ganz gutartig, aber das Dumme ist nur, daß sie die andern Kinder auch bekommen werden, und der Kleine ist erst 1/4 Jahr. Bahlm[anns] sind natürlich in großer Sorge. Es schien ihnen nicht recht zu sein, daß Du Frau B[ahlmanns] Geburtstag übersehen hattest, ich habe Dich entschuldigt. Herr B[ahlmann] wollte mit uns zu den Wallnerianern ins Residenz-theater gehen; da aber Felix krank ist, brachte er uns Billette, und haben wir uns ganz gut amüsiert. Es gab den „Hypochonder"[1] und wurde sehr gut gespielt, aber wenig besucht, es war gerade sehr heiß.

Der beifolgende Brief lag in einem Buche, das für Dich gesandt wurde und ich vom Zollamte holen mußte. Darf ich es Dir senden, oder soll ich es vorläufig hierbehalten? Ich werde dem Mann schreiben und Herrn Liebknechts Adresse beifügen. Das Buch scheint ganz interessant zu sein.[2]

Bei unseren Unternachbarn [Koritzki] ist Familienzuwachs eingetroffen. Sonst weiß ich diese Woche keine großen Neuigkeiten zu berichten. Das Haus vor unseren Fenstern ist fertig, aber so komisch gebaut, wie ich noch kaum ein zweites gesehen. Uns kann es ganz recht sein, denn nach unserer Seite sind überhaupt nur 2 große Fenster und die Türe, und zwar nur Entresol, keine Etage weiter, man kann uns überhaupt nicht in die Fenster sehen. In unserm Garten ist kein Ungeziefer zu bemerken und alle Rosenstöcke dick voll Knospen. Schade, daß Du sie nicht blühen siehst, ebenso die Erdbeerzeit vorübergehen lassen mußt. Nun, sie blühen ja nächstes Jahr, und hoffentlich kannst Du sie noch viele Jahre genießen. Jetzt fangen erst die Schoten an zu blühen, von den Bohnen wirst Du noch genug bekommen.

Sagte ich Dir, daß wir in dem Hotel zu Mittag aßen, wo Ihr das Essen herbezieht in Zwickau?[3] Wir fanden dasselbe ausgezeichnet, nur etwas teuer, jede Portion kostete 1 Mark ohne Suppe. Aber man hatte vollauf genug und, wie gesagt, ausgezeichnet. Du wirst darin verwöhnt wiederkommen, doch werde ich mich bemühen, dem nachzukommen. Ich begreife nur nicht, daß Ihr es so billig habt, wahrscheinlich ist das Abonnements-preis. Nun, heute in 9 Wochen ißt Du hoffentlich an unserem Tisch. Es ist immer noch lange, und bemächtigen mich manchmal sonderbare Gefühle bei dem Gedanken, daß wir hier allein sitzen und Du dort. Warum können wir nicht beisammen sein? Wenn es bei uns den ganzen Tag regnet, kommt es mir vor wie in einem Badeorte. Obgleich ich niemals von Langerweile befallen werde, denn ich habe immer zu schreiben und wenig Zeit zum Lesen, und Frieda sitzt in ihrem Zimmer und liest und studiert und schreibt. Was sie für eine Ausdauer hat, ist wirklich zu bewundern, dabei ist sie immer heiter und schwätzt mich immerfort englisch an. Wenn ich ihr nur antworten könnte. Das kommt davon, wenn man die Jungen klüger werden läßt, als die Alten waren, und doch bin ich froh darüber, sonst würde sie gewiß über Langeweile klagen. Sie klagt über jede verlorne Stunde, die im gewöhnlichen Geschwätz vergeudet wird, wenn wir gezwungen sind, Besuche zu machen resp. zu empfangen. Wenn nur nicht hier das Unterrichten so schwerfällig wäre. Gestern sind wir ein paar Stunden nach einem Lateiner herumgelaufen, und wie wir endlich die Löbtauer Straße erreicht hatten, war der Mann ausgezogen.[4] Ich habe mich heute schriftlich an ihn gewendet und werde hören, was er antwortet. Dasselbe ist mit dem Mathematiker. Wir haben uns schon so viel Mühe gegeben, ohne Erfolg. Wir haben Herrn Goldstein[5] Auftrag gegeben, weil bei dem solche Leute verkehren. Andernfalls müssen wir mal annoncieren, ob wir da einen geeigneten Lehrer erhalten. Mit der englischen Lehrerin ist Frieda zufrieden, nur möchte sie so gern sprechen, aber es ist niemand da, mit dem sie sprechen könnte. Das würde in Leipzig allerdings viel leichter sein, geeignete Lehrkräfte zu erhalten. Freytags haben eine italienische Gouvernante, und da lernt die ganze Familie und spricht italienisch und französisch. Die würden Frieda alle sehr gern im Verkehr haben. Herr Otto Freytag wollte sie gern auf einige Zeit zu ihrer Tochter haben, doch wo sollte ich denn da hin?

Liebknechts Jungen schrieben eine Karte, daß alles benebelt sei auf der Schneekoppe am vorigen Sonntage. Es scheint das immer so zu sein, denn man hört – und uns ist's ja selbst so gegangen –, daß keine gute Aussicht von den höchsten Stellen wahrzunehmen ist. Doch ich vergaß, daß wir auch nach der Turnlehrerin in Plauen waren und [sie] auch nicht trafen. Aber das wird uns jedenfalls gelingen, daß Frieda an dem Turnunterricht teilnehmen kann. Sie muß sich kräftigen und dem Körper mehr Bewegung verschaffen, obgleich wir durch das Laufen nach der Stadt das auch tun, denn wir sind im vorigen wie in diesem Monat keine 3mal mit der Pferdebahn gefahren; aber wenn es heiß ist, ist's eine Strapaze und ist besser, wenn sie turnt. Daß Du Seiferts den Wein gabst, ist recht, aber wir haben keine Flasche roten Wein mehr im Keller, doch das schadet nichts, und trinken wir lieber Bier.

Das kann allerdings passieren, daß P[aul Singer] eher fort muß, als seine Schwester gesund ist. Vielleicht kommt er ein paar Tage nach Dresden. Für seinen Bruder ist's allemal am schlechtesten, weil der alsdann die Karlsbader Kur abbrechen muß. Ich vergaß, daß er Dich herzlich grüßen läßt, ebenso Dr. B[raun], von dem ich noch nichts weiter hörte. Daß die kleine Auer lieber in ihrer alten Heimat ist als in der neuen, kann ich mir denken. Sie hat in M[ünchen] noch keine Freundin gefunden, und eine Großmutter ist für ein Kindergemüt auch mehr zusagend, als wenn die eigne Mutter so gern am Vergnügen hängt. Das erste, was Frau Auer Frieda fragte, als wir sie von der Bahn abholten, war, wieviel Bälle sie dies Jahr mitgemacht, und wollte es nicht glauben, daß Frieda nicht tanzen könne. Frau Schack hatte ganz recht, wie [sie] schrieb, daß sich die Strohwitwen in München ganz wohlfühlten. Frau Auer schrieb mir ganz naiv, wie das nur möglich sei, daß ich solche schwere Zeit so oft habe durchmachen müssen. Doch genug für heute.

Sei recht herzlich gegrüßt und geküßt von
Frieda und Julie

[Am Fuß der 2. Seite:]

485

Wir sollen doch wohl Herrn Cramer[?] danken? Was sollen wir ihm betreffs der Übersetzung sagen?

1 Gemeint ist das 1878 entstandene Lustpiel „Der Hypochonder" von Gustav von Moser (1825-1903). Julie und Frieda Bebel besuchten die Vorstellung des Wallner-Theaters am 9. Juni 1887.

2 Es handelt sich um das Buch von Kambli „Die sozialen Parteien und unsere Stellung zu denselben", St. Gallen 1887. Conrad Wilhelm Kambli (1829-1914) war 1885-1905 Pfarrer in St. Gallen, später Dekan; er wurde durch mehrere sozialethische Schriften bekannt. Zu dem genannten Buch verfaßte Bebel im Gefängnis eine für „Die Neue Zeit" gedachte Rezension, die dann aber am 16. und 23. September 1887 im „Sozialdemokrat" erschien.
(Siehe BARS, Bd. 2/1, S. 377-387)

3 Die Rede ist vom Hotel Goldner Adler in Zwickau, Inhaber Wilhelm Hendel.

4 Julie und Frieda Bebel wandten sich an Dr. phil. Emil Schelle, Oberlehrer am Annen-Realgymnasium in Dresden-Altstadt, der die Lateinstunde aber nicht übernahm. Er vermittelte Ludwig Albin Jacobson, zu dieser Zeit Hilfslehrer am Annen-Realgymnasium, ab 1890 als Oberlehrer ausgewiesen.
(Siehe Adreßbücher Dresden)

5 Friedrich *Hermann* Goldstein (1852-1909), Handlungsgehilfe, Journalist; Sozialdemokrat in Dresden, aktiv im Dresdner Volksbildungsverein, seit 1892 Redakteur des „Sächsischen Volksblatts" in Zwickau, MdR seit 1903, Abgeordneter des sächsischen Landtags 1891-1898, 1905-1909, einziger unter dem Dreiklassenwahlrecht in Sachsen gewählter Sozialdemokrat.

131

Plauen, den 17. Juni 1887

Mein lieber August!

Da der beifolgende Brief[1] auch für Dich mit bestimmt ist, schicke ich Dir denselben. Ebenso habe ich das Buch von dem Herrn Pfarrer [Kambli] heute der Post übergeben. Deinen lieben Brief erhielten wir gestern und freuen uns, wenn wir Gutes von Dir hören. Nachdem Du erst Dein Veto abgegeben hast, hat Herr B[ahlmann] heute das erstemal unser Haus seit 8 Tagen wieder betreten. Er ist zu ängstlich. Nachdem der arme Felix wieder gesund ist, muß er trotzdem, wer weiß wie lange, noch im Bett bleiben, damit eine etwaige Erkältung unmöglich wird. Seit Mittwoch ist Frau Bahlm[anns] Tante und Tochter zum Besuch hier aus Berlin und gehen Montag wieder weg. Herr B[ahlmann] führt sie denn auch tüchtig herum. Wir haben sie nicht gesehen und glauben auch kaum, daß das geschehen wird. Morgen gehen sie nach der Bastei, und werden wir Frau Bahl[mann] mal besuchen. Die arme Frau kann einem leid tun. Ist sie sonst ans Haus gebunden, so ist's jetzt noch mehr, und kommt sie kaum aus dem Zimmer. Wenn freilich alle Leute sich den Kindern so widmen wollten wie sie, da brauchte es nichts mehr zu geben als große Kinderstuben.

Geisers Verhaftung[2] wirst Du gelesen haben. L[iebknecht] spricht ihr keine Bedeutung bei. Ich wundere mich selbst darüber, da G[eiser] sich sonst hübsch fern vom Schuß aufhält. Das Unangenehmste ist, daß seine Frau ihrer Entbindung entgegensieht und es auch sonst keineswegs gut steht. L[iebknecht] wird hinreisen. Er schreibt sehr niedergeschlagen. Der Reichstag wird also doch morgen beendet. Da muß P[aul Singer] doch eher fort als mit seiner Schwester, die immer noch zu Bett liegt und noch keine Aussicht, daß es bald besser wird. Sein Bruder muß auch zurück, nachdem er erst 14 Tage seine Kur gebraucht. Vielleicht besucht er uns auf ein paar Tage, wenn er nicht gleich weiß, wohin?

Sonntag schreibe ich mehr.

Die herzlichsten Grüße und Küsse von
Deiner Julie und Frieda

1 Der Brief stammte von Otto Walther.
2 Den Anlaß zu Geisers Verhaftung bildete ein Brief von C. Oertel, in dem dieser die Übersendung eines Ballens Flugblätter aus der sozialdemokratischen Druckerei in Nürnberg ankündigte. Brief und Flugblätter wurden von der Polizei beschlagnahmt, bevor sie den Empfänger erreichten. Sie dienten als Beweismaterial im Breslauer Geheimbundprozeß, in dem 38 Sozialdemokraten angeklagt waren. Geiser wurde bereits vor dem 7. August 1887 aus der Haft entlassen. Der Prozeß fand vom 7. bis 17. November 1887 vor dem Breslauer Landgericht statt. 29 Sozialdemokraten wurden zu insgesamt 100 Monaten Gefängnis verurteilt. C. Grillenberger und C. Oertel sagten in der Zeugenvernehmung aus, Geiser sei über die Flugblattversendung vorher nicht informiert gewesen. Obwohl Geiser zu den drei Teilnehmern aus Breslau am Kopenhagener Kongreß gehörte, wurde er nicht verurteilt, zumal er darlegte, er habe dort die Sozialdemokratie in gemäßigte Bahnen lenken wollen und sei ein Gegner des Geheimbundwesens. Geiser waren inzwischen auf dem Parteitag in St. Gallen im Oktober 1887 alle Vertrauensstellungen in der Sozialdemokratie entzogen worden. W. Liebknecht wurde auch als Zeuge in der Anklage gegen Geiser vernommen.
(Siehe Theodor Müller: Die Geschichte der Breslauer Sozialdemokratie, Breslau 1925, S. 225-259)

132

Mein lieber Mann!

Den Brief von Doktors wirst Du erhalten haben, ebenso das Buch, was ich an Deine Adresse sandte. Gestern besuchte uns Herr D[ietz], der von Berlin über Dresden kam und nach Hause reiste.[1] Wir haben uns sehr gefreut, und war er unverändert; die 6monatige Haft hat ihm nicht geschadet, höchstens dem Geschäft. Er sagte auch, daß ihm das Geisersche Unternehmen sehr schade.[2] Frau L[iebknecht] schrieb auch und läßt Dich grüßen, ebenso Herr D[ietz], hätte ich bald vergessen.

Über G[eiser] war Briefsperre verhängt, und wurden trotzdem Flugblätter an ihn geschickt, wie Frau L[iebknecht] schrieb. Also kann er nichts dafür, und erwartet man seine Freilassung. Alice [Geiser] hatte ganz verzweifelt geschrieben, und L[ieb-knechts]s sind es natürlich erst recht, weil sie, G[eiser]s, in traurigen Verhältnissen sind. Herr L[iebknecht] reist zu seiner Tochter, das schrieb ich wohl schon. Von K[autsky], London, erhielt ich eine Karte, worin er seine neue Adresse angibt. Sie lautet: 35, Lady Southampton Road, Highgate Road, N.W. London. Ferner schrieb er, daß er Dir vor einigen Wochen direkt nach *Chemnitz* (wegen Herkner) geschrieben habe und hoffe, daß Dir der Brief ausgehändigt wurde. Ich werde ihm schreiben oder vielmehr warten, bis Du mir geantwortet, ob Du den Brief erhieltst, was ich bezweifle, und ob er Dir dann nochmals schreiben solle. Er hat, scheint's, den Ort verwechselt, weil er wahrscheinlich an D[ietz] oft dahin schrieb.

Das erstemal, daß ich in unserer Laube schreibe, dies Jahr. Es ist so eine friedliche Sonntagsstille und scheint, daß das gute Wetter nunmehr aushält, denn es ist beinahe der erste schöne Sonntag. Wir werden nicht zu Bahl[manns] gehen, da ihr Besuch noch da ist und wir nicht stören wollen. Gestern haben wir uns nach dem Befinden der Kinder persönlich erkundigt, und ist Felix wieder ganz wohl, auch ist von den andern Kindern nichts Besonderes wahrzunehmen, und bleiben sie vielleicht verschont. Herr Bahl[mann] war mit seinem Besuch auf der Bastei. Mit unseren Lehrkräften für Frieda scheinen wir allmählich ins Gleiche zu kommen. Mit der englischen Lehrerin ist sie sehr zufrieden. Der Herr Dr. [Schelle], an den wir uns wegen der lateinischen Stunde wandten, kann ihr leider dieselbe nicht erteilen, weil er zu sehr beschäftigt ist, er wird aber für einen andern sorgen. Einen Mathematiker haben wir auch auskundschaftet, und zwar wohnt er bei uns in Plauen und auf unsrer Straße. Wir waren heute bei ihm, trafen ihn aber nicht. Er wird uns aber Bescheid zukommen lassen. Dann wird sie wohl zufrieden sein und genug lernen können.

Frau K[ronke] geht morgen nach Berlin, um sich in einem Geschäft vorzustellen, wo sie eventuell eine Stellung erhält. Ich wäre sehr froh darüber und nicht böse, wenn sie von hier fortgingen. Von Herrn S[inger] habe ich keine Nachricht, ob er nach Dresden kommt. Herr D[ietz] sagte, daß er gleich ins Bad reise. Was soll er auch hier; wenn Du nicht da bist, ist's ja für ihn zu langweilig. Auf ein paar Tage ist's ja ganz hübsch und für uns eine angenehme Abwechselung, aber auf für länger fehlt ihm hier die Gesellschaft und der Umgang gänzlich. Vorige Woche brachte unser Hauswirt wieder einmal Kauflustige für unser Haus. Ob etwas aus dem Kauf wurde, vermag ich nicht zu sagen, da ich seitdem nichts mehr davon hörte. B[orn] war so dumm naiv, zu den Leuten zu sagen, daß auch gleich Telefon da sei, um sich mit der Stadt zu verständigen. Die Leute werden allerdings gescheiter sein und denken, daß es auch Geld kostet und fortkommt, wenn wir auszögen. K[ronkes] waren auch auf Logissuche, und war eines angeschlagen am Hause der Schwester von Julius [Motteler] auf der Chemnitzerstraße[3], und ging ich mit hinein. Es war parterre, fast ebenso wie das unsere, aber etwas düster und 100 Mark teurer, da gefiel mir das unsere besser. Als wir uns verabschiedeten, gab ich mich zu erkennen, und war sie höchst erfreut und bat um meinen Besuch, eventuell wollte sie auch mich besuchen, so daß ich es fast bereute. Aber sie sagte, daß sie immer an mich gedacht und gehofft, daß uns der Zufall zusammenführe. Sie möchte sich so gern über ihren Lieblingsbruder mit mir unterhalten. Nun, so bald wird es aber dazu nicht kommen, da ich weder Lust noch Zeit habe.

Hatte ich Dir schon geschrieben, daß Kaysers einen kleinen Jungen haben?[4] Ferner hat mir Herr Heine geschrieben, daß er sich freue, daß Du bald Deine Haft überstanden, und er und seine Familie lassen Dich schönstens grüßen, und er schildert, wie man ihn seitens der Gegner trachtete, kaputt zu machen, und er sich nur noch auf die Parteileute verlassen müsse, die stolz seien,

Hüte auf Eure Namen zu tragen[5], und verschiedenes andere. Dann soll ich ihm die Frieda auf 4 Wochen hinschicken. Er sowie Familie Grohe[6] würden sich sehr darüber freuen und ihr Vergnügen verschaffen. Daraus kann natürlich nichts werden. Schrieb ich Dir schon, daß wir nach Braunschweig kommen sollen? Das geht auch nicht. Dr. W[althers] aus Frankfurt[7] haben mir einen 8 Seiten langen Brief geschrieben. Sie waren zweimal in der Villa. Einmal waren sie ganz plötzlich hingerufen worden wegen der Erkrankung des Doktors [Otto Walther] und Bubis, der Lungenentzündung hatte. Sie schildern aber die Großartigkeit der Umgebung und die herrliche Luft von Brandeck. Nur der letzteren und der außerordentlichen Pflege ihres Mannes sei der günstige Erfolg [für Hope Adams-Walther] zuzuschreiben. Wenn sie beides nicht gehabt, sei sie zu Grunde gegangen, denn die Krankheit sei so plötzlich und heftig aufgetreten, daß sie gar nicht anders hätten handeln können, wenn eine Rettung hätte erzielt werden sollen. Brauers lassen Dich auch grüßen und nehmen brieflich Abschied, da sie den 2. Juli nach Karlsbad reisen.[8] Ich wünschte nur, sie wären schon zurück. Daß sie, meine Schwester, von Ahnungen erfüllt ist, geht daraus hervor, daß ich eine Kiste neuer schöner Betten, die sie für Frieda angesammelt hat, durch den Spediteur zu uns bringen lassen mußte. So hat sie auch für die andern Nichten welche in Bereitschaft.

Daß ich Dir manchmal unverständlich bin, glaube ich gern, das ist ganz natürlich. Wenn ich im Mitteilen bin und werde gewahr, daß ich eigentlich darüber nicht schreiben dürfe, breche ich ab, und somit bleibt es unverständlich. Ich habe das auch Frau Auer nicht übelgenommen, sie ist noch jung und von einer naiven Unbefangenheit und hat bisher den Ernst des Lebens nicht so zu kosten bekommen wie manche andere. Deshalb hat sie auch Sinn für Vergnügungen. Sie ist denn auch in die rechte Gesellschaft gekommen, deshalb gefällt es ihr so in München. Daß ihr Mann nicht wohl ist, tut mir herzlich leid, und hoffe ich, daß es sich bald wieder gibt. Ich weiß nichts mehr zu schreiben, denn da ich so wenig zum Lesen komme, kann ich mich nicht darüber mit Dir unterhalten. Doch da fällt mir ein, wie recht Du hast, daß die Leute namentlich von unseren Finanzen eine so hohe Meinung haben, die man ihnen so schwer ausreden kann. Da sollten wir gleich ein junges Mädchen mitnehmen, der Frau May[9] in Brauers Hause ihre Nichte, die ihre Eltern besuchen sollte, d. h. bloß den

Vater und Bruder, sie hat die Stiefmutter. Nun sind die Kinder reich, und wenn sie stürben, ginge das Vermögen an die Eltern über, und die sind immer in schlechten Verhältnissen, und da denkt Frau May, sie könnten ihr etwas antun, wenn sie bei den Eltern wohnt, und deshalb sollte ich sie zu mir nehmen, und sollte sie von uns aus die Eltern besuchen. Ich habe mich dagegen verwahrt, daß ich sie gleich mitnehmen könnte, und Brauers geschrieben, daß sie bei uns wohnen könne, aber zu weiter könnte ich mich nichts einlassen. Die Leute[10] wohnen in der Tolkewitzer Straße, also entgegengesetzte Richtung, und hoffe ich die Angelegenheit erledigt.

Doch nun will ich schließen, leb wohl und bleib hübsch gesund, wie wir es auch sind, und sei recht herzlich gegrüßt und geküßt von uns

Deine Frieda und Julie

1 Der Reichstag schloß seine Session am Sonnabend, dem 18. Juni 1887. Für diesen Tag wurde Dietz als entschuldigt geführt.

2 An K. Kautsky schrieb H. Dietz über B. Geisers „Volks-Bibliothek des gesammten menschlichen Wissens": „Die Internationale Bibliothek hat, wie Sie wohl gehört haben, Herrn Geiser nicht schlafen lassen. Er hat während meiner Haft mutig ein Konkurrenzunternehmen begonnen unter Unterstützung von L[ie]bk[necht] und Hasencl[ever] und gibt flott eine Volksapotheke, welche ‚das gesamte menschliche Wissen' ‚für 10 Pf' anpreist, heraus. Viel Glück damit. Größerer Schund ist bislang noch nicht produziert worden."
(IISG, NL Kautsky, KD VIII, Nr. 151)

3 *Franziska* Friederike Hedwig Apel, geb. Motteler (1831-nach 1900), Frau des Loko-motivführers Richard O. Apel, dem das Haus Chemnitzerstraße 10 gehörte. Seit etwa 1891 Witwe.
(Siehe Geburtsregister Evangelische Kirchengemeinde Esslingen, übermittelt von F. Pospiech; Adreßbücher Dresden 1887-1895; Brief von F. Apel an J. und E. Motteler, 15.6.1900, in: IISG, NL Motteler, Nr. 39, Mitteilung von G. Langkau)

4 Der Sohn von Anna und Max Kayser hieß ebenfalls Max. Er fiel 1914 im Ersten Weltkrieg.
(Siehe Müller: Breslauer Sozialdemokratie, wie Nr. 131/2, S. 293)

5 A. Heine hatte vier verschiedenen Paßformen von Hüten die Namen von A. Bebel, C. Grillenberger, W. Liebknecht und L. Viereck gegeben und innen deren Fotogra-fien angebracht. Entsprechende Annoncen befanden sich in sozialdemokratischen Zeitungen, auch im „Sächsischen Wochenblatt". Am 23. Juli 1887 teilte das Blatt mit, das „Berliner Volksblatt" habe diese Annoncen als „albernen Personenkultus und Geschäftssozialismus" bezeichnet. Dadurch sei die Sache „zu einer Haupt- und Staatsaktion geworden, und alle Blätter, groß und klein, beschäftigen sich mit die-ser Angelegenheit". Am 27. Juli 1887 teilte das Blatt mit, daß Grillenberger und Liebknecht – die beiden anderen waren inhaftiert – gegen die Verwendung ihrer Namen in Hutinseraten protestiert hätten.

6 Da im Adreßbuch von Halberstadt keine Familie Grohe verzeichnet ist, könnte es sich um den Bäckermeister Johannes Grohe aus Magdeburg-Sudenburg handeln. (Auskunft der StA Halberstadt u. Magdeburg)

7 Gemeint sind Friedrich Walther und Frau. Sie besuchten Hope und Otto Walther auf der Brandeck.

8 Frieda Bebel schrieb ihrem Vater am 19. Juli 1887, daß Post von Brauers aus Karlsbad eingetroffen sei. Es gehe ihnen gut. Onkel Brauer sei weniger aufgeregt und praktischer als früher.

9 Juliane Emilie May, geb. Frey (1821-1900), Witwe eines Victualienhändlers. Ihr gehörten die Häuser Lange Straße 20 und 22. Siehe StA Leipzig, PoA 1876-1889, Nr. 190, Bl. 28; Leipziger Adreß-Bücher)

10 Gemeint ist der Architekt Alexander May, Tolkewitzer Straße 37. (Siehe Adreßbuch Dresden 1887)

133

Meine liebe gute Julie!

Deinen lieben Brief vom 20. empfing ich heute[1], auch Dein vor-
hergehender Brief nebst dem W[a]lt[er]schen gelangte in meinen
Besitz. Das Buch wird wohl auch eingetroffen sein, vorläufig
besitze ich es noch nicht.

K[au]tsky wird wohl mittlerweile wissen, daß ich in Besitz
seines Briefes kam, dadurch, daß er von Dietz erfuhr, daß ich den
Artikel einschickte.[2] Dietz schrieb mir vorige Woche. Er scheint
sich in der Haft nicht sehr wohlgefühlt zu haben. Er selbst sei 4
Pfund leichter geworden, wogegen Heinz[el] 12, Müll[er] gar 14
Pfund zunahmen. Auch schreibt er von der „entsetzlich langen
Zeit", die es gewesen sei.

Ich glaube, daß das G[eiser]sche Unternehmen dem seinen
schadete.[3] 50 Pf für ein Heft, wenn sein Inhalt auch noch so gut
ist, ist für die meisten Arbeiter zuviel, 10 Pf fallen ihnen leichter.
Obendrein hatte er mit den ersten Heften keinen besonderen
Griff gemacht. Daß das Unternehmen mit dem Darwinismus
begann, mit dem heute alle Welt überfüttert wird, war nicht
geschickt.

Die Verhaftung G[eiser]s ist auf keinen Fall wegen der Flugblätter erfolgt. Das ist kein Grund zur Verhaftung. Man will in
Br[e]sl[au] einen Geheimbundprozeß machen. Unsere Leute dort
haben während der Wahl agitiert, und das genügt. Im übrigen
sind die Breslauer die harmlosesten Leute in der ganzen Partei,
und G[ei]s[e]r hat sich um *gar nichts* gekümmert. Aber er war mit
in Kopenhagen, und das wird ihm jetzt vermutlich eingetränkt.
Dasselbe wird mit Kr[ä]ck[e]r geschehen. Daß man letzteren
unmittelbar nach Schluß des Reichstags mitten aus den Kollegen
von der Straße weg verhaftete, beweist, wie rücksichtslos man
vorgehen will. Man konnte Kr[äcker] ebensogut in seiner Wohnung oder nach seiner Ankunft in Br[eslau] fassen, nein, es mußte
mit möglichstem Eklat geschehen.[4] Die Verhaftung erinnerte mich
an die meine am ersten Pfingstfeiertag [18]82 auf der Brühlschen
Terrasse auf Geheiß des Herrn von M[angoldt]. Diese dreitägige
Haft werde ich nicht vergessen und wenn ich 100 Jahr alt werde.
Das Blut siedet mir, wenn ich dran denke.[5] Herr v. M[angoldt] ist
jetzt hier Gerichtspräsident.

Der Alte wird freilich den Kopf wegen der Verhaftung G[eiser]s sehr voll haben. Die längst in Aussicht gestandene Katastrophe dürfte eintreten, wenn G[eiser] längere Zeit in Haft bleibt. Wir haben auch keine Ursache, uns darüber zu freuen, denn wem wird die Familie zur Last fallen? Doch nur dem kleinen Kreis der leistungsfähigen Leute, und es wird keine leichte Last.

Es scheint also, daß L[ie]b[knecht] an H[ei]n[e] schrieb, weil er sich an Dich wandte. Was H[eine] schreibt, hat keine Bedeutung. Er ist in so wohlhabenden Verhältnissen, daß er zu solcher Reklame zu greifen nicht nötig hat. Geht die Ankündigung in den öffentlichen Blättern noch fort, wenn ich hinauskomme, werde ich dem Unfug ein Ende machen. – Fr[ieda] würde sich sehr mopsen, wenn sie 4 Wochen in H[alberstadt] sein sollte. Das wäre für sie der allerletzte Aufenthalt. Auch wäre es selbstverständlich, daß wir uns zu vierwöchentlichem Gegendienst verpflichten müßten. Ich danke.

Du solltest einem Ansinnen gegenüber, wie es Frau M[ay] stellte, nicht um eine Ausrede verlegen sein. Du hättest schreiben sollen, daß Dir bereits von verschiedenen Seiten Besuch in Aussicht stünde und es da zweifelhaft sei, ob Du im gegebenen Moment Quartier bieten könntest. Was zum Kuckuck haben wir mit diesen Leuten zu schaffen! Ist denn unser Haus ein Hotel? Ich fürchte, Deine Antwort wird nicht die gewünschte Wirkung haben. Im übrigen ist die Befürchtung der Frau albern.

Einen Besuch bei J[ulius Motteler]s Schwester werdet Ihr wohl machen müssen, wenn sie Euch besucht. Ihr könnt Euch schon so halten, daß die Intimität nicht zu groß wird. Ich sehne mich auch nicht nach dieser Bekanntschaft, so sehr es J[ulius Motteler] freuen wird, wenn er mal von uns über seine Schwester Nachricht erhält.

Wenn Frau K[ronke] wieder Stellung nehmen will, warum dann noch Logis mieten? Mir sollte es sehr angenehm sein, wenn sie gar nicht mehr in Dr[esden] wären, wenn ich zurückkommme. Sollte es treffen, daß Deine Schwester vor ihrem Manne stürbe, was ich fast glaube, dann mag Frau K[ronke] bei ihrem Onkel die Wirtschafterin spielen; denn wer sollte die Pflege des alten, verwöhnten Mannes übernehmen?

Anbei sende ich einen Bericht aus dem „[Leipziger] Tagebl[att]", der namentlich Frieda interessieren wird, da es sich um das Begräbnis eines ihrer früheren Lehrer handelt.[6] Nach dem Bericht hat der alte S[amostz] noch schwer gelitten. Daß Dr. S[a]m[ostz] sich tröstet, ihn *über* den Sternen wiederzufinden, zeigt, daß er in jenem Augenblicke alle Kosmogonie und Astrononomie vergessen hatte. Die Menschen lieben es, sich an Illusionen zu klammern, sie können ohne Illusionen nicht leben.

Frau A[uer] kommt nächste Woche von Schw[erin] über hier zurück, ihr Billett läuft mit dem 2. Juli ab. Sie war auch ein paar Tage in Hamburg. Daß es ihr in Münch[en] sehr gut gefällt, begreift jeder, der Schwerin und München kennt. Der Unterschied ist noch größer wie zwischen Borsdorf und Dresden. Allzuviel Vergnügen hat sie in ihrem Leben nicht genossen. Die Ausweisungen aus Berlin und Hamburg waren kein Vergnügen und der Aufenthalt in Schw[erin] auch nicht. Dort haben sie 4 Jahre lang so proletarisch gewohnt, daß ich nicht begreife, wie sie es fertig brachten, und in seinem elenden Loch von Laden hat er sich die Krankheit geholt.

Es ist doch eine merkwürdige Sache, daß Frau Dr. W[alther] so an Gewicht zugenommen hat – 141 Pf[und] ist für sie kolossal – und doch noch so schwach ist. Nach seiner Schilderung haben sie bis jetzt sehr schlechtes Wetter gehabt, aber er täuscht sich, wenn er meint, das sei Regel. Wir haben nicht nur ein ungewöhnliches Frühjahr bis jetzt gehabt, sondern da meist West- und Nordwestwinde wehten, war klar, daß sie grade diese auf ihrer Höhe spürten, wenigstens die ersteren; gegen alle übrigen Winde mit Ausnahme der Südwinde sind sie aber geschützt. Gut, daß sie den Plan aufgaben, dort eine Art Heilanstalt zu errichten, dazu fehlt es an Platz. Wenn ich nach dort komme, dürfen sie aber nicht denken, daß ich mich länger als einen Tag aufhalte, das fällt mir nicht ein. Wenn sie recht viel Trauben bekommen, können sie uns ein Kistchen schicken, Weinstöcke gibt es auf dem Grundstück ziemlich viel. Ich habe nur kein Vertrauen zu dem Wetter. Der Sonntag war auch hier prächtig, der schönste, den wir bisher hatten. Gestern und heute war es wieder ziemlich bewölkt und auffallend kühl, ein Beweis, daß starke Gewitter irgendwo niedergingen. Ich fürchte, daß dies die Witterung auch für den Sommer bleiben wird.

Mich wundert, daß Dir P[aul Singer] nicht schrieb, wohin er gehen wird. Vermutlich hast Du mittlerweile Nachricht. Ich denke, er wird nach der Schweiz gehen, vorausgesetzt, daß er mit seiner Schwester nicht in ein Bad geht. Ich glaube nicht, daß es ihm Vergnügen macht, sich allein an einem solchen Ort herumzudrücken. Der Reichstag hat höllisch rasch gearbeitet, das ging nicht mehr per Dampf, sondern per Telegraph. Am meisten werden sich die großen Schnapsbrenner freuen. Diese halten eine Riesenernte bis zum Herbst. Der Spiritus, der im Mai ca. 42 M stand, stieg am Tage nach der Abstimmung bis auf 68, und man glaubt, daß er über 70 M kommt. Ein paar tausend Brenner und einige Dutzend Spekulanten streichen 60 - 70 Millionen Gewinn ein. Da begreift sich die patriotische Begeisterung. Der kleine Mann und der Arbeiter zahlen, so ist's ganz in der Ordnung.[7]

Ich höre soeben, abends 9 Uhr, daß es draußen ganz gemütlich regnet.

Grüße Bahlm[ann]s, und ich laß ihnen Glück wünschen, wenn die beiden Kleinsten vorläufig von den Masern verschont bleiben.

Neuigkeiten weiß ich weiter keine, da in unsern vier Wänden selten dergleichen passieren.

Triffst Du zufällig den dicken Max [Kayser], dann gratuliere ihm in meinem Namen zu seinem Jungen, er wird sich in seiner Vaterwürde sehr gehoben fühlen. Das Ereignis ist ein Pflaster auf die Wunde der Wahlniederlage, die ihn sicher doch schmerzte.
Euch beiden die herzlichsten Grüße und Küsse
Dein August

Du kannst K[autsky] den Empfang seines Briefes per Karte anzeigen.

Es hat die Nacht durch geregnet und ist heute morgen, den 22. 6., trübe.

1 Bebel bezieht sich auf Julies Brief vom 19. Juni 1887.
2 Gemeint ist Bebels Rezension über das Buch von H. Herkner. Siehe Nr. 125/1.
3 Die Rede ist von der „Internationalen Bibliothek", die H. Dietz herausgab (siehe Nr. 83/2), und der von B. Geiser initiierten „Volksbibliothek des gesammten menschlichen Wissens" (siehe Nr. 73/5).
4 Julius Kräcker wurde am 18. Juli 1887, unmittelbar nach Schluß der Reichstagssession, in Berlin verhaftet. Bebel erfuhr davon durch die „Volks-Zeitung" vom 19. Juni und das „Leipziger Tageblatt" vom 21. Juni 1887. Kräcker stand an der Spitze der Angeklagten im Breslauer Geheimbundprozeß und wurde zu sieben Monaten Gefängnis verurteilt, ohne Anrechnung der fünf Monate Untersuchungshaft. Er mußte die Haftstrafe Ostern 1888 antreten. Im September wurde er vom Gefängnis ins Krankenhaus gebracht, wo er am 2. Oktober 1888 an Krebs verschied. Bebel

nahm an der Beisetzung am 5. Oktober 1888 teil und hielt im Trauerhaus eine Ansprache.

(Siehe Nachruf Bebels auf Kräcker in: Illustrirter Neue Welt-Kalender, Stuttgart 1890, S. 67/68; Berliner Volksblatt, 7.10.1888; Müller: Breslauer Sozialdemokratie, wie Nr. 131/7, S. 231-267, 296-300)

5 Siehe BARS, AmL, S. 635-639, und Nr. 35.

6 Emanuel Samostz (1827-1887) verstarb am 12. Juni 1887. Er war Oberlehrer an der Smittschen Höheren Töchterschule und lehrte an der Buchhändler-Lehranstalt. Außerdem wirkte er als Schriftführer des Leipziger Privatschullehrervereins und war Vorstandsmitglied des Leipziger Schillervereins und Gemeindesekretär der israelischen Gemeinde.

(Siehe Leipziger Tageblatt, 14.-17.7.1887)

7 Der Kartellreichstag erhöhte neben anderen die indirekten Steuern auf Getreide, Zucker sowie Bier- und Branntwein, was vor allem den Großagrariern hohe Gewinne einbrachte.

(Siehe dazu A. Bebel: Die Tätigkeit des Deutschen Reichstags von 1887 bis 1889, in: BARS, Bd. 2/1, S. 652-671, besonders S. 663-666)

134

Mein lieber guter August!

Deinen lieben Brief haben wir erhalten, und will ich eben daran gehen, meinen Sonntagsbrief zu schreiben. Zunächst sende ich Dir auch noch zwei andere, einen von Deinem Vetter [Schlesinger], der denkt auch, wer wagt, gewinnt. Soll ich ihm etwas schicken? Und der andere ein Plauener Produkt. Wir haben gelacht, wie wir es lasen, und hatte ich auch schon eine Antwort abgefaßt, aber es ist wohl besser, wenn wir es unterlassen.[1] Es geht natürlich nur von den frisch-fromm-fröhlich-freien Herren aus, denn die Damen, darunter Dienstmädchen in weißen Schürzen, würden wohl kaum gegen Friedas Aufnahme agitiert haben, sondern wollten sie durchaus den Abend, wo wir dort waren, dabehalten, und war aber die Geschichte keineswegs so vertrauenerweckend, und hätten wir am liebsten die Geschichte rückgängig gemacht, aber in Anbetracht der Notwendigkeit bewirkten wir die Anmeldung. Doch bevor Frieda hingehen wollte, kam der Brief, auch paßte mir die Zeit nicht, von 8 oder 1/2 9 Uhr bis 1/2 10 abends. Nun, die Sache ist erledigt, und turnt Frieda zu Hause in Freiübungen etc. Der Herr Mathematiker hat sich gestern auch vorgestellt, und will Frieda wöchentlich 2 Stunden nehmen. Er verlangt aber 2 Mark die Stunde, und bin ich der Meinung, daß sie im Sommer nur 1 Stunde wöchentlich nimmt, da dann noch die lateinische und englische dazukommt und im Sommer man eher Abhaltung hat. Was meinst Du dazu? Dr. Schelle, an den wir uns gewandt hatten, schrieb uns, daß er in dem Oberlehrer Jacobson die geeignete Lehrkraft für Frieda gefunden hätte,[2] er wollte aber erst nach den großen Ferien beginnen. Frieda wird Dir übrigens diese Woche selbst schreiben.[3] Herr Singer ist in Friedrichroda mit seiner Schwester Philipsthal und deren Tochter, die dort zur Kur sind, und will dort die Genesung seiner Schwester [Mathilde] abwarten und mit dieser weiterreisen.

Du hast wohl auch gelesen, daß der alte Levy gestorben[4] und Herr Singer Testamentsvollstrecker ist? Es stand im „Berliner Volksblatt". Es ist doch gut, daß Du jetzt das „[Leipziger] Tageblatt" liest, da erfährt man wenigstens etwas von Leipzig. Der alte Samostz tut uns leid, er hat sich ehrlich geschunden, aber dem Dr. S[amostz] hätte ich etwas Besseres zugetraut als diese

Heuchelei. Von Julius [Mottelers] Frau bekam ich ein paar Zeilen, daß ihr Vater in Esslingen gestorben ist[5] und von ihrer Schwester ein 5jähriges Töchterchen von einem Holzstoß zerquetscht wurde. Die müssen doch in ihrer Nähe sein, denn sie ist sehr betrübt darüber und von dem lieben Geschöpfchen spricht. Im Geschäft krachte es in allen Ecken und Enden. Übrigens hat mich Julius' Schwester bereits besucht und sich über die feindlichen Brüder beklagt, die an einem Ort wohnen und sich auf der Straße nicht kennen[6], und das sei hauptsächlich den Frauen zuzuschreiben. Das begreift man allerdings von gebildeten Menschen nicht. Wenn man aber die harten Schädel in Betracht zieht, begreift man es schon.

Die kleine Ottilie [Bahlmann] liegt seit vorigem Montag und wird wohl bald gesund sein, und wird der kleine August wohl nicht verschont bleiben. Frau Bahlm[ann] hat ein ganz verstelltes, dickes Gesicht vor Zahnschmerzen, das reine Lazarett. Wir wollen heute einmal hineingehen, obgleich wir in den Volksbildungsverein zum Sommerfest geladen sind.[7] Ich weiß noch nicht, was wir vorziehen, da keins von beiden verlockend ist. Gestern wohnten wir im Volksbildungsverein einem Vortrage Dr. Petermanns[8] bei über Altersversorgung; leider konnten wir fast nichts verstehen, da er sehr leise spricht und der Hitze wegen die Fenster geöffnet waren, wo das Geräusch von der Straße es vollends unverständlich machte. P[etermann] sieht noch immer wie früher gut erhalten aus, und macht ihn trotzdem ein großer Bart nicht älter. Wir sind bald nach dem Vortrag weggegangen und haben ihn nicht gesprochen. Wittichs waren auch dort als Neuvermählte[9], und hatten sie uns die Anzeige gesandt.

Bei uns stehen die Rosen in vollem Flor, es sieht sehr hübsch aus. Z. sind verreist in Böhmen, eine Vergnügungstour, wollten übrigens gestern zurückkommen. Die Gräfin [Schack] schreibt von Beuthen und läßt Dich grüßen. Frau Liebknecht schrieb an Bahl[mann], daß sich erstere mit E[ngels] in L[ondon] überworfen hätte.[10] Sie schreibt aber nichts davon, sondern ganz entzückt von London und daß sie bald wieder hingeht. Wer weiß, was das ist. Herr Liebknecht wollte einen weiteren Vortrag über Amerika hier halten, aber der Centralhallensaal ist anderweit verpachtet und für derartige Vereinigungen nicht mehr zu haben, und der Wirt vom Dianasaal, was derselbe von der Centralhalle war[11], gibt auch den andern nicht her, weil er sich kontraktlich dazu verpflichten mußte, denselben nicht dazu herzugeben.

Am 23. dieses Monats hatte Herr Kroeber silberne Hochzeit und zugleich die Hochzeit seiner Tochter. Ich habe ihm telegraphisch in unser aller Namen gratuliert.[12] Haben unsere Leute doch nicht gesiegt in Bayern? Ich dachte es ganz gewiß, zwar in München ist's noch möglich, daß Herr Vollmar durchkommt.[13] Dein Gegenkandidat soll Sparig werden[14], wie ich höre. Doch mein Latein ist zu Ende, ich weiß nichts mehr. Wie ich hörte, seien hier verschiedene Haussuchungen gewesen, aber resultatlos. Nur bei Träger sollen sie eine Anzahl Manifeste[15] gefunden haben. Frau Liebk[necht] schrieb mir, es sei eine Anklage erhoben, aber es soll doch so gemäßigt sein. Ich habe es noch nicht zu Gesicht bekommen. Was jetzt nicht alles möglich gemacht wird in Anklagen und Prozessen, es wird einem ganz angst und bange vor der Zukunft. Es ist nur gut, daß L[iebknecht] seine Erbschaft erhalten hat[16], nun kann er seine Tochter [Alice Geiser] unterstützen, was auch ganz in der Ordnung ist. Es ist ja nicht viel, aber doch etwas.

Doch nun leb wohl, und bleib gesund, wie wir es auch sind, und sei herzinnig gegrüßt und geküßt von Frieda und
Deiner Julie

1 Frieda Bebel wollte im Turnverein Plauen regelmäßig an sportlichen Übungen teilnehmen. Brieflich wurde ihr jedoch mitgeteilt, daß man sie wegen ihres Vaters nicht in den Turnverein aufnehmen könne. Siehe Nr. 139.
(Siehe Sächsisches Wochenblatt, 3.8.1887)
2 Siehe Nr. 129/4.
3 Ein entsprechender Brief von Frieda Bebel liegt nicht vor.
4 In der „Volks-Zeitung" wurde am 24. Juni 1887 der Tod von Mortier Levy (1808-1887) mitgeteilt. Levy war ein Freund von Johann Jacoby, selbst Demokrat und in der Revolution 1848/1849 aktiv. Er sammelte 1872 unter Mitgliedern der Volkspartei zur Aufbringung der Gerichtskosten und zur Unterstützung der Verurteilten im Leipziger Hochverratsprozeß. Auch unter dem Sozialistengesetz unterstützte er Sozialdemokraten. Das Blatt teilte mit, er habe sich wie Jacoby 1872 der SDAP angeschlossen. Das dementierte Bebel im folgenden Brief.
5 Der Färber Johann David Schwarz (1808-1887) starb am 31. Mai 1887.
(Siehe Kirchliches Familienregister Esslingen, übermittelt von F. Pospiech)
6 Außer Julius Motteler lebte dessen jüngster Bruder *Theodor* Christian Wilhelm Ferdinand Motteler (geb. 1843) in Zürich. Er war dort als Bezirksbeamter der Gothaer Lebensversicherungs-Bank tätig. Verheiratet war er mit Maria Bonniger (geb. 1838). Im Juni 1897 siedelte Theodor Motteler von Zürich nach Dresden über.
(Übermittelt von Gabi Einsele aus Unterlagen des StA Zürich)
7 Das Sommerfest des Volksbildungsvereins fand im Großen Garten des Feldschlößchens statt.

8 Theodor Petermann (1835-1913), Jurist, Publizist, 1866-1874 Leiter des sächsischen statistischen Büros, aus dem Staatsdienst entlassen, Demokrat, Mitglied der Sächsischen Volkspartei, 1868/1869 aktiv im VDAV in Dresden, unterstützte die Bildungstätigkeit der Sozialdemokratie, oftmals Referent im Dresdner Volksbildungsverein.

9 Gemeint sind Manfred Wittich (siehe Nr. 19/6) und Anna Wittich, geb. Rothe (gest. um 1915), die seit 1879 verlobt waren, aber aus finanziellen Gründen erst jetzt die Ehe schlossen. Anna sympathisierte mit der Sozialdemokratie. Sie verfaßte nach dem Tod ihres Mannes biographische Abrisse über ihn.
(Siehe A. R.: Manfred Wittich. Ein Lebens- und Charakterbild, Leipzig 1902; Anna Wittich: Biographie, in: [M. Wittich:] Lieder eines fahrenden Schülers, Hrsg. von Anna Wittich, Leipzig 1904, S. 71/72)

10 Gertrud Schack stand seit 1885 mit Friedrich Engels in brieflichem Kontakt und lernte ihn 1886 in London persönlich kennen. Sie nahm häufig an den Sonntagsrunden bei Engels teil. Am 30. Mai 1887 teilte sie Engels mit, daß sie ihn nicht mehr besuchen könne, solange Edward Aveling bei ihm verkehre. Der Versuch einer Aussprache seitens der Avelings wurde von ihr abgelehnt. Zu dieser Zeit wandte sich G. Schack verstärkt anarchistischen Ideen zu.
(Siehe F. Engels an F. A. Sorge, 4.6., 7.6.1887, in: MEW, Bd. 36, S. 666/667, 674; F. Engels an Laura Lafargue, 7.6.1887, ebenda, S. 668/669)

11 Laut Adreßbuch der Stadt Dresden 1887 und 1888 wechselte Gustav Hermann Wagner vom Inhaber der Centralhalle zum Besitzer der Diana-Säle.

12 Eine entsprechende Annonce stand am 23. Juni 1887 im „Leipziger Tageblatt". Siehe Nr. 82/3.

13 Es handelt sich um die Landtagswahlen in Bayern, die nach einem indirekten Wahlsystem stattfanden. Eine Landesversammlung bayrischer Sozialdemokraten hatte sich 1886 für eine erstmalige Beteiligung der Sozialdemokratie ausgesprochen, wobei ein Zusammengehen der sozialdemokratischen Wahlmänner mit Nationalliberalen gestattet wurde. Ein Artikel im „Sozialdemokrat" am 28. Oktober 1886, den Vollmar Bebel zuschrieb, bezeichnete ein Zusammengehen mit Nationalliberalen als „Parteiverrat". Ein Erfolg wurde für Nürnberg erwartet, Grillenberger wurde jedoch nicht gewählt. Überraschend erhielt Vollmar im 2. Münchner Wahlkreis 34 Stimmen der 70 Wahlmänner. Zu einem Zusammengehen mit den Nationalliberalen, die fünf Stimmen auf sich vereinten, kam es nicht, da sich Zentrum und Nationalliberale gegen die Sozialdemokratie verbündeten.
(Siehe H. Hirschfelder, wie Nr. 98/7, S. 406-412).

14 Siehe Nr. 124/9. Carl August *Bruno* Sparig (1840-1894), Nationalliberaler, verzichtete auf die Gegenkandidatur zu Bebel. Bebel und Sparig hatten am 10. März 1876 in einer großen Versammlung in Leipzig über die Kommune disputiert.
(Siehe BARS, Bd. 1, S. 321-340)

15 Gemeint ist die Flugschrift „An die Wähler Deutschlands!", die das sozialdemokratische Zentralwahlkomitee Ende Mai 1887 herausgab. Darin wurden die Ergebnisse der letzten Reichstagswahlen eingeschätzt und die bis dahin getroffenen Entscheidungen des Kartellreichstags angeprangert. Ein Teil der in Nürnberg gedruckten Flugblätter wurde polizeilich beschlagnahmt. Daraufhin veröffentlichte „Der Sozialdemokrat" das Manifest vom 22. Juli bis 2. September 1887.

16 Am 28. Mai 1887 teilte der Rechtsanwalt Eugen Curti, Zürich, Wilhelm Liebknecht die Aufteilung des Erbes von Carl Höchberg mit (siehe Nr. 65/12). Liebknecht erhielt 1500 Mark abzüglich Gebühren. Curti bezifferte die Summe auf 1707,40 Schweizer Franken.
(Siehe IISG, NL Motteler, Nr. 1417)

135

Meine liebe gute Julie!
Den siebentletzten Brief von Dir nach hier – wenn Du die bisherige Regel innehältst – habe ich heute nebst den Beilagen erhalten.

Ihr habt sehr vernünftig gehandelt, über den Brief des Pl[auener] Turnvereins zu lachen; ist das eine traurige Gesellschaft. Aber das getreue Spiegelbild der Gesellschaft im ganzen Reich, überall Servilismus und Knechtsseligkeit. In Frankreich macht sich der Nationalhaß breit, bei uns die Hundegesinnung, beides Zeichen des moralischen Niedergangs eines Volks. Da fällt mir immer das Wintermärchen vom Heine redivivus ein, der schon zu Anfang der siebenziger Jahre betete, „der liebe Gott möge das nächste deutsche Geschlecht gleich mit Schwänzen zum Wedeln auf die Welt kommen lassen".[1] Vorüber.

Der Bettelfritz ist also auch wieder da; neulich hat er sich in den Finger geschnitten, diesmal ans Bein gestoßen, vermutlich wird er sich im nächsten Quartal die Nase verrenken. Ich denke aber, wir halten ihn jetzt etwas knapper und schicken ihm die Hälfte von sonst, also 5 M. Schicke ihm den Schein in einem Brief Einschreiben und frag an, ob der Justus schon aus der Schule sei und wo er sich in der Lehre befinde. Ich will dem Jungen später doch etwas schicken, er hat sich bisher nie gemeldet.

An demselben Tage, wo ich den letzten Brief an Dich absandte, kam eine Karte von P[aul Singer] aus Friedrichroda an, worauf er seinen Aufenthalt dort meldete und mitteilte, daß er zu meiner Freilassung in Dresden sein und von da an dort bleiben wolle. Wenn er auf die Anklage verdonnert wird[2], wird ihm ein Strich durch die Rechnung gemacht. Ich habe von dem Flugblatt in den Zeitungen gelesen, sein Inhalt ist mir auch unbekannt. Daß die Verfasser sehr vorsichtig gewesen sind, bezweifle ich nicht im geringsten, aber wo ist da heute die Grenze? Wir befinden uns in einem Zustand der vollkommensten Rechtsunsicherheit; niemand kann mehr sagen, wie weit die Interpretationsfähigkeit der Gerichte geht, und wenn das eine nach bestem Gewissen freispricht, kommt das andere und verurteilt. Wir sind ja hier die lebenden Beispiele. Diese ganzen Vorgänge sind auch ein Zeichen einer im Zusammenbruch begriffenen Periode; einstweilen wird uns das Fell gegerbt.

Weißt Du, worauf die Anklage lautet und welches Gericht die Anklage erhebt?

Wenn der Lehrer der Mathematik gut ist, sind 2 M für die Stunde nicht zuviel, weniger kann er nicht nehmen. Ich glaube auch, es wird besser sein, wenn Frieda bis zum Oktober zunächst eine Stunde nimmt, dann zwei. Doch will ich ihr darüber keine Vorschriften machen, da ich im Augenblick nicht übersehen kann, wie sie beschäftigt ist. Welche Stunden soll denn der Lehrer Jacobson übernehmen?

Daß der alte Levy starb und P[aul] zum Testamentsvollstrecker eingesetzt hat, las ich in der „Volks-Z[eitung]"; wenn man weiter dem Alten nachsagte: er sei in unsere Partei mit Jacoby eingetreten,[3] so ist das zuviel gesagt. Andrerseits war er stets bereit, wenn es galt, die Hand aufzutun. Die Leute seines Schlags sterben immer mehr aus, das Epigonentum in seiner Klasse hat keine Grundsätze mehr, das goldne Kalb ist sein Alles.

Die Feindschaft zwischen Jul[ius Motteler] und seinem Bruder ist nicht ausschließlich Schuld der Frauen, obgleich sich die Frau des letzteren in der bekannten Affäre seinerzeit sehr unschön benahm. Die beiden Brüder sind echt schwäbische Hartköpfe, und diese zerschmettern sich lieber die Hirnschale, als daß einer dem andern nachgibt. Das verunglückte Kind wird vermutlich das ihres Schwagers, des Oberlehrer Seidel[4] sein, der in der Schweiz, möglicherweise jetzt in Z[ürich] lebt.

L[ie]bk[necht] hat offenbar eine größere Redelust, als ich sie mitbringen werde, er wollte auch in Bremen über dasselbe Thema wie in Dresd[en] sprechen. Die Versammlung wurde verboten.

Die entscheidende, d. h. die eigentliche Abgeordnetenwahl ist heute in Bayern; unsere Leute werden aber schwerlich durchkommen, da alles gegen sie steht. Bei dem dort bestehenden Wahlsystem sind die Erfolge verhältnismäßig sehr günstig. Ob wir in Sachsen besser fahren, bezweifle ich, es gehen uns bei dem Zensus eine Menge Stimmen verloren, namentlich um Leipzig, wo sehr viele nichtsächsische Arbeiter wohnen, die bei der Reichstagswahl stimmen konnten. Daß „mein Freund" Sparig gegen mich kandidieren soll, amüsiert mich. Da hätte er es endlich dahin gebracht, daß man die *moralischen* Bedenken, die bisher seine eignen Leute gegen seine Kandidatur hatten, fallen ließ. Auch ein Zeichen der Zeit.

Daß Du Kroebers gratuliertest, war ganz hübsch, sie werden sich um so mehr gefreut haben, je unerwarteter die Depesche kam. Der junge Schwiegersohn ist freilich bayrischer Beamter, und für diese ist ein solches Zeichen der Aufmerksamkeit von uns hoch bedenklich. Doch es galt nicht ihm, sondern den Alten.

Wittich ist also endlich auch verheiratet! Hoffentlich hat er auch eine Existenz.

Ich wundere mich gar nicht, daß sich der alte E[ngels] und die Gräfin [Schack] überworfen haben, ich wunderte mich nur, daß die Freundschaft – wenn man's so überhaupt nennen darf – so lange dauerte. Es fehlte doch nicht viel, so wäre ich auch mit ihr hintereinander gekommen, sie sieht die Dinge etwas sehr einseitig und sehr von der Oberfläche an. Ihr guter Wille ist das Beste.

Anbei wieder ein Ausschnitt aus dem „[Leipziger] Tagebl[att]", der gestern drin enthalten war.[5] Du siehst, wie recht ich hatte, mich gegen diesen Unfug zu wehren; was man an den Gegnern tadelt, darf man selber nicht tun oder dulden, das sollte *erster* Grundsatz für jeden Parteimann sein.

Freitag haben wir hier großes Fest, nämlich Kalenderwendefest. Du fragst vielleicht, was das ist? Nun: Die Wandkalender sind doch auf zwei Seiten bedruckt, und mit dem 1. Juli muß man sie umwenden. Hier werden nun sehr eifrige Kalenderstudien gemacht, und da ist der Wendsdag ein sehr wichtiger Tag, mit ihm beginnt der letzte noch ganze Monat, den wir hier zuzubringen haben.

Sei so gut und schreibe Fr[iedrich] Geyer, Großenhain, er möchte mir, ähnlich wie voriges Jahr, eine Anzahl Rock- und Hosenstoffmuster und auch einige für Überzieher *hierher* senden und zwar Kammgarnstoffe wie Cheviot. Die Muster für Überzieher möchten aber ausdrücklich als solche bemerkt resp. ausgezeichnet sein. Ich will darum ersuchen, daß mir gestattet wird, einen Schneider zum Maßnehmen und Anprobieren in die Anstalt kommen zu lassen.[6] Auf alle Fälle aber will ich die Muster mir aussuchen, damit ich den Anzug bei meiner Freilassung habe.*

Ferner willst Du mir im nächsten Brief Geld schicken (120 M). Ich werde mit Ende dieses Monats nicht mehr viel übrig haben von dem, was ich mitbrachte. Nimm 100- und 20-M-Schein und schicke „Einschreiben".

Wir haben die letzte Woche echtes Sommerwetter gehabt, heute nachmittag regnete es tüchtig, was eine wahre Wohltat und jedenfalls nötig war. Nach den Berichten in den Zeitungen muß draußen auf dem Felde alles außerordentlich üppig stehen. Wenn ich hinauskomme, werde ich nicht mehr viel davon sehen, denn dann ist die Ernte in der Hauptsache eingeheimst.

Hoffentlich geht bei Bahlm[ann]s alles gut vorüber, ich bin sehr gespannt zu sehen, wie die Kinder sich entwickelt haben.

Für heute lebt wohl. Herzlichste Grüße und Küsse Euch beiden

Dein August

[Am Rand der 3. Seite:]

Wenn Dr. P[etermann] erfährt, daß Ihr in seinem Vortrag wart, ohne ihn zu sprechen, und er wird dies wohl erfahren haben, nimmt er Euch möglicherweise die Zurückhaltung übel. Man weiß freilich nicht, wie man sich zu ihm stellen soll.

* Geyer möchte mir die Muster doch nächste Woche senden, gute Stoffe. Gebt acht, daß keine Motten in meine Garderobe kommen, es gibt dies Jahr viel Ungeziefer.

---

1 Siehe Ein neues Wintermärchen. Heine´s Besuch im neuen deutschen Reiche der Gottesfurcht und frommen Sitte, Verlag der Volksbuchhandlung, Zürich 1875. Dort heißt es auf Seite 7: „Es fehlt den Deutschen zum Hunde nur/ Ein richtiger Schwanz zum Wedeln;-/ O du, grundgütige Mutter Natur,/ Du Spenderin alles Edeln// Gib doch den Menschenhunden ihr Recht,/ Ihr eigenstes Recht auf Erden,/ Und laß das nächste deutsche Geschlecht/ Mit Schwänzen geboren werden."

2 Wegen einer angeblich geheimen Versammlung am 26. Januar 1887 in Görlitz, die von der Polizei aufgelöst worden war, strengte das Amtsgericht Görlitz ein Strafverfahren gegen Singer an wegen Übertretung der Vereinsgesetze. Singer wurde von einem Schöffengericht freigesprochen. Nach einer Berufung seitens des Staatsanwalts erfolgte im Herbst 1887 erneut ein Freispruch mangels Beweisen. (Siehe Görlitzer Nachrichten und Anzeiger, 28.4., 20.7., 8.11.1887 - nach Gemkow, Phil. Diss., wie Nr. 13/1, S. 436/437)

3 Johann Jacoby (1805-1877), Arzt, Publizist in Königsberg, revolutionärer Demokrat, engagiert in der Revolution 1848/1849, Anfang der 60er Jahre um die Formierung der demokratischen Opposition gegen die Politik O. von Bismarcks bemüht, 1868 Mitbegründer der demokratischen Volkspartei, 1870 Festungshaft wegen seines Protestes gegen die Annexion von Elsaß-Lothringen. Trat nach der Verurteilung von Bebel und Liebknecht 1872 im Leipziger Hochverratsprozeß demonstrativ der SDAP als Mitglied bei.

4 Robert Seidel (1850-1933), Weber, Journalist, Lehrer; Mitbegründer der SDAP, emigrierte 1870 wegen Verweigerung des Kriegsdienstes in die Schweiz; 1876-1879

kaufmännischer Leiter beim schweizerischen Arbeiterbund, 1884-1890 Lehrer in Mollis, 1890-1898 Redakteur der „Arbeiterstimme" (Zürich), 1893-1917 Mitglied des Kantonsrats, 1911-1917 des Nationalrats. Verfasser sozialpolitischer und sozialpädagogischer Schriften, später Dozent für Sozialpädagogik in Zürich. Er heiratete 1878 Elise *Mathilde* Schwarz (1853-1926), eine Schwester von Emilie Motteler. Um ihre Tochter kann es sich nicht handeln, denn Seidels besaßen zwei Söhne. Eine uneheliche Tochter von Mathilde war zu diesem Zeitpunkt bereits elf Jahre alt.

(Siehe Brigitte Spillmann-Jenny: Robert Seidel. 1850-1933, Zürich 1980. Über Bebels Stellung zu Seidel siehe Rolf Dlubek/Ursula Herrmann: Briefe August Bebels an Robert Seidel, in: BzG, 1970, H. 1, S. 135-153)

5 Bebel sandte den Ausschnitt „Partei-Reklame" aus dem „Leipziger Tageblatt" vom 27. Juni 1887, in dem A. Heines Inserat „Neueste Hutmode" abgedruckt wurde. Siehe Nr. 132/5.

6 F. Geyer übermittelte Bebel die ausgesuchten Stoffe, die in Zwickau verarbeitet wurden.

(Siehe F. Geyer an W. Liebknecht, 26.7.1887, Moskau, F. 200, Op. 4, Nr. 1939)

136

Mein lieber guter August!

Daß wir Deinen lieben Brief erhielten, hat Dir der Frieda ihrer gesagt. Wir teilen Deine Sehnsucht nach der Freiheit, und es wird Zeit, daß sie bald eintritt, für Dich am meisten, wenn auch für uns nicht minder. Endlich kann man sagen: nächsten Monat, obgleich es immer noch 6 Wochen sind, indes es geht dem Ende zu, und das verleiht uns Trost. B[ahlmann] hat auch eine Sehnsucht nach Dir, und jedes Mal, wenn wir hinkommen, sagt er uns die Zeit und rechnet ebenso mit jedem Tag, und wie viele Herzen rechnen noch ebenso, die mir teils schriftlich sowie beim Begegnen den 15. August als Gedenktag glauben näher zu rücken. Wegen des Flugblatts ist keine Anklage erhoben, ich weiß eigentlich selbst nicht, warum Frau Liebknecht an Herrn B[ahlmann] das schrieb. Herr L[iebknecht] war am Dienstag oder Montag 1/2 Tag in Dresden, wo ihn B[ahlmann] frug, und sagte er, daß es nicht der Fall sei. Frau L[iebknecht] sieht natürlich auch überall Gespenster, nachdem sie den Schwiegersohn, der doch absolut nichts verbrochen, festhalten. Es ist überhaupt unverständlich, wie man grade den Breslauern an den Kragen will; doch es ist heutzutage vieles unverständlich. P[aul Singer] ist zeugeneidlich vernommen worden in der Breslauer Geschichte, und in Görlitz glaube ich nicht, daß man ihm was machen kann, das ist wohl wegen eines Beisammenseins,[1] ich weiß nicht mehr genau. Daß er aber schon im August hierherkommen will, ist etwas früh und noch dazu mit Dir zugleich. Freilich wird er die Herumbummelei auch bald satt bekommen, und hier oder in Dresden kann er arbeiten, und ist er zu sehr daran gewöhnt. Wie es aber mit seiner Schwester steht, scheint sie nicht nach Franzensbad zu können, sondern er erwartet sie in Friedrichroda. Am Montag schrieb er, daß es schiene, als wenn Besserung einträte, denn sie sei einige Stunden außer Bett, aber so herunter an Kräften, daß es längere Zeit bedürfe, ehe sie dieselben wieder erlange.

Von der Exmittierung scheinen wir wieder einmal verschont, es scheint nichts aus dem Verkauf geworden zu sein, und werde ich die Wohnstube streichen lassen, denn der Fußboden ist sehr schlecht, hauptsächlich durch das Spänen, und wenn ich es nur ausbessern lassen wollte, so sind doch der schadhaften Stellen zu viele. Das gewünschte Geld habe ich Dir gesandt, ebenso das an Deinen Vetter. Ich hatte aber keinen 20-Markschein, und dann glaube ich auch nicht, daß man so viel Geld in eingeschriebenem Brief schicken darf. Auch wegen der Muster habe ich geschrieben, und wirst Du sie hoffentlich bald bekommen. Gestern sind Brauers nach Karlsbad. Na, der Reise hätte ich aber zusehen mögen, und wie wird sie überstanden sein. Ich denke, bald Nachricht zu erhalten. Daß uns Herr B[ahlmann] am Donnerstag ins Hoftheater führte, hat wohl Frieda geschrieben. Wir haben aber lange keinen solchen Genuß gehabt. Man mag sagen, was man will, Wagner hat Großartiges geleistet, namentlich in seinem „Tannhäuser". Die Musik ist so ergreifend und erhaben, das ihm so leicht keiner nachmacht. Die Besetzung mit der Malten war ausgezeichnet, eine so ideal schöne Elisabeth habe ich noch nicht gesehen. Schade, daß Gudehus nicht sang, der Ersatz für ihn war dem ersteren nicht annähernd gleich, überhaupt zu sehr Anfänger.[2] Am Dienstag waren wir bei den Wallnern im Residenztheater. Ich glaube, B[ahlmann] tut es als Sühne für seine gesund gewordenen Kinder. Wie es mit dem kleinen August steht, wissen wir noch nicht, aber die andern sind ganz gesund und Frau B[ahlmann] auch, die hatte so entsetzliche Zahnschmerzen, daß das ganze Gesicht verschwollen war.

Der Juli hat sich gut angelassen mit der Hitze, es ist heute der erste heiße Tag, und so werden noch mehrere folgen. Da wird es Dir auch in Deiner kleinen Stube heiß werden. Plauen ist in manchen Dingen groß, sogar im Stehlen. Dienstag nacht sind in dem Viktualienladen neben unserem Fleischer der Frau, einer Witwe mit 5 Kindern, 400 Mark gestohlen, aus der Wohnstube, wo sie nebenan schlafen. Früh konnten sie gar nicht munter werden, namentlich die Kinder, daß man glaubte, sie seien tot, und haben sie natürlich alle nichts gemerkt. Der Laden, wo eine eiserne Stange quer vor war, war wieder zu, und so weiß man nicht mehr, wohin die Diebe ihren Lauf nahmen. Weiter oben im Dorfe sind einem Fleischer 800 Mark, und zwar ebenfalls aus seinem Schlafzimmer, gestohlen. Er war erst spät nach Hause gekommen und legte das Geld neben sich unter seine Kleider und hat auch nichts gemerkt. Früh waren sie fort. In Löbtau hat man sogar die Schlüssel unter dem Kopfkissen des Schlafenden hervorgezogen und das Geld aus dem Sekretär geholt. Sogar auch auf dem Gebiete werden Fortschritte gemacht. Dazu kann man sich gratulieren, und ist natürlich Schrecken in die Leute gefahren, und die Schlosser haben tüchtig zu tun.

Daß der frühere Wahlkreis Herrn Freytags frei wird, hast Du wohl gelesen. Der jetzige Besitzer läßt sich kränklichkeitshalber nicht wieder wählen. Das wäre für Herrn Liebk[necht] eine Kandidatur.[3] Daß Herr v. Vollmar mit einer Stimme unterlag, ist fatal, aber Evora ist doch gewählt.[4] Nun, auch Grillenberger hat eine glänzende Minorität. Schade, daß er nicht gewählt wurde. Doch nun ist mein Stoff zu Ende, und wollen wir unsere sonntägliche Wanderung antreten. Friedas Freundin hat sich zum Besuch angemeldet aus Großenhain. Die Leute sind naiv, sie haben Frieda wohl immer eingeladen, nach dort zu kommen, aber was soll sie dort, und um keine Verpflichtungen zu haben; aber das hilft alles nichts, weil sie nicht kommt, müsse sie kommen. Nun, wir werden ihr schreiben, daß es nur einige Tage geschehen kann, indem wir nächste Woche das Zimmer streichen lassen. Das weiß der Himmel, warum sich die Leute nur so uns anhängen, wir geben niemand Veranlassung und kommen niemand zu nahe.

Doch nun leb wohl für heute, und sei recht herzlich gegrüßt und geküßt von Friedchen und
Deiner Julie

---

1 Siehe Nr. 135/2.

2 Therese Malten (1855-1930), Sopranistin, bekannte Wagnersängerin, 1873-1903 Mitglied der Dresdner Hofoper. Sie sang bei der Aufführung am 30. Juni 1887 die Elisabeth. Heinrich Gudehus (1845-1909), seit 1880 in Dresden als erster Tenor an der Hofoper, sang 1882-1889 bei den Bayreuther Wagnerfestspielen. In der genannten Aufführung, der letzten Vorstellung vor den Ferien, sang Rudolf Eichhorn zum ersten Mal die Rolle des „Tannhäuser" in Dresden.
   (Siehe Dresdner Nachrichten, 1.7.1887)

3 Den Wahlkreis Stollberg-Land hatte O. Freytag von 1877-1883 im sächsischen Landtag vertreten. Er lehnte 1883 eine erneute Kandidatur ab. W. Stolle unterlag 1883 mit 1055 Stimmen seinem Gegner Friedrich Straumer, Gymnasiallehrer in Chemnitz, der 1337 Stimmen erhielt. Bei den Landtagswahlen 1887 siegte dort Louis Drechsel, Fabrikbesitzer aus Gornsdorf. Liebknecht kandidierte in mehreren Wahlkreisen. In Stollberg-Land erzielte er 1688 Stimmen gegenüber 2321 seines Gegners. Er erhielt aber 1887 wie 1885 kein Landtagsmandat, sondern erst 1889.
   (Siehe Der Sozialdemokrat, 28.10.1887)

4 Wilhelm Evora (1846-1893), Zimmermann, später Brauereibesitzer; Mitglied der Deutschen Volkspartei, ab 1872 Mitglied des Gemeindekollegiums Fürth. Bei den bayrischen Landtagswahlen im Juni 1887 siegte er als gemeinsamer Kandidat von Sozialdemokratie und Volkspartei, mußte aber im April 1888 auf Protest der Frei-

sinnigen und der Nationalliberalen Partei wegen angeblicher Unkorrektheiten bei der Wahl sein Mandat niederlegen. Bei der Nachwahl unterlag er. – Durch Vermittlung von Bebel bezog Evora seit August 1885 den „Sozialdemokrat". Siehe Nr. 134/13.

(Siehe Fürther Tagblatt, 6.8.1930, übermittelt vom StA Fürth; AB an Motteler, 23.8.1885, BARS, Bd. 2/2, S. 203)

137

Mein lieber guter August!

Das war sehr hübsch von Dir, daß Du, ohne meinen Brief empfangen zu haben, den Deinen sandtest; denn der Donnerstag
ohne den gewohnten Brief war nicht schön, obgleich ich mir
denke, daß es recht gut vorkommen kann, und mich auch
schließlich damit tröstete. Die Einlagen interessieren uns immer
sehr, namentlich der Schulfeierartikel[1] und der Langersche Ab-
schiedsartikel[2]. Ich wollte es Dir schon immer schreiben, ich
wußte schon lange, daß er nach Dresden übersiedelt, und zwar
hat man seinetwegen einen Ehrenposten gestiftet (Orgelinspi-
ziant für ganz Sachsen), aber Greiff wird sein Nachfolger nicht
(für den Paulus), sondern ein akademisch gebildeter Gesangleh-
rer[3], aber für den Zöllner-Bund[4] und dergleichen Vereine wird er
Nachfolger sein. Ich erfuhr es in Leipzig von einem Sangesbru-
der. Greiffs hatten dies Jahr silberne Hochzeit, so kommen unsere
Bekannten nach der Reihe daran. Ißleibs werden es auch bald
sein. Ja, wenn man die Zeit bedenkt, hält man es kaum für möglich, daß wir uns schon so lange angehören. Freilich wird man alt,
und das ist dumm, obgleich natürlich. Das Eigentümliche ist nur,
daß man es an sich nicht merkt, sondern an den anderen sieht,
wie sie alle oder viele schon grau werden. So habe ich hier kürzlich eine frühere Jugendbekanntschaft erneuert. Die Tochter
unserer früheren Hauswirte ist in Dresden verheiratet und hat
zwei prächtige Kinder. Der Sohn ist Schauspieler geworden, und
die Tochter singt sehr hübsch und haben uns gestern sehr hübsch
unterhalten. Ich sträube mich so gegen Bekanntschaften, aber
man entgeht seinem Schicksal nicht. Unser Besuch, die Anna aus
Großenhain, ist mit denselben befreundet, und so konnten wir
einer Einladung nicht entrinnen. Wir haben uns schließlich sehr
gut von unserer Jugendzeit unterhalten. Ich traf sie schon einmal
in Dresden, da habe ich mich ganz passiv verhalten. Ich weiß
nicht, ob Du sie kennst. Es war im Hause meiner Eltern[5] die
Wirtstochter. Dort sah ich auch das Haus, worin ich geboren
wurde, abgebildet, mit dem alten Elstergraben.

[10. Juli]

Heute wollten wir mit Annas Bruder, der hier im Drogengeschäft
ist, nach Pillnitz, aber leider verregnete die Partie. Nun wollen

wir nach dem Belvedere zum Konzert, da es sich aufhellt. Die letzten Tage waren sehr heiß. Heute in 5 Wochen – wirst Du aber auch Dich nicht täuschen und erst den 15. freikommen? Nun, schlimmstenfalls ist's ein Tag länger. P[aul Singer] schreibt mir heute, daß seine Schwester angekommen sei, aber wie? Sie kann sich nicht selbst anziehen und hat das Mädchen mitgebracht, so schwach und elend, aber der Arzt hat es durchaus gewollt. Er hat gedacht, wenn sie bei ihrem Bruder ist, wird sie eher genesen, und so wird der seelische Zustand die [Überwindung der] Krankheit auch fördern. Sie tun mir beide leid, er und sie. P[aul] wird wahrscheinlich eine Reise unternehmen, ehe er nach Dresden kommt, denn er wird sich dort auch langweilen. Da bekomme ich eine Aufforderung von Richter, Hamburg, um 7 M 50 für 5 „Tribunal" vom 5. November [18]86.[6] Wir zeigten es B[ahl-mann], der sagte, ob es etwa seine bestellten 5 Stück seinerzeit gewesen seien, die er für Dich und verschiedene andere besorgte, aber ich denke doch auch, daß er sie bezahlt hat. Ich vergaß ihn zu fragen, will es aber heute tun, oder hattest Du auch welche bestellt? Gewiß ist's ein Versehen.

Von Ehrhart, Ludwighafen,[7] bekam ich einen sehr freundlichen Brief, worin er ein Pfälzerwein-Fäßchen ankündigt für Dich zur Stärkung, wenn Du wieder frei bist. Es ist sehr gut gemeint von den Leuten, doch ich muß den Brief mitnehmen und vielleicht bei B[ahlmanns] fertig machen.

[11. Juli]

was natürlich nicht geschen ist. Dort war noch mehr Besuch, ein Freund B[ahlmanns], der als Arzt in Bagdad, Konstantinopel, von den Mächten angestellt ist. Er ist schon 6 Jahre dort und hat uns sehr viel erzählt von den Sitten und Gebräuchen und Leben überhaupt. Es war uns recht interessant und angenehm. Schon vorigen Sonntag hatten wir das Vergnügen mit ihm, aber heute, Montag, reist er ab, zunächst auf Brautschau ins Oldenburgsche und kehrt dann über hier nach seinem Bestimmungsort, da die Ferien ablaufen. Bei B[ahlmanns] ist alles wohl und der Jüngste ein prächtiges Kind, das auf eine Ausstellung könnte. Der Felix fragt immer nach Dir, das dauere doch so lange, bis Du zurückkämst. Du brauchst ihm aber nicht noch mal zu schreiben, es genügt, wenn Du kommst. Dahingegen will ich Dir den 15. dieses Monats ins Gedächtnis rufen, wo Herrn Ißleibs Geburtstag ist und den 19. dieses, wo Frau Liebknechts Geburtstag. Ich weiß nicht, inwiefern Du gesonnen oder in der Lage bist, davon Notiz zu nehmen. Ich denke, daß ich Frau L[iebknecht] in Deinem Namen mit gratuliere, er denkt ja auch nicht an dergleichen.

Das zweite Haus, was Born baut, hat der Dr. Friedrich – Friedrich, der seinerzeit von Leipzig hierher übersiedelte[8] – gekauft, und wird es nach seinem Geschmack fertiggemacht, aber hochelegant. Es kommen Griffe Nr. 221, 1/2 Horn und Bronze hinein von uns, die Hälfte davon hat mir Ißleib gestern avisiert, und finde ich aber, daß er die Griffe teuerer gerechnet hat. Auf dem Probegriff, den wir hier haben, steht 4,20 [M], und Ißleib hat sie 4,50 [M] gerechnet. Ich muß ihm heute darum schreiben, denn wenn auch der Dr. [Friedrich] das will, hat doch Born den Rabatt zu fordern. Die Mainländerin hat auch einen langen, langen Brief für Dich gesandt. Ich werde ihn aber hier behalten müssen, bis Du kommst. Ich habe ihn noch nicht ganz gelesen, aber der Anfang ist schon genügend. Wegen der Lebenspolicen brauchst Du Dich nicht zu sorgen, zu was vertrete ich Dich denn sonst, so gut es geht? Es ist alles rechtzeitig besorgt. Von Brauers haben wir noch keine Nachricht, obgleich sie 8 Tage fort sein müssen. Heine schreibt gestern abermals, daß er eine Wohnung leerstehen habe, und lädt uns ein, sie zu besuchen.

Friedchen hat sich sehr über Deinen Brief gefreut und wird Dir bald wieder schreiben.[9] Der Ausschnitt trifft mit meiner Sorge in der Angelegenheit, die ich von je gehabt, überein, doch mehr wie ermahnen und abwehren, so weit es nötig ist, kann ich nicht, und viel Erfolg habe ich damit nie gehabt. Es paßt ihr gar nicht, wenn sie durch Besuch von ihrem Lernen abgehalten ist, doch turnt sie im Zimmer, wie Du es ihr empfohlen, und ich glaube oder es ist so, daß sie etwas stärker geworden ist. Sie fühlt sich auch sonst ganz wohl und ist es auch, aber das ist meine feste Überzeugung, daß das geistige Studium die Entwickelung hemmt. Jetzt hat sie nun wieder ihre Mathematik, und da sitzt sie, scheint's, am liebsten dabei. Zwei Stunden die Woche kommt der Lehrer. Ich will froh sein, wenn Du wieder selbst einmal Dein Gutachten abgeben kannst, ich kann da wenig tun. Das Lernen ist nun einmal ihre liebste Beschäftigung. Es ist ordentlich lächerlich, wie all ihre Freundinnen sie um Kopfeslänge überragen.

L[iebknecht] war bei seiner Tochter und ist befriedigter zurückgekehrt, als er fürchtete. Er könne sie geschäftlich unterstützen, ohne sich zu ruinieren, und Alice [Geiser] hätte jetzt selbst die Kasse in die Hand genommen und sei eine vorzügliche Rechnerin. Nun, es ist gut, er ist nur leicht entzückt und, wenn seine Kinder nur das Selbstverständlichste leisten, ein sehr nachsichtiger Vater. Gertrud [Liebknecht] scheint es jetzt auch besser zu gehen.

Doch nun leb wohl und bleib gesund und sei innigst gegrüßt und geküßt von Frieda und
Deiner Julie

[Am Kopf der 4. Seite:]
Sachen und Geld sende ich bald.

1 Bebel übersandte aus dem „Leipziger Tageblatt" vom 3. Juli 1887 den Ausschnitt „Schulfest der ‚Smitt'schen höheren Töchterschule', das am 1. Juli stattgefunden hatte.

2 Hermann Langer (1819-1889) war seit 1843 Universitäts-Musikdirektor in Leipzig und Leiter des Universitäts-Gesangvereins „Paulus", eines Männerchors, der 1822 gegründet worden war. 1887 nahm Langer seinen Abschied. Davon war das Sommerfest des Gesangvereins am 1. Juli und das Stiftungsfest am 2. Juli 1887 geprägt. Am 3. Juli fand Langers feierliche Verabschiedung statt. Langer zog im September 1887 nach Dresden und wirkte dort als Orgelbau-Revisor.
(Siehe Leipziger Tageblatt, 3.7., 5.7.1887; R. Kötzschke: Geschichte der Universitäts-Sängerschaft zu St. Pauli in Leipzig 1822-1922, Leipzig 1922)

3 Die Leitung des Universitäts-Gesangvereins Paulus übte der Musikwissenschaftler Hermann Kretzschmar (1848-1924) von 1887 bis 1898 aus.

4 H. Langer hatte auch andere Leipziger Gesangvereine geleitet, die sich im Zöllnerbund, benannt nach dem Komponisten und Chordirigenten Carl Friedrich Zöllner (1800-1860), zusammengeschlossen hatten. Neuer Direktor des Zöllnerbundes wurde Leopold Greiff, Klavier- und Harmonielehrer in Leipzig.
(Übermittelt von W. Schröder)

5 Julie Bebel war die Tochter des Ballenbinders und Aufläders Johann Gottfried Otto (18.9.1798 - 10.4.1857) und von Christiane Sophie, geb. Weber (8.8.1804 - 20.12.1865), früher Dienstmädchen und dann Köchin. Sie wohnten in der Frankfurter Straße 19 am Mühlgraben.
(Siehe StA Leipzig, PoA, 1832-1854, Nr. 61, Bl. 49, 53b, 1855-1875, Nr. 96, Bl. 97b)

6 Es handelt sich um die Monatsschrift „Das Tribunal. Zeitschrift für praktische Strafrechtspflege", hrsg. von S. A. Belmonte. Druck und Verlag oblagen J. F. Richter in Hamburg. Das von Julie Bebel genannte Datum bezieht sich auf den Termin der Übersendung des Oktoberhefts 1886. Darin befand sich an erster Stelle der Artikel „Der Chemnitz-Freiberger Sozialisten-Prozess. Mitgetheilt vom Herrn Oberstaatsanwalt Dr. J. Schwabe in Chemnitz", S. 445-519.

7 *Franz* Josef Ehrhart (1853-1908), Tapezierer, seit 1871 Mitglied der SDAP in Kaiserslautern, emigrierte 1878-1882 nach London, nach Spaltung des dortigen Arbeiterbildungsvereins Sekretär der von J. Most beeinflußten Organisation, dann führend in der illegalen Parteiorganisation in Ludwigshafen und der Rheinpfalz tätig, Ab-

geordneter des bayrischen Landtags seit 1893 und MdR seit 1898, ab 1899 Mitglied der Parteikontrollkommission.

8 Gemeint ist Friedrich Hermann Friedrich (1828-1890), Schriftsteller, ab 1853 Redakteur der Leipziger „Illustrirten Zeitung", 1878-1885 Vorsitzender des Allgemeinen Deutschen Schriftstellerverbandes. Er bezog des Haus Kaitzerstraße 4 in Plauen-Dresden.

9 Frieda Bebel schrieb ihrem Vater am 19. Juli 1887. Sie bedankte sich für den Zeitungsausschnitt über das Sommerfest der Smittschen Mädchenschule, das immer noch wie früher verlaufe. Den anderen Ausschnitt habe sie sich zu Herzen genommen. Sie turne jeden Morgen eine halbe Stunde. Sie habe von Theo Liebknecht einen Brief erhalten. Alle seien jetzt in Borsdorf. U. a. erwähnte sie, daß Dr. Findeisen, Lehrer für kaufmännischen Unterricht, gestorben sei. Demnach erhielt sie auch hierin eine Ausbildung.

138

Meine liebe gute Julie!

Deinen lieben Brief empfing ich heute. In erster Linie will ich auf die leidige Weinangelegenheit zurückkommen, da Dein Glaube, ich hätte sozusagen aus mir selbst falsche Schlüsse gezogen, ein sehr irriger ist. Die Karte lautete wörtlich:

„Auf dem *Bahnhof Plauen-Dresden* liegt ein Fäßchen Forster[?] Wein für Sie, dasselbe war adressiert: Frau Aug. Bebel, *Plauen-Dresden.* Es wird uns von *dort* geschrieben, daß die Adresse ungenügend, weil Straße und Hausnummer fehle" usw.

Konnte ich nach diesem Wortlaut anders schließen, als ich getan, da mir unbekannt ist, daß in Plauen keine Güter angenommen würden? Ich dachte wohl auch an Plauen/V[ogtland], aber die Doppelbezeichnung auf der Karte ließ mir dies ausgeschlossen scheinen. Ich habe nun heute direkt an den Schreiber der Karte, I. Cineva in Friesenheim/Pfalz, geschrieben, damit er noch einmal genau nachsieht, von wo das Schreiben kam, und eventuell selbst schreibt. Im übrigen empfiehlt es sich, daß wir künftig unsere Briefe etc. stets Dresden-Plauen notieren, wie ich die meinen seit längerer Zeit an Euch adressiere. Es wäre immer ein wenig stark, wenn man in Plauen/V[ogtland] sich den Frachtschein nicht näher ansah. Die ganze Geschichte ist höchst fatal, und der Wein dürfte kaputt sein.

Vermutlich wirst Du in diesen Tagen meinen Anzug mit extra Hose gesandt bekommen, und wird die Rechnung beiliegen. Du willst das Geld sofort absenden. Die Hose sollte 18 M kosten; was der Anzug Macherlohn kostet, weiß ich nicht. Nach der Anprobe zu urteilen, ist er gut ausgefallen.

Ich rate Dir allerdings dringend, Dir weiteren Besuch fernzuhalten. Das fehlte noch, täglich für 2 so tüchtige Esser bei dieser Hitze kochen zu müssen, abgesehen von den übrigen Arbeiten. Du wirst Dich überhaupt gegenüber all diesen Zumutungen mehr ablehnend verhalten müssen. Das geht so nicht mehr weiter.

Wann ich nach Hause komme, weiß ich in diesem Augenblick noch nicht. Der Herr Regierungsrat [Böhmer] hatte die Güte, mir die Abreise schon morgens vor 3 Uhr ermöglichen zu wollen, aber ich dankte, weil es mir *zu* früh war. Ich bin noch unsicher, ob ich mit dem Personenzug nach 6 Uhr oder mit dem Kurierzug halb sieben Uhr *früh* fahre. Mit letzterem käme ich 9 Uhr 52 vormittags, mit dem Personenzug erst 11 Uhr 37 vormittags an. Im nächsten Briefe schreibe ich Näheres. In Potschappel auszusteigen und per Wagen nach Plauen zu fahren, womöglich von einem Troß begleitet, das fällt mir nicht ein.

Ich schrieb Dir im letzten Brief von dem Zigarrenfabrikanten Heuer, der solchen Unfug mit unsern Namen triebe. Nächsten Tags erhielt ich einen sehr höflichen Brief von ihm, worin er von jener Annonce nichts bemerkte, dagegen mich im Namen einer Anzahl, wie es scheint, leidlich wohlhabender Leute in Östringen in Baden, seinem Wohnort, einlud, dort nach der Haftentlassung beliebig lange Freiquartier mit Freiverpflegung zu nehmen. Ich schrieb natürlich ab und dankte für den bewiesenen guten Willen.

Ich glaube, daß Ihr auch schön bei dieser Hitze schwitzt. Schließlich ist's in unsern Zellen nicht heißer als anderswo, der Aufenthalt wird nur etwas unbehaglicher, weil die Luftzirkulation stockt. Die Fensterklappe genügt nicht, und die angebrachte Ventilation funktioniert nur im Winter. Während des letzteren war das Sitzen wahrhaftig weit angenehmer. Zum Glück hilft mir die drängende Arbeit über spekulative Betrachtungen hinweg. Abends nach Torschluß sitze ich bis auf die Hosen im Adamskostüm und arbeite.

B[ahlmann] hat also seine Tour nach Helgoland gemacht, wohl um sich eine Fischerhütte zum Kauf anzusehen. Er machte mir voriges Jahr den Herbst den Vorschlag, für ihn mal hinzureisen und dabei zu sehen, ob ein Häuschen zu kaufen sei. Wenn er einen Sommer dort war, hat er den Aufenthalt satt und geht nicht wieder hin.

Es war ganz recht, daß Du B[o]rn ablaufen ließest, an mich wird er wohl nicht herankommen.

Nächster Tage soll, nach Falb, wieder irgendwo ein Erdbeben stattfinden, vielleicht läßt nach diesem Krampfanfall die Erde wieder mit sich reden. Für den 19. d. M. hat er allerdings eine Erneuerung in Aussicht gestellt. Abgesehen von der exorbitanten Hitze haben sich die Vorläufer bereits eingestellt, aus Bayern wird ein Erdbeben gemeldet. Ihr in Plauen und wir in Zwickau werden wohl verschont bleiben. Schlimmstenfalls sind unsere

Wände so dick und fest, daß sie sehr schwer zum Einstürzen zu bringen sind.

Neuigkeiten weiß ich Euch nicht zu schreiben, und zum Philosophieren ist die Hitze zu groß. Wenn alles klappt, erhaltet Ihr noch einen Brief von hier von mir.

Seid beide recht herzlich gegrüßt und geküßt von

Deinem August

139

Mein lieber guter August!

Endlich der letzte Brief dorthin, heute in acht Tagen haben wir Dich wieder. Diese Worte sagen alles, was uns bei den Gedanken bewegt, und brauche ich nichts hinzuzufügen. Herr Liebknecht schrieb mir vor ein paar Tagen als Neuigkeit, daß Du den 14. freikämst, er hätte sich danach erkundigt und hatte anfangs nicht daran glauben wollen, als es ihm B[ahlmann] mitteilte, wie komisch. B[ahlmann] ist von seiner Reise zurück, die netto acht Tage dauerte, und hat 2300 Kilometer, mit dem Schiff 2500 Kilometer, zurückgelegt. Eine Hetztour, um die ich ihn nicht beneidete. Heute wird er mit uns das Hoftheater besuchen, „Tannhäuser", was uns das erste Mal so sehr gefiel, aber Gudehus spielte und sang damals nicht, und heute singt er wieder, und sollen wir denselben sehen und hören. Er ist überhaupt in so freudiger Stimmung über Deine Rückkehr. Dein Ulmer Freund[1] schrieb heute auch, daß er gar nichts von uns höre. Ich brauchte nichts weiter zu tun, als zu korrespondieren. Er sendet 25 Flaschen Rotwein zu Deiner Stärkung. Die Anhänglichkeit der Leute ist wirklich rührend. P[aul Singer] schreibt auch, daß er mit uns die Tage zählt. Das Fäßchen ist also da, war, wie ich ganz richtig vermutete, in Plauen / Vogt[land]. Heute schrieb ich dahin, anderntags abends hatte ich schon Nachricht, daß den darauffolgenden Tag mittags 12 Uhr das Fäßchen abzuholen sei. Der Absender hatte auf den Frachtbrief geschrieben: Oberer Bahnhof, Plauen. Natürlich ging es dort hin. Ich habe beide Frachtbriefe, und trifft die Bahn keine Schuld, sondern den Absender. Es wurde mir versichert, daß er noch nicht verdorben sein dürfte, da er dementsprechend gelagert würde. Nun, wir müssen sehen, er ist 30 Kilo schwer und nichts Verdächtiges daran.

Herrn Ißleib habe ich in Deinem Sinne geschrieben, aber noch keine Antwort. Ebenso habe ich Ehrhart geschrieben. Albert [Otto] ist Donnerstag früh fort, und wird er seine Tretmühle mit schwerem Herzen betreten haben. Doch sagte er, daß es ihm durch die 14-tägige Ruhepause besser vonstatten gehen werde. Es tut einem leid, wenn er wie so ein alter Mann dahingeht am Stocke. Die Hitze ist in ein normales Stadium getreten, und lebt man ordentlich auf. Ich mußte lachen, wie ich Deine Kostümierung las, und glaube, daß noch mancher dasselbe getan hat. Es lag wenigstens nicht die Gefahr des Zuges, mithin die der Erkältung, vor bei Dir, aber bei andren dürfte das eher der Fall sein, wie z.B. bei Beethoven, der von einer Partie kommend bei großer Hitze sich in derselben Weise entkleidete und ins offne Fenster legte und sehr krank wurde und Taubheit zur Folge hatte. Wir hörten nämlich gestern einen sehr interessanten Vortrag über Beethoven im Bildungsverein, und da kam das Erwähnte darin vor.[2] Ich habe übrigens auch keine Nacht geschlafen bei der Hitze, sie war zu arg. Ich wundere mich, wie die eingefleischten Leipziger dasselbe verlassen. Eine Menge [Leute] ziehen nach Dresden, erst Brauers Arzt, Dr. Hochmuth[3], nun Dr. Langer und jetzt auch der Herr Graf Münster, hatte in Blasewitz eine Villa bezogen; so leichten Herzens bin ich nicht weggegangen. Ich weiß zwar auch nicht, ob die Betreffenden mit leichtem Herzen weggegangen sind, aber jedenfalls denken die Leipziger mit Vorliebe an Dresden. Herr Ißleib schrieb auch, daß Du nun bald in die Sommerfrische zurückkehrtest. Er denkt nämlich, damit ist auch der Inbegriff allen Nichtstuns verbunden, da irrt er aber sehr. Wir arbeiten samt und sonders so gut wie er, nicht einmal kann man alles erledigen, wie es sein müßte. Frieda schilt über die viele Abhaltung. Das einzige Schlimme sind die vielen Bekannten und Freunde. Wie ich eben meinen Brief beenden will, kommen Mays alle drei. Nun war es wieder zu Ende, und schreibe ich ihn eben nach dem Theater 1/2 12 Uhr fertig und trage ihn noch in den Briefkasten, da wird er morgen früh 1/2 6 Uhr abgeholt, und Du bekommst ihn vielleicht noch. Schlafen kann ich doch noch nicht, der „Tannhäuser" regt mich sehr auf, daß ich die Nacht nach der letzten Aufführung nicht schlafen konnte. Es ist auch eine wahrhaft großartige Schöpfung, und war der Gudehus allerdings kein Vergleich zu dem andern und ausgezeichnet.

Die Berliner haben ja ein neues Blatt[4] außer dem „[Berliner] Volksblatt". Geiser hat man aus der Haft entlassen, wahrscheinlich weil seine Frau ihrer Niederkunft entgegengeht, aber Kräcker hat man drinbehalten. Auch las ich, daß die Voruntersuchung wieder eröffnet wurde, weil noch einige darin verwickelt wurden. Kayser hat nun doch in seinem Wurstblättchen die Plauener Turnvereinsgeschichte veröffentlicht[5], trotzdem wir uns es streng verboten hatten. Er hatte es aber von anderer Seite bekommen und mag sich natürlich derartiges nicht entschlüpfen lassen. Es ist auch danach ausgefallen. Das ist ja noch obendrein albern. Da ist mir glühend heiß eingefallen, daß möglicherweis Ißleibs silberne Hochzeit vor einigen Tagen war. Ich habe an Frau Feigenspan geschrieben und um Auskunft gebeten. Das wäre mir sehr fatal. Ich war der Meinung, daß sie nächstes Jahr ist.

Doch, mein lieber Mann, will ich schließen. Gern würde ich dem Herrn Direktor [Böhmer] meinen Dank abgestattet haben, wenn ich wüßte, daß es zulässig ist. Jedenfalls werde ich mich stets mit dankbaren Gefühlen daran erinnern, daß Du in besonderer Obhut gestanden.

Die Dresdner Genossen haben sich dahin geeinigt, daß sie nur eine Deputation zum Empfang senden, was sehr vernünftig ist.

Und nun auf glückliches Wiedersehen grüßt und küßt Dich Frieda und
Deine Julie

1 Gemeint ist Gustav Ulrich.
2 Am 6. August 1887 wurde im Verein für Volksbildung der Vortrag „Beethovens Leben und Werk" gehalten.
(Siehe Sächsisches Wochenblatt, 10.8.1887)
3 Der Arzt C. Th. Hochmuth bezog in Dresden, Albrechtstraße 13, eine Wohnung und setzte sich dort zur Ruhe.
4 Gemeint ist die „Berliner Volkstribüne. Socialpolitisches Wochenblatt". Nach der Probenummer vom 30. Juli 1887 erschien sie ab 6. August 1887.
5 Am 3. August 1887 berichtete das „Sächsische Wochenblatt" darüber, daß der Plauener Turnverein Frieda Bebel die Teilnahme wegen der Gesinnung ihres Vaters verwehrt hätte. Am 13. August 1887 veröffentlichte das Blatt eine Berichtigung vom Vorsitzenden des Turnvereins, in der Ablehnung sei die Gesinnung ihres Vaters nicht erwähnt.

140

Meine liebe gute Julie!

Auf Deinen letzten heute hier empfangenen Brief folgt nunmehr auch mein letzter, den ich von dem Wunsch begleitet absende, daß ich nie mehr in die Lage kommen möchte, Dir von dieser Stelle aus einen Brief senden zu müssen.

Daran will ich dann gleich die Mitteilung knüpfen, daß ich Sonntag *früh* mit dem Kurierzug fahre (6 Uhr 41 Min.) und 9 Uhr 50 Min. auf dem Böhmischen Bahnhof in Dresden eintreffe. Es ist mir sehr angenehm zu hören, daß unserer Leute vernünftig genug sind, von jedem demonstrativen Empfang abzusehen. Ich würde zwar auch nichts dagegen einwenden, wenn die „Deputation", statt mich am Bahnhof zu begrüßen, mich in der Wohnung begrüßen wollte, wo diese ganze „Feierlichkeit" sich viel zwangloser und gemütlicher abmachen läßt, aber ich will ihnen diesen Verzicht nicht zumuten, wenn sie sich auf die Begrüßung am Bahnhof kapriziert haben sollten. Lieber wäre mir aber das erstere.[1]

Dir möchte ich nun vorschlagen, daß Du für Sonntag mittag zur Feier des Tages das Kochen einstellst und wir entweder in der Stadt (bei Renner oder im Wiener Garten[2]) oder auf dem Plauener Lagerkeller[3] essen, vorausgesetzt, daß es an letzterem Orte gut ist, für welchen Fall ich Dir empfehle, gleich mit der Wirtin ein Abkommen zu treffen und ein kleines Diner zu bestellen. Ich bin auf den letzteren Gedanken gekommen, weil wir doch wohl den Nachmittag wieder zu Hause sein müßten dieses oder jenes Besuches halber. Doch laß ich Euch freie Wahl, zieht Ihr vor, in einem der Stadtrestaurants zu essen, wo wir sicher kein Risiko laufen, so bin ich auch damit einverstanden. Du kannst nach dem Sonntag meine verschiedenen Leibspeisen, die ich hier bei aller Güte des Essens doch nicht bekam, präparieren: Hammelfleisch mit neuen Bohnen, Spätzle mit Salat, Eierkuchen mit Salat, Kartoffelpfannkuchen und dergleichen.

Lieb ist mir zu hören oder wenigstens aus Deinem Briefe schließen zu können, daß Ihr von weiteren Besuchen verschont wurdet; ich fürchtete, man würde auch ungeladen sich einstellen.

Von der Freilassung G[eiser]s wußte ich noch nichts, um so angenehmer war mir die Nachricht. Daß L[ie]b[knecht] glaubte,

Dir mit dem Entlassungstermin eine Art Neuigkeit zu melden, ist in der Tat originell.

Daß U[lrich] auch noch mit einer Ladung Wein anrückt, ist sehr nett. U[lrich] wird keinen schlechten Tropfen schicken. Er soll uns bekommen, zur Not finden sich Helfershelfer.

Der dicke Max [Kayser] tat besser, die Notiz über den Vorgang mit dem Pl[auener] Turnverein zu unterlassen; aus Deinen Bemerkungen muß ich schließen, daß er sie auch mit der nicht seltenen Ungeschicklichkeit brachte. Hebt mir die bezügliche Nummer auf.

B[ahlmann] hat ja gradezu gerast, wie er reiste. Das heißt man das Geld zum Fenster hinauswerfen. Mit den Demonstrationen in Amsterdam für N[ieuwenhuis]' Freilassung[4] erreicht man eher das Gegenteil, darüber wird B[ahlmann] mit mir gleicher Meinung sein.

Du hast mir nicht geschrieben, ob mein Anzug angekommen sei;[5] sollte das nicht geschehen sein, so schicke *postwendend* eine Karte an Schneidermeister Seidel, Zwickau, damit er ihn sofort sendet. Fertig muß er sein.

Mein Gepäck werde ich als Frachtgut aufgeben und mich auf meinen Handkoffer und eventuell auf ein kleines Kistchen beschränken, falls eine größere Kiste und mein Kleiderkoffer nicht reichten.

Gestern las ich, daß beim Abstieg vom Großglockner ein Tourist verunglückte – man hofft auf seine Rettung –, der in Begleitung der Herren Freytag und Nave die Tour machte. Ich kam auf die Idee, ob das nicht einer der Leipziger Freytags sei, die jedes Jahr um diese Zeit in Altbayern und Tirol umhersteigen. Der Name Nave soll möglicherweise Naum heißen, Fr[eytag]s Freund, der bekannte griechische Konsul. Der Name des Verunglückten, den ich heute las, war mir fremd; der Betreffende soll aus Wien stammen und könnte allenfalls ein Verwandter von des Dr. Fr[eytag]s Frau sein oder ein solcher von Naum. Der Name klang auch fremd und war offenbar auch falsch wiedergegeben. Ich bin gespannt, Näheres zu hören.

Als alter Leipzigerin und treuer Fischerdörflerin sende ich Dir anbei den Bericht über das Leipziger Fischerstechen, das dieses Mal in Lindenau stattfand.[6] Der letzte Rest von Schimmels Teich wurde vor wenigen Tagen zugeschüttet. Auch schicke ich Dir eine Notiz über den Konkurs von Albert [Otto]s Freund, dem

Gbs.-Händler Wagner. So gehen die alten Geschäfte allmählich kaputt.

Letzter Tage hatte ich mir eine kleine, mehrere Tage dauernde Unterleibserkältung geholt, sie ist aber wieder vorüber. Merkwürdigerweise waren wir alle 4 gleichzeitig erkältet. Viereck hat noch einen ziemlich starken Katarrh. Die Hitze fängt wieder an zu steigen, wenn der ersehnte und angekündigte Regen nicht ein Ziel setzt. Hier hat es seit Wochen, seit jenem Gewitter, von dem ich neulich schrieb, keinen Tropfen geregnet. Ich wäre sehr erfreut, wenn ich in die frisch angefeuchtete Natur hinauskäme. Na, vielleicht wird mein Wunsch bis zum Sonntag noch erfüllt.

Nun will ich schließen. Auf frohes Wiedersehen. Bis dahin hiermit brieflich die letzten herzlichsten Grüße und Küsse an Dich und unser liebes Kind
Dein August

Grüßt B[ahlmann]s etc. von mir.
Anbei 1 Briefchen für Felix.
Die Frachtscheine über das Fäßchen bitte ich mir aufzuheben.
Heute morgen, den 10., regnet's.

---

1 Über Bebels Rückkehr von der Haft berichtete das „Sächsische Wochenblatt" am 17. August 1887: „Am Sonntag traf Herr Reichstagsabgeordneter Bebel wohlbehalten auf dem Böhmischen Bahnhof ein. Es waren eine große Anzahl Polizeimannschaften aufgeboten – zu welchem Zweck ist nicht ersichtlich, denn nur einige engere Freunde sowie Frau und Tochter des Herrn Bebel begrüßten ihn daselbst. In vielen Wirtschaften aber, wo Arbeiter verkehren, wurden aus Anlaß der Freilassung des Herrn Bebel spontane Festlichkeiten abgehalten. Besonders zeichnete sich die Restauration von Göllnitz aus, die ihre Lokalitäten mit Lampions und anderweitig illuminiert hatte. Auch traf dort gegen Abend Herr Bebel mit Familie ein, was großen Enthusiasmus erregte."

Bebel selbst schrieb am 19. August 1887 über seine Rückkehr an Friedrich Engels: „Das Gefängnis habe ich im besten Wohlsein Sonntag früh fünf Uhr verlassen und wurde gleich von einer großen Korona von Genossen aus dem Erzgebirge und Vogtlande empfangen, die mich begrüßen wollten. Die Leute waren teilweise vier und fünf Stunden weit die Nacht durch marschiert – auch Frauen dabei – und hatten keine Minute geschlafen, andere waren mit den Frühzügen angekommen und kamen noch an, als ich bereits fort mußte, um meine Familie nicht warten zu lassen. Auch hier wurde ich in der sympathischsten Weise empfangen. Der 4., 5. und 6. Wahlkreis hatten mein Zimmer in eine vollständige Orangerie umgewandelt und alles mit Girlanden eingefaßt, was einfaßbar war. Telegramme und Briefe von außen regnete es. Unter den Geschenken befand sich ein Bild, auf dem Du, Marx, Joh[ann] Philipp [Becker] und Lassalle in prachtvollen Rahmen eingefaßt sich befanden mit der Umschrift ‚Unsere Vorkämpfer'. Ich kann Dir überhaupt sagen, daß

Du durch Deine literarischen Arbeiten der letzten Jahre Dir in der Partei und weit über die Partei hinaus einen sehr guten Namen gemacht hast."
(BARS, Bd. 2/2, S. 278/279)

2 Der Gastwirt der „Drei Raben", Louis *Oscar* Renner, führte mehrere Restaurants. Ein Wiener Garten ist im Adreßbuch nicht ausgewiesen.

3 In der Aktienbrauerei zum Plauenschen Lagerkeller, Chemnitzerstraße 6, befand sich ein Restaurant, dessen Betreiber laut Plauener Adreßbuch Adolf Fischer war.

4 Am 1. August 1887 fand in Amsterdam eine Volksversammlung statt, deren rund tausend Teilnehmer von der Regierung die Freilassung von Domela Nieuwenhuis forderten. Bis Mitternacht zogen Sozialdemokraten singend durch die Straßen und ließen den Gefangenen hochleben, besonders vor dem Haus des Bürgermeisters. Nieuwenhuis brauchte keine zwölf Monate Haft verbüßen. Er wurde am 1. September 1887 freigelassen. Siehe Nr. 96/5.

5 Am 11. August 1887 schrieb Frieda Bebel ihrem Vater den letzten Brief ins Zwickauer Gefängnis und teilte ihm mit, daß die bestellte neue Kleidung eingetroffen sei. Im Brief hieß es: „Nun endlich sind die bösen neun Monate um, die Du nicht bei uns sein konntest, und ungeduldig zählen wir die Stunden, bis wir Dich wiederhaben. Möchtest Du doch diesmal mit einem endgültigen ‚Auf nimmer Wiedersehen' aus jenem bösen Schlosse, dessen düstere Mauern uns Dich schon so oft entzogen haben, hinweggehen können!" Das Zwickauer Gefängnis befand sich in Schloß Osterstein. Hier war Bebel auch 1874/1875 für neun Monate inhaftiert.
(SAPMO/BArch, NY 4022/31)

6 Das Leipziger Fischerstechen fand am 3. August 1887 zum 173. Mal statt. Bebel übersandte den Bericht im „Leipziger Tageblatt" vom 5. August 1887. In der Frankfurter Straße, wo Julie Bebel als Kind wohnte, formierte sich zumeist der Festzug.

Parteitag in St. Gallen. 1887

Der dritte Kongreß der verbotenen Sozialdemokratie – als Parteitag bezeichnet – fand vom 2. bis 6. Oktober 1887 in der Schweiz, nahe St. Gallen, statt. Bebel nannte die Parteikongresse unter dem Sozialistengesetz 1890 rückblickend „die eigentlichen Merksteine in der Entwicklung der Partei". Dieser Kongreß bestätigte als Maxime der Partei, „daß auf dem heutigen parlamentarisch-konstitutionellen Wege die letzten Ziele des Sozialismus" nicht erreicht werden können. Bebel vermittelte Erfahrungen der parlamentarischen Tätigkeit im Ringen um unmittelbare soziale und demokratische Veränderungen zugunsten der Werktätigen. Entsprechend dem gewachsenen internationalen Ansehen der deutschen Sozialdemokratie setzte er sich für einen internationalen Arbeiterkongreß ein. Dieser fand nach langwierigen Auseinandersetzungen 1889 in Paris statt und wurde zum Ausgangspunkt der II. Internationale. Zusammen mit Liebknecht und Auer wurde Bebel in die Programmkommission gewählt, die ein neues Parteiprogramm vorlegen sollte. Den Parteitag in St. Gallen nutzte die Regierung 1888 als Begründung zur Verschärfung des Sozialistengesetzes. Bebel hatte im Zusammenwirken mit Schweizer Sozialdemokraten aber gesichert, daß die Delegierten nicht wegen „Geheimbündelei" verurteilt werden konnten.

141

St. Gallen, den 4. Oktober 1887

Meine liebe gute Julie!

Es ist möglich, daß Ihr in dem Augenblick, wo Ihr diesen Brief bekommt, schon einige Nachricht über den Parteitag[1] in der Presse fandet. Wir selbst haben solche Nachrichten in die Presse gebracht, damit kein Zweifel besteht, daß wir keine Geheimniskrämerei treiben.

Bis jetzt, Dienstag mittag, ist alles nach Wunsch gegangen. Wir sind sehr gut aufgehoben im Quartier. P[aul Singer] und ich haben ein großes Zimmer und sehr gute Betten. Die Verpflegung ist gut und das Beratungslokal sehr schön geräumig und prachtvoll gelegen.[2] Details kann ich Euch nicht mitteilen, weil es mir an Zeit fehlt. Es ist *sehr* wahrscheinlich, ja gewiß, daß wir Sonntag noch nicht nach Hause kommen. Wir werden vor Donnerstag oder Freitag nicht fertig werden, und dann habe ich noch einen Tag nach Z[ürich] zu gehen, um dort Geschäftliches zu erledigen, und dann will ich meinen Besuch auf dem Schwarzwald machen[3]. Es tut mir sehr leid, daß Ihr einen zweiten Sonntag für Euch bleiben müßt.[4]

Langweilt Euch nicht und macht Euch keine Sorge.
Die herzlichsten Grüße und Küsse Euch beiden
Dein August

---

1 Am Parteitag in St. Gallen nahmen 79 Sozialdemokraten teil, darunter Vertreter der englischen, österreichischen, russischen und schweizerischen Arbeiterbewegung. Bebel gab den Rechenschaftsbericht des Vorstands der Reichstagsfraktion, hielt ein Referat über die Haltung der sozialdemokratischen Abgeordneten im Reichstag und in den Landtagen sowie über die Einberufung eines internationalen Arbeiterkongresses. Weiter trat er mit Diskussionsbeiträgen hervor.
(Bebels Reden siehe BARS, Bd. 2/1, S. 390-407; siehe auch das handschriftliche Protokoll, wie Nr. 47/2, S. 123-168)
2 Der Parteitag fand in der Brauerei und Gastwirtschaft Schönenwegen in Bruggen, eine halbe Stunde von St. Gallen entfernt, statt. Der Speisesaal diente zur Hälfte als Tagungsort, zur Hälfte als Aufenthaltsraum, im Obergeschoß waren Übernachtungsmöglichkeiten geschaffen worden.
3 Bebel beabsichtigte, Hope und Otto Walther auf der Brandeck zu besuchen.
4 Bebel hatte seine Reise am Montag, dem 26. September 1887, begonnen. Er war zunächst nach Stuttgart und dann nach Zürich zu letzten Vorbereitungen des Parteitags gereist. Um den 12. Oktober 1887 traf er wieder in Plauen-Dresden ein.
(Siehe AB an F. Engels, 24.9.1887, Bebels Briefwechsel mit Engels, wie Nr. 1/1, S. 309; Nr. 143)

142

St. Gallen, den 6. Oktober 1887

Meine liebe gute Julie!

Friedchens lieben und sehr hübschen Brief habe ich erhalten, und ich darf wohl annehmen, daß Ihr auch den meinen, den ich Dienstag *direkt* von hier an Dich schrieb, erhalten haben werdet.

Heute nachmittag fünf Uhr ist endlich unser Tagen zu Ende gegangen. Alles verlief bis zum Ende prächtig, und bin ich mit dem Verlauf sehr zufrieden. Was deutsche Zeitungen von einer Art Rüffel schwatzen, der Liebknecht und mir soll widerfahren sein, so ist das einfach Erdichtung. Ich glaube, daß grade ich besondere Ursache habe, über den ganzen Verlauf zufrieden zu sein. Wir sind alle sehr müde und abgespannt, aber ganz fidel. Nächste Nacht will ich tüchtig schlafen. Morgen haben wir hier noch allerlei zu erledigen, Sonnabend bin ich in Zürich, besuche dann auch Eysoldts, mache einige Geschäfte ab und fahre *wahrscheinlich* Sonntag ab. Nach dem Schwarzwald zu gehen habe ich *keine Lust*, ich fürchte, ich komme dort mit einem Tage nicht weg, und ich möchte Euch nicht gern länger warten lassen, da ich noch nach Stuttgart auf einen halben Tag *muß*. Wollt Ihr aber, daß ich doch noch nach der Brandeck gehe, so telegraphiert Sonnabend, falls Ihr diesen Brief bekommt, an Moretty, Doldenstraße, Hottingen-Zürich, „einverstanden", dann nehme ich an, daß Ihr die Reise wünscht. Über mein Eintreffen zu Hause schreibe ich Euch noch. Friedchens Brief kann ich bei der Knappheit der Zeit nicht beantworten, sie wird mir dies nicht übelnehmen. Alles weitere mündlich.

Seid beide aufs allerherzlichste gegrüßt und geküßt von

Deinem August[1]

---

1 Am Schluß des Briefes befindet sich folgender Zusatz von Paul Singer: „Liebe Frau Bebel und liebes Friedchen! Besten Dank für die Übersendung der Briefe. Hier ist alles vortrefflich gegangen. Mit vielen Grüßen auf baldiges Wiedersehen stets Ihr P[au]l."

143

Meine liebe gute Julie!

Deinen lieben Brief, den Du vermutlich am Dienstag schriebst – Datum war nicht bemerkt –, erhielt ich erst gestern abend. Ich bin nämlich mit P[aul Singer] und anderen erst gestern, Samstag abend, von St. Gallen zurückgekehrt, und so blieben die Briefe, die Donnerstag hier ankamen, bis Sonnabend liegen. P[aul], der die Briefe bei der Frau M[otteler] fand, sandte mir denselben in mein Quartier zu Bernsteins. Du wirst meine Briefe vom Dienstag und Donnerstag erhalten haben, ich sandte sie von St. Gallen direkt an Dich ab.

Obgleich auf dem Parteitag **nichts** vorkam, was irgendwie den Gegnern zu ernsthaftem Geschrei Anlaß gäbe – ich betone noch einmal, es verlief alles ausgezeichnet –, haben doch einige Esel oder Schufte telegraphisch *falsche* Nachrichten über unsere Beschlüsse verbreitet, und da ist nun ein blödsinniges Geschrei in einem großen Teil der Presse über uns entstanden. Erst heute, wo unsere Beschlüsse, durch uns selbst verbreitet, allgemeiner bekannt wurden, fängt man an, zur Vernunft zu kommen.[1]

Ich hatte übermäßig zu tun, bin auch heute noch in der Arbeit und habe sogar noch morgen zu tun. Ob ich schon Dienstag abend in Dresden eintreffe, weiß ich nicht, wahrscheinlich erst Mittwoch früh, indem ich die Nacht durchfahre.

Dr. Br[aun] lud mich ein, die Partie durch den Arlberg mit ihm zu machen und am Achensee einen Tag zu bleiben. Das wäre sehr schön, ich will Euch aber nicht länger warten lassen.

Ich habe gar nicht daran gedacht, B[ahlmann] wegen des Hauses zu schreiben, weil ich zu beschäftigt war, ich hatte nicht einmal Zeit, das Haus bei Tage anzusehen. B[ahlmann] kann sich freilich dergleichen nicht vorstellen. Bei Abend sahen wir es von außen an. Der Preis ist nicht hoch, aber der Kauf ist, wenn M[otteler]s in Betracht kommen sollten, *überflüssig*, weil Frau M[otteler] mit Händen und Füßen sich *weigert*, in ein Haus dieser Art zu ziehen. Mir scheint es auch dem beabsichtigten Zweck nicht zu dienen.

Daß E[ngels] das Geld zur Reise sandte, ist sehr hübsch, und es ist auch sehr reichlich ausgefallen,[2] aber eigentlich hatte ich schon beschlossen, nicht zu reisen. Wir werden sehen.

Hoffentlich hat Friedchen mit der Tanzstunde nicht Ähnliches zu erwarten wie mit dem Plauener Turnverein. Daß sie das Tanzen leicht lernt und auch Vergnügen daran findet, bezweifle ich nicht. Alles weitere mündlich. Laßt Euch durch nichts beirren, ich betone noch einmal, es liegt nichts vor, was vom Standpunkt der Gegner aus uns ernsthaft schädigen könnte.[3]
Tausend Grüße und Küsse Dir und Friedchen von
Deinem August

Morgen besuche ich E[ysoldt]s.

1 Auf Pressemeldungen zum Parteitag in St. Gallen ging Bebel in seiner Korrespondenz für die „Gleichheit" vom 22. Oktober 1887 näher ein (BARS, Bd. 2/1, S. 408-411). Die „Frankfurter Zeitung" wies im Abendblatt vom 8. Oktober 1887 denunziatorische Behauptungen u.a. in der nationalliberalen Presse von einem „Sieg der extremen Richtung, von einem Mißtrauensvotum gegen die parlamentarische Vertretung der Partei, von der besonderen Hervorhebung des ‚revolutonären' Charakters der Partei" zurück, die zur verschärften Verfolgung der Sozialdemokratie dienen sollten. Gegen Falschmeldungen in der nationalliberalen Presse wandte sich am gleichen Tag auch die „Volks-Zeitung" (Berlin).
2 F. Engels hatte Bebel am 13. August 1887 eingeladen, auf seine Kosten nach London zu kommen und sich von den Strapazen der Haft zu erholen. Bebel bedankte sich am 19. August für die Einladung; „ich akzeptiere sie, und zwar voll und ganz, weil, ehrlich gestanden, mir die Reise aus eigenen Mitteln nicht möglich ist; sonst wäre ich schon vor Jahr und Tag mal gekommen." Er könne die Reise aber erst nach den Landtagswahlen antreten. Am 14. Oktober 1887 schrieb er Engels seinen Dank für den Scheck. Zur Reise nach London siehe Nr. 144-146.
(Bebels Briefwechsel mit Engels, wie Nr. 1/1, S. 307; 311/312)
3 Bebel hatte gerade zwei Monate zuvor das Gefängnis verlassen, verurteilt wegen Teilnahme am Parteikongreß in Kopenhagen 1883, was als „Geheimbündelei" ausgelegt worden war. Eine solche Auslegung sollte diesmal vermieden werden. „Wir werden unsere Gegner durch das denkbar offenste Vorgehen verblüffen, mein diesbezüglicher Plan wurde in einer bei mir stattgehabten Zusammenkunft ohne weiteres akzeptiert", schrieb Bebel am 19. August 1887 an Engels. Die Reichstags- und Landtagsabgeordneten luden öffentlich zum Parteitag ein und teilten die Tagesordnung mit, ohne Zeit und Ort der Veranstaltung zu benennen. Statt „Parteikongreß" wurde die Tagung „Parteitag" genannt. Der Zentralpräsident des Schweizerischen Grütlivereins Heinrich Scherrer (1847-1919) unterstützte die Vorbereitung des Parteitags. Um Pressebehauptungen von Geheimbündelei zu begegnen, fand am Freitag, dem 7. Oktober 1887, im Tagungslokal eine Volksversammlung statt, auf der W. Liebknecht und I. Auer sprachen. Die etwa 900 Versammelten erklärten „die Behauptung deutscher Blätter, der sozialdemokratische Parteitag habe wie eine Verschwörer-Gesellschaft mit vollständigem Ausschluß der Öffentlichkeit getagt, für eine ebenso lächerliche wie niederträchtige Verdächtigung". Die Beratung habe sich im Einklang mit den Schweizer Gesetzen befunden.
(Bebels Briefwechsel mit Engels, wie Nr. 1/1, S. 307; Verhandlungen des Parteitags der deutschen Sozialdemokratie in St. Gallen. Abgehalten vom 2. bis 6. Oktober 1887, Hottingen-Zürich 1888, S. [50])

Frieda Bebel

*Vom Atelier A. Hoffmann's Nachfolger, Lipczynski & Sonntag, Dresden,
angefertigtes Foto. Januar 1884*

Zweite Reise nach London. 1887

Auf Einladung und auf Kosten von Friedrich Engels weilte August Bebel vom 26. Oktober bis zum 3. November 1887 in London. Die Reise sollte der Erholung dienen, auch traf Bebel Absprachen mit Vertretern der englischen Arbeiterbewegung über die Einberufung eines internationalen Kongresses. Endlich trafen sich die Freunde wieder, die sich nicht zuletzt dank einem intensiven Briefwechsel persönlich immer näher gekommen waren und zu einem engen geistigen Miteinander gefunden hatten. Bebel bekannte sich zu der von Marx und Engels entwickelten Lehre und wandte diese in seinen Schriften an. Er setzte sich für die Verbreitung ihrer Werke ein und begrüßte jede neue Publikation als theoretische Bereicherung der Partei. Engels sah in Bebel einen ebenbürtigen Gesprächspartner und verläßlichen Gefährten, dessen Urteil er hoch schätzte. Er beriet sich mit ihm über alle Probleme der deutschen Arbeiterbewegung, wenn sie auch nicht immer einer Meinung waren. Bebel „ist der klarste Kopf in der ganzen deutschen Partei und dabei durch und durch zuverlässig und nicht zu beirren", schrieb Engels 1884 an Johann Philipp Becker.

144

Mein lieber guter August!
Hoffentlich bist Du glücklich in London angekommen und hast nicht von Stürmen zu leiden gehabt. Ich hatte mich schon geängstigt, aber Herr Singer sagte, daß es nicht die Linie sei. Gestern hatte Herr Singer Besuch aus England, und heute hat er uns Theaterbillette mitgebracht, aber Frieda will nicht, daß wir hingehen, weil ich noch huste. Ich denke aber, daß man es riskieren kann. Es ist bedeutend besser mit mir, aber gestern war es noch sehr schlimm. Heute morgen habe ich aber geschwitzt, und Frieda ist aufgestanden und hat alles hübsch besorgt. Anbei sende ich Dir ein Formular, der Mann pressiert darum, und deshalb schicke ich es gleich nach. Auch die Legitimation für den Landtag ist eingetroffen.[1]

Ebenso kam von Brauers ein Brief an Dich, worin er uns die traurige Kunde von Paul Buhrigs Tode mitteilte, ein Freund des letzten hat es dem Vater geschrieben, aber nicht die Ursache desselben. Das ist verdächtig, und glaube ich, daß Zusammenstöße in Apia mit Marinesoldaten stattgefunden haben und Paul dabei seinen Tod fand. Die „Norddeutsche [Allgemeine Zeitung]" dementiert nämlich eine solche Nachricht, und das bringt mich grade auf den Gedanken, zudem muß man doch den Vater offiziell davon benachrichtigen, was noch nicht geschehen ist. Es ist doch schrecklich, in der kurzen Zeit zwei hoffnungsvolle Söhne zu verlieren.[2] Der arme Kerl tut mir sehr leid. Ich glaube, daß noch etwas aus ihm hätte werden können.

Bahlmann ist heute nach Leipzig, wo er Herrn Domela [Nieuwenhuis] trifft, und will er zugleich Herrn Ißleib mit besuchen wegen des Geldes. Frau Kayser brachte mir gestern den Scheck, und gab ich denselben Herrn Bahlmann.

Sonst wüßte ich nichts weiter zu berichten, hoffentlich erhalte ich bald Nachricht von Dir.

Leb wohl für heute, und nimm Dich recht in acht, daß Du Dich nicht erkältest, und sei aufs herzlichste gegrüßt und geküßt von
Friedchen und
Deiner Julie

1 Die Einladung für den Landtag erfolgte zum 9. November 1887. Eine Legitimation für die freie Fahrt nach Dresden lag bei.

(Siehe SHA, wie Nr. 18/3, Nr. 9228)

2 Gemeint ist die Familie von Julies Schwester Amalie *Auguste* (15.8.1840 - 19. April 1884). Sie heiratete im Oktober 1862 Eduard Bruno Buhrig (1837-1916), Stahlstecher, später Zeichenlehrer, und zog mit ihm nach Reudnitz bzw. Neuschönefeld. Sie hatten drei Söhne und Zwillingstöchter. Ihr ältester Sohn Louis Theodor *Albert* Buhrig, geboren 1863, Lehrer von Beruf, starb am 6. Juli 1886. Zu Bruno *Paul* Richard Buhrig (1865-1887) siehe Nr. 109/2. Die Töchter Helene Alwine (1870-1932) und Julie Louise (1870-1943) heirateten 1897 bzw. 1899 und zogen nach Berlin. Der jüngste Sohn Willy Otto *Richard* Buhrig (1873-1935) wurde Graveur/Chemigraph.

(Siehe StA Leipzig, PoA 1855-1875, Nr. 75, Bl. 335b, 346; ebenda, Nr. 96, Bl. 97b; PoA Reudnitz Nr. 913, Bl. 21; Kirchliches Archiv Leipzig im Ev.-Luth. Kirchgemeindeverband, Familienbogen Buhrig)

145

Meine liebe gute Julie!

Ihr werdet meine Karten, die ich von Köln und von hier sandte, erhalten haben. Wie ich schon schrieb, war das Wetter prächtig und ist es bis heute geblieben. Ich habe Glück mit meinem Wetter in England. Gut, daß ich nicht einen Tag später reiste, alsdann hätte ich auf der See einen recht anständigen Südweststurm durchgemacht, der Donnerstag über den Kanal fegte und sich auch ein wenig hier bemerkbar machte. So hatten wir die denkbar prächtigste Seefahrt, hellen Sonnenschein und die weiteste Aussicht auf das von großen Seeschiffen, namentlich großen Segelschiffen bedeckte Meer. Wir hatten manchmal einige 30 Schiffe zugleich in Sicht.

Auch sahen wir, als wir uns der englischen Küste näherten, die weißen Kreidefelsen derselben im hellsten Sonnenschein glänzen.

Hier habe ich schon viel gesehen; wir sind mit Kautsky in zwei Tagen in der Stadt mehr umhergekommen als das erste Mal in sechs.[1] Die Stadt macht auch diesmal einen weit großartigeren Eindruck auf mich als das erste Mal. Genauso geht es Ede [Bernstein]. Am meisten bewundert der Fremde den gradezu fabelhaften Verkehr, namentlich auch auf den Stadtbahnen, wo Züge in einem fort kommen und gehen und jeder anständig besetzt ist.

Über den Besuch im British Museum, den wir Donnerstag machten, und den Besuch bei Buffalo Bill, von dem auch Frau Kautsky[2] erzählte, muß ich Euch mündlich berichten. Eine solche Schaustellung amerikanischer Wilder kann man nur hier sehen. Ich hörte, daß der Unternehmer in Berlin keinen genügend großen Platz gefunden und daher dort nicht auftreten könne. Das glaube ich, er braucht mit den Hütten und Stallungen für die Pferde, Büffel, Hirsche einen Raum, mindestens doppelt so groß wie der Leipziger Augustusplatz. Der Platz, auf dem sich die Manöver abspielen, ist so groß, daß der Augustusplatz hiereinzusetzen ging.

Wir hatten es insofern gut getroffen, als eine hier spielende Arabertruppe von ca. 60 - 80 Mann sich auch eingestellt hatte, die dann die Amerikaner, zu großem Gaudium der Zuschauer wie ihrem eigenen, an sich vorbei defilieren ließen, wobei die Indianer den Arabern Mann für Mann zur Begrüßung die Hand reichten.

Donnerstag nachmittag hatte ich auch Gelegenheit, einem Meeting der Arbeitslosen auf Trafalgar Square beizuwohnen. Polizei war sehr stark vertreten, zu Fuß wie beritten, aber sie hütete sich, irgendwie einzugreifen.

Für morgen, Sonntag vormittag, haben die beiden Avelings uns zu Ehren ein Meeting nach dem Regent's Park ausgeschrieben. Da bin ich neugierig, wie das verläuft.

Av[elings] hatten wir auch zu verdanken, daß wir bei Buffalo Bill gratis Plätze, und zwar die besten, erhielten.

Heute abend will ich nach dem Kommunistischen Arbeiterbildungsverein gehen, wo die Schack einen Vortrag über den Parteitag hält. Man hat mich dazu eingeladen. Bei dieser Gelegenheit will ich Frau Sch[ack] begrüßen. Engels und K[autsky]s sind sehr schlecht auf sie zu sprechen. Sie soll sich auch über L[ie]b[knecht] und mich dahin ausgesprochen haben, daß wir ebenfalls durch den Parlamentarismus korrumpiert seien. Möglich, ja wahrscheinlich, daß sie dies gesagt hat; ich lege diesem Geschwätz keine Bedeutung bei und lache darüber.

Frau K[autsky][3], die immer noch die alte ist, wünscht sehr, daß Fr[ie]dch[en] zu ihnen käme, sie könne gleich bei ihnen wohnen. Ich sagte, vielleicht gäben wir sie ihr nach Jahr und Tag einmal in Pension. Heute nachmittag will ich K[autsky]s mal in ihrer Wohnung besuchen. Zuvor aber will ich mit Prof. Schorlemmer[4], der gestern abend von Manchester herüberkam und ein intimer Freund von E[ngels] ist, einen Spaziergang nach außerhalb der Stadt machen, was von hier aus, wo E[ngels] wohnt, nicht zu schwierig ist.

Montag, Dienstag, Mittwoch haben wir unsere Zusammenkünfte mit den Engländern, was bei der Weite der Entfernungen und der Uneinigkeit der Leute unter sich kein leichtes Stück Arbeit ist. Donnerstag vormittag reisen wir dann nach Brüssel, wo wir abends 8 Uhr eintreffen.[5] Ich will hoffen, daß wir wiederum gutes Wetter auf der See haben.

Ich hoffe, daß diese Zeilen Euch wohl antreffen. Bis zu diesem Augenblick, Vormittag 11 Uhr, habe ich noch keine Nachricht von Euch.

Soeben wird verabredet, Montag morgen die Ausstellung der Wereschtschagin-Bilder sich anzusehen. Es ist mir sehr lieb, daß ich dazu komme.[6] Bis jetzt ist mir die neue Hausordnung, bis 1/2 1 Uhr oder 1 Uhr nachts aufbleiben und bis 9 Uhr oder 10 Uhr morgens schlafen, ganz gut bekommen.

Vielleicht schreibe ich Euch noch einmal von hier.

Seid beide aufs herzlichste gegrüßt und geküßt

Dein August

Gruß an P[aul Singer] und B[ahlmann]s etc.

Wenn ich Zeit habe, schreibe ich an P[auls] Agent und Freund Goldstein, uns den Führer zu machen; Frau K[autsky] will sehr gern mitmachen.

---

1 Zu Bebels erster Reise nach London siehe Nr. 13 und 14. Beim jetzigen Aufenthalt begann eine enge Freundschaft zwischen Karl Kautsky und August Bebel. Sie verkehrten fortan per Du.

2 Gemeint ist Minna Kautsky.

3 Ludowika Josefa (Louise) Kautsky, geb. Strasser (1860-1950), österreichische Sozialistin. Im März 1883 heiratete sie Karl Kautsky. Kurz danach lernte August Bebel sie in Zürich kennen. Julie und Frieda Bebel trafen dort mit ihr während der Urlaubsreise im Juli/August 1884 zusammen. Louise begleitete ihren Mann Anfang 1885 nach London. Im Dezember 1889 Scheidung. Seit 1890 Engels' Sekretärin, ab 1894 mit dem Arzt L. Freyberger verheiratet. Mitarbeiterin an der „Arbeiterinnen-Zeitung" (Wien).

Der sehr umfangreiche Briefwechsel zwischen Louise Kautsky und August Bebel ist weitgehend verloren gegangen. Bebel schätzte Louise außerordentlich. Er gab ihr den Spitznamen „Hexe" und schrieb am 7. September 1892 an F. Engels unter dem Eindruck gemeinsam mit Louise durchgeführter sozialdemokratischer Versammlungen: „Ich habe mich in Wien noch mehr in sie verliebt, als ich es vorher schon war, und am liebsten ließe ich sie gar nicht mehr fort." Julie Bebel meinte in einem Geburtstagsbrief an Engels vom 26. November 1893: „Vernünftige Leute sollen sich nicht die Köpfe verdrehen lassen von den Frauen, und ich bin sehr froh, daß ein gewisser Kopf wieder vernünftig geworden ist." Inzwischen war Louise mit den Familien Bebel und Simon in Zürich anläßlich des Internationalen Sozialistenkongresses im August 1893 zusammengetroffen und wohnte im September 1893 bei Bebels in Berlin. Julie wählte seitdem die Anrede „Liebste Louise" und das Du.

(Siehe Bebels Briefwechsel mit Engels, wie Nr. 1/1, bes. S. 405, 427; Zitate ebenda, S. 581, 737/738; BARS, Bd. 5, S. 46/47; Bd. 9, Nr. 215)

4 Carl Schorlemmer (1834-1892), Chemiker, Professor in Manchester, dialektischer Materialist, ab 1874 Professor für organische Chemie in Manchester, Mitglied wissenschaftlicher Gesellschaften in England, den USA und Deutschland. Seit Beginn der 60er Jahre enger Freund von Marx und Engels, Mitglied der IAA und der SDAP, unterstützte die deutsche Arbeiterbewegung unter dem Sozialistengesetz.

5 Es geht um die Vorbereitung eines internationalen Arbeiterkongresses, für den sich der Parteitag in St. Gallen ausgesprochen hatte.

6 Der russische Maler Wassilij Wereschtschagin (1842-1904) forderte mit seinen Bildern über militärische Schlachten zum Protest gegen den Krieg heraus. Eine Ausstellung seiner Werke wurde in mehreren europäischen Städten gezeigt. Als sich die Ausstellung vom November 1886 bis Januar 1887 in Leipzig befand, war Bebel in Haft.

146

Mein lieber guter August!
Deine beiden Karten haben wir erhalten und uns gefreut, daß
bisher alles so glücklich vonstatten ging, möchte nur auch die
Heimreise so sein, dann wollen wir uns noch mehr freuen. Meinen Brief wirst Du erhalten haben? Und werde ich außer diesem
keinen mehr senden. Frau Schack wirst Du wohl mittlerweile
gesprochen haben. Sie schrieb gestern, daß sie Dir verschiedene
einflußreiche Leute zuführen wollte im Bezug der Arbeiterfrage,
der Du Dich wohl auch einen Abend widmen wolltest. Einen
Brief Auers hat Herr Singer beantwortet.

Dann schrieb heute Krewinkel, Aachen, daß sie Dich nicht
aufstellen wollten, sondern Vollmar, und wollten sie seine genaue Adresse wissen, da Montag die Stimmzettel gedruckt werden sollten.[1] Ich telephonierte Herrn Bahlm[ann] heraus, da ich
nicht ausgehen konnte, und war er natürlich sehr ärgerlich, daß
man seine Wünsche so wenig respektierte, und sagte, auf diese
Weise erhalte er sein Geld, und solle ich Dir schreiben, daß Du
nunmehr *nicht* hinzugehen brauchtest, da die Aufträge B[ahl-
mann]s nunmehr überflüssig seien und die Wahl möglicherweise
vorüber sei, wenn Du hinkämst, da sie Montag schon Stimmzettel
drucken wollen. B[ahlmann] wollte K[rewinkel] sofort schreiben,
daß er Montag den Brief bekommt. Die werden sich wundern,
wenn sie zu dieser Wahl kein Geld erhalten, da sie selbst doch
nichts besitzen.

P[aul Singer] hat heute Besuch seines Neffen, und sagte ich
ihm gestern, daß ich nicht ausging, um meinen Husten loszuwerden. Da ist er auch heute nicht gekommen. Gestern war er bei
uns, vorgestern waren wir bei Bahlmanns, und Donnerstag
brachte er uns Theaterbillette, weil die Stücke sehr hübsch seien,
die er abends zuvor mit einem Besuch aus England sich angesehen hatte. Wahrscheinlich hätte ich nicht ausgehen sollen, denn
der verdammte Husten plagt mich noch immer, obgleich ich
keine Schmerzen mehr habe, aber man kann nicht ordentlich die
Nacht schlafen. Nun muß ich aber unbedingt nach Wohnung für
Vollmar gehen,[2] denn es hat sich geändert. Am Freitag bekam ich
die Nachricht, daß ihr Kind Siegfried an einer Lungenentzündung plötzlich gestorben ist. Bahl[mann] scheint es schon satt zu

haben, denn er ist nicht mehr gegangen. Paul reist Freitag nach Görlitz, da Sonnabend Verhandlung für ihn ist, und von da nach Breslau, wo er als Entlastungszeuge von den Verteidigern verlangt wird [für die Gerichtsverhandlung], die Montag beginnt und wohl eine Woche dauern wird.[3] Liebknecht geht auch wieder hin, nachdem er erst vor einigen Tagen von dort zurückkehrte, die reine Geldverschwendung. B[ahlmann] hat ihm heute das Rundreisebillett besorgt. Frau Puttrich wird heute beerdigt, ebenso der Drechslermeister Hahn[4], morgen. Das wäre für heute alles, was ich weiß, und will schließen.

Indem ich Dir noch viel Vergnügen wünsche und eine glückliche Heimfahrt, grüße auch alle Freunde dort, grüßen und küssen wir Dich aufs herzlichste
Deine Julie und Frieda

1 Am 18. November 1887 fand im Wahlkreis Aachen-Stadt eine Nachwahl zum Deutschen Reichstag statt. Der Sitz war und blieb beim Zentrum. Für die Sozialdemokratie handelte es sich um eine Zählkandidatur. Während sie im Februar 1887 905 Stimmen erlangte, erhielt sie jetzt 465 Stimmen.

2 Es handelt sich um Quartier für Georg von Vollmar während der Beratungen des sächsischen Landtags.

3 Zu den Verhandlungen in Görlitz siehe Nr. 135/2, zum Breslauer Geheimbundprozeß siehe Nr. 131/2.

4 Hermann Hahn (1808-1887) galt als angesehener Fachmann. Er leitete viele Jahre die Drechslerinnung in Leipzig und die Fachschule. In den 60er Jahren war er Anhänger der Fortschrittspartei und einer der Gründer des Gewerblichen Bildungsvereins. Bei ihm arbeitete Bebel von 1860 bis 1863 als Geselle. Vermutlich interessierte er Bebel für den Gewerblichen Bildungsverein. Wie sich Bebel bei Hahn für die Verbesserung der Arbeitsbedingungen der sieben Beschäftigten einsetzte, schilderte er in seinen Lebenserinnerungen. Hahn kündigte ihm Ende 1863, wodurch Bebel gezwungen war, sich ab Januar 1864 selbständig zu machen.
(Siehe Leipziger Tageblatt, 30.10.1887; Ilse Fischer: August Bebel und der Verband Deutscher Arbeitervereine 1867/68. Brieftagebuch und Dokumente, Bonn 1994, S. XXX; BARS, AmL, S. 41, 140)

Handschrift August Bebels. Siehe Seite 273

Gerichtssache gegen Anarchisten. 1888

Zur Politik des 1887 gewählten „Kartellreichstags" gehörte die verstärkte Verfolgung der Sozialdemokratie. Die Bismarck-Regierung forderte in einer Gesetzesvorlage die Verschärfung des Sozialistengesetzes. So sollten für Teilnahme an Beratungen im Ausland und für die Verbreitung des „Sozialdemokrat" die Staatsbürgerschaft entzogen werden und die Ausweisung aus dem Deutschen Reich erfolgen. Im Gegenzug nutzten Bebel und Singer ihnen zugegangene Mitteilungen über preußische Polizeispitzel in Zürich, die versuchten, die Sozialdemokratie zu Putschen anzustacheln. Diese Enthüllungen bewirkten, daß das Sozialistengesetz am 17. Februar 1888 zwar verlängert, aber nicht verschärft wurde. In diesem Zusammenhang kennzeichnete Bebel in seinen Reichstagsreden vom 30. Januar und 17. Februar 1888 das anarchistische Treiben Alfred von Ehrenbergs, ehemals badischer Offizier. Bebels Enthüllungen zwangen die Behörden zum gerichtlichen Einschreiten gegen Ehrenberg. Bebel wurde im August 1888 als Zeuge vorgeladen.

Julie und August Bebel quälten aber noch ganz andere Sorgen. Tochter Frieda erlitt im Mai 1888 einen Nervenzusammenbruch. Am 31. Juli reisten Julie und Frieda zur befreundeten Arztfamilie Walther in den Schwarzwald. Dort blieb Frieda auch nach ihrer Genesung bis April 1889, um sich auf ein Studium in Zürich vorzubereiten.

147

Meine liebe gute Julie!

Empfing die Briefe, die Du sandtest, heute vormittag; der meine wird mittlerweile auch eingetroffen sein.

Morgen, Sonntag vormittag, reise ich nach Darmstadt, wo ich P[aul] S[inger] erwarte. Möglich, daß ich einige Tage nicht schreibe, beunruhigt Euch also nicht.

Mußt Du mir Dienstag wieder schreiben, so sende diesen Brief wieder hierher, und zwar bleibt auch für Mittwoch und Donnerstag diese Adresse bestehen.

Freitag, den 22., bis Montag, den 24., sendet Briefe unter der Adresse von J.H.W. Dietz, Stuttgart, Reinsburgstraße.[1]

Ihr wollt *nächsten Dienstag* die Geschäftskarten für *Heidelberg, Bruchsal* und *Stuttgart* absenden. **Vergeßt das nicht.** Hier hat sich allmählich ein regelrechter Landregen entwickelt, der Rhein, den ich gestern abend sah, ist bedeutend gestiegen.

In Berlin ist also die Katastrophe wirklich eingetreten, was nun kommt, darauf darf man gespannt sein.[2]

Geschäft ist mäßig.

Friedchen soll sich ja recht pflegen,[3] ich bin neugierig, wie Ihr Euch entscheidet. Bei Walthers, zu denen ich heute über 14 Tage komme, werde ich einen harten Stand haben, ich laß mich aber nicht irremachen.[4]

Gruß an B[ahlmann]s.

Die herzlichsten Grüße und Küsse Dir und Friedchen von Deinem August

[Am Kopf der ersten Seite:]
Das Schreiben des Polizeihauptmann Fischer bitte ich Ende nächster Woche an Dietz-Stuttgart zu senden, damit ich weiß, was es enthält, bevor ich nach Zürich komme.[5]

---

1 Im Frühjahr und Sommer 1888 unternahm Bebel das letzte Mal die Geschäftsreisen für die Firma Ißleib & Bebel. Bei seinem Aufenthalt in Stuttgart vereinbarte er am 24. Juni mit K. Kautsky und H. Dietz eine regelmäßige Mitarbeit an der „Neuen Zeit" ab 1. Oktober 1888. Erwartet wurden von ihm Artikel über deutsche Angelegenheiten und Rezensionen über politisch und ökonomisch wichtige Bücher. Von Heft 11/1888 bis Heft 12/1889 erschien fast in jeder Nummer ein Beitrag von Bebel.

Danach hielten ihn seine Pflichten für die Sozialdemokratie von der regelmäßigen Mitarbeit ab.

(Siehe K. Kautsky an F. Engels, 28.6.1888, in: Friedrich Engels´ Briefwechsel mit Karl Kautsky, Wien 1955, S. 216/217; Bibliographie in BARS, Bd. 2/2)

2 Am 15. Juni 1888 verstarb Kaiser Friedrich III. nach nur 99 Tagen Herrschaft. Nachfolger wurde sein Sohn Wilhelm. Bebel bezeichnete Wilhelm II. als den „Zugrunderichter der Hohenzollernherrlichkeit".

(AB an F. Engels, 2. Mai 1888, BARS, Bd. 2/2, S. 309)

3 Frieda Bebel war um den 20. Mai 1888 schwer erkrankt. Bebel bezeichnete die Krankheit später als „Nervendepression infolge von Überarbeit". Da der Arzt Luftveränderung empfahl, lud Bebel Frau und Tochter zu einer gemeinsamen Reise ein. Am 18. Juli 1888 befanden sich alle drei in München, ein Ausflug nach Salzburg war geplant. An W. Liebknecht schrieb Bebel am gleichen Tag: „Die Reise hat bis jetzt auf Frieda eine sehr günstige Wirkung gehabt, so daß mich das viele Geld, das sie kostet, nicht dauert. Frieda ist wie umgewandelt, sie ist munter und hat auch wieder Appetit, und das Bier schmeckt ihr zum Verwundern gut."

(AB an Marie Geck, 1.5.1912, SAPMO/BArch, NY 4022/126: AB an W. Liebknecht, ebenda, NY 4034/132; siehe auch AB an W. Liebknecht, 26.5.1888; I. Bahlmann an W. Liebknecht, 25.5.1888, ebenda, NY 4034/127)

4 Hope und Otto Walther erboten sich sofort, Frieda zu sich auf die Brandeck zu nehmen und sie gesund zu pflegen. Am 31. Juli 1888 trafen Julie und Frieda auf der Brandeck ein. Am 6. August reiste Julie wieder ab. Frieda blieb auch nach ihrer Genesung – mit einer Unterbrechung zu Weihnachten 1888 und zum Jahreswechsel – bis zum April 1889 dort. Sie bereitete sich auf ihre Studien in Zürich vor. In dieser Zeit wurde O. Walther in Zusammenhang mit dem Freiburger Geheimbundprozeß am 8. September 1888 verhaftet, aber am 16. Oktober freigesprochen. Am 13. Oktober 1888 war Frieda vor das Offenburger Gericht als Zeugin geladen. Wegen Unterlassung der polizeilichen Anmeldung Friedas auf der Brandeck erhielt O. Walther eine polizeiliche Strafverordnung.

(Siehe Frieda Bebel an ihre Eltern, 12.10.1888, SAPMO/BArch, NY 4022/31; AB an F. Mehring, 9.2.1889, in: Hamburger Echo, 28.4.1889; H. Adams-Walther an A. Geck, 11.10.1888, 28. April 1889, Abdruck bei Dittler: Erinnerungen, wie Nr. 65/2, S. 23-25, 42)

5 Jakob Fischer (1846-1915), Jurist, Hauptmann der Kantonspolizei, auch außerhalb der Schweiz als Polizeifachmann bekannt. Später Anwalt, Mitglied des Großen Stadtrats Zürichs und des Kantonsrats. – Hier handelt es sich um eine Aussage Fischers in der Gerichtssache gegen Alfred Ehrenberg. Siehe Nr. 149 und 150.

(Siehe Historisch-Biographisches Lexikon der Schweiz, Dritter Bd., Neuenburg 1926, S. 165; AB an H. Schlüter, 25.2.1896, BARS, Bd. 5, S. 81)

148

Meine liebe gute Julie!

Da ich hier grade einige Stunden Zeit habe, will ich Euch rasch ein Lebenszeichen zukommen lassen. Ich hoffe, morgen abend, wo ich wieder nach Mannheim komme, oder Sonnabend abend, wo ich in Stuttgart eintreffe, einen Brief von Dir mit Nachrichten zu finden.

In Mainz besuchte ich Bahl[mann]s Freund Sprenger[1], dessen Frau seit einiger Zeit an einem schlimmen Finger leidet, so daß ihr die ganze rechte Hand unbrauchbar geworden ist. Zwei Mädchen von 8 - 10 Jahren mußten den Laden aufscheuern, Geschirr spülen etc. Spr[enger] erklärte, das Geschäft gehe jetzt etwas besser, und lassen sie beide B[ahlmann]s grüßen.

Montag abend, als ich um 9 Uhr zu Sprenger in den Laden kam, packte mich keine geringe Aufregung, als eine Frau eintrat und erzählte, es würden eben Extrablätter ausgeboten, wonach 2mal auf den neuen Kaiser geschossen sei. Als wir das Blatt uns beschafften, sahen wir, daß es nur die Proklamation[2] war, deren Inhalt und Ton ganz dem Charakter des jungen Herrn entspricht. Wenn der verstorbene Kaiser erklärte, ein „gerechter und milder Herrscher" sein zu wollen, gab es niemand in ganz Deutschland, der dies nicht sicher erwartet hätte, diesmal wird man erst die Taten sehen müssen. Am richtigsten hat den neuen Kaiser das Hofjournal des Papstes beurteilt, damit stimme ich ganz überein. Ich glaube, er kommt mit Bismarck in weit gründlicheren Konflikt als sein Vater, und diese Konflikte werden auch ganz anderer Natur sein. Bismarck wird „liberaler" werden, weil der junge Kaiser zu sehr nach rechts drängt.

Dienstag früh hörte endlich in hiesiger Gegend das arge Regenwetter auf, und ist es seitdem wieder sehr warm. Warmes Wetter wünscht man hier sehr, weil der Wein in der Blüte steht.

Wie mir Dietz schrieb, werde ich Sonntag Kautsky in Stuttg[art] treffen, seine Frau ist bereits voraus nach Österreich zu ihrer Mutter gereist.

Sonnabend oder Sonntag wollt Ihr die Geschäftskarten für *Pforzheim, Baden-Baden, Straßburg* absenden. *Vergeßt es nicht.* Wenn Ihr verreist, müßt Ihr natürlich die Karten mitnehmen. Heidelberg, Bruchsal, Stuttgart hattet Ihr doch abgeschickt?

Ich erwarte im nächsten Brief eine definitive Auskunft, wie Ihr es mit der Reise halten wollt. Ich sähe Euch am liebsten in München, die Reise hätte sich jetzt grade so hübsch gemacht, aber Friedchens Gesundheitszustand geht vor und muß in erster Linie berücksichtigt werden. Ich bin voller Erwartung zu hören, wie sie sich befindet.

Ich habe mir gestern in Mannheim noch ein Oberhemd und andere Kleinigkeiten gekauft. Meine dortige Wirtin hatte die Liebenswürdigkeit, daß sie mir schon regelmäßig zum Kaffee Erdbeeren mit Zucker vorsetzte, und zwar namentlich Walderdbeeren. Heute sah ich auch die ersten Heidelbeeren. Kirschen gibt's in Masse, auch wird dieses Jahr ein ausgezeichnetes Nußjahr. Nußbäume – meine Lieblingsbäume – gibt's hier in großer Menge, und sie tragen, wie ich sie nie gesehen.

Wie schon bemerkt, findet mich ein Brief von Euch Sonntag *bis mit Dienstag* in Stuttgart, Adresse an Dietz. Je mehr ich nach Süden komme, desto früher müßt Ihr die Briefe absenden. Am besten ist, wenn ihr in Plauen dieselben bis Mittag abgebt. Sonntag werde ich auch Walthers schreiben, daß ich acht Tage später auf der Brandeck bin.

Grüße an B[ahlmann]s, und die herzlichsten Grüße und Küsse Dir und Friedchen

Dein August

---

1 Gustav Sprenger (1848-1898), Kolonialwarenhändler, Sozialdemokrat, Mitarbeiter der „Mainzer Volkszeitung", verheiratet mit Elisabeth Vogler (1842-1905). (Mitteilung vom StA Mainz, Familienregister 26469; Mainzer Volkszeitung, 10.9.1898)
2 Kaiser Wilhelm II. erließ am 18. Juni 1888 eine Proklamation „An mein Volk!" Bebel bezieht sich offenbar nicht auf dessen Inhalt, sondern auf den Kommentar eines Extrablattes.

149

Meine liebe gute Julie!

Von 10 - 12 1/4 [Uhr] hatte ich heute das erste Verhör, das zweite beginnt um 1/2 5 Uhr, wahrscheinlich werde ich dann mit Ehrenberg konfrontiert.[2] Die Geschichte macht mir einen sehr eigentümlichen Eindruck. Der General-Auditeur hat eine merkwürdige günstige Meinung von seinem Angeklagten; was geschehen kann, um ihn mit Anstand durchwatschen zu lassen, geschieht sicher. Wären meine Staatsanwälte in ähnlich nachsichtiger Stimmung gewesen, ich wäre nie verurteilt worden.

Ich werde wohl mit einer Broschüre herausrücken müssen, in welcher ich das ganze Material veröffentliche, natürlich muß der Prozeß erst zu Ende sein.

Ich werde vor morgen vormittag nicht abreisen können und bleibe dann einen halben Tag in Frankfurt, wo Dr. Walther und der lange Lehmann[3] sich aufhalten. Nach Dresden kommen sie auf der Rückreise Anfang nächster Woche.

Du solltest jemand im Logis schlafen lassen, wenn die Kinder fort sind und Albert [Otto] nicht länger bleibt.

Frieda muß noch einige Zeit auf der Brandeck bleiben, ich denke bis zur Abreise der Frau Quasdorf, die um den 6. oder 7. September erfolgt. Da kann sie mit dieser die Rückreise antreten, alsdann aber einige Tage in Frankfurt und in Leipzig bleiben. Der Aufenthalt da oben ist sehr notwendig für sie; der Doktor meinte, sie sei zwar gesund, aber ihr Brustkasten und ihre Lungen seien eigentümlich lang und ungünstig gebildet.[4]

Die Reisekosten und Diäten berechnet der Auditeur, vermutlich komme ich dabei nicht schlecht weg, wenn nach militärischen Grundsätzen berechnet wird.[5] Ich bekäme aber erst in 14 Tagen Bescheid.

Herzliche Grüße und Küsse von
Deinem August

Grüße an A[lbert Otto], wenn er noch dort ist. Auch an B[ahlmann]s. Deine Briefe, gestern auf der Brandeck und heute hier, erhielt ich.

1 In das Datum wurde fälschlicherweise 1886 hineinkorrigiert.
2 Bebel war vor das Gericht des 14. Armee-Korps in Karlsruhe zur Zeugenaussage gegen Alfred von Ehrenberg (1846 - nach 1900) geladen. Wegen der Schrift „Ersparnisse am preußischen Militäretat. Nachgewiesen am Etat pro 1881/1882" wurde Ehrenberg damals zu drei Monaten Haft verurteilt, die er auf der Festung Wesel verbüßte. 1883 trat er in Zürich für kurze Zeit der Sozialdemokratie bei. Dort lernte ihn Bebel kennen. Ehrenberg versuchte, die Sozialdemokratie für eine militärische Ausbildung zur Vorbereitung eines Aufstands zu gewinnen. Da Ehrenberg abgewiesen wurde, nahm er Verbindung zu anarchistischen Kreisen auf. Im Frühjahr 1884 wandte er sich mit einer Denkschrift an das französische Kriegsministerium und bot an, eine Erhebung der Sozialdemokratie zur Einnahme der Festung Wesel seitens der Franzosen arrangieren zu können, wofür er Geld verlangte. Bei der deutschen Gesandtschaft in Bern biederte er sich zur Bespitzelung der Sozialdemokratie an. Das Belastungsmaterial gegen Ehrenberg übergab Motteler der Zürcher Polizei. Auf Beschluß des Schweizer Bundesrats vom 27. Januar 1888 wurde Ehrenberg wegen anarchistischer Umtriebe ausgewiesen. Zur Zeit des Burenkriegs soll er sich in Transvaal aufgehalten haben.
(Siehe IISG, NL Motteler: Alfred von Ehrenberg, Nr. 1495-1509, übermittelt von G. Langkau; Dieter Fricke: Bismarcks Prätorianer. Die Berliner politische Polizei im Kampf gegen die deutsche Arbeiterbewegung (1871-1898), Berlin 1962, vor allem S. 222/223, 237-240)
3 Carl Roman Lehmann (1865-1915), Gerber, Sozialdemokrat aus Offenburg. Im illegalen Vertriebssystem des „Sozialdemokrat" tätig. Im November 1888 im Freiburger Geheimbundprozeß angeklagt, aber freigesprochen. Lehmann hielt sich häufig auf der Brandeck und später in der Lungenheilanstalt Nordrach auf. Tiefe Zuneigung zu Hope Adams-Walther, die diese erwiderte. 1889/1890 Studium der Landwirtschaft in Halle, bis März 1895 Medizinstudium in Straßburg, dann in München, Juli 1897 Promotion. Bereits 1896 Hochzeit mit Hope Adams in München. Beide eröffneten dort Arztpraxen. In ihrem Haus verkehrten viele bekannte Sozialdemokraten, u. a. R. Luxemburg und C. Zetkin. Durch Lehmanns Rußlandreise 1899, über die er in dem gemeinsam mit I. Parvus-Helphand verfaßten Buch „Das hungernde Rußland" berichtete, enge Verbindung zu russischen Revolutionären, auch zu Lenin und Krupskaja. Wirkte prägend auf die sozialdemokratische Gesundheitspolitik, auch als Mitglied des Bezirkstags 1906-1911 und als Gemeindebevollmächtiger seit 1909. Meldete sich 1914 freiwillig als Zivilarzt in ein Militärlazarett. Starb in Valanciennes an Blutvergiftung.
(Siehe Erwin Dittler: Dr. Carl Lehmann (1865-1915), in: Badische Heimat, 1994, H. 3, S. 440-460; derselbe: Erinnerungen an Dr. Carl & Dr. Hope Bridges Adams-Lehmann und die Zeit unterm Sozialistengesetz, [H.] 1 u. 2, Kehl-Goldscheuer 1993)
4 Bebel hatte Frieda vom 17. bis 19. August 1888 auf der Brandeck besucht.
(Siehe Dittler, Erinnerungen, S. 25)
5 Die Zahlung der Diäten mußte Bebel erst anmahnen. Auf sein Schreiben vom 24. Oktober 1888 erhielt er zwei Tage später die Antwort, das Badische Leib-Grenadier-Regiment sei angewiesen, „Ihre auf 85,70 M festgesetzten Reise- und Zehrungskosten auszuzahlen".
(IISG, NL Motteler, Nr. 1495)

150

Meine liebe gute Julie!

Meinen Karlsruher Brief wirst Du erhalten haben, ebenso empfing ich den Deinen, den Du an Frau Cy. gesandt hattest.

Das zweite Verhör in Karlsruhe war kürzer als das erste, auch die Konfrontation mit Ehrenberg war kurz, aber für ihn sehr verhängnisvoll. Es waren Briefe seitens der Schweiz geliefert worden, und zwar zwei von mir und einer von ihm an mich, aus denen klar hervorging, daß er den einen Aufruf wenigstens selbst verfaßt hatte und daß ich ihm tüchtig gedient und jede weitere Verbindumg mit ihm abgelehnt hatte. Es ist nicht unmöglich, daß ich noch mal fort muß, aber erst später.

Mit Walther und Lehmann traf ich in Fr[an]kf[u]rt zusammen, und hatten wir einen fidelen Nachmittag und Abend. Beide reisten vorgestern abend mit Dr. Hübner über Aschaffenburg nach Schlesien. *Montag* wirst Du wahrscheinlich das Vergnügen haben, die beiden „Räuber" bei Dir zu sehen. Laß nur ein viertes Bett aufschlagen, denn ich glaube, sie werden bei uns schlafen, die Hope bat ihren Mann dringend, bei B[ahlmann]s nicht zu schlafen der Ansteckungsgefahr wegen. Ich glaube es erzwingen zu können, daß *ich Montag abend ebenfalls heimkomme*, und zwar mit dem Zug, der 8 Uhr 39 auf dem Böhmischen Bahnhof eintrifft. Ich bin also um 9 Uhr zu Hause. Wenn die beiden zu Dir kommen, wirst Du auch Bahlm[anns] einladen müssen. Versehe Dich mit kalter Küche, die beiden trinken wohl Tee.

Walther sagte mir, Frieda habe am Montag, Tag nach meinem Abschied, ihren bösesten Tag gehabt, sie habe immerfort geweint. Das habe sie auch neulich getan, als Du fort seiest, aber so arg nicht.

Daß ihr übrigens der Aufenthalt gut bekommt, beweist, daß sie 6 Pfd. zugenommen hat, sie mag also noch einige Wochen oben bleiben. W[alther]s möchten sie natürlich am liebsten Monate oben behalten, davon kann aber keine Rede sein. Gut, daß jetzt „Onkele"[1] 14 Tage oben bleibt; dieser mit seinem Humor vertreibt ihr die Grillen.

Schreibe ihr ja nichts, daß sie so geweint habe, das will sie schließlich doch nicht hören. Sie war ganz glücklich, als ich oben war, und namentlich darüber, daß ich sie bei dem großen und sehr nassen Spaziergang führte, sie war schließlich sehr müde, was kein Wunder war. Ein Wunder aber war, daß Hope den ganzen Marsch mitmachte.[2]

In Frankf[urt] lernte ich auch Frl. Michel[3] und Frl. Watts[4] kennen. Letztere ist namentlich ein reizendes Ding, ich glaube, ich würde mich ernstlich in sie verlieben, wenn ich 20 Jahre jünger wäre. Sie soll dem „Onkele" es angetan haben, scheint aber selbst zum Ernstmachen nicht geneigt zu sein. Paß auf, ob sie nicht der Dr. Hübner angelt.

Friedchen soll auf der Rückreise ein paar Tage in Fr[an]kf[u]rt bleiben.

Montag abend waren wir bei Walther-Krauses, wo es Rinderbraten mit Vogtländer Klößen gab.

Ich hatte von Fr[an]kf[u]rt an Paul [Singer] geschrieben, daß er gestern herüber nach Eisenach kommen sollte, da ich bei der Eile und dem schlechten Wetter nicht nach Friedrichroda kommen könne. Er kam aber nicht. Entweder erhielt er die Karte nicht oder er war, was wahrscheinlicher, schon abgereist.

Also Montag abend auf Wiedersehen.
Die herzlichsten Grüße und Küsse von
Deinem August

Ein Brief trifft mich Sonntag „Thüringer Hof", Altenburg, Herzogtum Sachsen.

---

1 Gemeint ist Adolf Geck.
2 Während Bebels Aufenthalt auf der Brandeck vom 17. bis 19. August 1888 wurde am Sonnabend, dem 18. August, eine „Moospartie" unternommen.
   (Siehe H. Adams-Walther an A. Geck, 11.10.1888, in: Dittler: Erinnerungen, wie Nr. 149/3, S. 25)
3 Frl. Michel war eine Bekannte von Walthers.
4 Alice Watt, Engländerin, Atheistin, hielt sich etwa seit 1887 in Frankfurt/Main auf. Sie war ebenfalls eine Bekannte von Walthers.
   (Siehe O. Walther an A. Geck, 7.5.1887, in: Dittler: Erinnerungen, S. 8)

Elberfelder Geheimbundprozeß. 1889

Mit dem Geheimbundprozeß in Elberfeld, der vom 18. November bis 30. Dezember 1889 stattfand, wollte der preußische Polizei- und Justizapparat der neuen Gesetzesvorlage über eine unbefristete Verlängerung des Sozialistengesetzes Bahn brechen. Nachgewiesen werden sollte ein über das Deutsche Reich verzweigter Geheimbund, an dessen Spitze die sozialdemokratische Reichstagsfraktion stände. Für Bebel, der als Leiter der geheimen Verbindung angeklagt war, beantragte der Staatsanwalt 15 Monate Gefängnis bei sofortiger Verhaftung nach der Urteilsverkündung. Kein Wunder, daß Julie nach ihren Erfahrungen mit dem Freiberger Prozeß dem Ausgang der Verhandlungen mit großer Skepsis entgegensah. Bebel leitete im Zusammenwirken mit den Rechtsanwälten Julius Lenzmann, Josef Schweitzer und Josef Krüsemann die Verteidigung. Es gelang, die Behauptung eines über ganz Deutschland verzweigten Geheimbundes zu widerlegen. Bebel wurde freigesprochen. Der Prozeß fand in der in- und ausländischen Presse starke Beachtung, wobei der preußische Polizei- und Justizapparat heftig angegriffen wurde. Verlauf und Ausgang des Prozesses vermehrten die Zahl der Gegner des Ausnahmegesetzes in bürgerlichen Kreisen. Das trug zum Fall des Sozialistengesetzes bei.

151

Meine liebe gute Julie!

Deinen lieben Brief empfing ich gestern abend, als ich nach Hause kam. Es war späte, 12 Uhr durch. Grillo und ich waren zu einem unserer Verteidiger zu Gaste geladen und trafen dort eine kleine Gesellschaft von Herren und Damen.

Was das „[Berliner] Volksbl[att]" über das Hinausziehen des Prozesses[1] nach Weihnachten betrifft, so mag ja irgend jemand diese Vermutung haben; begründet ist sie nicht.[2] Der Gerichtshof will *unter allen* Umständen fertig werden, und nach dem Gang des Prozesses scheint diese Auffassung gerechtfertigt zu sein. Wir sind heute, am 4. Verhandlungstage, weiter vorgerückt, als ich erwartete. Während der heutigen Verhandlung war ich fast ausschließlich im Feuer.[3] Soweit ich bis jetzt die Sache übersehen kann, hat die Staatsanwaltschaft die Schlacht so gut wie verloren. Was sie in Bezug auf die allgemeine Verbindung ins Feld führte, ist so gut wie zerstört, was nicht zerstört ist, wird noch zerstört werden.

Ich hoffe, daß bis Dienstag die Sachen hier so weit gediehen sind, daß ich entweder den Dienstag abend oder den Mittwoch früh nach Hause reise und dann höchstwahrscheinlich erst wieder bei den Plädoyers hier zu sein brauche.[4]

Der Präsident[5] will wirklich Sonnabend keine Sitzung halten; hielt er eine, so würde ich vielleicht schon Sonntag haben abreisen können. So müssen wir uns gedulden, hoffend, daß es nicht lange mehr dauert.

Du wirst ja Friedchen wohl wegen Weihnachten geschrieben haben, ich tue es heute auch, ich bin neugierig, was sie antwortet. Ob sie grade Heimweh hat, möchte ich aufgrund ihres Briefes nicht bejahen, indes es ist möglich, dann wird sie ja um so lieber mal nach Hause kommen.[6] Sehr vernünftig ist, daß sie gemeinsam sich Wurst kommen ließen. Daß sie an Gewicht nicht zunimmt, darüber macht sie sich meines Erachtens sehr unnütze Sorge.

Der M. Gladewitz hat freilich goldne Tage[7], und ich kann mir vorstellen, mit welchem Behagen er nach dem Landtag läuft. Das ist nun nicht zu ändern.

Hat L[ie]b[knecht] gut geredet[8], dann um so besser, ich selbst habe nichts darüber gelesen. Sage Gladew[itz], er solle mir das „[Berliner] Volksbl[att]" vom letzten Dienstag ab aufbewahren.

Daß es bei B[ahlmann]s wieder so gut geht, freut mich; es ist mir auch sehr lieb, von Dir zu erfahren, daß Du dort schläfst und wahrscheinlich also stets abends dort bist, da hast Du doch einige Zerstreuung.

Sonnabend wollen wir hier mal ein oder zwei Fabriken uns ansehen, und den Nachmittag wollen wir nach Ronsdorf. Sonntag wollen wir nach Köln. Denke Dir, ein Parteigenosse in Köln hat einen alten Arbeiter aufgetrieben, der im Jahre 1840 bei dem 25. Infanterieregiment eintrat und mich als Kind auf den Armen trug. Was er über die Vorgänge erzählte, die Beschreibung, die er von meiner Mutter gibt, paßt ganz genau. Es machte mir großen Spaß, wenn ich diesen Alten sprechen könnte, was ich versuchen will.

Meinen vorgestrigen Brief wirst Du erhalten haben.
Die herzlichsten Grüße und Küsse von
Deinem August

Was Frieda mit dem Schönheitsschwamm will, davon habe ich keine Ahnung, kenne auch ein solches Ding nicht.

1 Der Elberfelder Geheimbundprozeß wurde gegen 91 Sozialdemokraten, unter ihnen die Reichstagsabgeordneten A. Bebel, C. Grillenberger, F. Harm und G. Schumacher, geführt. Zur Vorbereitung wurden über 400 Zeugen verhört. Bebel wies die gegen ihn gerichteten Anklagepunkte in ständiger Gegenrede zurück und griff bei der Vernehmung anderer Angeklagter und der Zeugen vielfach ein. „Den Prozeß anlangend", urteilte er, „so darf ich wohl sagen, daß ich in meinem Leben keiner aufregenderen Verhandlung beiwohnte und einer solchen, in welcher versucht wurde, einem mit allen, aber auch mit allen Mitteln den Genickstoß zu geben." Bebel ergriff während der Verhandlungen das Wort am 18., 19., 20., 21. und 22. November, am 25., 26., 27. und 28. November, am 11., 12., und 13. Dezember, am 16. und 17. Dezember sowie am 27. Dezember. Das Urteil wurde am 30. Dezember 1889 verkündet. Freigesprochen wurden 43 Sozialdemokraten, darunter Bebel. Für Elberfeld wurde jedoch ein Geheimbund konstatiert. Die Strafen lauteten von zwei Wochen bis zu anderthalb Jahren.
(AB an F. Engels, 2.1.1890, BARS, Bd. 2/2, S. 345; siehe AB: [Eine Bilanz der sozialdemokratischen Bewegung im Jahre 1889], BARS, Bd. 2/1, S. 725-727; Bebels Rede am 25.1.1890 im Reichstag, Stenographische Berichte 7/5/2, S. 1225-1238; Freie Presse <Elberfeld-Barmen>, 17.11.-31.12.1889, 1.1.1890; Hamburger Echo, 20.11.-31.12.1889. Auf die Auswertung der „Freien Presse" stützen sich die folgenden Anmerkungen zum Prozeßver-

lauf. Angaben zur Person von Krüsemann und Schweitzer sowie zu Hücking, Kamm-hoff, Traumann und Wilsing vom StA Wuppertal an H. Gemkow)

2 Das „Berliner Volksblatt" berichtete am 20. November 1889 über die Eröffnung des Elberfelder Prozesses, der auf fünf Wochen berechnet sei.

3 Am 21. November 1889 wurden Artikel aus dem „Sozialdemokrat" und Protokolle der Parteikongresse seitens der Anklage verlesen, deren Unhaltbarkeit Bebel stets in sofortiger Gegenrede zurückwies. Zu seiner Person wurde er bereits am 18. November 1889 verhört. Er verteidigte sich selbst. Vor allem bestritt er eine Ver-bindung der Reichstagsfraktion zum „Sozialdemokrat". Die in der Anklage ge-nannten Geldsammlungen, die eine geheime Verbindung beweisen sollten, seien öffentlich erfolgt. Die Fraktion könne schon deshalb nicht an der Spitze einer ge-heimen Verbindung stehen, weil ihre Mitglieder ständig polizeilich überwacht würden.
(Siehe Freie Presse, 19.11., 22.11., 23.11.1889)

4 Bebel verließ die Verhandlungen noch nicht am Dienstag, dem 26. November, sondern erst am 28. November 1889. Telegrafisch von Rechtsanwalt Schweitzer zurückgerufen, wohnte er vom 11. bis 23. Dezember wieder den Verhandlungen bei. Sein Plädoyer hielt er am 27. Dezember 1889. Während seiner Abwesenheit stand er mit den Rechtsanwälten in Korrespondenz. In der Zwischenzeit nahm Bebel an den Beratungen des sächsischen Landtags teil und sprach dort am 6. De-zember 1889.

5 Vorsitzender des Gerichtshofs war Ernst Traumann.

6 Frieda Bebel weilte Weihnachten 1889 nicht bei ihren Eltern. Offensichtlich war es Ferdinand Simon (siehe Nr. 160/2), mit dem sie lieber als mit ihren Eltern Weih-nachten verbrachte. Im April 1889 begab sich Frieda Bebel zur Ausbildung nach Zürich. I. Bahlmann schrieb dazu am 2. Mai 1889 an Natalie Liebknecht: „Von Frl. Frieda sind dieser Tage die ersten brieflichen Nachrichten aus der Schweiz einge-troffen. Auch Frl. Frieda besucht jetzt die Universität und will in den ersten 10 Jahren nicht nach Hause zurückkehren. Ihre Eltern schwimmen in einem Meer von Seligkeit." Frieda wohnte in Hottingen, Kasinostraße 3. Doch ließ sie sich nicht an der Universität immatrikulieren, sondern bereitete sich weiter auf das Abitur vor. Am 17. Juli 1889 fuhr sie zu ihrem Vater nach Paris, um die Weltausstellung zu besichtigen. Spätestens ab Herbst 1889 belegte Frieda u.a. an der Höheren Töchter-schule am Großmünster pro Woche drei Stunden, nach den Angeboten zu urteilen in Latein. Im Wintersemester 1889/1890 entrichtete sie als Gasthörerin Gebühren für die montags bis freitags stattfindende Vorlesung Allgemeine Botanik bei Arnold Dodel. Frieda schloß sich eng an Anna Eysoldt (siehe Nr. 89/2) an, deren Mutter und Schwester 1888 nach München übergesiedelt waren. Anna Eysoldt hatte sich an der medizinischen Fakultät immatrikulieren lassen. Beide verkehrten in den Kreisen sozialdemokratischer Studenten in Zürich. Das wird durch Briefe von Oscar Geck an seine Eltern belegt. Oscar Geck (1867-1928), Sohn des Sozialdemo-kraten Carl Geck und Neffe von Adolf Geck, später Journalist bei sozialdemokrati-schen Zeitungen, studierte im Sommersemester 1889 und im Wintersemester 1889/1890 in Zürich Rechtswissenschaft. Am 28. Juli 1889 schrieb er nach Hause: „Herrn Bebel sah ich gestern zum ersten Mal. Wir sozialistischen Studenten waren dann gestern abend bis 1/2 11 mit Herrn B[ebel], Frl. Frieda und Eysoldt, Herrn und Frau Manz etc. in der bayerischen Bierhalle zur ‚Blauen Fahne' zusammen, wo wir uns recht flott amüsierten." Über den folgenden Tag hieß es: „Gestern aßen wir mit Herrn Bebel, Frieda, Frl. E[ysoldt], Dr. Adler in der ‚Bl. Fahne' zu Mittag und machten dann eine dreistündige Ruderpartie in 3 Booten." Am 3. November 1889 schrieb er nach Hause: „Wir jungen deutschen Sozzen akademischen Blutes leben

zur Zeit famos hier zusammen... Dreimal in der Woche treffen wir uns alle, nebst Frieda (Bebel) und Frl. Eysoldt, in den ausgezeichneten Vorlesungen des berühmten Nationalökonomen P l a t t e r , der nun auch aus seinen Ansichten keinen Hehl macht und von Marx, Lassalle und Bebel nur als von ‚unseren Leuten' spricht... Außerdem gehören wir alle dem ‚akademischen Leseverein' an, in dessen deutscher Abteilung wir die Majorität haben."

(I. Bahlmann an Natalie Liebknecht, SAPMO/BArch, NY 4034/60; C. Manz an O. Lang, 16.7.1889, Sozialarchiv Zürich, NL Otto Lang, Ar. 102.3; StA Zürich, Höhere Töchterschule, Schülerverzeichnisse; Programm der Höhern Töchterschule und des Lehrerinnen-Seminars in Zürich, Schuljahr 1889/1890, Zürich 1890, S. 29, 45; Universitätsarchiv Zürich, Cassabuch Sommer 1889 - Sommer 1890; Erwin Dittler: Oscar Geck. 1. Militärzeit. Studium, Kehl-Goldscheuer 1991, S. 10, 11)

7 Im August 1889 richtete Bebel in seiner Wohnung ein sozialpolitisches Auskunftsbüro ein. Als Sekretär, auch für Parteiarbeit, gewann er den Weber Gustav Adolf Gladewitz (1850-1904) aus Mittweida, Delegierter des Vereinigungskongresses zu Gotha 1875. Gladewitz unterstützte Bebel u.a. bei den im Herbst 1889 vorgenommenen statistischen Erhebungen über die Arbeits- und Lebensbedingungen der Bäckereiarbeiter. Später Redakteur bei sozialdemokratischen Zeitungen.

(Siehe SHA, Kreishauptmannschaft Dresden, Nr. 1076; August Bebel: Zur Lage der Arbeiter in den Bäckereien, Stuttgart 1890; Abdruck der Einleitung in BARS, Bd. 2/1, S. 792-811; Lebensdaten von Sonja Molt)

8 W. Liebknecht war am 15. Oktober 1889 im 2. Wahlkreis der Stadt Chemnitz nach vierjähriger Pause erneut in den sächsischen Landtag gewählt worden. Er sprach am 19. November 1889 in der Debatte zum Haushaltetat.

152

[an Julie]

...etwa Mitte Dezember.

Ich selbst werde leider einige Tage länger jetzt hier bleiben müssen, wenigstens bis zur Vernehmung Grillenbergers,² der in solchen Prozessen noch zu unerfahren ist. Ich möchte wissen, was hier passierte, wenn ich nicht da wäre. Unter den Angeklagten ist nicht einer, der die Stange zu halten weiß, und den Rechtsanwälten ist natürlich die ganze Materie viel zu fremd, um sich da hineinfinden zu können. So führe ich eigentlich den ganzen Prozeß, und sind die Rechtsanwälte sehr froh, daß ich ihnen zur Seite stehe.

Die hiesigen Polizeiorgane, die mit der Überwachung unserer Leute zu tun haben, sind die traurigsten Menschen, die es gibt. Nichts haben sie selber gesehen, alles nur von ihren Hintermännern, die sie nicht nennen wollen.

In Bezug auf letztere geht nun der Kampf los. Ich habe geheime Sitzung mit Schweigegebot für alle Anwesenden beantragt, damit der Gerichtshof in die Zwangslage kommt, diese Nichtgentlemen vorführen lassen zu müssen. Kommen diese Kerle, so erscheinen sie sicher wie Verbrecher vor Gericht. Und kommen sie nicht, nun, dann kann der Gerichtshof auf das von allen Seiten durchlöcherte, weil als unwahr nachgewiesene Zeugnis dieser Schufte nichts geben.

Fest steht, daß die hiesigen Polizeiorgane mitsamt der Staatsanwaltschaft herumlaufen wie vor den Kopf geschlagene Hühner. Ich begreife, daß, wenn man draußen die Anklage liest und die kurzen, oft unrichtig wiedergegebenen Verhandlungen, man glaubt, es müsse zu einer Verurteilung kommen. Daß eine Anzahl Leute verurteilt werden, ist zweifellos. Aber die nicht, auf die es ankommt, wenigstens halte ich das nach dem bisherigen Gang für erst recht unmöglich.

Mache Dir auf keinen Fall Sorgen, und rege Dich nicht auf. Ich bin froh, daß grade jetzt bei B[ahlmann]s eine Stimmung herrscht, die Dir den Aufenthalt erleichtert.

Beilage bitte ich an Gladewitz zu geben. Die parlamentarischen Verhandlungen kann ich hier nicht verfolgen. Kommen wir aus der Verhandlung³ und haben wir gegessen, dann machen wir einen [ein]stündigen Spaziergang. Dann werden Briefe geschrieben, und die Abende sind wir von einer Schar mehr oder weniger zudringlicher Verehrer und Neugieriger umlagert, so daß wir froh sind, wenn wir zu Bette kommen.

Morgen ist wahrscheinlich hier die halbe Provinz versammelt, deshalb drücken wir uns in aller Heimlichkeit und gehen nach Köln den Nachmittag und Abend.
Die herzlichsten Grüße und Küsse von
Deinem August

Gruß auch an B[ahlmann]s.

1 Der Anfang des Briefes fehlt. Die Datierung ergibt sich aus Bebels Bemerkung, er wolle den nächsten Tag nach Köln reisen. Dort hielt er sich Sonntag, den 24. November 1889, auf.
2 Carl Grillenberger gehörte zu den Angeklagten im Elberfelder Sozialistenprozeß. Ihm wurde vor allem die Verbreitung verbotener sozialdemokratischer Schriften durch den Verlag Wörlein & Co. vorgeworfen, wobei sein Verlag als Teil der allgemeinen geheimen Verbindung gelten sollte. Die erste Vernehmung fand am 19. November statt, sein Verhör am 17. Dezember 1889. In der Zeit vom 28. November bis 10. Dezember blieb er den Verhandlungen fern. Der Staatsanwalt beantragte ein Jahr Gefängis. Grillenberger wurde freigesprochen.
3 Die Verhandlungen dauerten in der Regel von 9 Uhr bis 14 Uhr.

153

Elberfeld, den 25. November 1889

Meine liebe gute Julie!

Deine beiden Briefe erhielt ich heute. Ebenso die Notiz von Bahlm[ann], letzterem lasse ich besten Dank sagen.

Hier stehen die Aktien famos. Heute haben wir einen Hauptschlag geführt und einen Parteigenossen, der im Dienste der Polizei stand, entlarvt.[1] Der Gerichtshof mußte, da der Kerl nicht beschwören wollte, was er aussagte, die Zwangshaft über ihn verhängen. Er ließ sich auch ruhig in Haft nehmen. Mit dem Ende des Prozesses kommt er wieder frei, und mittlerweile füttert ihn die Staatspolizei aufs beste und erhält sicher auch seine Familie. In den hiesigen Kreisen herrscht über den Verlauf des Prozesses eine enorme Aufregung, die sich mit der Dauer desselben steigert.

Du meinst, die Staatsanwaltschaft ließe mich nicht fort; *grade umgekehrt*, die Staatsanwaltschaft wäre froh, wenn ich wäre, wo der Pfeffer wächst. Der Staatsanwalt[2] ist, wie mir aus durchaus zuverlässigem Munde versichert wird, wütend, daß man mich in den Prozeß verwickelte, *ich verpfuschte ihm die ganze Anklage*. Der Staatsanwalt wird über seinen Reinfall von seinen eignen Freunden schon jetzt aufgezogen. Im Richterkollegium soll schon jetzt eine Majorität für die Annahme der allgemeinen Verbindung *nicht mehr* vorhanden sein, so daß also meine Freisprechung so gut *wie sicher ist*. Auch der Landgerichtspräsident[3], nicht der Vorsitzende unserer Strafkammer, der mehrere Male den Verhandlungen als Zuhörer beiwohnte, soll, so wird mir fest versichert, geäußert haben, eine Verurteilung auf eine allgemeine Verbindung sei *unmöglich*.

Nach dem Gang, den heute die Verhandlungen genommen haben, glaube ich sogar, daß selbst die lokale Verbindung, *die mich gar nichts* angeht, kaum aufrechterhalten werden kann. Jedenfalls werden nur verhältnismäßig wenige verurteilt werden und diese nicht hart.

Der Prozeß endet mit einer furchtbaren moralischen Niederlage der Staatsgewalt, die ihn anzettelte.

Nun nahmen in den letzten Tagen die Verhandlungen einen sehr langsamen Verlauf. Aber das lag in unserem Interesse. Wir mußten den Polizeizeugen so viel Knüppel zwischen die Beine werfen, daß sie den Hals brachen, und moralisch haben sie den gebrochen.

Ich kann deshalb zunächst nicht weg, meine Anwesenheit ist im Interesse aller *dringend* nötig, ich werde deshalb wahrscheinlich noch diese Woche hierbleiben müssen.

Ich bitte Dich, rege Dich nicht auf, Du hast gar *keine Ursache dazu*. Denke, ich hätte einige Wochen auf die Reise gehen müssen. Das Opfer, das Du und ich bringen, bringen wir für Dutzende von Familien, deren Ernährer hier auf der Anklagebank sitzen und die vor Gefängnis bewahrt werden können, wenn sie geschickt verteidigt werden.

Nun habe ich mich aber mit Wäsche schlecht versehen, ich hatte ja auf längstens bis morgen hier zu sein gerechnet. Ich bitte Dich deshalb dringend, sende mir **sofort**: 1 Wollhemde, 1 Wollunterhose, 6 Kragen, 3 Paar Manschetten, 4 - 6 Taschentücher.

Ich hoffe, daß es mir möglich sein wird, Freitag abend oder Sonnabend früh abzureisen.

Wegen der Papiere, die Frau Bahlm[ann] hat, frug ich bei Singer seinerzeit an, er hat mir aber noch nicht geantwortet. Schreibe S[inger] doch ein paar Zeilen, es handelt sich um Papiere der Gothaer Grundrentenbank oder wie das Institut heißt.

Cramer (Darmstadt)[4] und Oertel (Nürnberg)[5] sind Freitag abend einstweilen nach Hause, ich kann also Bahlm[ann]s Frage zunächst nicht beantworten.

Was Du an Briefen dort hast, die reiner Privatnatur sind und deren Beantwortung nicht pressiert, so laß sie dort, die andern kannst Du mir senden.

Wir waren Samstag abend in Ronsdorf, wo es uns sehr gut gefallen hat, wir trafen dort einen alten Stamm Genossen, der von Lassalles Auftreten an in der Bewegung steht.

Gestern nachmittag waren wir in Köln. Außer Grillenb[erger] waren Schumacher[6] und sein Schwager mit – der mir und Gr[illenberger] je ein hübsches Messer mitbrachte. In Köln empfing uns Meist[7]. Wir haben uns sehr gut unterhalten. Abends trafen wir Decker[8], den ja auch Bahlm[ann] kennt, der uns an die Bahn begleitete und der Donnerstag mit einigen Freunden herüberkommen will. Sonnabend vormittag waren wir auch in einer Spitzenfabrik, in die uns Mohrhenn[9] führte. Der Fabrikant ist Parteigenosse, er muß auch zeugen; wir tranken bei ihm ein Glas Wein.

Friedchen wird sicher ja sagen, ich habe ihr auch geschrieben. Ich werde sie dann ersuchen, daß sie so frühzeitig abreist, daß sie den 20. spätestens in Dresden ist, womöglich noch früher. Sie kann Dir dann helfen, und Du bist nicht gar zu lange allein. Denn hierher muß ich doch wieder und nach Berlin auch.[10]
Die herzlichsten Grüße und Kuß
Dein Aug[ust]

1 Es handelte sich um Julius Weber aus Elberfeld. Im Zusammenwirken von J. Lenzmann und den Angeklagten Bebel, Grimpe, Hülle u. a. wurde die Vernehmung von Weber erzwungen, der offensichtlich der Zuträger eines Hauptbelastungszeugen, des Polizeiinspektors Wilhelm Wilsing, war. Weber wurde inhaftiert, weil er die Aussage und seine Vereidigung verweigerte. Am folgen Tag gab Weber seine Spitzeltätigkeit für Wilsing zu. Auf Bebels Fragen entlastete er die Angeklagten, ebenso bei seiner zweiten Vernehmung am 2. Dezember 1889. Am 27. November 1889 gelang es Bebel, die Unglaubwürdigkeit des zweiten Hauptbelastungszeugen, des Polizeininspektors Otto Kammhoff, nachzuweisen.
2 Staatsanwalt im Elberfelder Prozeß war Friedrich Rudolf Pinoff (1849-1916), Jurist, Freikonservativer, seit 1904 Landgerichtspräsident in Bartenstein, seit 1908 in Magdeburg.
(Todesjahr übermittelt vom StA Magdeburg)
3 Präsident des Landgerichts Elberfeld war von 1887-1894 Werner Hücking (vor 1840-1903), seit 1872 im Justizdienst, u.a. 1868 Staatsanwalt in Iserlohn, ab 1879 Landgerichtsdirektor in Altona, ab 1883 Staatsanwalt in Köln, seit 1894 in Koblenz.
4 Balthasar Cramer (1851-1923), Zimmermann, Gastwirt; Sozialdemokrat in Darmstadt, Abgeordneter des hessischen Landtags 1893-1905 und MdR 1898-1906. Er war angeklagt, ein Paket mit Exemplaren des „Sozialdemokrat" erhalten zu haben. Nach seinem ersten Verhör am 20. November 1889 reiste er zunächst am 22. November nach Hause. Er wurde zu zwei Monaten Gefängnis verurteilt.
5 Carl Oertel (siehe Nr. 117/4) war als Buchhalter der Firma Wörlein & Co in Nürnberg angeklagt. Ihm wurde vorgehalten, Exemplare vom Protokoll des Parteitags in St. Gallen 1887 versandt zu haben. 100 Exemplare gingen an F. Harm nach Elberfeld, 250 an G. Schumacher nach Solingen. Oertel wies jedoch nach, daß zum Zeitpunkt des Versands noch kein polizeiliches Verbot ergangen war. Er wurde freigesprochen.
6 Georg Schumacher (1844-1917), Gerber, später Unternehmer; Mitglied der SDAP und der IAA, aktiv in der Sozialdemokratie Solingens, MdR 1884-1898, 1898 aus der Partei ausgeschlossen. Ihm wurde u.a. vorgehalten, 250 Exemplare des Berichts vom Parteitag in St. Gallen empfangen und verkauft zu haben. Auch er wies nach, daß das vor dem Polizeiverbot geschah. Schumacher wurde freigesprochen.
7 Carl Julius Meist (1856-1908), Schreiner, Zigarrenhändler, führend in der illegalen Parteiorganisation in Köln tätig, MdR 1893-1895, 1903-1907, Mitglied der Parteikontrollkommission 1893-1895. Er gehörte zu den Angeklagten im Elberfelder Prozeß. Ihm wurde vor allem die Teilnahme am Parteitag 1887 in St. Gallen vorgeworfen. Er wurde freigesprochen.

8 Möglicherweise handelt es sich um jenen Decker, der als Zeuge im Elberfelder Prozeß vorgeladen war. Er wurde bei der Vorbereitung der Anklage zunächst in den Kreis der Verdächtigen einbezogen, zählte aber nicht zu den Angeklagten.

9 Werkführer Eduard Mohrhenn aus Barmen war Angeklagter im Prozeß. Ihm wurde u.a. ein Briefwechsel mit Bebel vorgeworfen. Er gehörte zu den Freigesprochenen.

10 Bebel nahm während der Dauer des Elberfelder Prozesses nicht an den Verhandlungen des Deutschen Reichstags teil.

154

Elberfeld, den 11. Dezember 1889[1]

Meine liebe gute Julie!

Ich bin gestern glücklich hier angekommen; hier ist mittlerweile heftiges Tauwetter ausgebrochen, was Ihr auch zu Hause haben werdet.

Meine Anwesenheit war zum Glück nicht so notwendig, wie es schien nach den Depeschen. Man wollte mich aber hierhaben, da gestern sich ein Angeklagter als Denunziant entpuppte[2], was man vorher wußte.

Die Leute waren alle *riesig* froh, als ich heute da war, und ich hatte denn auch gleich mit dem Staatsanwalt und dem Präsidenten eine ganz gehörige Auseinandersetzung über die „Vertrauensmänner" der Polizei, in welcher der Staatsanwalt eine *gründliche* Niederlage erlitt.[3]

Vielleicht komme ich morgen zur Vernehmung, vielleicht auch erst Freitag.[4] Für letzteren Tag sind die Organe der Polizei aus Leipzig, Magdeburg, Berlin, Altona, Frankfurt geladen, da kann's also sehr interessant werden.[5]

Der Präsident hofft, diese Woche mit den Vernehmungen fertig zu werden, so daß Montag die Plädoyers beginnen könnten, was den Prozeß etwa um den Donnerstag herum zu Ende brächte.

Willst Du Dir einen Mantel in Leipzig kaufen, könntest Du es so machen, daß Du morgens 1/2 9 Uhr mit Schnellzug abreisest und nachmittags 6 Uhr mit Schnellzug zurückkehrtest. Überlege Dir das. Du könntest dann von der Bahn direkt in den Laden gehen, kauftest Dir den Mantel, gingst dann zu Brauer[6] zu Tische und führest Abend wieder heim.

Ich glaube, wir werden Brauer eine Stolle backen müssen; nach dem, was mir Albert [Otto] von der dortigen Wirtschaft erzählte, wird so sparsam gelebt, daß er schwerlich welche backen läßt.

Daß Riquet[7] den kalifornischen Kognak hat, wirst Du nunmehr wissen. Auf der Bahn fand ich einen Preiskurant in der „Eisenbahn-Zeitung", worin R[iquet] diesen Kognak anpreist. Nun wird B[ahlmann] auch zufrieden sein.

Halte Dich munter, und sei auf das herzlichste gegrüßt und geküßt von
Deinem August

1 Beim Datum wurde offenbar aus der 10 eine 11 korrigiert. Der 11. Dezember 1889 erweist sich anhand der im Brief genannten Fakten als richtig.

2 Es handelt sich um Ewald Röllinghoff aus Elberfeld. Nachdem während der Zeugenvernehmung die Anklage auf Bestehen einer geheimen Organisation über ganz Deutschland zusammengebrochen war, versuchte die Staatsanwaltschaft, durch Röllinghoff eine Wende zu ihren Gunsten herbeizuführen. Dieser verlas am 10. Dezember 1889 einen Brief seiner Frau, die von ihm das Ausscheiden aus der sozialdemokratischen Partei verlangte. Röllinghoff sagte u. a. aus: „Ich konstatiere, daß eine Organisation bestand, genau so, wie es in der Anklageschrift steht." Er selbst sei Vertrauensmann gewesen. Den Verteidigern sowie Bebel und anderen Angeklagten gelang es, in den Vernehmungen der folgenden Tage die Verbindung von Röllinghoff und dessen Frau zu Polizeiinspektor O. Kammhoff aufzudecken sowie deren Unglaubwürdigkeit zu beweisen.
(Zitat: Freie Presse, 11.12.1889)

3 Bebel forderte das Gericht auf, von den Polizeizeugen endlich den Nachweis zu verlangen, welche angeblichen Vertrauensmänner mit der Fraktion in Verbindung gestanden hätten. Seine Darlegungen zwangen den Gerichtspräsidenten und den Staatsanwalt zu beteuern, daß sie größtes Interesse an der Wahrheitsfindung hätten. Bebel kündigte an: „Über die Art, wie diese Anklage zustande gekommen, sprechen wir uns noch an anderer Stelle, Herr Staatsanwalt!"
(Freie Presse, 12.12.1889)

4 Bebels Vernehmung erfolgte erst am Dienstag, dem 17. Dezember 1889.

5 Polizeivertreter der genannten Orte bestätigten, daß in Prozessen die Existenz örtlicher Geheimorganisationen der Sozialdemokratie festgestellt worden sei. Auf Befragen Bebels und der Verteidiger gaben sie zu, daß eine Verbindung der örtlichen Organisation zur sozialdemokratischen Reichstagsfraktion nicht nachgewiesen werden konnte.

6 Friederike Brauer war am 28. Juni 1889 verstorben. Zu ihrer Zuckerkrankheit hatte sich noch Lungenentzündung gesellt, wodurch sie „ihr für uns alle so teures und segenreiches Leben Donnerstag Nacht aushauchte". Julie reiste am 25. Juni nach Leipzig. Die Beisetzung erfolgte am 30. Juni 1889. August Bebel wurde die Teilnahme polizeilich gestattet.
(JB an Natalie Liebknecht, 10.7.1889, Moskau, F. 200, Op. 4, Nr. 2267; siehe StA Leipzig, PoA, Nr. 129, Bl. 76; Todesanzeige im Leipziger Tageblatt, 29.6.1889; Moskau F. 192, Nr. 159, Bl. 93)

7 Gemeint ist die Tee- und Weinhandlung Riquet & Co in Leipzig, Klostergasse 5.

155

Liebe gute Julie!

Deinen Brief mit demjenigen Friedchens erhielt ich. Ich bin ganz damit einverstanden, daß Du mir nicht mehr schreibst.

Heute hat der Staatsanwalt über 4 Stunden gesprochen[1], dann wurde die Sitzung um 3 Uhr geschlossen. Das Heitere ist, daß er offenbar alles, aber auch alles, was er in der Anklage gesagt, aufrechterhalten will. Wenigstens hat er bis jetzt nichts fallen lassen. Wahrscheinlich wird er morgen noch sicher 2 Stunden sprechen und dann seine Strafanträge stellen. Nach seinem bisherigen Plädoyer zu urteilen, wird er mit Strafanträgen nicht sparen und auch hohe Strafen beantragen. Laß Dich nicht irritieren.

Wie schon bemerkt, hoffe ich, Sonntag zu Hause zu sein.[2]

B[ahlmann]s Telegramm erhielt ich, ich ahnte nicht, daß Sch[umacher] die Berichte habe, da er erst [18]84 in den Reichstag trat. Ich ersuchte ihn heute morgen, die Berichte mitzubringen. Ich forderte sie, weil der Staatsanwalt in einer ganz unerhörten Weise Reden von mir verdrehte. Das hat zwar wenig zu sagen, aber ich möchte es ihm doch nachweisen.[3] Grüße B[ahlmann]s, und ich lasse ihm für die Besorgung danken.

Die herzlichsten Grüße und Küsse von

Deinem A. Bebel[4]

---

1 Die Anklagerede des Staatsanwalts F. Pinoff veröffentlichte die „Freie Presse" am 21. und 22. Dezember 1889 in zwei Extrablättern. U.a. bemerkte Pinoff: „Und wer die Geschichte der letzten 20 Jahre verfolgt hat, der weiß, daß es gerade die Abg. Liebknecht und Bebel gewesen sind, die gelehrigen Jünger des verstorbenen Karl Marx, denen es gelungen ist, die damals noch nationale Sozialdemokratie in die Bahnen des internationalen Kommunismus zu führen." Damit bedrohe die Sozialdemokratie alle Staatswesen.
(Freie Presse, 21.12.1889)

2 Bebel kam noch nicht am Sonntag, den 21. Dezember 1889, nach Hause. Er traf erst am 24. Dezember „nach durchfahrener Nacht mittags" ein.
(AB an F. Engels, 2.1.1890, BARS, Bd. 2/2, S. 345)

3 Der Staatswanwalt bezog sich u.a auf Bebels Feststellung: „Wir erstreben auf politischem Gebiet die Republik, auf dem ökonomischen Gebiet den Sozialismus und auf dem, was man heut das religiöse Gebiet nennt, den Atheismus", die Bebel in seiner Reichstagsrede vom 31. März 1881 getroffen hatte. Bebel wandte sich in seiner Verteidigungsrede gegen das Ziel der Staatsanwaltschaft, die Sozialdemo-

kratie als eine Umsturzpartei hinzustellen, bekannte sich aber zum Republikanismus.
(Zitat: BARS, Bd. 2/1, S. 128)
4 Diese zwischen den Ehepartnern völlig unübliche, förmliche Unterschrift widerspiegelt Bebels Anspannung in diesem Prozeß.

156

Meine liebe gute Julie!

Endlich wurde der Staatsanwalt heute mittag 12 Uhr mit seiner Anklagerede fertig. Er hatte die Liebenswürdigkeit, für mich 15 Monate zu beantragen – ich rechnete auf 2 Jahre, für Grillenberger und Harm[1] auf 12, für Grimpe[2] auf 9, für Schumacher auf 6 Monate usw. Für einen der Angeklagten beantragte er sogar 2 Jahre, 6 Monate.[3]

Weiter hatte er die Liebenswürdigkeit zu beantragen, daß alle, für welche 1 Jahr und mehr erkannt würden, sofort zu verhaften [seien]. Diese Anträge sind zu dumm, und werde ich ihm heimzahlen, wenn ich zum Wort komme.

Ob wir morgen mit den Plädoyers fertig werden, ist noch nicht sicher. Um 4 Uhr geht die 2. Sitzung an, die wahrscheinlich bis 8 oder 9 Uhr dauert; kommen in dieser 2 Verteidiger zum Wort, dann können wir morgen fertig werden. Auf alle Fälle telegraphiere ich Dir morgen, Samstag abend, wann ich nach Hause komme. Kann ich erst spät telegraphieren, so werde ich direkt an Bahlm[ann] Depesche gelangen lassen. Sage es ihm.

Ich will auch Frieda ein paar Zeilen schreiben. Also auf Wiedersehen.

Herzliche Grüße und Küsse von

Deinem August

Wegen der Strafanträge beunruhige Dich nicht. Es wird nicht so heiß gegessen, als gekocht wird.

Eben bittet mich Grillo, Du möchtest seiner Frau ein paar tröstende Worte schreiben. Das ist allerdings ein merkwürdiges Zeichen von Vertrauen, das er hat, als wenn Du nicht in der gleichen Lage wie Frau Greth wärest.

Gib Dir keine besondere Mühe mit den Weihnachtsgeschichten. Die Leute müssen begreifen, daß Du jetzt für dergleichen nicht begeistert bist. Schließlich kann man die Sachen auch nach Neujahr senden.

Die Bücher empfing ich.

---

1 Friedrich Harm (1844-1905), Weber, Kaufmann; Mitglied des ADAV in Elberfeld, ab 1875 SAPD, MdR 1884-1898. Angeklagt war er wegen seiner Rolle in der Parteior-

ganisation Elberfeld und besonders wegen angeblich wissentlich falscher Behauptungen in einem Gedenkblatt an den 21. Februar 1887, den Tag der Faschingswahlen. Er wurde zu sechs Monaten Gefängnis verurteilt.

2 Karl Friedrich Hermann Grimpe (1850-1907), Tischler, Mitglied der SDAP in Berlin, organisierte dort bei Erlaß des Ausnahmegesetzes den Fortbestand der Sozialdemokratie. Ausgewiesen am 12. April 1879. War bis 1887 in Paris, dort Vertrauensmann des „Sozialdemokrat". Ab 1887 in Elberfeld Geschäftsleiter und zeitweilig Redakteur der „Freien Presse". Seit 1892 Vorsitzender des Rheinischen Agitationskomitees. Im Elberfelder Prozeß freigesprochen.
(Siehe Liebknecht-Briefwechsel II, wie Nr. 3/3, S.82/83)

3 Die höchste Strafe wurde für Gustav Finke gefordert. Beschuldigt wurde er als hervorragendes Mitglied der sozialdemokratischen Ortsorganisation, als Empfänger verbotener Druckschriften, wegen angeblich anarchistischer Gesinnung und wegen Majestätsbeleidigung. Die gesamte Anklage gegen ihn stützte sich allein auf die Aussage eines Denunzianten. G. Finke erhielt ein Jahr und sechs Monate Gefängnis zudiktiert.

157

Meine liebe gute Julie!

Meine Depesche wirst Du erhalten haben. Ich kann leider vor Dienstag nicht abreisen. Es muß den Montag sehr gut gehen, wenn wir fertig werden. Bis jetzt haben erst der Staatsanwalt und 2 Verteidiger gesprochen, und der zweite ist noch nicht ganz fertig. Montag kommt dieser noch dran, dann der 3. Verteidiger[1] und schließlich nochmal der Staatsanwalt und dann wir.[2]

Ich denke aber, wir werden sehr wenig zu reden brauchen. Dr. Schweitzer, der heute sprach und mit dem ich zuvor eine längere Unterredung hatte, hat seine Sache sehr gut gemacht und die staatsanwaltliche Anklage gehörig zerpflückt.[3] Dr. Lenzmann, der zuerst sprach, hat weniger gut gesprochen und zum Teil zu viel verletzt.[4]

Das Urteil wird wahrscheinlich erst nach Neujahr gesprochen. Ich bin noch immer der Ansicht, daß die allgemeine Verbindung fliegt. Die aufgestellten Behauptungen sind zu kühn.

Neues habe ich Dir von hier nicht mitzuteilen, denn es kommt nichts vor, was für Dich von Interesse wäre.

Ich bedaure ganz außerordentlich, daß ich Dich so lange allein lassen muß und obendrein in dieser Unruhe; Du glaubst gar nicht, wie unangenehm mir das ist. Ich habe mich kaum im Leben unbehaglicher gefühlt als in dieser Situation hier, wo jeder Tag insofern Enttäuschungen bringt, als die Dinge nie so weit kommen, wie man gehofft und erwartet hat. An diese Prozeßverhandlungen werde ich mein Leben lang denken; so viel Widerlichkeiten, Unannehmlichkeiten, Schmutz und Charakterlosigkeit habe ich mein Leben nicht kennengelernt in so kurzer Zeit.

Na, die Sache ist nun bald vorüber, und ich hoffe dann doch, daß, wenn der jetzt gemachte Versuch fehlschlägt, kein zweiter mehr gemacht werden wird.

Darüber ist eine Stimme, daß dieser Prozeß auch auf polizeilicher Seite ein Maß von Korruption und Schlimmerem aufgedeckt hat, das die Staatsmacht gewaltig bloßstellt.

Also, meine Liebe, bleibe ruhig und verzeihe, daß ich Dir ungewollt so böse Tage bereite.

Die herzlichsten Grüße und Küsse von

Deinem August

1 Josef Krüsemann (1850-1907) aus Barmen.

2 Bebel hielt seine Verteidigungsrede am 27. Dezember 1889. Er berichtete darüber an Engels: „Am zweiten Feiertag abends mußte ich wieder [von zu Hause] fort. Vormittags halb acht Uhr in E[lberfeld] angekommen, begann ich um zehn Uhr meine zweieinhalbstündige Verteidigungsrede, der ich später noch eine Replik gegen den Staatsanwalt mußte folgen lassen." Bebels Rede fand in der Presse starke Beachtung.

(AB an F. Engels, 2.1.1890, BARS, Bd. 2/2, S. 346)

3 Rechtsanwalt Josef Schweitzer aus Elberfeld begann seine Verteidigungsrede mit Argumenten zu den Zielen der Sozialdemokratie, was Bebel offensichtlich mit ihm abgesprochen hatte. Schweitzer legte dar, daß die Sozialdemokratie in ihrer Ideologie zwar revolutionär sei, aber das sei nicht strafbar. Auch das Sozialistengesetz richte sich nicht hiergegen, sondern allein gegen umstürzlerische Bestrebungen. Er verwahrte sich gegen die Gleichsetzung der Sozialdemokratie mit den Anarchisten. Seine Meinung zum Prozeß äußerte Schweitzer in einem Brief an Bebel: „Für die Debatte über das Sozialistengesetz wird Ihnen dieser Prozeß, der doch seinesgleichen nicht hat, allerdings vorzüglichen Stoff geben und nicht nur Ihnen, sondern auch den Vertretern anderer Parteien, soweit dieselben noch offene Augen und Ohren haben. Die Vorgänge sind einfach skandalös, und man steht eigentlich vor einem Rätsel, wie es möglich war, aufgrund eines solchen Materials eine solche Anklage aufzubauen. Dem Bauherrn macht das Werk gewiß keine Ehre; es ist ein Kartenhaus und eigentlich schon jetzt elendiglich zusammengebrochen."

(J. Schweitzer an AB [offensichtlich mit 7. November 1889 falsch datiert, müßte Dezember heißen], IISG, NL Bebel, Nr. 155)

4 Julius Lenzmann (1843-1906), Rechtsanwalt beim Landgericht Hagen, zunächst Mitglied der Deutschen Fortschrittspartei, 1885 Mitbegründer der Demokratischen Partei, MdR 1881-1887, 1893-1906. Während des Prozesses trat von den Rechtsanwälten er am stärksten hervor. In seiner Verteidigungsrede am 20. und 21. Dezember 1889, die in der Wiedergabe sehr überzeugend wirkt, widerlegte er vor allem das angebliche Bestehen einer über das ganze Reich verbreiteten, ungesetzlichen sozialdemokratischen Organisation. Mit seiner Bezeichnung der Polizeispitzel als Lumpen provozierte er Einwürfe des Gerichtspräsidenten und des Staatsanwalts. U.a. bemerkte Lenzmann: „Die Polizei mag ja Ursache haben, ihre Gewährsmänner zu verschweigen; aber es ist eine ungeheuerliche Zumutung an das Gericht, nach Berichten, die aus so trüber Quelle stammen, zu urteilen." Es sei noch nicht einmal gesagt, ob die Berichte schriftlich oder mündlich vorlägen.

(Freie Presse, 22.12.1889, Extrablatt; siehe auch Lenzmann an AB, 3. Dezember 1889, IISG, NL Bebel, Nr. 125.

Im Hamburger Wahlkreis 1890

Zum ersten Mal seit Erlaß des Ausnahmegesetzes durfte August Bebel am 21. Januar 1890 in Hamburg sprechen. Tausende nahmen an der Veranstaltung teil. Bebel wurde im 1. Hamburger Wahlkreis als Kandidat für die nächsten Reichstagswahlen aufgestellt. Diese Demonstration hatte die Sozialdemokratie vor der Abstimmung über das Sozialistengesetz organisiert, das nunmehr unbefristet gelten sollte. Auch in Berlin bewiesen Massenversammlungen die Wirkungslosigkeit des Ausnahmegesetzes. Dort sprach Bebel am 23. Januar 1890. Zwei Tage später lehnte der Reichstag das Sozialistengesetz ab. Gegen das Gesetz stimmten außer den Sozialdemokraten die Deutsche Volkspartei, die Deutschfreisinnige Partei, Teile des Zentrums und ein Drittel der Nationalliberalen, aber auch die Konservative Partei, der die Neufassung des Gesetzes nicht weit genug ging. In der wichtigsten innenpolitischen Frage war Bismarck gescheitert. Mit diesem Triumph wurde die Sozialdemokratie bei den Reichstagswahlen am 20. Februar 1890 zur wählerstärksten Partei und erlangte 19,7 Prozent der Simmen. Bebel wurde in Hamburg mit absoluter Mehrheit gewählt. Bismarck mußte am 20. März 1890 seinen Abschied nehmen. Am 30. September 1890 fiel das Sozialistengesetz.

158

Meine liebe gute Julie!

Meinen Brief von gestern wirst Du erhalten haben.

So ist denn die Riesenversammlung vorbei und zwar glänzend vorbei.[1] Ein ähnliches Schauspiel habe ich noch nicht gesehen. Es waren nach allgemeiner Schätzung 40 000 - 50 000 Menschen auf den Beinen, von denen 10 000 - 12 000 in den Sälen waren. Ein Meer von Köpfen. Als ich die Tribüne betrat, gab es einen Beifallssturm, daß die Wände bebten, und dasselbe war der Fall, als ich nach 1 1/2stündiger Rede – ich war gut disponiert, und trotz des ungeheuren Raumes drang meine Stimme durch – die Tribüne verließ.

Als dann nach angenommener Resolution, für die sich ein Wald von Händen erhob, der Vorsitzende ein dreifaches Hoch auf mich ausbrachte, kannte der Enthusiasmus keine Grenze mehr. Die Tausende von Hüten, die geschwenkt wurden, mit dem Donner der Kehlen dazwischen, das war ein Schauspiel, das einzig war. Am großartigsten aber war, daß, als nach Schluß der Versammlung die Massen den Saal verließen und an der Tribüne vorbeizogen, diese immer und immer wieder in neue Hochs mit Hüteschwenken ausbrachen, so daß mir schließlich vor lauter Kopfnicken das Genick wehe tat.

Ich werde erst heute abend 11 Uhr von hier nach Berlin reisen, ich reise nicht gerne die Nacht, aber ich möchte den Leuten den Gefallen tun und noch hierbleiben.

Wie es im Reichstag wird, darüber scheint noch alle Welt im unklaren zu sein; na, wir werden ja sehen. Eventuell telegraphiere ich Dir, wenn plötzlich der Schluß eintreten sollte, ich reise dann erst den nächsten Tag nach Hause.

Gestern aß ich hier sehr feine kleine Heringe, sie schmeckten so gut, daß ich gleich 2 aß. Ich werden Dir einige schicken lassen.

Herzliche Grüße und Küsse von

Deinem August

Herzlichen Gruß auch an Deinen Schwager.[2]

---

1 Die Versammlung im Sagebielschen Etablissement leitete der Sozialdemokrat *Julius* Carl Johannes Panzner (1845-1904), Metalldreher, dann Wirt, 1887 Mitbegründer

des Fachvereins der Metalldreher und dessen 1. Vorsitzender in Hamburg. Die Versammlung erklärte sich mit Bebels Auftreten im Reichstag einverstanden und billigte seine erneute Kandidatur.
(Lebensdaten Panzner siehe Staatsarchiv Hamburg, Bestand 331-3, S 2111)
2 Gemeint ist Theodor Brauer. Julie Bebel hielt sich offensichtlich in Leipzig auf.

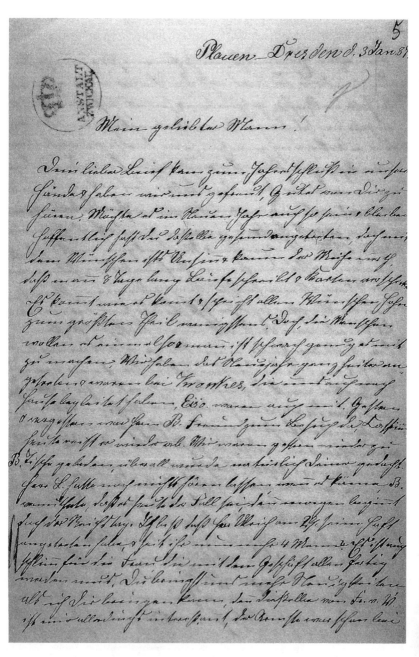

Handschrift Julie Bebels. Siehe Seite 300

Kölner Parteitag. 1893

Julie Bebel richtete ihren Brief nach Köln, wo vom 22. bis 28. Oktober 1893 der sozialdemokratische Parteitag stattfand. Ein Jahr zuvor war sie zum Parteitag nach Erfurt gereist. Sie wollte unbedingt dabei sein, als die Bilanz des Sieges über das Sozialistengesetz mit der Annahme des Erfurter Programms gekrönt wurde, das durch die Ideen von Marx und Engels geprägt war. Seit dem 19. September 1890 wohnten August und Julie Bebel in Berlin. Für Julie brachen ruhigere Tage an, denn der sozialdemokratische Parteivorstand verfügte nun über ein wohlorganisiertes Sekretariat mit hauptberuflichen Angestellten. Julie nahm natürlich weiterhin an der sozialdemokratischen Politik regen Anteil. Dank ihrer Gastfreundschaft und Geselligkeit scharten die Bebels in Berlin einen festen Stamm von Freunden um sich. Julie besuchte zu ihrer Freude oft das Theater, vor allem sah sie zeitkritische Stücke.

159

Berlin W., den 26. Oktober 1893
Groß-Görschen-Straße 22a

Mein herzlieber August!

Deinen lieben Brief habe ich erhalten, ebenso heute Deine Karte. Ich werde nachher die Schuhe abgehen lassen. Es tut mir sehr leid, daß Du heiser bist, aber hoffentlich ist es nicht von Dauer und Du kannst tüchtig sprechen, denn das ist doch sehr nötig bei den vielen Meinungsäußerungen.[1]

Diese Frechheit, mit der Schoenlank einen Übelstand geißelt, den er selbst mit heraufbeschworen durch seine Eitelkeit.[2] Nun und der Herr Lux macht sich ja auch recht mausig, er will wahrscheinlich sich als den Retter in der Not empfehlen.[3] Das sind alles Helden. Sonst aber scheint alles ganz gut zu gehen, wenigstens macht es so den Eindruck.

Ich freue mich, daß Du Dich nebenher auch ein wenig amüsierst und daß Ihr gut aufgehoben seid. Was Du mir über Hope [Adams] schreibst, kann mich nur aufs neue betrüben, und ich fürchte, sie ist auf schiefer Ebene. Deshalb auch die Anstrengung, sich einen Erwerb mit dem Buch und Verschiedenem zu suchen.[4] Anderseits dürfte aber auch durch ihr Fehlen auf der Nordrach die Anstalt in Frage gestellt werden. Nun, schließlich kann sie Otto [Walther] ja verkaufen und wieder zu praktizieren anfangen, da ja Hopes wegen die Frage gelöst ist. Daß das Verhältnis so unhaltbar ist, wird Hope eingesehen haben, und wird es trotzdem zur Scheidung kommen, um so mehr, da Otto vollständig abgekühlt ist, was ich auch ganz natürlich finde und mir die Laura sagte.

Sage mal, auf den Fragebogen der Staatseinkommensteuer betreffend, die mir zur Ausfüllung vorliegt, brauche ich wohl nicht unser Einkommen daraufzusetzen, sondern nur die Nummer von dem Steuerzettel, steht auf der Liste. Ich gehe nachher mal zum Wirt[5] und lasse es mir demonstrieren. Ich brauche bloß meinen und Deinen Namen aufzusetzen und auch Maria[6]. Wenn Du aber weißt, daß Du sonst unser Einkommen daraufgesetzt, müßtest Du mir es sofort wissen lassen, da die Listen morgen abgeholt werden. Aber es wird wohl nicht nötig sein, denn ich weiß, daß Du die Einkommensteuerdeklaration unter Kuvert fortgeschickt hast.

Anbei sende ich Friedchens Brief mit.[7]

Mir geht es ganz gut. Ich habe mich in die Flickerei gestürzt, lese die Verhandlungen des Parteitags, dabei mache oder empfange ich Besuche. Nächsten Sonnabend nachmittag kommen die sämtlichen Liebknechte, da gibt's zu kochen und zu schneiden. Ich hatte sie für Sonntag geladen, aber sie schreibt, daß ihr Mann da zurück sein will, und da wollen sie Sonnabend kommen, und die Pioniere wollen sich sogar Urlaub geben lassen.[8] Herz, was willst Du mehr? Aber trotzdem ist mir es einsam, und freue ich mich, wenn Du wieder da bist, obgleich ich Dir jeden Tag Verlängerung gönne, den Du Dir gönnen kannst. Ich will sehen, ob ich Sonntag in die „Freie Volksbühne" kommen kann.[9] Türk ist ja auch Delegierter.[10] Liiere Dich nur nicht zu sehr mit den Frauen, laß Dich nicht umgarnen. Hat die Clara [Zetkin] nichts erwähnt von den Frauenrechtlerinnen?[11]

Und nun leb recht wohl, mein lieber guter Mann, ich grüße und küsse Dich herzinniglich
Deine Julie

1 Bebel hielt auf dem Parteitag die Eröffnungsansprache, in der er auf die Traditionen der Arbeiterbewegung in Köln einging, besonders auf das Wirken von Marx und Engels in der Revolution 1848/1849. Eingehend äußerte er sich in der Diskussion zu seinem Wirken für die Gewerkschaften sowie über das Verhältnis von Sozialdemokratie und Gewerkschaften am 26. Oktober. Er referierte über „Antisemitismus und Sozialdemokratie" am 27. Oktober und über „Das allgemeine Wahlrecht und die Wahlrechte zu den Landtagen" am 28. Oktober 1893.
(Siehe BARS, Bd. 3, S. 355-412)
2 Bruno Schoenlank vertrat die Auffassung, der „Vorwärts" verdiene „die schärfste Kritik". Er liefere „nicht die genügende politische Information". Den Grund sah er in der Überlastung der Redakteure und vor allem des Chefredakteurs Wilhelm Liebknecht. Auer hielt ihm aber vor, daß Schoenlank auf eigenen Wunsch sehr rasch als Redakteur aus dem „Vorwärts" ausgeschieden sei, u.a. weil er ein Reichstagsmandat übernehmen wollte. Offenbar hatte Schoenlank mit der Übertragung der Chefredaktion gerechnet. Denn er bemerkte: „Auch war nicht ich, sondern Liebknecht Chefredakteur. Zwei Chefredakteure kann es ebenso wenig geben als zwei Chefs eines Generalstabs."
(Protokoll über die Verhandlungen des Parteitages der Sozialdemokratischen Partei Deutschlands. Abgehalten zu Köln a. Rh. vom 22. bis 28. Oktober 1893, Berlin 1893, S. 115, 116, 149)
3 Gemeint ist der kritische Diskussionsbeitrag von Heinrich Lux (1863-1944), ein Freund von Bebels Schwiegersohn Ferdinand Simon und zu jener Zeit in Magdeburg, über die sozialdemokratische Presse. U. a. brachte er Beispiele, wie der „Vorwärts" auf internationale Ereignisse ungenügend eingegangen sei und die „höheren Gesichtspunkte" zu wenig darlege.
(Ebenda, S. 121)

4 Hope Adams trennte sich 1893 von Otto Walther und lebte mit Carl Lehmann zusammen. Um die Zeit des Parteitags weilten beide in London und besuchten Engels. Hope schrieb an Engels am 11. Dezember 1893, der Besuch bei ihm sei ihr eine besondere Freude gewesen. Hope Adams verfaßte zu dieser Zeit „Das Frauenbuch. Ein ärztlicher Ratgeber für die Frau in der Familie und bei Frauenkrankheiten", das zunächst in 13 Heften und gebunden 1894 im Süddeutschen Verlags-Institut Stuttgart erschien. Die vierte, neubearbeitete, erweiterte Ausgabe in zwei Bänden kam 1896 heraus. Dem folgten rasch weitere Auflagen. 1899 erschien von ihr „Die Gesundheit im Haus. Eine ärztliche Anleitung für das Verhalten der Frau im täglichen Leben und bei Frauenkrankheiten".
(Siehe F. Engels an AB, 12.10., 18.[-21.] 10.1893, Bebels Briefwechsel mit Engels, wie Nr. 1/1, S. 715, 721; Dittler: Erinnerungen, wie Nr. 65/2, S. 53)

5 Eigentümer des Hauses Groß-Görschen-Straße 22a war laut Adreßbuch E. Fernbach.

6 Maria war zu dieser Zeit bei Bebels als Dienstmädchen.

7 Der Brief ist nicht überliefert. Frieda und Ferdinand Simon waren am 1. Juli 1893 von St. Gallen nach Zürich übergesiedelt.

8 Julie Bebel erwartete am 28. Oktober als Gäste Natalie Liebknecht sowie die Söhne Theodor, Karl, Otto, Wilhelm und Curt. Theoder und Karl mußten seit dem 1.Oktober 1893 ihre Militärdienstpflicht als Einjährig-Freiwillige bei den Garde-Pionieren in Berlin ableisten.

9 Die Freie Volksbühne brachte am 29. Oktober 1893 im National-Theater „Uriel Acosta" von Karl Gutzkow (1811-1878) zur Aufführung, eine 1846 entstandene, zeitkritische Tragödie.
(Siehe Die Volksbühne. Eine Monatsschrift von Franz Mehring, Oktober 1893, mit Mehrings Einführung zum Werk)

10 Gemeint ist Julius Türk (1865 - nach 1920), Schauspieler, Kaufmann; Sozialdemokrat, ab 1889 in Berlin. Förderte die gewerkschaftliche Organisierung der Handlungsgehilfen und war Redakteur der Zeitung „Der Handelsangestellte". Julie Bebel kannte ihn wohl durch seine Funktionen in der Freien Volksbühne. Türk wandte sich im Herbst 1895 von der Sozialdemokratie ab und wirkte als Schriftsteller und Regisseur sowie als Leiter von Wandertheatern.
(Siehe BLHA, Berliner Politische Pollizei, Rep. 30, Tit. 94, Lit. T, Nr. 297 betr. den Kaufmann <Schauspieler> Julius Türk)

11 Clara Zetkin nahm als Delegierte der Sozialdemokratie Württembergs am Kölner Parteitag teil. Sie sprach am 26. Oktober 1893 in der Diskussion zum Tagesordnungspunkt „Die Gewerkschaftsbewegung und ihre Unterstützung durch die Parteigenossen." Darüber konnte Julie noch nichts gelesen haben. Kennengelernt hatten sich die beiden Frauen spätestens während des Internationalen Sozialistenkongresses 1893 in Zürich. Sie waren auch Ende September 1893 in Berlin auf Veranstaltungen mit Friedrich Engels zusammengetroffen.
Clara Josephine Zetkin, geb. Eißner (1857-1933), seit 1872 in Leipzig, 1874 bis 1878 Besuch des dortigen Lehrerinnenseminars. Schloß sich 1878 der Sozialdemokratie an; lebte seit 1882 in Paris mit dem russischen Sozialisten Ossip Zetkin (1852-1889) zusammen, seit 1891 wieder in Deutschland. 1892-1917 leitete sie die sozialdemokratische Frauenzeitschrift „Die Gleichheit" in Stuttgart. 1895-1917 Mitglied der Kontrollkommission, 1906-1917 des Bildungsausschusses der Sozialdemokratischen Partei Deutschlands. Ab 1907 Sekretärin des Internationalen Frauensekretariats. Seit 1919 führendes Mitglied der KPD.

Friedas Kur. 1894

Wieder war Frieda Simon-Bebel von psychischen Depressionen befallen, die ihr weiteres Leben bestimmten. Die am 2. Februar 1891 geschlossene harmonische Ehe mit dem Arzt und Bakteriologen Ferdinand Simon konnte ihr nicht darüber hinweghelfen. Ihre Vorstellungen, selbst einen Beruf zu ergreifen, mußte sie aufgeben. Diesmal war der Anlaß für die Krankheit die Sorge um ihren Sohn Werner, den sie am 22. Februar 1894, genau zum Geburtstag ihres Vaters, zur Welt gebracht hatte. Sie entspannte sich in Arbon am Bodensee. Doch bis in den August 1894 erstreckte sich der Genesungsprozeß. Zwei Jahre zuvor hatte sie sich im August ebenfalls in Arbon erholt. Damals zählten ihr Mann, ihre Eltern sowie Gerhart und Marie Hauptmann zum Kreis der Besucher. Mit großem Interesse notierte sich der Dichter in sein Tagebuch Episoden aus der Zeit des Sozialistengesetzes, die Julie erzählte.

160

Mein liebes Herz!

Ich bin heute mittag wohl hier eingetroffen. Die Kinder waren an der Bahn. Frieda sieht verhältnismäßig wohl aus, stundenweise war sie sogar ganz die alte.[1] Sie hat auch die letzte Nacht nicht schlecht geschlafen, und gegessen hat sie heute mittag nach meinen Begriffen viel. Wir haben's grade recht getroffen. Heute ist hier eine große Golden[?]hochzeit, an der gegen 80 Personen teilnehmen. Da gab's für uns Krebssuppe, dann Forellen mit neuen Kartoffeln, nachher Schmorbraten mit frischen Erbsen, dann Pasteten, schließlich Geflügel mit Salat, Apfelkuchen. Seo[2] hat natürlich tüchtig eingehauen. Er war nur unzufrieden, daß wir nicht noch das Eis abgewartet, das nach seiner Versicherung noch kommen mußte.

Nach Tische haben wir etwas geschlafen, dann tranken wir Kaffee, fuhren 1 1/2 Stunden Schiffchen – das Wetter war prächtig – und machten schließlich noch einen Spaziergang. Jetzt erwarten wir das Abendessen, und die Hochzeitsgäste fahren ab, sie kamen in ca. 18 Wagen.

Ich hoffe, Friedchen wird sich rasch erholen, so daß sie früher heimkommen, als sie sich anfangs vorgenommen. Laß Dir die Zeit nicht lang werden, Liebe, und sei aufs herzlichste gegrüßt und geküßt von
Deinem August

Falls Briefe für mich kommen, bitte schick sie mir.[3]

---

1 Als Anlaß für Friedas Depression nannte Bebel, daß das Baby „die sterilisierte Milch" nicht vertragen hätte, „und das regte die Mutter so auf, daß sie den erwähnten Anfall bekam". Julie Bebel war bereits am 23. Februar 1894 nach Zürich gereist. Nunmehr übernahm sie die Pflege des Kindes, das von einer Amme genährt wurde. Friedas Genesung schritt jedoch nur langsam voran. Sie unterzog sich daher ab etwa 10. April einer Kur in der Wasserheilanstalt Mammern, wohin sie zunächst von Julie begleitet wurde. Dort besuchte sie ihr Vater nach der Kundgebung in Straßburg am 6. Mai. Julie und August Bebel verließen am 10. Mai Frieda in Mammern und reisten über Zürich und Offenburg nach Berlin, wo sie am 13. Mai 1894 eintrafen. Frieda beendete die Kur um den 18. Mai 1894.

Ende Juni 1894 mußte Simon einen Rückfall Friedas in die psychische Depression vermelden. Frieda trug sich mit Selbstmordgedanken. Nunmehr reiste Julie am 29. Juni erneut nach Zürich. August Bebel verbrachte den Sommerurlaub mit der kranken Frieda, zunächst in Küsnacht, dann in Bendlikon. Ab 27. August unternahmen August und Julie Bebel, die sich erholen sollte, Wanderungen im Berner Oberland. Da Friedas Zustand zufriedenstellend blieb, kehrten beide am 7. September 1894 nach Berlin zurück.

(AB an L. Kugelmann, 14.4.1894, SAPMO/BArch, NY 4022/130; JB an F. Engels, 26.2., 16.5., 2.6., 10.7., 4.8., 26.8., 15.10. 1894, in Bebels Briefwechsel mit Engels, wie Nr. 1/1, S. 752, 761/762, 763, 768, 769, 771, 779; AB an F. Mehring, 15.4.1894, Moskau, F. 201, Op 1, Nr. 736; AB an Natalie Liebknecht, 29.6.1894, BARS, Bd. 5, S. 48; dieselben, 4.7.1894, NY 4034/246; AB an W.Liebknecht, 7.8.1894, BARS, Bd. 5, S. 51)

2 *Ferdinand* Max Adolph Simon (5.8.1862 - 4.1.1912) stammte aus Neumarkt/Schlesien. Er studierte in Breslau, Jena, Berlin und Zürich. 1883 promovierte er bei Ernst Haeckel, 1889 legte er das medizinische Staatsexamen in Zürich ab. Er vertrat materialistische und atheistische Auffasungen und wurde in den 90er Jahren Mitglied der Sozialdemokratie. Enge Freundschaft verband ihn mit den Dichterbrüdern Carl und Gerhart Hauptmann. Von 1891 bis 1893 Arzt in St. Gallen, dann in Zürich. Er widmete sich – von der Zürcher Universität unterstützt – bakteriologischen Forschungen, die schließlich zu seinem Tod führten. Den Namen Seo erhielt er von Carl Hauptmann.

(Siehe Ursula Herrmann: Ferdinand Simon (1862-1912). Arzt und Bakteriologe in Zürich, Schwiegersohn August Bebels, Freund von Carl und Gerhart Hauptmann, in: Zürcher Taschenbuch 1996, S. 221-270)

3 Dem Brief ihres Vaters fügte Frieda Simon einen Gruß hinzu, in dem es u.a. heißt: „Mein herzliebstes Mütterchen! Viele innige Grüße und Küsse mit den beiliegenden Veilchen, die wir gestern gesucht. Hab´ tausend Dank für Deine treue Pflege, die Du Baby gewährst. Wie furchtbar leid tut es mir, daß Du meinetwegen von Papachen ferngehalten wirst. Wir freuen uns sehr, sehr, den Guten bei uns zu haben, wünschten aber, daß Du, herzliebstes Mütterchen, mit dabei wärest und – daß alles noch so wäre wie vor 2 Jahren; aber das gute Babychen dürfte nicht fehlen."

Bei Simons in Zürich. 1906

Häufig reisten Julie und August Bebel zu Tochter, Schwiegersohn und Enkel nach Zürich. Die Feiertage und den Urlaub verlebten sie gemeinsam. Diesmal war Friedas erneute Erkrankung der Anlaß für Julies Aufenthalt in Zürich. Vom 22. April bis zum 20. Mai 1906 unterzog sich Frieda einer Kur in der Wasserheilanstalt Brestenberg am Hallwiler See, fand aber erst nach der Rückkehr ins vertraute Heim Genesung. Auch in Zürich erfreuten sich Simons und Bebels eines großen Bekanntenkreises. Dazu zählten Sozialdemokraten, wie Karl Manz und Otto Lang; Frauenpersönlichkeiten, die durch Forschungen hervortraten, wie Josephine Anrooy und Maria Jerosch; Freunde aus Deutschland, die sie besuchten, wie Familie Walther. Fest eingebunden war Ferdinand Simon an der Medizinischen Fakultät der Zürcher Universität. Von dieser gefördert, konnte er erste Ergebnisse seiner Streptokokkenforschung vorlegen.

161

Mein lieber guter August!

Dein lieber Brief hat mich sehr erfreut, habe ich doch Beruhigung für Dein Befinden und die glückliche Reise erhalten.[1] Mit den andern bin ich natürlich weniger zufrieden, als Dir nur wieder Arbeit in Menge erwächst und ich Dir so gar nichts abnehmen kann, aber die paar Wochen werden rasch vergehen, und dann kannst Du wenigstens die Pfingsten wieder ein wenig verschnaufen. Ich las ja sogar von eventuellem Vertagen des Reichstags. Im übrigen sind wir ziemlich unterrichtet durch die „Neue Zürcher [Zeitung]". Die Hauptsache ist jetzt, daß durch das Opfer, was wir bringen, Frieda wieder auf die Beine kommt.

Die Nachrichten lauten auch schon besser, sie mußte sich erst akklimatisieren, ihr Kopf- und Rückenschmerz lasse nach, auch sonst gefällt es ihr gut. Es sind nur wenig Leute dort, und wenn nur das Wetter wieder dauernd besser wird, wird es angenehmer für sie. Heute scheint wieder die Sonne, aber sie schwindet auch wieder und macht großer Kühle Platz, so daß wir flott heizen.

Du hast ganz recht bezüglich Bubi, Du würdest Deine helle Freude an ihm haben, es ist, als wenn mit einem Schlag ein anderer Geist in ihn gefahren sei.[2] Heute kam er nach Hause und sagte, daß er als einziger die Konjukturen richtig gehabt hätte, wofür der Lehrer eine 6 aufgezeichnet hat in seine Liste, ein paar hätten gemeint, daß sie es nicht richtig hatten. Sein Latein lernt er sehr gut, und ich lerne mit, weil ich ihn überhöre, und sein Papa fühlt sich dabei selbst wieder als Lateiner und ist streng mit dem Überhören, also, ich hoffe, daß er einschlägt. Bubi selber ist mit großer Befriedigung über die neue Schule erfüllt und trappt pünktlich 1/2 7 Uhr mit seiner schweren Büchermappe ab. Sie haben in der Schule aber einen Aufbewahrungsort, wo sie die Bücher lassen können, wenn sie dieselben nicht brauchen.

Wir waren am Mittwoch zusammen auf dem „Alkoholfreien"[3], von wo mich Bubi auf den Platz geführt hat, wo er mit Dir die Schlüsselblumen entdeckte, und [wir] fanden auch wirklich schöne. Es war wunderhübsch da oben, und bedauerte ich, daß Du nicht dabei sein konntest. Am Montag konnte der Umzug des Sechseläutens nicht stattfinden, dafür soll er nächsten Sonntag sein. Hoffentlich werden die biederen Festgenossen nicht wieder enttäuscht. Am Dienstag ist dann Maifeier, wenn nur da das Wetter gut wird.

Das ist für Julia [Liebknecht] eine Entschädigung für ihre ausgestandenen Schmerzen, ein Mädchen hat sie sich ja gewünscht.[4] Hoffentlich geht es ihr gut. Ich werde Frau Liebknecht und den jungen Leuten gratulieren.

Das ist bös mit Reußners[5], da werdet Ihr, d. h. die Partei, wohl für eine Existenz sorgen müssen.

Hast Du 3 Sendungen Ausschnitte erhalten? Ich habe noch ein 4. hier, aber ich denke, das ist veraltet, oder soll ich sie doch noch senden? Hoffentlich wirst Du nicht immerfort so überlaufen? Hedwig [Richter][6] soll nur die Leute abweisen und die für mich bestimmten nicht Dir übertragen. Hat denn Hedwigs Schwester was Kleines? Hedwig soll auch Spinat machen, der jetzt sehr gut ist, und bringe Dir doch solche Kochwurst von Wienstruck mit, auch solche zum Abendbrot. Hoffentlich macht sie ihre Sache ordentlich. Seos Bruder Ulrich[7] ist in Salo - Riva. Seo sollte ihm schreiben, das hat er auch getan mit einer Karte, worin er schrieb, daß Frieda in Brestenberg sei. Seo kennt seinen Bruder besser, er meinte, der wolle bloß eingeladen sein, um womöglich die Hälfte seiner Ferien hier verbringen zu können; davon wolle aber Seo nichts wissen. Und er hat recht, er soll nur dort so lange bleiben, wie er Urlaub hat. Auch will Seo absolut nichts vom Unterstützen wissen, er habe, was er brauche, und wenn das nicht der Fall wäre, könne er ihn dann angehen. Er habe ihm seinerzeit dreihundert Mark geliehen, und er denke nicht daran, es zurückzugeben. Ich hatte Bertha [Otto][8] geschrieben, daß sie Dir eine Karte schreiben soll wegen der Ellermann, die uns anging.

Nun leb wohl für heute, laß es Dir gut gehen und sei herzlich gegrüßt und geküßt von den Kindern und
Deiner Julie

[Am Schluß der ersten Seite:]
Gestern besuchten uns Bax[9] und brachten Bubi ein paar schöne Bilder von Walter Crane[10].
[Am Schluß der dritten Seite:]
Seo wird wohl morgen Frieda besuchen.

---

1 August und Julie Bebel hatten sich wegen Friedas Erkrankung sofort nach Zürich begeben. „Wir haben sie besser gefunden, als wir fürchteten", schrieb Bebel am 26.

April 1906 an Natalie Liebknecht. Julie blieb zur Führung des Haushalts bis Ende Mai 1906 in Zürich. Bebel hielt sich auf der Rückreise von Zürich am 24. April 1906 in Wiesbaden auf. Er traf mit Eugen Dietzgen und dessen Frau zusammen und reiste am gleichen Tag nach Frankfurt/Main weiter. Am nächsten Tag fuhr er nach Berlin zurück. Dort hatten am 24. April die Beratungen des Reichstags begonnen. Sie dauerten bis zum 28. Mai 1906.

(AB an Natalie Liebknecht, 26.4.1906, SAPMO/BArch, NY 4034/245; siehe AB an Werner Simon, 24.4.1906, SAPMO/BArch, NY 4022/37)

2 August Adolf *Werner* Simon wurde am 22. Februar 1894 geboren. Er besaß wie seine Eltern die Schweizer Staatsbürgerschaft. Am 25. April 1906 wechselte er von der Volksschule zum Gymnasium. Der frühe Tod seines Vaters am 4. Januar 1912 und die schwere Nervenkrankheit seiner Mutter trafen ihn sehr. Am 2. Oktober 1912 legte er sein Abitur ab. Ab 15. Oktober 1912 studierte er an der Universität Zürich Medizin. Durch August Bebels Tod am 13. August 1913 verlor er seinen wichtigsten familiären Halt. Am 11. Oktober 1915 verließ er Zürich, um in Jena weiter Medizin zu studieren. Er wählte also die von seinem Vater sehr geschätzte Universität Jena. Dort wurde er am 30. Oktober 1915 immatrikuliert. Am 21. Januar 1916 schied Werner Simon aus dem Leben. Dem Universitätsamt teilte Dr. Walther von der Chirurgischen Klinik Jena am 22. Januar 1916 mit, daß der „Student der Medizin Werner Simon aus Zürich am 21. d. Mts. plötzlich an Herzschwäche gestorben sei". Die Beisetzung erfolgte am 24. Januar „im Beisein der Anhörigen" und unter Anteilnahme von Professoren und Studenten. „Tief gerührt von der weihevollen Trauerfeier" dankte am 30. Januar 1916 Frieda Simon-Bebel dem Prorektor Thümmel für dessen Worte „der Anerkennung und [des] gütigen Verstehens für das Wesen und Streben meines Sohnes".

(Siehe StA Zürich, Familienbogen der Familie Simon; Universitätsarchiv Zürich, Immatrikulationsverzeichnisse; Friedrich-Schiller-Universität Jena, Universitätsarchiv, Bestand BA, Nr. 898, Bestand E, Abt. II, Nr. 2092 b; Volksrecht, 24.1.1916; Leipziger Volks-Zeitung, 26.1.1916)

3 Gemeint ist das Kurhaus auf dem Zürichberg, das am 1. November 1900 eröffnet worden war. Gebaut wurde es auf Initiative des Zürcher Frauenvereins für Mäßigkeit und Volkswohl unter Leitung von Susanna Orelli-Rinderknecht. Es war zur Erholung für Arbeiter und Kinder gedacht und schenkte nur alkoholfreie Getränke aus. - Ferdinand Simon hatte 1890 den Verein zur Bekämpfung des Alkoholgenusses in Zürich mit begründet und wirkte in dessen Reihen.

(Siehe [Schnyder, Moia:] Zwei Pionierinnen der Volksgesundheit. Susanna Orelli-Rinderknecht. 1845-1939. Else Züblin-Spiller. 1881-1948, Zürich 1973, S. 9-50)

4 Am 24. April 1906 wurde Julia Liebknecht, geb. Paradies (um 1873-1911), und Karl Liebknecht, die am 8. Mai 1900 die Ehe geschlossen hatten, als drittes Kind ihre Tochter Vera (1906-1934), später Ärztin, geboren. Sie hatten bereits zwei Söhne: Wilhelm (1901-1975), später in der UdSSR für Verlage und als Übersetzer tätig, und Robert (1903-1994), später Kunstmaler. Bebel erhielt die Nachricht von Natalie Liebknecht, der er am 26. April 1906 gratulierte, und informierte Julie.

(Siehe auch Karl Liebknecht: Lebt wohl, Ihr lieben Kerlchen! Briefe an seine Kinder. Hrsg. von Annelies Laschitza u. Elke Keller, Berlin 1992)

5 Gemeint ist Michael von Reußner [Reisner, Michail Andrejewitsch] (1868-1928), früher Professor der Staatswissenschaften an der Universität Tomsk, der aus politischen Gründen aus Rußland emigrierte. Er trat 1904 als Zeuge im Königsberger Prozeß auf und war mit der Familie Liebknecht gut bekannt. Sein Buch „Die russischen Kämpfe um Recht und Freiheit" erschien 1905 in Halle/Saale. Bebel schätzte es außerordentlich und verfaßte dazu eine Rezension unter dem Titel „Ein Buch

über die Revolution in Rußland". Als sich Bebel im „Vorwärts" vom 24. Oktober 1905 in einer „Zurückweisung" für die Fortsetzung des revolutionären Kampfes in Rußland und gegen die Reichsduma aussprach, schrieb er an Natalie Liebknecht: „Herr von Reußner wird auch zufriedengestellt sein." Bebel erfuhr durch Natalie Liebknecht von der gedrückten sozialen Lage Reußners und setzte sich für ihn ein. (Siehe Der Geheimbund des Zaren. Der Königsberger Prozeß ... Hrsg. von Kurt Eisner, Berlin 1904, S. 309-321; Bebels Rezension in BARS, Bd. 7/2, Nr. 43; AB an Natalie Liebknecht, 23.10.1905, 26.4., 17.5.1906, SAPMO/BArch, NY 4034/245; W.I. Lenin an M. A. Reisner, 4.X.05, in: W.I. Lenin: Briefe, Bd. II, Berlin 1967, S. 81)

6   Gemeint ist Auguste Bertha *Hedwig* Richter (1886 - nach 1952), die seit etwa 1901 bei August und Julie Bebel als Haushaltshilfe tätig war. Sie stammte aus Priebrow (heute Przyborow), einer Landgemeinde im damaligen Regierungsbezirk Frankfurt/Oder, die rund 340 Einwohner zählte. Sie war das fünfte von sechs Kindern des Ehepaars Carl Richter und Marie Richter, geb. Ziemann. Im Brief ist außerdem die Rede von Hedwigs Schwester Luise Emma Richter (geb. 1880). Nach Julie Bebels Tod war Hedwig nach einigem Zögern bereit, als Wirtschafterin bei August Bebel zu bleiben, auch nach ihrer am 20. Oktober 1911 erfolgten Eheschließung mit dem Schriftsetzer Franz Fänger. Bebel übereignete ihr in Verträgen vom 9. Juni und 1. November 1911 Teile des Mobiliars und übertrug ihr das Nutzungsrecht über einen Teil seiner Wohnung in Schöneberg-Berlin, Hauptstr. 84. Franz Fänger ist bis 1934 im Berliner Adreßbuch nachzuweisen, wohnhaft in Schöneberg, Belziger Straße 27. 1952 verzog Hedwig Fänger nach Berlin-Mahlsdorf.
(Siehe Mitteilungen vom Archiwum Panstwowe w Szczecinie und vom Landeseinwohneramt Berlin; Verträge von AB mit Hedwig Richter/Fänger, 9.6., 1.11.1911, SAPMO/BArch, NY 4022/41 Ü; Gemeindelexikon für den Stadtkreis Berlin und die Provinz Brandenburg. Auf Grund der Materialien der Volkszählung vom 1.Dezember 1905..., Berlin 1909, S. 142/143; Berliner Adreßbücher ab 1919 bis 1939; zum Beginn der Tätigkeit bei Bebels siehe AB an Marie Geck, 25.11.1911, SAPMO/BArch, NY 4022/126)

7   Ulrich Simon (4.7.1865 - 28.8.1939) hielt sich am Gardasee auf. Er heiratete am 14. Oktober 1890 Eva Rohr (1861- 1941). Zunächst wirkte er in Hirschberg/Niederschlesien, dann in Landsberg/Warthe, ab 1898 in Zwickau/Sachsen. Dort war er Chefredakteur am „Zwickauer Tageblatt und Anzeiger", der damals verbreitetsten Zeitung im Zwickauer Raum. Im September 1920 nahm er Frieda Simon-Bebel in die Familiengemeinschaft auf. Während der Weimarer Republik wurde er als Mitglied der Deutschen Demokratischen Partei mehrere Legislaturperioden zum Stadtverordneten in Zwickau gewählt. 1933 mußte er die Chefredaktion niederlegen. Bis 1938 Mitarbeit am Feuilleton des Blattes.
(Mitteilungen des Enkels Dr. Joachim Simon in Zwickau)

8   Zu Julies Schwägerin Bertha Otto siehe Nr. 1/5.

9   Ernest Belfort Bax (1854-1926), englischer Arbeiterpolitiker und Anhänger sozialistischer Ideen, propagierte diese als Mitarbeiter von Arbeiterzeitungen, vor allem der „Justice" (London), und durch Schriften. Er war mit Friedrich Engels befreundet. August Bebel lernte er auf dem Parteitag der deutschen Sozialdemokratie im Oktober 1887 in St. Gallen kennen, Julie Bebel sowie Frieda und Ferdinand Simon spätestens während des Internationalen Sozialistenkongresses 1893 in Zürich. Bax war häufiger Gast von Bebels und Simons in Zürich und in Küsnacht.
(Siehe E. Belfort Bax: A few reminiscences of August Bebel, in: The British Socialist, 15.9.1913, Neudruck in: Bebel. Nachrufe, wie Nr. 13/2, S. 170-174; Jean Maitron: Dictionnaire Biographique du Mouvement ouvrier international. Grande-Bretagne, Paris 1979, S.121/122)

10 Walter Crane (1845-1915), ein Neuerer der Malerei, Graphik, Buchkunst und des Kunstgewerbes in England, vertrat sozialistische Ideen. Er entwarf Fahnen, Bildmotive usw. für Gewerkschaften und für die Sozialdemokratie, darunter auch für die Sozialdemokratische Partei Deutschlands. Crane verfaßte u.a. zahlreiche Kinderbilderbücher.

(Siehe z.B. Cartoons for the Cause, 1886-1896, a souvenir of the International Socialist Workers and Trades Union Congress 1896; Maitron, ebenda, S. 224/225)

162

Mein lieber guter August!

Ich freue mich, daß Du gesund bist und das Räderwerk seinen Gang geht, auch, daß Du Dich ein wenig amüsierst. Da Herr Dietz in Berlin ist[1], hast Du ja auch Gesellschaft, zudem sorgt schon die Arbeit, daß die Zeit vergeht. Mir vergeht sie zwar auch, aber etwas eintönig, und da der Gegenstand meiner liebsten Gefühle abwesend ist, eigentlich beide Gegenstände mit Dir, auch weniger angenehm. Indes, wenn ihr beide gesund seid, will ich gern zufrieden sein. Bubchen ist nach wie vor brav, lernt mit Fleiß und Eifer, was man vorher nicht an ihm gewohnt war. Gestern wollte er sich Deine Uhr einmal anschauen, ich sagte, ich wisse nicht, wo sie sei, da sagte er: aber ich, in Großpapas Schreibtischkasten. Wir sind aber nicht mehr dazu gekommen, er schwelgt einstweilen in ihrem Besitz (zukünftigen).

Der Maifestzug war großartig und imposant, beinahe eine Stunde lang, auch regnete es nicht während demselben, aber rauh und regnerisch war es doch. Ich bedauerte, daß Du den Zug nicht sahst von oben herab, man bekommt dabei erst die rechten Gefühle für die Arbeiterbewegung, und es freute mich, daß den Arbeitern die Genugtuung möglich wurde zu zeigen, so feiert die Arbeit ihre Feste. 8 - 10 Tausend waren auf den Beinen mit Bannern und Fahnen, Eisenbahner und fast alle Fabrikarbeiter.[2]

Freilich ist die Protzigkeit unter den Besitzenden hier nicht so ausgeprägt, und ein wenig demokratischer Sinn beherrscht die Bevölkerung, so daß sie mehr der Schaulust als der Feindseligkeit ihren Tribut zollt und ebenso zuschaute wie am Sonntage dem Sechseläutenzug, der gründlich verregnete. Was auch so nett war, daß ein langer Zug von Kindern dabei war mit Blumengewinden und ein großer Radfahrerzug. Unsere Leute waren alle auswärts, ich sah niemand Bekanntes darunter.

Wenn nur die Kehle nachlassen wollte, damit Frieda sich ordentlich erholen kann. Ich mußte ihr gestern eine warme Bluse schicken, am Sonntage hatte es geschneit, wo Seo dort war. Hier ist hin und wieder einmal Sonne und macht es wenigstens erträglich, aber wenn es nur nicht wieder in die Blüte kommt, das wäre schrecklich.

Hedwig hat mir eine Karte geschrieben, daß ich ruhig bleiben könne, bis Frau Doktor wieder gesund sei. Ihre Schwester hat einen kleinen Jungen bekommen, und ihre Mutter wird erwartet. Da hat sie Unterhaltung, sonst wird's ihr auch etwas einsam sein, da Du doch wenig zu Hause bist.

Die Rechnung von Jordans[3] möchte ich sehen, ich glaube, sie haben mehr gemacht, als ich bestellte. Sie hatten es versprochen bis zu meiner Reise hierher, sandten aber nur zwei reparierte Couverts, da schrieb ich ihnen, sie müßten nun die andern behalten, bis wir zurückkämen.

Frau Eysoldt lege ich eine Karte bei, die Du so gut bist und an die Adresse von Gertrud Eysoldt sendest.[4] Da brauche ich nicht doppeltes Porto.

Der Wessely gib höchstens noch 10 Mark, die wird immer unverschämter. Da habe ich ihr immer etwas mehr gegeben, weil ich das von Weihnachten von Arons[5] noch hatte, ein Glück. Sie hatte ja einen Monat nicht vermietet, aber das kann nicht so fortgehen, sie verlegt sich natürlich darauf. Ihr Sohn hat jetzt Stunden zu geben, und sie kann auch etwas tun mit Näherei. Na, das wäre für heute alles, leb wohl und bleib gesund, wie wir es auch sind. Mit der Seereise nach Holland müßte man sich mal bei holländischen Parteigenossen erkundigen; wenn es ebenso schön und waldig ist wie anderwärts und vor allem so gut zu essen, ist's Seo recht. Jeroschs[6] sind von hier mit direktem Wagen nach Amsterdam gereist, insofern wäre es angenehmer, aber sonst weiß er auch nichts, da er ja nicht dort war. Ich möchte ja Sylt gern mal sehen, aber ich füge mich auch dem anderen.[7]

Wir wissen nicht, ob Ulrich [Simon] Rundreisebillett hat, er hat überhaupt nicht an Seo geschrieben, das besorgt immer die Mutter[8]. Ulrich hat auch bis jetzt nicht auf Seos Karte reagiert.

Eben gab es ein tüchtiges Graupelwetter, gestern war es besser. Hoffentlich sind Eure Versammlungen gut verlaufen? Und hast Dich nicht zu sehr angestrengt?[9]
Sei recht herzlich gegrüßt und geküßt von Seo, Bubi und
Deiner Julie

Grüße Hedwig.

[Am Rand der ersten Seite:]
Stephany wird nun doch ausgeliefert. – Vergiß nicht, den Brief zu frankieren.

1 Heinrich Dietz weilte zu den Beratungen des Deutschen Reichstags in Berlin.
2 Der „Vorwärts" berichtete, daß am Maiumzug in Zürich 10 000 Personen teilnahmen und auf dem Festplatz 12 000 bis 15 000 Menschen versammelt waren.
(Siehe Vorwärts, 3.5., 5.5.1906)
3 Gemeint ist wahrscheinlich die Firma Heinrich Jordan, Wäschefabrik und Verkauf, Markgrafenstraße 102-107.
(Siehe Berliner Adreßbuch 1906)
4 Siehe Nr. 91/6 u.7
5 Gemeint ist offenbar Leo Martin Arons (1860-1919), Physiker und Privatdozent in Berlin, bis ihm die preußische Regierung wegen seiner Zugehörigkeit zur Sozialdemokratie 1899 die Lehrtätigkeit an der Universität untersagte. Sozialdemokratischer Stadtverordneter in Berlin 1906-1909 und 1911-1913. Schwiegersohn des Bankiers Gerson von Bleichröder.
6 Siehe Nr. 164.
7 August und Julie Bebel verbrachten gemeinsam mit der Familie Simon den Sommerurlaub in Wyk auf der Nordseeinsel Föhr. Bebels reisten am 15. Juli 1906 von Berlin aus dorthin und kehrten Ende des Monats nach Berlin zurück. Vorher hatte Bebel am 11. Juni 1906 die dortigen Gegebenheiten selbst in Augenschein genommen.
(Siehe AB an Natalie Liebknecht, 14.5.1906, SAPMO/BArch, NY 4034/235; AB an Werner Simon, 11.6.1906, SAPMO/BArch, NY 4022/37; AB an Karl Kautsky, 11.7., 2.8.1906, Bebels Briefwechsel mit Kautsky, wie Nr. 78/7, S. 177, 178)
8 *Emma* Bertha Luise Simon, geb. Fischer (1837-1914), lebte nach dem Tod ihres Mannes *Adolph* Robert Theodor Simon (1828-1886) zumeist bei Ulrich Simon.
(Übermittelt von J. Simon, Zwickau)
9 Bebel hielt in Berlin am 1. Mai 1906 vormittags im Feenpalast, Burgstraße, die Festansprache. Rund 4500 Zuhörer füllten dicht gedrängt den Saal, die beiden Gallerien und selbst die Bühne. „Eine solche Versammlung hat der Feenpalast seit Jahren nicht gesehen", hieß es im „Vorwärts" vom 2. Mai 1906. Tausende fanden keinen Einlaß mehr.

163

Mein lieber guter August!

Deinen lieben Brief erhielt ich und bin sehr erfreut, daß Du gesund bist. Wir sind es auch. Eben kommt Seo von Frieda zurück. Es ist auch eine arge Hetze für ihn, dabei war den ganzen Sonntag Nachfrage nach ihm. Es geht ihr ja leidlich, aber natürlich ist es so schnell nicht wegzubringen. Sie wäre am liebsten mit heimgegangen. Da sind eine Anzahl Herren dort, die sich amüsieren und meinen, sie müßten sie unterhalten, und wenn sie nicht darauf reagiert, sind sie natürlich bedeidigt und ziehen sich zurück. Seo hat gesagt, daß sie für sich auf dem Zimmer essen soll, nun wird es ihr langweilig. Na, man muß sehen, wie es weitergeht.

Hier ist es jetzt so schön; wenn sie sich nur nicht über alles so aufregen wollte, könnte sie es ganz gut haben. Fränzi besorgt den Kleinen ganz gut morgens, und sie wird auch weiter unten schlafen in Seos Zimmer, damit sie nachts nicht aus dem Schlaf gerissen wird. Das Aussersihler Volk[1] kommt immer und jagt sie heraus, das ist miserabel; überhaupt sind es nur solche, die wissen, daß sie mit dem Bezahlen nicht gedrängt werden. Das ist kein Doktor zum Geldverdienen. Dabei lassen sie sich von andern das Fell über die Ohren ziehen, wie mit der Miete, das viele Geld bei der mangelhaften Wohnung. Morgen will der neue Hausherr[2] kommen und sich ansehen, was gemacht werden soll. Man wird ja sehen, was dabei herauskommt.

Das ist ganz recht, wenn Du Motteler bei uns wohnen läßt[3], aber er kann doch lieber im Salon schlafen, oder aber Ihr nehmt denselben zum Wohnen, und er schläft in der Eßstube. Dann muß ihm Hedwig [Richter] morgens warmes Wasser zum Waschen geben und möglichst viel Salat und Schweinskoteletts zum Essen.

Soll es also doch Wirklichkeit werden mit den Diäten.[4] Damit beginnt wieder ein neuer Kampf ums goldene Kalb; die einen möchten es für sich behalten, und die andern möchten etwas davon haben. Na, jedenfalls hat es das eine Gute, daß der Reichstag vollzählig ist und die Geschichte schneller geht, und das wollen gewiß auch die Hauptverfechter derselben.

Mit der Steuergeschichte bezieht es sich wohl vorläufig nur auf die allgemeine Abschätzung, die andere hast Du doch erst eingereicht bezüglich der bereits bezahlten Dreitausend.[5]

Die Camses[?] halte Dir ja vom Leib. Übrigens sagte mir schon Helene von der Stelle, die aber ohne seine Schuld zurückgezogen worden sei. Er wäre ganz außer sich gewesen darüber. Nun, sie mögen nur sehen, wie sie zuwege kommen.

Du weißt ja schon, daß ich mit der auch noch ausdrücklichen Verzichtung an Franz Dietz *nicht* einverstanden bin.[6] Es wird nur zur Folge haben, daß er Dir doch wieder kommt; wenn Du glaubst, daß er sich darum Sorge gemacht hätte, bist Du ganz im Irrtum, er denkt so wenig wie sein Schwager[7], daß Du Ernst mit dem Zurückgeben hättest. Ich fände es richtiger, Du sagtest es seinem Vater, denn wenn der junge Mann solchen Manipulationen zugängig ist, müßten die Angehörigen gezwungen werden, die Augen auf ihn zu richten, sonst können sie was erleben von dem jungen Mann. Übrigens sind die Eltern zum Teil mit Schuld.

Frau Liebknecht, der ich ein paar Zeilen schrieb mit der Gratulation für Karl und Julia, schreibt, daß Curt [Liebknecht] nach dem Schwarzwald ist. Sorgen und immer Sorgen, aus dem das ganze Leben bestünde. Von den Bekannten sehe sie außer Schweichels niemand. Frau L[uise] Kautskys[8] Benehmen sei ihr merkwürdig, ob da ein Klatsch dahinter stecke. Ich weiß nicht, was ich dazu sagen soll, und hüte mich, ihr zu sagen, daß die sie nicht mögen; daß das aber so weit geht, daß sie sie ignorieren, verstehe ich nicht.[9] Natürlich, nun ich nicht da bin, machen die andern sich das zunutze und unterlassen Einladungen, was aber Frau Natalie Bedürfnis ist.

Gestern waren ich und Bubi mit [Familie] Manz[10] auf dem „Alkoholfreien". Es war einzig schön, durch den Wald zu gehen. Der neugebackene Lehrer[11] war mit und ging um 6 Uhr wieder zurück, nach Winterthur.

Wir lasen im Blatt von Deiner Rede, aber nichts, was mir genügte, bitte schicke uns das Stenogramm.[12]

Bubi ist nach wie vor fleißig, eifrig und ordentlich. Er macht mir wirklich Freude, auch überträgt er seine Liebe für die Mama auf mich.

Na also bleib gesund und munter, das ist mein Hauptwunsch, und sei recht herzlich gegrüßt und geküßt von Seo, Bubi und Deiner Julie

1 Aussersihl war ein Arbeiterwohngebiet, in dem die Sozialdemokratie viele Anhänger besaß. Nach der Eingemeindung von 1891 gehörte es zu Zürich III. Dort hatte Ferdinand Simon vom 1. Juli 1893 bis Ende September 1901 seine Arztpraxis, und zwar zunächst in der Langstraße 132, ab April 1895 in der Militärstraße 110. Seit 1. Oktober 1901 wohnten sie Usteristraße 14. Das Haus lag direkt am Fluß Sihl und grenzte an den Bezirk Aussersihl.
(Siehe AB an F. Engels, 20.4.1895, in: Bebels Briefwechsel mit Engels, wie Nr. 1/1, S. 798; Postkarten von AB an Werner Simon, SAPMO/BArch, NY 4022/37; Adreßbücher Zürich)

2 Das Haus Usteristraße 14 erwarb der Kaufmann Oetiker-Gimpert.
(Siehe Adreßbuch Zürich 1907)

3 Julius Motteler nahm offenbar an den Beratungen des Reichstags wegen seiner fortschreitenden Schwerhörigkeit und seines angegriffenen Gesundheitszustands nicht teil, wohnte also auch nicht bei Bebels. Bei Abstimmungen im Reichstag im Mai 1906 wurde er als krank geführt.

4 Am 21. Mai 1905 beschloß der Reichstag mit Zustimmung der Sozialdemokratie das Gesetz betreffend die Gewährung einer Entschädigung an die Mitglieder des Reichstags. Damit wurde eine seit Bestehen des Reichstags von der Arbeiterbewegung erhobene Forderung erfüllt. Die Mitglieder des Reichstags erhielten nunmehr jährlich Diäten von 3000 Mark, unter Abzügen für versäumte Sitzungen. Für 1906 wurde als Übergangsregelung eine Summe von 2500 Mark festgelegt. Die sozialdemokratische Reichstagsfraktion behandelte die Diätenfrage auf ihren Sitzungen am 9., 14. und 17. Mai 1906. Bebel sprach dazu am 9. und 17. Mai. Festgelegt wurde, eine Fraktionskasse einzurichten, an die 1906 jeder sozialdemokratische Abgeordnete 570 Mark einzuzahlen hatte. Bisher hatte die Sozialdemokratie ihren Abgeordneten Unterstützungen aus der Parteikasse gewährt.
(Siehe Die Reichstagsfraktion der deutschen Sozialdemokratie 1898 bis 1918, Teil 1. Bearb. von Erich Matthias und Eberhard Pikart, Düsseldorf 1966 S. XCIV-XCVII, 163-165; Protokoll über die Verhandlungen des Parteitages der Sozialdemokratischen Partei Deutschlands. Abgehalten zu Mannheim vom 23. bis 29. September 1906, Berlin 1906, S. 55, 90/91)

5 Wahrscheinlich handelt es sich um die Erbschaft, die Bebel nach einem Vergleich mit den Verwandten von Hermann Kollmann im Oktober 1905 erlangt hatte. Der bayrische Leutnant Kollmann, der Bebel in den siebziger Jahren des 19. Jahrhunderts bei einem ehrengerichtlichen Verfahren mehrfach um Rat gebeten hatte, vermachte Bebel testamentarisch sein Vermögen. Bei dem Gerichtsverfahren, das die Verwandten anstrengten, wurden Bebel im Frühjahr 1905 vom Landgericht Ulm 400 000 Mark zugesprochen. Nach dem Vergleich und weiteren Ausgaben verblieben Bebel 240 000 Mark, die er zu seiner persönlichen Verfügung behielt. Unter anderem spendete er davon 45 000 Mark für die 1905 ausgesperrten Arbeiter der Berliner Elektroindustrie. Die im Kassenbericht an den Parteitag 1906 vermerkte Spende von A.B.C. im Januar 1906 über 40 000 Mark dürfte ebenfalls von Bebel stammen.
(Siehe Vorwärts, 4.10., 20.10.1905, 4.10.1913; Protokoll Mannheim 1906, S. 67)

6 August Bebel hatte Franz Dietz (1875-1950), dem Sohn von Heinrich Dietz, Geld geborgt. Franz Dietz war seit 1902 mit Anna Babette Amanda Seits (1879-1951) verheiratet. Am 13.Januar 1906 wurde ihnen ihr Sohn Gustav geboren.
(Persönliche Daten übermittelt von Angela Graf)

7 Wahrscheinlich Georg Friedrich Gustav Dreher (1856-1918), seit 1893 verheiratet mit Johanna Elisabeth Minna Dorothea (Doris) Dreher (1873-1956), Tochter von Heinrich Dietz.

(Übermittelt von Angela Graf)

8 Luise Kautsky, geb. Ronsperger (1864-1944), österreichische Sozialdemokratin, seit 1890 zweite Frau von Karl Kautsky, drei Kinder. Für die sozialdemokratische Presse tätig; Übersetzerin, auch von Marx und Engels. 1944 im Konzentrationslager Auschwitz ermordet.

Seit 1897 wohnten Kautskys in Berlin. Nunmehr entstand zwischen den Familien Bebel und Kautsky ein herzliches Verhältnis. In einer komplizierten persönlichen Situation von Luise Kautsky versicherte ihr Julie am 19. Februar 1908: „Du hast Dich hier bei jedermann beliebt gemacht, so daß Dir alle von Herzen zugetan sind und es schmerzlich empfinden würden, wenn Du Dich aus unseren Freundeskreisen zurückziehst." Luise Kautsky stellte ihrerseits in „Eine Bebel-Erinnerung" fest: „Daß Bebel vom ersten Augenblick unseres Berliner Aufenthalts an in stetem engstem Verkehr mit uns stand, daß unsere beiden Häuser durch die innigste Freundschaft verbunden waren, ist parteibekannt. Kaum ein Sonntag verging, an dem wir uns nach gemeinsamem Spaziergang nicht auch an gemeinsamem Tisch zusammenfanden. Und zwar kamen Bebels als die Vereinsamteren meist zu uns, die wir durch unsere Kinder mehr ans Haus gebunden waren. Als Bebel seine Julie verloren hatte, kam er erst recht oft zu uns."

(Bebels Briefwechsel mit Kautsky, wie Nr. 78/7, S. 194; Vorwärts, 12.8.1923, Neudruck in Bebel. Nachrufe, wie Nr. 13/2, S. 224; August Bebels Briefwechsel mit Karl Kautsky [und Luise!]. Hrsg. von Karl Kautsky Jr., Assen 1971; Susanne Miller: Nicht zu vergessen: Luise Kautsky, in: Marxismus und Demokratie. Karl Kautskys Bedeutung in der sozialistischen Arbeiterbewegung. Hrsg. Jüren Rojahn/Till Schelz/Hans-Josef Steinberg, Frankfurt/Main 1992, S. 391-399)

9 Siehe Nr. 164 und 167.

10 Karl Manz (1856-1917) wirkte zunächst in der deutschen Sozialdemokratie, emigrierte 1879 angesichts drohender Verurteilung als Sitzredakteur der Berliner „Freien Presse". In der Schweiz arbeitete er mit der Redaktion und Expedition des „Sozialdemokrat" zusammen und lernte spätestens in dieser Zeit August Bebel kennen. Manz war Vorsitzender der sozialdemokratischen Partei des Kantons Zürich und Präsident der Preßkommission des „Volksrecht" (Zürich). Er gehörte seit 1904 dem Großen Stadtrat von Zürich und seit 1906 dem Kantonsrat an. 1884 heiratete er Anna Schäppi (1860-1928). Sie hatten vier Söhne und eine Tochter. Ihren Lebensunterhalt verdienten sie sich mit einer „Spezereihandlung und Salzwaage" in Zürich I, Zähringerstraße 24. Als Frieda Bebel 1889 zur weiteren Ausbildung nach Zürich kam, wurde sie freundschaftlich im Kreis der Familie Manz aufgenommen. – An den gemeinsamen Spaziergängen nahmen wohl die beiden jüngeren Kinder teil: Cäcilie Anna (1896-1976) und Kurt Oskar (1900-1989), später Kunstmaler.

(Siehe Zum Andenken an Karl Manz. Hrsg. von einigen seiner Freunde, Zürich 1918; Bürgerbuch der Stadt Zürich 1926. Bearb. vom Zivilstandsamt der Stadt Zürich, Zürich 1927, S. 1124)

11 Gemeint ist Edwin Manz (1887-1971), später Großstadtrat in Zürich und Kantonsrat.

12 Es handelt sich um Bebels Rede am 3. Mai 1906 im Deutschen Reichstag gegen die Massenausweisungen russischer Staatsangehöriger. Er hielt sie auf Beschluß der sozialdemokratischen Reichstagsfraktion vom 25. April 1906 zur Begründung einer von der Sozialdemokratie am 1. Mai eingebrachten Interpellation. Obwohl die Regierung deren Beantwortung ablehnte, erzwang die Sozialdemokratie eine Debatte, in der Bebel das Ungesetzliche und Willkürliche der Ausweisungen nachwies.

(Siehe BARS, Bd. 8/1, Nr. 51)

164

Mein lieber guter August!

Ich freute mich, gestern Abend gute Nachricht von Dir zu erhalten und daß Du nicht unter meiner Abwesenheit zu leiden hast. Ich bin dann immer froh, wenn Du ein wenig Gesellschaft hast. In Wannsee muß es jetzt schön sein, wie es überhaupt diesen Mai im allgemeinen ist. Hier ist oft Gewitter mit Regen, was für die Vegetation ungemein wertvoll und die Hitze weniger fühlbar macht. Schade, daß es bei Euch nicht ebenso sein kann, damit es auch mal wieder eine gute Obsternte gibt.

Da siehst Du, wie andere Leute unter demselben Dilemma leiden. Das junge Mädchen wie Robert [Kautsky][1] werden gepflegt und mit der kräftigsten Nahrung versehen, aber es hat nicht den gewünschten Erfolg, aber deshalb leben sie doch ganz vergnügt. Robert befindet sich doch ganz wohl und das junge Mädchen nicht minder. Sie soll gewiß etwas Abwechselung haben, drum hat sie die Großmutter zu sich genommen. Natürlich hat Luise [Kautsky] dadurch auch mehr Inanspruchnahme, da sie die beiden oft bei sich hat. Das müßte sie Frau Liebknecht wissen lassen, die will natürlich immer Gesellschaft. Frau Liebknecht schrieb mir, daß die Lu[2] immer schmäler würde, sie müsse den Sommer nur für ihre Gesundheit leben. Die heutige Generation ist nicht mehr wie früher.

Frieda schrieb mir gestern ganz vergnügt, daß sie bald 100 Pfund wiege, aber die Nerven halten nicht im gleichen Maße Schritt. Die Wirkung von der Kur wird erst später kommen, einstweilen verursacht sie ihr sogar Unbehagen. Frieda hat Dir wohl selbst geschrieben, wie sie uns heute schrieb. Sie ist ja mit einem der Herren auf dem See gefahren, was sehr amüsant gewesen sei. Schade, daß Du nicht einmal mit dort sein kannst, es würde Dich auch interessieren. Es wäre ganz gut, wenn der Reichstag vertagt würde bis in den November, dann hast Du die Zeit ein wenig für Dich. Seo will Dir schreiben wegen der See, er meint, Wyk auf Föhr wäre nicht so scharf in der Luft und für Kinder und wohl auch etwas bewaldet. Vielleicht fragst Du mal Herrn Dietz, es ist wohl in der Nähe von Sylt. Es wäre schließlich ganz gut, sich vorher selbst einmal zu orientieren, und wenn Du jetzt nach Hamburg kommst[3], kannst Du Dich vielleicht auch erkundigen? Gut, daß Du den Sonntag wieder versehen bist, dann sind's nicht mehr viele, die wir getrennt verleben müssen.

Am 16. Mai, also wohl Mittwoch, ist Frau Neustädters[4] Geburtstag, wo wir immer gratulierten. Kannst Du nicht zu ihr gehen? Wenn Du etwa Vormittag Sitzung hättest, kannst Du ihr schreiben, andernfalls gehst Du einen Sprung zu ihr. Kannst Du ihr nicht ein Buch schenken, was ihr vielleicht als Andenken von Dir lieb wäre? Sonst müßtest Du ihr eine Torte für 6 Mark machen lassen, die müßtest Du bei Hillbrich oder Telschow, Konditor in der Leipziger Straße, am 15. dieses bestellen.[5] Die schicken sie von sich. Ich schreibe ihr von hier aus.

Es freut mich, daß wir in Darmstadt gesiegt haben.[6] Deine Rede ist sehr gut, ich bin noch nicht ganz fertig. Die Frl. Anrooy[7] besuchte mich gestern abend, so daß ich nicht lesen konnte. Frau Jerosch[8] ist auch wieder da, ihre Tochter kommt Juni oder Juli wieder, ihr Mann[9] ist mit Dr. Heim[10] und einer Expedition in Marokko oder sonstwo.

Das war aber eine böse Geschichte mit Bernstein. Sie sprachen doch von elektrischem Licht, nun, man wird ja hören, wie das möglich war.

Bubi ist fortgesetzt brav und eifrig mit seiner Schule, aber nach der Nachmittagsschule ist er müde und will nicht mehr spazierengehen, was ich [durch]aus begreife. Wir sind dann auch nur ans „Schänzli"[11], wo es von Anglern wimmelt. Ein junger Mann, der 60 Fische gefangen hatte, gab ihm seine Angel, weil er etwas zu besorgen hatte, aber er fing auch nichts. Während der Angler fort war, stibitzte ein kleiner Junge den ganzen Fang und trug sie in seiner Kappe nach Hause, was natürlich allgemeine Belustigung gab. Nun hat Bubi seine Angelrute in Ordnung gebracht, und morgen, Sonnabend, wird er sein Heil von neuem versuchen, aber er muß Fleischmaden haben, die im Schlachthof zu haben sind, daran wird der Fischfang wohl scheitern.

Der neue Hausviehw.. da und hat das ganze Sündenregister unserer Wohnung zu hören bekommen und versprach, alles machen zu lassen. Gestern war der Mann fürs Bad da, der meinte, die Wanne wäre viel zu klein und schlecht, und will sehen, daß es zu dem neuen Apparat eine neue Wanne gibt. Er muß ihm den Kostenanschlag machen. Na, ich bin neugierig, was herauskommt. In der Apotheke ziehen alle drei Parteien aus wegen der

Steigerung,[12] das ist recht, und die Leute, die kommen, wollen für die hohe Miete mehr Komfort.

Ich will den Brief noch forthaben, daß Du ihn morgen abend hast. Seo kann das nächste Mal schreiben, er hat viel zu tun.

Also, leb wohl, mein lieber Mann, ich wünsche Dir glückliche Reise und grüße und küsse Dich innigst
Deine Julie

Seo und Bubi sind mit einbegriffen.

1 Robert Kautsky war Sohn von Hans Kautsky und Enkel von Minna Kautsky.

2 Lucie Margarete Liebknecht, geb. Bouvelle (1876-1943), heiratete 1904 Theodor Liebknecht. Im Mai 1905 gebar sie ihre Tochter Charlotte.
(Siehe Annelies Laschitza: Theodor Liebknecht, in: Steinberg-Festschrift, wie Nr. 27/3, S. 318-336)

3 August Bebel und Paul Singer klärten mit der sozialdemokratischen Hamburger Verlagsfirma Auer & Co. die Herauslösung der sozialdemokratischen „Bremer Bürger-Zeitung" aus diesem Verlag. Sie nahmen in dieser Angelegenheit am 13. Mai 1906 an der Sitzung der Pressekommission in Bremen teil. Entsprechend den Bestrebungen der Bremer Linken erschien die Zeitung ab 1. Juli 1906 als Eigentum der dortigen Parteiorganisation.
(Siehe Karl-Ernst Moring: Die Sozialdemokratische Partei in Bremen 1890-1914. Reformismus und Radikalismus in der Sozialdemokratischen Partei Bremens, Hannover 1968, S. 88-97)

4 Adele Neustädter war die Frau des Journalisten Max Neustädter. Sie war auch mit Familie Kautsky und Rosa Luxemburg bekannt. Im „Lexikon deutscher Frauen der Feder" von Sophie Pataky, Berlin 1898, wird sie als publizistisch tätig genannt.

5 Die Konditorei C. Hillbrich (Inhaberin Ida Hillbrich) befand sich Leipziger Straße 24, die Konditorei Carl Telschow (Inhaber Georg Telschow und Anna Förder, geb. Telschow) in Nummer 8.
(Siehe Berliner Adreßbuch 1906)

6 Auf der Sitzung der sozialdemokratischen Reichstagsfraktion am 14. Februar 1906 wurde mitgeteilt, daß der Abgeordnete Balthasar Cramer, Darmstadt, sein Reichstagsmandat, das er seit 1898 besaß, ohne vorherige Absprache niedergelegt hatte. Dadurch wurde eine Nachwahl erforderlich. Am 4. Mai 1906 siegte der Sozialdemokrat Heinrich Bruno Berthold.
(Siehe Reichstagsfraktion, wie Nr. 163/4, S. 158; Protokoll Mannheim 1906, wie ebenda, S. 36.)

7 Die Holländerin Josephine Louise van Anrooy (1876-1934) aus Utrecht studierte ab 1900 an der Staatswissenschaftlichen Fakultät der Universität Zürich und promovierte 1904 mit dem Thema „Die Hausindustrie in der schweizerischen Seidenstoffweberei", gedruckt u.a. in der „Zeitschrift für schweizerische Statistik", Jg. 1904, sowie als Heft 5 der von H. Herkner hrsg. „Volkswirtschaftlichen Studien". Bis Juni 1908 hielt sie sich weiterhin in der Schweiz auf, vorwiegend in Zürich. Von 1911-1914 war sie Dozentin an der Sozialen Frauenschule in Amsterdam, 1913-1916 Privatdozentin an der Universität Utrecht, 1916-1924 leitete sie die Personalabteilung einer Dampfschiffahrtsgesellschaft in Amsterdam. 1925-1931 wirkte sie an der Sozialen Frauenschule in Zürich.

(Siehe Das Frauenstudium an den Schweizer Hochschulen. Hrsg. v. Schweizerischen Verband der Akademikerinnen, Zürich 1928, S. 51, 79-87; Mitteilungen vom Staatsarchiv des Kantons Zürich)

8 Maria Jerosch (1877-1952), geboren in Lissabon, entstammte einer Königsberger Familie. Von dort kam sie 1897 zum Studium nach Zürich. Sie schloß ihr Studium an der naturwissenschaftlichen Abteilung des Eidgenössischen Polytechnikums in Zürich 1901 ab mit der Untersuchung „Geschichte und Herkunft der schweizerischen Alpenflora", gedruckt Leipzig 1903. Von 1902 bis 1904 arbeitete sie als Assistentin bei Albert Heim. 1904 promovierte sie bei ihm mit Auszeichnung über das Thema „Die Querstörungen im mittleren Säntisgebirge", gedruckt Bern 1904. 1905 Ehe mit Heinrich Brockmann, dessen Forschungen sie in der Folgezeit unterstützte (u.a. gemeinsame Publikation: Jamaika <Vegetationsbilder>, Jena 1925). Fünf Kinder (1906: Anna, 1908: Heinrich Adolf, 1911: Marie Lucie, 1914: Dora Gertrud, 1917: Verena Charlotte). Nach dem Tod ihres Mannes wirkte sie als Kuratorin im Geobotanischen Forschungsinstitut Rübel in Zürich. Sie schrieb zusammen mit Arnold und Helene Heim eine 1952 erschienene Biographie über Albert Heim.
(Siehe Das Frauenstudium an den Schweizer Hochschulen, S. 74-79; Ebenso neu als kühn, 120 Jahre Frauenstudium an der Universität Zürich, Zürich 1988, S. 161, 223; Mitteilungen vom Staatsarchiv des Kantons Zürich)

9 Heinrich Brockmann-Jerosch (1879-1939), geboren in Winterthur, 1899-1902 Studium an der landwirtschaftlichen Abteilung der Technischen Hochschule und Abschluß als Landwirtschaftsingenieur. Wechsel vom Familiennamen des Vaters (Josef Krzymowski, Pole) zum Familiennamen der Mutter (Lucie Brockmann aus Lübeck). Bis 1904 botanischer Assistent bei Carl Schröter, 1906 Promotion zu einem Thema der Geobotanik. 1909-1933 Privatdozent für Botanik an der Universität Zürich, ab 1920 Professor für Geographie an der Oberrealschule des Kantons Zürich. Internationales Ansehen durch Forschungen zur Geobotanik, zur Ethnographischen Botanik und zur Vegetationskartographie.
(Siehe Eduard Rübel: Heinrich Brockmann-Jerosch, in: Verhandlungen der Schweizerischen Naturforschenden Gesellschaft, Aarau, 1939, S. 1-8 mit Publikationsverzeichnis, übermittelt vom Staatsarchiv des Kantons Zürich)

10 Gemeint ist Arnold Heim (1882-1965), Sohn des Alpengeologen Albert Heim (1849-1937) und von Marie Heim, geb. Vögtlin (1845-1916), die 1874 als erste Schweizerin zum Dr. med. promovierte. Dr. phil., Arbeiten zur Geologie, besonders zur Tektonik und Stratigraphie, Privatdozent am Eidgenössischen Polytechnikum und an der Universität Zürich, unternahm Forschungsreisen in alle Erdteile, u.a. Lehre an der Universität Kanton/China. Aus der gemeinsamen Forschungsreise mit Heinrich Brockmann-Jerosch 1906 ging die 1908 erschienene Publikation „Vegetationsbilder vom Nordrand der algerischen Sahara" hervor.
(Siehe Historisch-biographisches Lexikon der Schweiz, Vierter Bd., Neuenburg 1927, S. 125; Verhandlungen der Schweizerischen Naturforschenden Gesellschaft, Aarau 1939, S. 8; Nachrufe in der Neuen Zürcher Zeitung, 1.6., 2.6.1965, übermittelt vom Staatsarchiv des Kantons Zürich)

11 Gemeint ist der Schanzengraben, dicht bei Simons Wohnung.

12 In der Usteristraße 12 befand sich die Löwen-Apotheke, geleitet von Samuel F. Demiéville. Weiter wohnten dort Emilie Bohensky, alleinstehend, und Max Bohensky, Handelsagent, Wilhelmine Hofmann und Julius Wyler, Kaufmann.
(Siehe Adreßbuch Zürich 1906)

165

Zürich, den 16. Mai 1906

Mein lieber guter August!

Schönen Dank für Deinen lieben ausführlichen Brief. Ich freue mich, daß Du glücklich wieder zu Hause angelangt bist[1] und daß in Zukunft unsere Reise hierher um mehr als eine Stunde abgekürzt ist. Wir werden wohl überhaupt nicht mehr vor unserer Sommerreise hierher kommen? Wenn ich jetzt so lange bleibe, ist es auch wohl nicht nötig, und Du hast dann etwas Zeit für Dich zu arbeiten.

Die Kinder können dann von hier aus reisen, entweder direkt oder über Berlin, das müssen wir sehen.

Seo wollte gestern schon schreiben, aber der arme Kerl ist fast jeden Abend fort: Sonntag, nachdem er erst um 9 Uhr heimkam, Montag mußte er noch nach dem Abendbrot Rabus[2] einen Karbunkel schneiden und gestern einem Kind das Ohr annähen, das ihm ein Hund abbiß. Er hatte einen Brief an den Doktor Friedas unter der Feder, den er auch nicht vollenden konnte, er war fuchsteufelswild; und wenn man nur auch den Erfolg sähe, so geht's aber immer aus der Hand in den Mund. Sobald eine Anschaffung droht, ist das Geld knapp. Ich glaube es Frieda, wenn alles am Schnürchen gehen soll, müßte man etwas zulegen.[3] Bubi hat an die 40 Fr. Bücher gebraucht, jetzt muß ich ihm ein oder zwei leichte Hemden kaufen, die Schuhe gehen durch, und alles ist entsetzlich teuer, die materiellen Genüsse. Da sich Seo so plagen muß, will man ihm auch etwas Ordentliches zu essen geben. Jetzt ist Spargelzeit, da schwelgen die beiden Herren, um so mehr ich ihnen holländische Sauce dazu mache.

Der Sonntag, den er zu seiner Frau geht, kommt ihm teuer zu stehen, aber ich bin trotzdem froh, einmal Friedas wegen, und dann bekommt er was Gutes zu essen, es sei ausgezeichnet, und ruht sich doch ein paar Stunden aus. Frieda schreibt heute ganz zufrieden und freut sich auf zu Hause und ich auch. Hoffentlich hat es etwas genützt. Zu dem Berufe eines vielbeschäftigten Arztes gehört eine gesunde und resolute Frau, ich habe es jetzt kennengelernt.

Ich habe auf dem Balkon nach der Allee ein Gestell vom Schlosser anbringen lassen und zwei Stöcke mit wildem Wein, damit sie wenigstens ein Fleckchen hat, wo sie hinsitzen kann, ohne zu sehr der Sonne und allem ausgesetzt zu sein. Es gibt dann ein nettes Läubchen. Natürlich möchte ich es auch bezahlen, es ging nicht anders zu machen und mußte in der Wand befestigt werden. Wanners[4] hatten sich's auch machen lassen. Vielleicht kann ich mir etwas Geld auf der Bank holen, wenn das meine nicht reicht. Ich habe mir Stoff zu einem Sommerkleid gekauft, Spörri[5] machten es bekannt, englischer Stoff, sehr gut; ich will es gleich zur Schneiderin geben, wenn ich nach Hause komme.

Am Sonntag waren wir mit [Familie] Manz auf dem Ütli, es war wunderschön. Bubchen ist mit Herrn Manz und den Kindern gelaufen und ich mit Frau Manz gefahren. Bubi war ganz glücklich darüber. Der Kleine hält sich tapfer, Du hättest jetzt Deine Freude an ihm, er sieht famos aus trotz seines Frühaufstehens. Die Fischerei ist einstweilen wieder an den Nagel gehängt, er freut sich auf die See, wo er allerhand fangen will. Hoffentlich kommt's dazu.

Eben kommt ein Mann zum Schüttsteinbau, mit dem Bad hört man noch nichts. Im Nebenhaus ziehen sämtliche Leute aus, die von demselben so hoch gesteigert sind, das ist recht. Wenn nur andere nicht hineinziehen. Sogar der Apotheker zieht mit der Wohnung, die ihm zu teuer ist. Über uns beißt auch niemand an; ich denke, daß Frau Schönenberger bleibt[6], sie finden in der Nähe nichts Billigeres.

Das ist ja großartig, daß die Diäten schon für die verflossene Session gezahlt werden, das ist für viele ein gefundes Essen, ich gönne es ihnen, auch uns, wodurch auch für andere was abfällt. Vielleicht auch für mich? Daß man sich mal was Extraes antun kann.

Das ist gut, daß Du Herrn Dietz bewogen hast, sich seines Sohnes anzunehmen. Er kann es sehr gut, und ist es doch auch seine Pflicht, so gut, wie es andere Väter tun, wenn sie in der Lage sind. Die arme kleine Dreher[7] und auch die Eltern tun mir leid, solches Malheur mit den Kindern zu haben.

Nun leb wohl für heute, und laß es Dir gut gehen, wir grüßen und küssen Dich in Liebe
Deine Julie, Seo und Bubi

[Am Schluß der vierten und dann der ersten Seite:]
Der „kleine" Wilhelm macht wieder Streiche. Wir haben einen sehr geschickten Korrespondenten in Berlin für die „Neue Zür-

cher [Zeitung]", ich hätte den Artikel von gestern geschickt, glaube aber, daß Du ebenso unterrichtet bist.[8]

[Am Rand der vierten Seite:]
Du hast es ihnen mal wieder ordentlich gesagt, ich habe mich gefreut beim Lesen Deiner Rede.

1 Julie Bebel bezieht sich auf August Bebels Reise nach Hamburg und Bremen.
2 Es handelt sich offenbar um den aus Bayern stammenden Felix *Robert* Rabus (1863-1941), Installateur, Zürich V, Hottingerstr. 33. Er heiratete 1890 Luise Wölpper aus Württemberg (1866-1949).
(Siehe Bürgerbuch der Stadt Zürich 1926, wie Nr. 163/10, S. 1890)
3 Bebel unterstützte die Familie Simon finanziell, damit sein Schwiegersohn mehr Zeit für seine bakteriologischen Forschungen fand. Simon gab als offizielle Sprechzeiten wochentags 13 bis 15 Uhr und sonntags 9 bis 10 Uhr an.
(Siehe Adreßbücher der Stadt Zürich)
4 Der Zahnarzt Eugen Wanner wohnte mit Familie ebenfalls in der Usteristraße 14.
5 Gemeint ist das große Kaufhaus für preiswerte Kleiderstoffe und Konfektion von J. Spörri, Am Stadthausquai.
6 Im gleichen Haus wie Simons wohnte Anna Schönenberger, Witwe, und Albert Schönenberger, Bürstenfabrikant.
7 Gemeint ist Doris Dreher, eine Tochter von Helene und Heinrich Dietz.
8 Es handelte sich um den Spitzenartikel im Ersten Abendblatt der „Neuen Zürcher Zeitung" vom 15. Mai 1906. Die Meldung über ein beabsichtigtes Treffen zwischen Kaiser Wilhelm II. und Zar Nikolaus II. wurde als Versuch des deutschen Kaisers gewertet, der englisch-russischen Annäherung, deren Spitze sich gegen Deutschland richte, entgegenzuwirken.
Berlin-Korrespondent der „Neuen Zürcher Zeitung" war nach Auskunft des Archivs der NZZ Hugo Herold (geb. 1853).

166

Mein lieber guter August!

Ich danke Dir für Deinen lieben Brief, sehe ich doch daraus, daß Du wohl bist. Ich habe das Herz so voll, daß ich es erleichtern muß Dir gegenüber. Zunächst muß ich Dich darüber beruhigen, als [ob] ich nicht wußte, daß Seo das Geld im Geldschrank aufbewahrt und mir natürlich immer welches gibt, was auch zum Leben ausreicht; aber was er im Schrank hat, weiß ich nicht, und so dachte ich, daß ich nur das Notwendigste ausgeben dürfe. Ich will natürlich auch nicht fragen, und so ist ja die Sache erledigt. Ich werde natürlich auch jetzt nichts sagen, sonst sähe es aus, als hätte ich Dir darüber geklagt. Ich wußte es auch nicht genau, was Du den Kindern zur Verfügung stelltest und wie Du es arrangiertest, jedenfalls ist die Sache in Ordnung.

Aber wie man immer in solche Situationen gebracht wird, daß man mehr Geld braucht, als man zum Verfügen hat, sollst Du erfahren. Am Mittwoch in Begriff, mit Stössels[1] und Bubi aufs „Alkoholfreie" zu gehen, kommt Otto Walther mit Frau, Tochter und Dienerin für die Kleine.[2] Ich freute mich natürlich und wollte Kaffee machen etc., was Otto alles ablehnte; sie kämen vom Essen und wollten ins Landesmuseum, was nur bis 4 Uhr auf war, und 3 Uhr war es bereits. Also gingen wir, von da die Bahnhofstraße entlang, und da grad ein Rundschiff abging, stiegen wir ein und machten die Rundfahrt. Von da wollten sie ins „Theater zum Pfauen", „Kater Lampe".[3] Ich lud sie nunmehr zum andern Tag zum Mittagessen ein, und [wir] verabschiedeten uns, da ich noch einkaufen mußte für den andern Tag und Bubi zu Bett bringen. Ich besorgte lauter gute Sachen, Zunge mit Spargel und holländische Sauce, Ente mit Salat und Eis etc. Alles war schön und für 12 Uhr gerichtet, ich den ganzen Vormittag hergerichtet, Tisch, Wohung etc. Wir warten und warten und niemand kommt; 3/4 1 Uhr mußten wir essen, weil um 1/4 nach 1 Uhr Herr Rabus zum Verbinden kam und Seo so viele Patienten hatte. Wir dachten noch immer, sie hätten sich verspätet, aber nichts von alledem, keine Absage. Nun telefonierte ich ans [Hotel] Baur au Lac, das ist besetzt. Mittlerweile kommen beide Rabus. Wie die fort sind, telefoniere ich nochmals, da heißt es, sie wären eben zur Bahn, wo der Zug um 3 Uhr 17 geht. Also konnte ich nichts weiter tun, als mich ärgern. Ich wollte der Kleinen noch etwas auf die Reise geben, und so war's zu spät, daß ich noch an die Bahn gehen konnte. Was soll man dazu sagen, ich hatte Kopfschmerzen vor Ärger und Aufregung. Jetzt essen wir nun alle Tage an dem Essen, was an die 25 Fr. kostete.

Heute wieder neue Aufregung, ist das ein Pech mit Friedas Erholung. Ich weiß nicht, ob sie Dir schrieb, daß im Orte Brestenberg Scharlach war oder noch ist und sogar ein Kind vom Arzt in der Anstalt es hatte, von dem Besuchskinder angesteckt wurden, deren Väter eben zu den 5 Herren gehören, mit denen Frieda so ziemlich allein war. Heute schreibt sie, daß der eine davon, ein junger Jurist, eben fortgeschafft wurde ins Aarauer Krankenhaus, ihre Bedienerin natürlich auch den Mann bedient hat, und so geht die Kommunikation hin und her. Des Doktors Frau ging auch umher krank, und man wisse nicht, was ihr fehle. Na also ist's Frieda unbehaglich. Seo hat ihr geschrieben, daß er sie Sonntag abholen kommt und sie vielleicht zur Nachkur auf den Sonnenberg[4] tut. Schreib ihr aber nicht, ich schreibe Dir Sonntag wieder. Es ist doch zum Teufel-holen.

Wir haben wieder schlechtes Wetter, kalt und regnerisch. Frieda hat natürlich selbst Verlangen nach Hause.

Alles andere schreibe ich Dir noch, ich möchte nur den Brief heute noch forthaben. Herr Renegg besuchte uns den Nachmittag, er war in Donau-Eschingen, wo er den Kaiser beim Jagdumzug[5] sah. Die Frau, die mich sprechen wollte, ist möglicherweise die Frau Brauns gewesen, die uns vor unserer Abreise anpumpen wollte. Frau Neust[ädter] schrieb mir, bedankte sich für die schöne Torte und meinen Brief. Sie sei froh, daß Du diesem Geburtstagsschwarm entgangen seist, sie sei ihm selbst entflohen.

Nun leb wohl für heute, mein lieber August, und sei herzlich gegrüßt und geküßt von uns dreien
Deine Julie

Gruß an Hedwig [Richter].

---

1 Möglicherweise ist Johann Stössel (1837-1919) gemeint, Jurist, Demokrat, sozialpolitisch zur Schule von Albert Lange neigend, 1864-1869 Redakteur der Zeitschrift für Schweizerische Statistik, 1875-1917 Regierungsrat, 1878-1891 Mitglied des Nationalrats, 1891-1905 des Ständerats.

(Siehe Historisch-biographisches Lexikon der Schweiz, Sechster Bd., Neuenburg 1931, S. 561)

2 Otto Walther wurde begleitet von seiner dritten Frau Sigrun, geb. Bajer, und seiner Tochter Gerda (1897-1977) aus der Ehe mit der verstorbenen Ragnhild, geb. Bajer. Das Kindermädchen war Lisbeth Ehrmann (geb. um 1885), die Tochter von Bekannten aus Frankfurt/Main.

(Siehe G. Walther, wie Nr. 65/2, S. 35; Todesdatum von Gerda W. übermittelt von Gabi Einsele)

3 Es handelte sich um die 1902 entstandene Komödie des Sozialdemokraten Emil Rosenow (1871-1904).

4 Gemeint ist die Pension und Gartenwirtschaft Sonnenberg am Zürichberg.

5 Julie Bebel schreibt Jagdanzug.

167

Mein lieber guter August!

Deinen Brief erhielt ich gestern. Ich gab auch gestern das Badebuch für Dich auf, was Du heute erhalten haben wirst.

Am Sonntag holte also Seo Frieda heim, und war der Empfang ein glücklicher, und war ich ganz beglückt von ihrem Aussehen und [ihrer] Stimmung, aber leider war gestern ein Rückschlag in ihrer Nervenverfassung, der mich und Seo arg enttäuschte. Schon die letzten beiden Tage schrieb sie so merkwürdig, daß der Arzt, wahrscheinlich Folge ihres plötzlichen Weggangs[1], sehr kurz gegen sie gewesen und daß auch die andern Herren es waren und lauter Hirngespinste, die wir ihr mit aller Macht ausredeten, daß sie heute zwar darüber hinweg ist, aber es sind dann immer wieder andere Dinge, mit denen sie sich das Hirn martert. Die dumme Scharlachgeschichte hat sie mehr alteriert, als wir dachten. Dazu kam ihr Unwohlsein, daß sie in ihrem Zimmer allein verblieb und Heimweh, so daß sie sich alle möglichen Einbildungen machte, daß sie nichts mehr nütze wäre für Seo und die Familie usw. Natürlich haben wir zu tun, ihr das auszureden, und auch der Kleine tut seine Schuldigkeit. Wir gingen gestern und heute aus und müssen nun sehen, wie es weiter wird. Ich habe auch Seo gesagt, sie müsse jetzt wieder in die Wirtschaft eingreifen, damit sie auf andere Gedanken gelenkt wird. Natürlich hat der Ärmste schwere Bedenken und möchte mich damit festhalten, aber wenn ich auch noch diese Woche werde bleiben müssen, die nächste reise ich auf alle Fälle. Ich hoffe, daß sie in ihrer gewohnten Umgebung und der Sorge um die Familie und Haushaltung sich wieder zurechtfindet und der Seeaufenthalt ihr am besten helfen wird. Traurig ist nur, daß die 4 Wochen umsonst gewesen sind und das Geld noch obendrein. Die dumme Scharlachgeschichte trägt dazu die Hauptsache, und war Seo empört, daß der Arzt ihm das vorher nicht geschrieben hätte, er hätte sich nach dem Gesetz strafbar gemacht. Frieda war zu rücksichtsvoll, dem Mann nicht zu sagen, was sie forttrieb, und sagte, daß sie Heimweh habe und überhaupt sehr schwer vom Hause fortginge, und da meint sie, [das] hätte der Mann so verstanden, als [ob] sie Seo im bezug auf seine Treue mißtraue, und das machte ihr so viel Pein, daß sie zwei Nächte dort nicht schlief.

Jetzt holt sie es nach und hat die Zeit hier sehr gut geschlafen, und so hoffen wir, daß es bald besser wird.

Halte nur mit dem Geldausgeben inne, ich fürchte, wir müssen hier tüchtig eingreifen, wie ich schon schrieb. Seo hat kolossale Sprechstunden, läuft herum, aber das Fazit ist sehr gering, so daß Frieda heute Geld von unserem, d. h. dem ihm gegebenen, holte. Es kommt nichts ein, und die Ausgaben sind horrend. Ich holte mir von dem Unseren 50 Fr, weil die Bilder von Bubi, die Du auf unsere Kosten machen ließest, bezahlt werden müssen, und dann das Traktament.

Heute schreibt Otto [Walther] eine Karte aus Mailand, wo es ihnen sehr gut gefällt. Er dankt für freundliche Aufnahme. Ich hätte ihm schon geschrieben, wenn sie nach Hause gegangen wären.

Ich bin froh, daß Du in Herrn Dietz Gesellschaft hast und Dir anderswo etwas Gutes zu essen verschaffst.[2] Aber das glaube ich, daß es in Zukunft ein arges Gemuschel gibt im Reichstag; sie wären besser weggekommen, wenn sie Anwesenheitsgelder zahlten.

Bitte, grüße Schweichels, ich danke sehr für ihre liebe Karte, die sie mir schrieben.

Kautskys haben in der Tat jetzt mit ihren Verwandten viel zu tun, die Mama mit der Enkelin und die Jungen mit dem verwaisten Bruder. Drum dachte auch Frau Liebknecht, es stecke etwas anders dahinter, aber Luise schrieb mir, daß nur das der Grund sei und sie es ihr auch geschrieben habe. Die Police hatte noch 4 Wochen Frist, am 11. Mai war sie fällig. Die Adresse ist: Wilke, Anhalterstraße 15. Sie sollen Dir schreiben, wieviel sie macht.

Am 26. dieses ist Frau Cillis Geburtstag[3], ich gratuliere ihr von hier aus und Du von Berlin. Am 27. dieses ist Emmy Herzfelds[4], der ich eine Torte, schwere Sandtorte, bei Hillbrich bestellte für 6 Mark, Frau Heimann aber *nichts*. Ich dachte, bei Herzfelds sein zu können, bezweifle es aber.

Sei recht herzlich gegrüßt und geküßt von uns allen, besonders Deine Julie

[Am Rand der ersten Seite:]
Frieda bittet mich, Dir nichts über die dummen Geschichten zu schreiben.

1 Die Kur war ursprünglich bis Anfang Juni 1906 geplant.
  (Siehe AB an Natalie Liebknecht, 26.4.1906, SAPMO/BArch, NY 4034/245)

2 Bebel sandte am 20. Mai 1906 einen „Gruß aus Wannsee" an seinen Enkel und vermerkte: „Wir sind eben (Onkel Dietz und ich) beim Mittagessen."
(SAPMO/BArch, NY 4022/37)

3 Gemeint ist Caecilie Heimann, geb. Levy (1868 - nach 1948), seit 1888 Frau des Sozialdemokraten Hugo Heimann (1859-1951), Berliner Stadtverordneter, Mitglied des preußischen Landtags und des Deutschen Reichstags während der Weimarer Republik. Heimanns zählten zu den engsten Freunden der Familie Bebel. Sie emigrierten 1939 in die USA. Cillys Geburtstag war am 24. Mai.
(Siehe Hugo Heimann: Vom tätigen Leben. 50 Jahre im Dienste des sozialen Fortschritts, Berlin 1949; Handbuch Emigration, wie Nr. 66/3, S. 280)

4 Emmy Herzfeld, Gattin des Sozialdemokraten Joseph Herzfeld (1853-1939), war eine Freundin von Julie Bebel. Sie besuchte Julie auch kurz vor ihrem Tod in Zürich.
(Siehe AB an Luise Kautsky, 29.9.1910, Bebels Briefwechsel mit Kautsky, wie Nr. 78/7, S. 235)

168

Zürich, den 26. Mai 1906

Mein lieber guter August!

Wie ich Dir schon gestern per Karte schrieb, sind wir übereinge-
kommen, daß ich Mittwoch reise. Sollte etwas dazwischen kommen, würde ich nochmals schreiben, sonst nicht, vielleicht noch
eine Karte. Frieda ist zwar noch nicht ganz gesund, sie ist noch
verstimmt, aber die Wahnideen verlieren sich allmählich, und sie
nimmt auch wieder die Direktive in die Hand. Zudem schläft sie
gut und viel, so daß sie sich gesundschlafen wird. Die Sache war
in Brestenberg von Anfang an verfehlt durch das Scharlach und
steigerte sich, als eins nach dem andern erkrankte. Hätte es Frieda als Kind gehabt, hätte sie sich vielleicht nicht beunruhigt, aber
so kam der letzte Fall, wo der Kurgast davon befallen wurde und
er doch vorher mit den anderen immer zu Tisch gesessen und mit
den anderen Gästen verkehrt hatte. Die anwesenden Damen
gingen davon, und die Herren, deren Frauen zum Besuch kommen sollten, ließen sie nicht kommen, so daß Frieda als einzige
Frau sich immer unbehaglicher fühlte, um so mehr als Seo dem
keine Bedeutung beimaß. Zuletzt kam dann auch Heimweh, daß
sie nicht schlief, Herzklopfen hatte, was aber hier nicht mehr der
Fall ist.

Hier ist ja auch alles eingeschult, so daß die Geschichte von
selbst geht; und daß sie etwas wieder mit eingreift, ist besser, als
wenn sie über anderes Zeug grübelt. Bubi wird früh von den
Mädchen in die Schule befördert, und über Pfingsten sind Bubi
und Seo zu Hause, und die Mädchen sind doch auch da, so daß
sie nicht allein ist. Nach dem Sonnenberg will sie nicht, sie will zu
Hause bleiben und nicht allein woanders hin. Also ich hoffe von
der See noch die Hauptsache. Seo wird uns zuvor berichten, wie
es geht, und sollte es nötig sein, kannst Du dann auch mal herrei-
sen, eventuell auch früher mit ihr an die See gehen.

Es läßt mir auch keine Ruhe mehr, nach Hause zu kommen,
müßte ja auch das Billett fahren lassen.[1] Ich kann ja wieder herkommen, wenn es nötig wäre. Es war gut, daß Du die Wessely
abfingst. Das fehlte noch, daß die sich einnistet. Die Klatschbase
soll lieber etwas tun, als nur immer auf andere Leute rechnen. Ich
werde ihr mal sagen, daß wir mit den eignen Verwandten zu tun
haben. Hedwig [Richter] sollte auch die Gelegenheit benutzen,

ihren Schwestern beizustehen, die nicht wissen, wie sie fertig werden sollen, namentlich Emma mit ihrem neuen Kinde. Wenn Du nicht da bist, braucht ja auch zu mir niemand zu kommen. Na, es hat ja bald ein Ende.

Da siehst Du, wie es Herr Dietz gewöhnt ist, und da glaubst Du immer, er hätte nicht genug. Wo er es her hat, ist gleich, aber die Tatsache genügt, sonst gäbe er es nicht so leichten Herzens aus. Wie haben wir uns immer bescheiden die Sachen gegönnt, und ich tue es immer, und das Geld fliegt doch hinaus. Hier ist alles unverschämt teuer. Die Bilder kosten 30 Fr. Wenn auch Frieda etwas dazu gibt, Du hast die eine Sorte bestellt, also muß ich 20 Fr. geben. Aber ich freue mich doch, daß Du mal im Theater warst und Dich auch bei der Weinprobe so gut amüsiert hast. Das ist lustig mit dem Adolf [Geck], aber es beweist auch, daß er sich wieder gesund fühlt. Das ist die Hauptsache. Die Diäten werden ihm auch gut zustatten kommen.

Das war eine Leistung der Frau Schweichel, daß sie Dich zu Tisch luden, aber auch sehr nett von ihnen. Luise Kautsky schreibt mir aus Wien und die Großmama aus Friedenau. Sie freuen sich, mich bald wiederzusehen.

Möglicherweise reise ich erst *Donnerstag*, daß ich mit Frieda und Bubi am Mittwoch noch einen Spaziergang machen muß.

Eben kam Dein Brief an Seo. Ich muß ihn erst lesen, um darüber zu schreiben.

Bitte sende die Karte an Frau Neustädter, Berlin W., Genthiner Straße 26, III. Was die Leute immer für Anliegen haben. Kaum hatte ich ihr geschrieben, so muß man es schon wieder tun. Vielleicht liest Du die Karte und fügst hinzu, was Du weißt. Seo schreibt Dir heute, eben ging es nicht. Frieda wollte Dir auch schreiben. Ich habe es aber abgelehnt, sie kann es später tun und alles unterlassen, was den Kopf angreift.

Nun leb wohl, auf Wiedersehen. Mit herzlichen Grüßen und Küssen von den Kindern und
Deiner Julie

---

1 Das Rückreisebillet verlor am 3. Juni 1906 seine Gültigkeit.
  (Siehe AB an Natalie Liebknecht, 12.5.1906, SAPMO/BArch, NY 4034/245)

Anhang

Briefe Julie Bebels an Friedrich Engels

Wie sehr Friedrich Engels von ihrem Mann geschätzt wurde, war Julie Bebel seit langem bewußt, und sie war selbst von Hochachtung erfüllt. Bebels lange Haft 1886/1887 gab den Anlaß für Julies ersten ausführlichen Brief an Engels. Dessen herzliches Entgegenkommen ermunterte sie, ihm ihre Gedanken über ihr Hineinwachsen in die Arbeiterbewegung, über die Entfaltung ihrer Persönlichkeit anzuvertrauen. Engels' mehrfache Einladungen zum Besuch nach London mußte sie ausschlagen. Erst bei Engels' Kontinentreise 1893 trafen sie persönlich zusammen. Tiefe Eindrücke hinterließen bei Julie Engels' Worte zum Abschluß des Internationalen Sozialistenkongressen in Zürich und auf dem Kommers am 22. September 1893 in Berlin. Während Engels' Berlin-Aufenthalt vom 16. bis 28. September, als ihn Julie als ihren Gast verwöhnen konnte, gingen beide zum Du über. Ihrer tiefen Verehrung für Friedrich Engels verlieh sie in einem Brief an Natalie Liebknecht 1895 Ausdruck: „Der Tod des sonst so rüstigen und prächtigen Menschen hat mich aufs tiefste ergriffen... Wie freut mich der Gedanke, diesem liebenswürdigen und großartigen Mann näher getreten zu sein und ihn in der kurzen Zeit lieb zu gewinnen, wie er es von jedermann verdiente; mir war, als wäre er schon mein ganzes Leben lang mein Freund gewesen, und ich bin stolz darauf, daß er mir vom ersten Sehen dieses Freundschaftsgefühl entgegenbrachte..., und ich werde es treu im Herzen bewahren.“

I.1

Verehrter Herr Engels!

Leider war es mir nicht eher möglich, Ihren freundlichen Brief zu beantworten.[1] Wir hatten Besuch im Hause, und da ich dasselbe ohne Hilfe zu versehen habe, kam ich nicht dazu. Meiner Tochter Studiengenossin ist mit ihrer Familie nach der Schweiz übergesiedelt, um sich für ihr Maturitätsexamen vorzubereiten, und war sie bei uns.[2] Das wird auch Frau von Schack interessieren, da sie die Familie Eysoldt kennt.

Haben Sie besten Dank für Ihre gütige Nachfrage nach meinem Mann; er hat sich sehr darüber gefreut und läßt Sie vielmals grüßen. Sie haben ganz recht in der Annahme, daß die Haft geistig nicht gerade nachteilig auf ihn einwirkt; doch glaube ich bemerkt zu haben, daß er nicht mehr mit derselben Geduld darin ausharrt. Es mag freilich sein, daß es während der Wahlperiode so schwer für ihn war, zur Untätigkeit verdammt zu sein; denn er hat seinem Herzen Luft gemacht in seinen Briefen an mich, die seine Ansichten und Glaubensbekenntnisse enthielten, daß ich mich oft gewundert habe, daß sie die Zensur passierten. So war er ganz Ihrer Meinung bezüglich des Wahlergebnisses. Er schrieb, daß er ganz zufrieden damit sei; denn mit Ausnahme von Herrn Liebknecht sei an den andern Verlusten an Mandaten kein Schade geschehen; denn seien dieselben auf dreißig gestiegen, so wären mit der Zeit mindestens zwanzig kleine Staatsmänner daraus hervorgegangen, und dem sei ein Riegel vorschoben, und das sei gut. Der Stimmenzuwachs ist die Hauptsache.[3]

In bezug auf die Kriegsgefahr ist er allerdings anderer Meinung und behauptet, daß derselbe dennoch bald käme, die Zustände seien unhaltbare; und macht er mir damit ein wenig den Kopf warm und veranlaßt mich zu Dispositionen, die gewiß für dieses Jahr nicht nötig sind. Auch das bekundet mir seine Unruhe. Indes ist das bei einem solchen Geist nicht gut anders möglich, und bin ich schon daran gewöhnt. Daß er den Fourier bearbeitet, haben Sie vielleicht schon gehört; eine schwere Aufgabe hat er sich damit auferlegt; denn mit seinem bißchen Französisch sich in den Geist des etwas schwerverständlichen Autors hineinzuarbeiten, war gewiß nicht leicht, indes macht es ihm Vergnügen.[4] Nebenbei arbeitet er noch anderes, für Zeitungen usw. Eine große Erleichterung der Haft ist, daß die vier Herren morgens und nachmittags eine Stunde im Gefängnishof zusammen spazierengehen können, da können sie Ideenaustausch halten, und das ist viel wert; denn neun Monate ist doch sehr lang, jetzt ist gerade die Hälfte herum.

Gesundheitlich geht es meinem Mann ganz gut, wie er fortgesetzt versichert in seinen Briefen; Essen und Trinken können sie sich besorgen lassen, was sie wünschen, da sie Selbstbeköstigung haben, auch werden sie höchst anständig behandelt. Wir haben ihn einmal besucht, und er sah nur etwas bleich und wüst aus, sonst aber ganz kräftig,[5] und so hoffe ich, daß er ungebrochen an Körper und Geist auch diesmal zu uns zurückkehren wird.

Der andere Inhalt Ihres werten Briefes hat mich sehr interessiert, und haben Sie wohl die ganz richtige Ansicht bezüglich eines Krieges; doch kann man bei den heutigen Zuständen nicht wissen, was alles zusammenwirken wird, um denselben dennoch herbeizuführen; nur denke ich, daß es dies Jahr noch bleiben wird, wie es ist. Leider kann ich von dem meinem Manne keine Mitteilung machen; aber bezüglich des erfreulichen Resultats des „Kapital" habe ich ihm geschrieben.[6]

Indem ich Ihnen für Ihren werten Brief noch bestens danke, bitte ich gleichzeitig um gütige Nachsicht, daß die Antwort spät erfolgt, und grüße Sie
hochachtungsvoll und ergeben
Julie Bebel

---

1 Julie Bebel antwortete auf einen Brief von Friedrich Engels vom 12. März 1887. Siehe dazu Nr. 113, 114, 109/1.
(Siehe Bebels Briefwechsel mit Engels, wie Nr. 1/1, S. 302/303)
2 Siehe Nr. 89/2.
3 Siehe Nr. 103, 104.
4 Siehe Nr. 83, 85.
5 Siehe Nr. 98, 99.
6 Siehe Nr. 113.

I.2

Lieber Herr Engels!

Daß Sie bei Ihren vielen Arbeiten auch noch Zeit fanden, meiner in so freundlichen Worten zu gedenken, nehme ich mir als besonderes Wohlwollen Ihrerseits an, und mache ich mir heute das Vergnügen, mich Ihnen in gleichen Empfindungen zu äußern. Daß Sie so vergnügt ins neue Jahr übersprangen, ist ein erfreuliches Zeichen Ihrer Körper- und Geistesfrische.[1]

Wenn es Ihnen mein Mann nachmacht, so soll mich das seinetwegen, hauptsächlich aber im Interesse der Partei herzlich freuen. Von dieser Fröhlichkeit hat er in seinen jungen Jahren nichts besessen, sondern sich ganz dem Ernste der Situation hingegeben. Um so mehr freue ich mich, daß er sich jetzt, wo der Erfolg in so günstiger Weise fortschreitet, auch ein wenig den sogenannten Genüssen des Lebens widmet. Das muß auch sein, um nicht einseitig zu werden und sich Herz und Gemüt frisch zu erhalten.

Ich glaube, das ist in England schwer zu haben.

Obgleich es mir in seiner geistigen Freiheit sowie seines häuslichen und gesellschaftlichen Lebens wegen sehr imponiert, um so weniger imponieren mir seine Plumpuddings und seine Kamine. Die letzteren halte ich im Gegenteil für eine recht rückständige Einrichtung.

Mittlerweile haben sich, wie ich mit Vergnügen höre, die Gesundheitszustände in Ihrer Umgebung glücklich gelöst, und Sie arbeiten mit Ihrem treuen Assistenten in erneuter Kraft weiter an der großen Lebensaufgabe. Was Sie schreiben in bezug auf die Fähigkeit der Frauen, Schmerz und Leid leichter zu ertragen als das sogenannte stärkere Geschlecht, da stimme ich Ihnen vollkommen bei. Sie haben auch recht mit dem, was Sie über meinen Mann sagen. Wenn sich nun gar Ihre Prophezeiung erfüllen sollte, daß er mit jedem Jahrzehnt kräftiger wird, so könnte sich sein Wunsch, hundert Jahre alt zu werden, verwirklichen. Ich wünsche ihm das, damit er die Früchte des Gesäten noch reifen sieht. Früher war ich oft sehr unzufrieden, daß ich so gar nichts für meine geistige Ausbildung tun konnte; aber mich hat doch das Bewußtsein glücklich gemacht, für meinen Mann die häusliche Behaglichkeit schaffen zu können, die ihm zu seiner geistigen

Entfaltung und Arbeit so nötig war. Aber dadurch, daß ich seine Parteigeschäfte fortführen mußte, soweit ich es konnte, wenn er so oft vom Hause weg war, bin ich in den Geist der Bewegung eingedrungen und heute mit ganzer Seele dabei, und so muß ich mich mit dem begnügen, was ich daraus gelernt habe.

Ich hatte den kühnen Gedanken, in ein paar Monaten Englisch lernen zu wollen, damit ich mit zu Ihnen reisen könnte, was ich gar zu gern getan hätte; aber meine Tochter hatte Mitleid mit meinem Hirn und schrieb, daß das ganz unmöglich sei, ich sollte doch lieber ihren Herzenswunsch erfüllen und zu ihnen kommen. Also – „was tun?" Da ich nun hörte, daß Sie uns das große Vergnügen bereiten wollen, nach Deutschland und damit auch zu uns zu kommen, so kann ich ja meine Reise nach London bis zum nächsten Male aufschieben, und inzwischen lerne ich fleißig oder auch nicht und bleibe dann so lange bei Ihnen, bis ich es wie ein Kind erlerne, ohne Grammatik; das ist besser, weniger anstrengend. Ich löse denn auch alle Versprechen ein mit großem Vergnügen, wenn Sie zu uns kommen.

Doch August sagt, daß ich nur ein Blatt zur Verfügung hätte, deshalb die kleine Schrift. Nun, herzlichen Dank für Ihren lieben Brief und herzlichen Gruß Ihnen und Frau Louise von
Ihrer Julie Bebel

1 Dieser Brief von Engels ist nicht überliefert.

I.3

Lieber Herr Engels!

Herzlichen Dank für Ihren lieben Brief, der mich um so mehr erfreut hat, als ich daraus ersehe, daß Sie mein langes Schweigen auf Ihren so liebenswürdigen letzten Brief nicht übel deuten und den Grund billigen. Ich mache mir deshalb heute das Vergnügen und beantworte sie beide.[1]

Wie herzlich gern würde ich Sie mit August besuchen kommen, aber es geht leider jetzt noch weniger wie vorher.[2] Abgesehen davon, daß es sehr unbescheiden wäre, wollte ich diesen Wunsch nur äußern, nachdem mir mein guter Mann die Reise hierher bewerkstelligt hat, würden wir auch in eine schiefe Stellung geraten. Sie müssen nämlich wissen, mein verehrtester Herr Engels, daß wir nicht uns gehören, sondern der Allgemeinheit, der wir Rechnung tragen müssen, und zwar in Berlin mehr denn je anderswo, und muß ich mir für diesmal das Vergnügen versagen und auf ein andermal verschieben.

Ich hege dafür die stille Hoffnung, daß Sie den Sommer zu uns kommen und wir die Freude haben werden, Sie als Gast bei uns bewirten zu können.[3] Ich glaube, Sie werden eine bessere Meinung von den deutschen Verhältnissen mitnehmen, als Sie vielleicht jetzt haben. Es tut mir leid, daß Sie sowohl wie August um die erhoffte Freude eines Wiedersehens kommen; aber ich glaube, wir können zufrieden sein, daß er jetzt wieder ganz gesund wird und später das Wetter ein schöneres Wiedersehen gestattet. Wir sind allesamt glücklich, uns gegenseitig einmal wieder nach Herzenslust genießen zu können, und ist wohl hier der geeignetste Ort, wo seine Nerven und [sein] Magen wieder in Ordnung zu bringen sind. Der Winter mit seinem Reichstag und Versammlungen hatte ihn wieder tüchtig mitgenommen; aber glücklicherweise erholt er sich auch schnell wieder, so daß er im Sommer seine Jugendkraft auch wieder erlangt.

Ihre liebenswürdige Einladung ist so verlockend, daß ich mich nur schwer von dem Gedanken losreißen kann, daß ich entsagen muß. Aber unser lieber Freund Paul [Singer] wird meine Stelle vertreten und meinen Mann in seinen Schutz nehmen; er ist treu wie Gold. Freilich würde ich mich trotz alledem lieber der angenehmen Pflicht unterziehen. Ich bin aber insofern beruhigt, als ich weiß, daß auch Sie über ihn wachen werden, daß er nicht zu Schaden kommt. Nun, hoffen wir das beste.

Bitte grüßen Sie Frau Louise herzlich von mir sowie die lieben anderen Frauen, die sich für mich opfern wollten; ich danke ihnen und werde sicher noch die Gelegenheit bekommen, ihren Opfermut in Anspruch zu nehmen. Als ich diese Nacht mehrere Stunden nicht schlafen konnte, hatte ich mir einen so schönen Brief an Sie zurechtgedacht; jetzt ist alles verschwunden und wartet August auf seine Fertigstellung, so daß ich mich beeilen muß.

Ich freue mich, daß Sie so vergnügt sein können, woran Ihre gute Gesundheit und Ihre lustige Partnerin gemeinsam beteiligt sind. Ich nehme auch gern daran teil, denn ich bin sehr lustig; aber leider ist mir mein guter Humor in den wechselvollen Stürmen des Lebens abhanden gekommen. Aber in fideler Gesellschaft bin ich gern, und habe ich zu Herrn Liebknechts Geburtstag mit den Letzten, und zwar bis morgens vier Uhr ausgehalten, und waren wir so vergnügt und sangen mit den Jungen um die Wette.

Wäre August dabeigewesen, wären wir längst nach Hause gegangen; er kann das gar nicht vertragen.

Doch jetzt muß ich aber Schluß machen. Leben Sie recht wohl und seien Sie noch viele, viele Male recht herzlich bedankt für Ihre liebe Einladung und ebenso gegrüßt von Ihrer
Julie Bebel

Auch die Kinder lassen Sie und Frau Louise herzlich grüßen.

---

1 Julie Bebel antwortete auf Engels´ Brief vom 8. März 1892 sowie auf eine Einladung, nach London zu kommen, die Engels´ Brief an Bebel vom 16. März 1892 beilag und nicht überliefert ist.
   (Siehe Bebels Briefwechsel mit Engels, wie Nr. 1/1, S. 521/522, 532/533)
2 August Bebel hatte geplant, um den 10. April 1892 zu Engels nach London zu reisen. Ein Magen- und Darmkatarrh zwang ihn jedoch in Berlin ins Bett. Ab 13. April ließ er sich von Julie sowie von Frieda und Ferdinand Simon in St. Gallen auskurieren, am 4. Mai 1892 kehrte er nach Berlin zurück. In London weilte er gemeinsam mit Paul Singer vom 14. Mai bis 2. Juni 1892.
3 Engels mußte seine für 1892 geplante Reise auf den Kontinent wegen Erkrankung auf das nächste Jahr verschieben.

I.4

Lieber Herr Engels!

Daß Sie auch meines lieben „Sächsisch" mächtig sind,[1] bringt mich Ihnen immer näher, und kann ich nur wiederholt bedauern, daß es nicht in Wirklichkeit geschehen kann. Es wäre eben zu schön gewesen, drum hat´s nicht sollen sein. Ich darf nicht zu üppig werden, sonst bekommen Sie in mir keine richtige Proletarierfrau mehr zu sehen, wie Sie es doch wünschen.[2] Man macht uns so schon den Vorwurf, wir wollten aus dem neuzugründenden Frauen-Bildungs-Verein einen Frauen-Bourgeois-Verein machen. Drum habe ich auch gar keine Lust, da mitzutun, und setze mich am liebsten mitten unter die Proletarierfrauen, als mich zum Aushängeschild besonderer Eitelkeitsgelüste benutzen zu lassen.

Doch zur Hauptsache zurück: Ich hoffe also, daß uns das nächste Jahr noch ebenso frisch finden wird, und wenn ich dann komme, sollen Sie mich zu allen Schandtaten bereit finden. Schade, daß ich erst so spät zu der Erkenntnis komme; hätte es in meiner Jugendzeit geschehen können, so wäre vielleicht noch was Ordentliches aus mir geworden. Aber zu dieser Zeit wurde alle Jugendlust im Keime erstickt. Schade, daß ich nicht jetzt schon Ihnen manche gewiß interessante Episode daraus erzählen kann; dann würden Sie das begreifen.

Grüßen Sie bitte die gute Tussy[3] von mir; ich danke ihr herzlich für ihren guten Willen, mir in einer Woche so viel Englisch zu lernen als August jetzt schon kann; sie soll mich aber im nächsten Jahre noch ebenso gelehrig finden.

Ich muß nunmehr meine ganze Sorgfalt für August Ihnen und Frau Louise übertragen, damit sein Magen und Herz in Ordnung bleiben und er mir nicht krank an beiden zurückkehrt. Er ist jetzt wieder ganz wohl, und ich hoffe, daß die Reise eine bessere Wirkung für ihn haben wird als vor vier Wochen. Aber an Gewicht hat er noch viel nachzuholen, der parlamentarische Winter hat ihn schmählich heruntergebracht, aber der Sommer bringt ihn auch wieder auf.

Die Maifeier muß allerdings großartig und erhebend zugleich bei Ihnen in London gewesen sein, und haben wir alles Diesbezügliche mit großem Interesse verfolgt.[4] Annähernd muß es noch in Hamburg gewesen sein,[5] und es hat mir schrecklich leid getan, daß mein Mann nicht dort sein konnte, ich hatte mich so darauf im stillen gefreut; denn ich hatte mir vorgenommen, mit hinzugehen, aber so konnten wir nur vom Fenster aus in St. Gallen die Begeisterung der dortigen Genossen bewundern, die bei dem denkbar schlechtesten Wetter ihren Umzug hielten, und zwar zweimal, abends sogar mit Fackeln.

Nun also, leben Sie wohl und haben Sie herzlichen Dank für Ihre lieben Zeilen. Ich wünsche Ihnen allesamt viel Vergnügen und sende Ihnen meine besten Grüße
Ihre Julie Bebel

1 Dieser Brief von Engels ist nicht erhalten.
2 Am 8. März 1892 hatte Engels an Julie Bebel geschrieben: „Ich habe ein ordentliches Verlangen, wieder einmal eine echte und rechte deutsche Proletarierfrau zu sehen, und als solche sind Sie mir immer geschildert worden."
(Bebels Briefwechsel mit Engels, wie Nr. 1/1, S. 522)
3 Eleanor Marx-Aveling (1855-1898), jüngste Tochter von Karl und Jenny Marx. Lehrerin, Publizistin, Mitglied der Social Democratic Federation, 1884 Mitbegründerin der Socialist League, engagierte sich für die Organisierung der ungelernten Arbeiter in Gewerkschaften, bildete die erste Gewerkschaftsgruppe der Gasarbeiterinnen, Mitorganisatorin der Demonstrationen zum Ersten Mai in London; hatte am Gelingen der Kongresse der II. Internationale großen Anteil. Lernte Julie Bebel 1893 beim Internationalen Sozialistenkongreß in Zürich persönlich kennen.
(Siehe Die Töchter von Karl Marx. Unveröffentlichte Briefe, Köln 1981; Yvonne Kapp: Eleanor Marx, Bd. I: Familiy Life (1855-1883), London 1972, Bd. II: The Crowded Years (1884-1898), London 1976; Tsuzuki, Chushichi: The Life of Eleanor Marx. A Socialist Tragedy, Oxford 1967; Wessel, Harald: Tussy oder siebenundzwanzig Briefe über das sehr bewegte Leben von Eleanoar Marx-Aveling, Zweite, erw. Aufl., Leipzig 1974.
4 Über die Maifeier in London schrieb Engels am 7. Mai 1892 an August Bebel: „...wärst Du hier gewesen, hättest Du mal gesehen, wie sechshunderttausend Menschen auf einem Fleck aussehen, es war wirklich kolossal." Der „Vorwärts" berichtete am 6. Mai 1892 im Leitartikel über den „Maitag in London". Etwa 500 000 Teilnehmer gruppierten sich um 16 Tribünen, um die Festredner zu hören. Friedrich Engels stand auf der Plattform 14, von der Vertreter der internationalen Arbeiterbewegung zu den Versammelten sprachen. Zum Abschluß wurde in einer Resolution der Achtstundentag gefordert.
5 Am Festumzug in Hamburg nahmen laut „Vorwärts" vom 4. Mai 1892 hunderttausend Arbeiter teil, begleitet von 15 Musikkorps. Auf dem Festplatz drängten sich etwa 150 000 Personen.

I.5

Berlin W., den 11. Oktober 1893

Lieber General!

Wir waren sehr erfreut, von Eurer glücklichen Landung zu hören und daß die Reise gut vonstatten ging.[1] Hoffentlich auch ohne Nachwehen?

Wir und viele mit uns sagen, es war eine Glanzleistung Deinerseits, die Dir sobald keiner nachmacht.[2] Zudem hast Du uns und noch so vielen Genossen durch Deine Anwesenheit eine große Freude bereitet, die allen unvergeßlich bleiben wird. Und ich bin noch viel stolzer geworden, daß mir die Ehre zuteil wurde, Dir, dem ersten Vorkämpfer einer neuen Zeit, Gastfreundschaft erweisen zu dürfen. Also, komm nur bald wieder, damit wir die Besichtigung von Berlin fortsetzen können und die noch Unbefriedigten Dich auch noch zu sehen bekommen. Ich glaube schon, daß Euch eine Masse Arbeit erwartete, doch allmählich wird sie auch bewältigt sein und alles wieder ins alte Geleise kommen, und wir würden uns freuen, wenn die Reise Deiner Arbeitskraft zuträglich gewesen sei.

August ist eben um sieben Uhr abgereist,[3] und wird es ein paar Tage still im Hause sein. Ich will heute Frau Natalie besuchen und werden wir wohl dann weiter schwärmen. Wenn Dir etwa die Ohren heute geklungen haben, so wird es daher gekommen sein. Die beiden Ältesten stecken seit dem ersten Oktober im Königsrock. Karl ist übrigens in Hamm angenommen als Referendar,[4] und so ist diese Frage zur Zufriedenheit gelöst.

Die Schlüterin, die Euch so gern gesehen hätte, läßt Euch herzlich grüßen und war glücklich, ein paar Tage aus ihrer Tretmühle heraus zu sein; wir haben die Zeit auch weidlich ausgenutzt und uns sehr gut amüsiert. Trotz ihrer anstrengenden Tätigkeit will sie nicht zu ihrem Manne zurück, nimmt auch keine Unterstützung von ihm, sondern will nur, daß er sie gesetzlich freimacht. Diese Angelegenheit hat denn der Anwalt der Frauen in die Hand genommen.[5] Wir haben noch einmal Sommer bekommen und prachtvolles Wetter.

Frau Heymann wird sich auch bei Euch eingefunden haben? Hoffentlich faßt sie endlich festen Fuß, was ihr hier nicht glücken wollte. Etwas Besonderes kann ich Euch nicht berichten, da das

August besorgt hat, und will ich für heute schließen und Eure
Zeit nicht zu sehr in Anspruch nehmen.
Also nochmals wünsche ich von Herzen, daß Dir die Reise
recht gut bekommen ist; mit den herzlichsten Grüßen
Deine Julie

1 Julie Bebel bezieht sich auf die Briefe von Friedrich Engels und Louise Kautsky vom
  13. Oktober 1893. Beide wohnten vom 16. bis 28. September bei Bebels.
  (Siehe Bebels Briefwechsel mit Engels, wie Nr. 1/1, S. 707-710)
2 Gemeint ist Engels´ Auftreten vor Sozialdemokraten während seiner Kontinentreise
  und besonders in Berlin.
3 August Bebel begab sich nach Sachsen zur Agitation für die Landtagswahlen.
4 Karl Liebknecht hatte am 29. Mai 1893 sein Referendarexamen abgelegt. Seine
  Bewerbungen in Kiel und Berlin waren erfolglos. Am Oberlandgericht Hamm
  wurde er am 4. Oktober 1893 zum Referendar ernannt. Ab 1. Oktober 1893 leisteten
  Karl und Theodor zunächst ihren Militärdienst als Einjährig-Freiwillige beim Gar-
  de-Pionier-Bataillon in Berlin.
5 Anna Schlüter besuchte vom 6. bis 9. Oktober 1893 Bebels in Berlin. Sie hatte sich
  von Hermann Schlüter getrennt, war aus den USA zurückgekehrt und verdiente
  sich als Damenschneiderin in Dresden ihren Unterhalt. August Bebel setzte sich
  brieflich bei Schlüter für eine Scheidung ein.
  (Siehe Nr. 62/2; AB an Engels, 10.10.1893, Engels an AB, 12. 10. 1893, in: Bebels Briefwechsel mit Engels, wie Nr. 1/1, S. 712/713, 719; AB an H. Schlüter, 19.4.1895, BARS, Bd.
  5, S. 64; dieselben, 12.3.1901, BARS, Bd. 9, Nr. 96)

Julie Bebel an Natalie Liebknecht.
12. September/3. Oktober 1887

Den Brief schrieb Julie Bebel noch unter dem Eindruck der neun Monate währenden Gefängnishaft ihres Mannes, die am 14. August 1887 beendet war. Julie kannte Natalie Liebknecht nun fast 20 Jahre. Als Natalie nach ihrer Hochzeit mit Wilhelm Liebknecht Anfang August 1868 nach Leipzig kam, fand sie bei Familie Bebel herzliche Aufnahme. Einmal wöchentlich trafen sich damals beide Ehepaare abends zusammen mit Robert und Elise Schweichel zu Geselligkeit und Gedankenaustausch. Bald aber führten Gefängnis- und Festungshaft ihrer Männer Julie Bebel und Natalie Liebknecht noch enger zusammen. Gemeinsam reisten sie ab Sommer 1872 fast zwei Jahre lang mindestens einmal monatlich nach Hubertusburg, um die inhaftierten Ehegatten zu besuchen. Als 1881 der Kleine Belagerungszustand über Leipzig verhängt wurde, nahmen beide zusammen mit Clara Hasenclever die Spendengelder für die Ausgewiesenen entgegen. Dennoch verkehrten beide Frauen immer per Sie – was zu jener Zeit nichts Ungewöhnliches war. Dazu mag von Julie Bebels Seite ihre Hochachtung vor der acht Jahre älteren, geistig gebildeten Natalie Liebknecht beigetragen haben. Den engen Beziehungen beider Familien, einschließlich der Kinder, tat das keinen Abbruch. Von wenigen Mißstimmungen abgesehen, bestand lebenslang ein freundschaftliches Verhältnis der Bebels zu den Liebknechts. Als Natalie Liebknecht starb, ließ es sich August Bebel trotz seiner damaligen Erkrankung nicht nehmen, einen Nachruf für „Die Neue Zeit" zu schreiben.

II

Liebste Frau Liebknecht!

Zunächst meinen herzlichsten Dank für Ihre und der Kinder freundliche Gratulation zu meinem Geburtstage, möchten sich doch die guten Wünsche erfüllen; nun sintemalen wir nicht verwöhnt vom Glücke sind, so genügt uns schon ein kleiner Teil davon, der eigentlich der größte ist, nämlich Gesundheit, und dessen dürfen wir uns ja noch erfreuen. Was dann noch so beizu abfällt, das nehmen wir als Extra-Geschenk, nicht wahr? So ist wenigstens meine Resignation, da wir nunmehr wohl alle Versuche, unsere Männer zurückzuhalten, aufgeben müssen. Sie gehen ihre Wege und halten Schritt mit dem Gang der Verhältnisse, und müssen wir ihrer Klugheit und Erfahrung vertrauen, nur zu tun, was sie müssen, und sich suchen, der Gefahr möglichst fernzuhalten. All unsere Ermahnungen und Reden sind vergebens, und tun sie doch, was sie wollen. Daß Ihnen Herr Liebknecht so wenig anvertraut, finde ich auch nicht in der Ordnung, das habe ich ihm selbst gesagt, als er mir mein vielleicht zu viel Wissen in Parteiangelegenheiten zum Vorwurf machte. Das ist eine falsche Ansicht Herrn Liebknechts, daß damit die Frauen beunruhigt würden. Das kann doch nur bei denen sein, die absolut nichts davon wissen wollen und auch kein Verständnis für die Sache sich aneignen. Wenn man aber die Hälfte seines Lebens an dieser Tätigkeit direkt oder indirekt teilgenommen hat, verdient man auch das volle Vertrauen der Männer, und damit ist das Schreckhafte ihrer Tätigkeit von vornherein ausgeschlossen, und schließlich ist das Leben, wenn es auch mitunter sehr aufregend ist, doch auch interessant und abwechselnd, und die Verehrung für unsere Männer fällt ja auch auf uns; das haben ja Sie sowohl wie auch wir empfunden. Ein Beweis davon war unsere Hamburger Reise,[1] die uns in Anerkennung, daß wir meinen Mann so lange entbehrten, teilhaftig wurde. Wir haben uns gefreut, Hamburg und die See einmal zu sehen mit ihren Großartigkeiten zu Wasser, den Hafen mit seinen unzähligen Schiffen, eines der größten Amerikaner (Wieland) haben wir besichtigt. Es war höchst interessant und wahrhaft großartig eingerichtet, es rief aber dennoch nicht den Wunsch in uns wach, mit demselben am Sonntag, wo es in

See ging, zu fahren, aber den Schrecken im allgemeinen hat es verscheucht, wenn es einmal sein müßte.

Bis dahin war ich gekommen, und eigentlich wollte ich den Brief nun nicht mehr senden. Ich möchte Sie aber davon überzeugen, daß ich immer den besten Willen habe, Ihre freundlichen Briefe bald zu beantworten, aber es nicht ermöglichen kann. Seit unserer Rückkehr haben wir so viel Besuche gehabt, daß ich absolut nicht zum Schreiben kam, habe noch so viel Briefe zu beantworten. Jetzt soll es aber werden, da beide Herren verreist sind.[2] Wenn auch Herr Singer nicht bei uns wohnt, so ist er doch unser täglicher lieber Gast.

Gestern hatten wir das Vergnügen, den ganzen Tag mit Frau Kautsky zusammen zu sein. Es war sehr lieb von ihr, und haben wir uns darüber gefreut, nur schade, daß weder Herr Bahlmann, der sie so gern hatte kennenlernen wollen, noch mein Mann und Herr Singer da waren. Es wäre für sie interessanter gewesen. Frieda war mit ihr in verschiedenen Museen, und den Nachmittag sind wir mit ihr nach Blasewitz und Loschwitz per Dampfschiff gefahren und dann zu Frau Bahlmann gegangen, von wo wir sie zur Bahn geleiteten. Es ist wirklich erstaunlich, wie sich die Frau aus sich selbst heraus gebildet hat und noch dazu auf diesem Gebiet. Allerdings ist ihr Sohn der Hauptleiter dieser Richtung gewesen, wie sie selbst versichert, und haben sie sich gegenseitig unterstützt und angeregt. Darum vermißt sie ihn so ungern, da sie nunmehr allein steht mit ihren Ansichten und ihrer Tätigkeit. Gleichzeitig nach ihrem Besuch am Sonnabend kam auch Herr Schweichel, der wird aber wohl sobald als möglich Dresden wieder verlassen haben.

Theodors Karte hat uns Spaß gemacht, und wollte Frieda sie gleich beantworten, aber da hatten wir buchstäblich den ganzen Tag Besuch und Besorgungen aller Art. Wir wußten nämlich nicht recht, wie wir es nehmen sollten. Wollten die Jungens uns besuchen kommen? Hatten sie Bahlmanns eingeladen oder sonst wie? Wir frugen deshalb Frau Bahlm[ann], die wußte aber nichts. Wir hätten es nunmehr gern getan, aber der Umstand, daß sämtliche Herren abwesend sind und die jungen Herren doch Partien machen wollen, hat mich größtenteils davon zurückgehalten. Denn mit uns beiden ist nicht viel anzufangen, wir lassen uns auch nur leiten. Frieda hätte es sehr gerne gehabt, aber ich stellte es ihr vor, und sie sah es ein. Herr Bahlmann ist noch nicht zurück, sonst hätte ich mit ihm Rücksprache genommen, da wir nur einen Herrn beherbergen konnten. Aber Frau Bahlm[ann] tut nichts ohne ihren Mann, und so müssen wir abwarten. Sind denn 8 oder 14 Tage Ferien? Denn dann könnten sie nächste Woche kommen. Ich hoffe aber, daß Herr Liebknecht in den Landtag gewählt wird[3] und dann öfter Gelegenheit ist, daß sie mal nach hier kommen. Frau B[ahlmann] sagte mir, daß auch Sie Ihren Besuch in Aussicht gestellt haben? Das wäre ja sehr hübsch, und freuen wir uns darauf.

Frau Geib, die wir besuchten, läßt Sie grüßen. Leider war mein Mann 3 Tage recht unwohl in Hamburg, daß die Helgoländer Tour unterbleiben mußte. Aber in Kiel waren wir, um den dortigen Kriegshafen zu besichtigen und lagen gerade 2 große riesenhafte Schiffe dort, es war ungemein interessant und großartig. Meinen Geburtstag haben wir in Blankenese gefeiert, wir wollten die günstige Witterung benutzen. Es war aber gescheiter, wenn wir meinen Mann erst vollständig gesund werden ließen, so wurde er von Neuem unwohl, und war ich froh, nach 10 Tagen mit ihm heimfahren zu können, damit er endlich auskuriert wurde. Mein übliches Bouquet erreichte mich sogar in Hamburg.

Daß Sie alle gesund und eben glücklich beisammen sind, habe ich von Frau Kautsky gehört und mich darüber gefreut. Daß die Freude aber nicht ungetrübt genossen werden kann, tut mir sehr leid. Das ist recht fatal, daß man G[eiser] wieder eingesteckt hat und wahrscheinlich bis zur Verhandlung festhält. Hoffentlich kommt aber nichts heraus dabei. Und glaubt mein Mann sicher, daß sie G[eiser] nicht verurteilen können.[4] Nun, hoffen wir das Beste. Frau Geiser muß leider durchmachen, was wir so oft schon durchgemacht haben und uns immer von neuem erwartet. Wenn sie nur gesund ist und die Verhältnisse nicht so traurig wären, würde sie es leichter ertragen. Daß Herr Liebknecht sehr verstimmt darüber ist, läßt sich denken, und daß Sie mit darunter zu leiden haben, glaube ich wohl. Doch bin ich der Ansicht, daß es besser wäre, Herr Liebknecht bespräche sich mit Ihnen, da würde es ihm gewiß leichter werden. Doch hat er darin eigentümliche Ansichten, und ist da wohl kaum etwas zu machen.

Ich glaube nicht, daß Gertrud jetzt zurückkehrt, ein bißchen mehr Ehrgefühl traue ich ihr zu, und wenn sie diese Zeit überwunden hat, wird sie am Ende dort aushalten. Indes kann ich mich auch täuschen, was ich aber nicht wünsche.

Daß Sie Ihre liebe Mutter[5] schmerzlich vermissen, fühle ich mit Ihnen. Habe ich es ja auch empfunden, als die meine starb, und nie werde ich es vergessen, wie gut und lieb sie war. Unsere Männer sind ja so gut und brav und haben ihre Familie sehr lieb, das werden wir gern zugeben. Aber durch die ununterbrochenen Hetzereien und Überbürdung im Arbeiten und dem fortgesetzten Kampfe mit ihren Ansichten werden sie uns immer mehr entzogen, und der richtige Sinn für die Familie geht ihnen immer mehr verloren. Ich frage mich manchmal auch, was daraus noch werden soll. Rücksichten uns gegenüber gibt es sehr wenig, erst 9 Monate Gefängnis, jetzt wieder über 14 Tage fort, dann geht mein Mann nach England,[6] und wenn der Reichstag beginnt, geht es dorthin, was bleibt denn dann uns. Na kurz, es ist die alte Geschichte. Dabei müssen wir froh sein, wenn sie gesund bleiben, und mit der wenigen Zeit vorlieb nehmen.

Mit meinem Brief ist's ein reines Verhängnis. Am Donnerstag[7] war er fix und fertig, um [ihn] in den Kasten zu werfen. Da überlegte ich mir, daß Sie möglicherweise Herrn Liebknecht von meinem Briefe sagten, umso mehr, als ich in demselben noch mehr erwähnte, was er nicht wünscht, Sie damit zu behelligen. (Wenn Sie zum Besuch herkommen, werden wir darüber sprechen.) Ich laß es nunmehr weg. Dann glaubte ich, wir hätten Briefsperre, da wir mehrere Tage keinen Brief bekamen, und wollte Herrn L[iebknecht] veranlassen, einen Brief hierher zu schreiben. Und da grade, wie ich den Brief einstecken will, kommt einer. Also wollte ich nicht unnütz Lärm machen und nahm ihn wieder mit nach Hause. Auch schrieb ich etwas über Hamburg, was mittlerweile erledigt wurde. So schreibe ich die zweite Hälfte noch einmal.

Mittlerweile erhielten wir einen Brief von Frau Kautsky, worin sie ihre Irrfahrt nach Hause uns schildert. Ihr Billet war verfallen, weil sie einen falschen Zug benutzt hatte, und mußte [sie] nachts aus demselben steigen und 4 Stunden auf einen andern Zug warten, und dadurch war der Verfall des Billetts entstanden. Der Stationschef war aber so anständig, ihr das Billet zu notieren resp. zu prolongieren, so daß sie mit Ach und Krach ohne noch einmal zu zahlen nach Hause kam. Das tut mir sehr, sehr leid, aber wir hatten keine Schuld. Frau K[autsky] ließ sich durch den Portier im Hotel auf der Bahn erkundigen, und der brachte ihr den Bescheid. Herr B[ahlmann] ist auch glücklich nach Hause zurückgekehrt am Freitag, aber in schlechter Stimmung, warum, weiß ich nicht. Es ist schlimm, daß der Mann keine richtige Beschäftigung hat, Umgang hat er auch nicht, und die Herren alle fort, da ist´s ihm zu langweilig.

Das ist wieder ein Schlag mit der Unterdrückung der „Bürger-Zeitung" und, wie ich heute lese, der Redakteur Wedde ausgewiesen.[8] Das ist unerhört. Als wir dort waren, dachte kein Mensch daran, waren sie der Meinung, das Blatt nur im demokratischen Sinn zu redigieren, was auch der Fall war. Das Geschäft stand großartig da, ein neues eignes Gebäude, was noch im Umbau begriffen war, nun alles mit einem Schlag vernichtet, und der arme Wedde, ein eingefleischter und dort geborner Hamburger, der mit jeder Faser daran hängt. Es ist ganz entsetzlich, wie viele Existenzen dadurch vernichtet werden. Was werden sie nur noch alles ausfindig machen, um die Sozialdemokratie zu vernichten.

Doch ich will nun endlich meine Epistel schließen, es ist ein kurioser Brief diesmal, nicht wahr? Frau Freytag werde ich ihren lieben Brief bald beantworten, bitte grüßen Sie sie einstweilen herzlich von mir. Doch ich vergaß noch eine Frage Ihres Briefes. Mein Mann war unterrichtet vom Tode Ihrer lieben Mutter und hat ihn herzlich bedauert, aber eine merkwürdige Scheu und Rücksicht für Sie hielt ihn davon zurück, mit Ihnen darüber zu sprechen. Die Männer haben manchmal eigentümliche Ansichten in Bezug gesellschaftlicher Formen. Ich frug ihn, als er zurückkam, und da sagte er es mir. Aber deshalb seien Sie versichert, daß wir innigen Anteil nehmen an dem Schlage, der Sie dadurch getroffen. Die armen Schwestern sind nunmehr ihrer Stütze beraubt und am meisten zu beklagen.

Doch nun leben Sie wohl und haben Sie Nachsicht mit meiner Briefschreiberei. Es ist schon recht herbstlich und unangenehm, meine Schwägerin [Bertha Otto] wollte mich noch besuchen kommen, hat es aber deshalb gelassen.

Mit den herzlichsten Grüßen für Sie und die Kinder von Frieda und mir
stets Ihre
J. Bebel
den 3. Oktober 1887

1 Familie Bebel weilte auf Einladung von Sozialdemokraten des 1. Wahlkreises Ende August/Anfang September 1887 zehn Tage in Hamburg.
(Siehe auch AB an Engels, 24.9.1887, in: Bebels Briefwechsel mit Engels, wie Nr. 1/1, S. 309)

2 August Bebel und Paul Singer waren in die Schweiz zum Parteitag in St. Gallen abgereist. Siehe Nr. 141-143.

3 Wilhelm Liebknecht hatte 1885 sein Landtagsmandat verloren. Er wurde 1889 wieder in die Zweite Kammer des sächsischen Landtags gewählt.

4 Siehe Nr. 131/2.

5 Es handelt sich um Natalie Liebknechts Stiefmutter: Maria *Octavia* Reh, geb. Caliga (nach 1824-1887), die 1846 die Ehe mit Theodor Reh (1801-1868) schloß. Natalies Mutter Karoline Theodore Luise, geb. Weidig (geb. 1802), starb bereits 1843.

6 Siehe Nr. 144-146.

7 29. September 1887

8 Siehe Nr. 104/4.

Fragmente

Bei den Fragmenten handelt es sich um Mitteilungen aus Briefen, die August Bebel in seine Lebenserinnerungen „Aus meinem Leben" einflocht – er gab die Briefe angestrichen zum Setzer, so mögen sie verloren gegangen sein. Das Fragment von Julie befindet sich auf der Rückseite eines Briefes von Wilhelm Bracke an August Bebel vom 23. März 1870. Als „Sekretärin" wirkte sie demnach längst vor Bebels Haftzeiten. Bei aller Unterschiedlichkeit der Thematik sind dies die frühesten Briefzeugnisse beider Eheleute, die bisher überliefert sind.

III.1

Berlin, den 8. April 1869

Schweitzer[1] hatte, obgleich ich ihn anfangs ignorierte, sich an mich herangeschlängelt, als ich mit einem anderen Kollegen eine Unterhaltung hatte. Beim Schluß der Sitzung hat er mich eingeladen, mit ihm, Fritzsche[2] und Hasenclever zu speisen. Diese Einladung auszuschlagen war unmöglich, ohne grob zu erscheinen.[3] Schweitzer ließ darauf seine elegante Equipage mit Livreebedienten vorfahren und fuhr mit uns nach dem Lokal, in dem wir speisten. (Wir aßen bei Olbrich, damals ein bayerisches Bierlokal auf der Leipziger Straße in der Nähe der Linden.) Nach dem Essen ließ er es sich nicht nehmen, mich mit der Equipage nach dem Anhalter Bahnhof zu fahren, woselbst ich Liebknecht abholen wollte.[4]

---

1 Johann Baptist von Schweitzer (1833-1875), Rechtsanwalt, Journalist; seit 1863 Mitglied, 1867-1871 Präsident des ADAV, 1864-1871 Redakteur des „Social-Demokrat", Abgeordneter des Norddeutschen Reichstags 1867-1870, 1872 aus dem ADAV ausgeschlossen.
  Bebel äußerte sich sehr abwertend über Schweitzers Rolle in der deutschen Arbeiterbewegung. In „Aus meinem Leben" urteilte er: „Der eigentliche Zweck seiner Tätigkeit, und in Bismarcks Augen ihr Hauptzweck, war, *eine der Regierung politisch gefügige Arbeiterbewegung zu schaffen.*" Um das zu beweisen, begann er den Zweiten Teil seiner Erinnerungen mit dem Abschnitt „Die Periode des Herrn v. Schweitzer in der proletarischen Arbeiterbewegung". Mit seiner Beurteilung entfachte Bebel eine heftige Kontroverse, bei der Gustav Mayer und Franz Mehring als seine Kontrahenten auftraten.
  (Siehe BARS, AmL, S. 178-240; BARS, Bd. 8/2, Nr. 79; J. B. von Schweitzer: Politische Aufsätze und Reden. Mit Einleitung und Anmerkungen hrsg. von Franz Mehring, Berlin 1912; Gustav Mayer: Johann Baptist von Schweitzer und die Sozialdemokratie. Ein Beitrag zur Geschichte der deutschen Arbeiterbewegung, Jena 1909; Ursula Herrmann: Einleitung, in: BARS, AmL, bes. S. 6*-14*, 26*/27*)
2 Friedrich Wilhelm Fritzsche (1825-1905), Tabakarbeiter; Teilnehmer der Revolution 1848/1849, Mitbegründer des ADAV und 1863-1866 dessen Vorstandsmitglied, 1865-1878 Präsident des Allgemeinen Deutschen Zigarrenarbeitervereins, Teilnehmer am Eisenacher Kongreß 1869, ohne der SDAP beizutreten, MdR 1868-1870, 1877-1881, Mitglied der Parteileitung 1878-1881, emigrierte 1881 in die USA.
3 August Bebel nahm an der zweiten Beratung der Gewerbeordnung im Norddeutschen Reichstags teil. Die Beziehungen zu Schweitzer waren gespannt. Auf der Generalversammlung des ADAV hatten Bebel und Liebknecht am 28. März 1869 dargelegt, daß Schweitzer die Vereinigung der Arbeiterbewegung hintertreibe.
4 Wilhelm Liebknecht hielt sich in Leipzig auf, da seine Frau Natalie erkrankt war.

III.2

[August an Julie]

Ronneburg, den 7. Juni 1869

Bei aller Liebe und Freundschaft, die einem die Leute erweisen, ist das Agitieren kein angenehmes Geschäft.[1]

---

1 Bebel befand sich vom 5. bis 14. Juni 1869 auf einer Agitationsreise durch Thüringen, auf der er in Versammlungen des VDAV, des ADAV und der Demokratischen Volskpartei sprach.
(Siehe BARS, AmL, S. 231/232; Ursula Herrmann/Karl Brundig, wie 31/2)

III.3

[Julie an August]

Leipzig, den 24. März 1870

Weiter möchte ich für heute nichts, ich bin auch in schlechter Stimmung, um mehr zu schreiben, verzeih deshalb auch meine flüchtige Schrift, aber ich weiß auch, wenn Du´s nur lesen kannst, [daß Du] dem hübschen weniger Beifall zollst.

Unser Engelchen läuft tapfer drauf los, es ist immer in die andere Stube gelaufen und [hat] immerfort nach Dir verlangt, und des Morgens auch hat sie immer nach Dir gerufen, es hat mich [ordentlich?] gedauert, nun es wird ja nicht gar zu lang dauern.[1]

Leb indes recht wohl, und sei herzlich gegrüßt und geküßt von Deiner Julie und der lieben Frieda.

---

1 Vom 23. bis 30. März 1870 nahm Bebel an den Beratungen des Norddeutschen Reichstags teil.

III.4

[August an Julie]

Berlin, den 10. Mai 1871

Es ist eine unsäglich langweilige Wirtschaft hier und meine Stellung mir deshalb im höchsten Grade unangenehm.[1] Dieser Widerspruch zwischen meiner Stellung und der Notwendigkeit, im Geschäft auf dem Platze sein zu müssen und zu wollen, ist es, was die schlimme Stimmung erzeugt, wie Du und andere an mir bemerkt haben.

1 Bei den Wahlen zum Deutschen Reichstag am 3. März 1871 erhielt Bebel als einziger Sozialdemokrat ein Mandat. Das zwang ihn zur Anwesenheit. Am 3. April äußerte er sich zu Verfassung des Deutschen Reichs, am 24. April widersetzte er sich weiteren Kriegskrediten, am 8. Mai sprach er zum Entwurf eines Haftpflichtgesetzes, und am 25. Mai 1871 hielt er seine berühmte Rede gegen die Annexion von Elsaß-Lothringen und für die Pariser Kommune. (Siehe BARS. Bd. 1, Nr. 21-23)

III.5

[August an Julie]

Berlin, den 19. November 1871

Für heute, Sonntag, habe ich mir alle Einladungen vom Halse geschafft, indem ich rund heraus erklärte, ich sei schon eingeladen, obgleich es nicht wahr war. Man ist froh, ein paar Stunden wieder Mensch sein zu können, indem man sich selbst gehört... Übrigens hoffe ich, hier bald loskommen zu können,[1] ich habe das Leben hier sehr satt und sehne mich zu Euch und nach meiner Häuslichkeit... Wenn vom Essen und Trinken das menschliche Glück abhinge, müßte ich hier sehr glücklich sein, aber ich bin es nicht.

---

1 Bis zum 22. November 1871 nahm Bebel an den Verhandlungen des Deutschen Reichstags teil. Am 8. November hatte er demokratische Wahlgesetze für die Bundesländer gefordert. Ihm wurde das Wort entzogen. Ein Nationalliberaler verstieg sich zu der Behauptung, der deutsche Bürger werde Nacheiferer der Kommune „mit Knüppeln... totschlagen". Dagegen setzte sich Bebel zur Wehr. Er hatte am 10., 16. und 18. November 1871 in Berlin auf Versammlungen gesprochen.

Verzeichnis der in den Briefen genannten Schriften, Aufsätze und Periodika

Schriften und Aufsätze

Adams, Hope Bridges: Das Frauenbuch. Ein ärztlicher Ratgeber für die Frau in der Familie u. bei Frauenkrankheiten. 1. - 13. Heft, Stuttgart 1894: 578

An das deutsche Volk! [Aufruf der sozialdemokratischen Reichstagsfraktion zur Reichstagswahl vom 14. Januar 1887]: 336, 340

An die Wähler Deutschlands! Das Zentralwahlkomitee der sozialdemokratischen Partei Deutschlands. Zur Pfingstzeit 1887: 501, 503, 508

An die Wähler in Altstadt-Dresden! [Flugblatt zur Reichstagswahl, verboten am 17. Oktober 1881]: 98

Aveling, Edward B.: Die Darwin'sche Theorie. Internationale Bibliothek. [Bd.] 1. Stuttgart 1887: 293, 494

Baedeker, Karl: Italien. Handbuch für Reisende. 1. Th.: Ober-Italien bis Livorno, Florenz und Ravenna. Zehnte verbess. Auflage. Leipzig 1882: 461

Bebel, August: Die oberelsässische Baumwollindustrie und ihre Arbeiter. [Rezension des Buches von H. Herkner, Straßburg 1887] In: Die Neue Zeit 1887, H. 8 u. 9, S. 337-349, 385-391: 467, 489, 494

– Festrede zum IV. Stiftungsfest des Fachvereins der Tischler zu Dresden am 12. Oktober 1886 in der Centralhalle [1886]: 378f., 403

– Charles Fourier. Sein Leben und seine Theorien. Internationale Bibliothek. [Bd.] 6, Stuttgart 1888: 273, 280, 284f., 444, 616

– Die Frau in der Vergangenheit, Gegenwart und Zukunft. 2. Aufl., Hottingen-Zürich 1883: 195

– Der nächste Krieg in Zahlen. [Rezension des Buches von A. Schäffle, Tübingen 1887) In: Die Neue Zeit 1887, H. 6, S. 275-284: 367, 438, 460

– Die Mohamedanisch-Arabische Kulturperiode. Stuttgart 1884: 444

– Petition an den Deutschen Reichstag die polizeilichen Ausweisungen aus dem Königreich Sachsen betreffend nebst dem stenographischen Bericht über die Verhandlungen der II. Kammer des sächsischen Landtages am 21. Februar 1882, denselben Gegenstand betreffend. Nürnberg 1882: 145

– Das Reichs-Gesundheitsamt und sein Programm vom sozialistischen Standpunkt beleuchtet. Berlin 1878: 294

– Die deutsche Sozialdemokratie und das Sozialistengesetz. I. II. In: Gleichheit (Wien), 11. u. 25. Dezember 1886: 306, 321

– Unsere Ziele. Eine Streitschrift gegen die „Demokratische Korrespondenz". Sozialdemokratische Bibliothek. [Bd.] V. Hottingen-Zürich 1886: 332

- Zur Kriminalstatistik des Deutschen Reiches. In: Die Neue Zeit 1887, H. 2, S. 85-91: 266

Blumenthal, Oskar von: Der schwarze Schleier, Dresden 1887: 360, 367

Braun, Josefine: Gewinnbetheiligung. In: Die Neue Zeit 1886, H. 10, S. 447-458: 279

- Ein Streiflicht auf die Hausindustrie. In: Die Neue Zeit 1887, H. 3, S. 122-127: 400

Brockhaus' kleines Conversations-Lexikon. 2 Bände. [Leipzig 1885]: 291, 316, 331

Buckle, Henry Thomas: Geschichte der Civilisation in England. Deutsch von Arnold Ruge, 2. rechtmässige Ausg., sorgfältig durchges. und neu bevorwortet von dem Uebersetzer, Bd. 1-3, Leipzig und Heidelberg 1864/1865: 152, 306, 338, 340, 345

Calderon de la Barca, Pedro: Das Leben ein Traum: 339

Churoa, A. L. [das ist August Ludwig von Rochau]: Kritische Darstellung der Socialtheorie Fouriers. Braunschweig 1840: 284, 286

Deutscher Litteratur-Kalender. Hrsg. von Joseph Kürschner. Berlin und Stuttgart. 9. Jg. 1887: 395, 400, 409, 413, 422

Dumas, Alexander: Kean oder Genie und Leidenschaft. Schauspiel in 5 Aufzügen. Deutsch von Otto Randolf. Universal-Bibliothek 1871-1876, Nr. 794; dasselbe: Nach dem Französischen für die deutsche Bühne bearb. von B. A. Hermann, Hamburg 1839: 188

Engels, Friedrich: Der Ursprung der Familie, des Privateigentums und des Staats. Im Anschluss an Lewis H. Morgan's Forschungen, Hottingen-Zürich 1884: 367, 445

Fourier, Charles: Oeuvres complètes. 6 Bde. Paris 1841-1845: 273, 284

Goethe, Johann Wolfgang von: Gesammelte Werke, Bd. 22-25, 27-30: 144, 149

Großer Handatlas der Naturgeschichte aller drei Reiche. In 120 Folio-Tafeln. Hrsg. von Gustav v. Hayek, 15. Lfg., Wien 1882-1884: 144

Heine, Heinrich: Sämmtliche Werke. Ausgabe in 12 Bänden, Hamburg 1876. Dritter Band: Deutschland I; Vierter Band: Deutschland II: 149

Herkner, Heinrich: Die oberelsässische Baumwollenindustrie und ihre Arbeiter. Auf Grund der Thatsachen dargestellt. Abhandlungen aus dem Staatswissenschaftlichen Seminar zu Strassburg i. E. Hrsg. von G. F. Knapp und L. Brentano. H. 4, Straßburg 1887: 433, 454, 460, 463, 467

Hirth's Parlaments-Almanach für 1878. Leipzig 1878: 144

Ibsen, Henrik: Gespenster. Ein Familiendrama in 3 Aufzügen. Aus dem Norwegischen von M. v. Borch. Universal-Bibliothek, Leipzig 1883-1886, Nr. 1828: 385

Internationale Bibliothek. Hrsg. von J.H.W. Dietz: 489, 494

Kaler, Emil: Wilhelm Weitling. Seine Agitation und Lehre im geschichtlichen Zusammenhange dargestellt. Sozialdemokratische Bibliothek. [Bd.] XI, Hottingen-Zürich 1887: 287

Kambli, Conrad Wilhelm: Die sozialen Parteien und unsere Stellung zu denselben. St. Gallen 1887: 483, 487, 489, 494

Kautsky, Minna: Friedrich Hebbel. In: Die Neue Zeit 1887, H. 5, S. 193-204 [Fortsetzung: H. 6 u. 7, S. 247-255, 314-322]: 460

Kinkel, Gottfried: Drei Jahre aus dem Leben eines deutschen Dichterpaares. Briefe und Erinnerungen von Oktober 1848 bis Januar 1851. In: Der Zeitgeist. Beiblatt zum Berliner Tageblatt. 1887]: 473

Kolb, Georg Friedrich: Handbuch der vergleichenden Statistik der Völkerzustand- und Staatenkunde. 7., auf der Grundlage der neuesten staatl. Gestaltung bearb. Aufl. Leipzig 1875: 144

Krieter, W[ilhelm]: Die geheime Organisation der sozialdemokratischen Partei. Nach autoritativen Quellen dargestellt. Magdeburg 1887: 463, 468, 472

Kurz, Heinrich: Geschichte der deutschen Literatur mit ausgewählten Stücken aus den Werken der vorzüglichsten Schriftsteller. 4. bericht. Aufl. Leipzig 1881: 293

Lange, Friedrich Albert: Geschichte des Materialismus und Kritik seiner Bedeutung, 2. Bde [2. verb. u. verm. Aufl., Iserlohn 1875]: 367

Lessing, Gotthold Ephraim: Emilia Galotti: 183

Liebknecht, Wilhelm: Geschichte der französischen Revolution. Im Abrisse und in Skizzen. In: Volks-Bibliothek des gesammten menschlichen Wissens, H. 73, 75, 77, 80, 95, 99, 103, Dresden (1888/1889): 393, 405, 436

– Im Fluge vom Gotthard nach Monte Carlo und zurück. In: Die Neue Welt 1887, Nr. 12, 13, 14, S. 127/128, 135/136, 141/142: 458

Liernur, Charles T.: Geschichte der Einführung des Schwemmsystems in Berlin. In: Gesundheit, 1884, S. 97-100, 129-132, 144-147: 285

Lindau, Paul: Der Zug nach dem Westen [Bd. I der Roman-Trilogie Berlin], Stuttgart 1886: 431

Macaulay, Thomas Babington: The History of England from the accession of James the Second. Bd. 1-10. Leipzig 1849-1861: 445

Marx, Karl: Das Kapital. Kritik der politischen Oekonomie, Bd. 1. Buch 1: Der Produktionsprocess des Kapitals. 2. verb. Aufl. Hamburg 1872: 157

– Capital. A Critical Analysis of Capitalist Production. Translated from the Third German Edition by Samuel Moore and Edward Aveling and Edited by Frederick Engels. London 1887: 428, 430, 617

Mignet, F[rancois] A[uguste]: Geschichte der Französischen Revolution 1789-1815. Leipzig 1865: 144

Moser, Gustav von: Der Hypochonder. Lustspiel in 4 Akten, Berlin 1877: 483

Münchener bunte Mappe. Hrsg. von Max Bernstein. Original-Beiträge Münchener Künstler und Schriftsteller, München 1885: 300

Niemeyer, Paul: Ärztliche Sprechstunden. Gesundheitslehre für Jedermann. 1.-50. Heft. Jena 1878-1882: 142

Nordau, Max: Paradoxe. 4. Aufl. Leipzig 1885: 290

Österreichischer Arbeiter-Kalender für das Schaltjahr 1888. Hrsg. von der Redaction des „Volksfreund" in Brünn: 463

Poppe, O: Neue Buchführung. Lehrbuch eines neuen Systems der doppelten Buchführung, bearb. zum Selbsterlernen sowie für den Unterricht in Handelslehranstalten, 4., umgearb. Aufl. Leipzig 1880: 149, 154

Rodbertus-Jagetzow [Carl]: Das Kapital. Vierter socialer Brief an von Kirchmann. Hrsg. u. eingel. von Theophil Kozak. Aus dem literarischen Nachlass von Carl Rodbertus-Jagetzow. [Bd.] II, Berlin 1884: 278

Rosenow, Emil: Kater Lampe. Komödie in 4 Akten, Stuttgart 1906: 605

Schaeffle, Albert Eberhard Friedrich: Bau und Leben des socialen Körpers. Encyclopädischer Entwurf einer realen Anatomie, Physiologie und Psychologie der menschlichen Gesellschaft, Bd. 1-4, Tübingen 1875-1878: 291, 331

– Der nächste Krieg in Zahlen. Militär- und finanzstatistische Studie über die Erhöhung der deutschen Friedenspräsenz. Unveränderter Separat-Abdruck aus der 'Zeitschrift für die gesamte Staatswissenschaft, Tübingen 1887: 366f.

Scherr, Johannes: Allgemeine Geschichte der Literatur. Ein Handbuch in 2 Bden, umfassend die nationalliterarische Entwicklung sämmtl. Völker d. Erdkreises, 7. verb. Aufl. Stuttgart 1887: 293

Schiller, Friedrich von: Maria Stuart: 219

Schlosser, Fr[iedrich] Chr[istoph]: Weltgeschichte für das deutsche Volk. Unter Mitwirkung des Verfassers bearb. von G.L. Kriegk, 19 Bde, Frankfurt (Main) 1844-1857: 144

Schönthan, Franz v. und Gustav Kadelburg: Die Goldfische. Lustspiel in 4 Akten, Berlin: 439

Sozialdemokratische Bibliothek. Sammlung von Abhandlungen über Theorie und Geschichte des Sozialismus. Hottingen-Zürich: 287

Spielhagen, Friedrich: Was will das werden? 3 Bde, Leipzig 1887: 284f., 302, 305, 310, 340, 356

– Die Gartenlaube 1886, Nr. 1-39: 310

Statistik des Deutschen Reichs. Hrsg. vom kaiserl. statist. Amt. Neue Folge, Berlin 1887: 454, 460

Statut der Genossenschafts-Buchdruckerei zu Leipzig. Nach dem Gesetze d. jurist. Person betreffend. Vom 15. Juni 1868, Leipzig [1872]: 37

Unterrichtsbriefe. Methode Toussaint-Langenscheidt. Brieflicher Sprach- und Sprechunterricht für das Selbststudium Erwachsener. Englisch. Im Jahr 1886 neu bearb., Berlin-Schöneberg 1886: 284, 286, 441, 445

Volks-Bibliothek des gesammten menschlichen Wissens, begründet von Bruno Geiser, hrsg. u. verlegt von Wilhelm Liebknecht Breslau 1887: 238, 248, 441, 472, 489, 494

Wähler von Altstadt-Dresden! [Flugblatt zur Reichstagswahl 1881, verboten am 12. Oktober 1881]: 95

Ein neues Wintermärchen. Heine's Besuch im neuen deutschen Reiche der Gottesfurcht und frommen Sitte. Zürich 1875: 503

Zadek, J[ulia]: Vom Baume der Erkenntnis. In: Die Neue Welt 1883: 174

Zola, Emile: Germinal. Socialer Roman. Einzig autoris. Uebersetzung von Ernst Ziegler, 2 Bde, Dresden 1885: 286

- Nana: 286
- Les Rougon-Macquart, 1. Bd., Leipzig 1878: 286
- Der Totschläger (L'Assommoir): 286

Zeitungen und Zeitschriften

Arbeiterstimme. Organ der österreichischen Arbeiterschaft. Brünn: 463

Arbeiterstimme. Wochenblatt für das arbeitende Volk in der Schweiz. Zürich: 263, 316

Berliner Börsen-Courier: 241

Berliner Börsen-Zeitung: 62, 319

Berliner Tageblatt und Handels-Zeitung: 398, 460, 473

Berliner Volksblatt. Organ für die Interessen der Arbeiter: 379, 384, 393, 407, 415, 499, 521, 554f.

Berliner Volkstribüne. Socialpolitisches Wochenblatt: 521

Bürger-Zeitung. Hamburg: 382, 436, 632

Crimmitschauer Bürger- u. Bauernfreund. Organ des gesamten Osterlandes: 37

Deutsches Wochenblatt. München: 210

Dresdner Anzeiger: 387, 399, 417

Dresdner Journal: 245

Dresdner Nachrichten. Tageblatt für Politik, Unterhaltung, Geschäftsverkehr: 78

Eisenbahn-Zeitung und Lübecker Nachrichten. Lübeck: 564

Fachzeitung der Drechsler und Gewerksgenossen. Hamburg: 406

Frankfurter Zeitung und Handelsblatt: 205, 230, 241, 245, 248, 416

Freiheit. Organ der revolutionären Sozialisten. New York: 263, 316

Freisinnige Zeitung. Berlin: 241, 415

Die Gartenlaube. Illustrirtes Familienblatt. Leipzig: 310

Germania. Zeitung für das deutsche Volk. Berlin: 245

Gesundheit. Zeitschrift für öffentliche und private Hygiene. Organ des internationalen Vereins gegen Verunreinigung der Flüsse, des Bodens und der Luft. Frankfurt (Main): 285

Der Gewerkschafter. Wochenschrift für Handwerker, Gesellen, Gehilfen und andere Arbeiter. Leipzig: 82

Gleichheit. Sozialdemokratisches Wochenblatt. Wien: 306, 312, 316f., 321

Illustrirte Zeitung. Wöchentliche Nachrichten über alle Ereignisse, Zustände und Persönlichkeiten der Gegenwart, über Tagesgeschichte, öffentliches

Personenverzeichnis

Buhrig, Eduard Bruno (1837-1916):
534
Buhrig, Paul (1865-1887): 409, 534
Burckhardt, Martha Helene Selma
(geb. 1860): 78
Burckhard, Theodor (geb. 1846): 78

Calderon de la Barca, Pedro (1600-
1681): 339
Camse: 595
Cassius: 300
Cavour, Camillo Benso von (1810-
1861): 364
Christensen, Jens Lauritz (1856-
nach 1902): 290, 295, 301f., 331f.,
336
Churoa siehe Rochau
Cineva, I.: 517, 520
Conn: 48
Cramer, Balthasar (1851-1923): 561
Cramer: 486
Crane, Walter (1845-1915): 587
Crone, Vilhelm Christoffer (1813-
1887): 163

Decker: 561
Demiéville, Samuel: 603
Demmler, Georg Adolf (1804-1886):
153
Dietz, Franz (1875-1950): 595, 603
Dietz, Helene (1847-1927): 387, 392,
396, 398, 400, 404, 454, 460, 463,
595, 603
Dietz, Heinrich (1843-1922): 124,
166, 192, 235, 248, 273, 278, 284,
287, 366, 384f., 387, 392, 398, 400,
404, 433, 444f., 454f., 463, 489,
490, 494, 544, 546f., 591, 595, 598,
603, 609, 612
Dirichlet, Walter Arnold Abraham
(1833-1887): 316
Dix, Paul: 131, 200
Döbler, Johann Gottlob (1820-1895):
94, 151
Dose, Cäcilie Auguste Friederike
(gest. vor 1887): 477

Dose, Cäcilie Helene: 448
Dose, Frieda: 331, 448, 454
Dose, Paula: 331, 448, 454
Dotzauer, Hermann (1835-1881): 59
Dotzauer, Gustav Adolf: 59
Dreesbach, August (1844-1906): 123,
168, 269
Dreher, Dorothea (1873-1956): 603
Dreher, Georg Friedrich Gustav
(1856-1918): 595
Duboc, Eduard (1822-1910): 448, 454
Dumas, Alexandre (1802-1870): 188

Ehrenberg, Alfred von (1846-nach
1900): 548, 550
Ehrentraut, Rosine (1829-etwa
1890): 435, 461
Ehrhardt, Franz Josef (1853-1908):
513, 520
Ehrmann, Lisbeth (geb. um 1885):
605
Eichhoff, Wilhelm (1833-1895): 350
Eichhorn, Rudolf: 509, 521
Eisengarten, Oskar (1857-1906): 85
Elischer, Balthasar: 290
Ellermann: 587
Emminger, Hermann: 242
Ende: 56
Engels, Friedrich (1820-1895): 70,
274, 277, 367, 427, 430, 445, 500,
505, 530, 537, 616-625
Ernst, Emilie (1844-1920): 350, 354
Ernst, Maximus (1848-1911?): 350,
354
Ernst, II. (1844-1893): 356
Evora, Wilhelm (1846-1893): 510
Eysoldt, Anna (1868-1913): 263, 300,
311, 320, 359, 363, 400, 405, 418,
420f., 436, 458, 464, 529, 531, 616
Eysoldt, Arthur (1832-1907): 341,
346, 359, 388
Eysoldt, Bertha (1845-1934): 263,
300, 320f., 359, 363, 400, 405, 418,
420f., 529, 531, 592, 616

306, 310, 332, 339f., 347, 350, 353, 417, 421, 432f., 440, 485, 500, 505, 537, 540, 616

Schack von Wittenau, Alexander Graf (1805-1898): 301, 306

Schack von Wittenau, Elisabeth Gräfin (1811-1888): 301, 306

Schade, Konrad (gest. 1886): 277

Schäffle, Albert (1831-1903): 291, 331, 367

Schärr: 123

Schelle, Emil: 484, 489, 499

Scherr, Johannes (1817-1866): 293

Schiffel, Gottwald Hermann (1848-1895): 37, 43, 46, 48, 51, 53, 62, 109, 480

Schiller, Friedrich von (1759-1805): 219

Schlesinger, Friedrich Elias (1836-1904): 144, 155, 278, 287, 373, 378, 499, 503, 509

Schlosser, Friedrich Christoph (1776-1861): 144

Schlüter, Anna (geb. 1859): 198, 214, 216, 219, 221, 241, 246f., 421, 624

Schlüter, Hermann (1851-1919): 198, 221, 241, 247, 277, 421

Schmoller, Gustav von (1838-1917): 441

Schnabel, Richard (1846-nach 1911): 236, 421

Schnabel: 301

Schober, Friedrich Maximilian (1848-1914): 76, 78, 81

Schönenberger, Anna: 603

Schönfeld, Hermann: 446

Schoenlank, Bruno (1859-1901): 578

Schopen, Peter Emil: 171

Schorlemmer, Carl (1834-1892): 537

Schramm, Carl August (1830-1905): 174, 205, 254

Schraps, Reinhold (1833-1917): 37

Schumacher, Georg (1844-1917): 561, 566, 568

Schuster, Anna: 106, 129

Schuster, Oskar: 106, 173

Schwartze, Julius Robert: 52

Schwarz, Johann David (1808-1887): 500

Schwarze, Friedrich Oskar von (1816-1886): 43

Schweichel, Elise (1831-1912): 48, 222, 300, 595, 609, 612

Schweichel, Robert (1821-1907): 62, 222, 300, 356, 595, 609, 612, 629

Schweighofer, Felix (1842-1912): 458

Schweitzer, Johann Baptist von (1833-1875): 636

Schweitzer, Josef: 558, 568, 570

Seebach, Albert (geb. 1857): 464

Seidel, Robert (1857-1933): 504

Seidel, Sophie Friederike Marie (geb. 1851): 124

Seidel: 505, 524

Seifert, Julius (1848-1909): 82, 136, 280, 287, 292, 305, 411, 485

Seifert: 263, 280, 363, 375, 400, 406, 411, 413, 418f., 485

Seiffert, Rudolph (1840-1913): 54

Sherwood, Percy (1866-1939): 410

Simon, Emma (1837-1914): 592

Simon, Ferdinand (1862-1912): 582, 586f., 591f., 594f., 598, 600, 602f., 605f., 608f., 611f., 621

Simon, Konrad Paul: 98

Simon, Ulrich (1865-1939): 587, 592

Simon, Werner (1894-1916): 586f., 591f., 594f., 599f., 602f., 605, 608f., 611f.

Simson, Eduard (1810-1899): 269

Singer, Heinrich (1841-1920): 301, 305, 331, 361, 400, 410, 422, 480, 485, 487

Singer, Mathilde (1842-1902): 305, 310, 331, 387, 400, 406, 410, 458, 480, 485, 487, 497, 499, 508, 513

Singer, Paul (1844-1911): 70, 73, 153, 205, 230f., 242, 244, 247, 252, 254, 259f., 263, 266, 270, 274, 277, 284, 285-287, 292, 301f., 304f., 310, 312, 314, 316, 319-321, 323, 325f., 328-331, 334, 336-341, 345-347,

Die Herausgeberin

Prof. Dr. Ursula Herrmann, geb. 1932, studierte 1951-1955 Geschichte an der Humboldt-Universität Berlin, war dann Oberstufenlehrerin. Ab 1960 wissenschaftlich tätig, v. a. in der Forschung und Edition zu August Bebel und zur Sozialdemokratie im letzten Drittel des 19. Jahrhunderts. Zuletzt veröffentlichte sie 1989 als Leiterin des Autorenkollektivs das Buch „August Bebel. Eine Biographie" (Berlin/DDR). Sie lebt bei Berlin.